U0732903

石鸥 主编

地理

国家出版基金项目
NATIONAL PUBLICATION FOUNDATION

SPM 南方传媒
全国优秀出版社
全国百佳图书出版单位
广东教育出版社
·广州·

图书在版编目（CIP）数据

百年中国教科书图文史 ：1840—1949. 地理 / 石鸥主编 ；王昌善，丁尧清编著. -- 广州 ：广东教育出版社，2024. 10. -- ISBN 978-7-5548-6445-6

Ⅰ. G423. 3-092

中国国家版本馆CIP数据核字第2024S2F159号

百年中国教科书图文史　1840—1949　地理

BAINIAN ZHONGGUO JIAOKESHU TUWENSHI　1840—1949　DILI

出 版 人：朱文清
丛书策划：李朝明　卞晓琰
项目负责人：林检妹　黄　倩
责任编辑：惠　丹　刘向东　沈　晨
责任校对：叶广芊
责任技编：杨启承
装帧设计：邓君豪
出版发行：广东教育出版社
（广州市环市东路472号12—15楼　邮政编码：510075）
销售热线：020-87615809
网　　址：http://www.gjs.cn
邮　　箱：gjs-quality@nfcb.com.cn
发　　行：广东新华发行集团股份有限公司
印　　刷：广州市岭美文化科技有限公司
（广州市荔湾区花地大道南海南工商贸易区A幢）
规　　格：889 mm × 1194 mm　1/16
印　　张：20.5
字　　数：410千
版　　次：2024年10月第1版
2024年10月第1次印刷
定　　价：188.00元

导　论

小课本，大启蒙，大学问，大政治。

需要构建中国特色的课本的学问——教科书学。

教科书学只能建立在多领域、多维度研究成果基础上，尤其是建立在教科书文本丰富、教科书发展史得到基本梳理、教科书理论研究成果突出、教科书使用研究取得明显进展等基础上。

很显然，教科书发展史的研究是重要维度。教科书发展史就是教师教什么、学生学什么的历史，就是教育教学内容的历史，就是一代又一代的先辈对后辈的期望的历史。这种历史的研究，要依赖过往人们的教育活动所保留下来的实物或遗存来进行。本套教科书图文史就是注重遗存的教科书实物的体现——聚焦于1840—1949年我国教科书文本实物。

一

19世纪中叶以来，中华大地风起云涌，巨大裂变在社会的各个领域发生。1862年京师同文馆的成立与大量洋务学堂的创办，标志着我国古代教育的开始退出和新式教育逐渐兴起。新式教育能否成功，很大程度上取决于能否提供适应时代的新式教科书。一代开眼看世界的知识分子行动起来，新式教科书如雨后春笋般涌现，新知识、新思想、新观念如开闸之水，轰然涌入古老的中国。中国传统的知识系统为西方以近代学科为分类标准构建起来的新知识系统所冲击，中华民族壮丽的启蒙大幕徐徐拉开，中国近现代教科书事业也走上了一条可圈可点之路。

教科书是时代的镜子。1840—1949年中国近现代教科书发展历程，折射出中国艰难曲折的变革之路、复兴之路。教科书的发展史，就是中华文明的进步史，是中国社会的变迁史，是中华民族的心灵史。

（一）西学教科书的引进时期

大约处于19世纪中至19世纪末这一时期。科举时代，没有近代意义的新式教育和新式学堂，只有启蒙教育和科举预备教育，学生初学“三百千千”，进而学“四书五经”，我们称之为“教材”，但不是现代意义上的教科书。现代意义的教科书是从19世纪后期开始，伴随着新式学堂而逐渐发展起来的。当时大量西学教科书被教会学校和洋务学堂引进，拉开了中国现代教科书发展的帷幕。这一过程表现出如下基本特征：

第一，现代教科书处于萌芽阶段。作为教科书，这些西式教材的基本要素不全，没有分年级编写，基本上还没有使用“教科书”一词，多用“读本”“须知”“入门”“课本”等来命名。不仅“教科书”文本还未出现，即便现代意义的“科学”也没有找到恰当的名称，所以当时出现了不少类似于“格致”“格物”“火学”“汽学”“名学”“计学”等教材。这些教材整体上处于前教科书阶段，或现代意义的教科书的萌芽阶段。

第二，教科书多从西学编译而来，且多出现在科学技术领域。这些西式教材主题多为洋务运动中最急迫需要的知识类型，如工兵、制造、天文、算学等，同时也适应了当时洋务学堂的教学需要。教材的编译和出版多与教会的印刷机构以及洋务运动的教育与出版机构相关，如墨海书馆、美华书局、京师同文馆、江南制造局翻译馆等。西式教材的编译者主要由中国学者和欧美传教士共同组成。

第三，教科书与一般科技类西学书籍没有明显界限，广泛流布于社会和学堂。19世纪中晚期的中国，从国外译介的西学著作和教材几乎是相同的，没有本质区别。它们既是开明知识分子了解西学的门径，也被充作教会学校和早期新式学堂的教学用书，甚至中国一些地方的书院也多以它们为教材。

（二）自编教科书的兴起与蓬勃发展时期

这一阶段起始于19世纪末南洋公学自编教科书，止于清朝终结。这是教科书的引进与自编自创结合、引进逐渐为自编自创所取代的阶段，是教科书涉及学科基本齐全的阶段，也是教科书要素日益完整的阶段。这一时期产生的教科书，我们一般称为“新式教科书”，以区别于前一阶段的以翻译为主的“西式”或“西学”教科书。有学者认为，“西学”与“新学”二词意义相仿，但新学在1894年后方见盛行。西学更重在引进之学[1]，新学则已经有国人自动、主动建设，用本国语言消化的味道了[2]。这很能够说明近代西式和新式教科书的微妙区别。这一时期的标志性事件是我国第一个近代学制的颁布，延续1300多年的科举制度的废除，以及第一套现代意义的教科书产生。这一时期教科书发展的主要特征是：

第一，学堂自编教科书不断涌现。伴随着科举制的取消，新式学堂迅猛出现，对新式教科书的需求激增，以南洋公学、上海澄衷蒙学堂、无锡三等公学堂等为代表的学堂自主编写的教科书影响大、使用范围广，逐渐打破了编译的西学教科书垄断的格局。

第二，我国最早的现代意义的教科书产生。适应1904年《奏定学堂章程》的正式实施，中国第

[1] 王尔敏. 中国近代思想史论[M]. 北京：社会科学文献出版社，2003：18.

[2] 孙青. 晚清之“西政”东渐及本土回应[M]. 上海：上海书店出版社，2009：12.

一套现代意义的教科书——《最新教科书》（商务印书馆1904年版）出版发行，紧接着由清学部编撰的第一套国定本教科书也开始陆续出版发行。这些教科书首先是以“教科书”命名，其次要素基本齐全，分册、分年级、分学科编写，有配套教授书发行，已经是很完整的现代意义的教科书了。[1]

第三，教科书编写主体发生变化。这一阶段的教科书作者大多是中国学人，以留日学生群体为主，部分教科书原型也来自日本教科书。以商务印书馆和文明书局等为代表的中国本土民间书坊开始加入教科书编写与出版队伍。

（三）教科书的兴盛与规范化时期

时间大致定位在中华民国成立到壬戌学制颁布及其相应的教科书编写出版使用[2]。中华民国的建立，把教科书推向了重要的发展阶段。清末到民国早期，各种思潮纷至沓来，形成了中国历史上教科书受各种新思潮、新主义影响，发展最开放、最活跃的时期之一。新教育思潮下多样化的教科书不断涌现，为民国共和思想的传播和民国教育的发展作出了重要贡献。这一阶段的主要特点有：

第一，清末旧教科书全部退出，民国新政体要求下的新教科书迅速登场。为适应1922年新学制需要，成套而完整的教科书逐渐实现对学校教学的全覆盖，零散的、单本单科的、小型出版机构的教科书逐渐被挤出学校、挤出市场，新教科书编写与出版机构以商务印书馆、中华书局以及后起的世界书局为突出代表。

第二，教科书编写主体再次发生变化。1922年新学制的出台，以适应该学制的教科书的编写出版，把留欧美学生推上了教育的前台。留欧美学生逐渐取代留日学生成为教科书的主要编撰队伍，大批崭露头角的学者参与到教科书的编写中。

第三，以白话文编写的教科书逐渐取代文言文教科书，横排教科书逐渐取代竖排教科书，教科书外在形式基本定型。从表面来看，白话文只是一种语言形式，它与教育内容的新旧无必然的关系。但白话文具有平民性和大众性，对国民文化的普及，对塑造国民全新的世界观、价值观都意义重大，可以说，白话文是传播新文化、新思想的有效载体。民初白话文的使用，使得现代教科书以摧枯拉朽之势普及。同理，没有海量的教科书，任胡适等知识分子如何呼号呐喊，白话文的普及都可能非常缓慢。

（四）多种政治制度并存下的教科书发展时期

这一阶段大致从1927年开始，一直持续到1949年。前期是教科书稳定、制度化并略显沉闷时期；中后期是教科书全面服务抗战、服务尖锐的阶级对抗的时期，是一个统整和分化并行的时期。

[1] 在我们看来，现代意义的教科书要符合如下基本条件：分册、分开级编写，按学科编写，有配套的教授书或教授法。

[2] 因为根据新学制编写的教科书全面投入使用总会滞后于新学制实施几年，所以此阶段约到1927年前后。

抗日战争的爆发致使中国政治格局发生新的变化，由土地革命战争时期中国共产党领导的革命根据地和国民党统治区域，到解放战争时期逐渐分割成解放区、国统区、沦陷区的不同政治气候，形成了不同政治语境下的教科书新格局。

第一，国民党的党化教育、三民主义教育在教科书中强势出现。国统区教科书的编写与出版逐渐往国定本集中，教科书逐渐进入相对平稳甚至沉闷的发展时期，日益规范化、标准化，但也少了开放的生气，少了创新的锐气，教科书发展的兴盛时期结束了。

第二，中国共产党领导的抗日根据地及解放区的教科书呈现出服务抗战、服务党的宣传的鲜明特征。它们为共产党的事业发展和壮大作出了重要贡献，为新中国教科书建设铺垫了基石。

第三，抗战时期，沦陷区教科书的奴化教育色彩浓厚，尤以伪满洲国的教科书为甚。

总体而言，抗战期间的地缘政治导致教科书分化发展，教科书的社会动员与政治宣传功能发挥到极致。

二

尼采说过：重要的不是怀念过去，而是认识到它潜在的力量。而要认识教科书的潜在力量，恰恰又需要认清楚教科书的过去或过去的教科书。这是我们编撰这套教科书图文史的初衷之一。

首先，早期教科书对于我国现代科学具有重要的启迪、导引甚至定型价值。著名学者托马斯·库恩（Thomas kuhn）认为“任何一门科学中第一个范式兴起的附带现象，就是对于教科书的依赖”[1]。中国一些学科的早期发展与定型，几乎都离不开早期教科书。比如，有研究认为张相文《初等地理教科书》和《中等本国地理教科书》的出版，标志着中国民族的新地理学的产生[2][3]。台湾学者王汎森认为，在近代中国建立新知的过程中，新教科书的编撰具有关键的作用，很多学科的第一代或前几代教科书，定义了我们后来对许多事物的看法，史学就是其中的一个[4]。傅斯年在20世纪30年代写了《闲谈历史教科书》一文，称编历史教科书“大体上等于修史”，可见其对教科书的“充分看重”[5]。

其次，早期教科书是传播新思想、新伦理的最适切的工具，是新教育得以成功的最重要的保障。在漫长的传统教育里，“三百千千”“四书五经”等都是不可撼动的经典教材，但是当新学校创办、新课程实施以后，这种不分科、不分年级，不顾教与学，只重灌输的旧教材日益暴露出它的不适应性。旧教材是可以“修之于己”，但不易“传之于人”的文本。旧学堂先生大多是凭经验和

---

[1] 托马斯·库恩. 科学革命的结构[M]. 金吾伦，胡新和，译. 北京：北京大学出版社，2003：85.

[2] 杨吾扬. 地理学思想史纲要[M]. 开封：河南大学地理系，1984：98.

[3] 林崇德，姜璐，王德胜. 中国成人教育百科全书：地理·环境[M]. 海南：南海出版公司，1994：192.

[4] 王汎森. 执拗的低音：一些历史思考方式的反思[M]. 北京：生活·读书·新知三联书店，2014：33.

[5] 傅斯年. 傅斯年集[M]. 广州：花城出版社，2010：401.

理解来教的，学童大多是凭禀赋和努力来学的，大多的结局是“人人能读经而能经学者无几，人人能识字而能小学者无几，人人能作文而能词章学者无几”[1]。所以，在西学知识大量涌入中国、新式教科书逐渐进入新学堂的时代，理论上旧教材就已经失去了作为新学堂教材继续存在的基础。尤其是废科举、兴学堂之际，旧教材被取代已经是大势所趋。传统旧教材不敌按照现代教育学理论构建的、关注教也关注学的新教科书。当时的士人事实上已经意识到旧教材与新教科书之间的巨大差距，甚至认为，即便教旧内容，也应该用新形式。许之衡1905年就指出，经学乃孔子之教科书，今人能够完全理解者极少，这因为旧教材与今天的新教科书不同，“使易以今日教科书之体例，则六经可读，而国学永不废”[2]。这实际上等于已经承认旧教材不如新教科书效果好。张之洞更是明确表示，中学之“存”不能不靠西学之“讲”。[3]可见，现代意义的教科书闪亮登场完全是时代所需，是应运而生，而且一出现，就以摧枯拉朽之势取代了旧教材，新式教科书地位得以确立。到《最新教科书》出现时，教材的性质发生了巨大的变化，在文本意义上真正实现了教与学的统一，以“教科书”命名的现代新式教科书全面登场，完成了由纯粹的教本、读本向教学结合文本的转型。

再次，早期教科书为我国的现代化进程培养与输送了大批新式人才。到第二次鸦片战争之后，洋务派及当时的先进知识分子基本上已经认识到中国落后于西方，主要是人才的培养落后，是科学技术落后。因此，中国要改变落后挨打的局面，就必须发展新式教育，大力培养人才。而新式教育的成功，依赖于新式教科书。19世纪末20世纪初，中国历史的进程到了一个极具转折意义的时刻，新式学堂如雨后春笋般涌现，一批最不能遗忘的教科书诞生了，演绎了一幕思想大启蒙、科学大传播的历史教育剧，它们为启民智、新民德，培养大批现代社会的呐喊者和建设者，作出了重要的知识贡献和人才储备。

章开沅先生曾经为戊戌变法的失败找原因：“百日维新是幸逢其时而不得其人。”[4]这是非常有道理的。不过，戊戌变法的失败也许还与新教育即开而未开，新教科书即出而未出，即将找到但还没有大规模实践传播改革思想的媒介或工具有关。在这一意义上，确实是“不得其人”。即便在士大夫精英中，有新思想、新知识者也寥寥无几，更不要说普通民众了。这个时候，任变法者颁布的维新诏令雪花般飞舞，也只能看作主观愿望，一厢情愿。社会还没有准备好，心态、舆论、思想、观念都还没有准备好迎接这场变法。所以，不管是谁，都无法完成这场不能完成的变法，它失败得如此迅速也就在情理之中了。谭嗣同曾经自责性急而导致事情不成。其实，性急也就意味着时候还不到，之所以时候不到，是因为新思想之星火还未成燎原之势，人才还没有储备到基本够用。

几年后情况变了。维新变法以后十余年，几乎是新思想、新观念如火如荼的燎原时期，其中新教育、新式教科书教材起了重要作用，它把新思想、新观念传播到千家万户，由此推动了近代中国

[1] 罗志田. 裂变中的传承：20世纪前期的中国文化与学术[M]. 北京：中华书局，2003：143.

[2] 许之衡. 读国粹学报感言[J]. 国粹学报，1905（6）：4.

[3] 罗志田. 裂变中的传承：20世纪前期的中国文化与学术[M]. 北京：中华书局，2003：143.

[4] 章开沅. 改革也需要策略[J]. 开放时代，1998（3）：12-13.

启蒙高潮的形成。严格地说，辛亥革命的成功一定程度上与当时的变革舆论的传播和革命思想的宣传有密切关系。当时初步的民主自由的思想、宪政共和的观念随着海量新式教科书铺天盖地而来。以《最新教科书》为例，1904年一经出版便势不可挡，在那毫无现代化营销渠道的时候，“未及数月，行销10余万册”[1]。1907年有传教士惊叹，商务印书馆“所编印的优良教科书，散布全国”[2]。民智为之而开，民德为之而新，武昌的枪炮声尚未完全平息，许多地方已经插上了革命的旗帜。读书声辅佐枪炮声，革命的成功乃成必然。没有教科书的普及，就不会有民众思想与观点的前期储备，就不会有辛亥革命的一呼百应。某种意义上，教科书的出现比康有为等人深邃的著作，对普通民众的影响更大。

最后，早期教科书是中国课程与教学论的重要研究领域，它对今天的教科书建设仍具有难得的参考价值。早期教科书的内容结构与形式呈现，选文的经典性与时代性、稳定性与变迁性，作业设计与活动安排等，都是今天课程教学论需要研究的，都是教科书编写值得参考的。课程教学历史不是一个个文本，可离了文本，历史难以企及。今天看来，几乎教科书的所有要素、结构与类型，都发生并完成在19世纪后期至20世纪20年代，以后只是在这些基础上的漫长提质过程。我们完全可以从今天的教科书中看到百年前教科书的样子。遗憾的是，总体上我们对这一时期的教科书研究还不够，这是一个学术开拓空间非常广阔的研究领域。教科书是一个跨学科、综合性的资料库和研究域，种类繁多的教科书，对政治、经济、文化、教育有全方位的反映和描述，是研究该时期社会思潮、观念认识、语言形态、乡风民俗、价值观、人生观等领域的鲜活而宝贵的历史材料。大部分学科可以从中获取本学科需要的早期研究史料及发展素材。这是一个没有断裂的、连续的而又变化的学科发展史的活资料库。难怪不同学科的科学史专家对现代科学引入、发展与定型的研究几乎都要盯着早期教科书。[3]

三

几乎没有教科书可以溢出教科书史的范畴，也几乎没有一个教科书文本能够挣脱教科书史的发展谱系而天然地、孤立地获得价值。教科书一定是继承的，也是创新的；一定是独立的文本，也是系列文本。站在教科书的历史延长线上，摆在我们面前可资借鉴的精神遗产既广阔又复杂。系统梳

---

[1] 王建军. 中国近代教科书发展研究[M]. 广州：广东教育出版社，1996：111.

[2] 林治平. 近代中国与基督教论文集[C]. 台北：宇宙光出版社，1981：219.

[3] 比如郭双林著《西潮激荡下的晚清地理学》（北京大学出版社2000年版）、邹振环《晚清西方地理学在中国：以1815至1911年西方地理学译著的传播与影响为中心》（上海古籍出版社2000年版）、杨丽娟《地质学在中国的传播与发展：以地质学教科书为中心（1853—1937）》（浙江古籍出版社2022年版）、张仲民等《近代中国的知识生产与文化政治：以教科书为中心》（复旦大学出版社2014年版）等，甚至本杰明·艾尔曼《中国近代科学的文化史》（上海古籍出版社2009年版）等，都把早期教科书与早期科学的发展紧密关联起来。

理其实很难，厘清它们的背景与意义更难。本套书涉及的教科书覆盖1840—1949年晚清民国中小学主要学科。而在清中晚期，学堂课程并未定型，很多学科边界也不明晰，教科书本身也未定型，诸如格致教科书、博物教科书、蒙学课本、蒙学读本等均属于这种情况，均有综合类教材的色彩。一些教科书按今天的课程命名不好归类，一些教科书更是随着课程的选取而昙花一现，这都给我们今天的梳理带来了困难。所以，有些早期教科书也许出现在不同分卷上，比如格致教科书，有可能出现在物理卷，也可能出现在化学卷、生物卷。同理，也有些早期教科书因为分类不明晰，所以各卷都可能忽视、遗漏了它。也有些教科书实在不好命名，比如早期的修身、后来的公民一段时期也出现过“党义”“三民主义”等等，都和今日之课程名称不能完全对应。

教科书发展史的梳理需要依赖过去师生用过的文本，这是历史上的课堂教学活动仅存下来的几种遗存之一。本套书的一个特点就是看重教科书实物，这遵循了我们的研究原则：不见课本不动笔，不见课本慎动笔。我们很难想象离开教科书实物的教科书脉络的梳理。无文本，不研究，慎研究。就好像中国的小说史、诗歌史、电影史研究，甚至任何文本研究，离开文本，一切都是浮云。特别是教科书，它和其他任何文本不一样，因为其他文本都有独一无二的名称，独一无二的作家，一提起某某人的某某书，大家就有明确的指向性，绝不会混淆犯晕，研究者和读者可以在同一文本上展开对话。比如曹雪芹的《红楼梦》，茅盾的《子夜》。唯有教科书是名称高度雷同的文本，我们说“历史”，说“数学”，几十年上百年一直这么说，成百上千的、完全不一样的文本都是这个名称，因此让研究者和读者很难迅速在同一文本上展开对话的命名，如果不展示文本的实物图像，很容易让人云里雾里一时半会进不了主题。如何让读者明白我们是在讨论这本《历史》，而不是那本《历史》？

由此，本套书特别关注图文结合，简称“图文史”。适时展示教科书实物照片，让读者能够比较清晰地知道我们在讨论哪一种教科书。而且，以图证史、以图佐文也是我们的重要追求（沿袭了《新中国中小学教科书图文史》的风格）。南宋史学家郑樵曾在《通志·图谱略》中谈到图文结合的价值是“左图右史”“索象于图，索理于书”。足见图像对学理呈现的重要性。确实，有时图像比文字包含更多的东西。英国著名史学家彼得·伯克（Peter Burke）在《作为证据的图像：十七世纪欧洲》（*Images as Evidence in Seventeenth-Century Europe*）一文中提出，图像是相当重要的历史证据，要把图像视为“遗迹”或“记录”，纳入史料范围来处理。他著有《图像证史》（北京大学出版社2008年版）一书，专门研究怎么让图像说话。在他看来，现在的学界已经出现了一个“图像学转向”（Pictorial Turn）。

本套书以时间为经，以学科为纬，以文领图，以图辅文，由语文（国语、语文）、数学（含珠算）、外语（英语、日语、法语）、科学、物理（含格致等）、化学、生物、德育（修身、公民、政治）、历史、地理（含地文学、地质学等）、音乐、体育、美术共13册组成。这套书与《新中国中小学教科书图文史》（广东教育出版社2015年版）衔接贯通，比较系统地呈现出一个多世纪以来中国近现代中小学教科书的发展历史，也算了却我们一个心愿。

这套书的编写非常艰难。一是作者的组织不易。从事教育史、学科史研究的学者相对较多，即便是学科课程史也有不少研究者，但长期研究教材史（像内蒙古师范大学的代钦教授之于数学教材史、上海师范大学的胡知凡教授之于美术教材史）的学者还是相当少的，长期研究教材史而又有暇能够参与本套书编写的人更少，能够集中一段精力主动参与本项目的研究者更是少之又少。二是虽然我们最后组织了一个小集体，但这些作者多是高校的忙人，有的还是大学的校级领导，尽管他们已经尽力了，但让他们完全静下心来如期而高质量地完成任务还是很难。三是项目进行期间遭遇三年新冠疫情，而要较好地完成这套书，需要翻阅大量教科书文本实物，疫情使得我们几乎没有办法走进首都师范大学教科书博物馆，更不要说将书中文本与实物一一对应，而有些文本的照片及其清晰度又几乎是必不可少的。这一切因素都直接影响了本套书的进展，也影响了书中一些照片的品质，加之受限于作者和主编的水平导致各卷质量多少有些不均衡，难免遗憾。还有方方面面不必一一言说的困难。说实在的，我这个主编有时候很有挫败感，也很难受。不仅我难受，有些作者也被我逼得很难受，逼得他们害怕收到我的微信，逼得他们害怕回复我的要求。对不起这些作者！感谢之余，希望得到他们的谅解。

主编难，作者难，责任编辑也很难。

难为广东教育出版社的卞晓琰、林检妹、黄倩及其团队成员了。他们要面对作者，面对主编，面对多级领导，面对一而再再而三进行的审读与检查，面对有时候模糊不清的照片和让人提不起神的文字。他们要一一解决，一一突破。他们做到了，只是多耗了一杯又一杯的猫屎咖啡，多熬了一个又一个的漫漫长夜。面对他们的执着与认真，我们还能松懈、还敢松懈吗？我们的水平不易提高，态度还是可以端正的。感谢他们！

感谢广东教育出版社社领导多年来的支持与看重。曾经有学界朋友对我说：你们的成果要是在北京的国家级出版社出版就好了！我笑笑。我以前说过：我看重认真做我们的书的人和出版社。今天我还是这么说，我依然把郑重对待一个学者的学术成果作为选择出版社最重要的标准，这就是我们选择广东教育出版社的原因。感谢他们！感谢广东教育出版社几任社领导及其具体操持者对我们作品的看重！

感谢时任教育部教材局局长、现在是我的同事的田慧生教授长期对我们的关心！感谢首都师范大学孟繁华教授对我们研究成果的支持！感谢首都师范大学教育学部、教育学院及首都师范大学教科书博物馆提供的各种帮助与便利！感谢我的同事和我们可爱的博士、硕士团队！感谢给我们直接、间接引用了其研究成果或给我们以启发的所有专家学者！感谢在心，感激在心，感恩在心。

2024年7月20日于北京学堂书斋

（石鸥，首都师范大学教育学部教授、博士生导师）

目录

1912 1897 1840

第一章

近代地理教科书的滥觞（1840—1896）

中国古代学校没有专门进行地理教育的课程，地理知识大多分散在经、史、子、集等古代典籍之中，特别是中国历代史书大多有“地理志”的专门章节。鸦片战争后，随着传教士广泛在华兴办的教会学校和晚清政府洋务派开办的洋务学堂的迅速发展，地理（舆地）课程纷纷进入学堂。由于缺乏新式地理教科书，翻译和引进西学地理教科书成为必然与首务。

1840

第一节
教会学校西学地理教科书的翻译与引进

虽然西方传教士来华的历史可追溯到唐朝，但西方基督教会在中国创办学校始于19世纪初。19世纪初，随着资本主义势力进一步东扩，西方基督教国家海外传教事业也随之兴盛。1815年，基督教新教英国伦敦传道会（London Missionary Society）派遣的第一个来华传教士罗伯特·马礼逊（Robert Morrison，1782—1834）和助手英国传教士威廉·米怜（William Milne，1785—1822）在南洋马六甲创办了“中文学院”。中文学院于1818年改名为英华书院（Anglo-Chinese College）。旨在培养中国传教士的英华书院尽管不是在中国本土创办的，但却是中国近代第一所由外国传教士举办的、主要面向华人的教会学校。

早在1807年罗伯特·马礼逊就到达广州，开始进行传教活动，1834年在广州病逝。1836年，他在广州的英美等国同仁和商人为了纪念他设立了“马礼逊教育会（Morrison Education Society）”。1839年11月，马礼逊教育会聘请美国耶鲁大学毕业生布朗（Samual Robbins Brown，1810—1880）在澳门以德国传教士郭实腊（Karl Friedich August Gutzlaff，1803—1851）的夫人温施蒂（Wanstall）所办女子私立学校和男塾为基础创办了马礼逊学堂。马礼逊学堂成为中国近代第一所由外国传教士在华兴办的教会学校，标志着基督教在华教育事业的开端。它也是中国近代第一所由外国人开办的新式学堂[1]，开了中国近代教育的先河。

无论是英华书院还是马礼逊学堂，宗教教育是学校课程的中心，但考虑到世俗领域对西学知识人才的需要，它们都开设了包括地理在内的相关科学课程，编译了一些西学地理教科书或者包含地理学的西学教科书。例如，1819年继马礼逊、米怜之后，英国伦敦传道会来华传教的麦都思（Walter Henry Medhurst，1796—1857）在马六甲编译出版的《地理便童略传》（*Geographical Catechism*），就是一部供马六甲英华书院学生用的简明西学地理教科书。[2]该书单行本共21页，前面有两幅地图，一是地球万国，中国是在地图中偏右的位置，日本处于极东；二是四分全图，包括画有南北亚默利加（今译亚美利加，即美洲）的西半球图。全书采用问答式，分8回70问，第一回

[1] 张伟保. 中国第一所新式学堂：马礼逊学堂[M]. 北京：中国社会科学出版社，2012.

[2] 邹振环. 麦都思及其早期中文史地著述[J]. 复旦学报（社会科学版），2003（5）：100.

“论地分四分”：“一在东，名曰亚西亚；一在北，名曰友罗巴（今译欧罗巴，即欧洲）；一在南，名曰亚非利加（今译阿非利加洲，即非洲）；一在西，名曰亚默利加”；第二回论中国；第三回论印度等国；第四回论亚拉彼亚（今译阿拉伯）及如氐亚（今译犹太）等国；第五回论英吉利国；第六回论友罗巴列国；第七回论亚非利加；第八回论亚默利加。全书对中国、印度、埃及、俄国、德国、英国、美国等国家的边界、面积、物产、人口和宗教等情况都作了介绍，对美国、英国的形成历史和政治制度方面的特点也有所介绍。[1]《地理便童略传》可能极少流入中国，今天从文献中几乎没有发现它在国内有什么影响[2]，但它却是第一部由基督教新教传教士编写的汉文地理学教科书[3]，或许亦是用中文编撰的我国近代最早的地理教科书，现收藏于英国牛津大学图书馆[4]。

1840—1844年担任英华书院院长的近代英国著名汉学家、传教士理雅各（James Legge，1815—1897）于1856年为香港英华书院编译出版了中英双语教科书《智环启蒙塾课初步》。该书以英国约克郡聋哑学校校长查尔斯·贝克（Charles Baker，1803—1874）的*Graduated Reading：Comprising a Circle of Knowledge in 200 Lessons*为底本改写而成，原著是为不同年龄的儿童编写的新教科书系列的一种，1848年由伦敦的Thomas Varty出版社出版。[5]《智环启蒙塾课初步》全书共二十四篇（subject）二百课（lesson），凡五十五页[6]，初版中英文对照，上段为英文，下段为中文，每课约60-100个汉字，内容涉及基督教的基本教义和西学的基础知识，西学基础知识涵盖天文、地理、政治与经济等学科，俨然一部“小百科全书”。继初版刊行后，《智环启蒙塾课初步》有1864年及1868年香港改订版、1873年上海墨海书馆英文删节版和1895年香港文裕堂活字版等版本。[7]

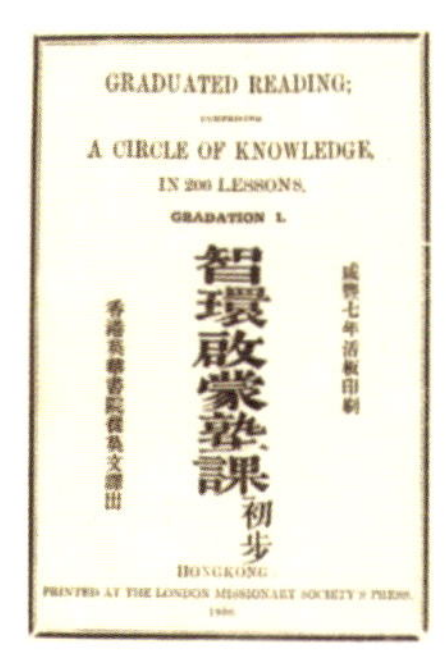

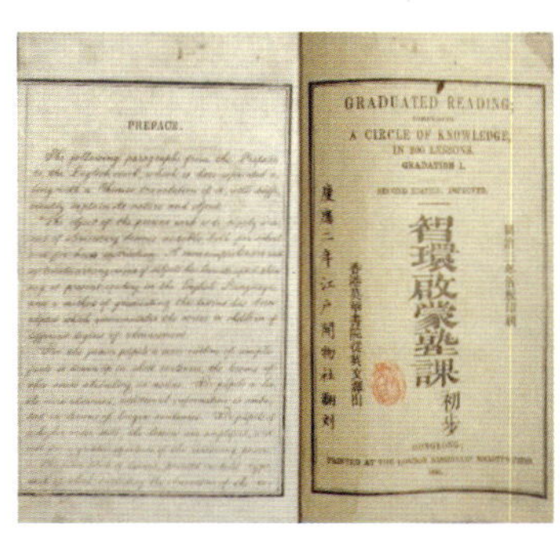

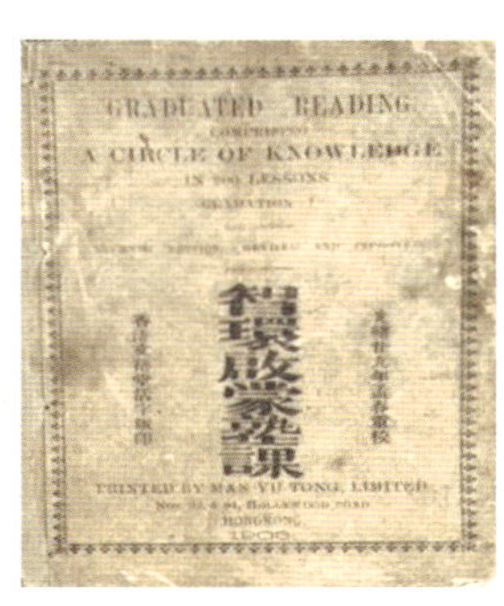

图1—1　左图、中图：《智环启蒙塾课初步》，理雅各编译，咸丰七年（1857年）活版印刷，同治三年（1864年）活版印刷；右图：《智环启蒙塾课》香港文裕堂活字版印，光绪二十九年（1903年）版

[1] 邹振环. 晚清西方地理学在中国：以1815至1911年西方地理学译著的传播与影响为中心[M]. 上海：上海古籍出版社，2000：71.

[2] 黄时鉴. 东西洋考每月统记传导言[M]//爱汉者，等. 东西洋考每月统记传. 黄时鉴，整理. 影印本. 北京：中华书局，1997：26.

[3] 邹振环. 麦都思及其早期中文史地著述[J]. 复旦学报（社会科学版），2003（5）：99.

[4] 徐冰. 中国近代教科书中的日本和日本人形象：交流与冲突的轨迹[M]. 北京：商务印书馆，2014：28-29.

[5] 刘禾. 世界秩序与文明等级[M]. 北京：生活·读书·新知三联书店，2016：250.

[6] 岳峰. 架设东西方的桥梁：英国汉学家理雅各研究[M]. 福州：福建人民出版社，2004：138.

[7] 沈国威. 前后期汉译西书译词的传承与发展：以《智环启蒙塾课初步》（1856年）中的五带名词为例[J]. 中华文史论丛，2009（2）：251-253.

《智环启蒙塾课初步》中介绍西学地理学知识的是第十二篇“地论　OF THE EARTH”和第十六篇“地球分域等论　OF CLIMATES，ETC.”。第十二篇共10课，包括第91课至第100课[1]，其中第96课为“土石类与卤石类论”，第97课“金类论”，第98课“着火质类论”，第99课“金类之用论”，第100课“宝石论”。第十六篇共12课，涉及地形、矿产、五带、气候、物产等内容，其题目如下：第121课“四方”，第122课“赤道及五带”，第123课“热带”，第124课“二寒带”，第125课“二温带”，第126课“诸带土人”，第127课“寒暑道”，128-132课“诸寒暑道土产”。[2]

《智环启蒙塾课初步》是理雅各为中国学生而编译的，但是这部书当时在中国却没有受到足够的重视，反而在邻邦日本产生了深远的影响。

美国传教士布朗在马礼逊学堂担任首任校长时所采用的地理教科书是乃柏利著《地理学》（*Perley's Geography*）[3]。该书详细地介绍了世界各国的历史地理、民族风俗、语言、宗教、文化等。[4]1855年法国天主教会在上海创办徐汇女中，1864年格兰德（Eliza Gillette）在北京创办贝满女校，1864年美国长老会传教士狄考文（Calvin Wilson Mateer，1836—1908）在山东登州创办文会馆等等，这些教会学校都相继开设了地理课程[5]，编译了相应的地理教科书。

---

[1] 岳峰. 架设东西方的桥梁：英国汉学家理雅各研究[M]. 福州：福建人民出版社，2004：138-139.

[2] 沈国威. 前后期汉译西书译词的传承与发展：以《智环启蒙塾课初步》（1856年）中的五带名词为例[J]. 中华文史论丛，2009（2）：254-255.

[3] 邹振环. 晚清西方地理学在中国：以1815至1911年西方地理学译著的传播与影响为中心[M]. 上海：上海古籍出版社，2000：268.

[4] 梁碧莹. 美国人在广州：1784—1912[M]. 广州：广东人民出版社，2014：226.

[5] 陈尔寿. 中国学校地理教育史略[M]. 北京：人民教育出版社，2013：175.

第二节
教会出版机构西学地理教科书的翻译与引进

一、“学校教科书委员会”编译出版的西学地理教科书

鸦片战争之后，大批西方传教士涌入中国，教堂随之广泛设立，教会学校得到较快发展。教会学校的纷纷兴办及其学生人数的不断增加，导致教科书十分匮乏。为了解决这一困境，满足日益增多的教会学校的教学需要，光绪三年（1877年）5月，在华基督教传教士第一届大会在上海召开。会议采纳了美国传教士狄考文（C. W. Mateer，1836—1908）的建议，经决定组织“学校教科书委员会”（School and Textbook Series Committee），承担起统一编辑出版和选用教会学校教科书的任务。“学校教科书委员会”的成立，标志着我国近代第一个编辑出版教科书的专门机构正式诞生。

“学校教科书委员会”又名“益智书会”，第一届委员会由6人组成。该委员会成立伊始，经数次商讨初步决定编辑两套中文教科书，一套供初等学校使用，一套供高等学校使用，分别由傅兰雅（John Fryer）和林乐知（Y.J.Allen）负责。这些教科书涉及算术、几何、代数、测量学、物理学、天文学、地质学、矿物学、化学、植物学、动物学、解剖学、生理学、自然地理、政治地理、宗教地理、自然史、古代史纲要、现代史纲要、中国史、英国史、美国史、西方工业、语言、文法、逻辑、心理哲学、伦理科学、政治经济学、声乐、器乐和绘画等一系列科目。除了教科书外，该委员会还编辑了学校地图、植物图表、动物图表等各一套。

根据傅兰雅在1890年第二次基督教在华传教士大会的报告记载，从1877年至1890年，“学校教科书委员会”自行编辑出版的图书达50种74册，还有各类图表40幅。其中，地理类5种5册。[1]

1882年、1883年出版的《地志须知》《地理须知》是由傅兰雅编写（书名页为“傅兰雅著”）的地理教科书，在当时教会学校中比较流行，影响较大。《地志须知》不仅解释了何为地志，而且分章论述了地势名义与亚细亚洲、欧罗巴洲、阿非利加洲、亚美利加洲与太平洋列岛各国政治地理情况，每洲之前附有该洲地图。[2]全书分如下六章：第一章略释地势名义；第二章论亚细亚洲各

[1] 陈学恂. 中国近代教育史教学参考资料：下册[M]. 北京：人民教育出版社，1987：108.

[2] 郭双林. 西潮激荡下的晚清地理学[M]. 北京：北京大学出版社，2000：16-17.

国；第三章论欧罗巴洲各国；第四章论阿非利加洲各国；第五章论亚美利加洲各国；第六章论太平洋列岛。[1]其中，有一组小的地图，适合入门学生使用。[2]

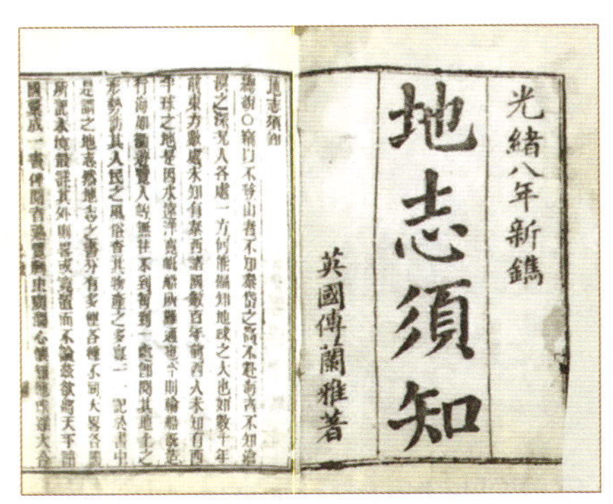

图1—2　《地志须知》，傅兰雅著，光绪八年（1882年）新镌，出版人不详

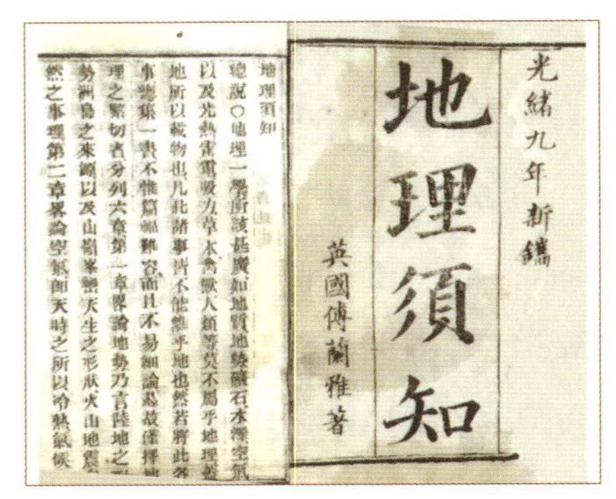

图1—3　《地理须知》，傅兰雅著，光绪九年（1883年）新镌，出版人不详

《地理须知》介绍自然地理，亦分六章：第一章略论地势，叙述陆地之形势、洲岛之来源以及山岭峰峦天生之形状、火山地震自然之事理；第二章略论空气，叙述天时之所以冷热、气候之所以燥湿、风之所以动荡吹嘘、飓之所以狂旋猛掠的原因；第三章论雨雪，叙述露、霜、雾、云、雨、雪、雹各理；第四章论水源，剖析泉源、湖泊、洋海、江河的形成原因；第五章论潮浪，叙述潮汐之涨退、波浪之大小等；第六章为地理总论，叙述地球各事。[3]全书有六页插图，适合初学者。[4]

在益智书会编辑出版的地理教科书中，《地理志略》在当时教会学校中亦特别流行，影响较大。根据傅兰雅《译书事略》所载“益智书会拟著各书目录”，有江载德（L.D.Chapin）著《万国地理》，又据《译书事略》书目附注，称各书名有已定者，有未定者。可见，《万国地理》乃傅兰雅暂定之名，而出版后定名为《地理志略》。[5]《地理志略》原著者为侨寓潞河（今北京通

[1] 石鸥，吴小鸥．中国近现代教科书史：上册[M]．长沙：湖南教育出版社，2012：35.

[2] 王扬宗．近代科学在中国的传播：文献与史料选编：下册[M]．济南：山东教育出版社，2009：632.

[3] 邹振环．晚清西方地理学在中国：以1815至1911年西方地理学译著的传播与影响为中心[M]．上海：上海古籍出版社，2000：271.

[4] 王扬宗．近代科学在中国的传播：文献与史料选编：下册[M]．济南：山东教育出版社，2009：632.

[5] 冯承钧．冯承钧学术著作集：下[M]．邬国义编校．上海：上海古籍出版社，2015：1171.

州区）的美国传教士江载德（很多书误将其写成戴德江）。《地理志略》成书之年是光绪七年（1881年）。[1]

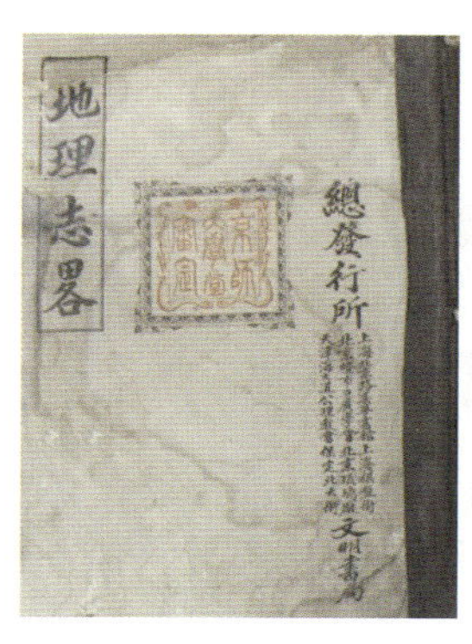

1—4

图1—4 《地理志略》（改正五版），江载德原著，谢子荣、丁辑五合校重订，福音印刷合资会社刷印

顾燮光在《译书经眼录》中对该书［光绪二十八年（1902年）福音印刷合资会社再版洋装本］评价如下："计百有九章，于五洲舆地形胜、物产绘图列说，颇为精审。卷末所载各国方里、人数、高山、大河数篇为初版所未有，其地名与《万国通鉴》异者概改一律，盖新加校订本也。"[2]

《地理志略》系江载德根据其他学者的地理学教本编译而成。[3]该书首论亚细亚洲，次欧罗巴洲，次亚非利加洲，次亚美利加洲，次欧西亚尼喀洲（Oceania的音译，即大洋洲）。举凡洲岛洋海之广狭，山岭河湖之原委，以及各国之地土、气候、形势、物产、人民、大城、国政、教事等均以文字论述其梗概。[4]

光绪三十二年（1906年）改正五版《地理志略》共计109章[5]，第一章至第十五章属部门地理学，其中，第一章论地球之形式，第二章论地球之运动，第三章论地球之园线（圆线，即纬线），第四章论地球之五道，第五章论地球之园形（圆形，指球形），第六章论水土分段，第七章论天时地气，第八章论草木禾稼，第九章论禽兽昆虫，第十章论世人族类，第十二章论世人之艺业，第十三章论语言文字，第十四章论各国政事，第十五章论天下教事。第十六章至第一百零八章属区域地理，讲述各大洲及部分国家的自然、人文地理情况，第一百零九章则为问万国通商图。[6]

《地理志略》书内载有彩色东西半球图，亚细亚等大洲及国家、区域图和万国通商图，末附中英文地名对照图[7]，还载有大量涉及风土人情、动物、人物、建筑、风景等版刻插图。地图插图绘

[1] 江载德. 地理志略：改正五版[M]. 横滨：福音印刷合资会社，谢子荣、丁辑五，合校重订. 1906：序1.

[2] 熊月之. 晚清新学书目提要[M]. 上海：上海书店出版社，2014：305.

[3] 王扬宗. 近代科学在中国的传播：文献与史料选编：下册[M]. 济南：山东教育出版社，2009：632.

[4] 冯承钧. 冯承钧学术著作集：下[M]. 邬国义，编校. 上海：上海古籍出版社，2015：1171.

[5] 王扬宗. 近代科学在中国的传播：文献与史料选编：下册[M]. 济南：山东教育出版社，2009：632.

[6] 李涵畅，毕澄，林宪生. 地理教育学[M]. 大连：大连海运学院出版社，1990 ：36.

[7] 北京图书馆善本特藏部舆图组. 舆图要录：北京图书馆藏6827种中外文古旧地图目录[M]. 北京：中国地图出版社，2012：4.

制极为工细，色彩鲜艳，文字标注细密，且印刷精良。[1]

《地理志略》被晚清著名历史地理学家、出版家王锡祺收入其主编的清末极为重要的舆地著作汇编《小方壶斋舆地丛钞》。[2]狄考文于1864年创办的山东登州文会馆地理招考课程以《地理志略》为准。[3]1906年，《地理志略》被协和医学堂列为地理考试科目教科书。[4]可见，此书在当时有较大影响力。

二、其他教会出版机构编译出版的西学地理教科书

除了“学校教科书委员会”，墨海书馆、美华书馆、广学会、上海土山湾印书馆等教会出版机构亦编译出版了西学地理学著作，这些著作虽无教科书之名，但因其内容浅显易懂，被充作教会学校使用的西学地理教科书。

（一）墨海书馆编译出版的西学地理教科书

由英国传教士创立的出版机构墨海书馆（London Missionary Society Mission Press），在1844—1860年出版了数学、物理、天文、地理等方面的科学知识书刊33种，许多被充作教会学校教科书使用[5]。其中，作为地理教科书的代表作是英国传教士慕维廉（William Muirhead，1822—1900）编译的《地理全志》（*Universal Geography*）。该书分上、下两编，共十五卷，分别于1853年、1854年出版。

该书上编分五卷，正文前有慕维廉写的英文序言、创造天地万物记和中文序言，首篇列有地理总志、地理名解、水土略分论，卷一到卷五依次为亚西亚全志、欧罗巴全志、阿非利加全志、亚墨利加（亚美利加）全志和大洋群岛全志。每一洲志均分为位置、界限、山脉、岛屿、海湾、河流、湖泊、矿藏、动植物、户口、教门、吏治、朝纲、文艺等，洲志后面叙述各国地理，系统而又简略[6]。下编分十卷：卷一为地质论，主要论述陆海的地质变迁；卷二为地势论，分州（大洲）、岛、山谷、高原、平野（平原）、地洞地裂、冰山、火山、地震论等11节，主要叙述地貌学知识；卷三为水论，分水质、水气候、水光色、泉、河、湖、洋海深浅、波浪、潮汐、平流等11节，主要论述水文学、海洋学的知识；卷四为气论，分空气、风、云雾、雨、雪雹露霜、暑寒、气候、同热

[1] 王扬宗. 近代科学在中国的传播：文献与史料选编：下册[M]. 济南：山东教育出版社，2009：632.

[2] 熊月之. 晚清新学书目提要[M]. 上海：上海书店出版社，2017：119. 上海图书馆. 中国丛书综录（二）子目[M]. 上海：中华书局，1961：626. 林远辉，张应龙. 中文古籍中的马来西亚资料汇编[M]. 吉隆坡：马来西亚中华大会堂总会，1998 ：665.

[3] 郭大松，杜学霞. 中国第一所现代大学：登州文会馆[M]济南：山东人民出版社，2012：102.

[4] 王学珍，张方仓. 北京高等教育文献资料选编. 1861—1948[M]. 北京 ：首都师范大学出版社，2004：216.

[5] 熊月之. 西学东渐与晚清社会[M]. 上海：上海人民出版社，1994：188.

[6] 邹振环. 慕维廉与中文版西方地理学百科全书《地理全志》[J]. 复旦学报（社会科学版），2000（3）：53.

线（等温线）、雷电论等9节，主要讨论有关气象学和气候学的知识；卷五为光论，主要论述光环雾影、虹等自然现象；卷六为草木总论，叙述植物地理学、土壤地理学的知识；卷七为生物总论，简介动物地理和生物地理知识；卷八为人类总论，简介人种学知识；卷九为地文论，分地文志、地球、行星轨道、行星本轴（自转轴）、日属行星、昼夜、四时、岁月日、暑寒道、地球圆线（赤道）、经纬二线、地图论等15节，是天文知识、地球知识与地图知识等自然地理知识的大荟萃；卷十为地史论，分上、中、下三节，简介了西方地理学的发展史，较详细地介绍了荷马、希罗多德、马可·波罗、洪堡等一些西方著名的地理学家。

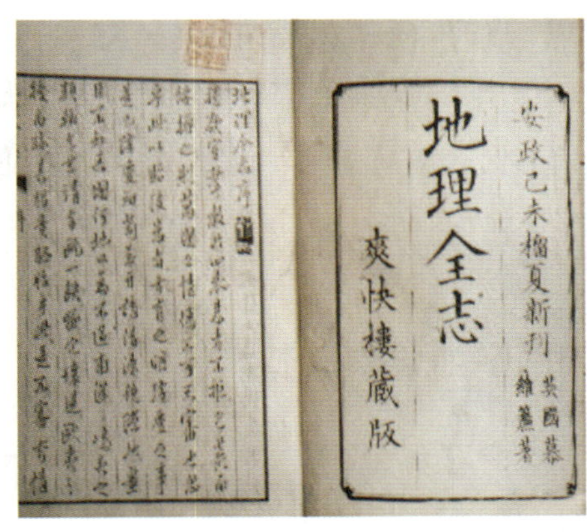

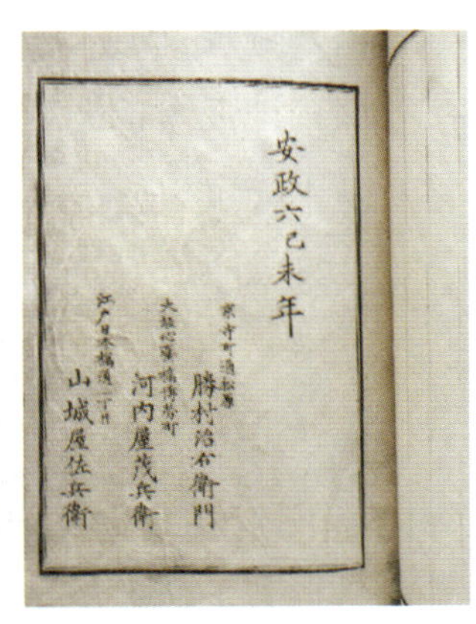

1–5

图1–5　《地理全志》，慕维廉著，日本安政已未（1859年）刻印

不难看出，《地理全志》实际上是一部中文版的介绍近代西方区域地理、自然地理和人文地理的百科全书，因此被誉为当时“东传的西方地理学译著中最杰出的代表”[1]。《地理全志》主要有初版（1853年版）、1880年版与1883年版三个版本。1880年版的《地理全志》删除了初版下编的全部内容，分五卷两册，目录与 1853 年版上编目录相同，但内容略有差异。慕维廉在初版序言中说自己编译《地理全志》是受《新释地理备考》《瀛寰志略》二书启发，而1880 年版则强调“意欲正本清源，介绍地理知识，使世人不再轻信风水之说。”[2]

1883年《地理全志》再出新版，由上海美华书馆摆印（同排印、印刷），益智书会发售。在新版序中慕维廉表示，期望借助已经在中国产生了巨大影响的《海国图志》和《瀛寰志略》来推动该书的传播。1883年版《地理全志》与1880年版一样删除了初版下编的全部内容，且删除了初版开篇的“创造天地万物记”。全书保留初版上编的主要内容，仿《海国图志》《瀛寰志略》体例，共分143章。除了第一章简要地论述地形、地动、地广、地线、地气生物等、天象、地理总论、地

[1] 邹振环. 慕维廉与中文版西方地理学百科全书《地理全志》[J]. 复旦学报（社会科学版），2000（3）：53.

[2] 杨丽娟. 慕维廉《地理全志》与西方地质学在中国的早期传播[J]. 自然科学史研究，2006（1）：50-51.

理名解、水土略分论[1]等知识外，其余均为区域地志学的内容，其中第二至四十章为亚西亚全志，四十一至八十章为欧罗巴全志，八十一至一百零二章为阿非利加全志，一百零三至一百二十九章为亚墨利加（亚美利加）全志，一百三十至一百四十三章为大洋群岛全志。各洲志均分文论、质论、政论三部分。文论讲述洲所在的经纬度、洲界广狭，质论叙述各洲的山水、湖海、地质、气候和动植物，政论罗列各洲的人口、宗教、工艺、历史、政区、学术、风俗。全书文字简约，行文流畅[2]，插入亚洲、欧洲地图各一幅，但无图例与比例尺[3]。可见，1883年慕维廉对《地理全志》的修订，实际上是模仿中国人的区域地志的著作，来改编自己的地理学百科全书。这一时期引入的西学地理学教科书其编著与修订难掩中国传统舆地学的痕迹。

1883年版《地理全志》出版后曾由上海美华书馆多次再版，有1899年、1902年版等版本，还被编入了多种丛书。梁启超在《西学书目表》称赞其“简而颇备”。但该书中部分内容宣扬上帝、美化英国，尤其是歪曲中国，影响极其恶劣[4]。

（二）美华书馆编译出版的西学地理教科书

上海美华书馆（The American Presbyterian Mission Press）创立于1860年，在19世纪末取代墨海书馆成为西方传教士在华开办的规模最大、设备最齐全、技术最先进的出版机构。美华书馆主要出版印刷宗教书刊以及供教会学校使用的教科书读本，同时亦译刊一些西方科学书籍。

其中，供教会学校作为地理教科书使用的重要著作除慕维廉1883年修订版《地理全志》［光绪二十八年（1902年）美华书馆排印[5]］外，还有《地理略说》（*Universal Geography*）和《训蒙地理志》（*Natural Elementary Geography*）。《地理略说》由美国人戴维思（J.W.Davis，1822—1900）著，美国监理会传教士潘慎文（A. P. Parker，1850—1924）与其学生美国监理会教徒、中国近代著名翻译家谢洪赉（1873—1916）合译，1898年由上海美华书馆排印。该书亦名《地理浅说》，其底本主要根据爱丁堡百科全书，但独立成册的地图则采用科尔顿的《地理学》，插图很多，极合学校使用。全书凡一百四十章，皆设为问答[6]，第一至十一章为普通自然地理；第十二至五十四章论亚洲，其中第二十九至五十四章论大清国；第五十五至七十三章论欧洲；第七十四至九十章论非洲；第九十一至九十八章论北美洲；第九十九至一百一十三章论南美洲；第一百一十四章论天下

[1] 杨尧. 中国近现代中小学地理教育史[M]. 西安：陕西人民教育出版社，1991：10.

[2] 邹振环. 慕维廉与中文版西方地理学百科全书《地理全志》[J]. 复旦学报（社会科学版），2000（3）：58.

[3] 同[1]。

[4] 郭双林. 西潮激荡下的晚清地理学[M]. 北京：北京大学出版社，2000：36.

[5] 中山大学图书馆. 中山大学图书馆古书目录丙编[M]. 北京：国家图书馆出版社，1959：31.

[6] 王扬宗. 近代科学在中国的传播：文献与史料选编：下册[M]. 济南：山东教育出版社，2009：780.

民数[1]。《地理略说》内容与《地理全志》相近而更为通俗浅显。[2]《训蒙地理志》由美国人潘雅丽（Alice S.Parker）编译，光绪二十七年（1901年）出版。该书取材于美国的儿童地理读物，全书七十二章，第一至十九章谈东西方向、地球转动、读地图之法，论指南针，解说山江河湖等自然现象；第二十至六十九章介绍各大洲各国的自然和人文地理状况；第七十一至七十三章介绍各国经纬度和宗教等内容。后附各洲面积和人口、民族表。全书解说简明，附图多幅。[3]

光绪十九年（1893年）美华书馆出版了中国人自己编纂的新式地理教科书——王亨统（通）撰《新辑地理问答》（上、下集），该书又名《地理问答》，后多次再版，有人把它视为近代中国人自编的最早的地理教科书，但其本质上仍属传统型的启蒙读本。[4]美华书馆编译出版的西方地理教科书还有光绪三十年（1904年）版、光绪三十一年（1905年）再版的王亨统编《中国近世地理志》[5]，光绪三十年（1904年）版王莲溪编辑《中国近世地理志》（上、下集）[6]，光绪三十年（1904年）[7]版王亨统编纂《绘图蒙学本国地理志》（一册），光绪三十二年（1906年）[8]版王亨统编《最新小学地理课本》（一册），光绪三十一年（1905年）版裘德生授、钟子能与高凤池校阅《地理问答》（上、下册）[9]，光绪三十一年（1905年）[10]再版王亨统编纂《新辑天文问答》（全集）[11]和光绪三十二年（1906年）第二次重印出版日本人矢津昌永著、出洋学生编译所［光绪二十八年（1902年）成立于上海[12]］译《新辑中学万国地志》等。

美华书馆在1906年11月1日发布的广告中，对《绘图蒙学本国地理志》介绍如下："《绘图蒙学本国地理志》王亨统著，当考地理诸书，美人所著者详于美，英人所著者详于英，各国皆详本国之地理。惟我国独无此，王君之所以辑本国地理志，以饷我中国垂髫之英俊也。本书共四十课，每课

[1] 邹振环. 晚清西方地理学在中国：以1815至1911年西方地理学译著的传播与影响为中心[M]. 上海：上海古籍出版社，2000：358-359.

[2] 张仲礼. 近代上海城市研究[M]. 上海：上海人民出版社，1990：909.

[3] 邹振环. 晚清西方地理学在中国：以1815至1911年西方地理学译著的传播与影响为中心[M]. 上海：上海古籍出版社，2000：359.

[4] 邹振环. 晚清西方地理学在中国：以1815至1911年西方地理学译著的传播与影响为中心[M]. 上海：上海古籍出版社，2000：284.

[5] 高柳信夫著. 中国"近代知识"的生成[M]. 上海：商务印书馆，2016：115-117.

[6] 王莲溪. 中国近世地理志[M]. 上海：美华书馆，光绪三十年（1904年）：版权页.

[7] 吴小鸥. 启蒙之光：浙江知识分子与中国近现代教科书发展[M]. 杭州：浙江工商大学出版社，2016：179-180.

[8] 商务印书馆. 涵芬楼藏书目录（直省府厅州县志目录）[M]. 上海：商务印书馆，1919：42. 邹振环. 晚清西方地理学在中国：以1815至1911年西方地理学译著的传播与影响为中心[M]. 上海：上海古籍出版社，2000：410.

[9] 裘德生. 地理问答[M]. 钟子能，高凤池，校阅. 上海：美华书馆，光绪三十一年（1905年）：版权页.

[10] 邹振环. 晚清西方地理学在中国：以1815至1911年西方地理学译著的传播与影响为中心[M]. 上海：上海古籍出版社，2000：410.

[11] 王亨统. 天文问答（再版）[M]. 上海：美华书馆，光绪三十一年（1905年）：王氏书目广告.

[12] 童世骏. 西学在中国：五四运动90周年的思考[M]. 上海：生活. 读书. 新知三联书店，2010：355.

约二百字，附铜版花图四十幅又有精审中国全图一大张，白纸大字，最便启蒙。”[1]

1—6

图1—6 《新辑地理问答》，王亨统撰，下卷，美华书馆光绪二十八年（1902年）版

《新辑中学万国地志》《天文问答》《地理问答》《中国近世地理志》和《最新小学地理课本》五书由美华书馆于光绪三十二年（1906年）呈送清廷学部审定。学部对《新辑中学万国地志》的审定批语是：“于各国地理尚少谬误，应审作中学堂教科书。”其他四书的审定结论均是不通过。[2]《新辑中学万国地志》作者矢津昌永当时是日本高等师范学校、东京专门学校讲师，光绪二十八年（1902年）在日本丸善社出版其《世界地理学》，同年来华，把书赠送给吴汝纶。该书是日本中学地理教科书，出版后立即受到留日学生重视，当年冬天就出版出洋学生编译所译本。[3]光绪二十九年（1903年），该书另有两种译本出版：樊炳清译《万国地志》（成都志古堂版）和吴启孙译《改正世界地理学》（文明书局版）。光绪三十二年（1906年）美华书馆第二次重印出版出洋学生编译所译本。[4]

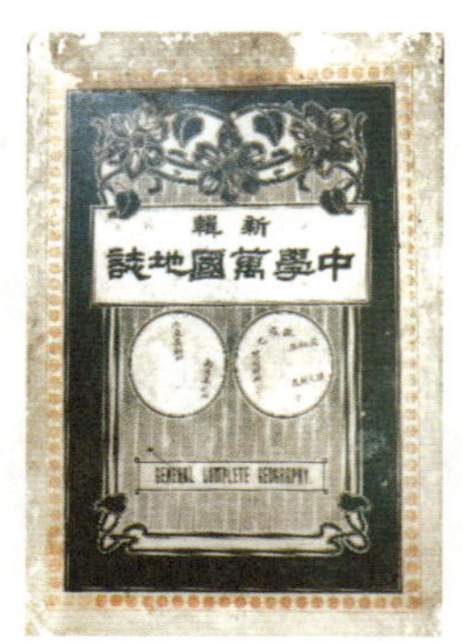

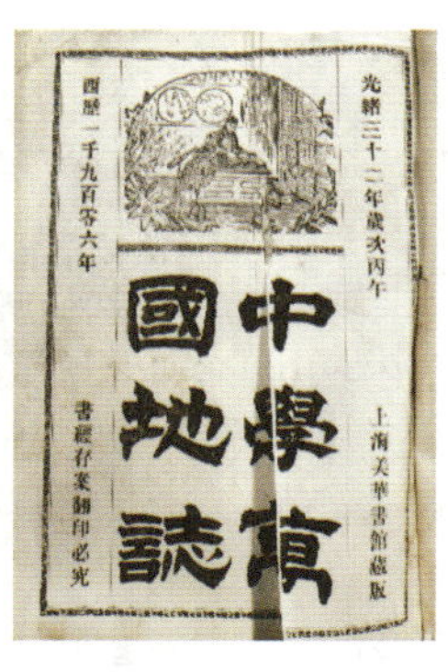

1—7

图1—7 《新辑中学万国地志》，[日本]矢津昌永著，出洋学生编译所译，下卷，美华书馆光绪二十八年（1902年）版

美华书馆在《时报》发布的广告中对《新辑中学万国地志》的介绍如下：“地理为科学之津

[1] 美华书馆. 美华书馆广告[N]. 时报，1906-11-01（0007）.

[2] 学部. 审定书目[J]. 学部官报，1906（11）：审定书目13-14.

[3] 邹振环. 晚清西方地理学在中国：以1815至1911年西方地理学译著的传播与影响为中心[M]. 上海：上海古籍出版社，2000：178.

[4] 商务印书馆. 涵芬楼藏书目录：直省府厅州县志目录[M]. 上海：商务印书馆，1919：43. 邹振环. 晚清西方地理学在中国：以1815至1911年西方地理学译著的传播与影响为中心[M]. 上海：上海古籍出版社，2000：178.

梁，知识之关键。故编纂日众，惜浅近庞杂，鲜合中学之用。是书为东西洋各国通行中学地理之佳本，壬寅（1902年）之冬由外部主事戢翼翚（湖北省第一位留日学生）译成华文出书以来，学界欢迎。兹缘再版，特请通人详加修订，故书之内容日臻美备，今录简明目次如下，**大纲**：共分百一十章，首二十为地理总论，如地质、运动、山岭、水土、风雨、气候、物产、人种、社会、宗教、国家之类，六大洲之总论及列国之事各占一章，中国独占二十五章，因祖国尤加详明。**叙事**：列国之开端、疆域、地势、山川、海岸、交通、政治、商业、教育、人民、宗教、财政、风俗、沿革、时事、地志，以上各端眉目分明，调查确当。故于列国之富强贫弱，文蛮得失，朗若指掌。**图画**：是书以地图为纲领，故附以校正五彩地图十余幅，鲜艳悦目，玩索有味，又搜采精准铜图数百幅。凡寒暑边沙之珍奇动植，列国之通都要隘，全球之名山大川，古今之名人君相，皆罗列书中，足资参考。**调查**：是书脱稿于丙午（1906年）孟春，故一切调查，如中国近时新政、通国之铁路表、海关华洋贸易册、日俄和约、瑞典挪威之分治、德法摩洛哥问题之类，较他书尤为详明。**价值**：全书二百六十余面，约二十五万言，用三号铅字洁白西纸精工排印，洋装二大册，价洋一元五角。兹将全书加以重新修订，新铸铅板地图，改为五彩石印，猥蒙学界，诸君异口同称，故销量愈广，今为第十四次刷印，谨慎加工，以副赐顾诸君雅意。北京路十八号美华书馆发行。”[1]

《新辑中学万国地志》分上、中、下三卷，上卷分地球及天体、地球之运动、水陆、社会、人种、宗教、国家、国体，亚洲总论及各国地理分论；中卷分欧洲总论及各国地理分论；下卷分非洲总论及各国地理分论、美洲总论及各国地理分论、大洋洲总论及各国地理分论。每卷均有若干插图，书前有沧桑主人序。

（三）土山湾印书馆编译出版的西学地理教科书

作为天主教在中国创立最早（1867年）、历时最长（1958年关闭）与规模最大的出版机构，在19世纪60至90年代末，位于上海徐家汇的土山湾印书馆已经成为与基督教出版机构美华书馆并列的出版中西文书刊的大型书局。到20世纪30年代，创下了印刷品总数达53万种的记录，占全国29家天主教出版机构出版物总数的1/4到1/3，在全国教会出版机构中独占鳌头。提供中外学生学习中西文化的教材读本以及出版教会学校用的课本、簿册和工具书等，是土山湾印书馆出版业务的一个特色。用作地理教科书影响较大者主要有龚柴、许彬、徐劢编译的《五洲图考》和蒋升编撰的《五洲括地歌》。

《五洲图考》主译者龚柴（？—1914）[2]，号古愚、虚白主人，法文名为Simon Kiong，江苏松江（今上海）人，曾任上海最早的天主教堂（今傅家宅70号的老堂）神甫，在地理学上造诣颇深，

[1] 美华书馆. 新辑中学万国地志管学大臣审定地理问答第十四版重印[N]. 时报，1906-04-012（0006）.

[2] 李文辉，陈名扬."半生阅历供挥洒，十幅云蓝包世宙"：龚柴及其地理学著述初探[J]. 名作欣赏，2016（4）：138-139.

在天主教在华第一份中文期刊《益闻录》上发表多篇有关自然地理、人文地理和区域地理的地理学文章，所著区域考略高达49篇，均被《小方壶斋舆地丛钞》全文收录。《五洲图考》第二名译者许彬（？—1899），字采白，上海人，天主教徒；另一译者徐劢（1851—1932），或作徐励，字伯愚，湖南平江人。

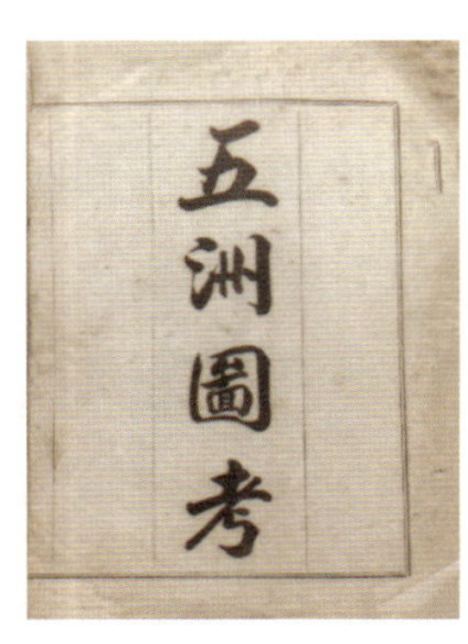

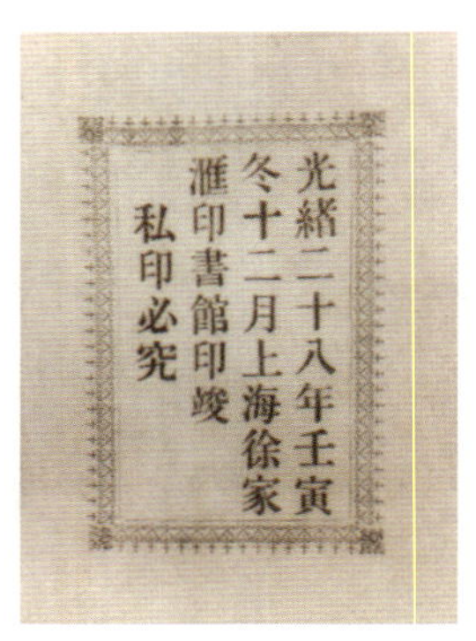

图1－8　《五洲图考》，龚柴、许彬、徐劢编译，光绪二十八年（1902年）十二月上海徐家汇印书馆印

《五洲图考》有上海徐家汇印书馆的光绪二十四年（1898年）铅印本、光绪二十八年（1902年）铅印本两种。[1]全书凡六卷四册，附图57幅，光绪二十四年（1898年）铅印本有汪康年、李杕、龚柴和许彬分别写的四个序言，光绪二十八年（1902年）铅印本仅保留李杕、许彬所写的两个序言。第一册内容为地理总论和亚洲的外国部分，第二册为欧洲部分，均系龚柴根据陆续刊载于《益闻录》的《地舆考略》撰、编译；第三册为美洲、非洲、大洋洲三洲部分，系许彬所编译；第四册为亚洲的中国部分，系徐劢所编辑；而总成其事者许彬。[2]地理总论部分包括地体浑圆、地为行星、测量地球、形势释名、天下高山、天下大川与五洲方域。第一册亚洲的外国部分及第二、三册均由总论、国家和地区（或群岛）构成。亚洲中国部分包括中国方域考、中国形势考、中国海岛考、中国物产考和中国历代都邑考及各省考略。[3]

全书对五洲各国（地区）的介绍一般都单独成为一章节，不但有“考”而且有“图”，文字前多配有较为精确的地图，每洲有总图，各国有分图，以道林纸印作插页，折叠装订入书，各种局部图则直接印入正文中（薛冰，2002）。图说部分一般介绍各国的历史沿革、行政区划、国体、政体、风俗习惯、山川物产，甚至还包括各地动物。

《五洲括地歌》编撰者蒋升（1843—1915年），字邑虚，江苏无锡人，晚清上海天主教士。

《五洲括地歌》采用“使稚齿易读、易记、易悟、易解”的七言韵语形式[4]，将五大洲所包含的国家和地区编成歌谣，以利记忆。该书先总说，然后按亚、欧、非、美、大洋五洲顺序，叙述了

[1] 商务印书馆. 涵芬楼藏书目录：直省府厅州县志目录[M]. 上海：商务印书馆，1919：43.

[2] 薛冰. 六朝松随笔文库：金陵书话[M]. 南京：东南大学出版社，2002：300-301.

[3] 邹振环. 晚清西方地理学在中国：以1815至1911年西方地理学译著的传播与影响为中心[M]. 上海：上海古籍出版社，2000：403-404.

[4] 邹振环. 土山湾印书馆与上海印刷出版文化的发展[J]. 安徽大学学报（哲学社会科版），2010（3）：11.

55个国家。后附《五洲地名中法合表》，按部首、汉文地名、所在洲、法文地名四列排列。该书1898年由土山湾印书馆出版，并于1901年、1903年分别重印。

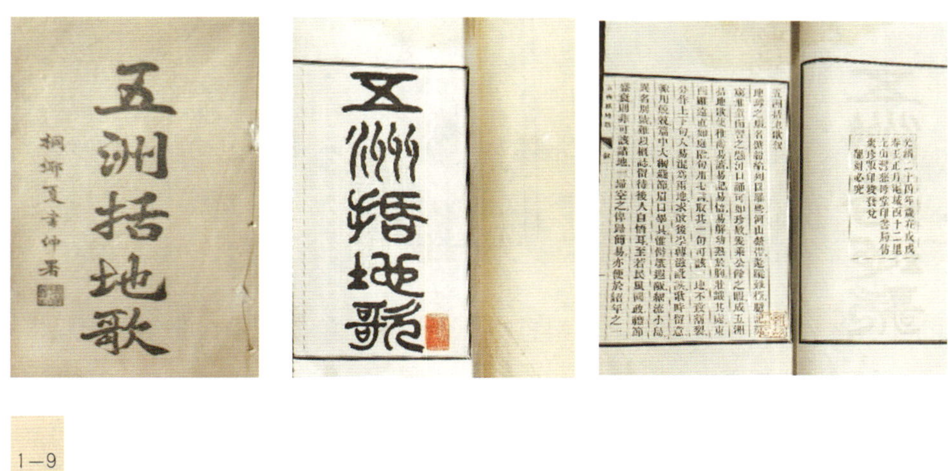

1—9

图1—9　《五洲括地歌》，蒋升编撰，光绪二十四年（1898年）土山湾印书馆仿聚珍版

此外，上海土山湾印书馆出版的用作地理教科书的图书还有孙文桢所译《坤舆撮要问答》《舆地入门》《舆学续编》和《中国地舆志略》。[1]

《坤舆撮要问答》由法文译出，光绪二十四年（1898年）铅印本初版[2]，光绪二十八年（1902年）铅印本再版。《坤舆撮要问答》光绪二十八年版分四卷，卷一为地球总论，分释名论海洋、论陆土、论川泽、绘地图法、地图虚线与万国版籍六章；卷二为亚洲中国，分中国形势和中国政治二章；卷三为大清二十二省府、州、厅、县表；卷四为五洲略志，分论亚细亚、论欧罗巴（欧洲）、论亚斐利加（非洲）、论亚墨利加（美洲）和论澳削尼亚（大洋洲）五章。书内附有如下图表：一为五洲大小　水多陆少，二为大川高山，三为各种比较图土地大小，四为民族多寡，五为中国丁口幅陨，六为陆军比较，七为水师陆军比较，八为中西名目合表。全书绘图著说，演成问答，语简意明。[3]《舆地入门》一卷，凡十六章，译自西方启蒙书，附《汇报》印行，分宇宙浅说、方向地面形势释名、五洲总论，亚洲总论、亚洲列国、欧洲总论、欧洲列国、非洲总论、非洲列国、美洲总论、美洲列国、澳洲（大洋洲）总论、澳洲（大洋洲）列国、略论中国直省题名等，所言颇明晰可读。《舆学续编》一卷，较《舆地入门》尤为详备，惟卷首事多相类，因作书者皆以释名为讲学之端，入后则不雷同，所言甚详备可观。

[1] 北京图书馆，人民教育出版社图书馆. 民国时期总书目（1911—1949）：中小学教材[M]. 北京：书目文献出版社，1995：345.

[2] 商务印书馆. 涵芬楼藏书目录：直省府厅州县志目录[M]. 上海：商务印书馆，1919：39.

[3] 熊月之. 晚清新学书目提要[M]. 上海：上海书店出版社，2017：120.

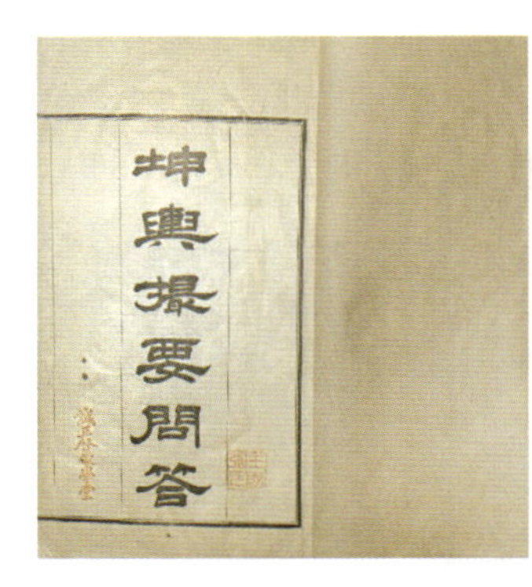

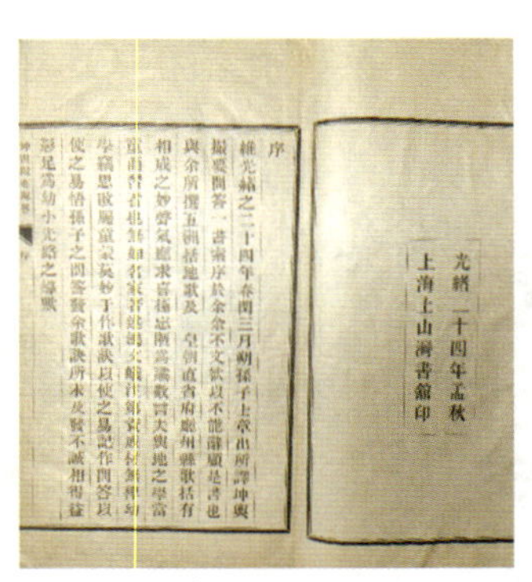

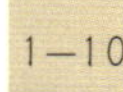

图1—10　《坤舆撮要问答》，孙文桢译，光绪二十四年（1898年）上海土山湾书局印

法国人夏之时等著、孙文桢译《中国地舆志略》于光绪三十二年（1906年）出版，用作徐汇课本。[1]该书分上、下两编，上编为十八直省总论，共五卷，卷一中国北境四章，论黄河上中下游各省；卷二中国中境四章，论扬子江（即长江下游）、淮河流域各省；卷三中国南境四章，论西江及滨海各流域；卷四滨海疆域七章，总论中国海疆，分论直隶、山东、江苏、浙江、福建、广东各滨城；卷五中国政治理财六章，论中国政体行政、丁口言语、种植牲畜渔业、矿务工艺、商务、交通道路。下编一卷四章，第一章论满洲、第二章论蒙古、第三章论新疆、第四章论西藏，后有大清二十二省的府、州、厅、县表和中法地名合璧（对照），以及中国地图、中国高低形显图、中国北境地质图、黄河源图、黄河蜀道图等分省附图共50幅，还有中国二十二省的府、州、厅、县检字表。[2]

1—11

图1—11　《中国地舆志略》，孙文桢译，光绪三十二年（1906年）上海土山湾书局出版

[1] 王有朋. 中国近代中小学教科书总目[M]. 上海：上海辞书出版社，2010：590.

[2] 邹振环. 晚清西方地理学在中国：以1815至1911年西方地理学译著的传播与影响为中心[M]. 上海：上海古籍出版社，2000：388-389.

第三节
洋务学堂、洋务译书机构翻译与引进的西学地理教科书

19世纪60年代，以“师夷长技以制夷”为宗旨，以“中学为体、西学为用”为原则，第一次大规模地引进西方军事装备、机器生产和科学技术以挽救濒亡的晚清政府的洋务运动宣告开始。洋务派通过创办洋务学堂，建立译书机构，揭开了近代中国官方有组织地正式引进西式教育与翻译西学教科书的序幕。当时影响最大的洋务学堂和译书机构分别是京师同文馆和江南制造总局翻译馆，其编译的西学地理教科书主要如下。

一、京师同文馆编译出版的西学地理教科书

洋务派在洋务运动时期创办的第一所洋务学堂是1862年成立的京师同文馆，它是近代中国第一所官办新式学堂，其最初目的是培养外语翻译人才，开始时只设英语馆，后来逐渐增设了俄文馆、德文馆和东文馆等馆。四年以后，京师同文馆相继又增设了天文算学馆、格致馆等馆，由此，京师同文馆由单纯的外国语翻译学校发展成为一所以外国语教学为主、兼习各门“西学”的综合性学校。馆中所立课程除了外国语外，还有数学、物理、化学、地理、天文测算、万国公法、医学生理等“西学”课程。

在京师同文馆1872年拟订的八年课程计划中，关于地学方面，第三年讲各国地图，第七年讲天文测算，第八年讲地理金石等。[1]为了满足开设这些课程的需要，京师同文馆设立了印书局，相应地编译了以上各学科的西学教科书，同时京师同文馆的许多西学译著在当时亦被该馆和其他新式学堂广泛采用为教科书。其中，西学地理教科书的代表作主要是：《西学启蒙》之《地志启蒙》和《地理质学启蒙》等。

《西学启蒙》是光绪初年由时任清朝海关总税务司大臣的英国人赫德（Robert Hart，1835—

[1] 陈尔寿. 中国学校地理教育史略[M]. 北京：人民教育出版社，2013：176.

1911）组织，总税务司司译、英国传教士艾约瑟执笔编译的一套内容广泛的科学启蒙读物。1886年初版称《格致启蒙》，1896年经过些许修改后以“西学启蒙”之名在上海重版；有1896年广学会版，也有1898年上海图书集成印书局版等。[1]全套书共16种，由李鸿章作序。《地志启蒙》《地理质学启蒙》是其中两种地理学启蒙读物。

《地志启蒙》共四卷，卷一绘地球仪并地图定范，论绘地图理法，包括总论（一节）、缘何绘地成图（三节）、地图如书贵于熟读（八节）、经纬界线（十三节）、绘地图法（二十四节）、地作球形绘法（二十六节）、默加多耳（今译为墨长托）绘地图法（三十节）、阅诸地图要规（三十九节）、热界图（四十一节）、温热寒五带（四十四节）等；卷二，论各大洲形势；卷三论各洋海之情形，介绍海洋学的基本知识；卷四论洲岛山原之形势，介绍地貌学的基本知识。书后附诸里异同并表，各纬度处每一经度所括海面里数多寡表，英国兵部绘图司所用以绘图之各准数表并诸号志三种。[2]

《地理质学启蒙》共七卷，卷一至卷三未分章。卷一为总论，从第一节至第十六节，介绍了该书主要内容；卷二论地球实形，从第十七节至第二十六节，叙述陆非正平、海由渐下、地圆确证、地非突凸等内容；卷三论昼夜，从第二十七节至第三十八节，叙述昼夜相继，地旋故有明暗，日非有出入，时日生于地旋等内容；[3]卷四论风气，分六章，第一章详风气为何物，第二章究风气冷暖之由，第三章明风气之热增减皆可成风，第四章考风气得失水气之原，第五章考露雾与云之原，第六章溯风雪之原；卷五论水行于地之功用，分八章，叙述江河湖海沟渠等各种水（体）的功用，第一章究雨抵地归著，第二章明源泉涌地之由，第三章明地下水之功用，第四章详地面物质缘何剥蚀，第五章明石剥成土之原，第六章溯江河沟渠之始，第七章明江河沟渠之用，第八章申论雪与冰川之功用；卷六论海，分四章，叙述海陆地势，第一章明海与陆势皆犬牙相错，第二章究海咸之故，第三章详海之运动，第四章论海之底；卷七论地球体内。

《格致汇编》1891年夏季号认为此书“与林乐知所译《格致启蒙地理》似是一稿，惟彼略而此详耳”。有研究者认为，上述二书虽篇幅不大，但较以往的地理学译著显得比较全面与准确。[4]

---

[1] 石鸥，吴小鸥. 中国近现代教科书史：上册[M]. 长沙：湖南教育出版社，2012：39.

[2] 邹振环. 晚清西方地理学在中国：以1815至1911年西方地理学译著的传播与影响为中心[M]. 上海：上海古籍出版社，2000：126-128.

[3] 同[1]。

[4] 同[2]。

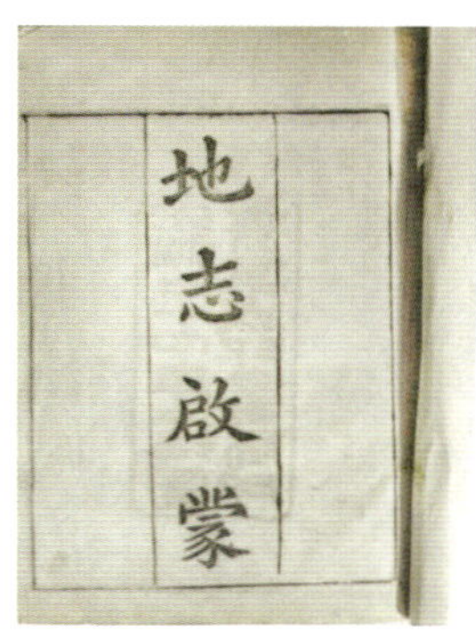

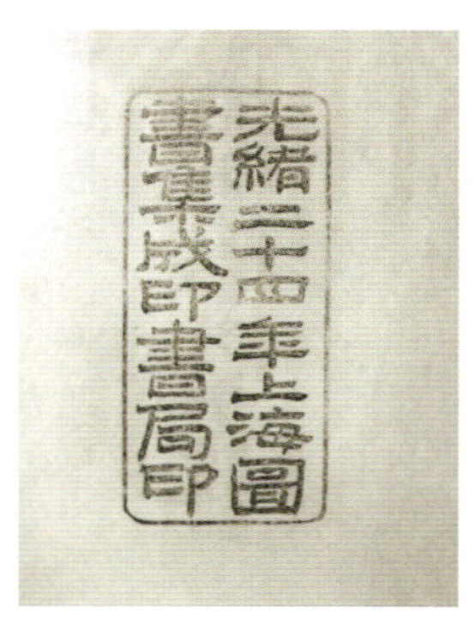

1—12

图1—12 《地志启蒙》，光绪二十四年（1898年）上海图书集成印书局印

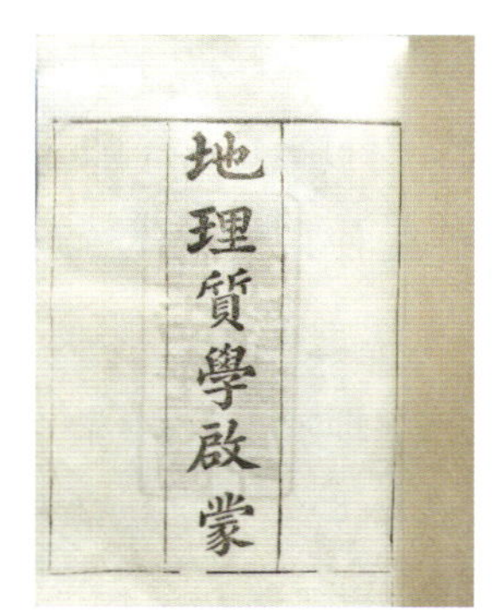

1—13

图1—13 《地理质学启蒙》，光绪二十四年（1898年）上海图书集成印书局印

二、江南制造总局翻译馆编译出版的西学地理教科书

江南制造总局翻译馆是19世纪中国西书译书最多、质量最佳、历时最久与影响最大的官办翻译出版机构[1]，由晚清学者徐寿（1818—1884）、华蘅芳（1833—1902）等人于1868年6月创办，附设于1865年建立的上海江南制造总局内。1869年10月上海广方言馆并入江南制造总局，与翻译馆同处于制造总局西北隅，二馆之间相互兼职情况很普遍。翻译馆出版的西书，不少被广方言馆选作教科书，广方言馆质量较好的译作便由翻译馆出版。[2]

江南制造总局刊行的西学地理学译著中用作教科书影响较大者，为美国传教士、医生玛高温（D. J. Mac Gowan，1814—1893）口译 、我国晚清学者华蘅芳笔述的《地学浅释》。该书光绪三年（1873年）出版，译自英国著名地质学家雷侠儿（Charles Lyel，1797—1875，今译赖尔）著《地质学纲要》（*Elements of Geology*）1865年第六版。《地学浅释》凡38卷，前9卷论地质概念及岩石类型，第10-27卷论地层时代系统及历史地层学，第28-32卷论火成岩及其形成时代，第33-34卷论岩浆岩及其时代，第35-37卷论变质岩及其纹理和时代，第38卷论矿床学。[3]

《地学浅释》是第一部由西方传入中国的真正的地质学著作。[4]1896年该书被收入袁俊德辑《西学富强丛书》，湖广总督张之洞（1837—1909）在该丛书序言中指出，这些西学新书的传入对知识分子有“增长识见，诱启智慧之功效，而以地质学的作用最为明显”。《地学浅释》还被学者、学堂用作西学地理教科书。康有为1896年任教上海格致书院（1876年由徐寿、傅兰雅创立）

[1] 那世平. 江南制造局翻译馆的西书翻译及其特点[J]. 图书馆学刊，2012（4）：113-116.

[2] 熊月之. 西学东渐与晚清社会[M]. 上海：上海人民出版社，1994：495-496.

[3] 吴凤鸣. 一部西方译著的魅力：《地学浅释》在晚清维新变法中的影响[J]. 国土资源，2007（9）：55-56.

[4] 聂馥玲，郭世荣.《地质学原理》的演变与《地学浅释》[J]. 内蒙古师范大学学报（自然科学汉文版），2012（3）：307.

时，把《地学浅释》列为给学生讲授西学书目之首卷。周树人（鲁迅）1898年考入南京江南陆师学堂附设的矿务铁路学堂，当时地质课程使用的课本就是《地学浅释》。[1]1903年该书被京师大学堂列入其刊行的《暂定各学堂应用书目》，作为各学堂地质及矿物学课程应用书目。[2]1905年晚清政府学部成立后，《地学浅释》被批准为中学堂参考书及“国民必读”图书，流行于20世纪20至30年代（吴凤鸣，2007）。

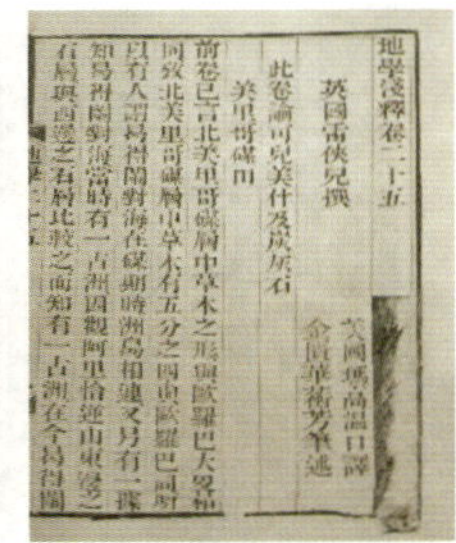

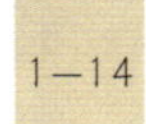

图1—14 《地学浅释》，［英国］雷侠儿撰，［美国］玛高温口译，华蘅芳笔述，江南制造总局光绪三年（1873年）铸刻出版

1878年我国近代小学教育创始人张焕纶（1846—1904）在上海创办正蒙书院（后改名为梅溪书院）。书院仿西方小学教育之法，实行分科设教，分设国文、舆地、经史、时务、格致、算学、歌诗等科目。“舆地”被张焕纶列入基本教育科目之一，他本人精通舆地之学，亲自执教过舆地科目，并编译过中国首批舆地教科书（作为讲义未正式出版）。[3]中国地理学界普遍认为，正蒙书院开设的舆地课程，是我国普通中小学设置地理一科的发轫。但正蒙书院编译的教科书，至今尚未发现原本。[4]

总体而言，这一时期翻译与引进的西学地理教科书呈现出如下主要特点：（1）地理教科书与地理学著作没有明显界限；（2）主译者为欧美传教士，中国学者协助；（3）主要由西方教会主持的编译出版机构及晚清政府洋务派开办的洋务学堂与译书机构编译、出版。

这一时期翻译与引进的西学地理教科书基本适应了当时的教会学校和洋务学堂的课程与教学需要，一改以往供私塾、书院学生所用教材的传统，教科书开始分级且按卷、章体例编排，还配有插图与地图，教科书编写形式尽可能兼顾知识的逻辑联系和学生的特点及兴趣，有些甚至采用问答形式。正因为如此，有学者认为这些教科书初步奠定了中国近代中小学地理教科书的编写体例与表现形式[5]，为中国近代中小学地理教科书的编写提供了最早的范本，对中国近代中小学地理教科书从翻译走向自编起了创榛辟莽的促进作用。但此时中国现代意义上的学制并未产生，总体上看这些教科书构成现代教科书的基本要素仍然不全，且教会学校编译出版的教科书多带有浓郁的宗教色彩，有些甚至根本不能算是学校教科书，仅为宗教传单而已。[6]因此，这一时期翻译与引进的西学地理教科书还称不上是具有现代意义的教科书，只能看作是具有近代意义的教科书，是现代教科书的雏形。

[1] 吴凤鸣. 一部西方译著的魅力：《地学浅释》在晚清维新变法中的影响[J]. 国土资源，2007（9）：55-59.

[2] 杨尧. 中国近现代中小学地理教育史[M]. 西安：陕西人民教育出版社，1991：29-30.

[3] 陈尔寿. 中国学校地理教育史略[M]. 北京：人民教育出版社，2013：177.

[4] 杨尧. 中国近现代中小学地理教育史[M]. 西安：陕西人民教育出版社，1991：66.

[5] 王宏凯. 清末“学校教科书委员会”史略[J]. 首都师范大学学报（社会科学版），1998（3）：78.

[6] 顾长声. 传教士与近代中国[M]. 上海：上海人民出版社，1981：239.

第二章

晚清近代地理教科书的繁荣（1897—1911）

随着清廷《钦定学堂章程》《奏定学堂章程》的颁布、科举彻底废除和中央教育行政机关学部的正式设立，各级各类新式学堂数量急剧增长，对教科书数量和种类的需求激增。此时，原教会学校和洋务学堂以翻译材料为主的教学用书显然已经不适合国情与时宜。于是，上海南洋公学、澄衷学堂等一批不满足于从西方引进西学教科书的新式学堂，率先开始尝试自编新式教科书，上海文明书局、商务印书馆等一批民间书坊也开始进入新式教科书的开发领域，清廷学部也试图编写国定新式教科书。当时，学堂、书坊私人乃至学部编译的各种各样的新式教科书如雨后春笋般地涌现，而政府机关、学术团体、报社、书局等亦逐渐注意新式教科书的编辑与发行，及时地满足了当时历史条件下各级各类新式学堂对新式教科书的渴求。

第一节 新式学堂自编新式地理教科书的兴起

一、上海南洋公学自编的新式地理教科书

1896年晚清官僚、洋务派代表人物盛宣怀在上海创办了南洋公学。1897年南洋公学外院（相当于小学）成立，后因人数逐渐减少形同虚设，遂于1899年3月将外院改为外班，分外班甲乙、留学甲乙（低年级班次，并非为留学而作预备）四个班。[1]

由南洋公学自编出版的新式中小学地理教科书的代表作是中国近代著名地理学家张相文编撰的《本国中等地理教科书》和译述的《初等地理教科书》。[2]

1.《本国中等地理教科书》

张相文（1866—1933），字蔚西，号沌谷，江苏泗阳县人。1899年秋张相文入上海南洋公学，成为师范生兼教外班和留学班国文、地理等课程。

1901年他将自己在南洋公学的地理学讲稿加以整理，并参照日本等外国地理教科书资料，编撰出版《初等地理教科书》《本国中等地理教科书》两本教科书。[3]该套教科书被张相文之子张星烺所编《泗阳张沌谷居士年谱》誉为“中国有地理教科书之嚆矢”。[4]当前中国地理学界关于此套教科书为我国第一套地理教科书的主流说法即源于此。

《本国中等地理教科书》于光绪二十七年（1901年）九月由南洋公学出版，其名为“中等”，实为“高小”[5]。全书初版、增订版、三版均分上、中、下三卷，三版改良、四版改良、五版改良

[1] 欧七斤. 论南洋公学“四院制”的建立与衍变[J]. 西安交通大学学报（社会科学版），2014（2）：91.

[2] 北京图书馆，人民教育出版社图书馆. 民国时期总书目：1911—1949（中小学教材）[M]. 北京：书目文献出版社，1995：335. 上海交通大学校史编纂委员会. 上海交通大学纪事 1896—2005：上卷[M]. 上海：上海交通大学出版社，2006：36.

[3] 上海交通大学校史编纂委员会. 上海交通大学纪事 1896—2005：上卷[M]. 上海：上海交通大学出版社，2006：30.

[4] 张星烺. 泗阳张沌谷居士年谱[C]//张相文. 民国丛书第五编 99：南园丛稿（下）. 上海：上海书店，1935：卷二十四附录.

[5] 杨尧. 中国近现代中小学地理教育史[M]. 西安：陕西人民教育出版社，1991：19.

和六版改良分四卷（有人说四卷，可能指初版、增订版、三版包括附地图一卷，也可能指三版—六版改良版，分订四卷）。分三卷的版本上卷前半部分为世界概论知识，主要包括地球形状、地球运动、四季、昼夜、经纬线、五带、生物、风、雨、大洲、大洋、民种、语言、文字、宗教、政体、亚洲位置及境界、亚洲海湾、亚洲地势、亚洲大水和亚洲诸国位置等知识；中卷为中国基本地理情况，分10章，章名依次为山脉、河流、湖泽、沿海、边防、关塞、驿路、电线、铁路与航路，叙述的虽是全国地理，但均为重点选择；如山脉只叙述喜马拉雅山脉、昆仑山脉、天山山脉与阿尔泰山脉四条；下卷系中国分区地理，共27章，除最后2章是讲土司与户口外，其余25章讲述省级行政区域的区划、都会（商埠）及物产，只有直隶省多讲了京师。

《本国中等地理教科书》主要具有如下特点：（1）在内容取材上，以中国传统地理学舆地或地志式的内容为主，但强调厚今薄古、古为今用。在"凡例"中，张相文指出："中国舆地诸书多偏于考古而略于知今，州郡沿革，形势变迁，非不璨然具备，然只足以供读史者考古之资，而实不适于用。"所以编一套课本"以知今为本"。对于教科书中也出现了古代地名内容，他解释道，"教科之书，本无取于考古，而如江苏称吴，浙江称越之类，官私文牍，往往沿用，故是编于各省一一标明，亦以便于知今而已，非以考古也"。（2）在内容结构上，采用"总论—分区"结构。先总叙世界概论知识与中国地理概况，然后分22行省与3个外藩叙述其区划、都会（商埠）及物产。（3）在编写体例上，率先使用"卷—章—课"的体例，开我国近代地理教科书分课编写的先河。如下卷系中国分区地理，每个行省、外藩各自独立成一章，每章下未分节但分课描述，每章的课数不等，各章之间的课数也不等。[1]再如中卷第12章河流，扬子江（长江）就分为6课叙述。（4）在图像系统上，该书没有地图，但有少幅景物素描图。[2]该教科书与《初等地理教科书》的区别在于，后者开始把图画与地理名词结合起来，前者以文字为主。[3]即便如此，该教科书还是有别于传统的考据家所讲的地理学与当时流行的"问答之书""歌括之篇"之类枯燥乏味的记诵教材。此外，还配以教授法一卷。该教授法有待史料考证，笔者认为应该是张相文1902年译述出版的《小学地理教授法》（[日]富泽直礼著）。

《本国中等地理教科书》于光绪二十七年（1901年）出版后，南洋公学刊登在《新闻报》上的"南洋公学新书告白"对该书作了如下介绍："桃源张君蔚西编纂本国中等地理教科书计分上中下三卷，是书杂取中外名人著作，撮其精要，分门别类，繁简适宜。首列地球大势，次及中国疆宇（域）山川、教宗、民族、农工商业、物产、铁路、电线、户口，且插入图画，朗若眉须，诚幼学之津梁，训蒙之善本也。另附地图一卷，不日亦可出书。"[4]

[1] 林培英. 论张相文编撰的中小学地理教科书[J]. 首都师范大学学报（社会科学版），2014（2）：145-151.

[2] 杨尧. 中国近现代中小学地理教育史[M]. 西安：陕西人民教育出版社，1991：19-20.

[3] 朱自强，高占祥，等. 中国文化大百科全书：教育卷[M]. 长春：长春出版社，1994：213.

[4] 南洋公学. 南洋公学新书告白[N]. 新闻报，1902-03-09（0004）.

光绪二十八年（1902年），张相文对《本国中等地理教科书》进行了增订，同年三月—五月[1]，南洋公学石印[2]出版了南洋公学编译本《增订本国中等地理教科书》第一至第三册[3]。南洋公学刊登在《新闻报》上的“南洋公学增订本国中等地理教科书”对增订本作了如下介绍：“本国中等地理教科书，桃源张蔚西译纂，杂取中外名人著作，撮其精要，取便课程，久已风行四方，为学堂所必需推，原书仓猝校×未工，兹复重加改订，误者正之，缺者补之，纸张洁白，图绘精工，尤有目者所共赏也。[4]”《增订本国中等地理教科书》三册，凡上、中、下三卷，分别为32、32、43叶（页），32开线装[5]，附图一卷。《本国中等地理教科书》被京师大学堂列入1903年刊行的《暂定各学堂应用书目》，作为各学堂中外舆地课程应用书目。[6]

光绪二十九年（1903年）六月，南洋公学出版了《三版本国中等地理教科书》[7]，刊登在《新闻报》上的“南洋公学新书出版”对该版本作了如下介绍：“桃源张相文编纂，是编杂以中外名人著作提要而成，诸凡通商、渚埠、出口、货物以及电线、铁道之已成、未成及户口、疆域、宗教、物产、气候、都会、制造、贸易皆译载焉，此书销行至万余部之多，各处学堂均奉为善本。兹已印钉××，绘以精细图式，分上中下三本。”

南洋公学刊登在《新闻报》上的“南洋公学三版改良中等地理教科书”对《三版改良中等地理教科书》（应该是《三版改良本国中等地理教科书》）作了如下介绍：“此书为各学堂教科必需，销行至数万部之多，现惠加增订，加多一倍，分订四本，用上等洁白连史纸印。”[8]光绪三十一年（1905年）二月，南洋公学归商部接管[9]后改名为上海高等实业学堂，九月上海兰陵社出版《四版改良中等地理教科书》[10]（应该是《四版改良本国中等地理教科书》），次年一月出版《五版改良中等地理教科书》[11]（应该是《五版改良本国中等地理教科书》）。上海兰陵社刊登在《新闻报》上的“学界书业诸公请鉴”指出：“南洋公学出版各种教科新书发行以来，已历多年，成效卓著，远近咸知。今特归与文明书局为发行所，以中国图书公司、科学书局、千顷堂为寄售处。”[12]光绪三十四年（1908年）一月，上海文明书局、商务印书馆、中国图书公司、广益书局、兰陵社共同发

[1] 南洋公学. 南洋公学增订本国中等地理教科书[N]. 新闻报，1902-07-08（0004）.
[2] 杨尧. 中国近现代中小学地理教育史[M]. 西安：陕西人民教育出版社，1991：19.
[3] 王有朋. 中国近代中小学教科书总目[M]. 上海：上海辞书出版社，2010：589.
[4] 同[1]。
[5] 王有朋. 中国近代中小学教科书总目[M]. 上海：上海辞书出版社，2010：589.
[6] 杨尧. 中国近现代中小学地理教育史[M]. 西安：陕西人民教育出版社，1991：29-30.
[7] 南洋公学. 南洋公学新书出版[N]. 新闻报，1903-10-18（0004）.
[8] 南洋公学. 南洋公学三版改良中等地理教科书[N]. 新闻报，1904-02-29（0004）.
[9] 南洋公学. 南洋公学紧要告白[N]. 新闻报，1905-03-11（0001）.
[10] 兰陵社. 初等高等蒙学堂教科书[N]. 新闻报，1905-10-08（0012）.
[11] 兰陵社. 兰陵社蒙学中学教科书即前南洋公学编辑[N]. 新闻报，1906-02-05（0004）.
[12] 兰陵社. 学界书业诸公请鉴[N]. 新闻报，1908-09-27（0005）.

行了《六版改良中等地理教科书》[1]（应该是《六版改良本国中等地理教科书》）。

由于此时我国现代意义的学制并未产生，总体上看，该教科书仍未完全具备构成现代教科书的基本要素。因此，1901年由张相文编撰、南洋公学出版的《本国中等地理教科书》《初等地理教科书》和经朱树人订正、南洋公学出版的《新订蒙学课本》一样，仍然只是具有近代意义的中小学教科书，但确是第一批我国国人自编的具有近代意义的中小学教科书。因此，认为《本国中等地理教科书》《初等地理教科书》为我国第一套国人自编现代地理教科书的观点是值得商榷的。

根据《第一次中国教育年鉴》（戊编·教育杂录）“教科书之发刊概况”等有关史料所述，从1893年起，国人就开始了自编地理教科书的尝试，先后出版了《地理问答》［王亨通（统）编，1893年美华书馆出版］[2]、《天文地学歌略》（叶翰、叶澜著，1897年周氏刊本）[3]、《地球韵言》（张士瀛编，鄂垣务急书馆1897年出版）[4]。

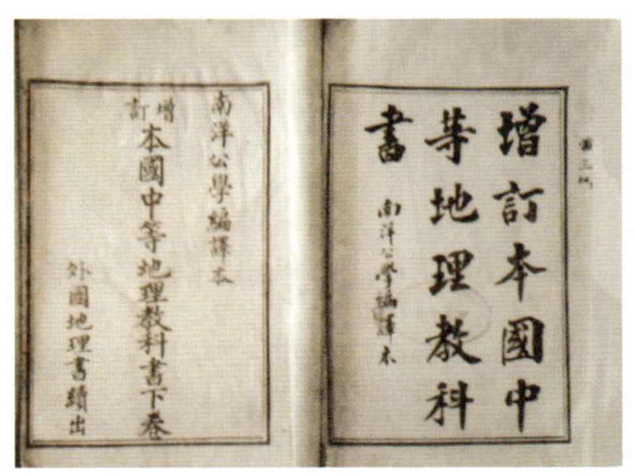

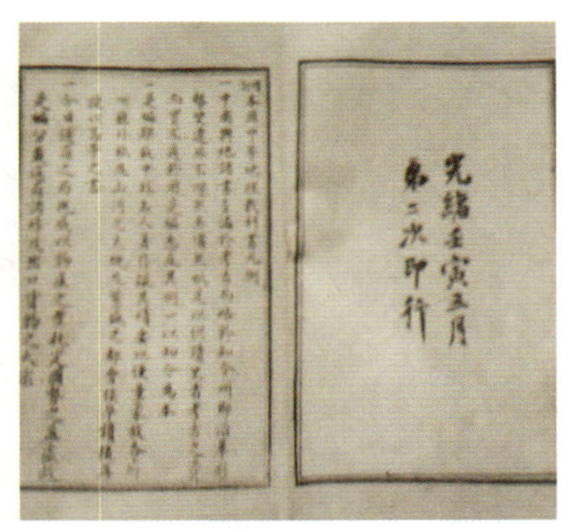

2—1

图2—1 《增订本国中等地理教科书》，张相文著，下卷，光绪二十八年（1902年）五月南洋公学第二次印刷

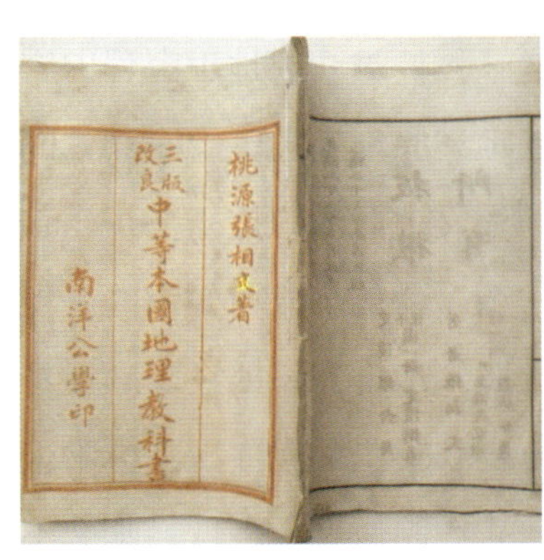

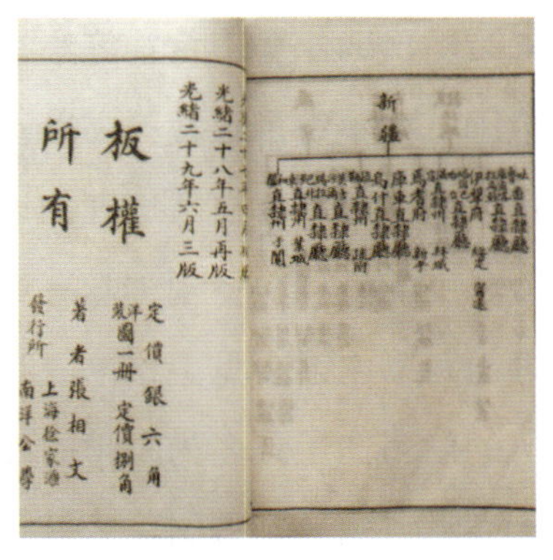

2—2

图2—2 《三版改良本国中等地理教科书》，张相文著，卷四，光绪二十九年（1903年）六月南洋公学印

[1] 上海文明书局，等．南洋公学原刻六版改良中等地理教科书出版[N]．新闻报，1908-02-17（0005）．

[2] 中华民国教育部．教科书之发刊概况[C]//第一次中国教育年鉴：戊编·教育杂录．上海：开明书店，1934：116．

[3] 邹振环．晚清西方地理学在中国：以1815至1911年西方地理学译著的传播与影响为中心[M]．上海：上海古籍出版社，2000：407．

[4] 同[2]。

2.《初等地理教科书》

如果说《本国中等地理教科书》名为“中等”实为“高小”的话，那么《初等地理教科书》则名为“初等”实为“初小”。[1]实际上，二者均属小学阶段学生用的地理教科书，再加上张相文1902年译述出版的《小学地理教授法》，正好构成了一套包括学生用书和教师用书的比较完整的小学地理教材。这一点完全符合张相文在上海南洋公学先兼教“初小”外班留学班（1899年），后兼教“高小”外班乙班（1900年），直至1903年从师范院毕业的教学经历。因此，不能望名（指教科书名）生义，把这两本书误读为中学程度的地理教科书。同时，从张相文在上海南洋公学从事小学地理课程教学这种实践逻辑来看，应该是先编撰出版《初等地理教科书》，然后再编撰出版《本国中等地理教科书》与《小学地理教授法》。因此，二书均为1901年编撰出版的说法可能有误，《本国中等地理教科书》很有可能于1902年编撰出版。

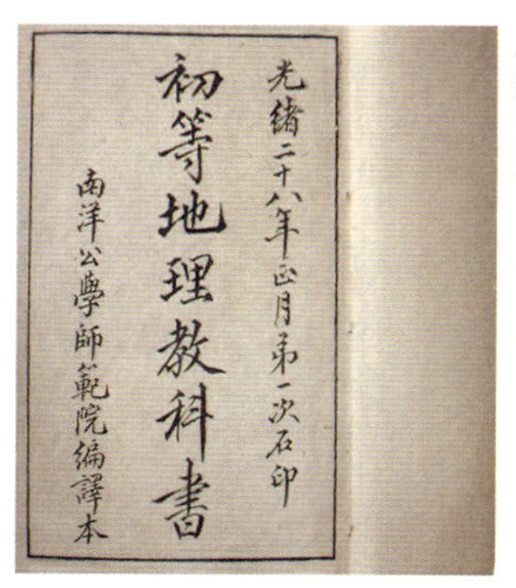
光緒二十八年正月第一次石印
初等地理教科書
南洋公學師範院編譯本

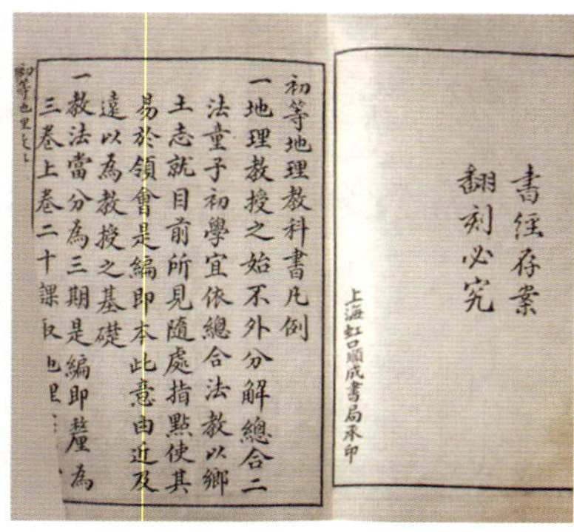
書經存案
翻刻必究
上海虹口順成書局承印

初等地理教科書凡例
一地理教授之始不外分解總合二
法童子初學宜依總合法教以鄉
土志就目前所見隨處指點使其
易於領會是編即本此意由近及
遠以為教授之基礎
一教法當分為三期是編即釐為
三卷上卷二十課

图2–3 《初等地理教科书》（南洋公学师范院编译本），张相文著，卷下，光绪二十八年（1902年）正月南洋公学第一次石印

1906年版《初等地理教科书》以西方近代地理科学内容为主，与《本国中等地理教科书》以中国传统地理学舆地或地志式内容为主不同，与1904年《奏定初等小学堂章程》对初小地理课程内容的规定（基本还属于中国古代传统舆地范围）亦不符。该教科书以讲述地理原理为主，没有具体的区划和地名等事实性地理知识，但也注重联系实际，将自然地理知识与人文地理知识熔于一炉。该教科书在编写体例上与《本国中等地理教科书》一样，使用“卷—章—课”体例，但在知识的呈现方式上则采用游记的形式。这在清末地理教科书中很少见。该书没有按照地理学知识的逻辑顺序系统地呈现知识，而是设置了一个野外游历的学习情境：名为勤学的儿童与其父、其兄先是在家附近散步，后是远行他乡。边走边看边讲，走到哪讲到哪，看到什么就学什么。貌似乡土地理，却又不涉及具体的地域。这种呈现方式甚至都不易给出目录，所以这本教科书的目录只有课的编号，而没有课的主题。

与《本国中等地理教科书》相比，1906 年版《初等地理教科书》拥有更丰富的地理图像，甚至用图像来替代文字教学常用的地理概念。该书的上卷包括了 30 个作者认为常用的地理词汇，如指

[1] 顾明远. 教育大辞典：第一册[M]. 上海：上海教育出版社，1990：380.

南针、山、陵、林、沙漠、坂、山麓等，其中前 11 课的地理词汇均只用素描图解释，后来的地理词汇才增加了文字解释。[1]可见，1906 年版《初等地理教科书》无论是在内容上还是在形式上，可能完全颠覆了1901 年的初版。虽然笔者未曾经眼1901 年初版《初等地理教科书》，但可以推测，它在内容与形式上很可能与1901 年（或1902 年）出版的《本国中等地理教科书》相似。

此外，南洋公学还出版了《万国地理教科书》《外国地理书》和《理学教科书·普通问答教科书》（四种）等。

3.《万国地理教科书》

该书由南洋公学化学教习香山黄国英编辑，光绪二十八年（1902年）八月出版上卷，光绪二十九年（1903年）四月出齐。当时《新闻报》指出，“地理书译者甚众，然而译自和文者必详于日本，译自英文者必详于英国，而于本国地理皆从简略，盖各自教本国地理而略于邻国，是书起亚洲而后欧洲、美洲、非洲、大洋洲，于中国为独详。首论地球，次地面诸线，次气候，次矿物、植物、动物之配置，……洵为教科必要之书，最使初学。”[2]

4.《外国地理书》

南洋公学刊登在《新闻报》的广告指出该书续出[3]，其出版情况待考。

5.《理学教科书·普通问答教科书》四种

光绪三十年（1904年）一月，南洋公学出版了储丙鹑著《理学教科书·普通问答教科书》四种，其中就包含《地理问答》和《天文问答》。

二、其他新式学堂自编的新式地理教科书

（一）上海王氏育才书塾（学堂）自编之新式地理教科书

创办于1896年的上海育才书塾是上海最早由国人民间自办的新式学堂。1901年，上海王氏育材书塾改名为上海王氏育材学堂，厘定课程，定为中学堂程度。[4]上海王氏育才学堂自编新式地理教科书之代表作是夏清贻编、光绪二十七年（1901年）出版的《普通地理读本》。[5]

夏清贻（1876—1940），字颂莱，号公奴，江苏嘉定（今属上海）人。早年留学日本，入早稻田大学政治经济科深造，未毕业回国。光绪二十七年（1901年）正月至六月在上海澄衷学堂工作，与姚明辉一起参与了该校在晚清影响最大的一套教科书——《澄衷蒙学堂字课图说》地理部分的编

[1] 林培英. 论张相文编撰的中小学地理教科书[J]. 首都师范大学学报（ 社会科学版），2014（2）：145-151.

[2] 南洋公学. 南洋公学新译西比利亚铁路考万国地理教科书[N]. 新闻报，1903-03-18（0004）.

[3] 南洋公学. 会文堂书局经售南洋公学师范院编译译书院新出各种书籍[N]. 新闻报，1901-10-27（0004）.

[4] 上海市文史馆文史资料工作委员会. 上海地方史资料：四[M]. 上海：上海社会科学院出版社，2006：30.

[5] 北京图书馆，人民教育出版社图书馆. 民国时期总书目：1911—1949（中小学教材）[M]. 北京：书目文献出版社，1995：345.

纂工作。[1]后任教于上海王氏育材书塾，编纂出版《普通地理读本》。《普通地理读本》为一卷，附暗射图十三页，上海（王氏）育才学堂排印。[2]上海王氏育材书塾还于光绪二十八年（1902年）四月出版了陈修琦著《地学始》（一册）。

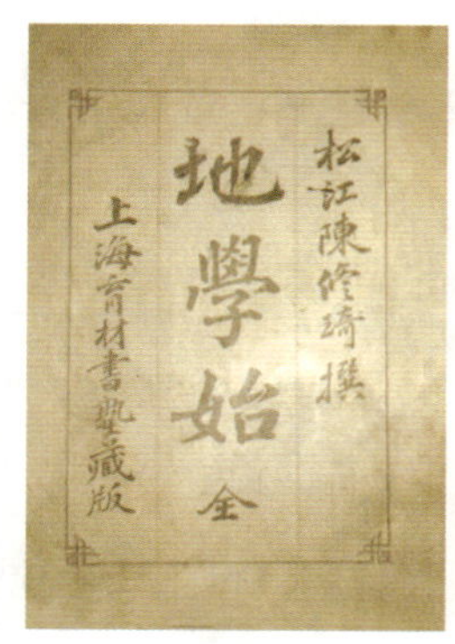

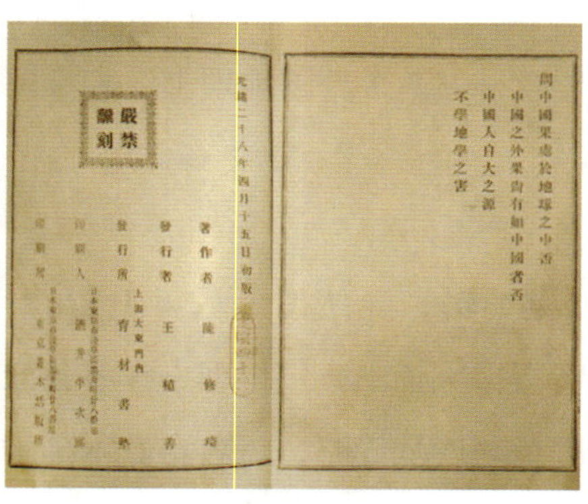

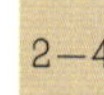

图2–4 《地学始》，陈修琦著，上海王氏育材书塾发行，发行人王植善（王培孙），光绪二十八年（1902年）四月初版

（二）上海澄衷学堂自编的新式地理教科书

光绪二十五年（1899年），上海工商巨擘叶澄衷（1840—1899）在上海虹口唐山路兴建澄衷蒙学堂（今上海市澄衷高级中学前身）。光绪二十九年（1903年），澄衷蒙学堂更名为澄衷学堂。

澄衷学堂所用地理教科书由主讲该课程的教师姚明辉编纂。据澄衷学堂学生项雄霄回忆："地理由上海姚明辉主讲，用他自编的本国地理作教材。每次上课，姚先生在黑板上画一概图，对图讲解，着重说明山脉、河流的关系、城市位置、交通要道、物产分布和历史事物的变迁等。也教学生自己作图，画出其所习得的一课。因此，学生的记忆就巩固了。"[3]

姚明辉（1881—1961），号孟埙，江苏省嘉定县（今属上海市）人，在清末民初以大量编纂地理教科书而得响名，当时有"北张（张相文）南姚"之称。其于光绪二十七年（1901年）担任上海澄衷蒙学堂教习、教科书编纂员，参与了《澄衷蒙学堂字课图说》地理部分的编纂工作。光绪三十二年（1906年）3月姚明辉编纂之《本国地理教科书》第一卷，由澄衷学堂印书处印竣出版。[4]《本国地理教科书》书名页题上海姚明辉编，目录页及卷端题名小学本国地理，共四卷，它是姚明辉编纂出版的第一套教科书。[5]

澄衷学堂还译编并出版了《新编外国地理》，该书封面题名《外国地理教科书》，其他处题名《中学教科书新编外国地理》，共四册。[6]

[1] 胡志金．中国教科书编纂史上的一次风云际会：《澄衷蒙学堂字课图说》编者初考[J]．课程教学研究，2017（6）：44.

[2] 熊月之．晚清新学书目提要[M]．上海：上海书店出版社，2007：365.

[3] 胡志金．中国教科书编纂史上的一次风云际会：《澄衷蒙学堂字课图说》编者初考[J]．课程教学研究，2017（6）：40-45.

[4] 上海市文史馆，上海市人民政府参事室文史资料工作委员会．上海地方史资料：四[M]．上海：上海社会科学院出版社，1986：31.

[5] 商务印书馆．涵芬楼藏书目录：直省府厅州县志目录[M]．上海：商务印书馆，1919：49.

[6] 王有朋．中国近代中小学教科书总目[M]．上海：上海辞书出版社，2010：602.

（三）湖南修业学堂自编的新式地理教科书

光绪二十九年（1903年），许睢、王桢干等人创办修业学堂。湖南修业学堂与同年3月创办的湖南明德学堂一样，并称为湖南最早的新式学堂。

光绪三十九年（1906年）6月，湖南修业学堂出版了由辜天佑编纂的小学地理教科书《高小地理教科书（本国之部）》与《小学地理教科书（本国之部）》。

辜天佑（1876—1953），湖南长沙人。晚清秀才，曾游学日本，归国后在湖南任教过地理课程。

（四）京师公立求实中学堂自编的新式地理教科书

光绪二十七年（1901年）晚清政府颁“兴学诏”，着各省所有书院，于省城均改设大学堂，各府及直隶州均改设中学堂，各州县均改设小学堂。光绪二十八年（1902年）、光绪三十年（1904年）清廷相继颁布了《钦定学堂章程》《奏定学堂章程》，我国第一个现代学制得以建立与实施。从此，全国各地出现了兴办中小学堂的热潮。

京师公立求实中学堂是近代北京最早由国人开办的京师公立中学堂之一。光绪三十年（1904年）京师公立求实中学堂严格遵守《奏定学堂章程》的要求，在学堂开设了地理课程。[1]

宣统元年（1909年）七月，京师公立求实中学堂铅印出版了贺尹东编《中学中国地理教科书》，该书除封面外其他处题名《中国地理教科书》，全书分上下二册，分别为86页、96页，大32开线装[2]。贺尹东（生卒年不详），湖北蒲圻（现赤壁市）人，曾在湖南岳州府中学堂、京师求实中学堂、湖北旅京中学堂与八旗中学堂等校任教过地理。

《中学中国地理教科书》在“凡例”中指出：（1）是书原稿曾以课授京师求实中学堂暨湖北旅京中学堂，尚无置疑。兹复详加以改正，务期合用。（2）各省、府、厅、州、县近年多有变更，是书调查最详。凡在宣统元年六月以前者概行改正，实本国地理书中最新之本也。（3）地理学与历史学有密切之关系，故地方志中粗举古今沿革以资考证。（4）是书于各处形势极为注重而于外国侵略之租地尤三致意，其紧要之处并作连点以别之。（5）户口财政本人文地理所当详，兹以调查难得确实之数，故不载。（6）各省督抚、提镇、将军、都统及各司各道与夫商埠之开放，铁路、电线、邮政等之扩充，原稿各有一最近之总表，兹因排印不便，概从删削。

《中学中国地理教科书》由总论、地文地理、人文地理与地方志四个部分组成：总论为第一章，分位置、境域与区划三节；地文地理为第二章，分地势、山脉、海岸、河流、湖沼、潮汐、海流、气候与物产九节；人文地理为第三章，分人种、语言文字、宗教、教育、政体、军备、国防、外交、工业、商业与交通十一节；地方志包括第四章至第十一章。

[1] 吕达. 中国近代课程史论[M]. 北京：人民教育出版社，1994：176.

[2] 王有朋. 中国近代中小学教科书总目[M]. 上海：上海辞书出版社，2010：590.

（五）衡州府中学堂自编的新式地理教科书

光绪三十二年（1906年），衡州（阳）府中学堂出版了曹典球编《六洲地理教科书》，该书全一册，为木活字本。

曹典球（1877—1960），字籽谷，号猛庵，湖南长沙县人。曾在湖南高等实业学堂以及衡州（衡阳）、长沙等地各中学堂任教。

（六）明德学堂自编的新式地理教科书

明德学堂在光绪二十九年（1903年）三月创办于长沙，为近代湖南省最早的新式私立中学堂。[1]明德学堂自编的新式地理教科书主要有王达编述《中国地理教科书》、周震鳞辑《明德学堂地理课程》等。

1.《中国地理教科书》

王达编述的《中国地理教科书》共四卷四册。光绪二十七年（1901年）冬月《订正增补中国地理教科书》刻本初版，后多次订正再版。

王达（1870—1927），字冕南，湖南善化（今长沙）人，光绪二十九年（1903年）受聘于明德学堂，讲授地理。

订正四版《中国地理教科书》共四卷：卷一为总论，讲述位置、国界、幅员、地势、山脉、海岸、潮汐、海流、水道、气候、人口、人种、宗教、官制、军政、财政、教育、刑法、外交、物产、工业、商业、驿路、铁路、电信、邮政、航路。卷二至卷四为各省志。另附石印暗射图二十五幅。

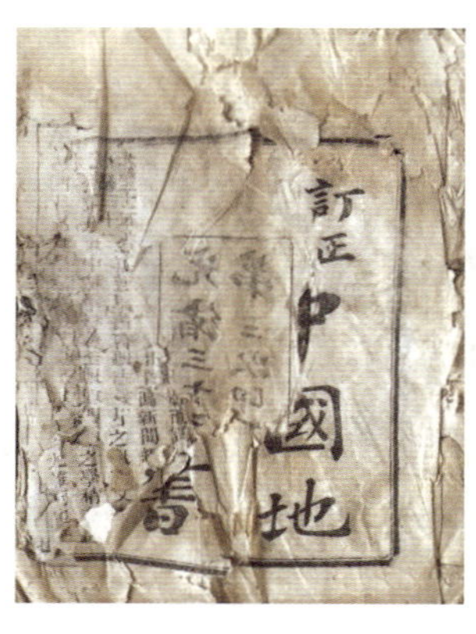

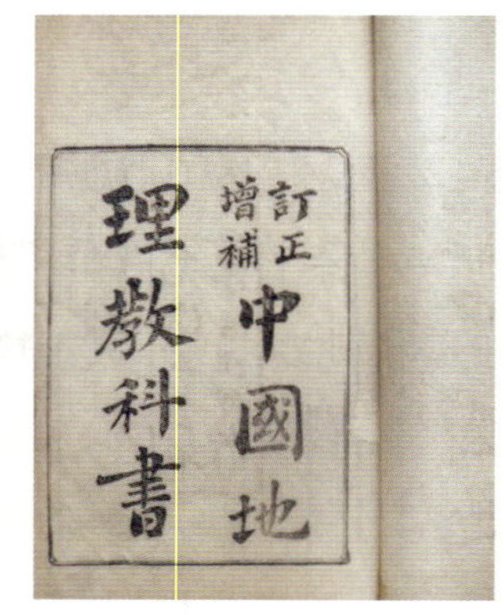

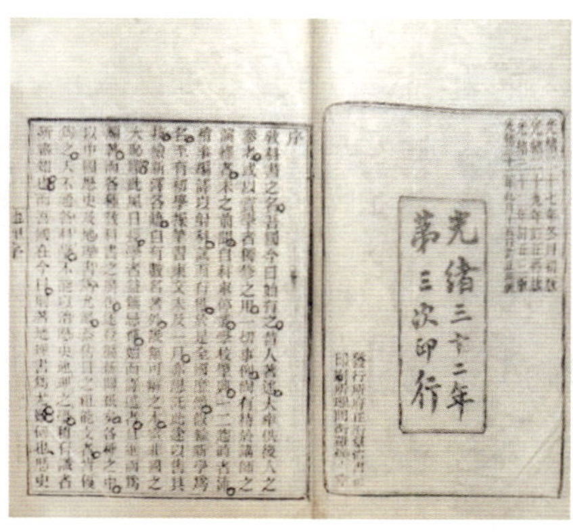

2–5

图2–5 《订正增补中国地理教科书》，王达编述，光绪三十二年（1906年）订正再版，长沙府正街群治书社发行

[1] 湖南图书馆.湖南古旧地方文献书目[M].长沙：岳麓书社，2012：118.

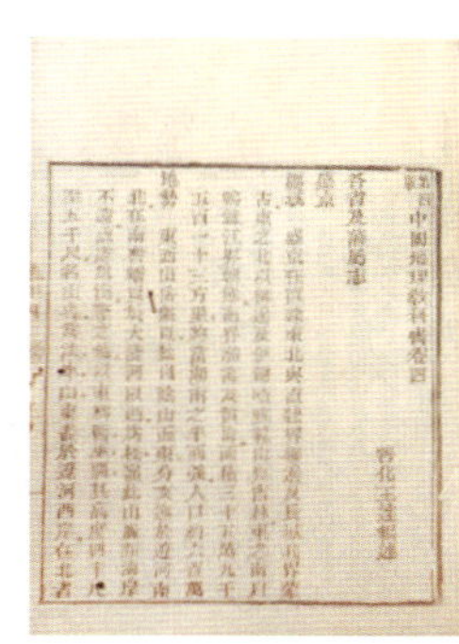

2—6

图2—6 《改正四版中国地理教科书》，王达编述，宣统元年（1909年）一月长沙明德学堂发行

2.《明德学堂地理课程》

该书由周震鳞辑，宣统二年（1911年）出版。[1]

（七）经心书院自编的新式地理教科书

经心书院创立于同治八年（1869年），是张之洞任湖北学政时在湖北省武昌所办。

经心书院自编的新式地理教科书主要是姚炳奎编撰的《经心书院舆地学课程》。姚炳奎（1819—1903），湖南邵阳人，岁贡生，曾任经心书院舆地分教。

《经心书院舆地学课程》全八册，光绪二十九年（1903年）三月经心书院刊本。第一册内容包括例言、统论、中国大略、直隶、陕西和山西；第二册至第四册为中国其他各省及江防、海防、边防、商埠和山川；第五册至第七册讲述世界其他国家和地区；第八册为附录戊戌游记、后记。

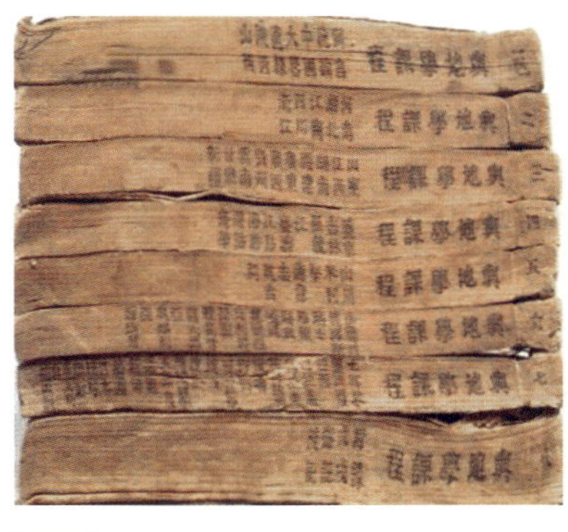
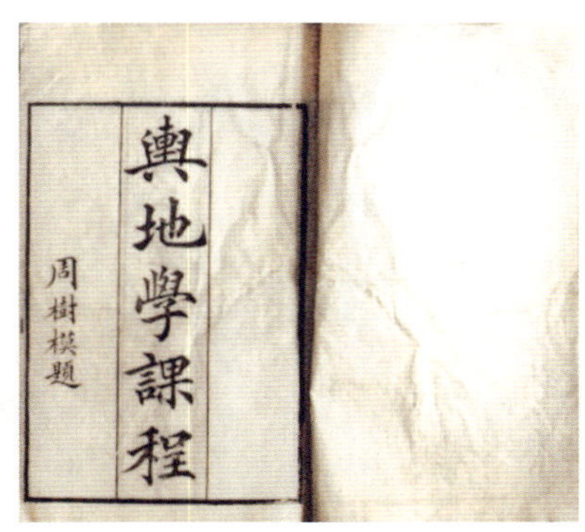

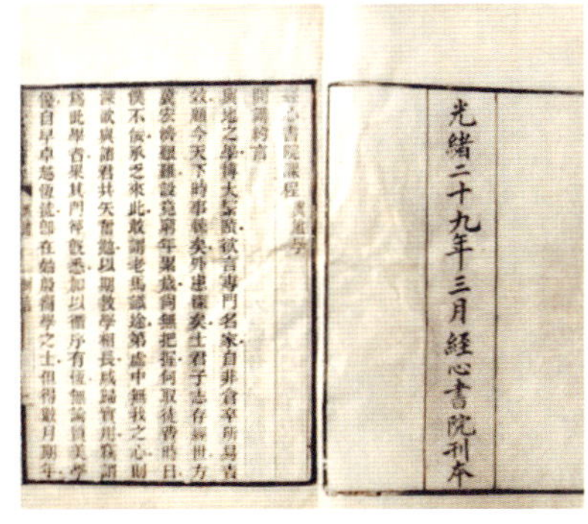

2—7

图2—7 《经心书院舆地学课程》，姚炳奎编，光绪二十九年（1903年）三月经心书院刊本

[1] 王有朋. 中国近代中小学教科书总目[M]. 上海：上海辞书出版社，2010：584. 湖南图书馆. 湖南古旧地方文献书目[M]. 长沙：岳麓书社，2012：118.

该书被列入光绪三十四年（1908年）五月清廷学部颁布的“本部审定中学暂用书目表”中。

审定批语指出：“不分卷数，首统论，次中国各直省，次江防、海防、边防，次商埠，次山川，次外洋各国，末附戊戌游记。书中如以禹贡恒水为滹沱河，卫水为永定河，首阳山为雷首山等等之说，颇具卓识。凡扼塞所在今昔情形不同处亦能分别大概，尤见名通……外洋各国摭拾稍旧，译名亦未尽核……其大体允为近时舆地学专家，惟称述稍繁未合教科书体裁，应审定为中学堂以上参考之善本。”[1]

[1] 学部. 审定书目[J]. 学部官报，1908（57）：审定书目9-10.

第二节
民间书坊自编新式地理教科书的繁荣

一、上海文明书局自编的新式地理教科书

光绪二十八年（1902年）无锡名士廉泉（1868—1931）、俞复（1866—1931）、丁宝书（1866—1936）等集股在上海创办文明书局（初名文明编辑印书所），这是中国最早的民营现代出版机构之一。该书局敏锐地觉察到新式学堂兴起所带来的新式教科书需求的巨大市场，在新式教科书出版之风的鼓荡下，率先编辑出版涵盖从蒙学、初小、高小到中学等各级学堂的教科书，成为近代中国编辑出版教科书最多的出版机构之一。从1902年到清朝灭亡，文明书局编辑出版的新式地理教科书主要如下：

（一）“蒙学科学全书”系列的地理教科书

文明书局从1903年起陆续推出了中国人自编的第一套体现分科设学、专为寻常小学堂编写的教科书“蒙学科学全书”。该套教科书中属于地理教科书的主要有《蒙学中国地理教科书》《蒙学外国地理教科书》《蒙学地文教科书》与《蒙学天文教科书》《蒙学地质教科书》。该书局出版的教科书还有光绪三十二年（1906年）三月通过学部审定被列为初等小学暂用教科书的《蒙学简明中国地图》和《蒙学简明世界地图》。

1.《蒙学中国地理教科书》

《蒙学中国地理教科书》是1901年南洋公学出版的张相文《初等地理教科书》的增订版，1903年出版，为初等小学堂学生用书。[1]初版《蒙学中国地理教科书》分17章，第1章为世界大势（三课：地形、东半球、西半球），第2章为中国大势（四课：部位、西界、东界、南界、北界），第3章至第13章讲述中国的山脉、水系、区域、天气、地势、人口、民族、交通、产业、商埠，第14章至第16章介绍各省区。全书附有地图与图。

[1] 于波. 张相文与中国近代地学的兴起[M]. 昆明：云南大学出版社，2011：65.

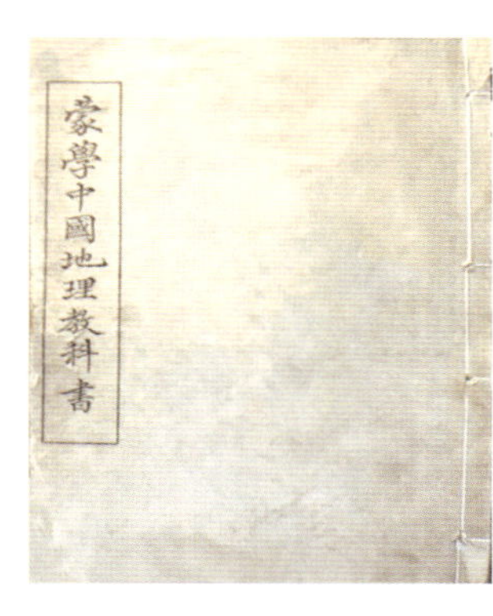

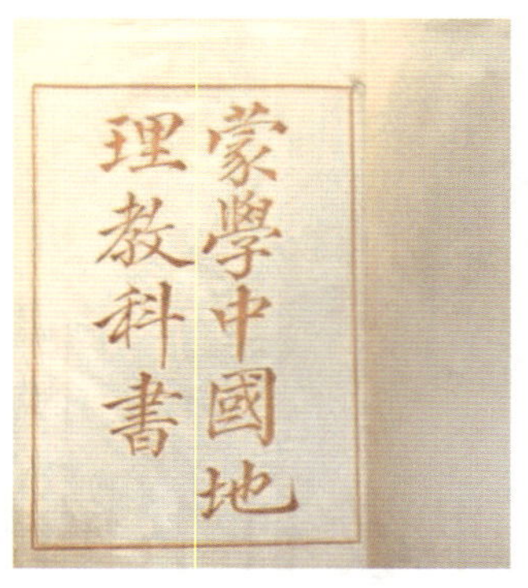

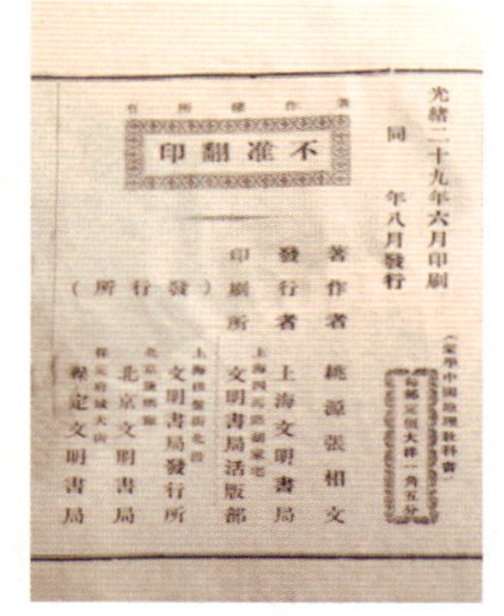

2–8

图2–8　《蒙学中国地理教科书》，张相文著，上海文明书局出版，光绪二十九年（1903年）八月初版

《蒙学中国地理教科书》在《学部第一次审定初等小学教科书凡例》中被列为通过学部审定的初等小学暂用教科书[1]。

2.《蒙学外国地理教科书》

《蒙学外国地理教科书》初版时间为光绪二十九年（1903年）。该书由张相文著，卷端题“文明书局编纂”。《蒙学外国地理教科书》第八版分9章：第1章地球之运行，第2章地面之水陆，第3章亚洲，第4章亚洲属岛，第5章欧洲，第6章北美洲，第7章南美洲，第8章非洲，第9章大洋洲。全书附有地图与图。该书光绪三十二年（1906年）通过学部审定，被列为初等小学暂用教科书。[2]

《蒙学中国地理教科书》《蒙学外国地理教科书》具有如下特点：（1）在内容选择上，以中国传统地理学舆地或地志式的内容为主。这与《钦定学堂章程》、《奏定学堂章程》对初小阶段“舆地”或“地理”课程的规定（在内容上主要属于中国古代传统舆地范围）保持一致。（2）采用“章—课”的编写体例。（3）在编写技术上，运用“提问”设计。提问放在每课之后，问题的数量各课不一样，大多数课后有一到两个问题，也有个别课有三问。提问形式很简单，直接写“问……”。（4）有地图、示意图、景观照、素描图或实物图等比较丰富的地理图像。[3]

两书一开始是根据《钦定学堂章程》的要求专为寻常小学堂教学而编写的。清政府颁布《奏定学堂章程》后，两书标明为“初等小学堂学生用书”。

《钦定学堂章程》把初等教育划分为蒙养学堂（5岁–9岁）、寻常小学堂（9岁–12岁）与高等小学堂（12岁–15岁）三个阶段，三个阶段都开设了“舆地”课程，内容分别为：（1）蒙养学堂：第一年为以地球行星图指授之；第二年地球上洲岛方位，各洲国名；第三年各省府厅州县名目方位；第四年各省名山大川、方位情状，兼授地图。（2）寻常小学堂：第一年为地球大势；第二年为本乡各境、本县各境；第三年为本府各境。（3）高等小学堂：第一年为本省各境；第二年为本国各境；第三年亦为本国各境。而1904年颁布的《奏定学堂章程》把初等教育划分为初等小学堂（6岁–11岁）和高等小学堂（11岁–15岁）两个阶段，两个阶段都开设了“地理”课程，内容分别

[1] 学部. 学部第一次审定初等小学暂用教科书凡例[J]. 学部官报，1906（3）：审定书目2.

[2] 同上。

[3] 林培英. 论张相文编撰的中小学地理教科书[J]. 首都师范大学学报（社会科学版），2014（2）：151.

为：（1）初等小学堂：第一年讲乡土道里建制，附近之山水以及本地先贤之寺庙遗迹之类；第二年亦讲乡土道里建制，附近之山水以及本地先贤之寺庙遗迹之类；第三年讲本县、本府、本省地理之山水，中国地理之大概；第四年讲中国地理幅员、大势及名山大川之梗概；第五年讲中国幅员与外国毗连之大概，名山大川、都会之位置。（2）高等小学堂：第一年为中国地理之大要；第二年外国地理之大要；第三年续前学年；第四年补习中国地理前三年所未及讲授者。

从两书内容来看，《蒙学外国地理教科书》放在蒙养学堂第一、二年使用，《蒙学中国地理教科书》放在蒙养学堂第三、四年使用，基本符合《钦定学堂章程》对蒙养学堂“舆地”课程之教学内容及其顺序的规定，但与其对寻常小学堂“舆地”课程之教学内容及其顺序的规定存在较大差别。

《奏定学堂章程》颁布后，两书再版多次，但修订后两书内容与《奏定学堂章程》对初等小学堂“地理”课程教学内容及其顺序的规定仍存在较大差别，仅能完成规定的部分要求，需要与其他教科书配合使用[1]，两书何以通过审定令人费解。

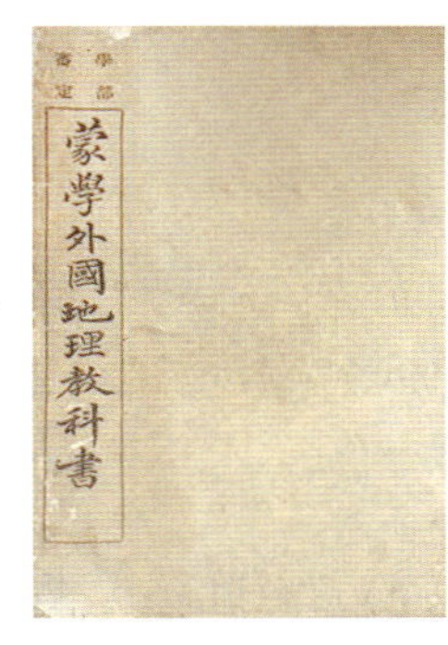

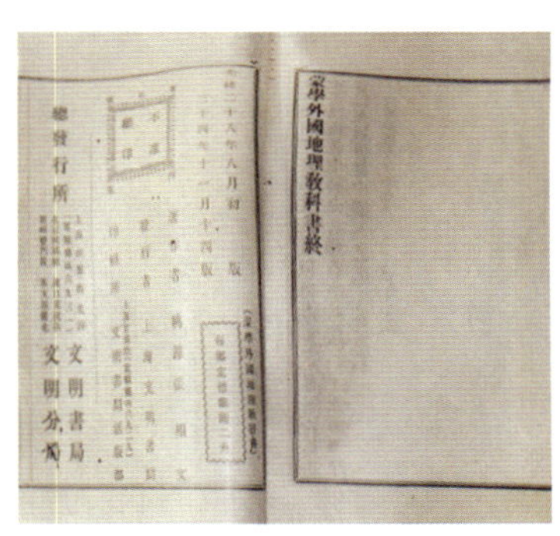

2-9

图2-9 《蒙学外国地理教科书》，张相文著，上海文明书局出版，光绪三十四年（1908年）十一月第十四版

3.《蒙学地文教科书》

《蒙学地文教科书》由江苏人钱承驹著[2]，初版时间为光绪二十九年（1903年）。该书共60页，有图。

《蒙学地文教科书》分四章三十六课：

第一章星体

共四课，第一课太阳系，第二课经纬度，第三课四季，第四课五带

第二章气

共十三课，讲述大气运动及天气现象的形成

第三章水陆

共十二课，第一课水陆之比较，第二课洋海，第三课海潮，第四课江河，第五课湖泊，

[1] 林培英. 论张相文编撰的中小学地理教科书[J]. 首都师范大学学报（社会科学版），2014（2）：146.

[2] 北京图书馆，人民教育出版社图书馆. 民国时期总书目：1911—1949（中小学教材）[M]. 北京：书目文献出版社，1995：336.

第六课泉水，第七课大陆，第八课高原，第九课低原（平原），第十课山岳，第十一课火山，第十二课地震

第四章人物

共七课，第一课、第二课矿物，第三课、第四课植物，第五课、第六课动物，第七课人种

《蒙学地文教科书》一开始亦是根据《钦定学堂章程》专为寻常小学堂教学而编写的，不符合新学制《奏定学堂章程》对初等小学地理课程设置及其内容的规定。

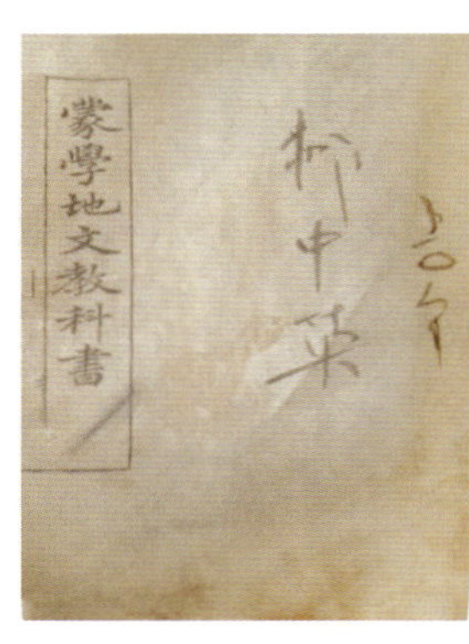

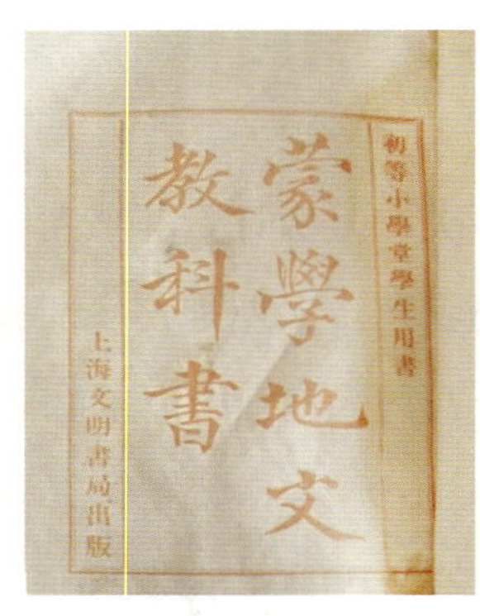

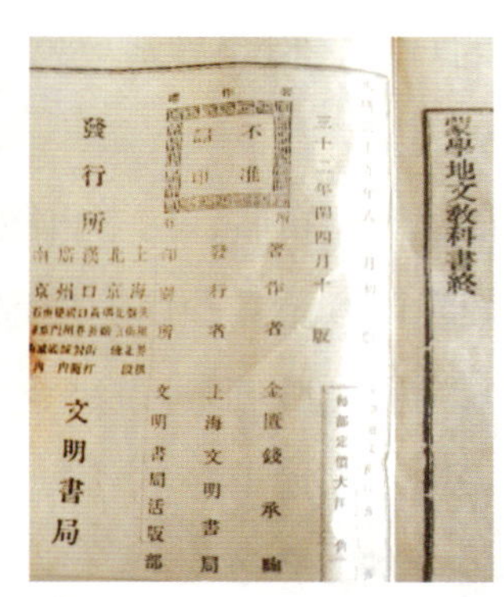

2—10

图2—10 《蒙学地文教科书》，钱承驹著，上海文明书局出版，光绪三十二年（1906年）闰四月第十版

4.《蒙学地质教科书》

《蒙学地质教科书》著者亦为钱承驹，初版时间为光绪二十九年（1903年）八月，光绪三十年（1904年）二月再版。该书内容借鉴日式相关教科书，篇幅不长，为提纲式读本，体裁采用问答体。[1]

全书分五章二十八课：

第一章地球形体

共三课，第一课地之由来，第二课地之星体及其圆形，第三课外部之地圈

第二章地球岩石

共五课，第一课岩质分类，第二课植物岩，第三课动物岩，第四课矿物岩，第五课岩石成因

第三章地球变动

共八课，第一课变动之诸力，第二课火山，第三课温泉，第四课淡水，第五课咸水，第六课地震，第七课冰雪，第八课风

[1] 杨丽娟. 清末地质学的传入：以日式地质学教科书为中心[J]. 自然科学史研究，2016（3）：314

第四章地球构造

共四课，第一课地质时代，第二课低地，第三课高地，第四课地球上之循环

第五章地球历史

共八课，第一课地质时代，第二课太古代，第三课古生代上，第四课古生代下，第五课中生代上，第六课中生代下，第七课新生代上，第八新生代下

《蒙学地质教科书》一开始亦是根据《钦定学堂章程》专为寻常小学教学堂而编写的，《奏定学堂章程》颁布后，该书再版标明为初等小学堂学生用书，但并不符合《奏定学堂章程》对初等小学地理课程设置及其内容的规定。

2—11

图2—11　《蒙学地质教科书》，钱承驹著，上海文明书局出版，光绪三十年（1904年）二月再版

5.《蒙学天文教科书》

《蒙学天文教科书》，钱承驹著，书中题“文明书局编纂”，于1903年初版。[1]无论是《钦定学堂章程》，还是《奏定学堂章程》，都没有关于小学舆地或地理课程讲授天文学内容的规定，天文学在小学亦不能为独立之科目。因此，该书虽标明“初等小学堂学生用书”，但不符合《钦定学堂章程》《奏定学堂章程》对小学舆地或地理课程设置及其内容的规定。

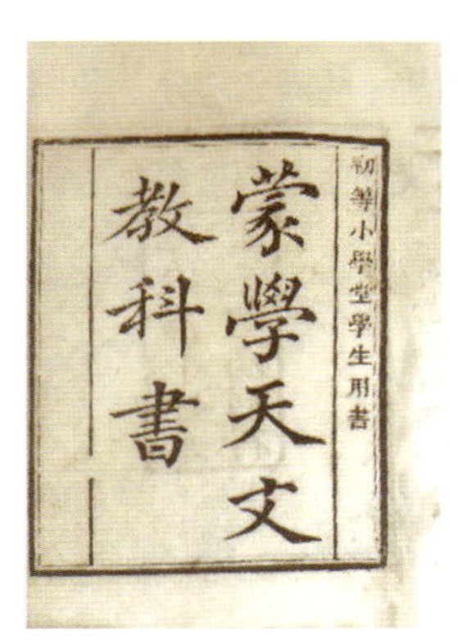

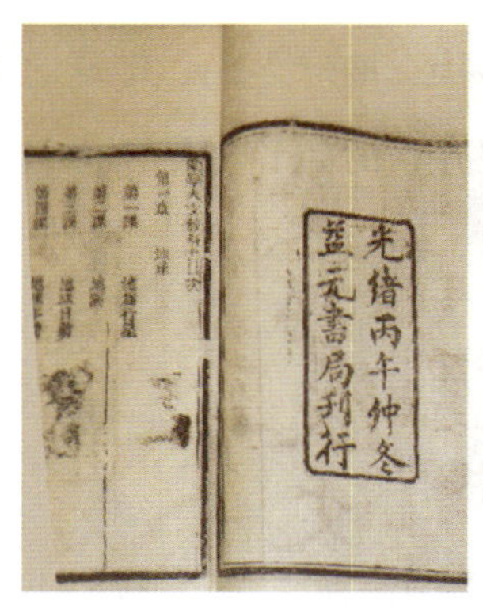

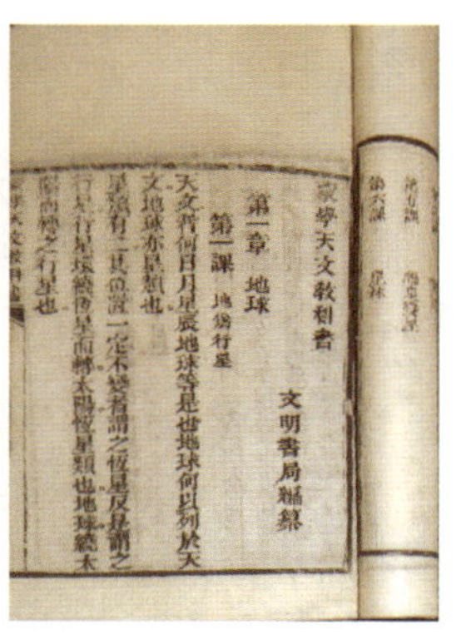

2—12

图2—12　《蒙学天文学教科书》，钱承驹著，益元书局刊行，光绪丙午（1906年）仲冬（十一月）刊行

[1] 北京图书馆，人民教育出版社图书馆. 民国时期总书目：1911—1949（中小学教材）[M]. 北京：书目文献出版社，1995：340.

（二）“高等小学教科书”系列的地理教科书

光绪二十八年（1902年）开始，文明书局出版了若干高等小学教科书[1]，其中有《高等小学地理教科书》与《高等地理小学教科书》。

《高等小学地理教科书》，张国维著，初版时间为光绪二十九年（1903年）一月，同年六月再版。该书分四章三十二节：第一章大旨；第二章数理地理；第三章自然地理；第四章政治地理。

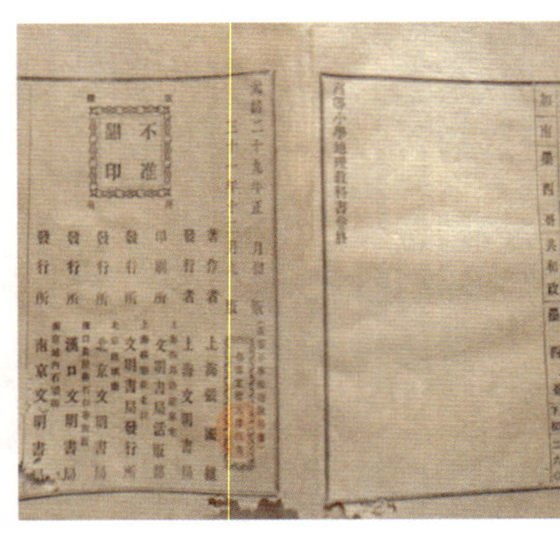

2–13

图2–13　《高等小学地理教科书》，张国维著，上海文明书局出版，光绪三十一年（1905年）十二月第九版

《高等地理小学教科书》由钮永建编，上海文明书局1904年出版。[2]

（三）“中等学校教科书”系列的地理教科书

从光绪二十九年（1903年）开始，文明书局出版了一批“中等学校教科书”。

其中的《中等地理教科书》，著者为侯鸿鉴，于光绪三十三年（1907年）出版。侯鸿鉴（1872—1961），字葆山，江苏无锡人，曾担任无锡竢实学堂史、地、理、化教员。

《中等地理教科书》分天文地理学、地文地理学与人文地理学三部分。天文地理学内容包括地球为太空诸行星之一、太阳系、日月地、地球形状、地球之大、地球之动静、昼夜之分、四季之更代与经纬线；地文地理学内容包括空气界、陆地界、海洋界与生物界；人文地理学内容包括国家之组织、国体、政体、国防军制、国家经济、租税、财政、交通、生业及产物、贸易、人民之民族、国风、风俗、习惯、教育、宗教与卫生等。[3]

（四）“最新教科书”系列的地理教科书

从光绪三十年（1904年）开始，文明书局出版了一批“最新教科书”。其中有张相文著的《新

[1] 石鸥，吴小鸥. 中国近现代教科书史：上册[M]. 长沙：湖南教育出版社，2012：103

[2] 邹振环. 晚清西方地理学在中国：以1815至1911年西方地理学译著的传播与影响为中心[M]. 上海：上海古籍出版社，2000：408.

[3] 邹振环. 晚清西方地理学在中国：以1815至1911年西方地理学译著的传播与影响为中心[M]. 上海：上海古籍出版社，2000：284-287.

撰地文学》和译著的《最新地质学教科书》。

《新撰地文学》适用于中等教育程度，其“例言”指出：（1）是书编纂之旨趣专以备中学堂、师范学堂及程度相等各学堂之用。故教材选择务使浅深相当，而篇帙分配亦期与时间相合。（2）是书参酌各东西大家学说及已译善本，博采旁搜凡数十种，尤时时注意实用，如防霜、避电、培植森林、改良土壤等法，备举其要，以为实地应用之资。（3）奏定章程讲地文须就中国事实教之，是书谨遵此旨，搜罗新闻杂志名人游记及游踪所至得于耳目所亲接者，撮其精要举为例证，其为中国所无或调查未晰而与地文有切要之关系者，乃兼及于他国。（4）编译之难无过定名，或同物而彼此殊称，或一书而其后异号，辗转分歧，易滋疑窦。是书于名辞术语，皆取其通行者并列中西对照表于后，以便检查。（5）各国权度不同，易致混淆。若改从中数，则多畸零而难于密合。故是书仍用原文，惟列表于后以便参稽。（6）寒暖计之划度，华摄列三家不同，物理学家多用摄氏度，是书从之。（7）阳历分至有定，节候无前后之差，是书纪月从之。

全书内容分为星界、陆界、水界、气界和生物界五篇：

第一篇星界

第一章地球之成因，第二章地球之形状，第三章地球之运动，第四章地表之测定，第五章地磁力

第二篇陆界

第一章陆地之构成，第二章陆地之变动

第三篇水界

第一章海水，第二章河湖，第三章泉水

第四篇气界

第一章大气，第二章气候，第三章气流，第四章气中之水分，第五章气中之映象

第五篇生物界

第一章生物之分布，第二章生物之变迁，第三章人类之进化，第四章人种之分布

书中附有色彩图10余幅、铜板精图80余幅[1]，并附有中西对照表、各国权度对照表。

《新撰地文学》内容丰富、全面，更可贵的是增加了“生物界”一篇，把无机自然与有机自然联系起来，体现了中国学者对西方近代自然地理学知识的吸收、消化和创新。而且该书注重实用，介绍地文学知识时，密切联系中国实际。因此，该书被誉为“中国人第一次根据近代普通自然地理学知识体系编写的自然地理学教科书”。

学部对该教科书审定的结论是：需修改再呈学部审定。审定意见认为：“是书谨遵奏定章程……言之亲切有味，远胜他书，而行文雅洁，亦为近日诸译本所不及，自是近日地文教科书中条

[1] 李罗力，等. 中华历史通鉴：第4部[M]. 北京：国际文化出版社，1997：3756.

理清晰之善本。惟其中尚有宜再酌者，卷首例言既称多举目所及以为例证，自应就游踪所得者制为图画列诸卷中，然后乃能令读者了然别增兴味……又书中与理化有关各条，如第四编谓大气变化作用成液体、雨露、固体、冰雪，于理论上亦有不甚明晰之处，亦不得不谓为此书之欠点。凡类此诸条皆须作者自家修正，始成完璧修正之后再将稿本呈部审定，以备中学堂文科教科用书。”[1]该书1913年8月由中国地学会出版修正三版，通过教育部审定。

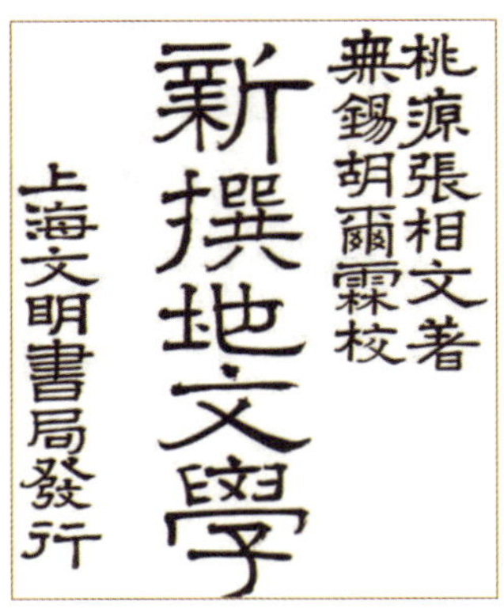

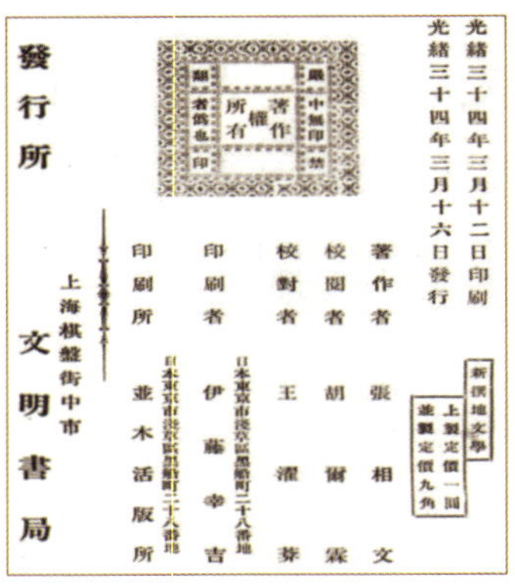

2—14

图2—14 《新撰地文学》，张相文著，胡尔霖校，光绪三十四年（1908年）三月初版，上海文明书局出版发行

《最新地质学教科书》系张相文参照日本横山又次郎的《地质学》并参考其他相关书籍译著，该书凡四册。张相文在书中指出，该书“取材东籍，一以横山氏原著为蓝本，间取他书以益之，而篇第则略为更置，期于由总合而分解，以适于教科之用”“旧译地质学书，不过地学总论，地质全志，寥寥数帙，而调理既嫌不清，定名尤多陋劣”，希望该书能弥补这些不足。《最新地质学教科书》分地史篇、动力篇、构造篇、岩石篇与地相篇，在介绍地质学知识时兼顾本国情况，补充最新研究成果，引用古籍相关地质记录，出版后深受好评。《地质学》杂志曾多期介绍该书，称其“文笔流畅，取材丰富，亦考求地理及研究矿学者之善本也”[2]。

（五）“新体教科书”系列的地理教科书

从宣统二年（1910年）开始，文明书局自身或以“国民教育社”之名出版了一套“新体教科书”。其中，《（新体）高等小学中外地理》共四卷，卷一、卷二由国民教育社编辑，卷三、卷四由曹同文编辑[3]，宣统二年（1910年）初版。

曹同文（生卒年不详），字仁化，无锡人，为文明书局编辑曹允文（1874—1950）三弟。

《（新体）高等小学中外地理》首篇为“编纂趣意”，分编纂之目的、体例、材料、分量、文字与图画六章；卷一分总论、北部六省与中部六省三章；卷二分南部四省、东三省、蒙古、新疆、

[1] 学部. 张相文呈新撰地文学改正再呈审定批[J]. 学部官报，1909（136）：2-3.

[2] 杨丽娟. 清末地质学的传入：以日式地质学教科书为中心[J]. 自然科学史研究，2016（3）：318.

[3] 邹振环. 晚清西方地理学在中国：以1815至1911年西方地理学译著的传播与影响为中心[M]. 上海：上海古籍出版社，2000：287.

青海、西藏等七章；卷三分地球概论、亚细亚洲、海洋洲（大洋洲）、欧罗巴洲、阿非利加洲与北亚美利加洲六章；卷四分地文地理与人文地理二章。[1]

此外，文明书局还分别于光绪二十九年（1903年）、光绪三十年（1904年）、光绪三十一年（1905年）先后出版了日本人矢津昌永著、吴启孙译的《改正世界地理学》[2]，美国人江载德等著《地理志略》[3]和侯鸿鉴著《中等地理教科书》等[4]。

《改正世界地理学》共二册六卷。该书是根据光绪二十八年（1902年）日本东京丸善株式会社出版的《世界地理学》初译版本改编的。全书先通论，后是亚洲、大洋洲、欧洲、非洲、南北美洲的分洲介绍。光绪三十一年（1905年）译者重加修订，分全书为六卷，“精心校正又加入最近新说”，补写了《再版改正世界地理学例言》，由文明书局再版，编译者署名吴启孙。[5]

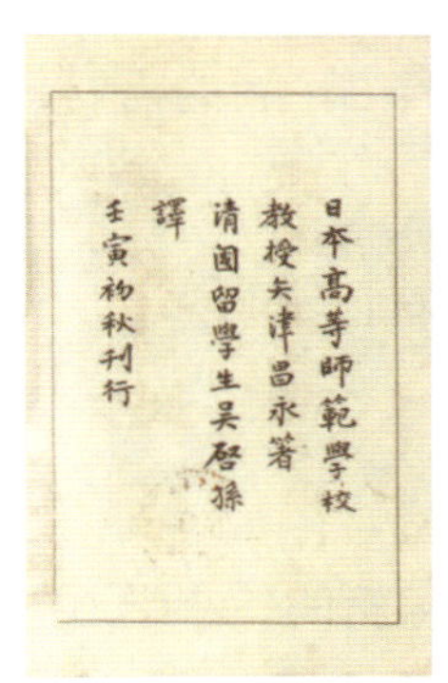

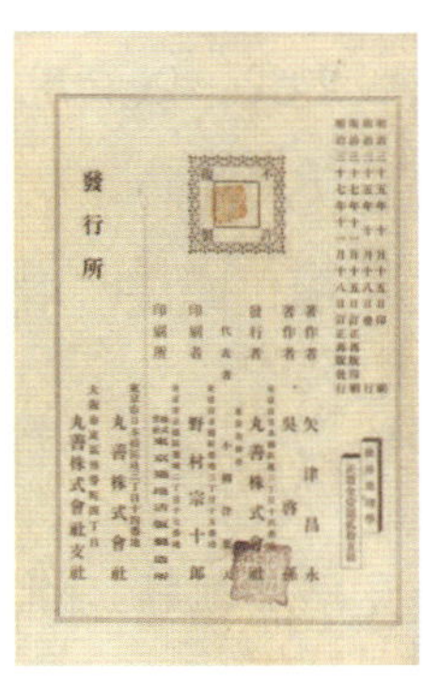

2—15

图2—15 《世界地理学》，（日）矢津昌永著，吴启孙译，东京丸善株式会社出版

《中等地理教科书》是侯鸿鉴根据他在东京留学时所得的日本著名地理学家矢津昌永的地理讲义编写的[6]。该书分天文地理学、地文地理学、人文地理学三部分。天文地理学分地球为太空诸行星之一、太阳系、日月地、地球形状、地球之大、地球之动静、昼夜之分、四季之更代、经纬线等部分；地文地理学分空气界、陆地界、海洋界和生物界四个部分；人文地理学分国家之组织、国体、政体、国防军制、国家经济、租税、财政、交通、生业及产物、贸易、人民之种族、国风、风俗、习惯、教育、宗教和卫生等部分。[7]

[1] 邹振环. 晚清西方地理学在中国：以1815至1911年西方地理学译著的传播与影响为中心[M]. 上海：上海古籍出版社，2000：287.

[2] 邹振环. 晚清西方地理学在中国：以1815至1911年西方地理学译著的传播与影响为中心[M]. 上海：上海古籍出版社，2000：362-363.

[3] 商务印书馆. 涵芬楼藏书目录：直省府厅州县志目录[M]. 上海：商务印书馆，1919：43.

[4] 王有朋. 中国近代中小学教科书总目[M]. 上海：上海辞书出版社，2010：584.

[5] 同[2]。

[6] 肖超. 翻译出版与学术传播：商务印书馆地理学译著出版史[M]. 北京：商务印书馆，2016：148.

[7] 同[1]。

二、上海商务印书馆自编的新式地理教科书

上海商务印书馆由夏瑞芳、鲍咸恩、鲍咸昌、高凤池等创办于光绪二十三年（1897年），其初创时是一个以印刷为主业的小型印刷所。光绪二十九年（1903年）6月，张元济出任商务印书馆编译所所长[1]，主持编译所工作，从此商务印书馆由以印刷业为主转为主营出版业。在19世纪与20世纪交替的年代，随着近代文化的转型发生的教育转型，给教科书的编写与出版带来了史所未有的广阔空间。商务印书馆敏锐地捕捉到了时代给其带来的巨大商机，于光绪三十年（1904年）成功地推出中国第一套现代意义的教科书"最新教科书"系列，"开中国学校用书之新纪录"[2]，成为中国教科书革新的发动者，一举奠定了其在中国教科书编写出版中的主导地位。

往后的几十年间，商务印书馆一直把教科书的编写与出版作为其主要任务之一，并不断改进教科书内容、编排方法和出版形式，以满足教育事业的发展对教科书革新的需要，为传播西学，提倡新学，发展新式教育作出了巨大贡献。

从创办到清朝灭亡，商务印书馆编辑出版的主要新式地理教科书如下。

（一）《小学万国地理新编》

陈乾生（即中国共产党早期领导人陈独秀，1879—1942）编辑的《小学万国地理新编》是商务印书馆自编出版的最早的一本新式地理教科书。[3]其时，商务印书馆与各书局一样，重在翻译出版东西方各国科学书。

《小学万国地理新编》初版时间是光绪二十八年（1902年）三月。因为书受欢迎，后多次再版。

《小学万国地理新编》上卷主要内容分三篇：第一篇全球总论第一章象数地理，第二章形质地理，第三章政事地理；第二篇亚洲各国；第三篇欧洲各国。

下卷也分三篇：第四篇非洲各国；第五篇澳洲各地（今大洋洲及东南亚部分地区），包括第一章澳洲总论，第二章澳大利亚群岛，第三章马来西亚群岛，第四章波利尼西亚群岛；第六篇美洲各地。

---

[1] 张树年. 我的父亲张元济[M]. 天津：百花文艺出版社，2006：283.

[2] 庄俞. 清季兴学与最新教科书［C］//陈学恂. 中国近代教育史教学参考资料：上册. 北京：人民教育出版社，1986.

[3] 柳和城. 孙毓修评传[M]. 上海：上海人民出版社，2011：49.

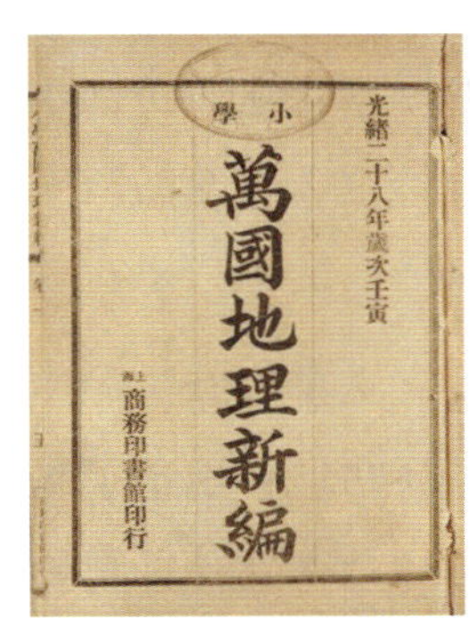

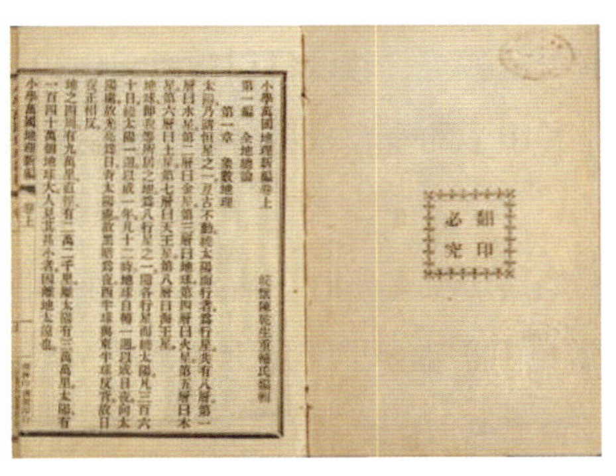

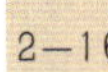

图2–16 《小学万国地理新编》，陈乾生编辑，商务印书馆出版，光绪二十八年（1902年）初版

商务印书馆在《小学万国地理新编》出版当年的广告上称该书“凡疆域、气候、政教、风俗、民情、物产，记载明晰，纲举目张，文辞雅饬，浅显易解。选用地名皆沿旧称，绝无近译日译本新奇骇怪之弊，以供小学教授最为合适。”[1]该书曾呈请学部审定，结论却是“勿庸审定”，其否定批语是：“小学万国地理新编书分六章乃依据旧时教会所出各译本，而编次之者不特，多属陈迹，其漏劣处亦不适于教科，以中国与各国同列，视为亚洲之一国，不分宾主，尤属无此体裁。”[2]但毋容置疑的是《小学万国地理新编》已流露出陈独秀早期的民主思想和政治敏锐性，在当时该书成为了当时商务印书馆比较畅销的启迪民智的教科书之一，曾经多次再版发行。目前看到的最后版本是第十版［宣统三年（1911年）］。[3]

（二）“最新教科书”系列的地理教科书

《钦定学堂章程》（称壬寅学制）颁布后，伴随学制、学堂革新而来的是对编辑出版新式教科书需求。商务印书馆审时度势，决定以编辑出版教科书为中心业务。虽然壬寅学制有教育科目和年级的规定，但可能由于该学制仅有科目设定而无具体进度要求即缺乏课程标准，而且科目设定亦非常不合理，致使壬寅学制后的课本完全不按学制、年级编纂。[4]

光绪二十九年（1903年）六月，张元济出任商务印书馆编译所所长，他着手聘请专家和富有教育经验之人任编译职务，健全了编译所的机构。当时正值《奏定学堂章程》酝酿之时，张元济领导的编译所把教科书的编辑工作放在首位。他们分析了当时流行的各种教科书的优劣，认为这些教科书的最大弊端就是不按学制，不依学年、学期，不详教学，不切合儿童心理，无法适应新式教育的发展。张元济领导的商务印书馆编译所决定改变原来包办制的教科书编辑方法，采用合议制，先定

[1] 邹振环. 晚清西方地理学在中国：以1815至1911年西方地理学译著的传播与影响为中心[M]. 上海：上海古籍出版社，2000：288，306.

[2] 学部. 审定书目[J]. 学部官报，1910（136）：审定书目4.

[3] 石鸥. 字里行间中国情：试论陈独秀的《小学万国地理新编》[J]. 河北师范大学学报（教育科学版），2013（9）：30.

[4] 汪家熔. 民族魂：教科书变迁[M]. 北京：商务印书馆，2008：22.

编辑的根本计划并特别注重国文，再依据新定的这一计划，审查前期已编成的蒙学课本，发现完全不适用。于是，商务印书馆编译所按照发展普通教育、教以日用普通文化知识的原则，议定全面按科目、按学期编辑涵盖初等小学、高等小学和中学的全套教科书并另编配套的教授法，全套教科书定名为《最新教科书》。

正当初等小学国文教科书第一册修改或编纂即将完毕时，清廷公布了《奏定学堂章程》（癸卯学制），该学制把初等小学堂、高等小学堂与中学堂修业年限分别改为5年、4年和5年并规定了科目、程度与每星期教授的时间。商务印书馆恰逢其时，在《最新教科书》后续编纂中创造性地贯彻了《奏定学堂章程》的要求，一举大获成功。

庄俞认为商务印书馆教科书的成功是“依据学部所颁布的学堂章程各科俱有的，所以独步一时”，其实并非完全如此。例如，《奏定学堂章程》中初等小学堂语文课程只设有“读经讲经”和“中国文字课”，光绪三十年（1904年）2月商务印书馆圆桌会议上诸人嘲笑其不合教育原理，并做出商务印书馆《最新国文教科书》一年级“每学期授国文十小时，六小时讲诵读，四小时默写作文”的规定。由于它符合一般群众的需要，所以初版在1904年2月13日出版，到15日，就“已全部销完四千部。现拟再版矣”。[1]

这套教科书完全符合现代教科书的三个条件：“第一，它根据学制规定，分学年学期而编写；第二，它有与之配套出版的教师用书；第三，它依遵学堂章程的课程门类，分门别类分级编写。”[2]《最新教科书》既取代了其他教科书，又成为后世教科书模仿的对象，它的出版意义重大，影响深远。自此，我国中小学教科书由引入西方新式教科书转向尝试国人自编新式教科书，再到现代教科书的问世，最终蓬勃发展起来。

邹振环认为由商务印书馆编纂出版的“最新教科书”系列和中小学地理教科书至少有如下六种：①商务印书馆编译所编纂、光绪三十一年（1905年）出版的《最新初等小学地理教科书》；②长尾槙（同槙）太郎编纂、徐仁镜和张元济校订、1905年出版的《（再版）最新地理教科书》；③谢洪赉编纂、1905年出版的《最新地理教科书》；④谢洪赉编纂、1905年出版的《最新初等小学地理教科书》；⑤谢洪赉编纂、1905年出版的《最新高等小学地理教科书》，以上五种均为四册。⑥谢洪赉编纂、光绪二十九年（1903年）出版的《最新中学教科书瀛寰全志》。[3]国内诸多学者持类似看法[4]。

但是，笔者认为这种看法值得进一步考证。理由如下：

（1）长尾槙太郎编纂、徐仁镜、张元济校订1905年出版的《（再版）最新地理教科书》（四

[1] 汪家熔. 中国近现代出版家列传：张元济[M]. 上海：上海辞书出版社，2012：121-122.

[2] 石鸥. 开现代教科书之先河的《最新教科书》[J]. 湖南师范大学教育科学学报，2008（3）：27-30.

[3] 邹振环. 晚清西方地理学在中国：以1815至1911年西方地理学译著的传播与影响为中心[M]. 上海：上海古籍出版社，2000：288.

[4] 柳和城. 孙毓修评传[M]. 上海：上海人民出版社，2011：50. 王有朋. 中国近代中小学教科书总目[M]. 上海：上海辞书出版社，2010：241，243.

册）很有可能就是商务印书馆编译所编纂，长尾槙太郎、徐仁镜、张元济校订的《最新初等小学地理教科书》（四册）。

受资料的限制，笔者一直未能经眼光绪三十一年（1905年）出版的《（再版）最新地理教科书》（四册）。邹振环教授对《（再版）最新地理教科书》（四册）的介绍与商务印书馆编译所编纂《最新初等小学地理教科书》第一册中的“编辑大意”完全一致。但后者的编纂者署名为商务印书馆编译所而不是长尾槙太郎，长尾槙太郎只是参与了校订。

史料显示，从光绪二十九年（1903年）十月开始，商务印书馆与日本金港堂合作，引入日资改为股份有限公司，日方最初董事原亮三郎推荐日本著名汉学家、原日本文部省教科书审查官、前日本高等师范学校教授长尾槙太郎等人到商务印书馆编译所工作，但长尾槙太郎在商务印书馆编译所的职位只是顾问，协助商务印书馆编译教科书[1]。

（2）商务印书馆编译所编纂《最新初等小学地理教科书》（四册）与谢洪赉编纂《最新初等小学地理教科书》（四册）很有可能是同一套教科书。首先，两套教科书的初版时间均为光绪三十一年（1905年）六月。笔者把两书多种版本的目录一一比对，发现它们完全相同。

笔者推测，《最新初等小学地理教科书》（四册）的编纂者署名发生了两次变化，实际编纂者可能为谢洪赉。1935年12月商务印书馆原件《商务印书馆历年出版小学教科书概况》就把《最新初等小学地理教科书》（四册）的编纂者署名为谢洪赉。[2]

（3）所谓谢洪赉编纂之《最新地理教科书》（四册）实际上不是单独的一套教科书，而是对其编纂《最新初等小学地理教科书》《最新高等小学地理教科书》的统称。从笔者经眼过的署名为谢洪赉编纂、宛平徐仁镜、海盐张元济校订的《最新初等小学地理教科书》各版本与署名为谢洪赉编纂之《最新高等小学地理教科书》各版本的教科书封面来看，字体较大的主标题都是“最新地理教科书”，字体较小的副标题或是“初等小学用第×册”或是“高等小学用第×册”。

总之，笔者认为商务印书馆编纂出版的“最新教科书”系列小学地理教科书，实际上只有两种：《最新初等小学地理教科书》（四册）和《最新高等小学地理教科书》（四册）。

1.《最新初等小学地理教科书》（四册）

该书有多种署名和题名。

（1）署名商务印书馆编译所编纂，日本前高等师范学校教授长尾槙太郎、顺天宛平徐仁镜、浙江海盐张元济校订，商务印书馆校阅的《最新初等小学地理教科书》。

该书封面题名《最新初等小学地理教科书》，书名页题名《最新地理教科书》，版权页题名《初等小学地理教科书》。

[1] 商务印书馆. 商务印书馆一百年：1897—1997[M]. 北京：商务印书馆，1998：345.

[2] 商务印书馆. 商务印书馆图书目录：1897—1949[M]. 北京：商务印书馆，1981：附录：商务印书馆历年出版小学教科书概况.

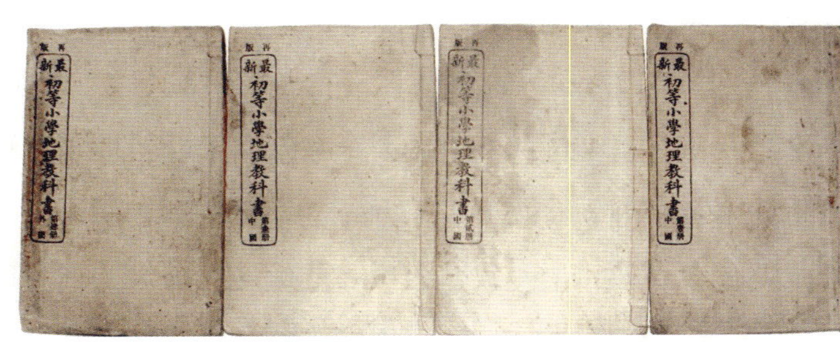

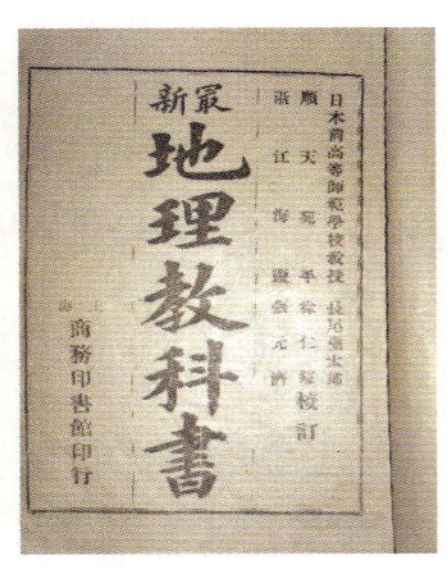

2—17

图2—17 《最新初等小学地理教科书》，商务印书馆编译所编纂，日本前高等师范学校教授长尾槙太郎、顺天宛平徐仁镜、浙江海盐张元济校订，商务印书馆校阅，第四册，商务印书馆出版，光绪三十一年（1905年）十二月再版

（2）署名谢洪赉编纂，宛平徐仁镜、海盐张元济校订的《最新初等小学地理教科书》

该书封面题名《初等小学用最新地理教科书》，版权页题名《初等小学最新地理教科书》。

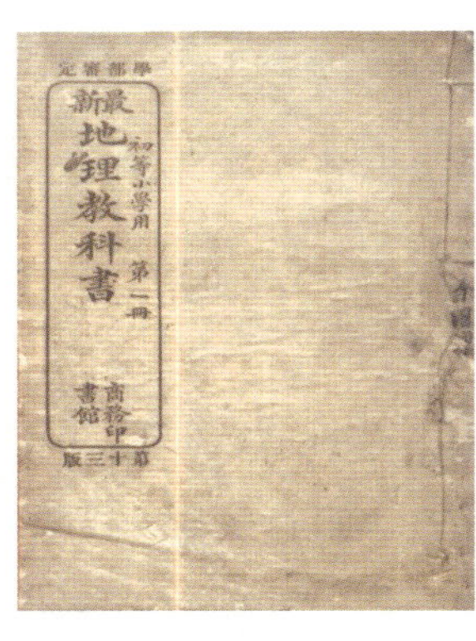

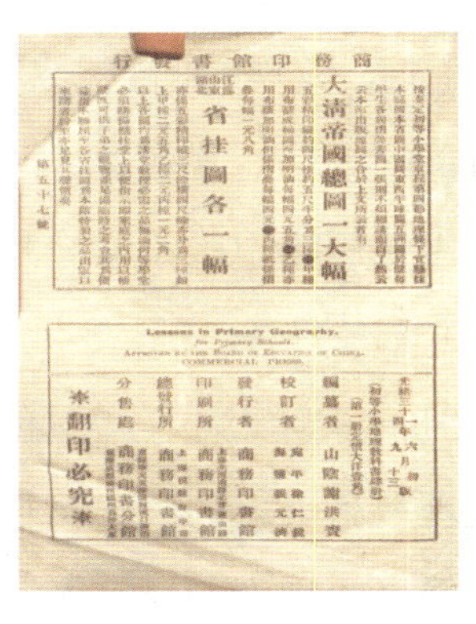

2—18

图2—18 《最新初等小学地理教科书》，谢洪赉编纂，宛平徐仁镜、海盐张元济校订，第一册，商务印书馆出版，光绪三十四年（1908年）九月第十三版

（3）署名尾槙太郎编纂，徐仁镜、张元济校订的《最新初等小学地理教科书》

该书分四卷（册），每卷40课，第一至第三卷论中国地理，第四卷论外国地理，光绪三十一年（1905年）初版，全书采用游记体裁，所叙路程，循长江入藏。该书取材古今游记地志多达数十种，附有插图多幅。[1]

该书光绪三十二年（1906年）呈送学部审定，被列入学部第一次审定初等小学暂用书目。学部对该书的审定批语是“即作为审定之本。”[2]

该书“编辑大意”指出：（1）该书专为初等小学堂第三、第四两年之用，共四卷，每卷分四十课。前三卷专论本国，俾读者首知国内地理之大要，然恐卒业时无缘复入高等小学，则于世界大势茫然也。故第四卷略述五洲各国，以发其凡，亦即为高等小学之基础。（2）每半年课读日约二十星期，每星期教授二课，该书每册适足半年之用。（3）针对当时蒙学地理课本，编刊者日见其繁，惟依次胪举，板滞无情，童年习之，既鲜兴趣，又难记忆之弊端，该书就东西洋地理教科书变

[1] 邹振环. 晚清西方地理学在中国：以1815至1911年西方地理学译著的传播与影响为中心[M]. 上海：上海古籍出版社，2000：288.

[2] 学部. 审定书目[J]. 学部官报，1906（5）：审定书目11.

通其例为游记体裁，庶邦邑有联属之情，而语句亦具细绎之趣，似于启发之道，不无裨益。（4）我国原有驿程参错难记，故该书所叙路途不得不变而通之……凡腹地之要者，咸随事而备见之，于各行省又专设一课，俾如柯叶之于根本，用游记之文行地志之实。惟第四卷所叙外国力求简要，故不得不多所淩（凌）越。（5）山川道里之相接有为文字所不能径达者，苟连贯纪之，则举其小遗其大。故必以上海为枢纽之地，取其中外所辐湊（凑）而水路四至也。（6）我国胜地伟人与夫商业军政之要道，该书恒三致意，翼令总角之童，即具有远大襟期及景慕前贤之意。而于古今战事遗迹亦颇叙及，以期与历史互相发明。（7）该书取材古今游记地志凡数十种，虽篇幅有限而采撷颇繁，间有摹写物状、流连风景之句……（8）该书于各都会名胜之地，多附精致图画，皆搜集中外图籍而得之，庶学者目击道存，于讲授时尤易领会。（9）该书附插精印地图十一幅于书中所纪行程，一一用朱线指明以便讲贯。惟图中力求清晰，故所有地名或未及悉载，凡为教员者，当参阅本馆别编详细地图，别制中国、全球挂图各一幅以便悬堂施教之用。（10）该书附插各图绘法俱按行程之起讫分析。（11）外国地名译音每多歧异，该书所用皆准大学堂审定中等课本舆地全图，以求划一。

2.《最新高等小学地理教科书》

该书共四册，光绪三十一年（1905年）初版，高等小学用，通过清学部审定，有多种署名和题名。

（1）封面题名《高等小学用最新地理教科书》或《最新高等小学地理教科书》，版权页题名《高等小学最新地理教科书》或《地理教科书》之《最新高等小学地理教科书》。

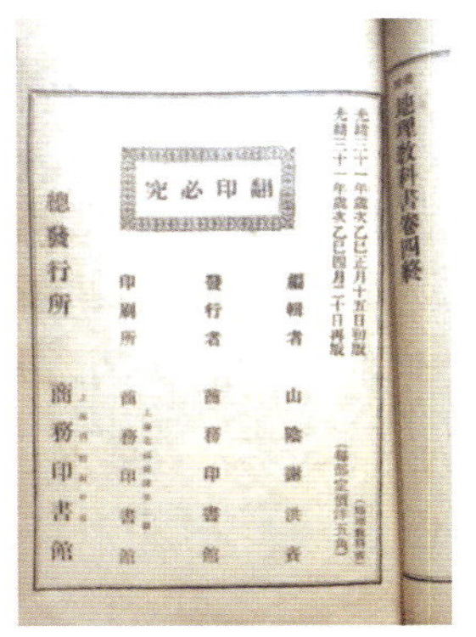

翻印必究

編輯者 山陰謝洪賚

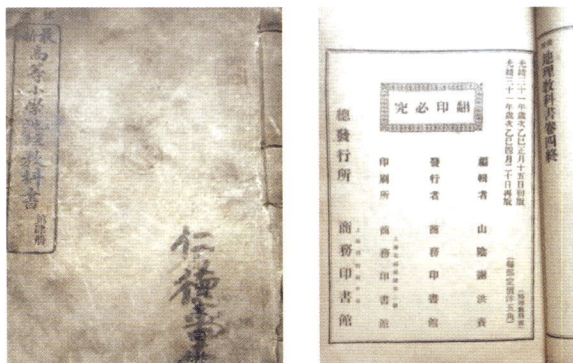

發行者 商務印書館

印刷所 商務印書館

總發行所 商務印書館

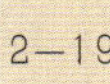

2—19

图2—19 《最新高等小学地理教科书》，山阴谢洪赉编辑，第四册，商务印书馆出版，光绪三十一年（1905年）四月再版

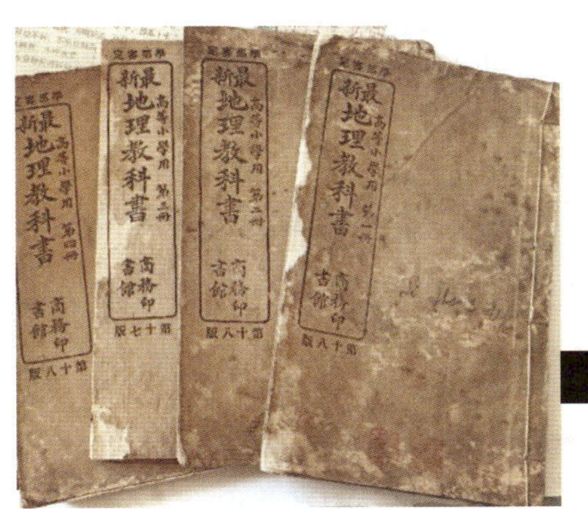

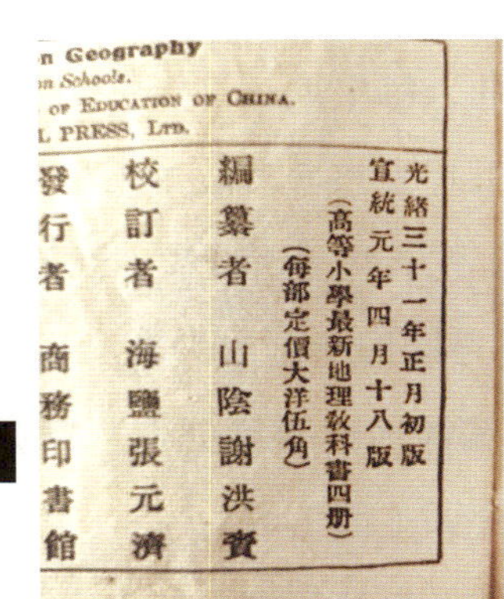

n Geography

n Schools.

OF EDUCATION OF CHINA.

L PRESS, LTD.

光緒三十一年正月初版

宣統元年四月十八版

（高等小學最新地理教科書四冊）

（每部定價大洋伍角）

編纂者 山陰謝洪賚

校訂者 海鹽張元濟

發行者 商務印書館

2—20

图2—20 《高等小学用最新地理教科书》，山阴谢洪赉编纂，海盐张元济校订，第一册，商务印书馆出版，宣统元年（1909年）四月第十八版

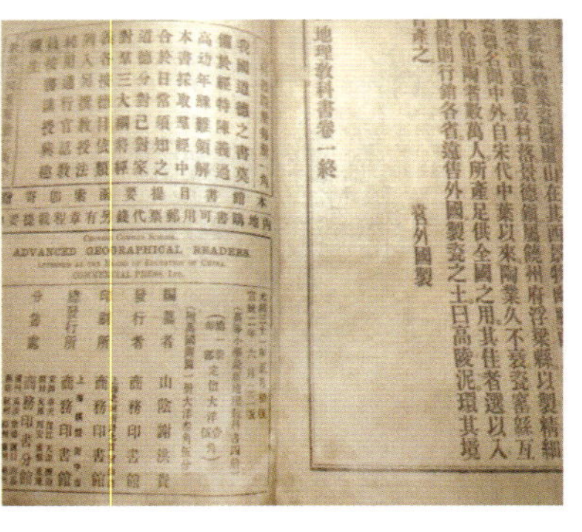

2–21

图2–21 《高等小学用最新地理教科书》，山阴谢洪赉编纂，第一册，商务印书馆出版，宣统二年（1910年）六月第二十二版

（2）封面题名《高等小学用最新地理教科书》或《最新高等小学地理教科书》，版权页题名《高等小学地理教科书》的《最新高等小学地理教科书》。

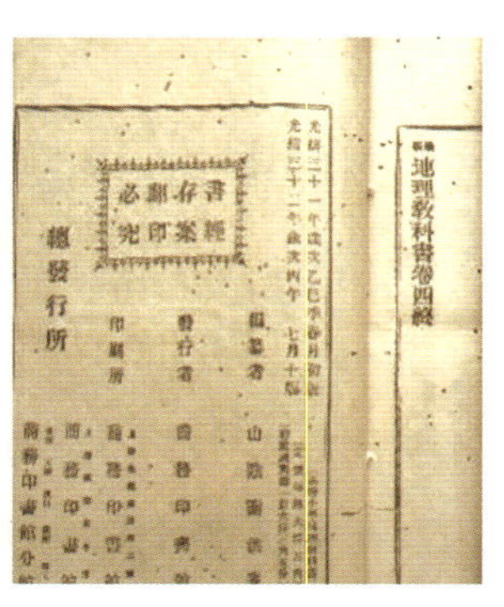

2–22

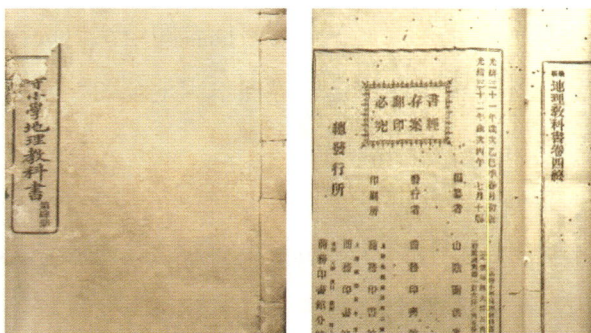

图2–22 《最新高等小学地理教科书》，山阴谢洪赉编纂，第四册，商务印书馆出版，光绪三十二年（1906年）七月第十版

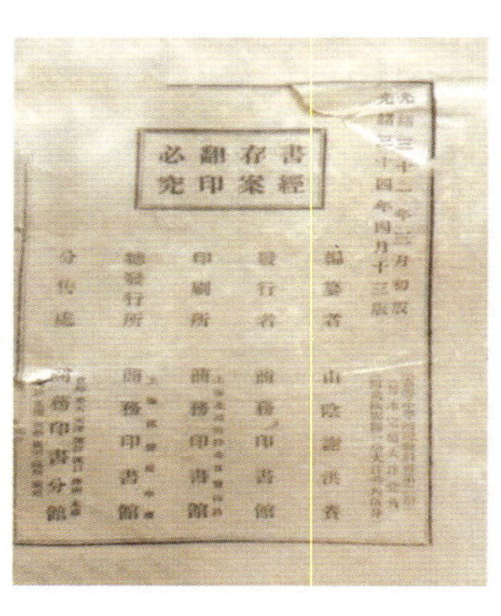

2–23

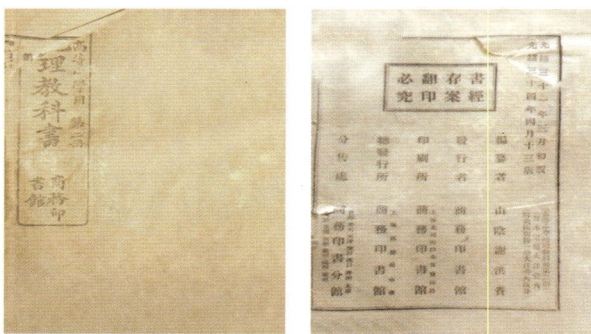

图2–23 《高等小学用最新地理教科书》，山阴谢洪赉编纂，第二册，商务印书馆出版，光绪三十四年（1908年）四月第十三版

《最新高等小学地理教科书》“编辑大意”指出：（1）是书分四卷，首二卷论本国，后二卷论外国，每卷四十课。每年约得四十星期，每星期一课，适足供高等小学堂四年之用。（2）儿童肄习地理，以略知世界大势，激发国家思想为宗旨，故本书提纲絜要，力求简易。（3）学生在初等小学堂已略习地理，是书为进一步计。故于五洲诸国靡不粗具规模，庶儿童肄习之后，即不复入中学亦于舆地一门不至茫无头绪。（4）吾国旧有地志之书大率为专家研究之需，非为初学教科书之计。近年国人始注意普通教育，渐有编译地理教科书者。草创之初，难求美备。此编酌依日本地理教科书之条目，兼参群书，以求无大繆（谬）误。（5）本书每及处名胜，多插鲜明图画，籍（藉，即“借”）博儿童之兴趣，即所以引起其记忆之能力。（6）读地志易生国家兴衰之观念，

本书于宗邦失败之由，邻国强盛之故，靡不随时称述，以期唤起儿童爱国之精神。（7）读地志不可无参考地图，兹特制简明彩色中国外国地图各一册，与本书相辅而行。然我国字体难于缩写，书中所有地名断难悉载。本馆别编详细地图，兼购参阅，尤为便益。（8）外国地名译音每多歧异，是编所用名目，多准大学堂审定中等课本舆地全图，间有节其过于冗长者。（9）以地理教授儿童，得力于书册者少，得力于口授者多。一切材料，看似板滞，一经善为指示，顿化活波（泼），故别编地理讲授法一帙，采东西诸国已有成效之法，为小学教员举一反三之助，当于教学两有裨益也。

研究者认为，《最新高等小学地理教科书》承载了传统舆地学与地方志编纂的转型使命[1]，意义重大。该书通过学部审定，列入学部第一次审定高等小学暂用书目。[2]学部的审定评语指出“一二册中国地理，三四册外国地理，取材谨严，行文雅洁，为小学地理教科书之善本。”[3]

3.《瀛寰全志》

光绪二十九年（1903年）十月，商务印书馆出版了谢洪赉编纂，杨瑜统、商务印书馆编译所校刊，商务印书馆阅订的中学教科书《瀛寰全志》。[4]该书通过了总理学务大臣审定，其审定意见为“搜集精审，详略得当，便于教习讲授”，并在封面上冠以“最新中学教科书”字样。该书初版全一册，书脊题名“最新中学教科书舆地”，其他处题名“瀛寰全志”。该书于光绪三十年（1904年）五月再版，光绪三十三年（1907年）十月第九版。入民国后，江苏丹徒赵玉森重订该书，1913年6月商务印书馆出版《重订瀛寰全志》上、下二册，是为《瀛寰全志》第十三版。

《瀛寰全志》内容丰富，重点鲜明，尤重考察“国政”，其历史观念与社会思想不但超出同时代的教科书，即使置于晚清思想文化的历史大背景中也别有锋芒。[5]

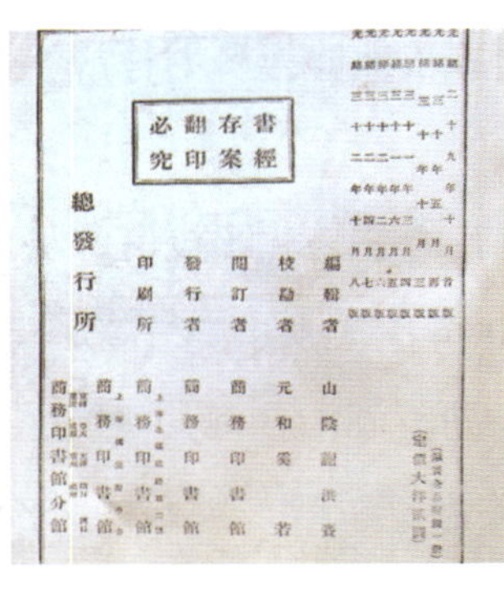

2-24

图2-24 《瀛寰全志》，山阴谢洪赉编辑，元和奚若校勘，商务印书馆阅订，第八版，商务印书馆出版，光绪三十二年（1906年）十月出版

[1] 吴小鸥. 启蒙之光：浙江知识分子与中国近现代教科书发展[M]. 杭州：浙江工商大学出版，2016：41.

[2] 李桂林，戚名琇，钱曼倩. 中国近代教育史资料汇编. 普通教育[M]. 上海：上海教育出版社，2007：43-44.

[3] 学部. 审定书目[J]. 学部官报，1907（23）：审定书目29.

[4] 北京图书馆，人民教育出版社图书馆. 民国时期总书目：1911—1949（中小学教材）[M]. 北京：书目文献出版社，1995：345.

[5] 毕苑. 建造常识：教科书与近代中国文化转型[M]. 福州：福建教育出版社，2010：103-104.

《瀛寰全志》分七编，第一编为总论，包括：一界说，二地球，三地面诸线，四地之分界，五天气，六物产，七人民，八国家，九宗教；第二编亚细亚洲；第三编欧罗巴洲；第四编亚非利加洲；第五编北亚美利加洲；第六编南亚美利加洲；第七编大洋洲。

谢洪赉在《瀛寰全志》首版例言中指出：（1）地志坊间罕有佳本，非本国地理过弱即外国地理不详之弊端，是编繁简酌中，适合中学教授之用；（2）是编搜采东西及本国文地志数十种编辑而成，时时注意种族竞争之要点，以期唤起读者之精神，非直译东西文一家之书可比；（3）采用之书虽多，然体例格式多以印度广学会刊行《地理精要》一书为准；（4）是编地名多宗戴氏《地理略说》，其有未备者兼采《瀛环志略》《地理全志》，所沿用不敢杜撰，末附《中西地名表》以便对勘；（5）缀画二百余幅，俱由编者搜采精图重铸铜板精细绝伦，地图十余页鲜艳清朗。

但该书仍然存在如下不足：（1）该书内容虽然较全面，但七编繁简分布不均衡。以页数来看，《瀛寰全志》全书共542页，其中亚细亚洲203页、欧罗巴洲123页，两编共占全书页数61%，大洋洲一编仅为28页，占5%。具体到每个洲所包含的国家或地区来看，亚细亚洲国家或地区平均所占页数最多，约为每国18.5页，其中中国介绍篇幅高达87页，约占整编的1/2之多，且和中国地理部分重复较多。南亚美利加洲最少，每国仅为2.8页，其他各洲平均每个国家或地区所涉及页数相当，每国约为5~8页。可见，谢洪赉在例言中所指出的“以往地志书非本国地理过弱、即外国地理不详之弊端”并没有得到很好的解决。（2）该书虽然总体采用了“由总到分，由近及远”的编排方式，比较符合儿童认识规律，但各部分内容均以简单地全盘推出式罗列为主，各洲分论部分依然采用了传统的地方志叙述方式。（3）该书虽然有缀画二百余幅、地图十余页，但图像类型过于单一，景观素描图太多，占据了全书图像的91%，而地理学中最为重要的地图数量却偏少，总体上看图像和课文之间的辅助关系明显不足。[1]

此外，商务印书馆还出版了《最新地理教科书详解》《最新中学教科书地质学》和《最新中学教科书地文学》。

《最新地理教科书详解》由谭廉编纂，沈颐校订，除封面外其他处题名“高等小学地理教科书详解”[2]，全四册，宣统元年（1909年）初版。该书第一、二册中国地理共80课，第1至11课分述疆域、地势、山脉、区划、土脉、江湖、湖泊、海岸、气候；第12至40课及下册第1至23课为各省介绍；下册第24至40课分述人民、政治、军政、财政、外交、教育、宗教、物产、工艺、商业、道路、铁路、航路、邮政电报。第三、四册外国地理共80课，上册第1至第6课为自然地理，第7至第11课为人文地理，第12至30课为亚细亚洲总论及各国分论，第31至40课为阿非利加洲总论及各国分论；下册第1至21课为欧罗巴洲总论及各国分论，第22至36课为亚美利加洲总论及各国分论，第37至40课为大洋洲总论及分论。该书被誉为“征引详备，考核精确，实为商务地理教科书者之完全参

[1] 王民，何亚琼. 清朝末期我国的中学地理教科书：下[J]. 中学地理教学参考，2013（5）：20-21.

[2] 王有朋. 中国近代中小学教科书总目[M]. 上海：上海辞书出版社，2010：243.

考书”。[1]

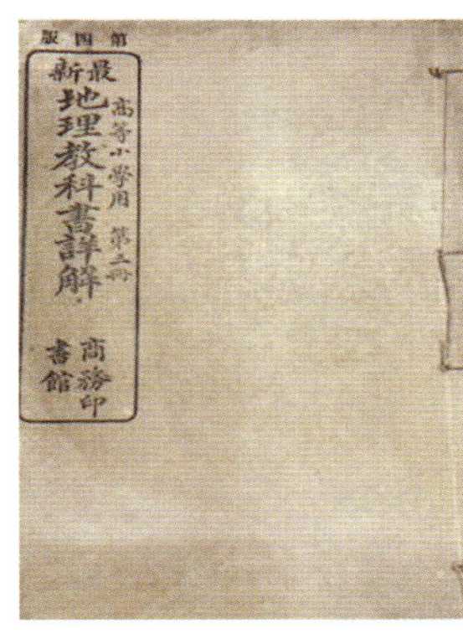

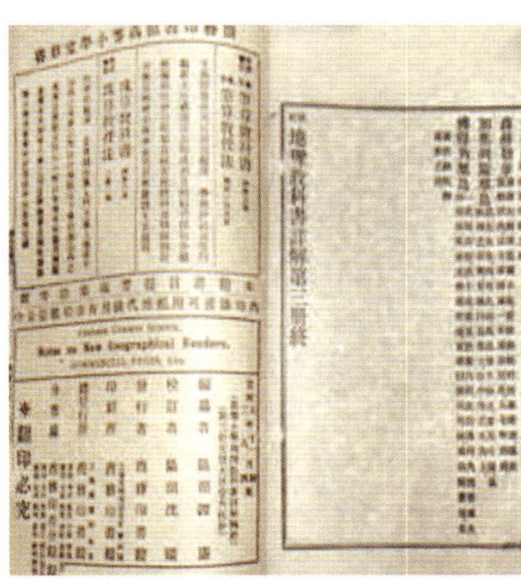

2—25

图2—25 《最新地理教科书详解》，谭廉编纂，沈颐校订，第三册，商务印书馆出版，宣统三年（1911年）八月第四版

《最新中学教科书地质学》，由美国人赖康忒（Joseph Le Conte）原著，包光镛、张逢辰译述。光绪三十一年（1905年）八月初版，1913年5月第七版。[2]

《最新中学教科书地质学》“译例”指出：（1）原书为美国赖康忒所著，书成赖氏复手自编订增删补葺，书之完善可知。（2）原书附图三百六十幅，为从来教科书所未有，科学非图不明，不仅为美观而设。（3）是书为寻常中学校课本，译笔只求明达，不事艰深。（4）原书为美人所著，书中涉美国者皆称吾国，此固作者语气，译者例从改削以清主客之位。（5）书中名词有东译较善者，则姑从东译，以俟君子。（6）卷末附西文名目表。原书不免过繁，兹择其尤要者列之。

《最新中学教科书地质学》卷一为地质变迁；卷二为地质结构；卷三为地质历史。

该书被列入光绪三十四年（1908年）五月清廷学部颁布的“本部审定中学暂用书目表”中。学部对该书的审定批语是：“所言地质关涉亚洲者甚鲜，不合吾国之用。惟纪载甚详，可作为中学参考书。”[3]

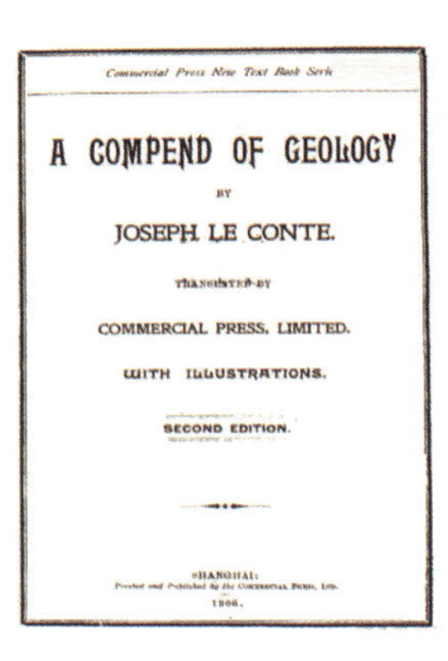

2—26

图2—26 《最新中学教科书地质学》，[美]赖康忒（Joseph Le Conte）原著，包光镛、张逢辰译述，商务印书馆出版，光绪三十二年（1906年）第二版

[1] 邹振环. 晚清西方地理学在中国：以1815至1911年西方地理学译著的传播与影响为中心[M]. 上海：上海古籍出版社，2000：289.

[2] 北京图书馆，人民教育出版社图书馆. 民国时期总书目：1911—1949（中小学教材）[M]. 北京：书目文献出版社，1995：290.

[3] 学部. 审定书目[J]. 学部官报，1908（57）：审定书目16.

《最新中学教科书地文学》由美国人忻孟（Hinmon）原著，王建极、奚若译述。光绪三十二年（1906年）一月初版，1929年2月第十二版[1]。

该书前有序言和译例。正文分6卷，卷一论地球为行星之一；卷二论空气；卷三论海；卷四论陆地；卷五论气候；卷六论生物。后附地文学中西名目表。书中附插图48幅，附整页彩图13幅。[2]

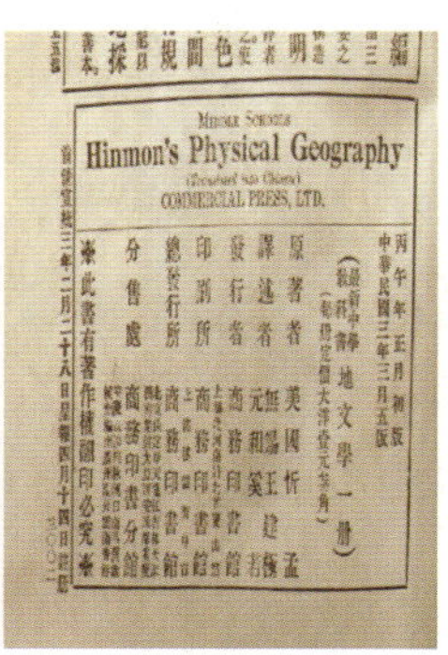

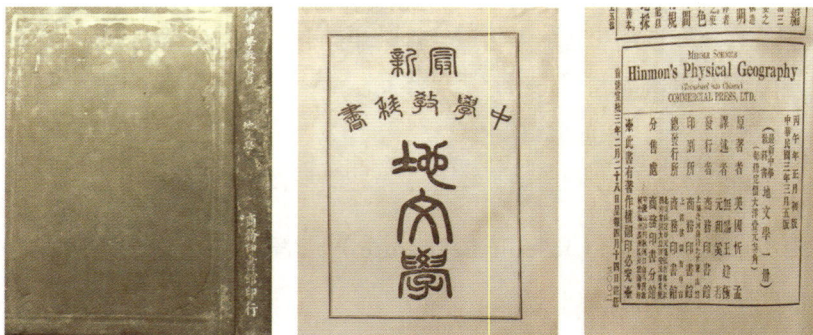

图2－27　《最新中学教科书地文学》，[美]忻孟（Hinmon）原著，王建极、奚若译述，商务印书馆出版，光绪三十二年（1906年）一月初版，1914年3月第五版

（三）“简易教科书”系列的地理教科书

商务印书馆遵照《奏定学堂章程》，编辑的小学堂、中学堂与高等学堂各种教科书按年编次业已先后出版后，考虑到我国地大人众，学制初定，风气未能遽开，且贫寒弟子过时失学或虽当学龄而迫于生计不能不兼治他业，必一一责以完全教育毋亦甚难，遂从光绪三十二年（1906年）开始编辑出版了一套“简易教科书”，有修身、国文、历史、地理、数学、格致、实业与法律八种，为书十册，日授数点钟，一年可以毕业。[3]由童振藻编辑，光绪三十二年（1906年）初版之《简易地理课本》（一册），即属于该系列小学程度的地理教科书，被作为夜学堂、半日学堂及一切假日学堂用书。

童振藻（1871—1939），字仲华，江苏淮安县人。光绪三十年（1904年）应聘进入上海商务印书馆编纂地理课本及教材。[4]

《简易地理课本》的“编辑大意”指出：（1）是书专为寒素子弟或学龄已长不及入学堂者而设。故将小学应授之地理缩聚于一编。（2）是书共分四十课，拟定八十点钟。二点钟授一课，每星期授二课，定为半年卒业。（3）是书前三十课课本国，后十课课五洲，使学者毕业后于中外大势亦可了然。（4）外国地名概用译本之通行者，以免歧异。（5）各处名胜，插图数十，既便考

[1] 北京图书馆，人民教育出版社图书馆. 民国时期总书目：1911—1949（中小学教材）[M]. 北京：书目文献出版社，1995：346.

[2] 邹振环. 晚清西方地理学在中国：以1815至1911年西方地理学译著的传播与影响为中心[M]. 上海：上海古籍出版社，2000：372.

[3] 童振藻. 简易地理课本[M]. 3版. 上海：商务印书馆，1906：编辑简易课本缘起.

[4] 马玉华. 中国边疆研究文库：西南边疆：卷4 云南勘界筹边记 五种 · 非常时期之云南边疆 · 滇缅界务北段调查报告[M]. 哈尔滨：黑龙江教育出版社，2013：10-11.

证，亦饶兴趣。（6）地理之学，非图不明。是书编首，特附彩色地图一幅，以便教员指示之用。

《简易地理课本》全书共四十课，前三十课是本国地理，后十课是五洲地理，其中第三十九课至第四十课为地球总述。

宣统元年（1909年）十一月二十六日，该书通过学部审定。审定评语是“简易地理课本凡四十课，智识大致已具，取材简当合用，照签改正后可作为夜学堂、半日学堂及一切假日学堂用书。惟‘简易’二字恐与初等小学简易科用书相混，可改为‘简明’二字。”[1]

2–28

图2–28 《简易地理课本》，童振藻编辑，商务印书馆出版，光绪三十二年（1906年）四月第三版

（四）“简明教科书”系列的地理教科书

商务印书馆成功推出“最新教科书”系列教科书后，在教育界风行一时，反响很好。但这套教科书的编写并无先例，纯是闭门造车，经过在小学生中试用，发觉材料、文字太深。从1907年起，商务印书馆对“最新教科书”难度偏大、内容偏深之弊端进行改良，又编译出版一套“简明教科书”与之相辅而行。[2]“简明教科书”系列取材较少，文字浅显，形式与内容均务求更适合儿童心理。[3]谢观编纂，张元济、庄俞校订之《简明中国地理教科书》和谢观编纂之《简明小学地理教科书》即属于该系列初等小学堂用中国地理教科书。

《简明中国地理教科书》版权页题名“初等小学简明中国地理教科书”，分二册，光绪三十四年（1908年）十月初版。

[1] 学部. 审定书目[J]. 学部官报，1910（136）：审定书目4.

[2] 胡维革. 中国传统文化荟要：八[M]. 长春：吉林人民出版社，2005：167.

[3] 同[2]。

2-29

图2-29 《简明中国地理教科书》，谢观编纂，张元济、庄俞校订，上下册，商务印书馆出版，宣统三年（1911年）五月第八版

作者在“例言”中指出：（1）奏定学堂章程初等小学五年毕业，前两年半授乡土地理，后两年半授中国地理。而学部图书局印行初等小学各书均照四年卒业编纂。是编参阅斯意，定为初等小学后两年之用。（2）定章初等地理每星期授课一时，一学期之中得二十小时，四学期即得八十小时。是编共八十课，足供二年之用。（3）定章于初等中国地理，欲儿童于已明乡土之后，略识本国之大概而已。近见刊行之初等地理课本，或分省详言，或兼及政治，或旁及外国，皆与初等学生程度不合。故此书一遵定章宗旨编纂，以便儿童易于领会。（4）小学地理教材不外旅行、汇类、区划三体，但三者之中亦互有利弊。是编兼采其长，融而为一，合诸儿童性质，当有事半功倍之效。（5）教授地理之次序，必使学生先知区划上之名词部位，故书中首述中国幅员，迨名词部位既明，则可指示山川之位置，故次论名山大川。既知区划与山川，则进而指示都邑之所在，故次论通都大邑。本国之梗概既已略知，当推及于世界，故终之以中外关系。（6）地理以名词为最要，而所难于解释及记忆者，亦在如此。是编于一切名词，皆循序渐增，不相紊越。每课之内平均不过四名词。（7）是编每述一类事毕，皆附一表格结束，含有比较统括两法。俾教授之时，儿童有贯串练习之益。（8）小学地理首须养成儿童爱国之观念，故是编于物产之饶富，山川之美秀，皆注意提撕。（9）是编附有小图数十幅，又插风景画数十幅，使儿童既易明白，又饶兴趣。（10）是编文中段落，均分别句读，读用点，句用圈，以清眉目。（11）是编与本馆简明国文教科书第三四年及简明中国历史教科书程度相当。（12）是编各课地名之详释，另有讲授法专书，为教员教授时参考之用，本书概不附赘。

从“例言”可以看出，学部颁布的《变通初等小学堂章程》把初等小学堂改分为完全科（仍旧五年）与简易科（分三、四年毕业）后，商务印书馆并未遵照章程编辑。[1]

《简明中国地理教科书》上册主要内容如下：

第一章为中国幅员之大势

第一课疆域，第二课区划，第三课地势，第四课至第十一课为省级区域，第十二课中国

[1] 商务印书馆．商务印书馆图书目录：1897—1949[M]．北京：商务印书馆，1981：附录：商务印书馆历年出版小学教科书概况．

区划表，第十三课至第十九课介绍各地形类型及海岸，第二十课长城

第二章名山大川之梗概

第一课山脉总说，第二课葱岭（帕米尔高原），第三课喜马拉雅山，第四课昆仑山，第五课天山，第六课横断山脉，第七课北岭 南岭，第八课阴山 长白山，第九课阿尔泰山，第十课山脉统系表，第十一课河流总说，第十二课黄河，第十三课长江，第十四课珠江，第十五课黑龙江，第十六课沿海诸水、运河，第十七课注境外之水，第十八课内陆河，第十九课湖泽，第二十课河流比较表

学部对该书审定的结论是“需修改再呈学部审定”。审定评语指出：“简明中国地理教科书简当明晰，图亦了然，并能示以警觉之意，足以启发初学。间有错误均已签出，例言称各课地名之详释另有教授法，教授法当与本书并行，应即呈部统俟审定。”[1]

《简明小学地理教科书》由谢观编纂，该书除封面外其他处题名为“简明地理教科书”，属初等小学堂用书，通过了学部审定。[2]该书分上、下两册，光绪三十四年（1908年）初版。全书分中国幅员之大略、名山大川之梗概、山川都邑之位置、中外毗连之关系四章。

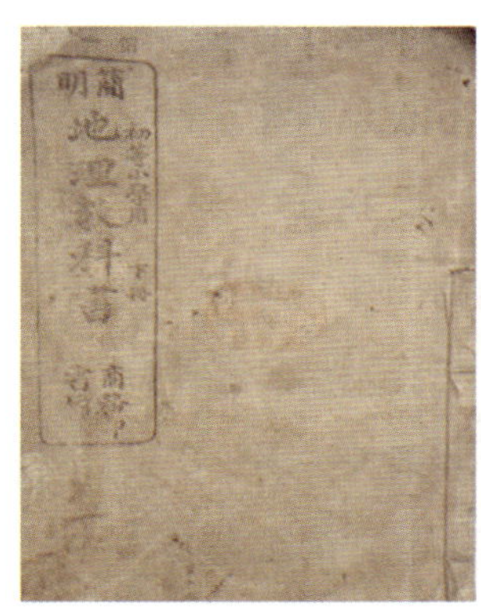

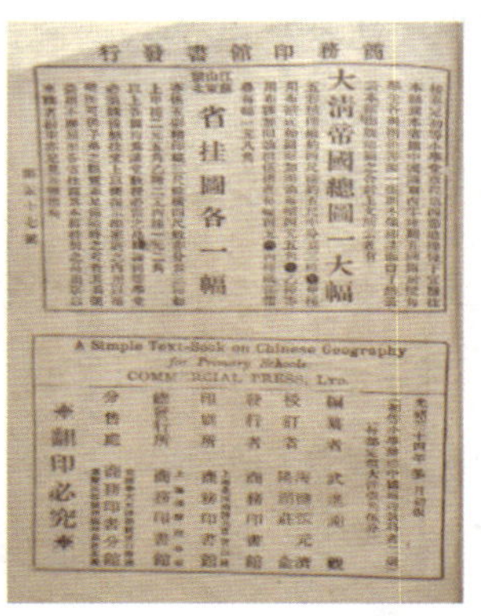

2–30

图2–30　《简明小学地理教科书》，谢观编纂，张元济、庄俞校订，上下册，商务印书馆出版，光绪三十四年（1908年）冬月（十一月）初版

（五）商务印书馆自编出版的其他早期地理教科书

商务印书馆自编出版的早期地理教科书还有：屠寄编纂、庄俞校订的中学堂、师范学堂用《中国地理教科书》，屠寄著《中国地理学教科书》，臧励龢编纂的中学堂用《新体中国地理》等。

1. 中学堂、师范学堂用《中国地理教科书》

中学堂、师范学堂用《中国地理教科书》编纂者为屠寄，校订者庄俞。该书书脊题名《中学中国地理教科书》。全书一册三卷，光绪三十一年（1905年）八月初版，后多次再版。

屠寄在该书“自叙”中介绍了是书编纂的由来。他说，国家兴立学校，颁发章程，把地理列入中小学普通教育必备之科学中，用意至当。然此学教科之官书尚未定编，坊间所行大多译自东西

[1] 学部. 审定书目[J]. 学部官报，1910（136）：审定书目10.

[2] 北京图书馆，人民教育出版社图书馆. 民国时期总书目：1911—1949（中小学教材）[M]. 北京：书目文献出版社，1995：334.

文，缺略不备。间有本国人自编者，亦触目讹误，不可据依。他曾讲授历史舆地，家居里中少年时以本国地理相质问。于是，屠寄集同志十二人，开一地理讲习会，按普通课程手编讲义，用速成法每日授业。屠寄好友张元济听说后，愿意代付铅印，把其地理课程讲义公诸学界。

该书“凡例”指出：（1）图与说必相辅而行。图表地理之形式，说表地理之精神。有图无说，则精神不见。有说无图，则所表之精神亦不见。然图限于篇幅或有最关系之地名而反忽略未载者，说必按其方向为之表明。（2）本国地大物博。自一统志已至省、府、厅、州、县，莫不有志。然但可据为参考书，而不适于教科书之用。且地理形势及种种之原因，岁有变更，断不能执往日之故书，适用于今日。此书调查尽其能力所及，至宣统元年三月为止。间有不得已而沿用旧说者，俟接续调查，再行改正。（3）钦定中学堂章程五年卒业。因普通科学授业时间之配置，地理一科五年内得授业四百时间，就中一半属本国地理部授业之时间，一半属外国地理部授业之时间。此编即以此规定，约二百时间可以毕业。编者当以一百时间用速成法讲授毕业。（4）普地理学一科既因他科学之配置，不能格外引长。此科学之授业时间，就此一定之时间编辑教科书，不难于详而难于简，不难于简而难于要。然力求简要，又恐误于文理之艰深。此编务以简要浅明为主。（5）是编先亚洲总论，次中国总论，次地文地理，次人文地理，次地方志。悉依现在世界通行之编例，务使学者先纲后目，便于记忆，而联络其地理之观念。

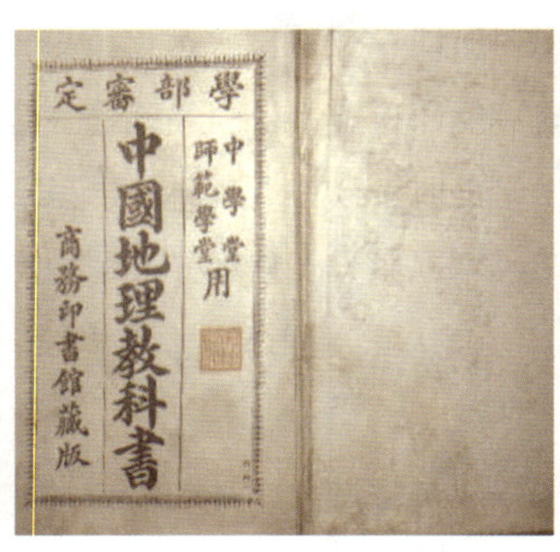

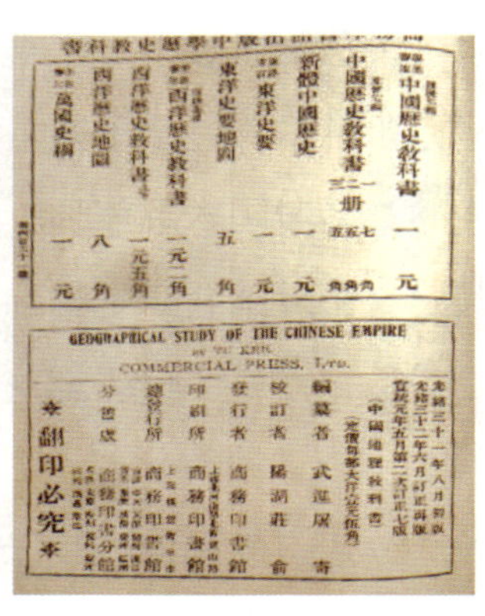
中國歷史教科書 一元
中國歷史教科書 一二三冊 七角 五角 五角
新體中國歷史 一元
東洋史要 一元
東洋史要地圖 五角
西洋歷史教科書 一元二角
西洋歷史教科書 下 一元五角
西洋歷史地圖 八角
萬國史綱 一元

GEOGRAPHICAL STUDY OF THE CHINESE EMPIRE
COMMERCIAL PRESS, Ltd.

光緒三十一年八月初版
光緒三十二年六月訂正再版
宣統元年五月第二次訂正七版
（中國地理教科書）
編纂者 武進 屠寄
校訂者 陽湖 莊俞
發行者 商務印書館
印刷所 商務印書館
總發行所 商務印書館
分售處 商務印書分館
翻印必究

2—31

图2—31　中学堂、师范学堂用《中国地理教科书》，屠寄编纂，庄俞校订，商务印书馆出版，宣统元年（1909年）五月第二次订正七版

光绪三十四年（1908年），该书通过学部审定，被列入学部审定中学暂用书目表。审定评语指出：“（该书）详简得宜，条理甚晰，实为近今地理教科善本。惟其中讹误之处亦复不少。……均为一时失检之语。此外文词不明、地理不合之处尚多，今皆量加厘正。人文地理篇政教章所述已与今制不合，亦当酌改并一一指出列入校勘表，再版时应即照改之以臻完善。”[1]

[1] 学部. 审定书目[J]. 学部官报，1908（57）：审定书目8.

王锦福认为其优点有：（1）本书之编纂法，首先叙亚洲总论，使学者明了中国所处之环境，及在世界上之地位；（2）略举古今沿革，使读者读后便知为古时何地，与历史学相互联络之效甚大；（3）于边疆要塞之地，如蒙古、新疆及东三省等地，叙述特详，读后可知国家之现状，且可激发国民爱国心；（4）著者足迹半中国，于其亲身游历之地，多实验语。认为其缺点有：（1）地方志方面，各省所占之篇幅甚多，几占全书五分之三，称此书为地理志，谁曰不宜；（2）此书于自然地理方面，完全未叙。应于本书之首章，略述其梗概，使学者明了地球之形状运动，及人类生活相互之关系；（3）此书于水陆路之长短，陆路以华里计，水路以海里计，山之高低以中国营造尺计，统计不易，与外国之比较困难，如以中国为单位，则于其下应附有国际通用之尺里，此书则无之。[1]

2. 中学堂用《中国地理学教科书》

该书由屠寄著，一册三卷。光绪三十一年（1905年）八月初版，宣统元年（1909年）二月第七版。[2]本书的“自序”“凡例”与前述屠寄编纂之中学、师范学堂用《中国地理教科书》完全相同，目录则略有不同。

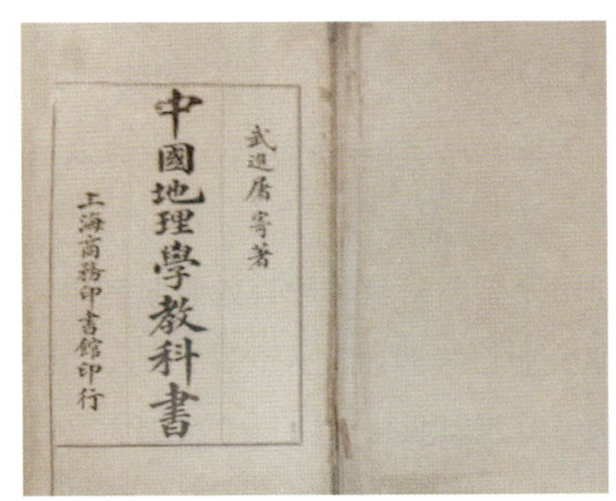

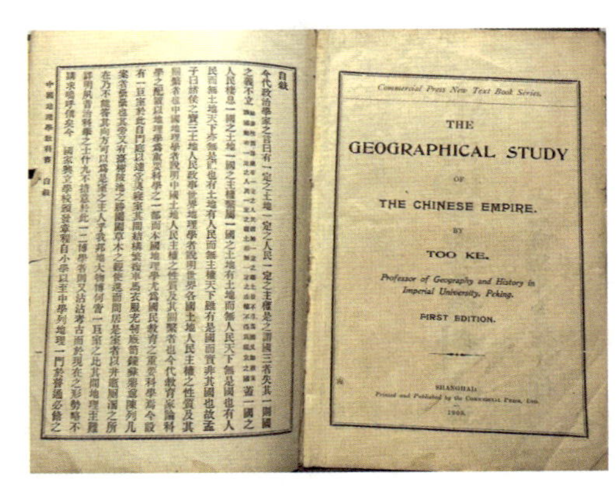

2–32

图2–32　中学堂用《中国地理学教科书》，屠寄著，商务印书馆出版，光绪三十一年（1905年）八月初版

3. 中学堂用《新体中国地理》

中学堂用《新体中国地理》编纂者为臧励龢，校订者为谢观。该书一册，光绪三十四年（1908年）正月初版，宣统三年（1911年）四月第八版。民国元年（1912年），赵玉森重订、谢观校订的第十版《订正新体中国地理》出版。

《订正新体中国地理》“凡例”指出：（1）总论于山川脉络海岸曲折，仅举大纲。（2）铁道、商埠关系时局，皆于总论列表明之。（3）于总论中著沿革一篇，地方志亦略举其要，俾之读

[1] 王锦福. 最近三十年来中学地理课程概要及教科书之调查并批评：上[J]. 师大月刊，1935（19）：37-38.

[2] 王有朋. 中国近代中小学教科书总目[M]. 上海：上海辞书出版社，2010：589.

史之用。（4）地方志通例若就各区域详细记载，恐所占教授时间过多。故以省为纲，分详山川、海岸、形势、道路、气候、风俗、物产、商埠于下。（5）欧力东渐，受侮日盛，租界侵地见告者屡。此编特为缀录，付诸地方志之末。所以惩已往毖将来也。（6）吾国疆域辽阔，从前府、厅、州、县名称繁多，现在民国编制未定，仍按前清道、府、直隶州、直隶厅、州、县别录一编附诸卷末。至东三省政域，在清光宣之际屡有更变，俟民国划定后，于再版列入。兹暂仍原书之旧，以免分歧。（7）此编里数，地理学总论、亚洲总论均以英里计。中国总论及地方志均以华里计。

《订正新体中国地理》全书共四编十四章八十四节，其框架可概括为“地球、亚洲、中国、大区、省”，其目录如下：

第一编地理学总论

第一章地理学发端；第二章天文地理学；第三章地文地理学；第四章人文地理学

第二编亚细亚洲总论

第一章地文地理；第二章人文地理

第三编中国总论

第一章地文地理；第二章人文地理

第四编地方志

第一章黄河流域；第二章扬子江（长江）流域；第三章珠江流域；第四章关东及新疆；第五章蒙古、青海、西藏；第六章附录

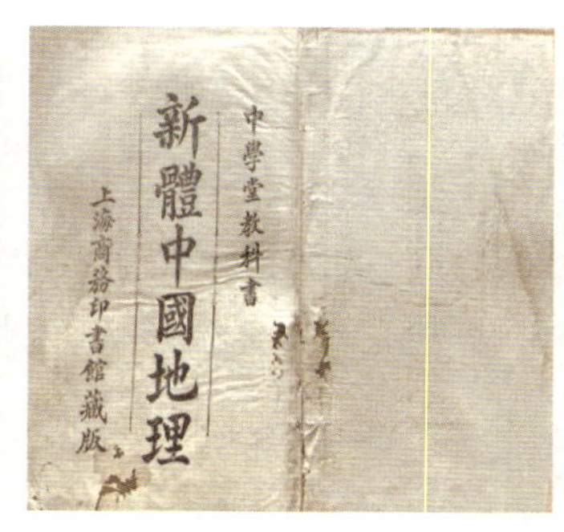

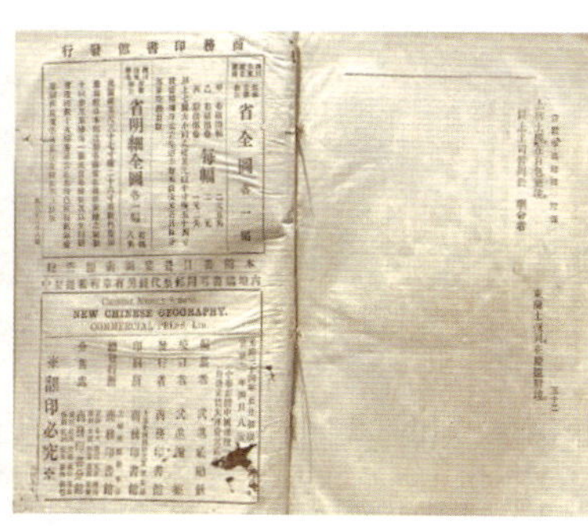

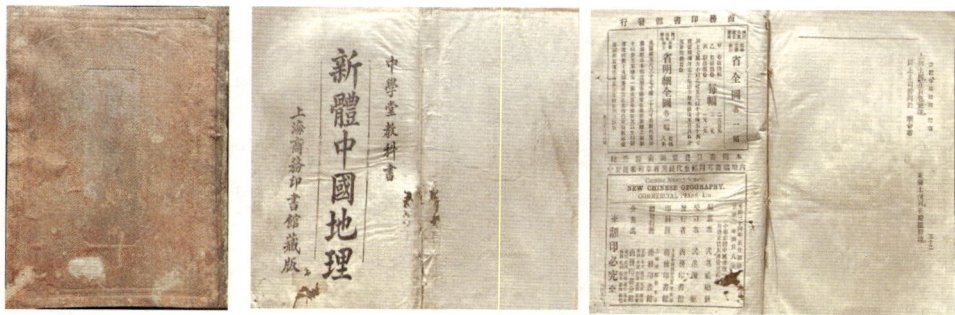

2—33

图2—33　中学堂用《新体中国地理》，臧励龢编纂，谢观校订，商务印书馆出版，宣统三年（1911年）四月第八版

王锦福认为该书的优点有：“全体分量均匀，无过多不足之弊；各省之地文中，略述风俗之大概，在今日之课本中，殊属少见。”认为其缺点有：“（1）地方志中，于各省之都市，仅举一二，其他重要城市，及边疆要害，则尽付阙如。殊欠适当。虽有附录（非附录章）之补助，亦仅略举道、府、县之区划而已；（2）地方志中之附录章，应包括在总论之内，于其所在之省份中，再详论之，以激发国民之爱国心，而仇视外人侵略之不当；（3）插图太少，使学者于区域之观念，容易漠视；（4）亚洲总论部，以英里计，中国总论及地方志部，以华里计，于比较上颇多困难。”[1]

[1] 王锦福. 最近三十年来中学地理课程概要及教科书之调查并批评：上[J]. 师大月刊，1935（19）：41-42.

研究认为《新体中国地理》还具有如下优点：（1）吸收了当时国外学者最新的地理学研究成果。如在地理学概念的界定中，明确指出“地理学者，研究地球表面自然现象与人生种种现象之科学也。”（2）采用了“由总到分，由远及近”的编排方式，比较符合学生的认识规律。（3）既注意克服传统中国地理描述中区域地理与自然地理分离倾向，又注重贯彻人地关系的原理。[1]（4）重视民族主义教育，以引起教科书使用者对于国家命运的思考。这在第三编尤为明显。该教科书亦还有如下缺点：（1）因全书内容庞大，涉及知识点过于繁多而具体的描述有限，导致有的知识点的叙述抽象、难懂，学生学习有一定难度。（2）地方志部分由于涉及要素过多，而撰写篇幅有限，导致停留在泛泛而谈的表层，区域特色难以凸现。（3）在数量偏少的图像中，图文相辅的形式并不多见。[2]

与此同时，臧励龢还编辑了与《新体中国地理》教科书相匹配的《新体中国地理附图》，由商务印书馆于光绪三十四年（1908年）三月初版，包括中国全图及各省图。

（六）商务印书馆出版的其他中小学地理教科书

1.《地文学问答》

《地文学问答》是“普通学问答”系列的第六种，由邵羲译述，属寻常小学堂课本，全一册，光绪二十九年（1903年）二月初版。[3]商务印书馆刊登在《新闻报》的广告对此书介绍如下：“迩来地理之书译者甚众，惟地文学则阙如。然地文学为天然之科学，欲凡研究地质学者不可不先求诸地文，若空中之水分、陆界之组成、生物之分布皆地文学之显而易见者也。是编为邵君仲威译述，体属问答，词简意赅，于小学课蒙洵推最善，允宜家置一编以为初学之助。”[4]

《地文学问答》“译例”指出：（1）近日地理之书译者甚众，惟地文学则阙如，以斯学属于科学之一种，非若普通地志之易知也。然地文地理为天然之科学，凡研究科学者不可不先求诸地文学，故亟译之飨以我国学界。（2）是书虽名问答而言简意赅，大旨悉备学校教科之书，视学校之程度为高下，此书为寻常小学课蒙之善本。（3）地文之书非图不明，是书专为课蒙而设，仅举大意，总括一切。

《地文学问答》的主要内容如下：第一章天体，第二章地球之形状及经纬度，第三章昼夜及四季，第四章空气及其运动，第五章空中之水分，第六章海洋，第七章陆地及地势，第八章陆界之组成，第九章地热之作用，第十章大气水及生物之作用，第十一章生物之分布。

---

[1] 邹振环. 晚清西方地理学在中国：以1815至1911年西方地理学译著的传播与影响为中心[M]. 上海：上海古籍出版社，2000：290-291.

[2] 王民，何亚琼. 清朝末期我国的中学地理教科书：上[J]. 中学地理教学参考，2013（4）：22-24.

[3] 北京图书馆，人民教育出版社图书馆. 民国时期总书目：1911—1949（中小学教材）[M]. 北京：书目文献出版社，1995：336.

[4] 商务印书馆. 地文学问答[N]. 新闻报，1903-04-02（0004）.

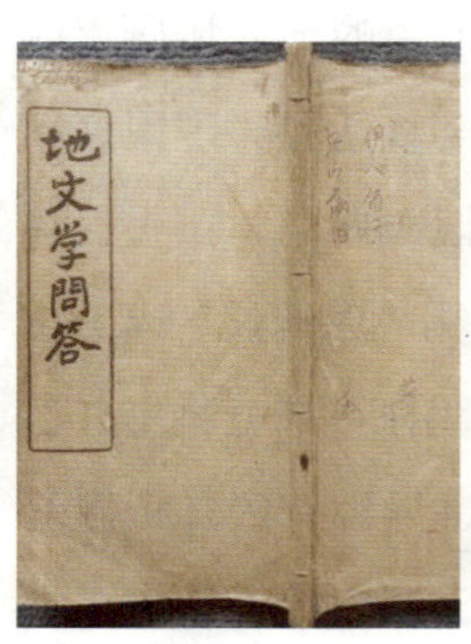

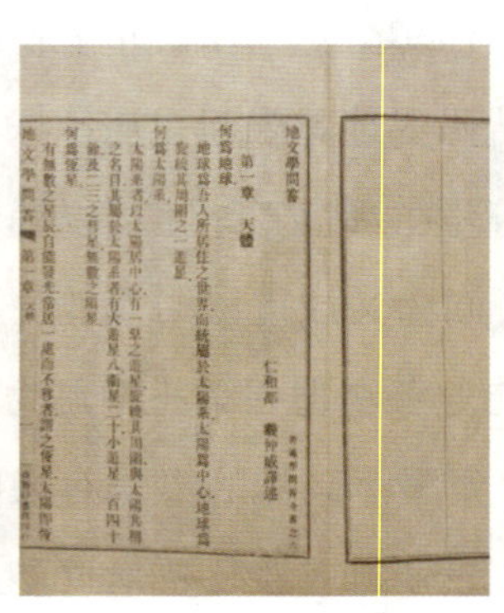

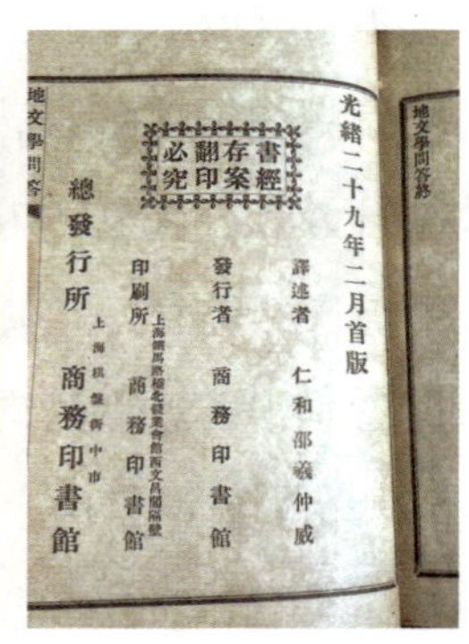

2—34

图2—34 《地文学问答》，仁和邵羲仲威译述，商务印书馆出版，光绪二十九年（1903年）二月首版

三、其他书坊自编的新式地理教科书

（一）中国图书公司出版的新式地理教科书

中国图书公司是晚清以出版教科书为业务重心的重要出版机构，由苏州人席裕福组建，近代实业家教育家张謇、曾铸等发起，李平书、狄葆贤、夏清贻等参与，于光绪三十二年（1906年）四月在上海成立。中国图书公司“以巩护我国教育权，驱策文明之进步，杜绝外人之觊觎，消弭后来之隐患”[1]为宗旨，其成立不久就出版印行了从初小到高小再到师范学堂用的多种教科书，涉及学科门类多且引介了新学科，在清末教育界产生了较巨大的影响，与文明书局一起成为了商务印书馆的直接竞争对手[2]。中国图书公司出版的新式地理教科书如下。

1.《高等小学地理课本》

《高等小学地理课本》共八册，由上海姚明辉编辑，吴县沈恩孚、嘉定夏日琖、金匮华国铨校订，光绪三十三年（1907年）十月初版。

《高等小学地理课本》的“编辑大意”指出：（1）全书八册，凡百四十四课，供高等小学四学年之用。每册十八课，供一学期十八星期之用。其要义在使知地球表面及人类生活状态。本国国势之大要尤特注意，以构造世界观念，养成爱国心而愤发国民之志为旨。今日之学生即他日立宪之国民，其对于国家所当负之义务，任至重期甚远也，将来收复主权，张大领土，非我国前途之希望乎。（2）教材排列之法，直进则材料新奇，趣味强盛，然比较不详，观念不固，新旧难于融合。圆周则比较精密，观念坚确，然反复再三，初学易倦乏新奇之趣味。本书兼取其长，于大体为直进，而随处发动复现之作用，使新旧观念相互联络。

[1] 中国图书有限公司. 中国图书有限公司广告[N]. 新闻报，1906-04-28（0001）.

[2] 石鸥，吴小鸥. 中国近现代教科书史：上册[M]. 长沙：湖南教育出版社，2012：123.

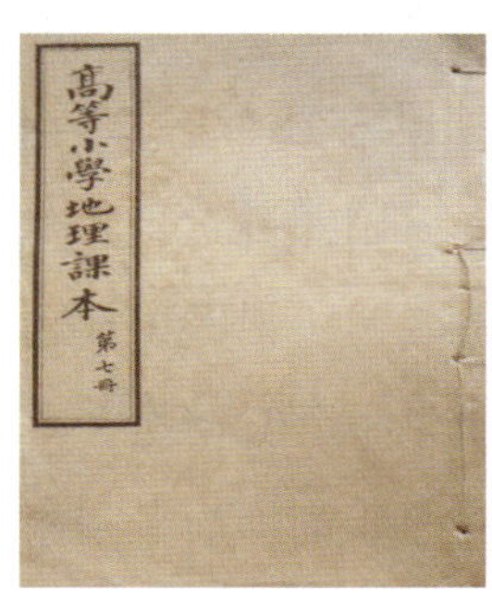

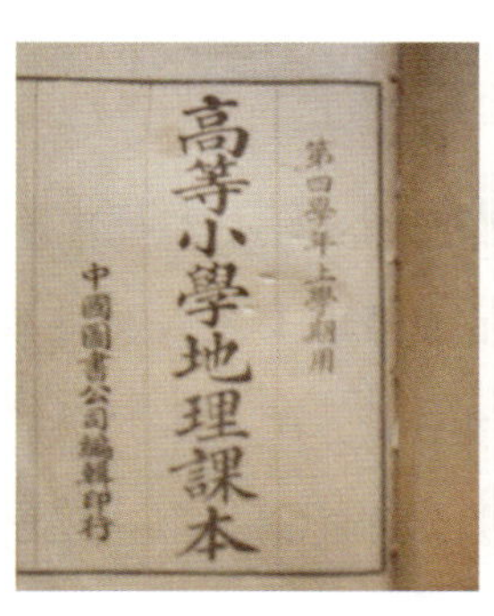

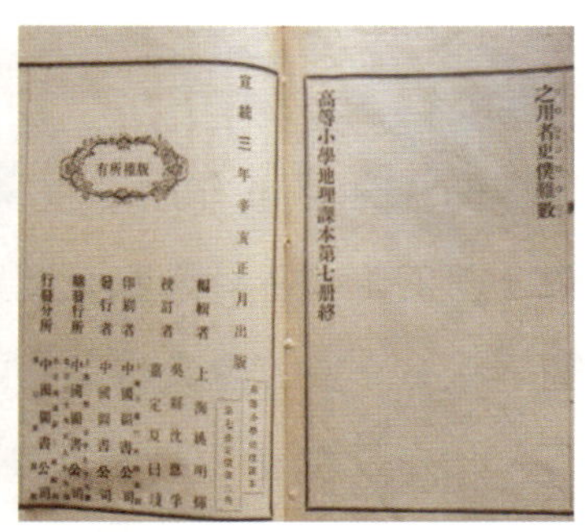

2-35

图2-35 《高等小学地理课本》，上海姚明辉编辑，吴县沈恩孚、嘉定夏日璈校订，第七册，中国图书公司出版，宣统三年（1911年）一月初版

中国图书公司还配套出版了《高等小学地理教授本》八册。[1]

2.《简易地理教本》

《简易地理教本》由沈祖绵编辑，夏日璈校订，共一册，光绪三十三年（1907年）三月初版。中国图书公司将该书呈送学部审定，学部对该书审定批语是：“查简易地理教本书颇简要，但只有九章，仅供一学年之用，尚恐不足，查初级师范第三四年教外国地理，高等小学第二三年教外国地理之大要均每星期二钟，是书决不敷用，或增编各地方志，求合于定章之钟点，再呈审定。”[2]

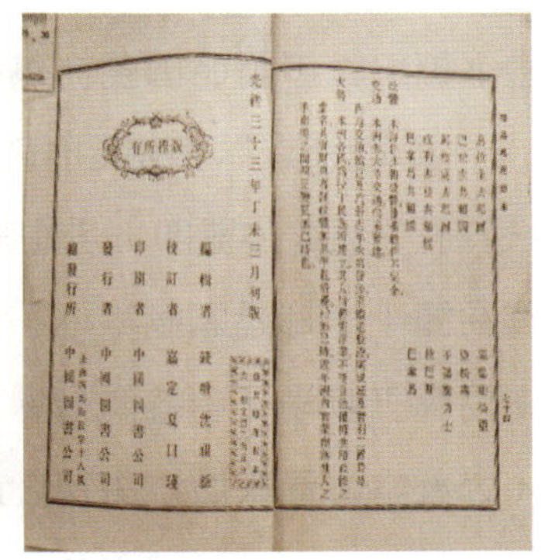

2-36

图2-36 《简易地理教本》，沈祖绵编辑，夏日璈校订，中国图书公司出版，光绪三十三年（1907年）三月初版

3.《地理学初步》

《地理学初步》是李廷翰在上海任教时因为缺乏适用的地理课本而自己编写的。该书“编辑大意”指出，作者编写该书后将其在各校试用并请其他学校的地理教师试用，均称合用，并随教随改，最后付以石印。该书合计两册，分别供初等小学堂三四年级使用。每册四十课，每周授一课，足备一年使用。

[1] 王有朋. 中国近代中小学教科书总目[M]. 上海：上海辞书出版社，2010：254.

[2] 学部. 审定书目[J]. 学部官报，1909（108）：审定书目2.

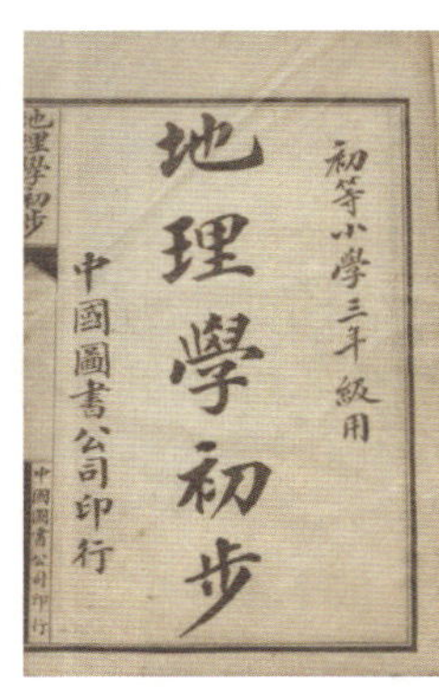

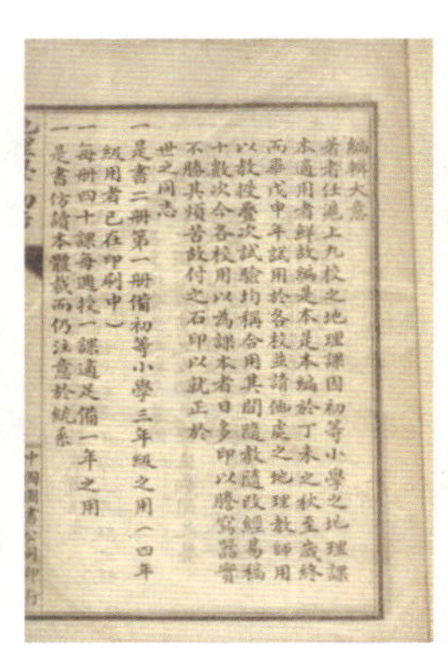

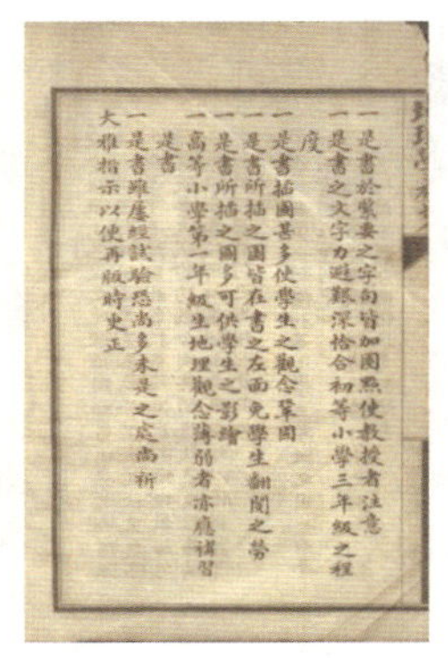

2-37

图2-37　《地理学初步》，李廷翰编辑，中国图书公司出版

（二）会文学社编辑出版的新式地理教科书

会文学社是一个由留日学生组织的编译出版机构，由沈玉林、汤寿潜等于光绪二十九年（1903年）在上海创办，在出版中文译书方面有一定贡献，同时编译出版了许多特色学校教科书。[1]会文学社印刷所称会文书局，发行所称会文堂政记、会文编译社。

会文学社编辑出版的新式地理教科书主要有《初等小学本国地理教科书》《高等小学地理教科书》等。

《初等小学本国地理教科书》编辑者署名山阴何琪，上下全四册，光绪三十一年（1905年）出版，分上、中、下三编。该书"编辑大意"指出：初等小学于地理一科，按奏定学堂章程，其第一、第二两年须授以本乡本县本府之山川古迹，是当随地编辑，不能普通。第三年起则授以中国大势，故是书从三年学级起。按初等小学每星期授地理一点钟，以一年计，除暑假、年假以外，不过四十星期。故是书上编四十课为第三年用，中编四十课为第四年用，下编四十课为第五年用。上编内容略论中国大势及名山大川之大略，而疆域、海岸、岛屿亦略志之；中编论物产民族又政教学术之大略，下编论本国行省之大略。是书各图详于形势，略于景物，均择其切要者载之。凡风景之图概不附入，而一切大建筑及世上罕见之动植物亦兼及之，总期便于讲解云。

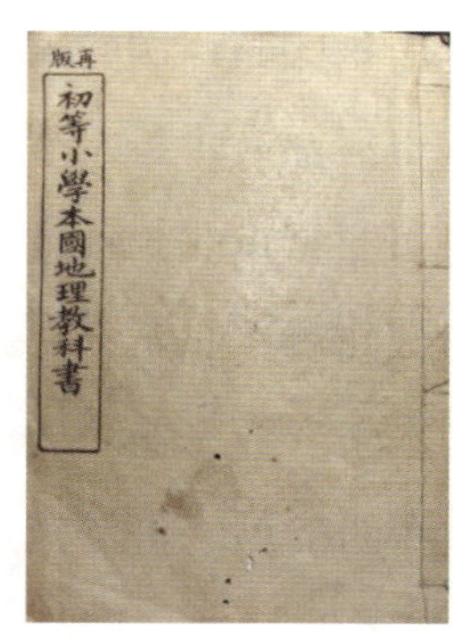

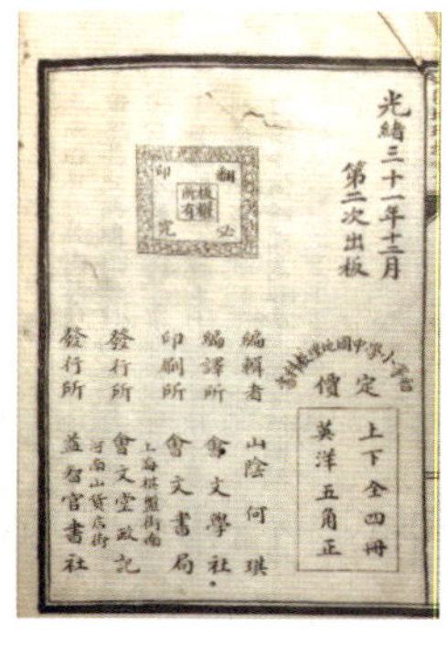

2-38

图2-38　《初等小学本国地理教科书》，编辑者山阴何琪，会文学社出版，光绪三十一年（1905年）十二月第二次出版

会文书社还在光绪三十一年（1905年）出版了《最新初等小学本国地理教科书》，编辑者署名山阴何琪，鉴定者山阴蔡元培；在光绪三十二年（1906年）出版了会文学社编译所编纂，山阴杜芝

[1] 吴洪成. 中国近现代教科书史论[M]. 北京知识产权出版社，2017：139.

庭、蔡元培校阅的《最新中国地理教科书》以及《初等小学中国地理教科书》。三书也分上、中、下三编，与《初等小学本国地理教科书》可能是同一套书。

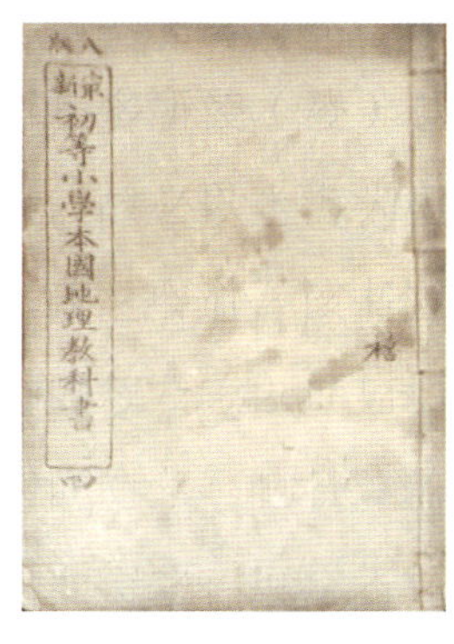
新最
初等小學本國地理教科書

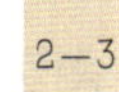

2-39

图2-39 《最新初等小学本国地理教科书》，山阴何琪编辑，会文学社出版，光绪三十三年（1907年）二月改正八版

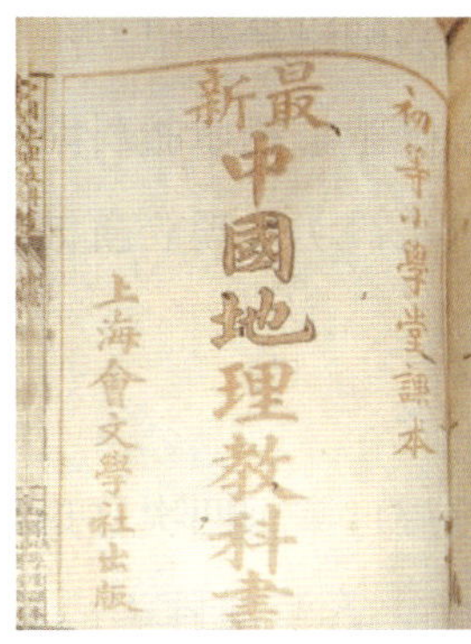
最新中國地理教科書
初等小學堂讀本
上海會文學社出版

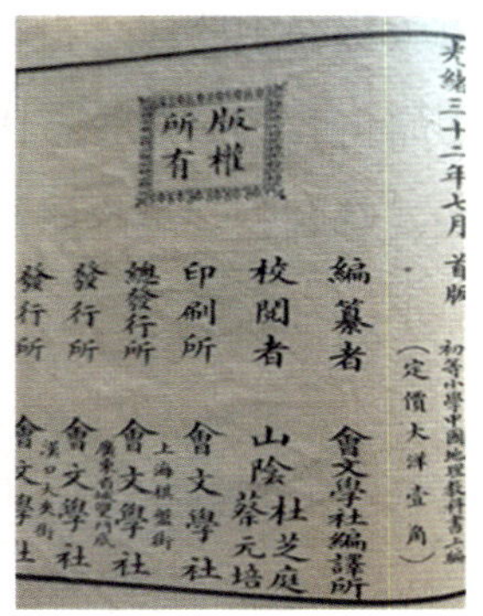
光緒三十二年七月首版
初等小學中國地理教科書上編
（定價大洋壹角）
版權所有
編纂者 會文學社編譯所
校閱者 山陰杜芝庭 蔡元培
印刷所 會文學社
總發行所 會文學社
發行所 會文學社

2-40

图2-40 《最新中国地理教科书》，会文学社编译所编纂，山阴杜芝庭、蔡元培校阅，上编，会文学社出版，光绪三十二年（1906年）七月初版

小學中國地理教科書 下

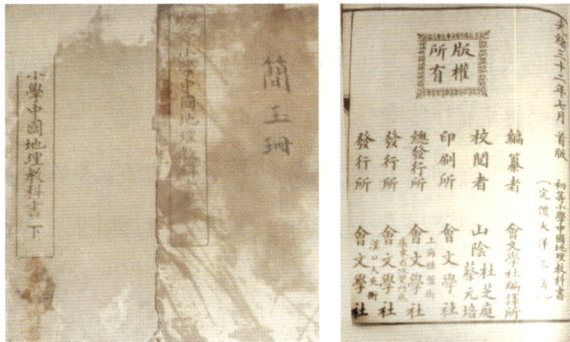

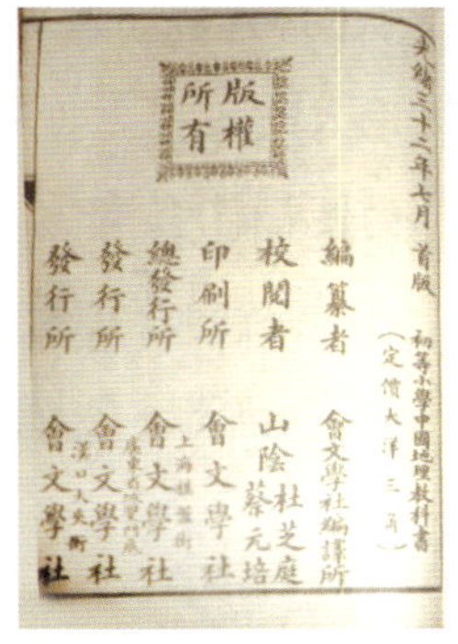
光緒三十二年七月首版
初等小學中國地理教科書
版權所有
編纂者 會文學社編譯所
校閱者 山陰杜芝庭 蔡元培
印刷所 會文學社
總發行所 會文學社
發行所 會文學社

2-41

图2-41 《初等小学中国地理教科书》，会文学社编译所编纂，山阴杜芝庭、蔡元培校阅，第三编，会文学社出版，光绪三十二年（1906年）七月初版

会文学社还在光绪三十一年（1905年）出版了山阴杜芝庭编辑的《高等小学地理教科书》，该书分上、下卷，全四册；在光绪三十四年（1908年）出版了张梦魁编述的《中等地文学教科书》。

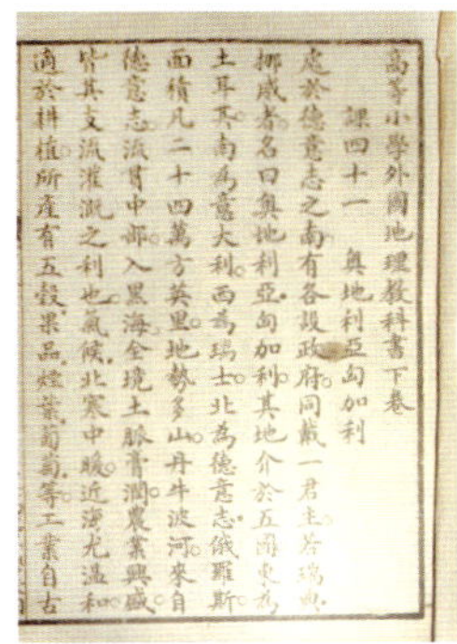
高等小學外國地理教科書下卷

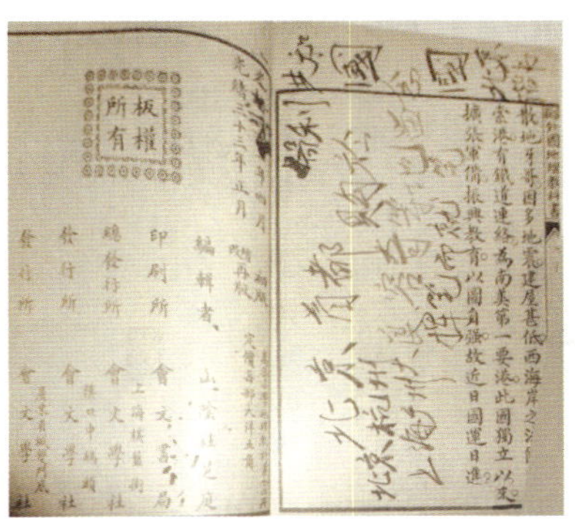
版權所有

2-42

图2-42 《高等小学地理教科书》，山阴杜芝庭编辑，下卷，会文学社出版，光绪三十三年（1907年）正月改增再版

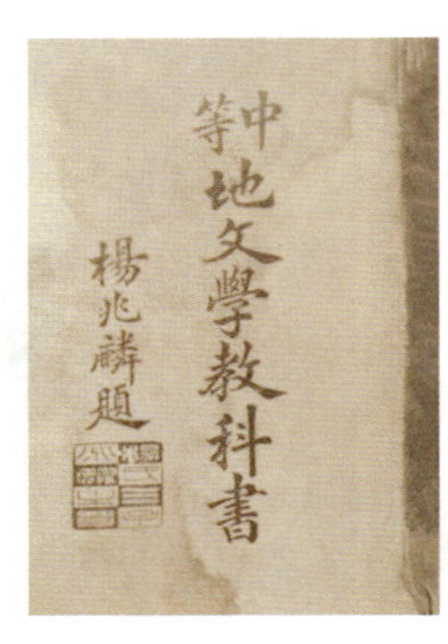

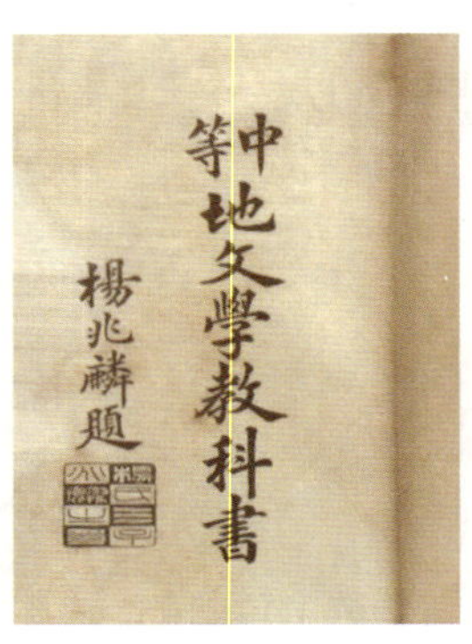

2—43

图2—43 《中等地文学教科书》，浦阳张梦魁编述，上海会文学社发行，光绪三十四年（1908年）三月初版

（三）新学会社编译出版的新式地理教科书

新学会社是清朝末年创办的一家出版机构，其出版范围十分广泛，教科书编译是其早期出版的一个重要方面，该社早期出版的教科书大多没有标注原作者，从内容看大多是依据日本教科书编译而成。新学会社编译出版的新式地理教科书代表作主要有胡朝阳编辑的《第一简明地理启蒙》和周世棠编辑、庄景仲校订的《（初等小学）简明地理教科书》等。

1.《第一简明地理启蒙》

该书由奉化胡朝阳编辑，二次订正者为奉化江起鹏，三次订正者为奉化周世棠，四次订正者为奉化江起鲲，光绪三十四年（1908年）初版。

该书1920年2月增订二十二版的“凡例”指出：（1）是书专为蒙学而辑，分前后两编共96课。课附以图。（2）是书先释地理名词，次述各省，终论人民政教。（3）每省先述境界及山川气候物产，次详都会要害商埠。（4）每省地图加入地形，为便记忆资模仿。（5）章句有短而长，文义力求浅近。（6）每课附问题一二条，以便教师发问。该书在内容上首先解释水陆、疆域名词，其次叙述各省形势大略，最后论及物产、人名、国政、宗教、商务、交通诸事，每课附有插图，便利教学之需，至清末已印有八次之多。[1]

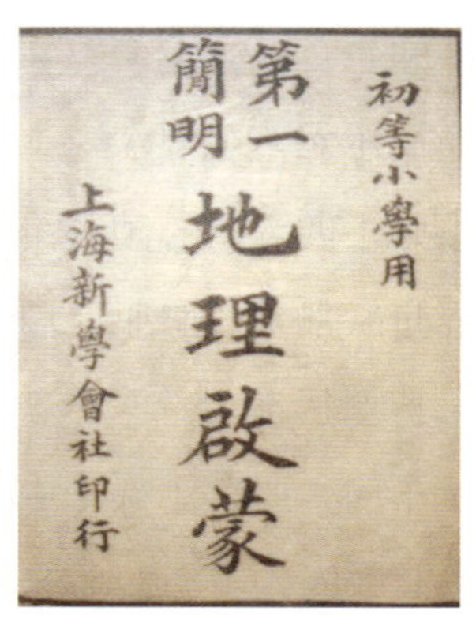

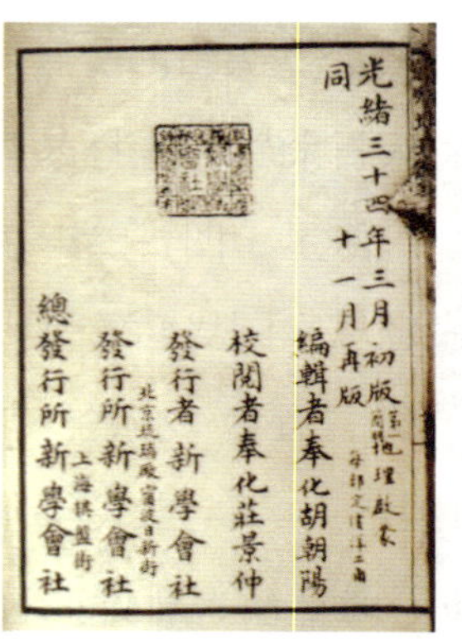

2—44

图2—44 《第一简明地理启蒙》，奉化胡朝阳编辑，奉化庄景仲校阅，上海新学会社出版，光绪三十四年（1908年）十一月再版

[1] 吴洪成. 中国近现代教科书史论[M]. 北京：知识产权出版社，2017：139.

2.《（初等小学）简明地理教科书》

《（初等小学）简明地理教科书》由周世棠编辑、庄景仲校订，光绪三十二年（1906年）初版。[1]该书分三编，上编中国本部总论，中编和下编为地方志；全书注重地势、气候、特产、人民、国政、宗教、铁路、矿产、商埠等，附有五彩地图一本。[2]该书经学部审定作为高等小学堂地理教科书。学部对该书审定批语指出：“取材颇有兴趣，惟自第三十四课至第三十七课及第四十四课均宜删除，其余讹字累累，应俟照签改正后准作为高等小学堂教科书。”[3]

（四）彪蒙书室编辑出版的新式地理教科书

彪蒙书室由施崇恩于光绪二十九年（1903年）创办于杭州，后迁上海，以出版白话课本为业。彪蒙书室规模不大，但因其大量编印出版小学白话教科书，在晚清教育界享有盛名。

进入民国特别是新文化运动兴起之后，白话课本逐渐成为小学主流，彪蒙书室由于缺乏创新，日渐衰微，最终湮灭于历史舞台，并入广益书局。

彪蒙书室出版的主要新式地理教科书如下。

《绘图中国白话地理》，光绪三十一年（1905年）五月初版。有甲、乙二种，每种四册。[4]

《绘图外国白话地理》，光绪三十二年（1906年）二月出版。[5]

《最简明蒙学暗射地图》，光绪三十二年（1906年）闰四月出版。[6]

《（最新）初等小学中国地理教科书》，浙江山阴何孟庐编辑，共三册[7]，光绪三十二年（1906年）初版。[8]该书及配套的《（最新）初等小学中国地理教科书教授法》曾送清廷学部审定，未能通过，审定批语指出：“错误太多，以此教授儿童流失败坏，不堪究诘。”

《绘图蒙学天文实在易》，光绪三十四年（1908年）五月初版。

《绘图蒙学外国地理实在易》，光绪三十一年（1905年）五月初版。[9]

《绘图蒙学中国地理实在易》，共四册，光绪三十一年（1905年）五月初版。该书曾送清廷学部审定，未能通过，审定批语是“非教科用书”。

[1] 商务印书馆. 涵芬楼藏书目录：直省府厅州县志目录[M]. 上海：商务印书馆，1919：48.

[2] 吴洪成. 中国近现代教科书史论[M]. 北京：知识产权出版社，2017：139.

[3] 学部. 审定书目[J]. 学部官报，1907（13）：审定书目17.

[4] 商务印书馆. 涵芬楼藏书目录：直省府厅州县志目录[M]. 上海：商务印书馆，1919：48.

[5] 彪蒙书室. 上海四马路望平街彪蒙书室新出蒙小学堂及改良私塾各种适用书[N]. 新闻报，1906-03-11（0004）.

[6] 彪蒙书室. 上海四马路望平街彪蒙书室[N]. 新闻报，1906-06-15（0006）.

[7] 王有朋. 中国近代中小学教科书总目[M]. 上海：上海辞书出版社，2010：242.

[8] 商务印书馆. 涵芬楼藏书目录：直省府厅州县志目录[M]. 上海：商务印书馆，1919：47.

[9] 邹振环. 晚清西方地理学在中国：以1815至1911年西方地理学译著的传播与影响为中心[M]. 上海：上海古籍出版社，2000：409.

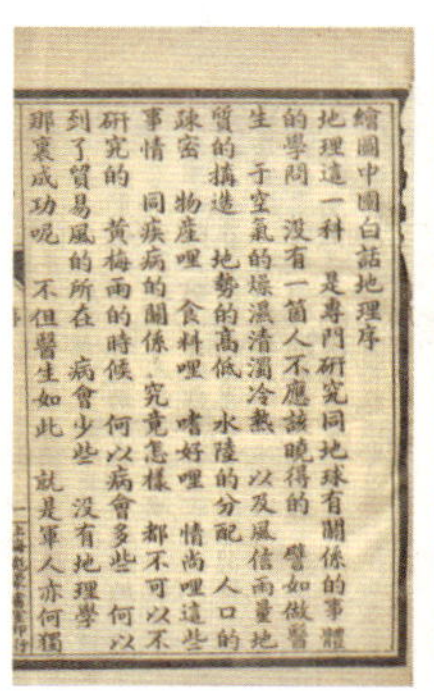

繪圖中國白話地理序

地理這一科 是專門研究同地球有關係的事體的學問 沒有一箇人不應該曉得的 譬如做醫生 于空氣的燥濕清濁冷熱 以及風信雨量地質的搆造 地勢的高低 水陸的分配 人口的疏密 物産哩 食料哩 嗜好哩 情尚哩這些事情 同疾病的關係 究竟怎樣 都不可以不研究的 黄梅雨的時候 何以病會多些 何以到了貿易風的所在 病會少些 沒有地理學那裏成功呢 不但醫生如此 就是軍人亦何獨

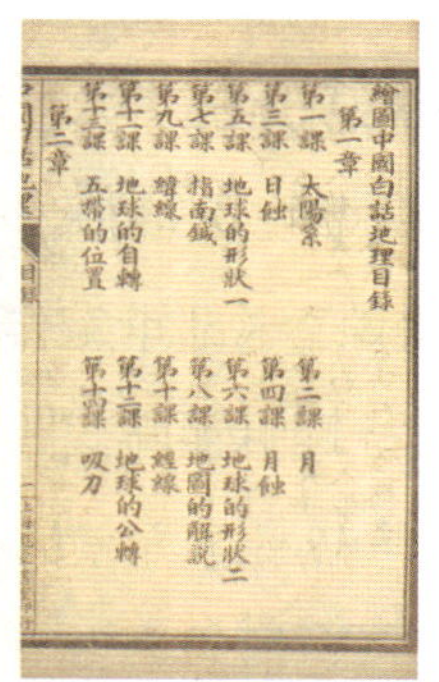

繪圖中國白話地理目錄

第一章

第一課 太陽系　第二課 月

第三課 日蝕　第四課 月蝕

第五課 地球的形狀一　第六課 地球的形狀二

第七課 指南鍼　第八課 地圖的解說

第九課 緯線　第十課 經線

第十一課 地球的自轉　第十二課 地球的公轉

第十三課 五帶的位置　第十四課 吸力

第二章

2—45

图2—45　《绘图中国白话地理》（第一册），上海彪蒙书室发行，光绪三十一年（1905年）出版

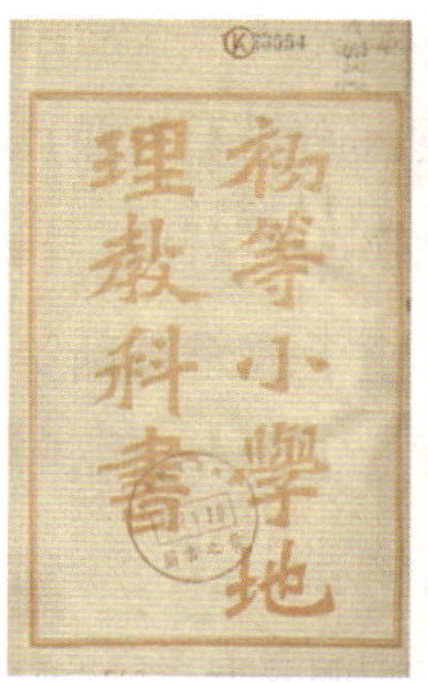

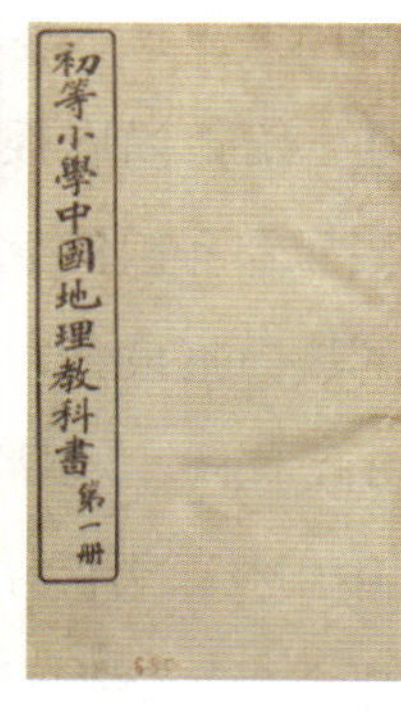

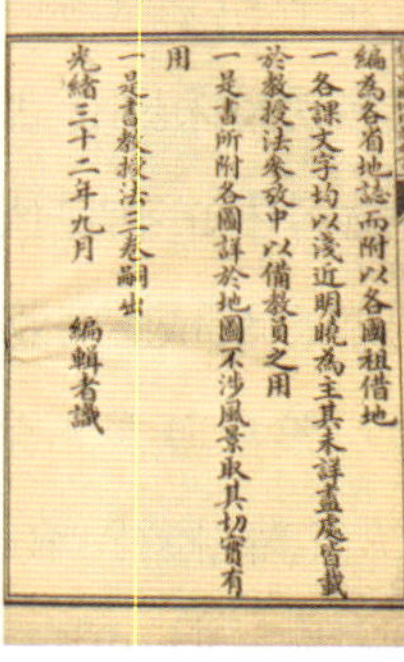

編為各省地誌而附以各國租借地

一各課文字均以淺近明曉為主其未詳盡處皆載於教授法參考中以備教員之用

一是書所附各圖詳於地圖不涉風景取其切實有用

一是書教授法三卷嗣出

光緒三十二年九月　編輯者識

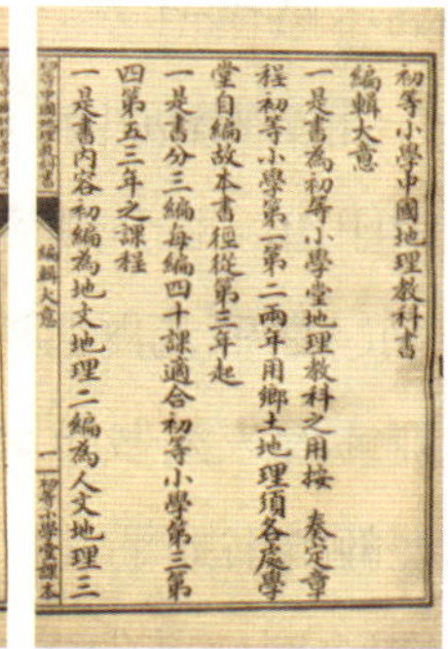

初等小學中國地理教科書

編輯大意

一是書為初等小學堂地理教科之用按 奏定章程初等小學第一第二兩年用鄉土地理須各處學堂自編故本書程從第三年起

一是書分三編每編四十課適合初等小學第三第四第五三年之課程

一是書內容初編為地文地理二編為人文地理三

2—46

图2—46　《初等小学中国地理教科书》（第一册），何孟庐编辑，彪蒙编译所校阅，上海彪蒙书室发行，光绪三十二年（1906年）出版

（五）新民丛报社出版的新式地理教科书

光绪二十四年（1898年）秋冬之交，康有为、梁启超募集资本创办新民丛报社。[1]新民丛报社出版之新式地理教科书主要是光绪三十一年（1905年）五月由新民丛报社活板部印刷，广智书局、新民丛报支店发行的饮冰室主人（梁启超）著《新地理》（全一册）。

刊登在《新小说》杂志的广告对该书介绍如下："本书向分载于新民丛报，今特抽出印成单行本，以供讲求地理学者之一助。其中所论如中国、亚洲、欧洲等皆就天然地理推究其盛衰强弱、人种风俗之异，同及文明发达之迟早，卓然独具双眼……披读一过，则于各国之形势自可了然，即以为学校教科之用，亦一部绝好的地理学讲义。"[2]从广告介绍可知，该书作者的观点显然受到"地理环境决定论"影响，这在当时的历史条件下有一定的进步意义。

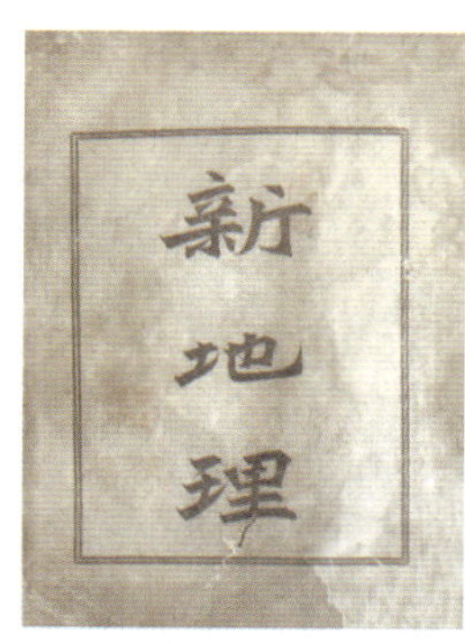

2—47

图2—47　《新地理》，饮冰室主人著，上海新民丛报社活板部印刷，广智书局、新民丛报支店发行，光绪二十九年（1903年）五月初版

[1] 陈明远. 鲁迅时代何以为生[M]. 西安：陕西人民出版社，2013：97-98.

[2] 新民丛报社. 新地理[J]. 新小说，1903（5）：广告页.

（六）广智书局编纂出版的新式地理教科书

广智书局成立于光绪二十八年（1902年）[1]，是一家以发行翻译著作为主的出版机构。

广智书局先后翻译出版了几百种介绍西方新学术、新思想的著作，在近代西学东渐过程中具有重要的地位。新式教科用书亦是广智书局营业的重点，其发行的教科书数量庞大，而且分小学教科书、中学教科书和师范教科书几类，比较符合近代学科分类与科目。[2]广智书局编纂出版的主要新式地理教科书如下。

1.《外国地理问答》

该书由卢藉刚编译，为中学师范学生参考书。[3]光绪二十八年（1902年）三月初版，顾燮光认为，该书“语浅近可读，便于启蒙。”[4]

2.《地质学简易教科书》

该书由日本人横山又次郎著，虞和钦、虞和寅译述，为中学堂用书。光绪二十八年（1902年）三月初版[5]。《地质学简易教科书》的主要内容有：（1）地相篇，介绍地球之形状大小以及地球之各部：空气、水、地壳、地核、生物之生活所；（2）岩石篇，介绍岩石的成因、形态、种类；（3）动力篇，介绍塑造地壳形态的各种动力；（4）构造篇，介绍岩石的构造和历史等；（5）历史篇，介绍地质历史年代。

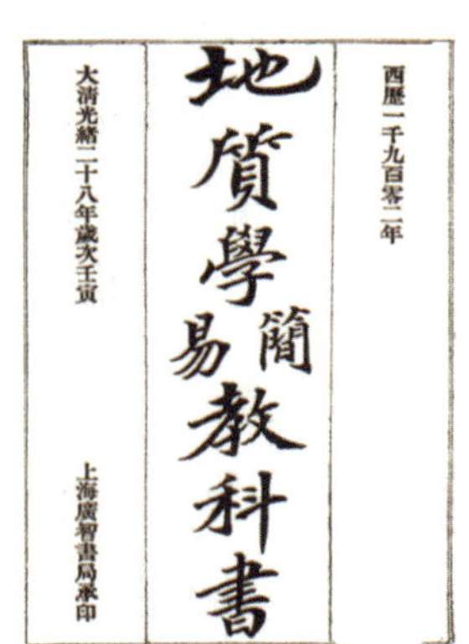

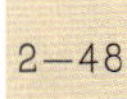

图2—48　《地质学简易教科书》，[日]横山又次郎著，虞和钦、虞和寅译述，上海广智书局出版，光绪二十八年（1902年）三月初版

3.《（中学用）世界地理教科书（第一编）》

该书由广智书局编辑部编纂，为师范学校、中学用书，光绪三十二年（1906年）正月初版。该书编撰者在“凡例”中指出：（1）是书为高等地理学欧洲之部教科书，专以备中学校、师范学校及同等级诸学校生徒之用，与本局所编师范用之高等地理参考书相辅相成。（2）是书专举他洲地

[1] 广智书局. 广智书局特别告白[N]. 新闻报，1903-02-07（0004）.

[2] 毕苑. 建造常识：教科书与近代中国文化转型[M]. 福州：福建教育出版社，2010：111.

[3] 石鸥，吴小鸥. 中国近现代教科书史：上册[M]. 长沙：湖南教育出版社，2012：130.

[4] 熊月之. 晚清新学书目提要[M]. 上海：上海书店出版社，2014：307.

[5] 横山又次郎. 地质学简易教科书[M]. 上海：虞和钦，虞和寅，译述. 上海广智书局，1902：版权页.

势、人事之要领分别纲目，俾教师随课导以人我相较之精神，其中事实此书不必求详，以留教师讲授余地。盖教科书之性质与参考书异，当以简要为主，必使学子展卷一读，先怀若干疑问之点而后讲解易入，若一读即解，学子已无待问之志，则教师欲发其请益之念更难。

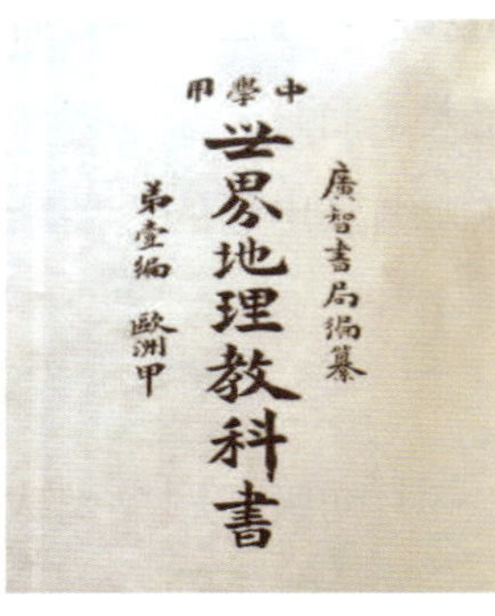

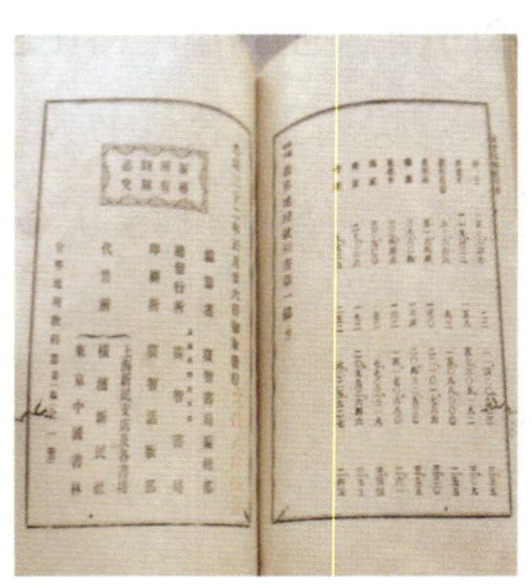

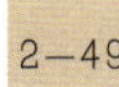

图2—49　《（中学用）世界地理教科书（第一编）》，广智书局编辑部编纂，上海广智书局出版，光绪三十二年（1906年）正月初版

4.《（中学用）世界地理教科参考书》

该书由广智书局编辑部编纂，为中学用书，全一册。第一编光绪三十一年（1905年）十一月初版。

其第一编为亚洲和欧洲，主要内容包括：名称，古代之名称、近世之名称、地势之名称；比较，相同之点、相异之点、欧洲优于亚洲之点、亚洲优于欧洲之点；境界，天然之界别、人事之界别、时代变迁之界别；幅员，大陆线、海岸线；地形，半岛、岛屿、海峡、地峡、海湾、岬角；内海，地中海、黑海、里海、波罗的海等；地势，山岳、伊伯利安山系、阿尔卑斯山脉、英吉利诸岛山系、斯堪的纳维亚山系、乌拉山系等；高原，西班牙高原、瑞士高原、德意志高原、挪威高原；火山；河川，河源、河系、运河；湖沼，阿尔卑因湖汇、斯堪的纳维亚湖汇、俄罗斯湖汇等；气候，湾流之影响、日光之影响、风力之影响、地势之影响；雨量，各部雨量之差数、同地雨量之差数；物产，矿物、植物、动物；人种；人口，亚洲人口配布之比较、本洲各地配布之密度、近世人口增加之趋势；语派，塞尔达语派、条顿语派、希腊拉丁语派、斯拉夫语派；宗教；教育，各国教育之起因、各国教育之制度、各国教育之进步；文明；商业，交通机关之发达、天然区划之利用；政治，政统之区别、国力之比较。

中學用世界地理教科參攷書
廣智書局編纂
第壹編
歐洲甲

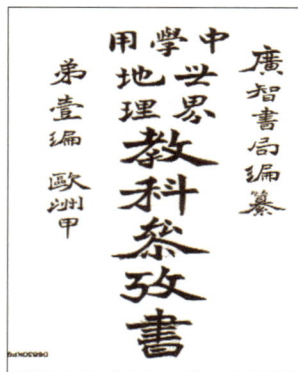

2—50

图2—50　《（中学用）世界地理教科参考书（第一编）》，广智书局编辑部编纂，上海广智书局出版，光绪三十一年（1905年）十一月初版

（七）科学会编译部出版的新式地理教科书

科学会编译部出版了许多中小学教科书，大多是中学理科教科书，其中的新式地理教科书主要为《普通教育地文学教科书》。

《普通教育地文学教科书》，曾彦编，也题名《地文学教科书》，全一册，宣统二年（1910）一月初版[1]。该书“绪言”指出：（1）本书编辑以日本山上万次学士所著之统合地文学为模范而取材于学士石川山崎神谷诸氏所著各教科及参考书内容，不敢侈言丰富，只期其无缺点云耳。（2）本书专为中学及同等程度学者学习地文而编，故学理之深浅，篇帙之多寡均与中学程度时间适合。全书凡六篇为章二十，插图百余，冠以总论而以附篇结论殿诸后。

《普通教育地文学教科书》1913年版主要内容如下：

总论

地理学之定义，地理学之区分，地文学之区分

第一篇地球星学

第一章太阳系统，第二章地球，第三章地面之测定，第四章地图

第二篇陆界

第一章地面现象，第二章火山，第三章地震，第四章造山作用，第五章陆地之水

第三篇气界

第一章气界之性质，第二章气温，第三章气压，第四章风，第五章气界之水分，第六章气界光学之现象，第七章天气及气候

第四篇水界

第一章海水之性质，第二章海水之温度，第三章海底，第四章海水之运动

第五篇地壳

第六篇生物地理

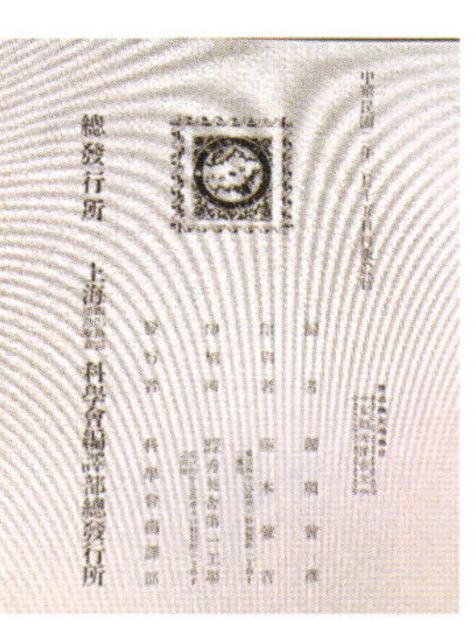

2—51

图2—51 《普通教育地文学教科书》，归顺曾彦编，科学会编译部刊行，宣统二年（1910年）一月初版，1913年2月第二版

[1] 北京图书馆，人民教育出版社图书馆. 民国时期总书目：1911—1949（中小学教材）[M]. 北京：书目文献出版社，1995：347.

（八）上海普及书局出版和发行的新式地理教科书

上海普及书局由陶甲三创办，其教科书的特色是各科皆与日本各大学及专门学校留学生订立协约，请他们担任编译，并署名以重责任。

上海普及书局出版的新式地理教科书主要是《高等小学地理教科书》。

《高等小学地理教科书》由日本留学生经家龄著，一种四册[1]，光绪三十二年（1906年）初版。另外，还配套出版了《高等小学地理教授用书》（经家龄著）一种四册。

上海普及书局在广告中对该书介绍如下："书分四册，上二册为中国之部，下二册为外国之部，每册八十课，每星期授业两小时，则一册正合一年之用。每册附图数十幅，特别精绘，了如指掌。又有教授用书，无论僻地之为教师者，教育上之心得浅深皆可按书教授，绝不似寻常教科书之寥寥数语，又无教授之法，往往课程差误。兹先出第一册即第一年所用者，罗列中国天然、地理、政治、历史、物产、农、工商、矿物、通商、口岸各大端为一卷。"[2]

上海普及书局还代发行了《最近统合外国地理》。该书由日本理学士山上万次郎著，定州谷钟秀译编，是中学校应用教科书，光绪三十三年（1907年）二月由河北译书社初版，全一册，上、中、下三卷。据记载，河北译书社版《最近统合外国地理》有甲、乙两种，每种各一册。[3]

《最近统合外国地理》"凡例"指出：（1）原书有中国而无日本，是编日本地理，据日本有名之地理学家矢津昌永等之书补之，中国地理删去，当另编专书。（2）原书为教育日本国民而设，日本与各国之关系或比较或解释，不厌求详。是编尽易之以我国，以为教育我国民应用之书。（3）是编凡关于统计除依原书外，于我国及日本则更依最新之说。（4）是编地名人名皆依旧译及通行译本，间有改易一二，以便记忆者。又地名人名下皆附以英文，以备参考。（5）是编度量衡除改原书之日本里为中国里外，皆依原书。

该书上卷四编，第一编为地理通说分四章，第二编为亚细亚总说，第三编为亚细亚特论，第四编为大洋洲。中卷第一编为欧罗巴洲总论，第二编为欧罗巴特论。下卷共九编，第一、二编为阿非利加总论和特论；第三、四编为北阿美利加总论和特论；第五、六编为南阿美利加总论和特论；第七编为两极地方；第八编为大洋志；第九编为人文地理通说，分述住民、生业、交通和政治。[4]

[1] 上海普及书局. 上海四马路普及书局书目惠福里[N]. 时报，1907-06-06（0007）.

[2] 上海普及书局. 高等小学地理教科授用书出版[N]. 时报，1907-02-27（0011）.

[3] 商务印书馆. 涵芬楼藏书目录：直省府厅州县志目录[M]. 上海：商务印书馆，1919：54.

[4] 邹振环. 晚清西方地理学在中国：以1815至1911年西方地理学译著的传播与影响为中心[M]. 上海：上海古籍出版社，2000：365.

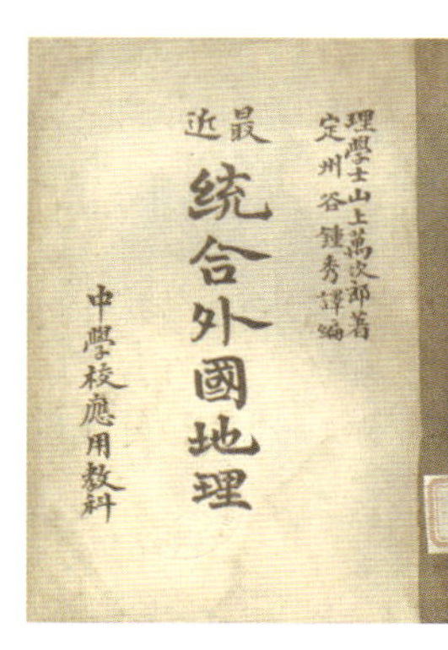

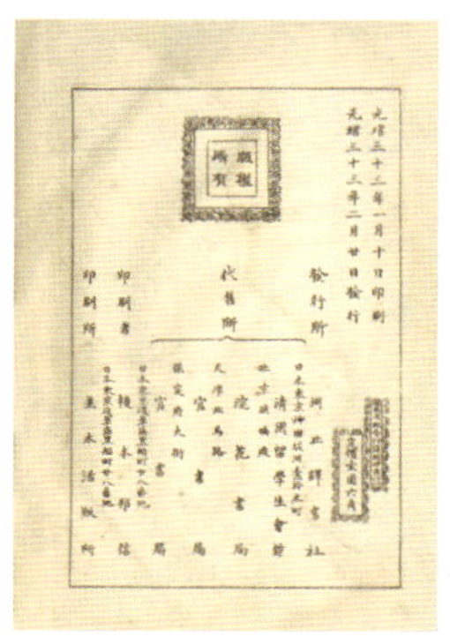

2—52

图2—52 《最近统合外国地理》，［日］理学士山上万次郎著，定州谷钟秀译编，河北译书社发行，光绪三十三年二月（1907年）初版。

该书被列入光绪三十四年（1908年）五月清政府学部颁布的“本部审定中学暂用书目表”中。审定批语指出：“书稍简略，而颇切要，插图亦甚精确，末附人文地理通说，尤合近今大势，足启学子知识，洵为最近善本。书中袭用日文有欠明顺者，皆为签出，‘统合’二字，亦未妥惬，均宜改正，作为中学外国地理教科书。”[1]

（九）昌明公司出版的新式地理教科书

光绪二十九年（1903年），昌明公司由湖北留日学生同乡会在上海纠股兴办，该公司刊登广告称：“专售东京学界译著出版物并贩运各种教育器具，冀为中国输入文明机关。凡海内外硕学著述均可代派。”[2]光绪三十二年（1906年），陆费逵曾任该公司上海支店经理兼编辑。上海昌明公司编辑出版的新式地理教科书主要如下。

1.《小学地理教科书》

该书由嘉定童世高编，版权页题名小学简要地理教科书，全一册[3]，光绪三十三年（1907年）初版。昌明公司在刊登的广告中对该书介绍如下：“是书凡十七章，分八十课，先述世界大势，后及本国，力求简易循序渐进，便于学生领会。附入铜板世界图、中国图，绘画精详，尤便教师指授，装潢华美。”[4]

[1] 学部. 审定书目[J]. 学部官报，1908（57）：审定书目9.

[2] 昌明公司. 昌明公司广告[J]. 湖北学生界，1903（6）：广告.

[3] 商务印书馆. 涵芬楼藏书目录：直省府厅州县志目录[M]. 上海：商务印书馆，1919：49.

[4] 昌明公司. 小学地理教科书[N]. 时报，1907-08-17（0001）.

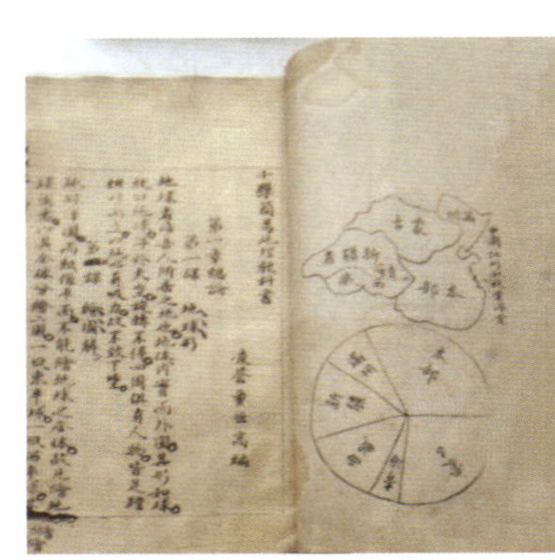

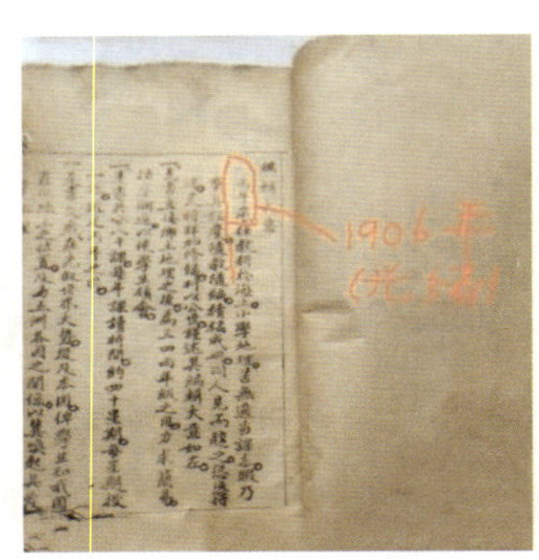

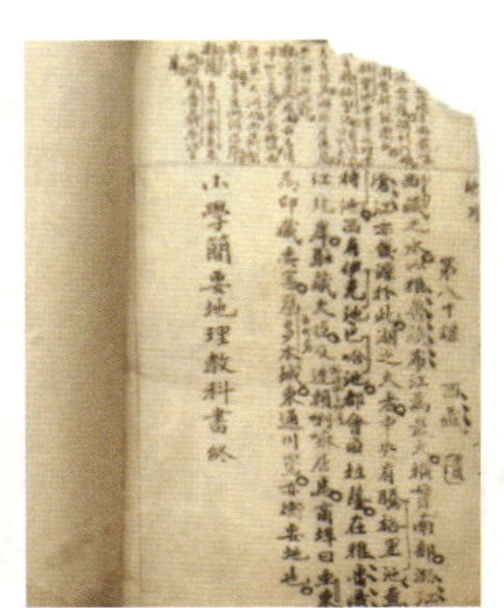

2—53

图2—53　《小学地理教科书》，嘉定童世高编，昌明公司出版

2.《本国地理教科书》

该书由陆费逵纂辑，目录页、版权页题名“本国地理教科书”，全一册，光绪三十二年（1906年）初版，中学校初级师范学校第一、第二两学年适用。《涵芬楼藏书目录：直省府厅州县志目录》记载题名为“本国地理”[1]。

昌明公司刊登的广告对该书的介绍如下：“中国地理素鲜良书，近日间有编著，然谬误纷出，学说太旧，不足以充教科之用。本书为桐乡陆费逵氏新著（纂辑），一洗从前各书之失，其材料取诸东西文书者，十之四蓝本矢津昌永《清国地志》者，十之四出自心得者，十之二其调查皆采东西学者最新之说，而以丙午五月为断。其内容分四编，首编总论，次天然地理，次人事地理，次地方志，其目的在养成我大帝国国民之资格，其行文雅达美丽，夹述夹论。凡我国土地、人民、天产之富庶，铁道、航路、矿产之近状，政治、风俗之不善，土地、利权之丧失，详述无遗。其为国民所尤应注意者无不明白提示，痛下针砭，可作政治地理读，可作商业地理读，可作外患史读，可作社会改良论读，非特供中学师范之教科，小学教师之参考也。上册已出至人事地理止，约二百四十页。”[2]

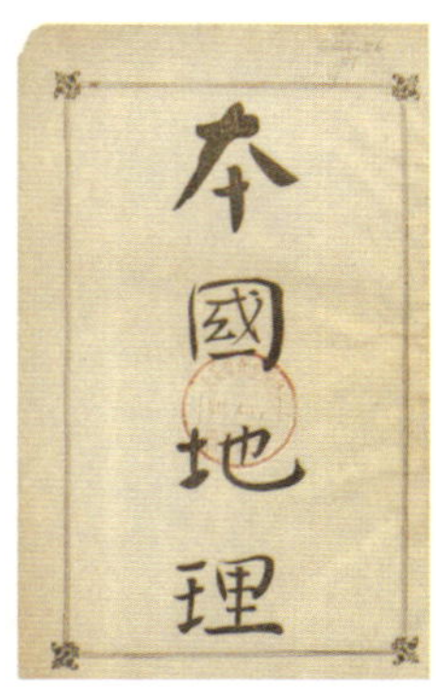

2—54

图2—54　《本国地理教科书》，陆费逵纂辑，昌明公司发行，光绪三十二年（1906年）八月初版

[1] 商务印书馆. 涵芬楼藏书目录：直省府厅州县志目录[M]. 上海：商务印书馆，1919：50.

[2] 昌明公司. 本国地理学教科书[N]. 时报，1906-10-29（0001）.

3.《地质学教科书》

陈文哲、陈荣镜编译，日本东京并木活版所印刷，光绪三十二年（1906年）三月初版，四月订正再版。

昌明公司刊登的广告对该书介绍如下：“地质学者，研究地球之沿革、地体之构造、岩石性质之学科，与地理、地文、生物皆有密切关系，而农工矿之基础也。我国于理科素鲜研究，地质尤甚，间有一二译本，然非率尔操觚，谬误歧出，即详略失宜不堪教科，求阙良构戛戛乎难。著者陈文哲、陈荣镜留学日本高等师范学校有年，此书即以其在校讲义并参考该校讲师、理学士佐藤传藏、山崎直方二先生及东京帝国大学理科教授、理学博士横山又次郎先生所著书而成，极幽邃精深之学理，出之以简显透露之笔，理明辞达。我国地质攸关之点，详加考述，令学者知我国宝藏所在，以动其爱国之心。即引证外事亦含有世界的智识、国家的观念，非囿于日本一隅养成，日本的国民者所可同日语也。至体例审确，图画精备，印刷鲜明，售价低廉，犹其余事。男女中学师范学校或高等学校用为教科概极合宜，而自修者手此一编亦可知此学之精意矣。洋装一巨册精制。”[1]

《地质学教科书》“例言”指出，编译此书有两个目的：“欲全国国民，协力调查我国地质，以为日后经营农工各实业之基础”“欲全国国民深悉我国宝藏所在，共启地利，实护利权，同奋进于矿业界”。该书分地相篇、岩石篇、动力篇、岩成篇、构造篇与地史篇六篇，编者留意补充中国地质情况，务求理明词达，简要不繁，切适各学堂教科之用，且书中各名词下兼附英语，“一以读者参考之便，一以为学者练习欧文之助力”。书末附“标本采集旅行法”，从出发前准备事项，途中如何观察、记录所得标本特征及各类岩石特点、性质等方面讲述野外考察实习步骤，这是其他日式地质教科书所没有的。[2]

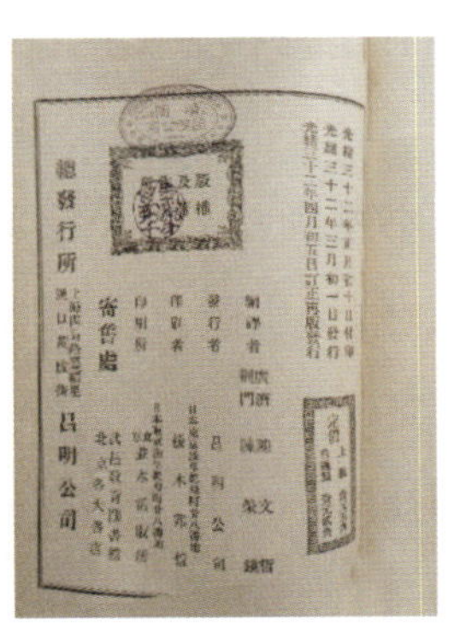

2—55

图2—55 《地质学教科书》，陈文哲、陈荣镜编译，昌明公司发行，光绪三十二年（1906年）四月订正再版

光绪三十三年（1907年），《学部官报》对《地质学教科书》审定批语指出：“译笔明畅，惟地质名目译音之处仍沿日本文之旧，若以华音读之则与西音未合，又化学名及地名均多与旧籍参差，是其缺点，应作为中学堂教员参考书。”[3]

[1] 昌明公司. 地质学教科书[N]. 时报，1906-05-13（0001）.

[2] 杨丽娟. 清末地质学的传入：以日式地质学教科书为中心[J]. 自然科学史研究，2016（3）：311-319.

[3] 学部. 审定书目[J]. 学部官报，1907（26）：审定书目39.

4.《（最近中等）地文学教科书》

该书由沈仪熔译编，全一册，昌明公司光绪三十年（1904年）年初版，其内容与清国留学生会馆光绪三十一年（1905年）十月第二版相同。[1]

昌明公司湖北宜昌鼓楼街支店刊登在《时报》的广告对该书介绍如下："是书取日本地质学家所著最近中等地文学教科书为原本，又参考各家地文学善本译而编之，搜罗完备，参酌损益皆得要领，插图精致，立说亦复鲜明且适合中等教科程度。洋装金子布面。"[2]

5.《最新世界地理志》

该书由留日学生徐大煜编译，全一册[3]，光绪三十一年（1905年）七月出版。

上海昌明公司刊登在《时报》的广告对该书介绍如下："是编原本为日本最新地理教科书，徐君大煜留学东瀛，为编译一切搜罗务取扼要，凡山川之统系，郡之名目，物产之琐细，航×之险夷，皆就原本详加增订，原本之略而不详者而补之，讹而不实者正之，诚普通地学应用切要之书也。"[4]

6.《地学教科书》

该书光绪三十二年（1906年）六月初版。

昌明公司刊登在《时报》的广告对该书介绍如下："地理以研究地上之人种、风俗、国土、政治，地文以研究地外之风、云、雨、露、霜、雪、虹、雹，地质以研究地中之土脉、泥性，本书盖兼此三者而融贯之。"[5]

（十）乐群书局出版的新式地理教科书

光绪三十二年（1906年）一月，乐群书局由汪惟甫在上海棋盘街南首正式开办[6]，1908年被商务印书馆收购。

该书局在"开办广告"中指出，"本局发行各种新书图画以及学堂文具仪器标本，无不具备，并延通人编撰各种教科书，罗译东西名著，期切实用，陆续出版。上海各书局出版之图籍均有发售，价目一律。"[7]

乐群书局曾遵照学部奏定章程按年分级编撰了一套初等小学教科书及教授法，其中有《初等小

[1] 邹振环. 晚清西方地理学在中国：以1815至1911年西方地理学译著的传播与影响为中心[M]. 上海：上海古籍出版社，2000：209.

[2] 昌明公司. 中等地文学教科书[N]. 时报，1904-11-27（0004）.

[3] 商务印书馆. 涵芬楼藏书目录：直省府厅州县志目录[M]. 上海：商务印书馆，1919：42.

[4] 昌明公司. 最新世界地理志出版[N]. 时报，1905-08-28（0004）.

[5] 昌明公司. 矿物界教科书[N]. 时报，1906-06-16（0004）.

[6] 乐群书局. 上海棋盘街南首新开乐群书局发兑各种新书图画仪器文具本月初二日开张[N]. 时报，1906-02-24（0001）.

[7] 乐群书局. 上海乐群书局开办广告[N]. 时报，1906-02-05（0001）.

学中国地理新教科书》及配套的《初等小学中国地理新教科书教授法》。

《初等小学中国地理新教科书》由管圻编纂，杨天骥、陆保璿校订。全书分上、中、下三册，光绪三十二年（1906年）初版。学部对该书的审定批语是：“条理未清，不便讲授，无庸审定。”[1]

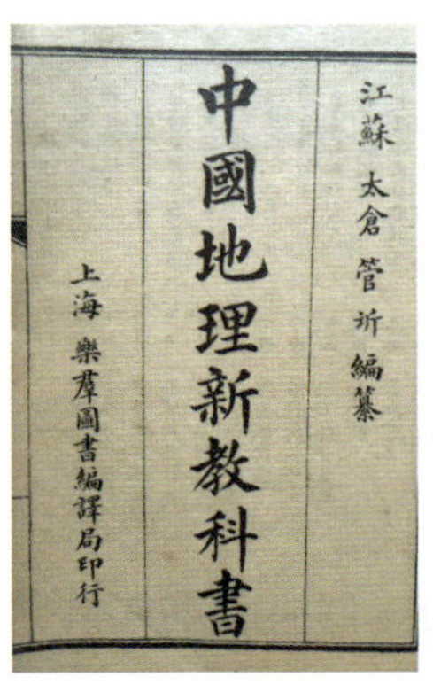

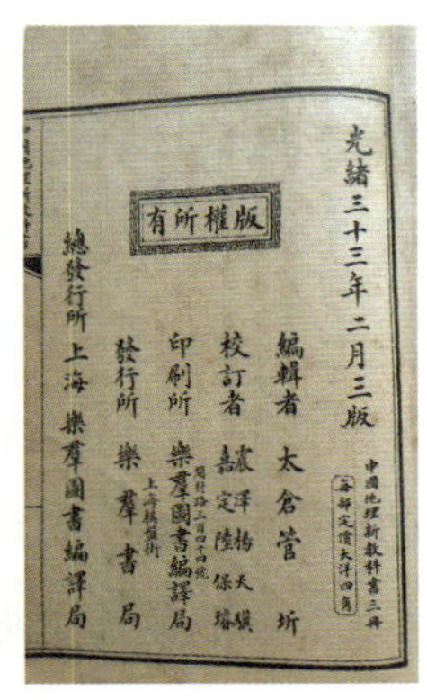

2-56

图2-56 《初等小学中国地理新教科书教授法》（下册），管圻编纂，杨天骥、陆保璿校订，上海乐群书局，光绪三十三年（1906年）二月再版

（十一）时中书局出版的新式地理教科书

时中书局由顾子安创办[2]，光绪二十九年（1903年）正式开张[3]。

时中书局与大多数晚清民营书局一样，兼营传统书籍和新式书籍。从宣统二年（1910年）的新书目次来看，其对新式教科书的归类基本上是按照新式学堂章程的课程设置进行分类的，每一科目都有为数不少的新式教科书。[4]时中书局编译出版之新式地理教科书主要为《初等小学用松江地理教科书》。

《初等小学用松江地理教科书》由沈宗祉著，华亭王毅存、华亭陈庭兰重订，上海姚明辉校阅，松江府专用，光绪三十四年（1908年）初版。[5]

时中书局刊登在《时报》的广告对该书介绍如下：“用旅行体化板为活，趣味盎然。全书记述简明，调查精审，图画丰富。书末各附彩色地图一幅，阅之尤为明了。全书四册，每册八十课，首册售罄，再版添制精图尤为完美。爱松江者不可不读也。现出三册。”[6]

（十二）南洋官书局出版的新式地理教科书

南洋官书局全称为两江南洋官书局，属官督商办，民营挂“官书局”之名而已[7]，总局设在南京中正街，在上海棋盘街设一分局。

[1] 学部. 审定书目[J]. 学部官报，1908（66）：审定书目1.

[2] 石鸥，吴小鸥. 中国近现代教科书史：上册[M]. 长沙：湖南教育出版社，2012：137.

[3] 时中书局. 时中书局开办广告[N]. 新闻报，1903-08-14（0004）.

[4] 毕苑. 建造常识：教科书与近代中国文化转型[M]. 福州：福建教育出版社，2010：111.

[5] 商务印书馆. 涵芬楼藏书目录（直省府厅州县志目录）[M]. 上海：商务印书馆，1919：45.

[6] 时中书局. 松江地理教科书[N]. 时报，1910-01-22（0004）.

[7] 陈昌文. 都市化进程中的上海出版业：1843—1949[M]. 上海：上海人民出版社，2012：106.

南洋官书局发行的图书皆是学堂应用之善本，是新式教科书的重要实验地[1]，承印了许多学部编撰的教科书。

南洋官书局出版之新式地理教科书主要如下。

1.《中等亚洲地理教科书》

该书由美国人敦内氏著，丁冕英编译，汤寿潜阅订，全一册，南洋官书局（上海）光绪三十一年（1905年）初版。[2]该书经学务大臣审定。

2.《（最新）中等欧洲地理教科书》

该书由英国人祁尔著，陆守经编译，南洋官书局（上海）光绪三十一年（1905年）十一月初版，全二册。该书经两江学务处审定。目录页、卷端、书口题名“中等欧洲地理教科书”。刊登在《时报》的广告对该书介绍如下：“是书系辑欧洲各地志撮要而成，书籍供舆地学家之研究，每部二册。”[3]该书曾与《中等亚洲地理教科书》一同送学部审定，审定批语是：“该书一则以中国平列亚洲各国之内，叙述简略，一则专详英国而略于其余各国。此在英人著书自当尔尔，用之本国学堂，殊嫌适当。”[4]

3.《最新中等地文学教科书》

该书由英国人劳梅痕原著，南洋官书局（上海）光绪三十一年（1905年）十一月初版。南京中正街、上海棋盘街南洋官书局刊登在《时报》的广告对该书介绍为“译出以供学堂讲授之用，语详意显，恰合中学程度，每部二册。”[5]

该书曾送学部审定，审定批语是：“最新中等地文学教科书译自英籍，所引地理上之事实全属欧洲，且间有错误之处，不合我国教科之用。”[6]

4.《中等五洲地理教科书》

该书由南洋官书局（上海）光绪三十一年（1905年）十一月初版。南洋官书局刊登在《时报》的广告对该书介绍如下：“是编搜集亚细亚洲各种地志，分课胪列，眉目了然，最为详审，每部一册。”[7]

5.《蒙学地理教科书》

该书封面以外其他处题名“地理教科书”，由黄英编，南洋官书局光绪三十二年（1906年）出版[8]。

---

[1] 毕苑. 建造常识：教科书与近代中国文化转型[M]. 福州：福建教育出版社，2010：110.

[2] 南洋官书局. 初等小学字义教科书[N]. 时报，1905-09-13（0004）.

[3] 南洋官书局. 南洋官书局出版上海棋盘街南京中正街最新编译教科书籍[N]. 时报，1905-12-18（0004）.

[4] 学部. 审定书目[J]. 学部官报，1907（31）：审定书目43.

[5] 同[3]。

[6] 学部. 审定书目[J]. 学部官报，1907年（31）：审定书目42.

[7] 同[3]。

[8] 王有朋. 中国近代中小学教科书总目[M]. 上海：上海辞书出版社，2010：239. 9

6.《初等小学地文教科书》

该书由黄世基编辑，胡宗楙校阅，南洋官书局（上海）光绪三十二年（1906年）出版。[1]该书曾经两江学务处审定，书名仿照日本地理教科书，内容却更像19世纪来华传教士撰写的地理书。[2]该书曾送学部审定，审定批语指出，地文一科“在初等小学既不能为独立之科目，地文教科书编辑亦无条理。”[3]

7.《初等地质教科书》

该书于光绪三十二年（1906年）九月初版。南洋官书局刊登在《时报》的广告对该书介绍如下：“是编专诠地质重要，言简意赅，出以明爽之笔，恰合初等程度，附有图画，均极朗晰，每部一册。”[4]该书曾送学部审定，审定批语指出，地质一科“在初等小学既不能为独立之科目，地质教科书编辑亦无条理。”[5]

8.《初等中国地理教科书》

该书由王邦枢编辑，胡宗楙校阅，南洋官书局（上海）出版。该书通过学部审定，供小学三年级—五年级使用。[6]全书上、下两册，光绪三十二年（1906年）初版[7]，宣统元年（1909年）一月第三版。全书2卷40章120课，涉及天文地理、人文地理、亚洲大势、中国大势等，已经是集天、地、史政为一体的近代型知识系统了[8]，所述皆为世界通行地理学说。[9]

该书曾呈送学部审定，审定批语是：“尚简明，可作为高等小学之用。惟所附各图限于篇幅，殊欠精审，不如由学堂悬图，教员随时指示。”[10]

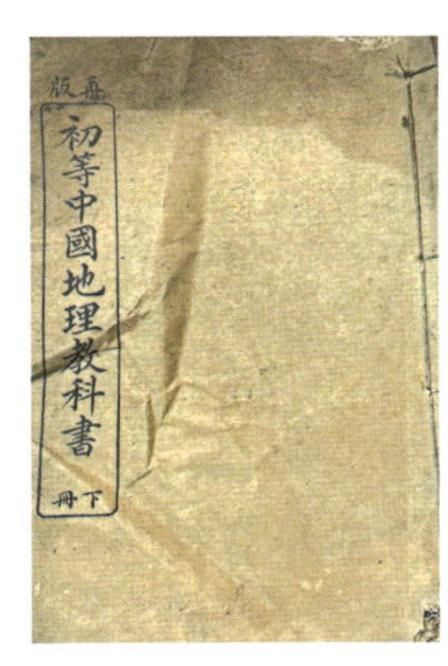

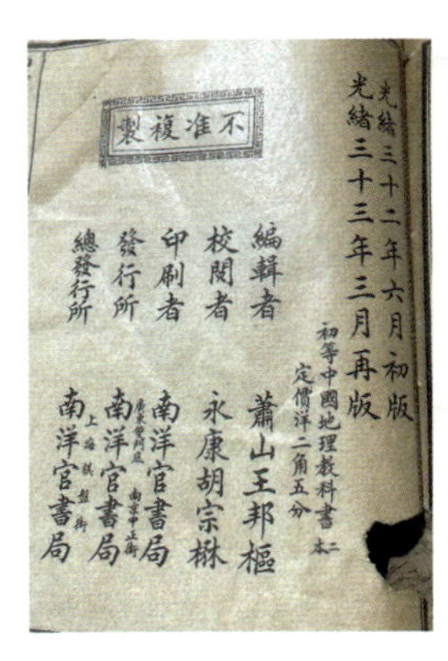

2—57

图2—57 《初等中国地理教科书》（下册），王邦枢编辑，胡宗楙校阅，南洋官书局，光绪三十二年（1906年）初版，光绪三十三年（1907年）三月再版

[1] 南洋官书局. 上海棋盘街南洋官书局发行教科新书[N]. 新闻报，1906-09-01（0022）.

[2] 孙江，陈力卫. 亚洲概念史研究：第2卷[M]. 上海：商务印书馆，2018：86.

[3] 学部. 审定书目[J]. 学部官报，1907（31）：审定书目43.

[4] 南洋官书局. 初等地质学教科书出版[N]. 新闻报，1906-11-10（0004）.

[5] 同[3]。

[6] 王有朋. 中国近代中小学教科书总目[M]. 上海：上海辞书出版社，2010：241.

[7] 南洋官书局. 上海棋盘街南洋官书局发行教科新书[N]. 新闻报，1906-09-01（0022）.

[8] 杨胜荣. 明末至晚清世界地图在中国的传播和影响[J]. 思想战线，2002（6）：128.

[9] 熊月之. 上海通史[M]. 上海：上海人民出版社，1999：318.

[10] 学部. 审定书目[J]. 学部官报，1907（31）：审定书目42.

（十三）国学保存会编纂出版的新式地理教科书

国学保存会是一个拥有报社、图书馆与出版所的文化实体，创办于光绪三十一年（1905年）一二月间。由邓实、黄节、刘师培、陈去病等发起在上海成立，旋创刊《国粹学报》，以“研究国学，保存国粹”为宗旨。国学保存会出版所设在上海爱而近路国学保存会，发行所设在四马路东惠福里国粹学报馆[1]。国学保存会从光绪三十二年（1906年）起致力于乡土历史地理教科书的编纂出版，编纂者基本为具有新学思想的学者，其编纂出版的乡土历史地理教科书，注重乡土性与时代性相结合、知识性与可读性相统一，切合小学教育需要[2]，深受社会好评。上海国学保存会编纂出版之新式地理教科书一般都计划五册，实际基本上只出版一册。

《安徽乡土地理教科书》《江苏乡土地理教科书》《江宁乡土地理教科书》三书均由刘师培编写，上海国学保存会编辑印行，乡土教科书总发行所发行。《安徽乡土地理教科书》《江宁乡土地理教科书》第一册初版时间均为光绪三十三年（1907年）。

《安徽乡土地理教科书》专备安徽省初等小学堂地理教科书之用。第一册共18课，第1、2课沿革，第3课总论，第4课区划，第5、6、7课山脉，第8、9、10课河流，第11、12课人文地理，第13至18课分别论述安庆等各府州。这位当时年仅23岁的编者深受地理环境决定论的影响，着力从区域自然地理环境对人类生活方式的制约入手，作了非常精彩的论述。[3]

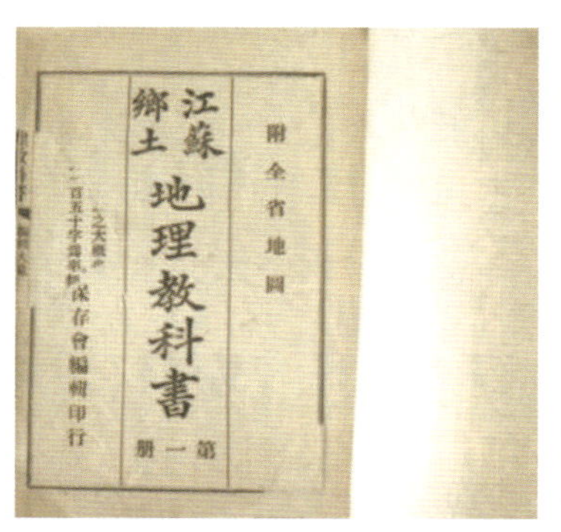

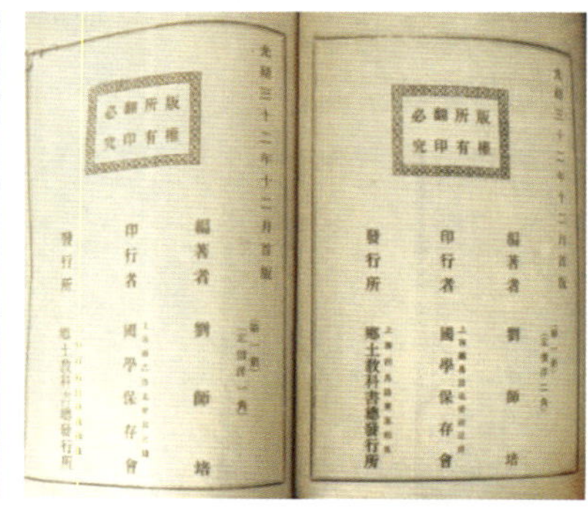

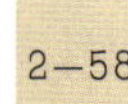
2—58

图2—58 《江苏乡土地理教科书》，刘师培编著，上海国学保存会编辑印行，第一册，乡土教科书总发行所发行，光绪三十二年（1906年）十二月首版

《广东乡土地理教科书》由黄晦闻编著，上海国学保存会编辑印行，上海乡土教科书总发行所发行。第一册首版时间为光绪三十三年（1907年）正月。[4]该书曾与刘师培所著三册一同送学部审定，审定批语指出四册“乡土地理教科书分配简明，具有条理。虽注重于全省之地理，与定章微有

[1] 邹振环. 晚清西方地理学在中国：以1815至1911年西方地理学译著的传播与影响为中心[M]. 上海：上海古籍出版社，2000：298.

[2] 本书编委会编. 方志编纂工作规范化实用手册：第一册[M]. 北京：银声音像出版社，2005：54.

[3] 邹振环. 晚清西方地理学在中国：以1815至1911年西方地理学译著的传播与影响为中心[M]. 上海：上海古籍出版社，2000：300.

[4] 黄晦闻. 广东乡土地理教科书：第一册[M]. 上海：国学保存会，1907：版权页. 国学保存会. 国学保存会编辑教科书[N]. 时报，1907-03-08（0004）.

不合，而各州县乡土教科书一时未能出版，得此书以引导儿童使于本省建制沿革，山川形势略悉梗概亦殊有益，书中小误签出，均俟改正呈部覆阅后作为审定之本。”[1]

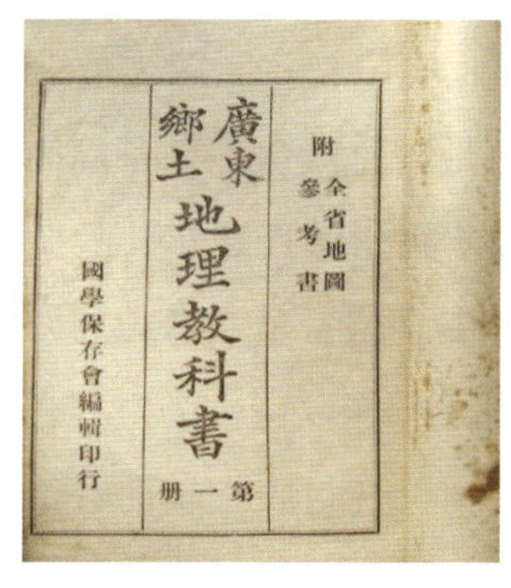

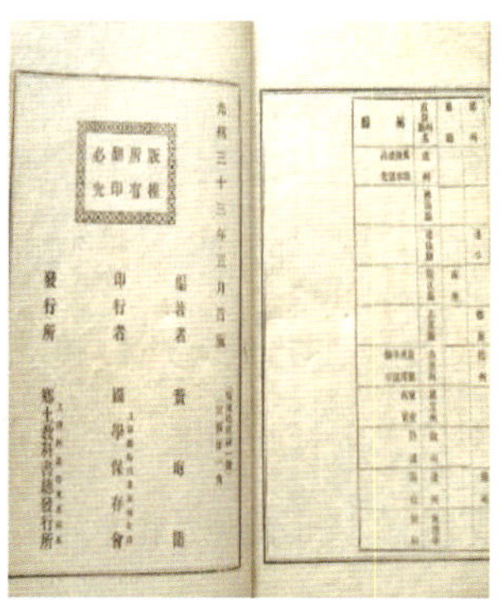

2-59

图2-59 《广东乡土地理教科书》，黄晦闻编著，第一册，国学保存会印行，乡土教科书总发行所发行，光绪三十三年（1907年）正月首版

《湖北乡土地理教科书》《江西乡土地理教科书》《直隶乡土地理教科书》三书均由陈庆林辑。《湖北乡土地理教科书》和《江西乡土地理教科书》第一册初版时间均为光绪三十三年（1907年）四月。国学保存会刊登在《时报》的广告对《湖北乡土地理教科书》《江西乡土地理教科书》二书介绍如下：“本会所编各省乡土地理教科书自江宁江苏安徽广东四省出版以后，颇受海内教育家之称许，以为书之图画文字引证皆具有精神特色，最足以助长儿爱乡爱国之心，为效至巨，故公私学校采用至多。今同人宜勉力为此，其湖北江西二省地居扬子江流域之中，交通最繁，学校林立，需者尤急，顷已编印二省地理出版焉。至二省历史已在印刷中可出版。查奏定学堂章程，初等小学第一第二学年皆宜授以乡土历史地理，但各省乡土史志久未编成，故各省小学多有未授乡土历史地理，即径授以历代史全国地理者，殊多缺憾。今得此编，正宜补授以求课程之完备也。”[2]

《直隶乡土地理教科书》第一册初版时间为光绪三十三年（1907年）五月。国学保存会刊登在《时报》的广告对包括《直隶乡土地理教科书》在内的全套书的编辑宗旨、图书特色、附参考书及全省地图、功效作用等作了介绍：（1）编辑宗旨：“谨遵奏定章程初等小学第一二年历史学科讲乡土之大端故事及本地古先名人之事实，地理学科讲乡土道里建制，附近之山水及本地先贤之寺庙遗迹等类。”（2）图书特色：“本书谨每遇本省人物古迹先贤祠墓山川名胜，有足动人景仰者，例必插铜板精图。复遵奏定章程，凡居民职业贫富原因舟车交通物产生殖诸端，凡有图可插者，亦必插入。”（3）附参考书及全省地图：“本书编辑历史引用载籍极繁，而文理则务简明以求合初等小学之程度，故每册后附参考书，凡课中事实皆可考见，讲师由此可得教授之法。而地理则冠以全省最新精测铜版地图一幅。”（4）功效作用：“各国教育咸注重乡土史志一门，就其闻见中最亲切有味者以为教授，则记忆力与感觉力皆易点触，所以感发其爱乡土心，由是而知爱国，期为效

[1] 学部. 审定书目[J]. 学部官报，1907（26）：审定书目39-40.

[2] 国学保存会. 国学保存会江西湖北乡土地理教科书第一册出版附全省地图一幅[N]. 时报，1907-05-15（0004）.

至巨。”[1]

上海国学保存会还编辑了刘师培编著的《中国地理教科书》，由国粹学报馆发行。该书全二册，第一册初版时间为光绪三十一年（1905年）十二月，第二册初版时间为光绪三十二年（1906年）十二月。

《中国地理教科书》第一册“凡例”写到：（1）此册所言皆中国现今地理之大势，以备高等小学校和中学第一年之用，若天文地理、地文地理、人文地理其大纲已详于蒙学教授之年，故此编从略。（2）治地理学者非先明今日之地势及地名，则考古失其标准。此编之宗旨虽系考古与知今并重，然首册于现今之地理则特加详晰，因知今然后能考古也。若首册以下则概以考古为重矣。（3）山脉河流之学始于禹贡，盖山川可以定疆域也。故此册所记特详。（4）说与表相辅而行治地学者。欲简要浅明，非立表末由。故此册所列之表较之他书，尤为完密。（5）此册以省为纲，先详沿革，贵考古也。继言区划，贵知今也。继详商埠物产，重实用也。（6）各省之后附列各道表，以每道所辖之地，其区划之制，多沿古昔。凡土地同属一道者，其人情风俗物产必多相同，阅者极宜注意。（7）此册所列水道表，最为清晰，仿洪氏乾隆府厅州县志之例而小变之庶，阅者易于了然。（8）绿营兵制既附见于各省中，故不复列表。惟各省驻防及长江水师，则书中未及详载，故列表以详之。（9）此册于古代地理必注以今日地名，或以现今之地望释之，以备学者之参考。（10）地理非图不明，本书当另印精图，别自为册，与此书相辅而行。

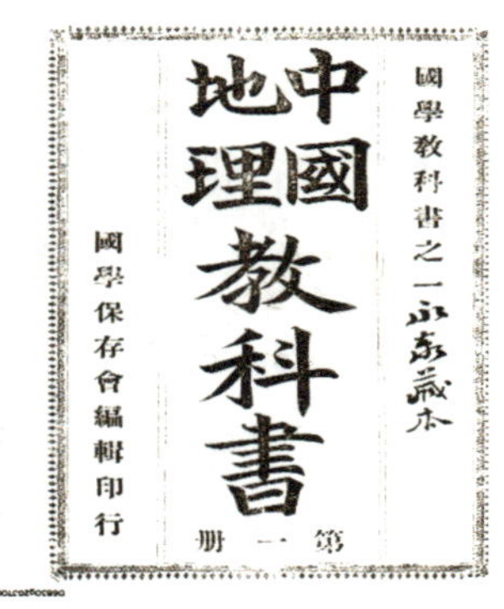

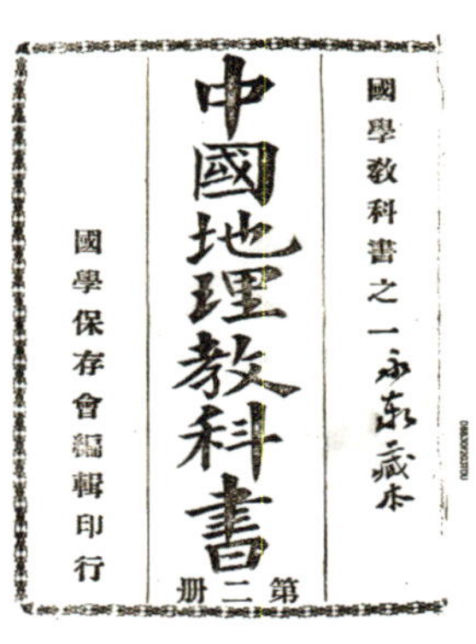

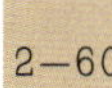

图2—60 《中国地理教科书》，刘师培编著，上海国学保存会编辑，国粹学报馆发行，第一册光绪三十一年（1905年）十二月初版，第二册光绪三十二年（1906年）十二月初版

国学保存会刊登在《时报》的广告对该书第二册介绍指出：“是册先总论黄河流域各行省之大概，次综述顺天一府，次述直隶，次述山东。每省先列总论，共目有三，一地势，二交通，三人文地理，后则每府每州每厅，均先详其地势与山脉、河流，次沿革、形势、古迹、人物、物产、邮驿、铁路、税额、职官、金石，考核精审，调查精密，大抵考古以证今，采于古册者半，采于官书者亦半，诚近今调查最新考古，最审之地理教科书也。”[2]

[1] 国学保存会. 国学保存会出版初等小学直隶江宁 江苏 安徽 江西 湖北 广东乡土历史地理教科书[N]. 时报，1907-08-07（0001）.

[2] 国学保存会. 中国地理教科书第二册[N]. 时报，1907-02-21（0001）.

（十四）开明书店（老）出版的新式地理教科书

开明书店由早年留学日本的江苏嘉定（今上海）人夏颂莱（清贻）（1876—1940）于光绪二十八年（1902年）五月创办[1]，这个“老”开明书店与1926年章锡琛创办的开明书店并非一家。

光绪三十三年（1907年），开明书店与集成图书局、申昌书局、点石斋石印局合并组成图书集成公司。[2]开明书店（老）出版之新式地理教科书主要如下：

1.《普通地理读本》

该书由夏清贻编，全一册，附暗射图十三页。光绪二十八（1902年）七月出版。[3]光绪三十一年（1905年）出版增订改良版。[4]

2—61

图2—61 《普通地理读本》，夏清贻编，全一册，开明书店，光绪二十八年（1902年）七月出版

2.《地学始附教授本》

该书于光绪二十八年（1902年）八月出版[5]，全一册，上海育材学堂教员陈乔木撰，为小学教科之善本。书内附图十一幅，异彩特色，附教授本为教员教课时所用[6]。

3.《初级地文学》

该书由胡绍曾著，光绪二十八年（1902年）九月出版，全一卷。该书被誉为中国人最早自编的初等自然地理学教材[7]。

（十五）北洋官报局出版的新式地理教科书

光绪二十八年（1902年）三月，直隶总督兼北洋通商大臣袁世凯在保定西门大街创办北洋官报印刷局。八月，袁世凯将北洋官报印刷局由保定迁天津，选址河北狮子林集贤书院旧址，北洋官报

[1] 开明书店. 上海四马路老巡捕房东首辰字第十五号开明书店主人[N]. 新闻报，1902-07-03（0005-0006）.

[2] 万启盈. 中国近代印刷工业史[M]. 上海：上海人民出版社，2012：393.

[3] 开明书店. 开明书店发行最新书籍[N]. 新闻报，1902-08-05（0004）.

[4] 商务印书馆. 涵芬楼藏书目录：直省府厅州县志目录[M]. 上海：商务印书馆，1919：39.

[5] 开明书店. 开明书店发行最新书籍[N]. 新闻报，1902-09-15（0012）.

[6] 宫奴，等. 金陵卖书记及其他[M]. 北京：海豚出版社，2015：101.

[7] 中国科学院自然科学史研究所. 科学技术史研究六十年：中国科学院自然科学史研究所论文选：第2卷[M]. 北京：科学普及出版社，2018：104.

局随即在天津正式创设，并派人到日本选购最先进的印刷设备，聘请日本精制版及印刷者任技师，又从上海雇活字版印刷工人从事印刷。十一月，筹备工作就绪，北洋官报总局设在天津，另在保定、北京设立分局。官报局在总办领导下，分设编纂、翻译、绘画、印刷、文案、收支六股。[1]光绪二十八年（1902年）十二月，《北洋官报》正式创刊出版，成为了清末创办最早、最有影响的地方政府官报。《北洋官报》具有官方公报、新闻报纸和学术刊物三重属性。

北洋官报局出版之新式地理教科书主要有：

1.《地理学》

该书一卷，由北洋学校司编，系北洋官报馆蒙学课本，光绪三十二年（1906年）出版。[2]

2.《地文学》

该书目北洋学校司编译处编，全一册，小学教科书，北洋官报局清末铅印本。[3]

3.《中学中国地理志》

该书四册[4]，又名《中国地理教科书》，王达编述，光绪三十二年（1906年）北洋官报局排印[5]，当年就印行了订正增补版本。

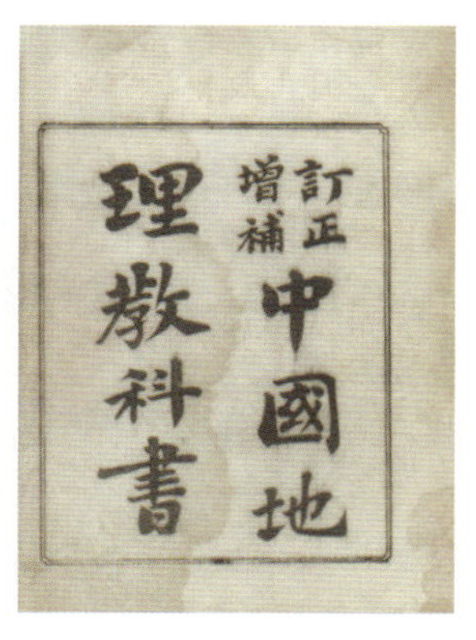
訂正增補中國地理教科書

2—62

图2—62 《订正增补中国地理教科书》（卷一），善化王达编述，北洋官报局于光绪三十二年（1906年）第三次印行

（十六）（通州）翰墨林编译印书局出版的新式地理教科书

光绪二十八年（1902年）张謇创办了通州师范学校，为了印刷教科书和讲义，他于光绪二十九年九月邀约张詧等五人集资在通州（今南通）西园创办翰墨林编译印书局。书局刊登在《新闻报》的广告指出："本局自制新式铜模各号铅字，精印各种科学课本、时务新书，校对精审，出书迅速，如蒙赐顾，格外克己。"[6]书局首任经理张詧，初创时设备简陋，以石印为主。光绪三十年

[1] 中国人民政治协商会议天津市河北区委员会文史资料书画艺术委员会. 天津河北文史：第10辑[M]. 天津：中国人民政治协商会议天津市河北区委员会文史资料书画艺术委员会，1998：92-95.

[2] 邹振环. 晚清西方地理学在中国：以1815至1911年西方地理学译著的传播与影响为中心[M]. 上海：上海古籍出版社，2000：409.

[3] 熊月之. 晚清新学书目提要[M]. 上海：上海书店出版社，2014：364.

[4] 翰墨林书局. 熊月之. 晚清新学书目提要[M]. 上海：上海书店出版社，2014：365.

[5] 邹振环. 晚清西方地理学在中国：以1815至1911年西方地理学译著的传播与影响为中心[M]. 上海：上海古籍出版社，2000：413.

[6] 翰墨林书局. 通州新设翰墨林书局[N]. 新闻报，1903-11-06（0007）.

（1904年）由大生纱厂投资，正式建立机械印刷工场。[1]该书局是当时南通甚至苏北地区影响力最大的出版印刷机构，基本上垄断了南通地区学校教材。[2]

翰墨林编译印书局出版的地理教科书主要有：

《中国地理课本》，马晋羲著，江苏通州师范学校编订，全书上、下二卷，光绪三十年（1904年）十二月出版。[3]

《中国地理讲义》，马晋羲著，江苏通州师范学校编订，全书一卷，光绪三十年（1904年）十二月出版。[4]

《通州乡土历史地理教科书》，光绪三十三年（1907年）出版。[5]

《中国地理问答》，马晋羲编，全书一卷，光绪三十一年（1905年）出版。[6]

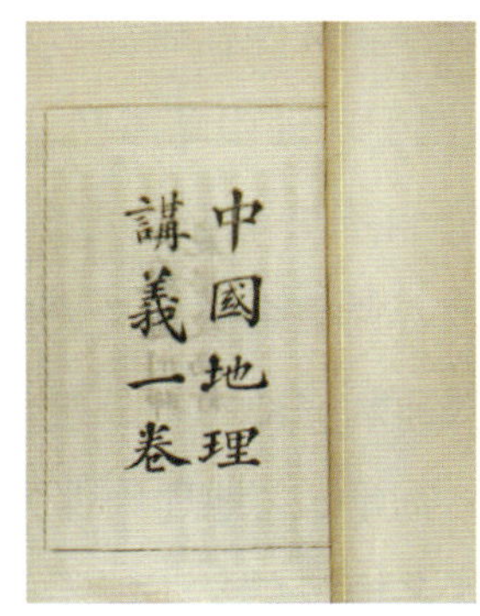

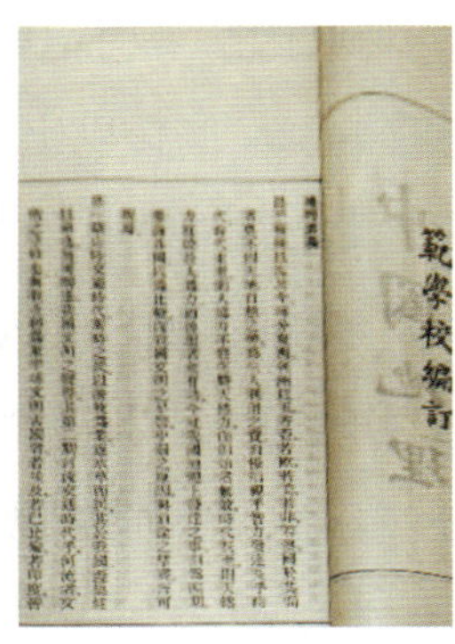

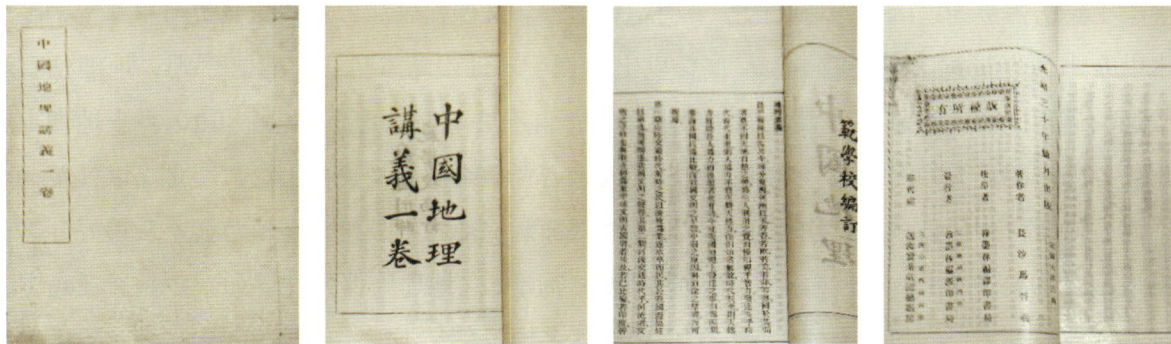

2—63

图2—63 《中国地理讲义》，马晋羲著，江苏通州师范学校编订，翰墨林编译印书局校印发行，光绪三十年（1904年）腊月（十二月）

（十七）震东学社出版的新式地理教科书

震东学社成立于光绪三十一年（1905年），次年在上海棋盘街开业。其刊登在《时报》的广告称，“本学社主人亟欲辅助学界，力图教育普及，因不惜资本，聘请宿儒专司编译两事。自去春至今已成五十余种，大半系从前所未有。实足补沪上各书坊之缺陷。兹因创设棋盘街门面，择吉开张，特将已成各种先行发行，想教育家必以早观为快也。”[7]

该广告指出，震东学社自光绪三十一年（1905年）春至次年秋已编译成五十余种图书，其中地理教科书有《初等小学地理教科书》《初等乡土模范地理教科书》《高等小学实业地理教科书》

[1] 徐梁伯，蒋顺兴. 江苏通史：晚清卷[M]. 南京：江苏凤凰出版社，2012：208.

[2] 尤世玮，张廷栖. 张謇复兴中华的认识与实践：纪念张謇160周年诞辰学术研讨会论文集[M]. 苏州：苏州大学出版社，2014：392-393.

[3] 商务印书馆. 涵芬楼藏书目录：直省府厅州县志目录[M]. 上海：商务印书馆，1919：50.

[4] 马晋羲. 中国地理讲义[M]. 江苏通州师范学校，编订. 南通：翰墨林编译印书局，1904：版权页.

[5] 刘树凤. 地理课程与教学研究：1979—2009[M]. 南京：南京师范大学出版社，2013：203.

[6] 商务印书馆. 涵芬楼藏书目录：直省府厅州县志目录[M]. 上海：商务印书馆，1919：50.

[7] 震东学社. 新开震东学社广告[N]. 时报，1906-10-29（0004）.

（二册）等。

光绪三十二年（1906年）九月震东学社出版的储丙鹑编、孙家修校订的《初等小学乡土历史模范教科书》（第四册）（初版）中列出了该学社当时新出的各种教科书目，其中有初等小学教科书类16种，含《初等小学地理教科书》（五册）和《初等小学乡土地理模范教科书》（四册）；高等小学教科书类12种，含《高等小学地理教科书》（四册）和《高等小学中国地理教科书》（二册）。[1]

1.《初等小学乡土地理模范教科书》

该书由储丙鹑编，全四册，光绪丙午年（1906年）十一月初版。作者在该书“编辑大意”中指出：（1）奏定学堂章程初等小学教育要义地理门云：“尤当先讲乡土有关系的地理以养成其爱乡土之心，先自学校附近指示其方向子午步数多少道里远近，次及于附近之先贤祠墓，近处山水间亦带小学生寻访古迹为之解说，俾其因解说而记地理”。又课程表注云：“讲乡土道里建置，附近之山水以及本地先贤祠庙遗迹等类”。综核以上条例于地理中略参历史之意。否则，地理枯寂无味也。是编谨遵此旨，惟叙事处眼光仍注射地理上，自不失本书之真面目也。（2）乡土地理本应各府州县各出一部，无如内地空气未开，编辑无人，若凭空结撰，又失乡土之真。是书以模范为名，无论何省何府何州何县村镇，均可通用。知须由教师购一部本地县志，将模范表空白填好，即成一乡土适用之本矣。（3）乡土二字之义，原应以本乡所有之地理为课程，譬如本乡系居在高山，则所有闸灞沙滩等名目，似可不列入课程。但是书既名模范，又不能不一概收入。作者之意以为，各处乡土地理虽形势有不同，而指为乡土地理则同，只要讲说时由教师发明此理。云我们住在高山，虽没有看见此等闸灞，一经讲明，则异日出外，到他处游览，即不至于全不认识，岂非快事。如此则不但不悖乡土之义，且能增长儿童之见识也。（4）是书开端，体裁似嫌宽阔，惟模范之书也。既不能限于一隅，不妨用倒装的文法。从大处说起，缓缓缩小下来，自然收到乡土的本题而于儿童知识上，亦不觉得有艰苦之迹。

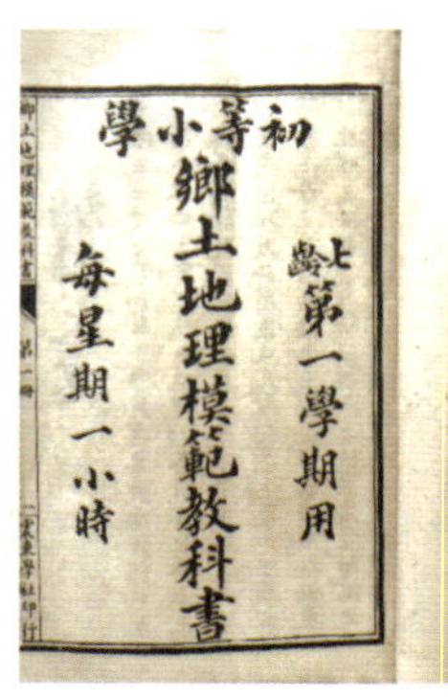

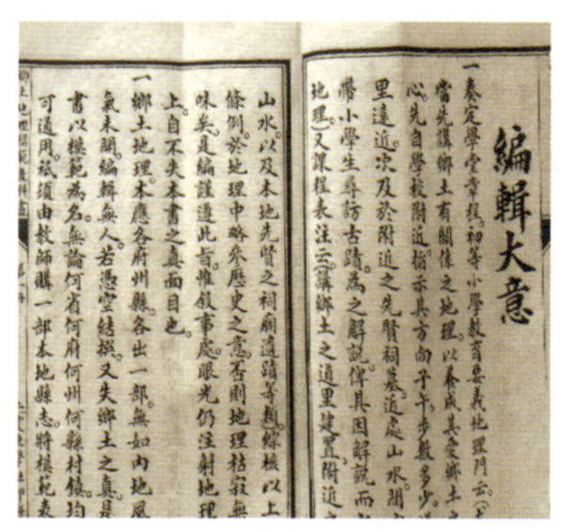

2—64

图2—64 《初等小学乡土地理模范教科书》，储丙鹑编，第一册，震东学社印行

2.《初等小学地理教科书》

该书又名“小学地理教科书”，由白雅雨编译，全五册，光绪三十二年（1906年）出版。[2]

---

[1] 储丙鹑. 初等小学乡土历史模范教科书：第四册[M]. 孙家修，修订. 上海：震东学社，1906.

[2] 邹振环. 晚清西方地理学在中国：以1815至1911年西方地理学译著的传播与影响为中心[M]. 上海：上海古籍出版社，2000：409.

3.《高等小学中国地理教科书》

该书由项翱编，全二册[1]，光绪三十二年（1906年）出版。[2]

（十八）集成图书公司出版的新式地理教科书

集成图书公司于光绪三十三年（1907年）（但目前发现其于1906年底已开始出版图书[3]）在上海望平街创办，由申报馆附设的集成图书局、点石斋石印局、申昌书局和开明书店四家书局改组而成，发起人为席裕福等，夏清贻任编辑长，其出版所位于上海南京路，总发行所位于棋盘街五百十五号[4]。

集成图书公司起初编印初等小学教科书、教授书，出版了初等修身教科书、初等国文教科书、初等历史教科书、初等地理教科书、初等理科教科书、初等算术教范、初等体操教范、初等手工教范和初等音乐教范等数种[5]，因编辑不良，取材未精，绘图多谬，未能畅销，后大力刊印古籍，皆石印线装[6]，在中国近代印刷史上颇具影响力。集成图书公司出版之新式地理教科书主要是《（小学教科）初等地理教科书》[7]和《初等小学地理教科书》等；《（小学教科）初等地理教科书》全八册，配有教授案，第一册出版时间是光绪三十四年（1908年）。

《初等小学地理教科书》曾送清廷学部审定，审定批语是："查定章初等小学讲乡土之道里建置，附近之山水及本地先贤之祠庙遗迹，俾其因故事而记地理为初步，本书所取教材似均可包于国文之内，且教授案亦间有与国文科微嫌违迕者，虽未为大疵，然易使儿童迷惘，殊为未合"。审定结论是不予通过。[8]

（十九）长沙群益书社出版的新式地理教科书

长沙群益书社出版的新式地理教科书主要是辜天佑编著的《湖南乡土地理教科书》。[9]该书共五册，出版于光绪三十四年（1908年），配有教学参考书。

宣统二年（1910年）五月，长沙群益书社再版了《湖南乡土地理参考书》。《湖南乡土地理教

[1] 储丙鹑. 初等小学乡土历史模范教科书：第四册[M]. 孙家修，修订. 上海：震东学社，1906：上海震东学社新出各种教科书目.

[2] 商务印书馆. 涵芬楼藏书目录：直省府厅州县志目录[M]. 上海：商务印书馆，1919：49.

[3] 石鸥，吴小鸥. 简明中国教科书史[M]. 北京：知识产权出版社，2015：46-47.

[4] 葛啸侬氏. 地府志：二集[M]. 上海：集成图书公司，1908：版权页.

[5] 集成图书公司. 集成图书公司小学教科书出版[N]. 新闻报，1907-02-16（0008）. 王建军. 中国近代教科书发展研究[M]. 广州：广东教育出版社，1996：135.

[6] 熊月之. 上海名人名事名物大观[M]. 上海：上海人民出版社，2004：650.

[7] 商务印书馆. 涵芬楼藏书目录：直省府厅州县志目录[M]. 上海：商务印书馆，1919：47.

[8] 学部. 审定书目[J]. 学部官报，1908（66）：审定书目2.

[9] 邹振环. 晚清西方地理学在中国：以1815至1911年西方地理学译著的传播与影响为中心[M]. 上海：上海古籍出版社，2000：412.

科书》是湖南第一部乡土地理教科书，促进了湖南现代教育的发展。[1]

《湖南乡土地理教科书》全书正文共91课，约1万字，图90幅。第一册共12课，1-7课整体介绍湖南的地理位置、行政区划、山川等，特别是重点介绍境内河流分布情况，8-12课为长沙府；其他各册分别介绍湖南各州府。全书条目明晰，文字流畅，作者对每府（州）的介绍较为详细，其内容基本按总论、名胜、古迹、先贤祠墓、交通依次排列，涵盖历史地理、自然地理与人文经济地理。作为教学参考书，《湖南乡土地理参考书》与《湖南乡土地理教科书》的课文基本配套，共5册93课，约20万字，有表格，无插图。全书文字以描述为主，强调史实，具有较浓的学术性。[2]

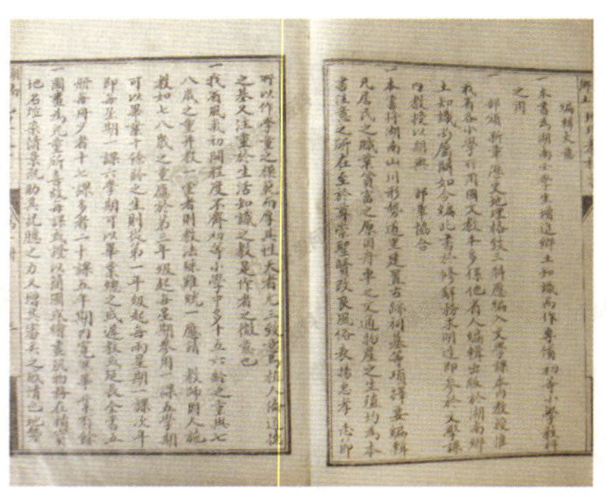

2-65

图2-65 《湖南乡土地理教科书》（第一册），辜天佑编著，宣统二年（1910）长沙湖南会通学社石印本

（二十）直隶学务处出版的新式地理教科书

光绪二十八年（1902年）新学渐兴，直隶总督袁世凯率先在保定设立了直隶学校司，专事新式教育。学校司下设专门教育处、普通教育处、编译处、支出处和稽查处。其中编译处主管编订、翻译中小学堂所用教科书。光绪三十年（1904年）五月，直隶学校司改称直隶学务处，督办改称总理。学务处设有普通课、专门课、实业课、总务课、游学课、图书课和会计课，由会办三人兼任课长。光绪三十一年（1905年）四月，直隶学务处由保定迁往天津办公。[3]光绪三十二年（1906年）清政府学部公布的《学部第一次审定初等小学暂用书目》中有直隶学务处出版的11种图书。

直隶学务处出版的新式地理教科书主要是《中国地理》。该书由王振垚、李景濂编纂，直隶学务处编译局译行，直隶学务处鉴定，直隶学务处排印局出版，全一册，分上、下二卷[4]，为蒙学第五年级课本，共分16章120课。该书"例言"指出：（1）舆地诸书浩博难稽。此编所载务求简约，然于各省疆域、都会、物产、山脉、河流及交通之大势不敢缺也。读者循涂探讨于振图强或庶几焉。（2）此编采取地理各书近十数种，其分省次第及所辖府、厅、州、县若干悉遵新修。（3）此

[1] 湖湘文库编辑出版委员会.《湖湘文库》书目提要[M].长沙：岳麓书社，2013：131.

[2] 湖湘文库编辑出版委员会.湖南乡土地理教科书：湖南乡土地理参考书[M].长沙：湖南教育出版社，2009：目录.

[3] 河北省保定市地方志编纂委员会.保定市志：第四册[M].北京：方志出版社，1999：3.

[4] 商务印书馆.涵芬楼藏书目录：直省府厅州县志目录[M].上海：商务印书馆，1919：50.

篇为蒙学第五年课本，分段处皆提行。另书每省附图，俾览者一目了然。

（二十一）上海兰陵社出版的新式地理教科书

上海兰陵社社址为上海三马路中太平坊口。出版新式地理教科书主要如下：

1.《中等本国地理教科书》

此书由前南洋公学张相文编辑，后不断修改改版。光绪三十一年（1905年）九月，上海兰陵社出版《四版改良中等本国地理教科书》[1]，光绪三十二年（1906年）一月出版《五版改良中等本国地理教科书》[2]。

光绪三十四年（1908年）九月上海兰陵社刊登在《新闻报》的广告指出："南洋公学出版各种教科新书发行今特归与文明书局为发行所，以中国图书公司、科学书局、千顷堂为寄售处。"[3]

光绪三十四年（1908年）一月，上海文明书局、商务印书馆、中国图书公司、广益书局、兰陵社共同发行了《六版改良中等本国地理教科书》。[4]上述改良本均分上、中、下三卷。

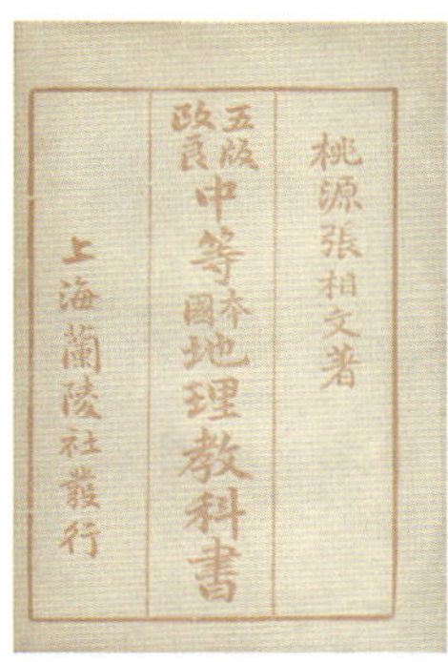
五版改良中等本國地理教科書
桃源張相文著
上海蘭陵社發行

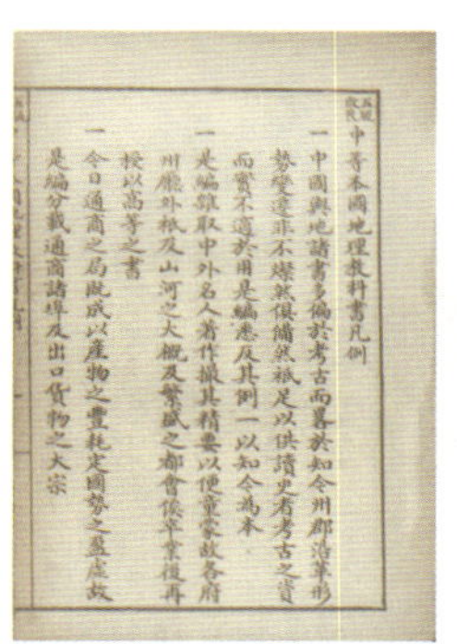
五版改良中等本國地理教科書凡例
一 中國輿地諸書多偏於考古而畧於知今州郡沿革形勢變遷非不燦然俱備然祇足以供讀史者考古之資而實不適於用是編悉反其例一以知今為本
一 是編雜取中外名人著作撮其精要以便童蒙故各府州廳外祇及山河之大概及繁盛之都會俟年業複再授以高等之書
一 今日通商之局既成以產物之豐耗定國勢之盈虛故是編分載通商諸埠及出口貨物之大宗

五版改良中等本國地理教科書第四冊

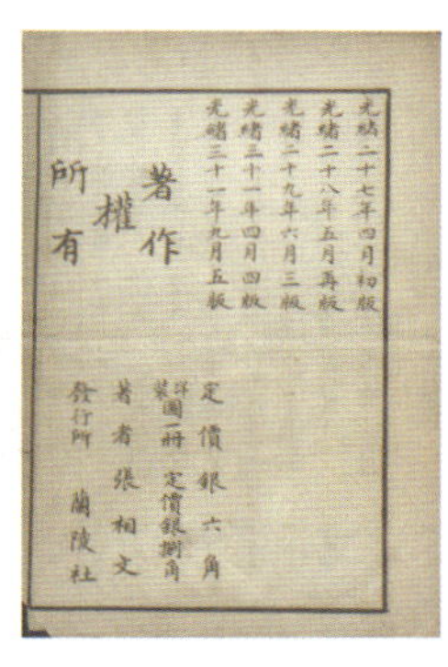
光緒二十七年四月初版
光緒二十八年五月再版
光緒二十九年六月三版
光緒三十一年四月四版
光緒三十一年九月五版
著作權所有
定價銀六角
洋裝圖一冊定價銀捌角
著者 張相文
發行所 蘭陵社

2-66

图2-66 《五版改良中等本国地理教科书》（第四册），桃源张相文著，上海兰陵社发行，光绪三十一年（1905年）九月

2.《万国地理教科书》

该书一册，黄国英（黄斌）编辑，光绪三十一年（1905年）九月由上海兰陵社出版，为高等小学善本。[5]南洋公学曾出版该书。[6]

[1] 上海兰陵社. 初等高等蒙学堂教科书[N]. 新闻报，1905-10-08（0012）.

[2] 上海兰陵社. 兰陵社蒙学中学教科书即前南洋公学编辑[N]. 新闻报，1906-02-05（0004）.

[3] 上海兰陵社. 学界书业诸公请鉴[N]. 新闻报，1908-09-27（0005）.

[4] 上海兰陵社. 南洋公学原刻六版改良中等地理教科书出版[N]. 新闻报，1908-02-17（0005）.

[5] 同[1]。

[6] 南洋公学. 南洋公学新译万国地理教科书[N]. 新闻报，1903-05-07（0004）.

（二十二）教科书译辑社出版的新式地理教科书

20世纪初，留日学生翻译的日本和西方各国科学及教育图书大量输入国内，为新式学堂提供大量教材和参考读物。当时比较著名的译书团体有译书汇编社、教科书译辑社、湖南编译社、国学社等。[1]教科书译辑社由留日学生陆世芬与其同伴于光绪二十八年（1902年）六月前在东京创办，以“编译东西教科新书，备各省学堂采用”为宗旨，[2]初始仿译书汇编社例，每月连载各译书，后根据读者意见，改以单行本出版。

教科书辑译社主要翻译出版中小学教科书，尤其以翻译出版中学理科教科书为特色。[3]在宣统二年（1910年）清廷学部颁布的第一次审定中学初级师范学堂84种暂用书目中，有教科书译辑社的2种[4]。教科书译辑社出版之新式地理教科书主要是《中学地文教科书》。

《中学地文教科书》，日本人神谷市郎著，汪郁年译补，全一册，光绪二十九年（1903年）三月初版，光绪三十二年（1906年）四月再版。[5]《译书经眼录》对该书介绍如下，“迩以最新之学说明地球之构造，论证确凿，说理详明，插图五十余幅。”[6]

《中学地文教科书》主要内容如下：

绪论

第一编地球星学

第一章地球之成因，第二章地球之形状，第三章地球之大，第四章地球之内部，第五章地球之运动，第六章日蚀及月蚀，第七章历，第八章地磁力，第九章地图

第二编陆界

第一章陆地，第二章海岸线，第三章地势，第四章陆地之变动，第五章地壳之现状

第三编气界

第一章大气，第二章大气之温度，第三章大气之压力，第四章大气之运动，第五章大气之湿度，第六章天气，第七章气之映象

第四编水界

第一章海水，第二章海底，第三章海水之温度，第四章海中之生物，第五章海水之运动

第五编生物

第一章生物之变迁，第二章生物之现象，第三章生物之传播，第四章人类之位置

[1] 李兆华. 中国近代数学教育史稿[M]. 济南：山东教育出版社，2005：185.

[2] 吴洪成，蔺士琦. 清末留日学生编译教科书活动述论[J]. 沈阳师范大学学报（社会科学版），2019（5）：115.

[3] 同[2]。

[4] 李兆华. 中国近代数学教育史稿[M]. 济南：山东教育出版社，2005：189.

[5] 神谷市郎. 中学地文教科书[M]. 汪郁年，译补. 2版. 东京：教科书辑译社，1906：版权页.

[6] 熊月之. 晚清新学书目提要[M]. 上海：上海书店出版社，2014：304.

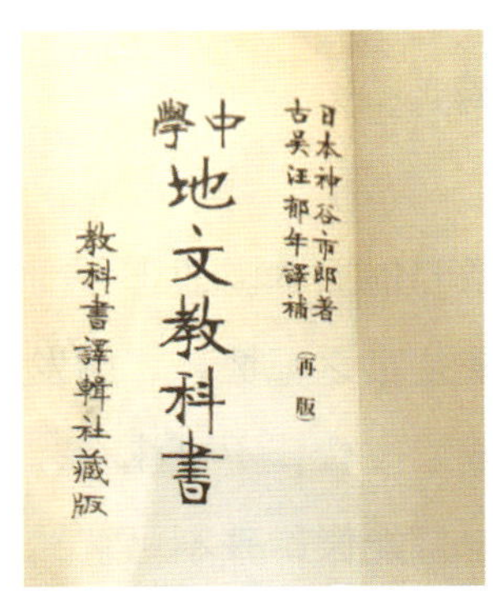
日本神谷市郎著
古吳汪郁年譯補
(再版)
中學地文教科書
教科書譯輯社藏版

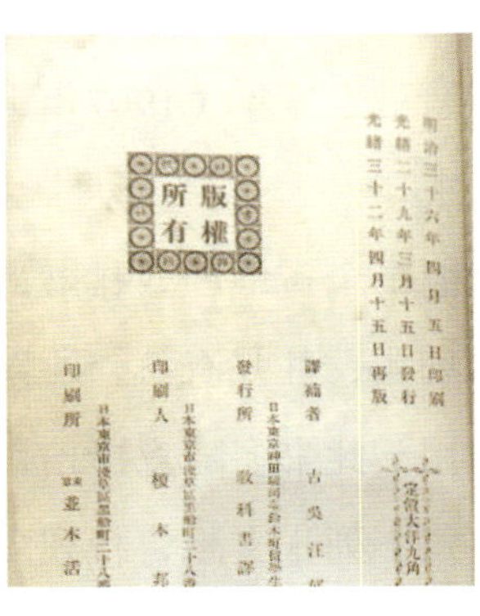
明治三十六年四月五日印刷
光緒二十九年三月十五日發行
光緒三十二年四月十五日再版
版權所有
譯補者 古吳汪郁
發行所 教科書譯
印刷人 榎本邦
印刷所 壹木活

2—67

图2—67 《中学地文教科书》，[日]神谷市郎著，古吴汪郁年译补，东京教科书译辑社发行，光绪三十二年（1906年）四月再版

（二十三）粤东编译公司出版的新式地理教科书

粤东编译公司位于广州双门底（今北京路）下街，出版的新式地理教科书主要如下。

1.《地理总论》

该书由济南高葆勋编辑，全一册，光绪三十三年（1907年）四月初版。《地理总论》“例言”指出：（1）地理总论虽为治地理学之滥觞，然此中原理未明，于地方志之研究不无阂隔，是编于三文地理之配置，详于原理，非泛列地理材料已也。（2）坊间刊行地理教科各书，无不详于地方而略于总论。地理总论之内容最为复杂，非博采东西专门学说未易详悉。是编汇罗东西书籍并采各专家之学说荟萃而成，非俗本所及。（3）编辑之原料虽多，然体例格式则仍照教科书分配，按节标明纲要，一段而于低一格处详述其内容，以备教科上之方便。（4）教授地理于总论尤难详悉，盖苦于参考书之繁杂也。若卒意将坊间译本敷衍，不免举一而漏万，奚可乎？是编酌定次序，选配材料，足以济教授上之困难。（5）地理学之通例，图与说固当并行，是编多有说而无图，诚以地理总论可附图者不过以太阳系五带、经纬线、四季等为注重，然此又为寻常坊本所必有，故不赘及，且天文地理之图近日日本东京造书馆曾出有天地现象图六种，读是编者取而观之可也。（6）是编所称人口及航路铁路等均据最近之调查，然世界进步日新月异，尚待随时校正。

《地理总论》共四章，第一章为大旨；第二章为天文地理；第三章为地文地理；第四章为人文地理。

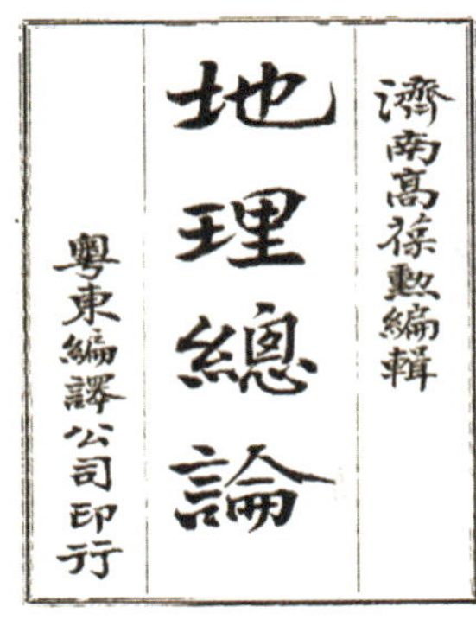
濟南高葆勳編輯
地理總論
粵東編譯公司印行

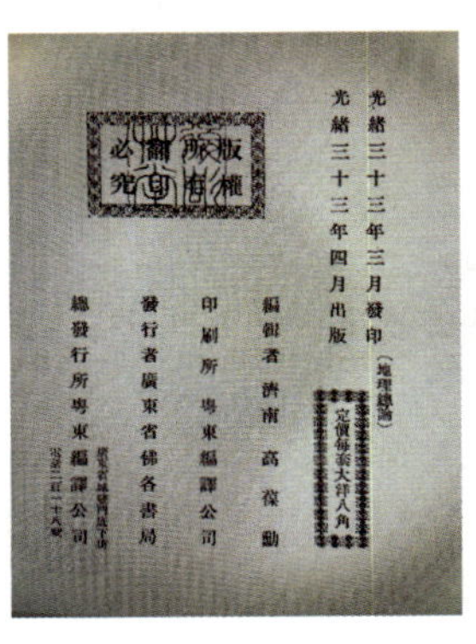
光緒三十三年三月發印
光緒三十三年四月出版
(地理總論)
定價每套大洋八角
版權所有 翻印必究
編輯者 濟南 高葆勳
印刷所 粵東編譯公司
發行者 廣東省佛各書局
總發行所 粵東編譯公司

2—68

图2—68 《地理总论》，济南高葆勋编辑，粤东编译公司印行，光绪三十三年（1907后）四月初版

2.《广东乡土地理教科书》

该书由蔡铸、陶庵编辑，上、下二册分别在光绪三十三年（1907年）八月、十月初版。宣统元年（1909年）该书曾呈送学部审定，结论是不予通过。

学部对该书审定批语是："据禀及书均悉，查编辑全省地理教科书，须要根据本省通志分门择引，简而不俚，浅而易明，或征引近事，亦须根据切实，井井有条，所以便儿童之记忆，广触发而启心思也，总期与《奏定章程》宗旨不悖，方为合用。此书多随意掇拾，或漏或伪，不可枚举，已略为标出矣。至于州县既经改辖，复列旧图，而韶州不列张文献，特列六祖慧能像，殊不可解，应毋庸审定。"[1]

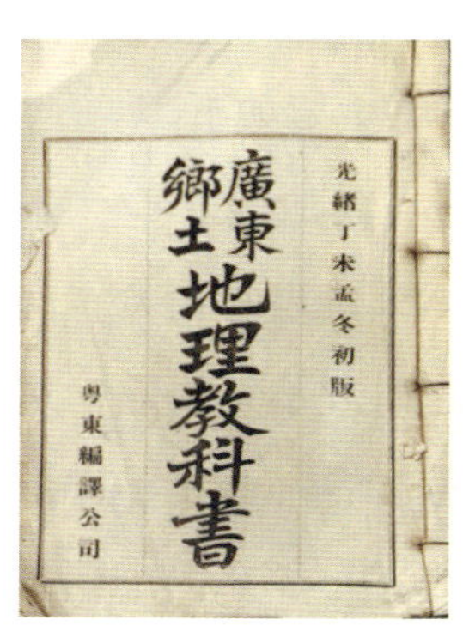

2—69

图2—69　《广东乡土地理教科书》，三水蔡铸、陶庵编辑，初版、再版、三版改良（第四版），粤东编译公司印行

（二十四）金粟斋译书处出版的新式地理教科书

金粟斋译书处是合肥人蒯光典于光绪二十七年（1901年）初在上海设立的翻译出版机构。[2]

在20世纪初期有大量质量低劣的译本充塞书肆的环境下，金粟斋出版了一批具有相当质量的译本，特别是地理学译著。[3]金粟斋译书处翻译出版之新式地理教科书主要如下。

1.《世界地理志》

该书由日本人中村五六编纂、顿野广太郎修补，樋田保熙译[4]，光绪二十八年（1902年）六月第一版印行[5]。该书被收录于《京师大学堂定各学堂应用书目》。[6]全书共三册[7]，先分地理学总论、数理地理学、自然地理学、政治地理学四部分，论地球的形状、方位、自转与公转、经度与纬度、水陆与大气、动物与植物、人类与人种等；然后分甲、乙、丙、丁、戊、己诸部，分别讨论亚

[1] 学部. 审定书目[J]. 学部官报，1909（106）：审定书目2.

[2] 上海市档案馆. 上海档案史料研究：第20辑[M]. 上海：上海三联书店，2016：76.

[3] 邹振环. 晚清西方地理学在中国：以1815至1911年西方地理学译著的传播与影响为中心[M]. 上海：上海古籍出版社，2000：190.

[4] 黎难秋. 中国科学翻译史[M]. 合肥：中国科学技术大学出版社，2006：319.

[5] 王扬宗. 近代科学在中国的传播：文献与史料选编（下）[M]. 济南：山东教育出版社，2009：862.

[6] 京师大学堂. 京师大学堂定各学堂应用书目[M]. 武汉：湖广督署重刊，1902：12.

[7] 学部. 审定书目[J]. 学部官报，1908（57）：审定书目2.

洲、欧洲、非洲、北美洲、南美洲和大洋洲各国的政区、宗教与文明等。[1]

《译书经眼录》指出：该书于六洲各国位置、境界、属岛、山脉、平原、河流、气候、农产、制品、矿物、质易、交通、人种、政体、都市、区划、属地等，皆缕析言之，而于欧、非、美洲诸国尤加详焉。其于地面有关系者，亦皆推测言之。惟海港要隘诸多挂漏舛误。而其体例详瞻，译笔渊雅，固新籍中之上乘也。[2]

该书由金粟斋译书处呈送学部审定，审定通过，审定批语是："此书首卷总述数学地理、自然地理、政治地理三类之学，明晰精详，为他书所未有；编次各国地理亦得纲要，所有岛名、人名及各名词附以洋文，尤见精善，译笔亦雅驯，可作为中等外国地理教科书。惟地理各译音当以邹氏舆地公会图为主，庶可渐几于画一，教员可随时照改并望有人重译之，其中国本部另有专书，可删去不用。"[3]该书被列入光绪三十四年（1908年）五月清廷学部颁布的"本部审定中学暂用书目表"中。[4]

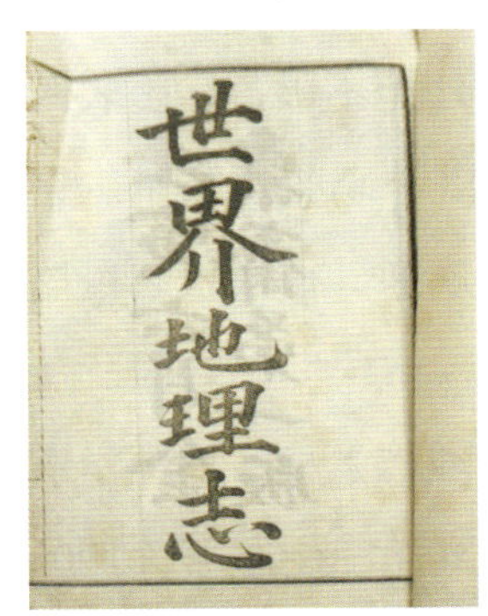

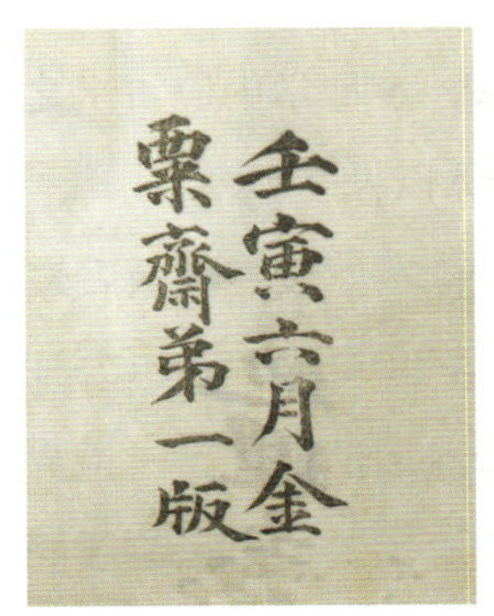

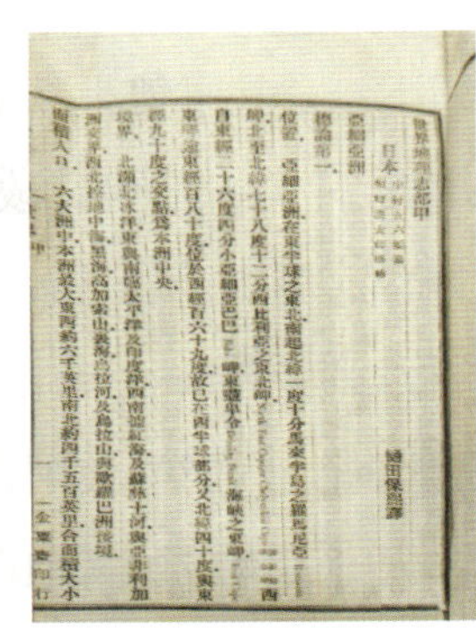

2–70

图2–70　《世界地理志》[日]中村五六编纂，[日]顿野广太郎修补，[日]樋田保熙译，金粟斋印行，光绪二十八年（1902年）六月第一版

2.《地理学讲义》

该书由日本人志贺重昂述，留日学生侯官萨端译[5]，全一册，附表四幅。[6]光绪二十七年（1901年）四月初版，光绪三十一年（1905年）涪州学堂将重译本刻印，改名《地学讲义》[7]。该书被《京师大学堂定各学堂应用书目》收录。[8]

徐维则辑《增版东西学书录》指出："其书略言数理地理、自然地理、政治地理三种之分别，

[1] 邹振环. 晚清西方地理学在中国：以1815至1911年西方地理学译著的传播与影响为中心[M]. 上海：上海古籍出版社，2000：190.

[2] 王扬宗. 近代科学在中国的传播：文献与史料选编（下）[M]. 济南：山东教育出版社，2009：862.

[3] 学部. 审定书目[J]. 学部官报，1908（57）：审定书目8.

[4] 学部. 审定书目[J]. 学部官报，1908（57）：审定书目2.

[5] 黎难秋. 中国科学翻译史[M]. 合肥：中国科学技术大学出版社，2006：319.

[6] 金粟斋. 金粟斋三版第二次印地理学讲义[N]. 新闻报，1904-08-28（0001）.

[7] 刘禾. 世界秩序与文明等级[M]. 上海：生活·读书·新知三联书店，2016：263.

[8] 京师大学堂. 京师大学堂定各学堂应用书目[M]. 武汉：湖广督署重刊，1902：12.

而尤详于研究政治地理之法，钩元开径，有裨学者。”[1]

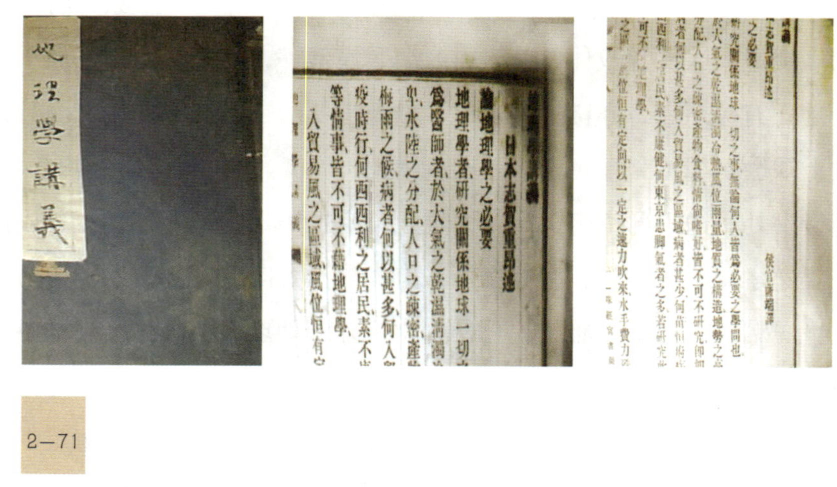

2-71

图2-71 《地理学讲义》，[日]志贺重昂笔述，侯官萨端译，金粟斋印行

《中外日报》对该书的介绍如下：“其书博大精深，于地学中应讲求之事理无不赅备，附表四纸于各洲列国之位置、面积、人情、种类、地势、政体以及气候、物产、户口、职业、防军、宗教、税项、度量等均一一记载，地学之书更无善于此者。”[2]该书出版后较受欢迎，很快引起一些学者的关注。

因癸卯学制颁布实施后，各地普遍设立的学校中皆有地理课程，《世界地理志》和《地理学讲义》销售情况甚好。《世界地理志》出了两版，《地理学讲义》出了三版。至光绪三十四年（1908年），《世界地理志》的广告在《中外日报》上刊载了近二年。宣统三年（1911年）八月，商务印书馆在《申报》上仍然刊载《世界地理志》和《地理学讲义》的销售广告，此时距离金粟斋译书处停业已经过去了八年。[3]

（二十五）湖北同乡会教育部出版的新式地理教科书

光绪二十九年（1903年）春，湖北同乡会教育部在日本东京成立，湖北同乡会教育部出版之新式地理教科书主要是《中等地文学教科书》。该书由黄冈沈熔译编、邱嵒（岩）校阅，光绪三十年（1904年）九月初版，日本秀英舍第一工场印刷。

《中等地文学教科书》“凡例”指出：（1）本书依佐藤传藏与横山又次郎和文原著译出，又参考今村明恒、石川成章、神谷市郎、矢津昌永、山上万次郎、山崎直方、岩崎直三各理学家中等地文学教科书，参酌损益，务求详确，有当实用。（2）本书列图最多最精，以地文学非图不明，

[1] 熊月之. 晚清新学书目提要[M]. 上海：上海书店出版社，2007：116.

[2] 上海市档案馆. 上海档案史料研究：第20辑[M]. 上海：上海三联书店，2016：81.

[3] 上海市档案馆. 上海档案史料研究：第20辑[M]. 上海：上海三联书店，2016：91-92.

故力求完备，以便独学者易于解释。（3）书中记载之事项专就平易之宗旨，意在证实不在求奇。（4）书中言温度处专就摄氏之表，是最近新法故从之。（5）本书使用之阳历与尺度等均依原书，另于卷末列中、西、东尺度比较表以便对照。（6）书中人名标单直线，地名标双直线，以示区别，较为豁目。（7）书中所用普通各名词仍依原书译出，未便臆改至失真意。（6）地理学义蕴深广，发明家日出日新。此书虽极力搜罗，恐尚多挂漏，海内外诸君子勘正示教，实厚幸焉。

《中等地文学教科书》内容分为天然篇、陆圈篇、水圈篇、气圈篇、生物篇、人类篇及附录。[1]

中等地文學教科書

黄岡

沈儀鎔譯編

邱岳校閱

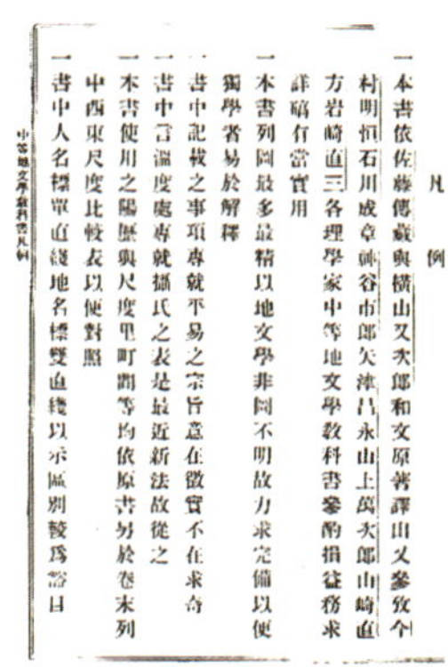

凡例

一本書依佐藤傳藏與橫山又次郎和文原著譯出又參攷今村明恒石川成章神谷市郎矢津昌永山上萬次郎山崎直方岩崎直三各理學家中等地文學教科書參酌損益務求詳確有當實用

一本書列圖最多最精以地文學非圖不明故力求完備以便獨學者易於解釋

一書中記載之事項專就平易之宗旨意在徵實不在求奇

一書中言溫度處專就攝氏之表是最近新法故從之

一本書使用之陽歷與尺度里町斷等均依原書另於卷末列中西東尺度比較表以便對照

一書中人名標單直綫地名標雙直綫以示區別較為豁目

中等地文學教科書凡例

2—72

图2—72 《中等地文学教科书》，黄冈沈熔译编，邱岊（岩）校阅，湖北教育部印行，光绪三十年（1904年）九月初版

（二十六）清国留学生会馆出版的新式地理教科书

清国留学生会馆又名中国留学生会馆[2]，光绪二十八年（1902年）二月在原中国留日学生团体励志会基础上成立[3]，被视为清末中国留学生大本营。留学生会馆的宗旨是“联络情谊，交换智识”，该会馆既是留学生联谊处，又是俱乐部、演说场、日语教场，还编译发行出版物。清国留学生会馆成立后，随即开始翻译出版日文书籍[4]，出版的新式地理教科书主要是《最近中学地理教科书地文之部》。

该书又名《地文之部》，由日本人山上万次郎著，陈树藩编译，中国留学生会馆光绪三十二年（1906年）五月初版。[5]该书内容主要如下：一为地球星学，包括太阳学、地球之外形及内部、地球之运动和地表之测定4章；二为陆界学，包括陆界之分配、陆界之变化2章；三为气界，包括气界之性质、气温、气压及风、气界之水分、天气及气候5章；四为水界，包括海水之性质、海水之气温、海底和海水之运动4章；五为地壳；六为生物地理学。

[1] 北京图书馆，人民教育出版社图书馆. 民国时期总书目：1911—1949（中学教材）[M]. 北京：书目文献出版社，1995：346.

[2] 刘德有，马兴国. 中日文化交流事典[M]. 沈阳：辽宁教育出版社，1992：668-669.

[3] 薛绥之，韩立群. 鲁迅生平史料汇编：第二辑[M]. 天津：天津人民出版社，1982：279.

[4] 萨日娜. 东西方数学文明的碰撞与交融[M]. 上海：上海交通大学出版社，2016：318.

[5] 同[1]。

该书是山上万次郎著《地文学》译本之一。

2-73

图2-73 《最近中学地理教科书地文之部》，[日]理学士山上万次郎著，陈树藩编译，中国留学生会馆发行

（二十七）山西大学堂译书院出版的新式地理教科书

光绪二十八年（1902年）五月，山西大学堂宣告成立。同年，山西大学堂译书院在上海成立，先后聘请李曼和美国人窦乐安主持，由夏曾佑、许家惺、朱葆琛等知名之士担任翻译[1]，遂译新书。

山西大学堂译书院出版之新式地理教科书主要为《地文学教科书》，该书由日本人横山又次郎著，日本人西师意编译，中学堂用书，全一册，上海商务印书馆光绪三十一年（1905年）代印。[2]

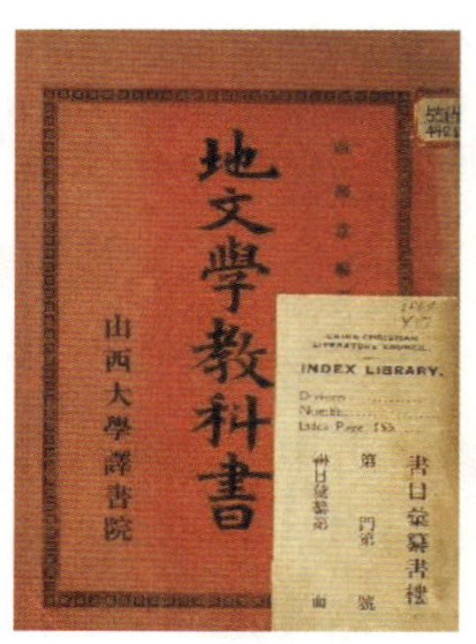

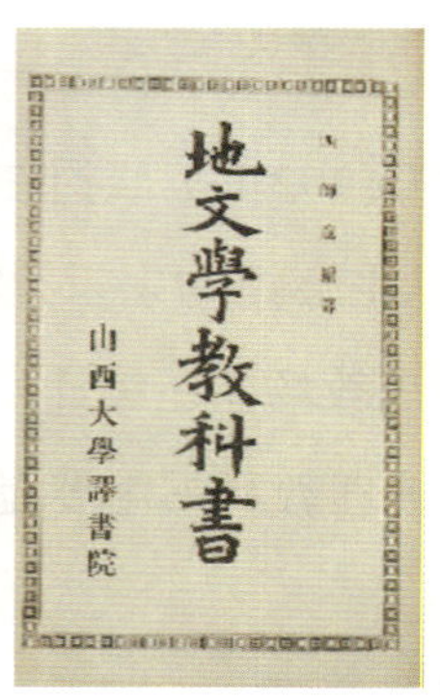

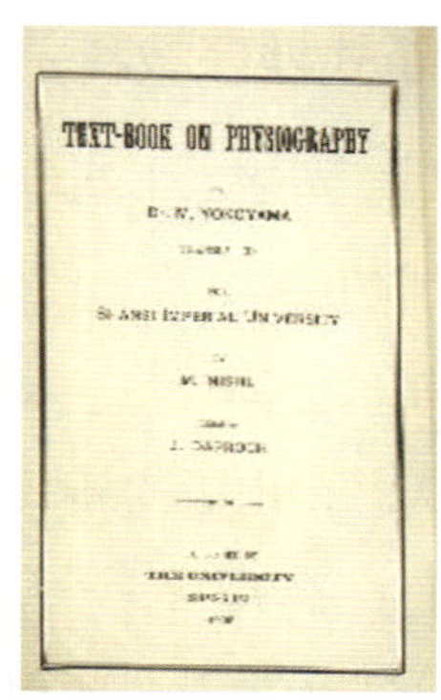

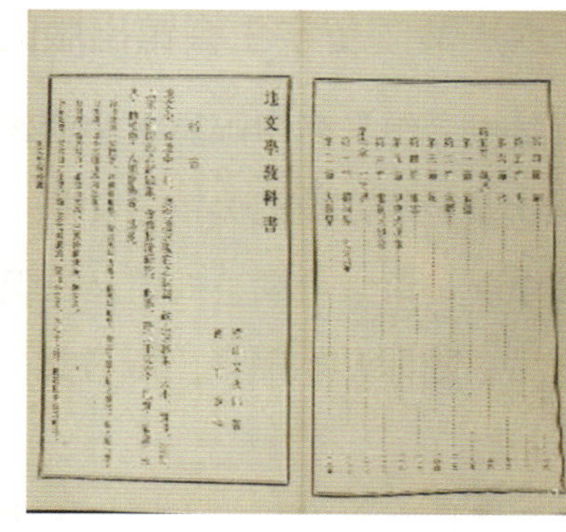

2-74

图2-74 《地文学教科书》，[日]横山又次郎著，[日]西师意编译，山西大学译书院出版，光绪三十一年（1905年）初版

（二十八）作新译书局出版的新式地理教科书

上海作新译书局以译著新学图书及售卖科学仪器为主业，同时复刊印大陆报月刊。上海作新

[1] 杜学文. 三晋史话：综合卷[M]. 太原：山西人民出版社，三晋出版社，2016：273.

[2] 冯志杰. 中国近代翻译史：晚清卷[M]. 北京：九州出版社，2011：69.

译书局出版的图书著译者大多是江苏省的留日学生，曾大量出版政治、历史、地理等内容的西方书籍，用以启发民智。[1]作新译书局出版的新式地理教科书主要为《新编世界地理》和《（普通教育）地文学问答》。

1.《新编世界地理》

该书由作新译书局纂译，一册[2]二卷[3]，光绪二十八年（1902年）六月初版，后多次再版。《新编世界地理》被《京师大学堂定各学堂应用书目》收录。[4]

该书“凡例”指出：（1）此书由本局所纂译，特以供中国教科书之用，故遍采各家之书，与直译一书者有异。（2）西人所著地理教科书每详于西方而略于东方，今此书既为中国教科书，自应详于东方，故于亚洲诸国三致意焉。（3）书中如言自某月起至某月或晴或雨云云，其月皆仍原书之旧，系指西历之月而言，读者不可误作阴历。（4）书中所译地名有时照中国所业经通行之译音，然不能取旧书一一翻阅或与旧书有歧，故将东西文原音依次列于各页之上，以备参考。

《新编世界地理》于光绪二十八年（1902年）八月再版，分三编。首编：第一章世界总论，第一节天文地理，第二节地文地理，第三节人文地理。上编为本国之部，第一章亚细亚总论；第二章中国，第一节总论，第二节地文地理，第三节人文地理，第四节地方志。下编为外国之部，共二十九章，主要从总论和地方志两方面介绍世界各国家和地区。该书还附有世界地理地图和世界地理写真。

《译书经眼录》对该书评价如下：“斯编荟萃舆地各书，求合中国教科之用，故于亚洲诸国三致意焉。……中附舆图七幅，名胜图六幅，另附东西合壁地名译名于书眉，以便考核。全书编辑体例尚称详核，惜误字太多，为读者所苦。”[5]

2.《（普通教育）地文学问答》

日本人富山房编纂，广东陈大棱译述，光绪二十九年（1903年）上海作新社印刷局印刷，上海新民译书局发行。[6]该书包括天体、关于地球之形状古人怀如何之谬见、昼夜及四季、空气及其运动、空中之水分、海洋、陆地及地势、陆界之组成、地热之作用、大气水及生物作用和生物之分布11章，共305问，附插图5幅。[7]

[1] 张泽贤. 民国出版标记大观续集：精装本[M]. 上海：上海远东出版社，2012：651-653.

[2] 熊月之. 晚清新学书目提要[M]. 上海：上海书店出版社，2014：305.

[3] 黎难秋. 中国科学翻译史[M]. 长沙：湖南教育出版社，2005：334.

[4] 京师大学堂. 京师大学堂定各学堂应用书目[M]. 武汉：湖广督署重刊，1902：12.

[5] 熊月之. 晚清新学书目提要[M]. 上海：上海书店出版社，2014：305.

[6] 冯志杰. 中国近代翻译史：晚清卷[M]. 北京：九州出版社，2011：69.

[7] 邹振环. 晚清西方地理学在中国：以1815至1911年西方地理学译著的传播与影响为中心[M]. 上海：上海古籍出版社，2000：185.

（二十九）群益书社出版的新式地理教科书

光绪二十七年（1901年），留学生陈子美出资在日本东京创办群益书社，在陈子沛、陈子寿的协助下，从事书刊销售，品种以课本、小说和哲学书为主。后来，书社迁回国内，总社设在上海。[1]

上海群益书社出版的新式地理教科书主要是胶州语言文字研究会译《最新人生地理学》（全一册）[2]，该书于光绪三十三年（1907年）七月发行，发行者为上海游艺图书社，总发行所为上海英四马路游艺图书社，发行所为上海福州路惠福里群益书社。[3]

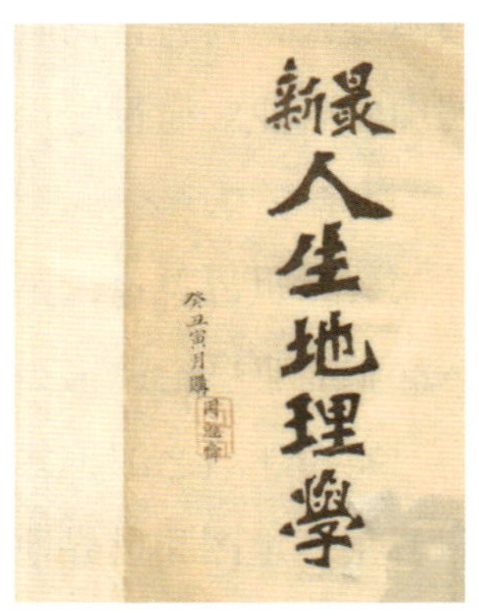

2—75

图2—75 《最新人生地理学》，胶州语言文字研究会译，上海群益书社出版，光绪三十三年（1907年）初版

（三十）《教育世界》杂志社出版的新式地理教科书

《教育世界》杂志社由罗振玉于光绪二十七年（1901年）四月在上海发起创办。

《教育世界》杂志社出版的新式地理教科书主要是《万国地志》。该书由日本人矢津昌永撰、樊炳清译。吴洪成认为该书由《教育世界》杂志社于光绪二十七年（1901年）出版。[4]《译书经眼录》对《万国地志》的介绍和评价如下："本书据日本地志之例以为中等教育课本，先解说地理学上要旨以便学者，至地文、政治地理二者概不阑入。上卷曰总叙、曰亚洲总论、曰亚洲各国志，中卷曰欧洲总论、曰各国志，下卷曰非洲总论、曰各国志、曰北美总论、曰各国志、曰南美总论、曰各国志、曰大洋州澳洲总论、曰各部志。体例详审，所言亦简要得宜……。"[5]

（三十一）上海游艺图书社出版的新式地理教科书

上海游艺图书社为晚清刊印、销售教科书的民营出版机构，发行人是饮冰室主人（梁启

[1] 陈明远. 文化人的经济生活[M]. 西安：陕西人民出版社，2013：145.

[2] 商务印书馆. 涵芬楼藏书目录：直省府厅州县志目录[M]. 上海：商务印书馆，1919：41.

[3] 世界语言文字研究会编辑部. 最新人生地理学[M]. 上海：上海英四马路游艺图书社，1907：版权页.

[4] 吴洪成. 中国近现代教科书史论[M]. 北京知识产权出版社，2017：107.

[5] 熊月之. 晚清新学书目提要[M]. 上海：上海书店出版社，2014：306.

超）。[1]上海游艺图书社出版了新式地理教科书《最新人生地理学》。《最新人生地理学》由日本人牧口常三郎著，世界语言文字研究会编辑部编译，光绪三十三年（1907年）七月初版。该书强调人地关系，沿用“人生地理学”的译法。

《最新人生地理学》分为绪论和人类生活处之理、地人相关自然之媒介与人类以地球为舞台之生活现象三编。

该书影响深远，至2004年仍有译本在我国出版。

（三十二）陕西学务公所图书馆出版的新式地理教科书

陕西学务公所图书馆出版之新式地理教科书主要是藏励龢编纂、陕西提学使余堃审定的《陕西乡土地理教科书》。该书二册，第一册于光绪三十四年（1908年）十一月出版，供初等小学堂第一学年使用；第二册于光绪三十四年（1908年）十二月出版，供初等小学堂第二学年、第三学年上学期使用。

《陕西乡土地理教科书》“例言”指出：（1）此编专供陕西初等小学堂及简易科之用，贵简不贵详，以学童易于记忆为主。（2）奏定章程初等小学堂第一、第二两学年讲乡土地理，第三学年之上学期讲本县本府本省之地理，良以乡土附近指示易周，故于乡土地理独详。此编为便于陕西全省通用起见，故不得不变通其例，以省为纲，以府县为纬。至编中先总论，次地方志，仍通行之编例也。（3）奏定章程初等小学堂每学期课地理一小时，每年除年暑假外约得四十星期，以五学期计共得一百星期，应课授乡土及本县本府本省地理一百小时，然每月月考及摹绘地图靡费时间，亦复不少。故此编所定仅以七十五课为限，第三学年之下学期、第四、第五学年应课本国地理，故此编仅以五学期为限。（4）此编成于仓促，囿于见闻，挂漏纰误在所不免，容俟接续调查再版改良。

《陕西乡土地理教科书》第一册“目录”如下：

总论

第一课沿革一，第二课沿革二，第三课位置境界，第四课区域，第五课形势一，第六课形势二，第七课山脉一，第八课山脉二，第九课河流一，第十课河流二，第十一课气候，第十二课人民，第十三课宗教，第十四课职官一，第十五课职官二，第十六课教育一，第十七课教育二，第十八课军政一，第十九课军政二，第二十课巡警，第二十一课局所一，第二十二课局所二，第二十三课交通一，第二十四课交通二，第二十五课交通三，第二十六课工业，第二十七课商业，第二十八课钱币，第二十九课物产一，第三十课物产二。

《陕西乡土地理教科书》第二册为乡土志，共40课，介绍陕西省各州府。

[1] 黄公度著. 日本杂事诗[M]. 上海：游艺图书社，1909：版权页.

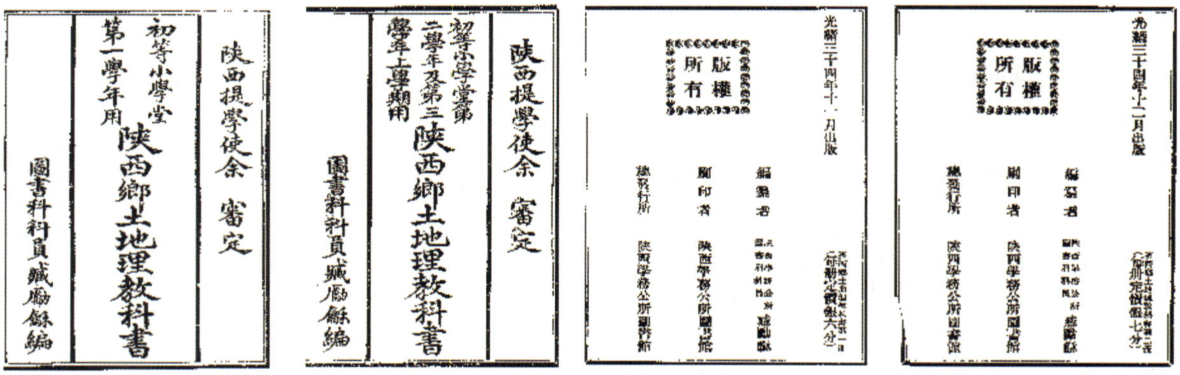

陝西提學使余 審定

初等小學堂第一學年用

陝西鄉土地理教科書

圖書科科員臧勵龢編

陝西提學使余 審定

初等小學堂第二學年及第三學年上學期用

陝西鄉土地理教科書

圖書科科員臧勵龢編

光緒三十四年十一月出版

版權所有

編纂者 臧勵龢

刷印者 陝西學務公所圖書館

總發行所 陝西學務公所圖書館

光緒三十四年十二月出版

版權所有

編纂者 臧勵龢

刷印者 陝西學務公所圖書館

總發行所 陝西學務公所圖書館

2—76

图2—76 《陕西乡土地理教科书》，陕西学务公所图书科员臧励龢编纂，陕西学务公所图书馆发行，第一册光绪三十四年（1908年）十一月出版，第二册十二月出版

第三节 官方编译新式地理教科书的出现与发展

一、京师大学堂编译书局

光绪二十八年（1902年）由张百熙主持制订的《钦定学堂章程》初步确定了京师大学堂不仅具有统一编译全国教科书的职能，而且具有统一审定全国教科书的职能。为了履行京师大学堂统一编译全国教科书的职能，张百熙请旨成立了京师大学堂编书处，这是中国近代第一个官方组织的教科书编纂机构。同时，恢复京师大学堂译书局，聘请李希圣为编书处总纂，严复担任译书局总办、林纾为副总办，启动了我国近代第一次由官方组织，有计划、有系统地编译学校教科书的计划。

京师大学堂编书处依据清政府“中学为体，西学为用”的方针，于同年颁行了《京师大学堂编书处章程》二十条，对教科书的编纂宗旨、编纂范围、门目程度、分纂各员、编纂方式、各门教科书的编选要求等作了规定。京师大学堂编书处以编纂普通学教科书为原则，按照中小学课程门目分经学、史学、地理、修身伦理、诸子、文章、诗学七类教科书进行编纂。各门教科书均出两个版本，一为简本，为蒙学及寻常小学之用，一为详本，为高等小学及中学之用。

京师大学堂编书处的编纂人员限于自身知识结构，及对新教育的认识程度，不具备在短时间内迅速编纂出全国统一的教科书的条件。在光绪二十九年（1903年）京师大学堂刊行的《暂定各学堂应用书目》中，连一本由编书处编写的教科书都没有。[1]

京师大学堂时期，由于科举未废、学制不立、学部不兴，其编译书局并未能完成由官方组织有计划有系统地编译现代新式地理教科书的历史重任。

二、学部编译图书局编译新式地理教科书的发展

光绪三十一年八月四日（1905年9月2日），晚清政府下诏废除科举，以广学校，设置统辖全国教育事务的行政机构已提上议事日程。光绪三十一年十一月十日（1905年12月6日），晚清政府设

[1] 王建军. 中国近代教科书发展研究[M]. 广州：广东教育出版社，1996：148.

立学部，作为振兴学务的“总汇之区”。学部以荣庆为尚书，熙瑛为左侍郎，严修为右侍郎。至此，中国历史上第一个专职统管全国教育事务的中央行政机构终于宣告诞生。随着学制的颁布、科举的废除、学部的设立，普通新式教育规模急剧扩大[1]，各地中小学对教科书需求的数量和种类激增，学堂自编、私人撰纂、书商印行、国外翻译的各种各样教科书雨后春笋般地涌现。它们的蓬勃发展，有效地满足了新式学堂发展的需要，同时，打破了中央垄断的传统教科书出版局面，冲出晚清政府对教科书的控制。如何有效地控制中小学教科书的发展，进而有效地控制普通新式教育的走向，防止不利于封建统治的新思想传播？这一问题，比以往任何时候都更突出地摆在晚清政府面前。

光绪三十二年（1906年）六月，学部设立编译图书局，继京师大学堂之后，启动第二次由官方组织，有计划、有系统地编写全国统一教科书的工作。

至宣统元年（1909年），编译图书局颁行初等小学各科课本11种93册，包括初等小学完全科修身教科、教授书12册，简易科修身教科、教授书6册，完全科国文教科、教授书20册，算学教授书教授细案10册，珠算教科教授书8册，手工、图画、体操3种教科书共37册。[2]至宣统二年（1910年），高等小学各科课本全部颁行，中学等教科书也陆续完稿。[3]学部编译图书局编纂、发行之新式地理教科书主要有《（学部第一次编纂）高等小学地理教科书》[4]《高等小学课本地理志略（本国之部）》[5]《外国地名中英对照表》[6]《中国地理学表解》《亚细亚洲志》（附新志）、《小亚细亚洲志》（附新志）及亚洲部分国家和地区的地志[7]。

《（学部第一次编纂）高等小学地理教科书》共四册[8]，第一册宣统二年（1910年）六月初版；第二册宣统二年（1910年）十二月出版，宣统三年（1911年）四月重印；第三册宣统二年（1910年）十二月初版；第四册宣统二年（1910年）十二月初版。[9]

《（学部第一次编纂）高等小学地理教科书》第一册的“凡例”指出：（1）本编定为四册，每册定为四十课，每课教授二小时，每册凡教授八十小时，足敷一学年之用，四册足敷四年之用。（2）小学地理应详于本国而略于外国，是编先授本国地理，次及外国地理，次及前学年中外国

[1] 王笛. 清末近代学堂和学生数量[J]. 近代史研究，1987（3）：107-110.

[2] 上海商务印书馆编译所. 大清新法令：1901—1911：点校本：第七卷[M]. 上海：商务印书馆，2010：97.

[3] 王建军. 中国近代教科书发展研究[M]. 广州：广东教育出版社，1996：152.

[4] 吴艳兰. 北京师范大学图书馆馆藏：师范学校及中小学教科书书目：清末至1949年[M]. 北京：北京师范大学出版社，2002：56.

[5] 吴洪成. 中国近现代教科书史论[M]. 北京知识产权出版社，2017：174.

[6] 商务印书馆. 涵芬楼藏书目录：直省府厅州县志目录[M]. 上海：商务印书馆，1919：41.

[7] 商务印书馆. 涵芬楼藏书目录：直省府厅州县志目录[M]. 上海：商务印书馆，1919：55.

[8] 同[4]。

[9] 王有朋. 中国近代中小学教科书总目[M]. 上海：上海辞书出版社，2010：243-244.

地理所未及讲授者。（3）本编要义谨遵奏定高等小学堂章程，使学生知地球表面及人类生计之情状，并知晓中国疆域之大概，养成其爱国奋发之心，于地文地质之名类功用、大洋五洲五带之区别、人种竞争与国家形势利害之要端皆著大概。（4）地理书以图为最要，故本编附图，凡各省各国均求详备，惟风俗景物等图则择其雅正者采入。

该书前两册为本国地理，各40课，其中第一册第一课为疆域，第二课为区划，其余各课及第二册为各省。第三册为外国地理，其中，第一课全球大概，第二课亚细亚洲总论一，第三课亚细亚洲总论二，第四课亚细亚洲总论三，第五课至第四十课介绍亚洲和欧洲的国家和地区。

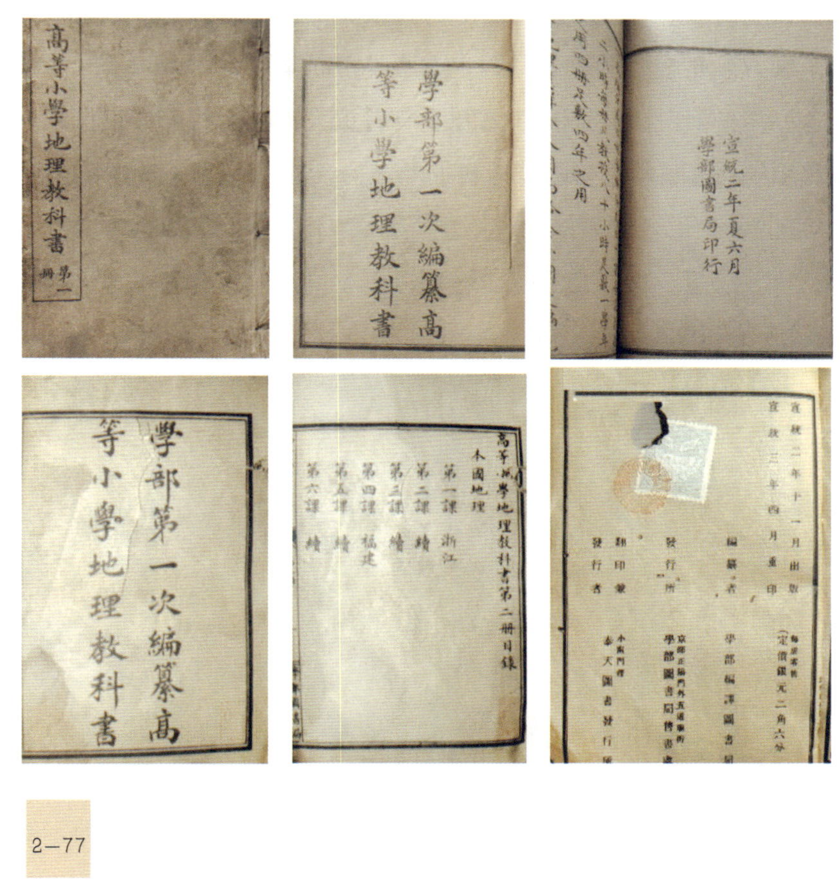

2–77

图2–77 《（学部第一次编纂）高等小学地理教科书》

《高等小学课本地理志略（本国之部）》于光绪三十四年（1908年）刊于武昌。该书在内容上先本国地理，后外国地理，本国地理部分包括全国和分区，外国地理部分包括通论、各洲总论和各洲邦土（分国）志。该书采分章制，但不分课，采取先总论（总志）、后分论（地方志）的编排体例。[1]

《外国地名中英对照表》全一册，由学部编订名词馆编纂发行。《中国地理学表解》全三册，

[1] 杨尧. 中国近现代中小学地理教育史[M]. 西安：陕西人民教育出版社，1991：32-36.

宣统三年（1911年）三月由学部编订名词馆发行。《亚细亚洲志》（附新志）于光绪三十四年（1908年）出版，全一册。《小亚细亚洲志》（附新志）光绪三十三年（1907年）出版，全一册。《印度志》，光绪三十三年（1907年）出版，全一册。[1]

由于学部编译图书局编纂的部编教科书质量存在诸多严重问题，其“分配之荒谬、程度之参差，大为教育界所垢病”[2]，甫一颁布，批评之声就不绝于耳，发行伊始即遭社会舆论的广泛抨击，以致晚清政府“以部编教科书作为国定之本，推行全国中小学堂”的设想迟迟未能实现，但直至其覆亡，清廷始终未放弃中小学教科书国定化的努力。

值得称道的是，晚清政府并没有通过政治与强权赋予自己编纂的部编教科书特权，而是把教科书的选择权交给了地方、学校，明确了“国定本不是垄断本”，对保障当时教科书的多样化具有十分重要的意义。这一传统对民国政府教科书制度有着重大影响与约束，袁世凯、段祺瑞、蒋介石执政时，相继几次试图统一编纂中小学国定教科书的努力，都是在这一权力限定中展开的。[3]

[1] 商务印书馆. 涵芬楼藏书目录：直省府厅州县志目录[M]. 上海：商务印书馆，1919：41，54-55.

[2] 李桂林，戚名琇，钱曼倩. 中国近代教育史资料汇编：普通教育[M]. 上海：上海教育出版社，2007：200-201.

[3] 石鸥、刘学利. 跌宕的百年：现代教科书发展回顾与展望[J]. 湖南师范大学教育科学学报，2013（3）：30.

第三章

民初地理教科书的蓬勃发展（1912—1927）

从民国成立到1927年，是我国近代地理教科书蓬勃发展时期。主要表现在：为了适应新政体和新教育改革的需要，民初各种新政体、新教育思潮的地理教科书革故鼎新，如雨后春笋般涌现，清朝旧地理教科书全部退出历史舞台；在新文化运动的影响和普及教育呼声的直接推动下，文言文地理教科书逐渐废止，白话文地理教科书闪亮登场，中小学地理教科书朝着大众化和科学化方向发展；随着1922年新学制及其课程改革的全面推进，以商务印书馆、中华书局和世界书局为代表出版的新学制地理教科书繁茂完备，呈现出较高水平上的多样化发展态势。在此过程中，我国中小学地理教科书不断走向规范定型和丰富多样，与其他学科教科书一起为共和思想的传播与新教育的确立作出了重要贡献。

1912

第一节
新政体下的地理教科书

一、民初学制与课程的变革

（一）民初学制的变革

1912年1月1日，孙中山就任中华民国临时政府大总统，宣告中国建立了第一个民主共和的新政权。1912年1月9日，中华民国南京临时政府教育部成立，蔡元培出任第一任教育总长，旋即于1月19日颁发了《普通教育暂行办法通令》和《普通教育暂行课程之标准》，针对教育宗旨、学制与课程等进行了许多重要的改革。南北议和后，1912年2月，以袁世凯为临时大总统的北京政府成立，4月北京政府教育部成立，仍以蔡元培为教育总长。1912年7月10日教育部在北京召开全国临时教育会议，会议讨论和通过了新的教育宗旨，即“注重道德教育，以实利教育、军国民教育辅之，更以美感教育完成其道德”，并于同年9月2日由教育部颁布实行，为民初教育革新指明了前进方向。9月3日教育部正式公布了反映新教育宗旨的第一个《学校系统令》，至次年8月，教育部又先后公布了《小学校令》《中学校令》《师范教育令》《专门学校令》与《大学校令》等各级各类学校令，建立了以初等教育、中等教育和高等教育为经，以普通教育、实业教育和师范教育为纬的我国教育史上第一个具有资本主义性质的现代学制，标志着中国资产阶级新教育制度的确立。因1912年为农历壬子年、1913年为农历癸丑年，史称“壬子—癸丑学制”。

该学制以“军国民教育”“实利教育”“公民道德教育”“世界观教育”和“美育”为教育的新宗旨，废除了满清贵胄学堂，改学堂为学校，取消了进士出身奖励，小学废除了尊孔读经，确定了妇女的受教育权利和男女同校制度（初等小学阶段，提倡男女同校，高等小学阶段，实施男女分校），同时筹办各级女子学校。它反映了民族资本主义发展的要求，强调对学生个性的培养，缩短了初等教育的年限。该学制参照日本明治维新后新学制拟定，到1922年新学制出台前，虽有局部变动，但其整体框架基本保持不变。“壬子—癸丑学制”规定，儿童从6岁入学到23、24岁大学毕业，整个学程为17年或18年，分如下三段四级：第一阶段为初等教育，分两级：学习年限由癸卯学制的9年改为7年，其中初等小学校4年，为义务教育，毕业后可入高等小学校或乙种实业学校，高等小学校3年，毕业后可入中学校或师范学校、甲种实业学校；第二阶段为中等教育，设中学校，实施普通教育，不分文实科，学制由癸卯学制的5年改为4年，毕业后可入大学、专门学校或高等师范学校；第三阶段为高等教育，大学本科3年或4年毕业，预科3年，专门学校本科3年或4年毕业，预科1年。此外，下设蒙养院，上有大学院，肄业期限不定，学前儿童入蒙养院，大学毕业后可入大学院。除上述自小学、中学到大学的普通教育系统外，还有师范教育和实业教育两个系统，师范教育分师范学校和高等师范学校两级，师范学校本科4年毕业，预科1年，高等师范学校本科3年毕业，预科1年；实业学校分甲乙两种，均为3年毕业，分农业、工业、商业、商船各类，分别实施完全或简易普通实业教育。[1]受民国初年社会形势变化的影响，加之学制自身的问题，“壬子—癸丑学制”后来局部有所调整。

1913年9月，“二次革命”失败，10月袁世凯就任正式大总统，随着其权力地位的日趋稳固，袁世凯逐渐暴露了他的反民主、反共和的野心，为了复辟帝制，大力推行封建复古教育。1915年1月22日，教育部颁布了《特定教育纲要》，7月31日、11月7日教育部先后颁布了《高等小学校令》《国民学校令》和《预备学校令》，初等教育由单轨制改为双轨制，分中学校为文实两科以期专精深造。初等小学校为国民学校（以符义务教育之义，单独设置）和预备学校（专为升学预备，附设于中学校内）两种，修业年限均为四年；高等小学校亦分为高等小学校（增进国民学校之学业，单独设置）和预备学校（专为升学预备，附设于中学校内）两种，修业年限均为三年。这一带有明显等级性的教育制度很快于1916年10月因帝制失败、袁世凯暴卒而被宣告废止。

（二）民初课程的革新

1912年9月28日教育部颁布的《小学校令》规定，小学校分初等小学校与高等小学校。初等小学校之教科目为修身、国文、算术、手工、图画、唱歌与体操；女子加课缝纫。遇不得已时，可缺手工、图画、唱歌之一科目或数科目。高等小学校之教科目为修身、国文、算术、本国历史、地理、理科、手工、图画、唱歌与体操；男子加课农业，女子加课缝纫。视地方情形，农业可以从缺，或改为商业，并可加设英语；遇不得已时，手工、唱歌亦得暂缺；视地方情形，可改英语为别种外国语。1912年12月2日教育部公布的《中学校令施行规则》规定，中学校之学科目为修身、国文、外国语、历史、地理、数学、博物、物理、化学、法制经济、图画、手工、乐歌与体操；女子中学校加课家事、园艺、缝纫，但园艺得缺之。外国语以英语为主，但遇地方特别情形，得任择法、德、俄语一种。

1912年12月教育部订定的《小学校教则及课程表》指出，高等小学校设置地理科目的要旨在使儿童略知地球表面及人类生活之状态，本国国势之大要，以及养成爱国之精神；地理宜授本国之地

[1] 璩鑫圭，唐良炎. 中国近代教育史资料汇编：学制演变[M]. 上海：上海教育出版社，2007：661-662.

势、气候、区域、都会、物产与交通，以及地球之形状运动，进授各州地志之梗概，并重要各国之都会、特产等，兼授本国政治经济之状态，及对于外国所处之地位。教授地理，务须实地观察，示以地图、标本、影片、地球仪等物，使具有确实之知识，尤宜与历史、理科所授事项联络，并使儿童填注暗射地图及习绘地图。其要旨基本上是光绪二十九年十一月二十六日（1904年1月13日）清学部颁布的《奏定高等小学堂章程》所订高等小学地理科目教育要义的翻版。《小学校教则及课程表》规定高等小学堂地理课程内容如下：第一、二两学年为本国地理之要略，第三学年为外国地理之要略。[1]《中学校令施行规则》指出，中学校设置地理科目的要旨在于使学生指地球之形状运动，并地球表面及人类生活之状态，本国外国之国势。地理宜授以世界地理之概要，本国地理及有重要关系之外国地理，并地文要略。

1913年3月19日，教育部公布的《中学课程标准》规定，中学地理课程内容：第一学年地理概要和本国地理，第二学年本国地理和外国地理，第三学年外国地理，第四学年自然地理概论和人文地理概论。原中国地理教学研究会理事长、湖南师范学院地理教学法教师杨尧先生认为，民初中小学地理课程的设置较之清末，学习年限虽缩短，授课时数虽减少，却有两点进步之处：（1）高等小学地理详本国，略外国，排列顺序不乱；（2）中学地理中本国地理前面删掉亚洲总论，消除与外国或世界地理内容重迭的因素，最后增加了人文地理概论，开中学地理课程设置的新局。[2]

1915年7月31日，教育部颁布的《国民学校令》规定，国民学校修业之教科目为修身、读经、国文、算术、手工、图画、唱歌与体操；女子加课缝纫；遇不得已时，可缺手工、图画、唱歌之一科目或数科目。1915年11月7日，教育部颁布的《预备学校令》规定，预备学校前期四年修业之教科目为修身、读经、国文、算术、手工、图画、唱歌与体操，女子加课缝纫；后期二年修业之教科目为修身、读经、国文、算术、本国历史、地理、理科、手工、图画、唱歌与体操，男子加课外国语，女子加课家事。1915年7月31日，教育部颁布的《高等小学校令》规定，高等小学校修业三年，其教科目为修身、读经、国文、算术、本国历史、地理、理科、手工、图画、唱歌与体操，男子加课农业，女子加课缝纫；视地方情形，农业可以从缺，或改为商业，并可加设外国语。1916年10月随着《预备学校令》被废止、《高等小学校令》和《国民学校令》被修正，小学校增添的读经课程又都予以废除。

二、新政体下的地理教科书

民国肇建后，教育部颁布的《普通教育暂行办法通令》规定：从前各项学堂改称为学校；凡学校各种教科书，务合乎共和民国宗旨，清学部颁行之教科书，一律禁用；凡民间通行之教科书，其

[1] 璩鑫圭，唐良炎. 中国近代教育史资料汇编：学制演变[M]. 上海：上海教育出版社，2007：818.
[2] 杨尧. 中国近现代中小学地理教育史[M]. 西安：陕西人民教育出版社，1991：70.

中有尊崇清政府及旧时官制、军制等课，并避讳抬头字样，应由各书局自行修改，呈送样本于本部及本省民政司、教育总会存查。为了适应新政体、新教育改革的需要，各种新政体教科书、新教育思潮教科书如雨后春笋般涌现，清朝旧教科书全部退出。袁世凯政府教育部在加强对教科书审定的同时，亦在紧锣密鼓地筹划国定教科书的编纂。1914年5月，教育部颁布《教科书编纂纲要审查会规程》《教授要目编纂会规程》，规定前者的任务为审查教科书编纂纲要适合与否，后者的任务是编纂各项教授要目，作为编订教科书之参考；7月，教科书编纂纲要审查会、教授要目编纂会正式成立，选任陈清震为教科书编纂纲要审查会会长，许寿裳、陈文咸为教授要目编纂会正副主任，选派白振民等105人任各学科审查及编纂事宜，9月，教育部教科书编纂会召开会议，将各学科编纂主任举定；1915年5月，教育部还于署内另设教科书编纂处，委派该部编审熊崇煦、毛邦伟为正副主任，从事初等小学教科书的编纂工作。[1]到是年秋，教科书审查、编纂两会审查完竣编纂纲要八种、用字表一种，编纂完竣教授要目十七科五十六种。[2]由于袁世凯政府教育部只审查、编纂出教科书编纂纲要、教授要目数种，且其部编教科书计划随着袁世凯政府的垮台而宣告结束，因此，总体来看，整个北京政府时期的中小学地理教科书与其他科目教科书一样，多系私家编纂且均是遵照小学校教则及课程表中地理要旨或中学地理课程标准行事，由于地理要旨和地理课程标准没有对地理纲目作出详细规定，因而各家书局所编同一名称的地理教科书，在纲目和要点上彼此差别较大。

（一）中华书局出版的新体地理教科书

中华书局主持编写出版的“中华教科书”，是中华民国出版第一套系统的教科书，它的面世开启了新政治、新教育体制下教科书变革的大幕。据有关史料统计，到1913年上半年，“中华教科书”系列已出版小学教科书18种74册，小学教授书10种47册[3]，中华中学、师范用教科书共27种50册[4]，整套教科书从1912年1月到1913年全部出齐。紧接其后的还有“新制中华教科书”“新编中华教科书”和“新式教科书”。

“新制中华教科书”是为了适应1912年9月教育部新学制将一学年分为三学期的需要，到1913年3月已出版小学教科书及教授书共30种248册[5]；“新编中华教科书”是为了照顾一时难以改变清末春季始业习惯的许多学校的现实需要，到1914年3月已出版教科书18种120册。[6]1916年1月中华书局还推出了适应实用主义和自学辅导主义的“新式教科书”。包括国民学校和高等小学的新式国文、

[1] 国家图书馆.（民国）教育部文牍政令汇编：第2册[M]. 北京：全国图书馆文献微缩复制中心，2004：421-424.

[2] 教育部. 教科书教授要目编纂会[J]. 教育公报，1916（7）：23-25.

[3] 华鸿年，何振武. 中华初等小学国文教科书：第4册[M]. 24版. 上海：中华书局，1913：封2.

[4] 周其厚. 中华书局与近代文化[M]. 北京：中华书局，2007：132.

[5] 戴克敦，沈颐，陆费逵. 新制中华高等小学教科书修身教科书：第一册[M]. 5版. 上海：中华书局，1913：封2.

[6] 刘传厚，杨哲编. 新编中华国文教科书：国民学校第一册[M]. 4版. 上海：中华书局，1914：封2.

修身、算术、毛笔画和高等小学的历史、地理、理科、英文、商业、农业、手工，以及国民学校珠算等教科书。

1.“中华教科书”系列的地理教科书

“中华教科书”系列共出版地理教科书3种11册，地理教授书2种6册。地理教科书主要如下。

（1）《中华高等小学地理教科书》

该书由曹同文、吴竟编辑，陆费逵校订，高等小学学生用书，通过教育部审定。全书四册，1912年3月初版，至1913年修订再版多次。

《中华高等小学地理教科书》“编辑大意”如下：（1）本书之目的，在令儿童知本国及世界大势，并自然地理之大要。（2）本书分二周。前三年为一周，第一、二年本国志，第三年外国志；第四年为一周，补习中外天文、地文、人文、地理。（3）本书用记叙体。而依交通路线排列，兼有游记体之长。（4）小学无外国史。本书叙外国，略及其史事沿革，以弥此缺陷。（5）本书注重藩部及租界割让地，以促国民注意。（6）外国地理，皆取其有影响世界大势及关系吾国者。于亚洲及英法德俄美诸国尤详。（7）地理上之变迁，至民国元年一月止。南京之为临时政府、葡萄牙之改民主、巴拉马运河工事之进行，皆已纪入。（8）本书每课字数，自百字左右起，渐次增加。（9）本书插入形势风景图多幅，另刊中外地图一册，以资对照。（10）本书共四册，供高等小学四学年之用。[1]

《中华高等小学地理教科书》第一册1912年9月改订第八版部分目录如下：

第一章 本国总论

第一课位置及疆域，第二课地势，第三课区划

第二章 北部六省

第四课北部六省，第五课北京，第六课直隶一，第七课直隶二，第八课直隶三，第九课山东一，第十课山东二，第十一课山西一，第十二课山西二，第十三课河南一，第十四课河南二，第十五课陕西一，第十六课陕西二……[2]

《中华高等小学地理教科书》第三册1912年5月第六版目录如下：

第一章地球概论

第一课地球概论一，第二课地球概论二，第三课地球概论三

---

[1] 宋原放. 中国出版史料：近代部分：第2卷[M]. 汪家熔，辑注. 武汉：湖北教育出版社，2004：544-545. 吕达. 陆费逵教育论著选[M]. 北京：人民教育出版社，2000：97.

[2] 曹同文，吴竟. 中华高等小学地理教科书：第二册[M]. 陆费逵，校订. 10版. 上海：中华书局，1912年11月：目录.

第二章 亚细亚洲

第四课亚细亚洲一，第五课亚细亚洲二，第六课日本一，第七课日本二，第八课日本三，第九课日本四，第十课亚细亚俄罗斯一，第十一课亚细亚俄罗斯二，第十二课亚细亚土耳其，第十三课阿剌伯及伊兰高原，第十四课印度，第十五课印度支那一，第十六课印度支那二　附马来群岛，第十七课海洋州一，第十八课海洋州二

第三章 欧罗巴洲

第十九课欧罗巴洲，第二十课俄罗斯，第二十一课瑞典 挪威 丹麦，第二十二课德意志，第二十三课奥斯马加 瑞士，第二十四课法兰西，第二十五课英吉利，第二十六课比利时 荷兰 西班牙 葡萄牙，第二十七课意大利，第二十八课波尔根半岛诸国

第四章 阿非利加洲

第二十九课阿非利加洲一，第三十课阿非利加洲二，第三十一课阿非利加洲三

第五章 北亚美利加洲

第三十二课北亚美利加洲，第三十三课加拿大 美利坚合众国一，第三十四课美利坚合众国二 墨西哥 中亚美利加诸国 西印度诸岛

第六章 南亚美利加洲

第三十五课南亚美利加洲一，第三十六课南亚美利加洲二[1]

当时，有批评者曾对该套书的质量提出批评，指出该书一、二册“编制已涉陈旧，且平铺直叙，板滞无情，事实亦多谬误”，三、四册“枯燥尤甚，其明确处有从他种教科书得来者，顾瑜不掩瑕，仍非佳构，恐系急于盈利草率成篇所致”。[2]

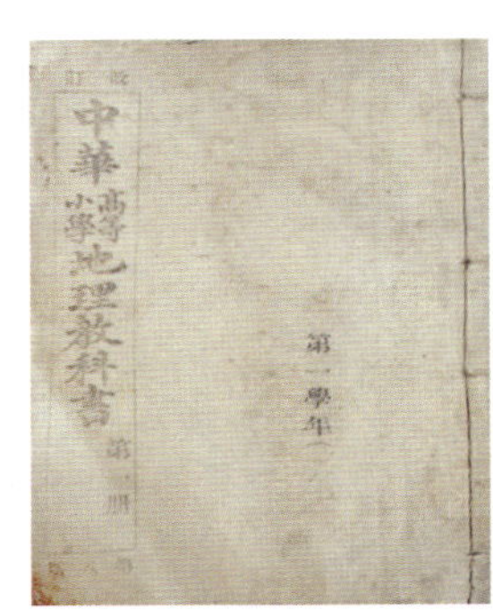

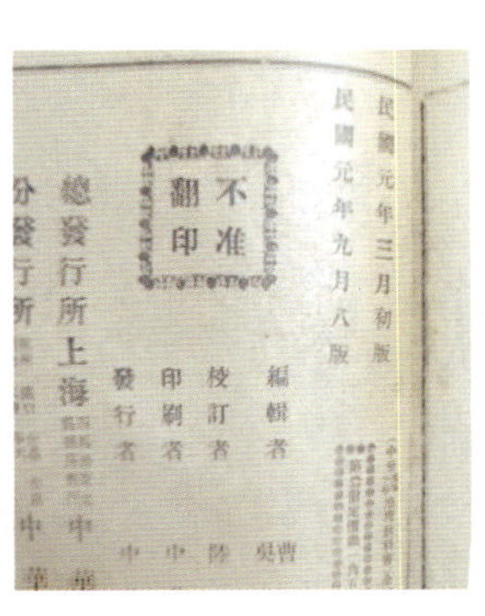

3—1

图3—1　《中华高等小学地理教科书》，曹同文、吴竟编辑，陆费逵校订，第一册，中华书局印行，1912年9月改订第八版

（2）《中华高等小学地理教科书》（改订三年毕业）

该书由曹同文、吴竟编辑，高等小学学生用书。全书共三册，第一册出版时间待考，第二册1913年3月改订初版，第三册1912年12月改订初版。

[1] 曹同文，吴竟. 中华高等小学地理教科书：第三册[M]. 陆费逵，校订. 6版. 上海：中华书局，1912：目录.

[2] 毕苑. 建造常识：教科书与近代中国文化转型[M]. 福州：福建教育出版社，2010：118.

《中华高等小学地理教科书》（改订三年毕业）第二册1913年3月改订初版目录如下：

第四章　南部四省

第一课南部四省，第二课福建一，第三课福建二，第四课广东一，第五课广东二，第六课广东三，第七课广西一，第八课广西二，第九课云南一，第十课云南二

第五章　东三省

第十一课东三省，第十二课奉天一，第十三课奉天二，第十四课奉天三，第十五课吉林一，第十六课吉林二，第十七课黑龙江一，第十八课黑龙江二

第六章　蒙古

第十九课蒙古一，第二十课蒙古二，第二十一课蒙古三，第二十二课蒙古四，第二十三课蒙古五

第七章　新疆

第二十四课新疆一，第二十五课新疆二，第二十六课新疆三

第八章　青海

第二十七课青海一，第二十八课青海二

第九章　西藏

第二十九课西藏一，第三十课西藏二，第三十一课西藏三，第三十二课西藏四

第十章　割让地

第三十三课北方割让地，第三十四课南方割让地

第十一章　租借地

第三十五课黄海沿岸租借地，第三十六课南海沿岸租借地[1]

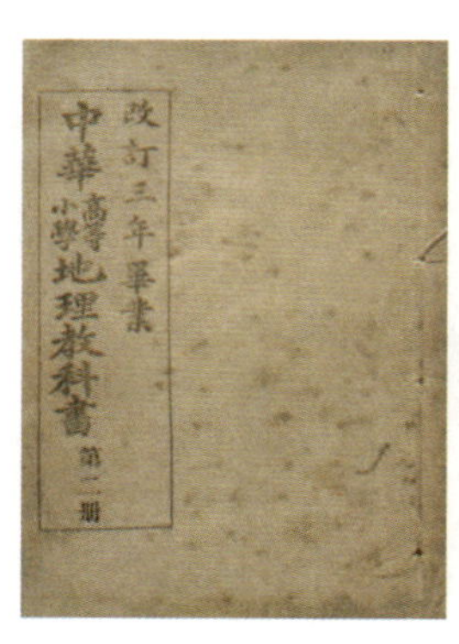

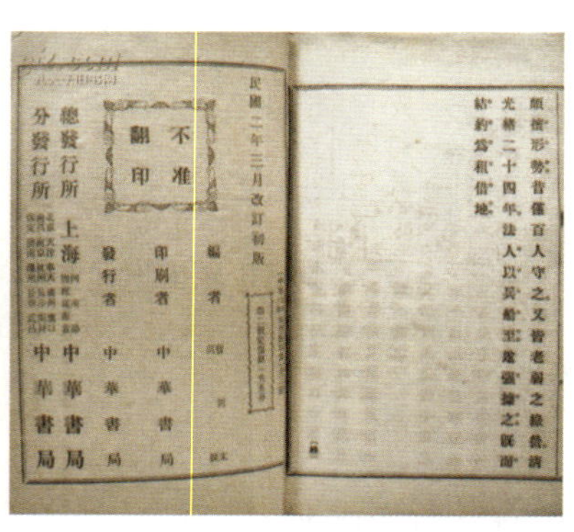

3—2

图3—2　《中华高等小学地理教科书》（改订三年毕业），曹同文、吴竞编，第二册，中华书局印行，1913年3月改订初版

（3）《中华中学地理教科书》

该书由李廷翰编辑，史礼绶参订，戴克敦、姚汉章、陆费逵阅，中学校学生用书，通过教育部审定。全书共四册，第一册1912年7月初版，第二册1912年7月初版，第三册1913年3月初版，第四

[1] 曹同文，吴竞. 中华高等小学地理教科书（改订三年毕业）：第二册[M]. 改订初版. 上海：中华书局，1913：目录页.

册1914年4月初版。

《中华中学地理教科书》第一册1912年7月初版“编辑大意”如下：（1）是书程度适合于中等教育各学校之用。编者七八年前已着手编辑。会以课授上海南洋中学、浦东中学、龙门师范、竞业中学、东城师范、竞业师范、中等工业学堂、师范讲习所及城东女学专修科。试用有年，尚无大谬。以时势之变迁，加删订者十余次。民国成立后，复就原稿，斟酌损益，编辑是书，以供中华民国中等教育学校之用。（2）是书分为四卷。第一卷世界及中华总论，第二卷中华地志，第三卷世界地志，第四卷自然地理概论及人文地理概论。概论列入第四卷，系遵照教育部新章，与第一二三卷中所述山川、形势、政治、人物均有关系。故于第一卷总论中，先揭其大要，吾国为大陆国，占亚洲全地四分之一。对于亚洲大陆，皆有密接之关系，故于本书第一卷总论中列入亚洲总论一篇。又以世界趋势集中于太平洋，对于吾国影响尤巨，故太平洋之现势亦言之特详。（3）亚洲总论后继以本国总论。于本国自然地理政治地理中各项，皆举其大纲，其详则于地方志中叙述之。（4）地方志以省为纲，分详疆界、地势、都会、交通、物产于下。（5）西北各省多编者亲临之地，所言半出于实验。若关外、西域、蒙藏各地则由友人就历年足迹所及，详细见示。书中择要采入，均为他本所未见。（6）民国成立，大局初定。各项制度法令均照已颁布者叙述，其未颁行者，则姑从阙如，以待再版时增补。（7）观英法俄日地理，书中对于吾国皆各就其所谋之地，盛赞其土地之肥沃，气候之良善。吾国旧有之地理书，每于边疆蕃部各地，多述其荒瘠之象，其弊害有不堪设想者。本书力矫此弊。（8）各国租借地，收还之期不远，国民所当注意，故书中所述特详。（9）是书所述本国地理皆对准世界立说。所谓本国地理者，关于世界之本国地理也。世界地理，皆对准本国立说。所谓世界地理者，关于本国之世界地理也。读者宜注意此点。（10）第三卷所述世界地理，外国之与我有关系者详之，尤有关系者尤详之。其关系疏浅者，只略述其概要。（11）第四卷原分自然地理概论及人文地理概论两卷，但自然地理仍取关于人生者言之。（12）武装世界，军事为重，实业不兴，国本不固。本书于军事实业竭力提倡。（13）地理为枯燥之学科。编辑失当，便如帐目。是书于地理学之精神及其趣味，皆竭力注意。所以见地理学之真相，增学者之兴味也。（14）全书字数约十有六万。适足供新章中学校、师范学校教授地理时间之用。[1]

《中华中学地理教科书》“本国地理”第一册1912年7月初版框架可概括为“地理学总论—亚洲总论—中华民国总论”，共三编八章八十六节，目录如下：

第一编地理学总论

第一章绪论　第一节地理学之定义，第二节地理学之范围，第三节地理学之实用

第二章数理地理　第一节星之种类，第二节太阳系，第三节月，第四节地球

第三章自然地理　第一节水陆气三界，第二节陆之各部，第三节水之各部，第四节气之

[1] 李廷翰. 中华中学地理教科书：第一册[M]. 史礼绶，参订. 上海：中华书局，1912：编辑大意.

各部，第五节大陆，第六节岛，第七节半岛，第八节岬角，第九节土腰，第十节山，第十一节火山，第十二节平原，第十三节大洋，第十四节海，第十五节港湾，第十六节海峡，第十七节海岸，第十八节江河，第十九节湖泽，第二十节水之运动，第二十一节水之循环，第二十二节空气之变化，第二十三节风，第二十四节云，第二十五节雨，第二十六节雪，第二十七节气候，第二十八节生物

第四章政治地理　第一节全球之人数，第二节种族，第三节社会，第四节国家，第五节国体，第六节政体，第七节宗教，第八节语言，第九节文字，第十节军备，第十一节生产，第十二节交通

第二编亚洲总论

第一章自然地理　第一节名称，第二节位置，第三节疆界，第四节海岸　附太平洋现势论，第五节地势，第六节山系，第七节水系，第八节湖泽，第九节沙漠，第十节气候，第十一节物产

第二章政治地理　第一节人种，第二节区画，第三节宗教，第四节交通，第五节现势

第三编中华民国总论

第一章自然地理　第一节名称，第二节位置，第三节疆界，第四节区画，第五节地势，第六节海岸，第七节军港，第八节山系，第九节水系，第十节长城，第十一节气候，第十二节物产

第二章政治地理　第一节人民，第二节语言，第三节文字，第四节风俗，第五节政治，第六节军备，第七节教育，第八节外交，第九节财政，第十节商埠，第十一节交通。

附录[1]

《中华中学地理教科书》“地理概论”第四册1918年8月第十二版目录如下：

绪论　自然地理概论

第一编地球星学

第一章宇宙及太阳系　第一节宇宙，第二节太阳系

第二章地球　第一节地热，第二节地球之形状，第三节地球之比重

第三章地面之测定　第一节经纬度，第二节经纬度之测定，第三节地磁气力，第四节标准时

第四章地球之运动　第一节自转，第二节公转，第三节日蚀　月蚀，第四节节历

第二编陆地学

第一章陆地之分布及支节　第一节水陆之分布，第二节大陆，第三节陆之支节

[1] 李廷翰编. 中华中学地理教科书：第一册[M]. 史礼绶，参订. 上海：中华书局，1912：版权页，目录.

第二章陆界之变迁　第一节营力，第二节火山，第三节地震，第四节大陆及山脉之生成，第五节土地之升降，第六节水之营力，第七节大气之营力，第八节生物之营力

第三章地壳之构造　第一节地壳之构造，第二节岩石之种类

第四章地形之成因　第一节山麓，第二节溪谷，第三节平原，第四节高原，第五节盆地，第六节沙漠

第三编水界学

第一章海洋之分布及支节　第一节海洋之分布，第二节海之种类，第三节海底，第四节海水之成分，第五节海水之色，第六节海水之温度

第二章海水之运动　第一节波浪，第二节海啸，第三节洋流，第四节潮汐

第四编气界学

第一章空气之范围及性质　第一节气圈，第二节空气之质

第二章气温　第一节太阳热，第二节气温与高度之关系，第三节等温线

第三章气压　第一节气压，第二节气压之测定，第三节等压线

第四章大气之运动　第一节风，第二节风之运动，第三节风之循环，第四节贸易风，第五节季候风，第六节旋风，第七节飓风及龙卷，第八节海风与陆风

第五章大气之温度　第一节水蒸气，第二节云雾，第三节霜露，第四节雨雪，第五节降水量

第六章天气及季候　第一天气，第二节季候

第七章气圈中种种之现象　第一节光学上之现象，第二节虹，第三节雷电，第四节日月晕及光环，第五节极光

第五编生物地理学

第一章生物之分布　第一节生物之分布，第二节植物之分布，第三节动物之分布。

人文地理概论

第一编自然与人类

第一章土地与人类之关系　第一节全地球为人类之领土，第二节人类发生之地，第三节热寒温三带之人类

第二章地形及自然现象与人文之关系　第一节陆地水平之支节，第二节陆地垂直之支节

第三章海洋与人文　第一节海洋之作用，第二节海洋与人民开化之关系

第二编人种

第一章人种之区别及分布　第一节蒙国人种，第二节高加索人种，第三节马来人种，第四节阿美利加人种，第五节阿非利加人种

第二章人口　第一节人口之总数，第二节人口之密度

第三编国家

第一章国家之性质　第一节国家为人类组织之团体，第二节国家为生物分布之一现象

第二章国家之要素　第一节立国之三要素，第二节国民之结合

第三章国体　第一节国体之种类，第二节君主国，第三节共和国，第四节贵族国

第四章国家之大小及总数　第一节独立国之总数，第二节强国，第三节弱国，第四节自由市

第五章国家之属地　第一节属地之性质，第二节属地之种类，第三节殖民政策，第四节殖民事业之时代

第六章国内之政治区划　第一节政治区划之由来，第二节吾国之政治区划

第七章国土之境界　第一节境界线之由来与功用，第二节境界线之种类

第四编人类之住所

第一章村落　第一节村落之成因，第二节村落之种类

第二章都会　第一节都会之成因，第二节市街之形状，第三节港市

第三章村落及都会之密度　第一节村落都会与农工业之关系

第五编交通

第一章交通线路及交通机关　第一节交通线路，第二节交通机关

第二章铁道　第一节世界之重要铁道，第二节世界各国铁路之里数，第三节吾国之铁道

第三章轮舶　第一节航海事业之发达，第二节轮舶最繁盛之大洋，第三节各国汽船之吨数

第四章邮政及电线　第一节邮政，第二节电线

第六编生业及宗教

第一章生业　第一节分业，第二节生业之种类

第二章宗教　第一节宗教之种类，第二节宗教之分布[1]

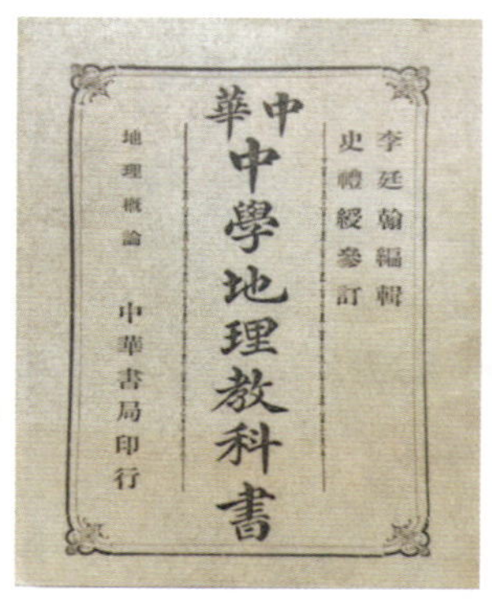

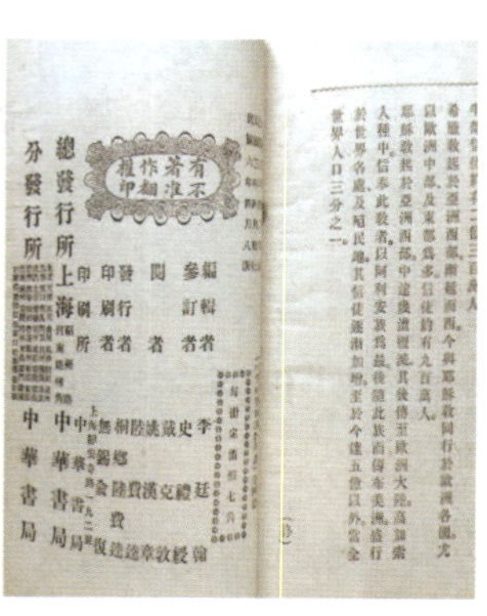

图3—3　《中华中学地理教科书》，李廷翰编辑，史礼绶参订，戴克敦、姚汉章、陆费逵阅，第四册，中华书局印行，1917年4月第八版

[1] 李廷翰编. 中华中学地理教科书：第四册[M]. 史礼绶，参订. 12版. 上海：中华书局，1918：目录.

国立北平师范大学研究所纂辑员王锦福先生评价其优点有：（1）材料分量，多寡适宜，特重于中国（颇合现今教部颁布之地理课程标准）。首卷之亚洲总论，亦着重于中国，且附有太平洋现势论于其内，使学者洞悉吾国在太平洋中土地之丧失及良好港湾之租借，以激发其爱国心，藉以仇恨外人侵略之不当。（2）卷首所述之地理学总论，谨揭其大要，使学者知其梗概，以便第四学年学习地理概论时之基础。（3）书中章节内，遇有便于列表者，则制为略表，不便列表者，即用一、二等字为区分，眉目极清晰，读者一目了然。认为其缺点有：（1）书中之排列，以通行之政治区划故例为次序。对于每区域之末，加一括论，略述该区域之梗概，俾可综合比较。（2）书中插图甚多，多为风景图；而于各要地之形势图，则为数寥寥，似欠适当。[1]

2.“新制中华教科书”系列的地理教科书

“新制中华教科书”系列共出版地理教科书（教本）6种22册，地理教授书1种9册。地理教科书主要如下。

（1）《新制中华高等小学地理教科书》

该书由史礼绶编，戴克敦、沈颐、陆费逵阅，高等小学校用，秋季始业，第一学期至第三学期用，通过教育部审定。全书共九册，在1913年3月至5月先后出版。之后至1922年，该套书经历了多次修订和再版。民国成立后，地名大多变更，该书所举地名均系新名，并附旧名。课文配有地图，对边疆要塞记载较详，租界及割让地另附一篇。[2]

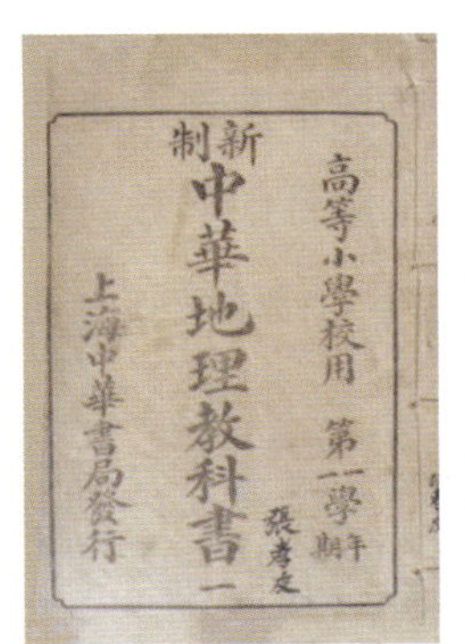

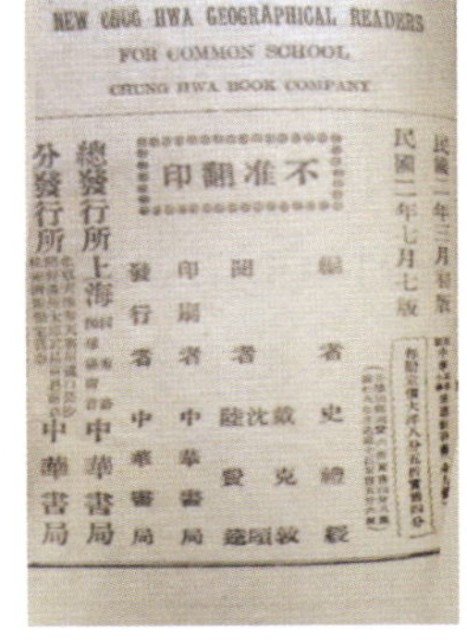

图3—4　《新制中华高等小学地理教科书》，史礼绶编，戴克敦、沈颐、陆费逵阅，第一册，中华书局印行，1913年7月第七版

《新制中华高等小学地理教科书》第一册1917年7月第十七版共两篇二十四课，其目录如下：

第一篇本国地理

第一课本国地理学之重要，第二课我国之位置及疆界，第三课区划

第二篇北部六省

第四课总论，第五课国都之一，第六课国都之二，第七课直隶之一，第八课直隶之二，

[1] 王锦福. 最近三十年来中学地理课程概要及教科书之调查并批评：上[J]. 师大月刊，1935（19）：44-45.

[2] 吴艳兰. 北京师范大学图书馆馆藏：师范学校及中小学教科书书目：清末至1949年[M]. 北京：北京师范大学出版社，2002：189.

第九课直隶之三，第十课山东之一，第十一课山东之二，第十二课山东之三，第十三课山西之一，第十四课山西之二，第十五课山西之三，第十六课河南之一，第十七课河南之二，第十八课河南之三，第十九课陕西之一，第二十课陕西之二，第二十一课陕西之三，第二十二课甘肃之一，第二十三课甘肃之二，第二十四课北部六省括论。

附录[1]

《新制中华高等小学地理教科书》第四册1915年10月第八版部分目录如下：

第五篇东三省

第一课总论，第二课奉天之一，第三课奉天之二，第四课奉天之三，第五课吉林之一，第六课吉林之二，第七课吉林之三，第八课黑龙江之一，第九课黑龙江之二，第十课黑龙江之三，第十一课东三省括论

第六篇蒙古

第十二课蒙古之一，第十三课蒙古之二，第十四课蒙古之三，第十五课蒙古之四，第十六课蒙古之五，第十七课蒙古之六，第十八课蒙古之七，第十九课蒙古之八；

第七篇新疆

第二十课新疆之一，第二十一课新疆之二，第二十二课新疆之三，第二十三课新疆之四，第二十四课蒙新括论[2]

（2）《新制本国地理教本》

该书由李廷翰著，姚汉章、袁希涛校阅，中学校适用，通过教育部审定。教育部审定评语是：“由都会至各行省，凡关系切要之时事历史皆能因地指出，取材精当，编辑清洁，适合中学教科之用。”[3]全书共分上、中、下三册。上册1914年8月初版，中册1915年1月初版，下册1915年1月初版，之后至1924年该书多次再版。

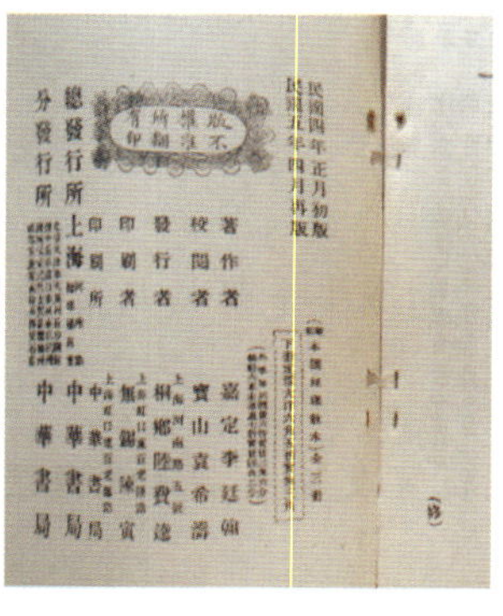

3—5

图3—5 《新制本国地理教本》，李廷翰著，袁希涛校阅，下册，中华书局印行，1916年4月再版

[1] 史礼绶．新制中华高等小学地理教科书：第一册[M]．戴克敦，沈颐，陆费逵，阅．17版．上海：中华书局，1917年7月：版权页，目录页．

[2] 史礼绶．新制中华高等小学地理教科书：第四册[M]．戴克敦、沈颐、陆费逵，阅．8版．上海：中华书局，1915年10月：目录页．

[3] 中华书局．中华书局图书目录[M]．上海：中华书局，1920：12．

《新制本国地理教本》上册1917年9月第六版“编辑大意”如下：（1）本书遵照部定课程标准编辑，定名为新制本国地理教本，分订三册，上册专述概要及总论，中下两册则叙述地方志。全书通计适敷一百二十小时教授之用。（2）本书编辑宗旨，以引起兴味为主。故凡说理艰深之处，非初学所应知者概不列入。文语清新简捷，无支蔓琐屑之病。（3）地理概要：编叙述地球生成之大略，现时六洲五洋之状况，为初学地理者不可缺之知识。学者神而明之，匪惟为讲论地志之预备，亦已植研究地文之基础。（4）中华民国总论：于自然地理一章，关于山岳河湖海港各节，用描写的方法叙述，不炫奇，不矜博，教师循序讲授，俨如亲历其境，指画形势，极便于学生记忆。于政治地理一章，统括吾国现状之大概，简切言之，而尤重于商埠及交通。至土地主权之丧失，攸关国脉者非浅，读者宜三致意焉。（5）地方志各省叙述之次序，为便于教授起见，仍以流域为纲，取其形势衔接脉络贯通也。一省之中，先叙全域之地势，再叙重要之都会，纲举目张，会通自易。列气候物产于后，更便由地势之关系，以推及于人民生计之状况。（6）研究地理非图不明，现时道县名称屡行更易，通行地图实不足以应用。本书插图不采风景画，惟取书中所有之地名制成区域小方图，逐段印入，既征图说之相符，尤省另购之不便。（7）我国地大物博，研究匪易，教授本国地理时间又不甚多。故教科书不能不求其简约。另出本国地理参考书，叙述加详，例证加多，教师讲授固便取以参证。学生自修，购以与教科书并观，亦可能自得师。[1]

《新制本国地理教本》上册1917年9月第六版目录如下：

[1] 李廷翰. 新制本国地理教本：上册[M]. 姚汉章，阅. 6版. 上海：中华书局，1917：编辑大意.

[2] 李廷翰. 新制本国地理教本：上册[M]. 姚汉章，阅. 6版. 上海：中华书局，1917：目录.

（3）《新制本国地理教本》（最新增订）

该书由李廷翰编，姚汉章阅，丁詧盦增订。该书最新增订版于何时出版有待考证。

杨尧先生认为《新制本国地理教本》具有如下不足：（1）该书“一省之中，先叙全域之大势，再述重要之都会，纲举目张，会通自易。列气候物产于后，更便由地势之关系，以推及人民生计之状况”之后一看法，殊属不妥。苟将气候物产置于都会交通之前，则理更顺，会通更易。（2）该书叙述省内地势，先水系，后山系，不合自然逻辑。如湖南省，先叙洞庭湖和湘资沅澧四水，后述南岭、雪峰、武陵诸山。[1]

（4）《新制外国地理教本》

该书由杨文洵编，姚汉章阅，中学校适用，通过教育部审定。教育部审定评语是：“是书选择教材颇知注重应用，叙次亦有条理，应准作为中学校教科用书。”全书共分上、中、下三册。上册1914年11月初版，中册1914年12月初版，下册1915年3月初版，之后至1921年多次再版。

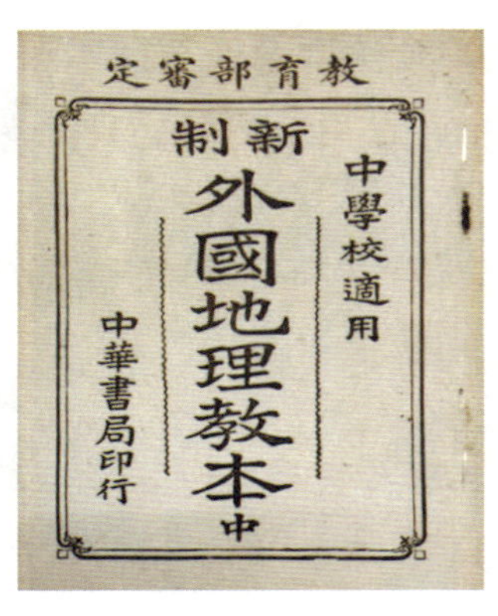

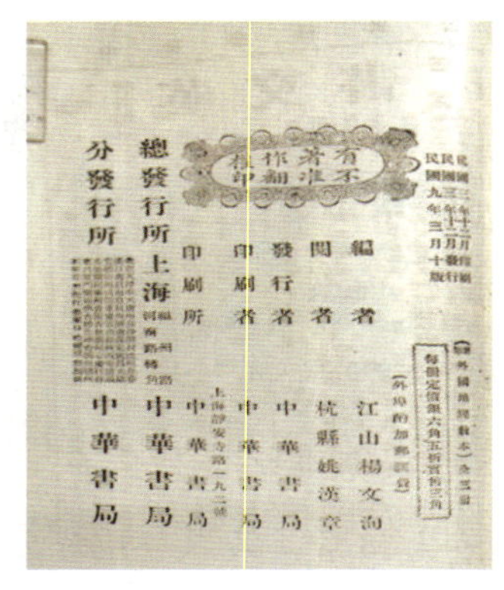

3—6

图3—6 《新制外国地理教本》，杨文洵编，姚汉章阅，中册，中华书局印行，1920年3月第十版

《新制外国地理教本》上册1914年11月初版“编辑大意”如下：（1）本书遵照部定中学课程标准编辑，都为三册。亚细亚及大洋洲为第一册，欧罗巴为第二册，阿非利加、南北亚美利加及两极地方为第三册。（2）本书取材务求简要，于国与国、洲与洲之间尤注重其比较。故全书脉络贯通，无烦琐汗漫之弊。（3）本书于世界各国对于我国之关系，暨我国旧有领土属国之变迁情形，皆详加说明，期以唤起国民之精神。（4）讲习地理，非图不明。附图于书末，前后翻阅，亦形不便。本书精致插图，每册多至三十余幅，皆按书中教材适当配置，务期便于应用。（5）地名人名，书各异译最易误会。本书于每册之末，特附中西译名对照表，分章详列取，便于诵习时之检查也。其一名屡见者，各于其本章列之。如暹罗等应见于独立国章中。中西伯利亚等应见于附属国章中。既免重复之繁，尤示注重之意。（6）本书所用里数概为英里，以期画一。兹并附中外里数及尺寸对勘表于后，以便比较。[2]

[1] 杨尧. 中国近现代中小学地理教育史[M]. 西安：陕西人民教育出版社，1991：80.

[2] 杨文洵，新制外国地理教本：上册[M]. 姚汉章，阅. 上海：中华书局，1914：编辑大意.

《新制外国地理教本》上册1914年11月初版“目录”如下：

第一编亚细亚

第一章总论　地文地理　第一节境域，第二节海岸，第三节地势，第四节水系，第五节气候，第六节天产

第二章总论　人文地理　第一节住民，第二节邦制，第三节产业，第四节交通

第三章亚细亚独立国　第一节总记，第二节日本，第三节暹罗、尼泊尔、蒲旦、阿富汗斯坦　波斯　阿曼

第四章亚细亚洲之附属国　第一节北部亚细亚，第二节南部亚细亚，第三节西部亚细亚

第五章亚细亚洲概要

第二编大洋洲（澳大利亚洲）

第一章总说

第二章澳大利亚联邦、附新西兰　第一节地文地理，第二节人文地理，第三节各州志，附新西兰

第三章颇利尼西亚[1]

《新制外国地理教本》中册1914年12月初版目录如下：

第三编欧罗巴

第一章总论、地文地理　第一节境域，第二节海岸，第三节地势，第四节水系，第五节气候，第六节天产，第七节亚与欧之比较

第二章总论、人文地理　第一节住民，第二节邦制，第三节产业，第四节交通

第三章欧罗巴俄罗斯　第一节地文地理，第二节人文地理，第三节地方志

第四章北部欧罗巴　第一节瑞典及挪威，第二节丁抹（丹麦）

第五章中部欧罗巴　第一节德意志，第二节奥地利匈牙利，第三节瑞士，第四节荷兰，第五节比利时

第六章西部欧罗巴　第一节英吉利，第二节法兰西

第七章南部欧罗巴　第一节西班牙，第二节葡萄牙，第三节意大利，第四节巴尔干半岛诸邦

第八章欧罗巴之小国　第一节总记，第二节列支敦士敦，第三节卢森堡，第四节摩纳哥，第五节安多拉，第六节胜马里诺[2]

（5）《新制外国地理教本》（欧战后增订）

该书由杨文洵编，丁詧盦、谢彬增订，中学校适用，通过教育部审定。全书共分上、中、下三

[1] 杨文洵，新制外国地理教本：上册[M]. 姚汉章，阅. 上海：中华书局，1914：目录.

[2] 杨文洵，新制外国地理教本：中册[M]. 姚汉章，阅. 上海：中华书局，1914：目录.

册。上册1915年11月初版，中册1915年3月初版，下册1915年3月初版，之后至1923年该套书多次再版。

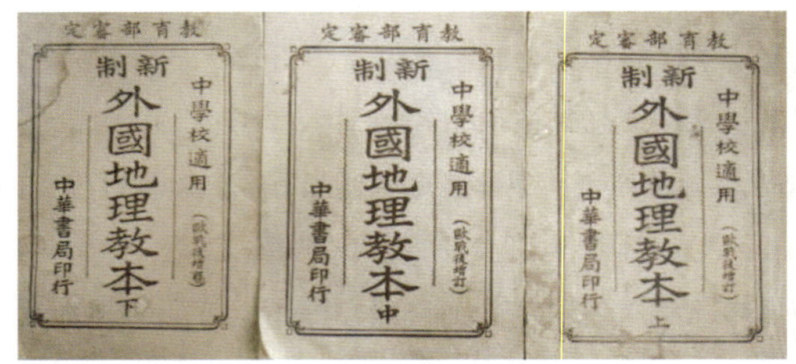

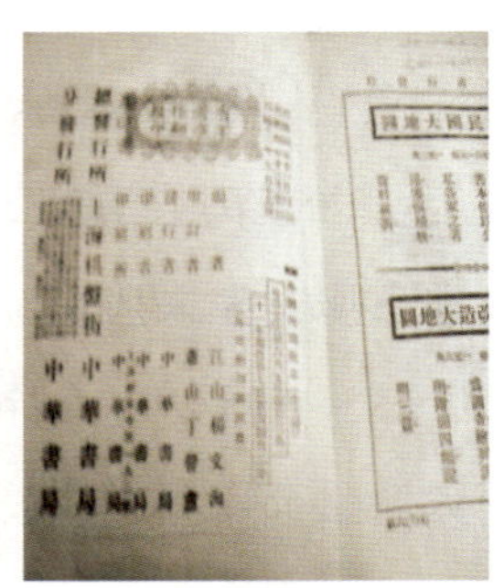

3—7

图3—7 《新制外国地理教本》（欧战后增订），杨文洵编，丁督盦增订，中华书局印行，1922年9月第十九版

《新制外国地理教本》（欧战后增订）“编辑大意”与《新制外国地理教本》“编辑大意”相同。

《新制外国地理教本》（欧战后增订）上册1923年6月第二十一版共两编八章十九节，具体目录如下：

第一编亚细亚

第一章总论、地文地理 第一节境域，第二节海岸，第三节地势，第四节水系，第五节气候，第六节天产

第二章总论、人文地理 第一节住民，第二节邦制，第三节产业，第四节交通

第三章亚细亚独立国 第一节总记，第二节日本，第三节暹罗、尼泊尔、蒲旦、阿富汗斯坦、波斯、阿曼

第四章亚洲俄领土之分裂 第一节北部亚细亚，第二节南部亚细亚，第三节西部亚细亚

第五章亚西亚洲概要

第二编大洋洲（澳大利亚洲）

第一章总说

第二章澳大利亚联邦、附新西兰 第一节地文地理，第二节人文地理，第三节各州志，附新西兰

第三章颇利尼西亚[1]

有学者认为，该书在编制体例上具有如下特点：（1）各洲总论设地文地理和人文地理两章。

[1] 杨文洵. 新制外国地理教本：上册[M]. 丁督盦，增订. 21版. 上海：中华书局，1923：版权页，目录.

前者再分境域、海岸、地势、水系、气候、天产六节，后者再分居民、邦制、产业、交通四节。（2）亚洲分叙完毕后，再设一章，标“亚细亚概要”，所述内容，关于地文地理者，如亚细亚为六大洲中最大的一洲，亚细亚有世界第一之旷原，亚细亚多双子河，亚细亚物产繁多，等等；关于人文地理者，如亚细亚为人口众多之大陆，亚细亚为世界文明开幕之地，等等。（3）欧非、南美、北美四洲在总论人文地理一章之后，各立一节，进行洲与洲的比较。如“南美洲与非洲之比较”，相似之点：非洲之公果河与南美之亚马孙河，皆略沿赤道近旁而流；南美与非洲，赤道皆横过之；等等。差异之点：非洲多大湖，而南美洲无大湖；非洲大河水利少，而南美洲水利大；等等。加以国与国之间，也注重比较。这样做，使“全球脉络贯通，无烦琐汗漫之弊”。（4）各洲各论，以国家地理为主，各国按不同情况进行安排。有的国家按洲总论之后设章，其下再设地文地理、人文地理、地方志各一节，如大洋洲之澳大利亚，南美之巴西，北美之加拿大、美利坚、墨西哥等属之。有按洲的部位立章，其下再分国立节，如北部欧罗巴，包括瑞典和挪威、丹麦两节；西部欧罗巴，包括英吉利和法兰西两节。有的虽按洲的部位立章，其下只分总论、地方志两节，如东部阿非利加，西部阿非利加等。（5）正文无小标题，但各自然段树眉际，如亚洲第一章第一节，眉标有“亚细亚洲”“境域”“亚细亚为六洲中最大之洲”“亚洲半岛岛屿”，等等。逢重要内容，课文加点加圈，以示区别。（6）英语地名，不夹在课文中，而在书末附中西译名对照表。（7）本书份量适当；虽属文言，但不晦涩，事实材料确切，就当时来说，难能可贵。（8）本书插图，有小地图而无风景画，分置地图于课文中，未另编地图册。[1]

（6）《新制地理概论教本》

该书由杨文洵编辑，中学校适用，供中学校第四学年之用，通过教育部审定。教育部审定评语是：“是书取材选词均尚简要。”[2]全书一册，1917年7月初版，1921年4月第六版。

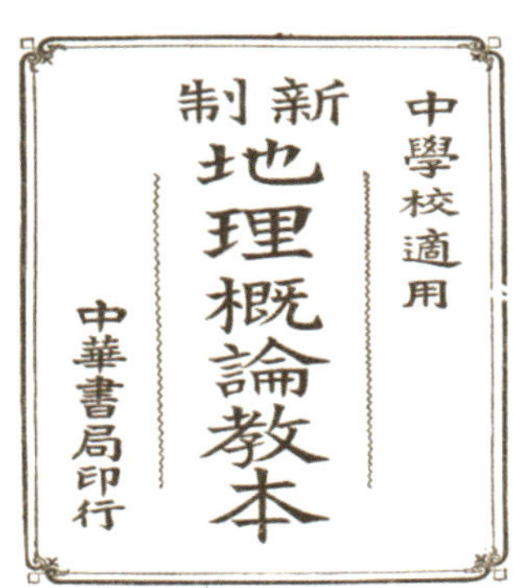

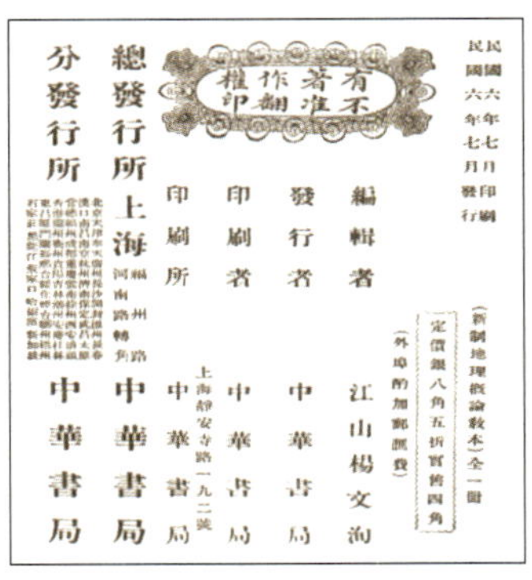
民國六年七月印刷
民國六年七月發行
（新制地理概論教本）全一冊
定價銀八角五折實售四角
（外埠酌加郵匯費）
有著作權 不准翻印
編輯者 江山楊文洵
發行者 中華書局
印刷者 中華書局
印刷所 上海靜安寺路一九二號 中華書局
總發行所 上海福州路河南路轉角 中華書局
分發行所 中華書局

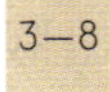

图3–8 《新制地理概论教本》，杨文洵编辑，中华书局印行，1917年7月初版

《新制地理概论教本》1917年7月初版“编辑大意”如下：（1）本书系遵照部定中学校地理课程标准而编纂之。（2）本书分二编，第一编叙述自然地理，第二编叙述人文地理，取材选词力求

[1] 杨尧. 中国近现代中小学地理教育史[M]. 西安：陕西人民教育出版社，1991：81-83.

[2] 中华书局. 中华书局图书目录[M]. 上海：中华书局，1920：12.

简要，期适合教科之用。（3）本书所引例证多取材于本国，以引起学者爱国之思想，与译东西书籍者不同。（4）地壳一章已详见矿物学教本，本书从略，以省重复。（5）本书尺度除用本国度外，遵照权度通制，概用公度（即法国尺米突）以归划一。[1]

《新制地理概论教本》1917年7月初版目录如下：

该书从目录上看，自然地理部分继承张相文《地文学》的五分法，人文地理分成三类，而且讲了宗教，都是妥当的，但欠完整。[3]

3.“新编中华教科书”系列的地理教科书

“新编中华教科书”系列共出版地理教科书1种6册，地理教授书1种6册。地理教科书主要如下：

（1）新编中华高等小学地理教科书

该书由史礼绶、徐增编，范源廉、沈颐阅，春季始业，高等小学校用。全书一共六册，第一册1913年12月初版，第二、三、四册都是1914年2月初版，第五、六册1914年3月初版，之后至1920年该套书多次再版。该套教科书通过教育部审定，作为高等小学春季始业学生用书。书内所举地名遵

[1] 杨文洵. 新制地理概论教本[M]. 上海：中华书局，1917：编辑大意.

[2] 杨文洵. 新制地理概论教本[M]. 上海：中华书局，1917：目录.

[3] 杨尧. 中国近现代中小学地理教育史[M]. 西安：陕西人民教育出版社，1991：86.

内务部所颁《新定道县名称》，并于新名称之后附上旧名称。[1]

图3—9 《新编中华高等小学地理教科书》，春季始业，史礼绶、徐增编，范源廉、沈颐阅，第一册，中华书局印行，1918年8月第十一版

《新编中华高等小学地理教科书》第一册1915年1月第四版“编辑大意”如下：

一、本书之特色凡四：（1）我国自共和成立，地名大半更替，丁兹鼎革之秋，新旧名称最易含混，本书所举地名近遵民国三年七月内务部所颁新定道县名称表改定，并于新名称下附以旧名某某，以醒眉目。（2）自来地理书对于蒙古西藏异常简略，鲜分畛域。本书力矫此弊，分量适均，措词极当，以符五族一家之意，恰合中华教科书之宗旨。（3）他种地理书对于割弃土地鲜有特别注意者，本书凡关于租借及割让地另列一篇，详述其地对于我国之关系及丧失之始末，俾学子习之，雪耻之心油然而生。（4）研究地理，地图其基础也。本书插入地图，凡书中所有名词，网罗殆尽，险要地方割让地方更附形胜图割让图，既便观览，又省学子另备图籍。

二、本书选材一遵部定小学教则其要点凡七：（1）述自然地理使知山川海陆状况与其形势，以生推究之兴趣。（2）述人文地理，如政治、人种、人民、宗教、交通等，使知人事之进步。（3）述本国地理各种特色，唤起学子爱国之精神。（4）述外人侵略计划与设防要点，使学子确知己国所处地位。（5）述地球形状运动及各洲各国之梗概，取其与世界大势有影响者及与我国有关系者，以养成学子世界智识并激发其爱国思想。（6）述各地之交通、物产、生业等，以养成学子实业思想。（7）述各省商埠情形，其输出之商品以何种为最多，外人经营之工商业以何种为最著，均分别记入，使学子知经济竞争之势，俾得确定异日谋生之计划。

三、本书之体例为记述体遵部定课程表区别为二：（1）第一学年至第二学年述本国地理之要略，终述地文地理人文地理之大概。（2）第三学年述外国地理之要略，初用综合法言一洲大势，继乃分言各国，用分解法。

四、本书份量共六册，每年二册，每册三十课。每一时授一课，适供高等小学春季始业三学年之用。

五、本书符号用单圈分句，遇名词用●●标明，于论断处用连圈，于叙事节目处用连点。

六、地理上之经过以民国三年七月为断。自后或有改革，当随时更正，总以合于教授为主。

[1] 北京图书馆，人民教育出版社图书馆. 民国时期总书目：1911—1949：中小学教材[M]. 北京：书目文献出版社，1995：95.

七、本国地名除官书可据者外，悉取其近时最通行者，外国地名多准翻译最当之舆地学会全图。

八、本书教授法体例新颖，材料丰富，专供教员参考之用。[1]

《新编中华高等小学地理教科书》第一册1919年7月第十四版全书目录如下：

第一篇本国地理

第一课本国地理学之重要，第二课国名位置及疆界

第二篇二十二省

第三课区划，第四课二十二省总论，第五课国都（一），第六课国都（二），第七课直隶（一），第八课直隶（二），第九课直隶（三），第十课奉天（一），第十一课奉天（二），第十二课奉天（三），第十三课奉天（四），第十四课吉林（一），第十五课吉林（二），第十六课吉林（三），第十七课吉林（四），第十八课黑龙江（一），第十九课黑龙江（二），第二十课黑龙江（三），第二十一课黑龙江（四），第二十二课江苏（一），第二十三课江苏（二），第二十四课江苏（三），第二十五课江苏（四），第二十六课安徽（一），第二十七课安徽（二），第二十八课江西（一），第二十九课江西（二），第三十课江西（三）。[2]

《新编中华高等小学地理教科书》第四册1915年8月第六版全书共五篇三十课，具体目录如下：

第五篇割让地

第一课北方割让地（一），第二课北方割让地（二），第三课北方割让地（三），第四课南方割让地（一），第五课南方割让地（二），南方割让地（三）

第六篇租借地

第七课日本及德意志租借地，第八课法兰西及英吉利租借地，第九课中华民国区分表

第七篇中华沿边大势

第十课沿边大势（一），第十一课沿边大势（二），第十二课沿边大势（三）

第八篇地文地理

第十三课地势，第十四课山脉（一），第十五课山脉（二），第十六课水系（一），第十七课水系（二），第十八课海岸、海流、潮汐，第十九课气候

第九篇人文地理

第二十课人种，第二十一课面积、人口、言语、文字，第二十二课政治，第二十三课

[1] 史礼绶，徐增. 新编中华高等小学地理教科书：第一册[M]. 范源廉，沈颐，阅. 4版. 上海：中华书局，1915：编辑大意.

[2] 史礼绶，徐增. 新编中华高等小学地理教科书：第一册[M]. 范源廉，沈颐，阅. 14版. 上海：中华书局，1919：目录页.

军备，第二十四课教育，第二十五课宗教，第二十六课实业（一），第二十七课实业（二），第二十八课交通（一），第二十九课交通（二），第三十课中华地理结论，附录

4. “新式教科书”系列的地理教科书

“新式教科书”系列共出版地理教科书1种6册，地理教授书1种6册。地理教科书主要如下。

（1）《新式高等小学地理教科书》

该书由吕思勉编辑，张灏、范源廉、沈颐、陶履恭阅订，丁誉盦增订，高等小学校学生用书，通过教育部审定。教育部审定评语是：“教科书选材措词亦均扼要，应准作为高等小学校地理教科书。”[1]全书共六册，1916年出版。

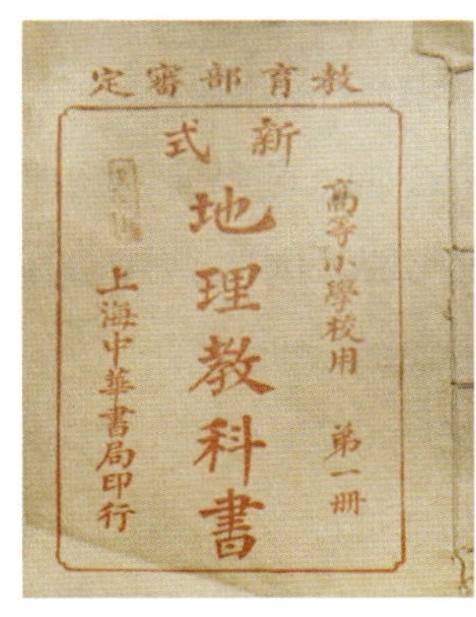

3—10

图3—10 《新式高等小学地理教科书》，吕思勉编辑，范源廉、张灏、沈颐、陶履恭阅订，丁誉盦增订，第一册，中华书局印行，1922年12月第五十版

《新式高等小学地理教科书》第一册1920年1月第二十七版“编辑大意”如下：

宗旨：本书遵照部定教则使儿童知地球表面与人类生活之状态及本国国势之大要，以养成爱国之精神。

本书编制之法如下：春秋季始业通用；全书分六册，每学期用二册；每册分配二十七时，照部定高等小学校课程表，历史、地理每星期合授三时，年以四十星期计，尚余六时，以供实地观察或课外讲授之用；本书但按教材性质，分章分节不拘定，每册课数及每课字数，其每时间讲授若干，于教授书中详定之。

特色：注重天然与人事之关系，常以自然地理说明他种现象；参用地志游记二体，既保纲领之统一，仍不背于交通之顺序；注重物产及工商情形以启发生徒从事实业之观念；注重边防情形以启发其保卫国家之观念；租借地及割让地皆特立一章，以激扬其国耻观念；于世界地理注重于华侨所在之地，以发扬其扩张国权之观念；述现世界开明各国皆于地理上探索其原因；本国地理与外国地理互相联络，末复制我国在世界之位置一章，俾收统括之效益，发扬其爱国之心；注重与他科相联络。

[1] 中华书局. 中华书局图书目录[M]. 上海：中华书局，1920：10.

本教科书中所有之图画分为二种：地图，取其简明便于指授者；风景画，取其精确足助想象力兼可养成审美之观念者。此外又有本局出版之高等小学用地图及暗射图，与本书相辅而行。本书另有教授书六册，与本书同时编纂，详载各种运用方法及参考事项，以供教员之用。[1]

《新式高等小学地理教科书》第一册1922年10月第四十九版全书目录如下：

第一章中华地理概说

第一位置、广袤、境界，第二行政区域，第三自然区域

第二章北区地方概说

第四位置、海岸，第五地势，第六河流，第七气候、物产，第八交通、住民、行政区分

第三章北区地方志

第九京兆，第十直隶省，第十一山东省。

《新式高等小学地理教科书》第四册1917年7月第十六版全书目录如下：

第八章东北区地方概说

第一位置、海岸，第二地势，第三河流，第四气候、物产，第五交通、住民、行政区分

第九章东北区地方志

第六奉天省，第七吉林省，第八黑龙江省

第十章西北区地方

第九概说，第十地方志

第十一章蒙古高原地方

第十一概说，第十二热河特别区域，第十三察哈尔特别区域，第十四绥远特别区域，第十五宁夏护军使辖地（后改为：宁夏镇守使辖地。1921年7月，改宁夏护军使为镇守使），第十六阿尔泰办事长官辖地（后删去。1919年6月撤阿尔泰办事长官公署，改置阿山道并归入新疆管辖），第十七外蒙自治区域（后改为：外蒙古）

第十二章青海高原地方

第十八概说，第十九地方志

第十三章西藏高原地方

第二十概说，第二十一川边特别区域，第二十二西藏自治区（后改为：西藏）

第十四章租借地

第二十三黄海沿岸租借地，第二十四东海沿岸租借地

第十五章割让地一

第二十五南区之割让地，第二十六东北区之割让地，第二十七西北区及蒙古割让地

第十六章割让地二

第二十八朝贡国之割让

[1] 吕思勉. 新式高等小学地理教科书：第一册[M]. 张灏，等阅订. 27版. 上海：中华书局，1920：编辑大意.

5. 中华“讲习适用”系列的地理教科书

中华“讲习适用”系列共出版地理教科书2种2册，具体如下。

（1）《中国地理教科书》

该书由史礼绶编辑，戴克敦、姚汉章、陆费逵阅，讲习适用之书。全书一册，1913年12月初版，1919年8月第十五版，1921年1月第十八版。

《中国地理教科书》1914年2月初版“编辑大意”如下：（1）地理一科本极繁重，讲习所肄业时间苦不甚多，故本书说理务明而取义则惟精，搜材务博而记事则惟要，既饶兴趣，又便教学，适合教员讲习所之用。（2）本书于租借割让地叙述增强，所以重国耻也。边疆险要指陈切实，所以重国防也。山脉河流提挈要领，所以避繁复也。交通物产分合说明，所以鼓舞实业之兴趣也。凡此种种，直接为讲习时注意之要点。即间接为小学储不磨之智识。（3）民国成立后地名屡易，或并两三县为一县，或析一县为两县，或沿旧称或易新名，本书对于地名一切改用现有名称，书末更附民国更正县名一览表，于改易之处，悉行注明，以便检查。（4）本书与本局出版之小学地理教科书编辑系出一手，故针锋相对，脉络相通，学者熟习是编，于教授小学地理最为便利。（5）本书有引用年代之处，均已民国纪元推算。地名变更以民国二年十一月底为断，以后如有更改，再行重订。（6）编者学识短浅，经验寡少，书虽成册，误难自检。海内宏达，尚期匡所不逮。[1]

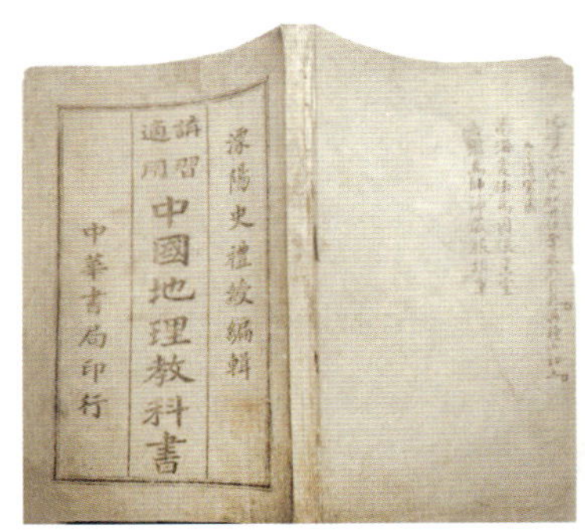

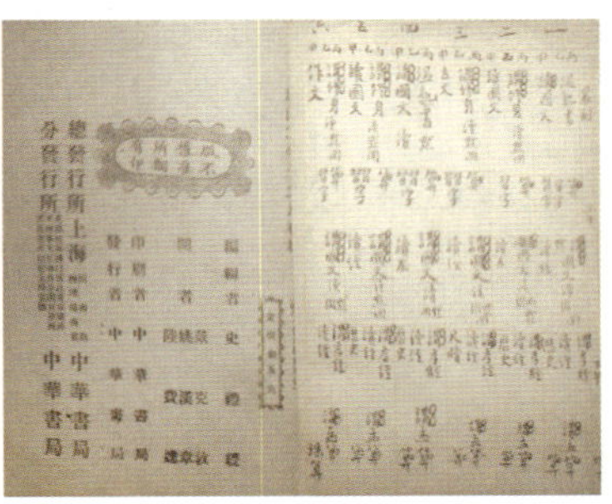
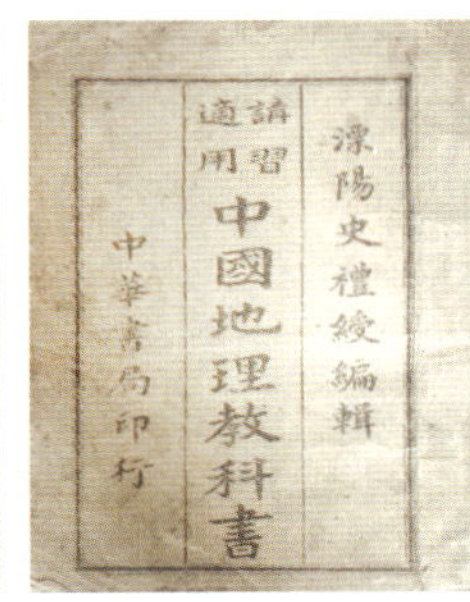

3—11

图3—11 《中国地理教科书》（讲习运用），史礼绶编辑，戴克敦、姚汉章、陆费逵阅，中华书局印行，1913年12月初版、1916年9月第七版

《中国地理教科书》1913年12月初版目录如下：

第一编序言

第一章发端，第二章天文地理，第三章地文地理，第四章人文地理

第二编亚洲通论

第一章地文地理，第二章人文地理

[1] 史礼绶. 中国地理教科书[M]. 戴克敦，姚汉章，陆费逵，阅. 初版. 上海：中华书局，1914：编辑大意.

第三编中华民国总论

第一章地文地理，第二章人文地理

第四编行省志

第一章北区六省，第二章中区七省，第三章南区五省，第四章东北区三省，第五章西北区三省

第五编非行省志

第一章蒙古，第二章西藏

第六编租借地及割让地

第一章租借地，第二章割让地

（2）《世界地理教科书》

该书由史礼绶编辑，陆费逵、姚汉章、戴克敦阅，丁詧盦增订，讲习适用之书。1914年1月（2月）初版，1924年12月战后增订本第十五版。

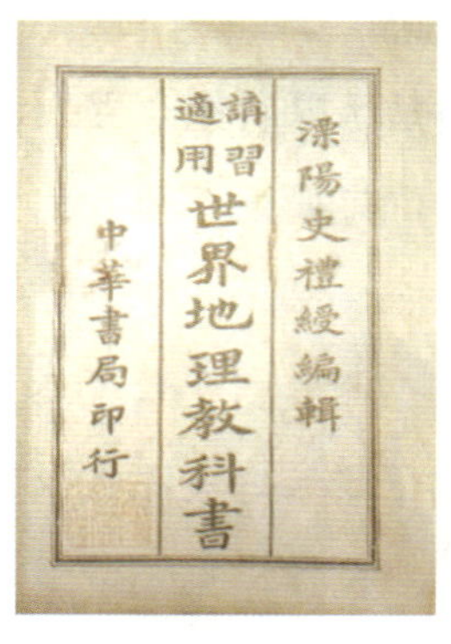

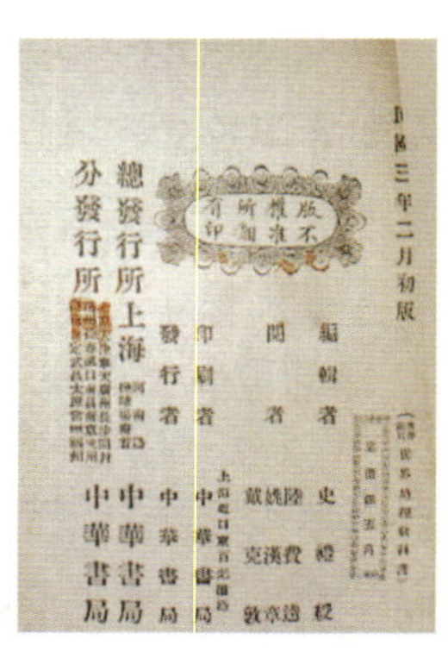

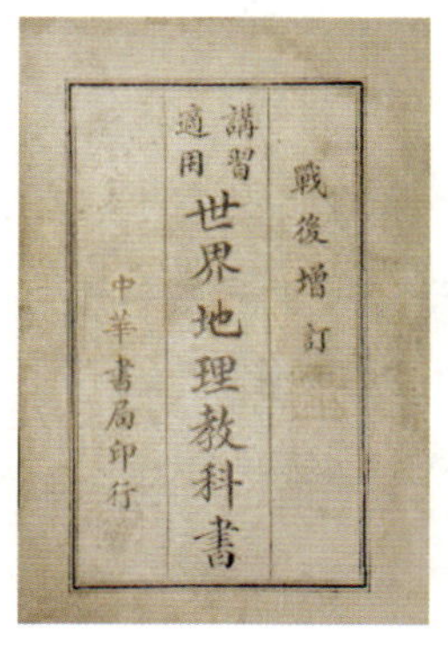

3—12

图3—12 《世界地理教科书》（讲习适用），史礼绶编辑，陆费逵、姚汉章、戴克敦阅，中华书局印行，1914年2月初版；《世界地理教科书》（讲习适用）（战后增订），史礼绶编辑，陆费逵、姚汉章、戴克敦阅，丁詧盦增订，中华书局印行，1922年9月第十一版

《世界地理教科书》（战后增订）1922年3月第十版“编辑大意”如下：（1）本书接续讲习中国地理编辑，故学理彼此联络，取材极新，择义极精。今世界大战后之变迁，如新国之成立，疆域之割让，颇为复杂，兹特重加增订，资料崭新，措辞亦复明显。（2）本书体裁首通论，叙一洲地文人文之大概，次分论，分述各国地文人文之大概，都会则举其重要者，再次括论，总言一洲大事与夫种族竞争之关系并加断语，以达应用之阶级，既饶兴趣，又合教程。（3）欲观念之精确，宜从事于比较。本书对于面积、人口、山脉、水流、物产、产业、都会，凡可以比较者，无不指出某居几分之几，某居第几位，书末更附战前战后世界强国国力比较表及地形比较表多种，用备参证。（4）本书与本局出版之新制新编各高等小学地理教科书一致联络，学者熟习是书，将来实地

教授，最为便利。（5）本书地名多宗湖北舆地学会出版各图，其译名有未合者，则兼采近时通行之本。[1]该“编辑大意”与《世界地理教科书》1914年初版“编辑大意”比较，删去了第一点的最后一句“其宗旨在使知世界之大势，及外国与我国之关系，而于外国之所以富强衰弱之点尤三致意焉，非直译东西籍者比也”。

《世界地理教科书》（战后增订）1922年3月第十版目录如下：

第一编亚细亚洲

第一章分论

第二编大洋洲

第一章通论，第二章分论，第三章大洋洲括论

第三编欧罗巴洲

第一章通论，第二章分论，第三章欧罗巴洲括论

第四编阿非利加洲

第一章通论，第二章分论，第三章阿非利加洲括论

第五编北亚美利加洲

第一章通论，第二章分论，第三章北亚美利加洲括论

第六编南亚美利加洲

第一章通论，第二章分论，第三章南亚美利加洲括论

第七编南北极地方

第一章北极地方，第二章南极地方

（二）商务印书馆出版的新体地理教科书

如果说“中华教科书”的面世开启了新政治、新教育体制下教科书变革的大幕，那么，商务印书馆主持编写的“共和国教科书”的出版，更是上演了一出现代教科书发展史上最壮观的大戏。“共和国教科书”是商务印书馆继“最新教科书”之后出版的第二部完善的教科书，是中国近现代教育史上发行量最多、印刷版次最多的一套教科书，创造了教科书出版的众多神话。

据有关史料统计，到1915年年初，“共和国教科书”系列已出版适用于高等小学用的教科书及教授书25种118册[2]；到1916年年初，“共和国教科书”系列已出版适用于初等小学、国民学校用的教科书及教授书20种140册（含挂图24幅）[3]；到1927年7月，“共和国教科书”系列已出版适用中

[1] 史礼绶．世界地理教科书（战后增订）[M]．陆费逵，姚汉章，戴克敦，阅．10版．上海：中华书局，1922：编辑大意．

[2] 沈颐，戴克敦．共和国教科书新修身（初等小学春季始业）：第八册[M]．153版．上海：商务印书馆，1915：广告页．

[3] 庄俞，沈颐．共和国教科书新国文（春季始业）：第七册[M]．上海：商务印书馆，1916：广告页．

等教育用的教科书及参考书36种55册[1]。“共和国教科书”自1912年出版至1929年为止，先后出版了2 654版，重印300余次，销售7 000余万册[2]。紧接其后的还有“民国新教科书”“普通教科书”和“实用教科书（实用主义教科书）”等。

“民国新教科书”“普通教科书”由商务印书馆分别于1913年、1915年出版，前者是一套主要由归国欧美留学生编写、整体质量较高的中学理科教科书，后者覆盖初小、高小各科，其版权信息复杂，一直没有被商务印书馆纳入自己的统计资料中。从1915年开始，商务印书馆推出体现实用主义教育思潮的“实用教科书”，到是年12月已出版春季始业用小学（国民学校、高等小学）实用教科书及教授书各9种120册[3]，紧接着又编纂出版了中学实用教科书及教授书，此外还编纂出版了中学实用主义教科书。

1.“共和国教科书”系列的地理教科书

“共和国教科书”系列共出版地理教科书7种24册，地理教授法、本国地理参考书3种14册，订正清末地理教科书7种20册。其中，地理教科书主要如下。

（1）《共和国教科书新地理》（甲种）

该书由庄俞编纂（有版本署商务印书馆编纂），谭廉、许国英校订，高等小学校春季始业学生用书，通过教育部审定。教育部第一次审定批词为：“查新地理六册，材料文词均尚妥适，惟第六册当略述本国政治及财政现况，俾学生略知国家大势。本部前颁布高等小学校课程表，每星期教授地理历史三小时，是每年教授地理不过六十小时。是书所定每年授课时数约七十二小时，仰该馆遵照部颁学年学期休业日期规程及高等小学课程表一律改定。书中间有瑕误之处均已签出，俟完全改正后再送本部审定，作为高等小学地理教科书可也。”[4]教育部第二次审定批词为：“既经改正，准作高等小学春季始业学生用书。”与此相关的《共和国教科书新地理教授法》（高等小学校春季始业教员用）教育部审定批词为：“教科书材料文词均尚妥适，教授法与教科书相辅而行，参考精详，准备适当，内容提示尤为扼要，颇合高等小学教授之用，准作高等小学春季始业学生及教员用书。”[5]

《共和国教科书新地理》（甲种）全书共六册，1912年6月初版，之后至1922年多次修订再版。

---

[1] 周传儒. 新撰世界史：上册[M]. 16版. 上海：商务印书馆，1927：广告页.

[2] 李家驹. 商务印书馆与近代知识文化的传播[M]. 北京：商务印书馆，2005：217.

[3] 北京教育图书社. 国民学校实用国文教科书：第一册[M]. 90版. 上海：商务印书馆，1922：编辑大意.

[4] 庄俞. 共和国教科书新地理（甲种）：第四册[M]. 谭廉，许国英，校订. 82版. 上海：商务印书馆，1914：版权页.

[5] 谭廉，许国英. 共和国教科书新地理教授法：第二册[M]. 庄俞，校订. 21版. 上海：商务印书馆，1919：版权页.

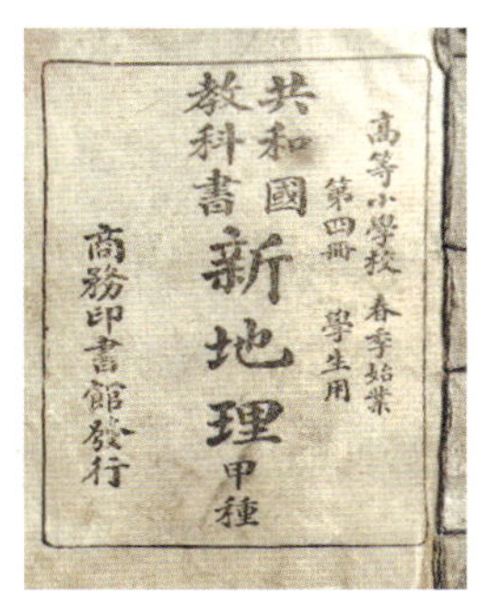

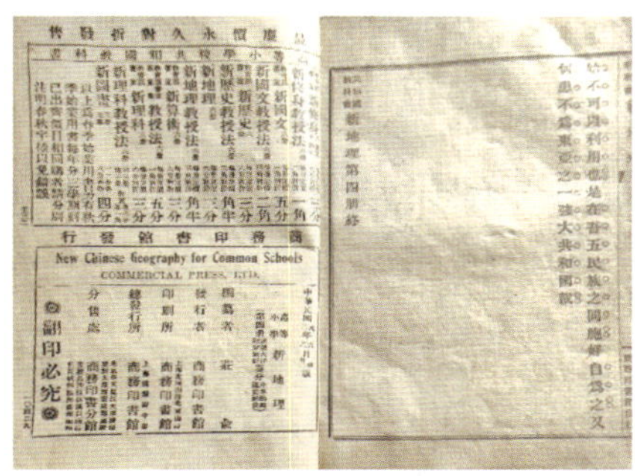

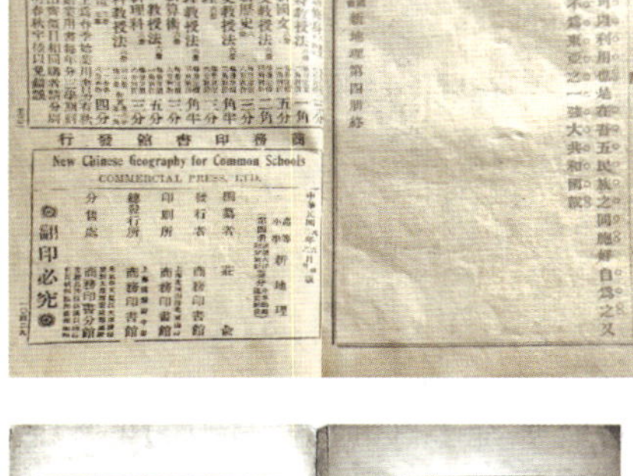

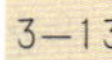

3—13

图3—13 《共和国教科书新地理》（甲种），庄俞编纂，谭廉、许国英校订，高等小学校春季始业用，第四册，商务印书馆印行，1913年2月第二一版

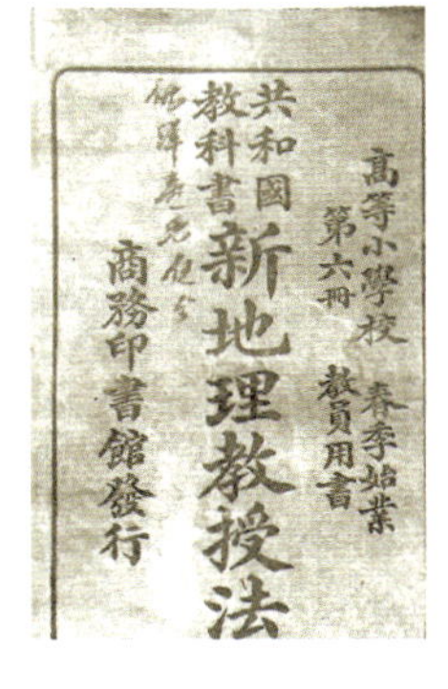

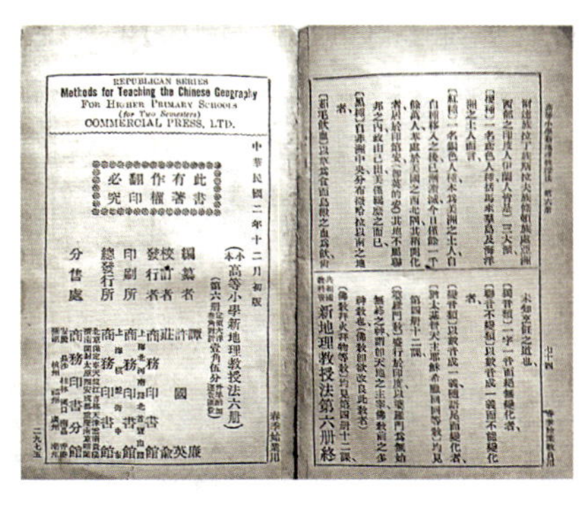

3—14

图3—14 《共和国教科书新地理教授法》，谭廉、许国英编纂，庄俞校订，高等小学校春季始业教员用，第六册，1913年12月初版

《共和国教科书新地理》（甲种）高等小学校春季始业学生用书第一册1912年11月第五版“编辑大意”如下：（1）本书凡分六册，供高等小学三学年之用。（2）本书前四册为一周，述本国地理，后二册为一周，述外国地理。（3）民国成立，地理上时有变迁，本书所述恰合中华民国今日之现状，即外国地理凡在民国元年六月以前皆调查明确，自后如有改革，要当随时修正，务使合于教授。（4）中华民国以五大民族组织而成，是合五族为一家，不当更有外藩及藩属诸名称，本书于此等关系斟酌至当，确合共和国教科书之宗旨。（5）各省要隘租借于外人，虽属前代事实，究为我国领土，故一一详叙之，俾国民知所注意。（6）外国地理述其大概，凡世界及我国之关系记载尤详。（7）本书材料务求适合小学程度，简要明显，饶有兴趣。（8）地理与历史国文修身各科互有关系，本书编纂次序，尤以与各科联络为主。（9）凡关于年代载明民国纪元前若干年以便推算。（10）地理最重图画，本书每册各附形势全图及风景照片甚多，或附简明表以资复习。（11）本书别编教授法以供教员参考之用。[1]

高等小学校春季始业学生用书《共和国教科书新地理》（甲种）第一册1912年11月第五版目录如下：（1）第一　中华民国；（2）第二　北带地方；（3）第三　国都；（4）第四　北带之一直隶省；（5）第五　北带之二山东省；（6）第六　北带之三山西省；（7）第七　北带之四河南省；（8）第八　北带之五陕西省；（9）第九　北带之六甘肃省；（10）第十　北带地方之特点；（11）第十一　北带都会及商埠表。而1913年3月第六一版目录如下：（1）第一　中华民国　附中华民国全图；（2）第二　国都；（3）第三　直隶省；（4）第四　奉天省；（5）第五　吉林省；

[1] 庄俞. 共和国教科书新地理（甲种）：第一册[M]. 谭廉，许国英，校订. 5版. 上海：商务印书馆，1912：编辑大意.

（6）第六　黑龙江省；（7）第七　江苏省；（8）第八　安徽省。

（2）《共和国教科书新地理》（乙种）

该书由庄俞编纂，谭廉、许国英校订，高等小学校秋季始业第一学年至第三学年学生用书，通过教育部审定。教育部审定批词为："是书即用春季始业之本各册课数稍有增减，以合秋季始业各学期之用，准作高等小学校秋季始业学生用书。"全书共六册，1913年1月初版，之后至1922年多次再版。值得指出的是，根据1919年商务印书馆出版之商务印书馆编《涵芬楼藏书目录（直省府厅州县志目录）》记载，《共和国教科书新地理》（高等小学校秋季始业）有甲（1913年出版）、乙（1913年出版）二种，每种六册。

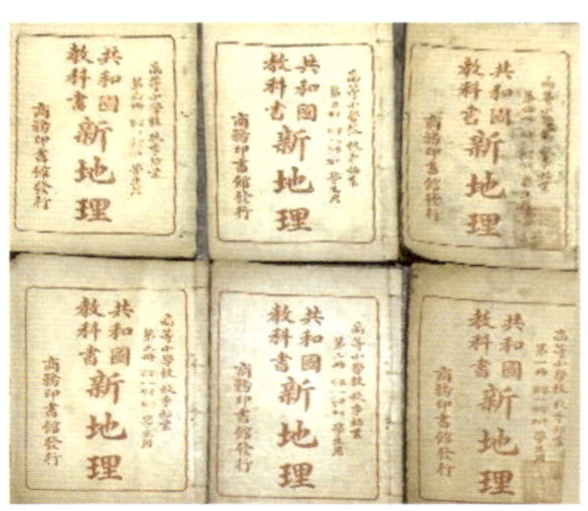

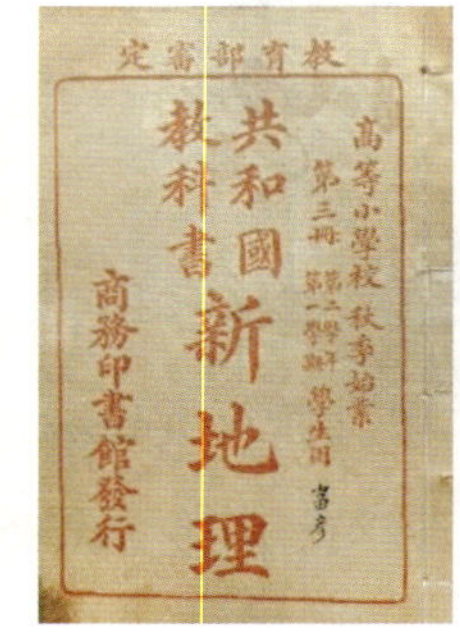

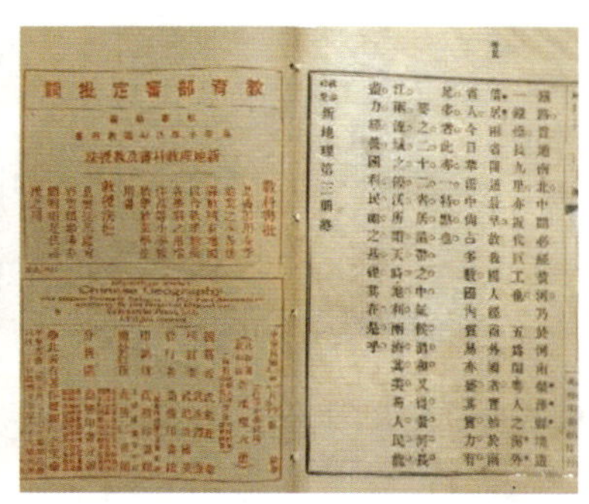

3—15

图3—15　《共和国教科书新地理》（乙种），庄俞编纂，谭廉、许国英校订，高等小学校秋季始业用，第三册，商务印书馆印行，1919年9月第五一版

高等小学校秋季始业学生用书《共和国教科书新地理》（乙种）第一册1913年9月第二四版"编辑大意"如下：（1）本书供高等小学三学年之用，用圆周法，前四册为一周，述本国地理，后二册为一周，述外国地理。（2）本书谨遵教育部新章编为六册，计每学年秋季始业迨翌年夏季共为三学期，第一、第三、第五册专供每学年第一学期之用，第二、第四、第六册专供每学年第二、第三学期之用。（3）教育部新颁小学课程表，地理与历史每周合授三时，今计第一学期应授地理二十六时，第二、第三学期应授地理三十四时，本书照此分配并于每册目录之下注明授课时间至便应用。（4）民国成立，地理上时有变迁，本书所述恰合中华民国今日现状，即外国地理凡在民国元年六月以前皆调查明确，自后如有改革，要当随时修正，务使合于教授。（5）中华民国以五大民族组织而成，是合五族为一家，不当更有外藩及藩属诸名称。本书于此等关系斟酌至当，确合共和国教科书之宗旨。（6）各省要隘租借于外人，虽属前代事实，究为我国领土，故一一详叙之，俾国民知所注意。（7）外国地理述其大概，凡世界及我国之关系记载尤详。（8）本书材料务求适合小学程度，简要明显，饶有兴趣。（9）地理与历史、国文、修身各科互有关系。本书编纂次序，尤以各科联络为主。（10）凡关于年代载明民国纪元前若干年以便推算。（11）地理最重图

画，本书每册各附形势全图及风景照片甚多，或附简明表以资复习。（12）本书另编教授法以供教员参考之用。[1]

高等小学校秋季始业学生用书《共和国教科书新地理》（乙种）第一册1922年3月第八〇版目录如下：（1）第一　中华民国　附中华民国全图；（2）第二　国都；（3）第三　直隶省；（4）第四　奉天省；（5）第五　吉林省；（6）第六　黑龙江省；（7）第七　江苏省；（8）第八　安徽省。

（3）《共和国教科书本国地理》

该书其他题名为“本国地理”[2]，由谢观、蒋维乔编纂，庄俞、谭廉校订，是中学校用书。该书分上、下两卷，通过教育部审定。上卷教育部审定批词是：“是书条理完密，取材亦精审，应准作为中学本国地理教科书。”下卷教育部审定批词是：“是书继续前册编辑，大致尚妥，应准作为中学本国地理教科书。”[3]该书上卷1913年7月初版，1923年10月第三四版，1925年2月第三五版。该书下卷1913年12月初版，1927年1月第二五版。值得指出的是，根据1919年商务印书馆出版之商务印书馆编《涵芬楼藏书目录（直省府厅州县志目录）》记载，《共和国教科书本国地理》有甲（1913年7月出版）、乙（1913年7月出版）二种，每种二册。[4]

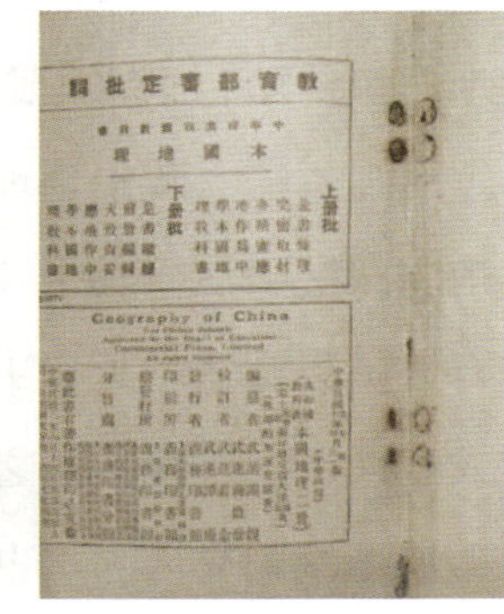

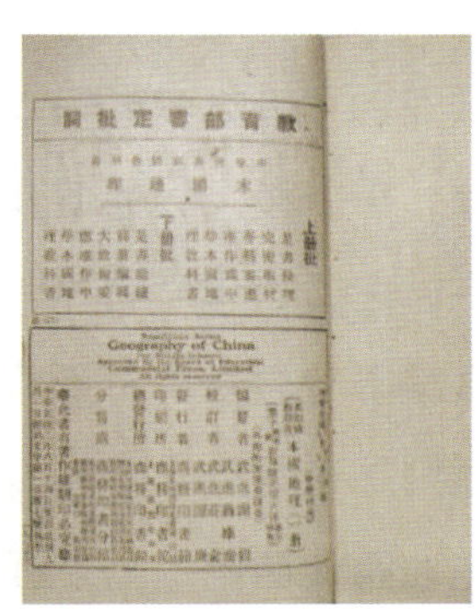

3–16

图3–16　《共和国教科书本国地理》，谢观、蒋维乔编纂，庄俞、谭廉校订，中学校用书，卷上、卷下，商务印书馆印行，1921年4月第三一版、1920年9月第二〇版

《共和国教科书本国地理》1922年3月上卷第三三版“编辑大意”如下：（1）本书系遵照教育部规定中学校地理要旨编辑，在使学者知地球之形状运动并地球表面及人类生活之状态、本国

[1] 庄俞. 共和国教科书新地理（乙种）：第一册[M]. 谭廉，许国英，校订. 24版. 上海：商务印书馆，1913：编辑大意.

[2] 王有朋. 中国近代中小学教科书总目[M]. 上海：上海辞书出版社，2010：590.

[3] 谢观. 共和国教科书本国地理：上卷[M]. 蒋维乔，校订. 35版. 上海：商务印书馆，1925：版权页.

[4] 商务印书馆. 涵芬楼藏书目录：直省府厅州县志目录[M]. 上海：商务印书馆，1919：44.

外国之国势，依部定之课程标准，分为五篇，第一篇地理概要，第二篇本国地理，第三篇外国地理，第四篇自然地理概论，第五篇人文地理概论。内中以地理概要与本国地理合为二册，外国地理别为二册，自然地理与人文地理各为一册。（2）部定中学校课程，每周授地理二时，四年毕业。本书六册，除所插图画外，合各种表式计算不过五百页，以供中学四年之用。篇幅分量，恰为适当。（3）本书内容于事实上皆调查精审，考订确当，并搜罗最新学说，或由西人转译，或由近人发明，藉以增进学生之知识，而免运用之贻误。（4）本书剪裁皆按照程度由简入繁，于分叙之前有总论以提其纲，于分叙之后有结论以扼其要，其所必需者详之，无关紧要者略之，务使眉目清醒以便学者之练习与记忆。（5）山川地名之去取，皆悉心斟酌，宜详宜略，宜轻宜重，一以现时需要为主，并载明统系，前后联络，力避矛盾疏忽之习。（6）本书于自然地理之构造，必备详其原理，地势之高下，亦备列其尺度，务使学者得有完全之知识。（7）表式为研究学问之要端，而地理尤为切用。本书于苟可制表之材料，无不搜罗排列，俾学者一览了然，且可由比较之中益明地理之大势。（8）地理之学，图说必相辅而行，书中所述皆制图插入，使生徒可相互对照，益易明瞭。此外，另加风景等杂画，俾增研究之兴味。（9）本书所述本国地理皆按全世界之趋势以立言，于本国之优点既在所必书，而于夸大之词概从删汰，庶以养成学者实事求是之风。（10）现时地理教科书于本国地理之前，冠以亚洲总论，几成通例。盖以为非此，则本国之位置不能明也。本书则以亚洲之大略归纳于本国地理第一节，于本国之位置既非无本之谈，而于世界地理之范围则不致侵入，于教授上较为便利。（11）本国之政治地理列于地方志之前，亦几为各书通例。本书则改在地方志之后，俾学者尽明各地之状况，然后及于政治之设施，则于关涉地方之处无劳详释，且可藉以观察国势之全局，于教授方法亦为合适。（12）实业军事铁路三端为现今立国命脉，本书于形势交通则综论数省之全局，于人工天产则比较数省之异同，起例发凡，以提起国民之注意。（13）本国东北西北西南等处，强邻逼处，时起交涉。本书皆据实叙述，俾学者藉知国步之现状而激发其爱国心。（14）本国原有领土之割让者，以及租借于外人者，本书必追叙情形，以儆学者。（15）地理上之实测，我国极为缺少，遇有东西国籍之记载，皆先行搜采以供研究。惟中外之尺度不同，本书皆合以中国尺度之数以便学者。（16）世界地理、人文地理、自然地理之编辑大意，另详本篇之篇首。

《共和国教科书本国地理》1922年3月上卷第三三版目录如下：

矿物）

第四章政治地理　第一节人民（种族、宗教），第二节政治（政体、邦国）

第五章结论　第一节自然政治之关系，第二节本国外国之关系

第二篇　本国地理

第一章总论　第一节境域（附中国全图）（位置、名称、幅员、国界、区划），第二节山脉（漠北诸山、漠南诸山），第三节河流（东南诸水、东北诸水、西北诸水、西南诸水、内陆河之类、交舆湖之类、容受湖之类、人工河之类），第四节地势（山岳之地、阶级之地、原野之地、海岸），第五节海（海面、海底、海流、海潮），第六节气候（大洋气候带、大陆气候带、风向、雨量），第七节物产（动物、植物、矿物）

第二章分论　第一节京兆地方，第二节直隶省，第三节热河特别区域，第四节奉天省，第五节吉林省，第六节黑龙江省，第七节京兆等六区概论（附图）

王锦福评价其优点有："（1）此书篇幅分量材料，恰为适当。（2）本书遇有讲解困难时，有谭廉君之本国地理参考书二册（商务出版）专为辅助本书之用。讲解详细，搜罗丰富。（3）政治地理，列于地方志之前，为各书之通例。此书则改在地方志后，使学者尽明各地之状况，然后及于政治之设施，于关涉地方处，无劳详释，且可藉以观察国势之全局。于教学法上，颇为适宜。"缺点有："（1）此书于自然之叙述尚可，而人与地相互之关系，极少论述。（2）此书于自然形势图太少，而风景图较多，不易引起学生之理解。（3）此书省区之区划，于自然政治两区划，均不相符（分论首述京兆地方，次直隶省，热河特别区，再次奉天省，吉林省等是）。"[1]

（4）《共和国教科书外国地理》

该书其他题名为"外国地理"，逐页题名为"中学校教科书外国地理"。[2]该书由谢观编纂，蒋维乔、傅运森校订，谭廉重订，中学校用书。全书上、下二卷，有彩图，上卷共158页，下卷112页。上卷1914年9月（1914年5月）初版，1925年8月重订第二四版。下卷1914年9月初版，1926年8月重订第十九版。值得指出的是，根据1919年商务印书馆出版之商务印书馆编《涵芬楼藏书目录（直省府厅州县志目录）》记载，《共和国教科书外国地理》有甲（1914年5月出版）、乙（1914年5月出版）二种，每种一册。[3]该书通过教育部审定，第一次审定批语是："是书选材恰当，措词简明。"第二次审定批语是："查该书遵批修改之处，尚属妥洽，应准作为中学校地理教科用书。"[4]

《共和国教科书外国地理》上卷1914年5月初版"编辑大意"如下：（1）本篇继本国地理之

[1] 王锦福. 最近三十年来中学地理课程概要及教科书之调查并批评：上[J]. 师大月刊，1935（19）：48-49.

[2] 王有朋. 中国近代中小学教科书总目[M]. 上海：上海辞书出版社，2010：603.

[3] 商务印书馆. 涵芬楼藏书目录：直省府厅州县志目录[M]. 上海：商务印书馆，1919：53.

[4] 谢观. 共和国教科书外国地理：下卷[M]. 蒋维乔，傅运森，校订. 9版. 上海：商务印书馆，1917：版权页.

后，专述外国地理之切要者，共分二册，其教材分量适敷新章一年半之用。（2）本篇所述皆采取最近调查所得者，叙断之间，一以适合于世界趋势为主，而于中外关系之处言之尤详。（3）五洲地势各有不同，民族情形亦随之各异。本篇于每洲之下，各附比较之说，俾进化迟速之故，益易明瞭。（4）环球面积水多于陆，况当世界大通洋海，尤为竞争要点。他书所述大都有陆无海，本章则分章另叙，俾地理知识益以完全。（5）本篇之末又列总论世界之大概，籍以启发学者会通之观念，俾知世界潮流之趋向及盈虚消息之理由。（6）本篇于名词之下兼列英文，以便互相考证。（7）本篇于每洲之首，附以彩色地图，俾各国大势可以一览瞭然。1919年4月第一四版“编辑大意”修改如下：增加如下条款“两极地方素称蒙昧，今则探检者踵至，情形渐明。故本篇别为一章，俾学者于世界地理知识益以完全”，修正如下条款“本篇之末又列世界各国最新之面积人口表，籍以启发学者比较会通之观念”。

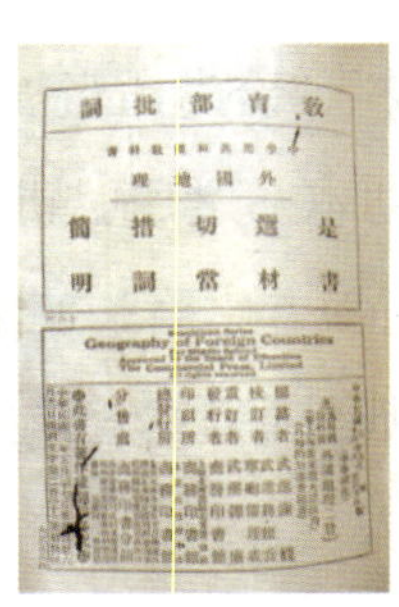

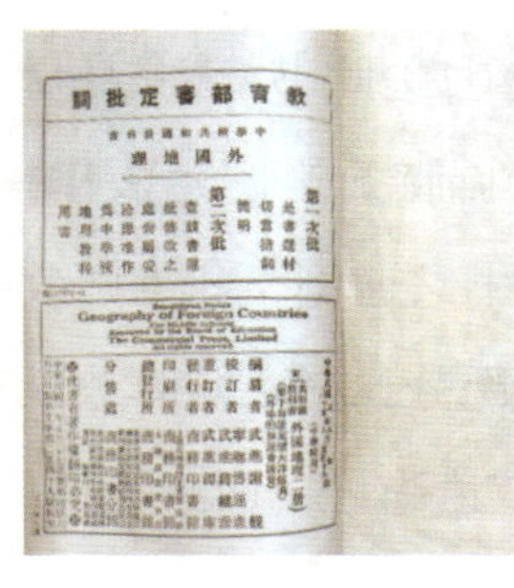

3–17

图3–17　《共和国教科书外国地理》，谢观编纂，傅运森、蒋维乔校订，谭廉重订，中学校用书，商务印书馆印行，卷上1925年8月重订第二四版、卷下1926年8月重订第十九版

《共和国教科书外国地理》上卷1919年4月第一四版部分目录如下：

第三篇　外国地理

第一章亚细亚洲（附亚细亚洲图）　第一节总论（一）地势（二）水系（三）海岸（四）气候（五）物产（六）区划，第二节至第十二节为亚洲部分国家和地区，第十三节结论（一）民族（二）宗教（三）政体（四）交通（五）特点

第二章欧罗巴洲（附欧罗巴洲图）　第一节总论（一）地势（二）水系（三）海岸（四）气候（五）物产（六）区划，第二节至第十四节为欧洲部分国家和地区，第十五节结论（一）民族（二）宗教（三）政体（四）交通（五）比较

（5）《共和国教科书人文地理》

该书逐页题名为“中学校教科书人文地理”；其他题名为“人文地理”[1]。该书由傅运森编纂，蒋维乔校订，是中学校用书。全书一册，1914年5月初版，1925年1月第一一版。值得指出的是，根据1919年商务印书馆出版之商务印书馆编《涵芬楼藏书目录（直省府厅州县志目录）》记载，《共和国教科书人文地理》有甲（1914年5月出版）、乙（1914年5月出版）二种，每种1册。[2]

[1] 王有朋. 中国近代中小学教科书总目[M]. 上海：上海辞书出版社，2010：587.

[2] 商务印书馆. 涵芬楼藏书目录：直省府厅州县志目录[M]. 上海：商务印书馆，1919：41.

《共和国教科书人文地理》1914年8月再版“编辑大意”如下：（1）人文地理泰西学者以之与天文、自然、生物三地学同列于地学总论之中，部章亦以人文地理、自然地理并列于中学课程，其重要可知。本书谨遵部章编纂，具述人文要略，供中学地理科第四学年下半年用。（2）人文地理之书编纂者向分两派，试就日本证之。其一以地为主，如长谷川贤一郎之人文地理学是。其一以人为主，如横山又次郎之人文地理学讲话是。本书编纂专以横山氏所著为本。（3）人文地理学包蕴甚广，如人类学、人种学、社会学、史学、国家学、经济学之类，皆莫能外缘，离此即无所谓人文也。本书注重地理，势难泛及。惟随宜指陈，期学者瞭然于人文发达之由来，而人与地相关之故亦自然易明。（4）本书插列图表，用之考证，地名、种族名并注西文。惟地名已叠见本馆所编自然地理者，不再加注，以免烦复。（5）本书尺度里数悉从我国，其与学术上有关者，依自然地理之例。《共和国教科书人文地理》凡六章二十二节，首述人类之起源、区分及文明之类别；次述国家、交通及世界交通与贸易之梗概。

《共和国教科书人文地理》1914年5月初版部分目录如下：

第五篇　人文地理概论

第一章人类　第一节人类原始，第二节世界岛，第三节世界之人口

第二章人类之区分　第一节种族，第二节分类之法，第三节人种之分布区域

第三章文明之类别　第一节文明之阶级，第二节天然民族，第三节游牧民族，第四节文明之发生及其分布

第四章国家　第一节地球面之占领，第二节政体之种类，第三节国之等级，第四节政治区域，第五节领地

第五章交通　第一节交通之作用及其类别，第二节铁路，第三节海路，第四节交通之进步

第六章世界交通及贸易　第一节古代之世界贸易，第二节近代之世界贸易，第三节万国邮政及电报

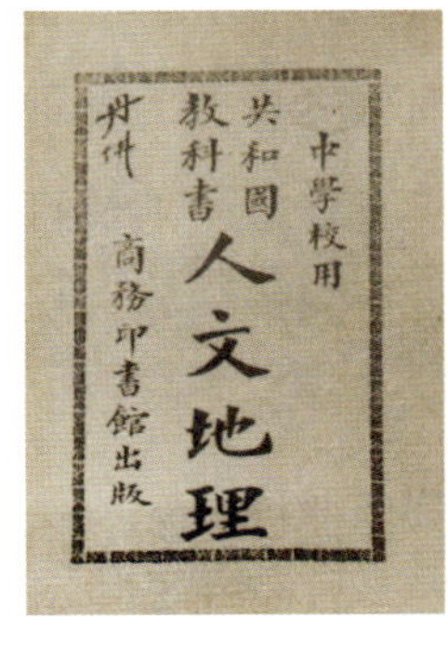

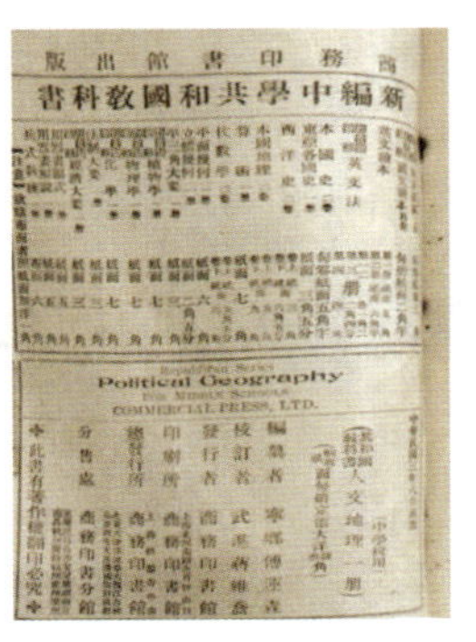

3—18

图3—18　《共和国教科书人文地理》，傅运森编纂，蒋维乔校订，中学校用书，商务印书馆印行，1914年8月再版

王锦福评价其优点有：（1）于人类之发达、人类之区分及文明之发生叙述较详，占全书三分之一以上。（2）建设交通为国家发展之唯一要图，此书于古今对内对外贸易之变迁，略述其梗概，

为他书所罕见。缺点有：（1）此书名为人文地理，而于宗教之叙述，全未提及，而宗教之发达、种类及分布等，应置之何地。（2）国家之等级后，应加上世界各国大势现状，使学者明瞭国际之大概。[1]

（6）《共和国教科书自然地理》

该书逐页题名为“中学校教科书自然地理”；其他题名为“自然地理”。该书由傅运森编纂，蒋维乔校订，是中学校用书。全书一册，1914年5月初版，1926年10月第十五版。该书通过教育部审定，认为其既系遵照已经审定之地理概要从事编辑，文字材料之未惬者亦经照签修改，应予审定作为中学校自然地理教科书。

《共和国教科书自然地理》1914年5月初版“编辑大意”如下：（1）本书遵照部章编纂，具述地文大略，以供中学地理科第四学年上半年用。（2）按泰西地学最近分为两种，曰总论地学、特论地学，犹我国之有地文学、地志也。总论地学中又分天文、自然、生物、人文四种，本书编纂即依自然地学之体裁，为狭义之地文学，庶与部定中学课程以自然地理、人文地理并列之旨相合。（3）自然地学包括陆文、海洋、气象三类，半学年内势难详悉教授。本书选材务取寻常，措词力求浅显，于海陆空三界大要无遗，俾学者对于自然现象易养成普通之智识。（4）本书引用世界地名悉注西文，并插入各项图表百余，教者学者指示证验均极有益，其地学上诸名词另编中西名称表附于卷末，尤便参考。（5）本书度量衡循世界学者通例，悉用法制（如米粁瓩等），以期精准，其海面里数，亦依各国通用之海里。

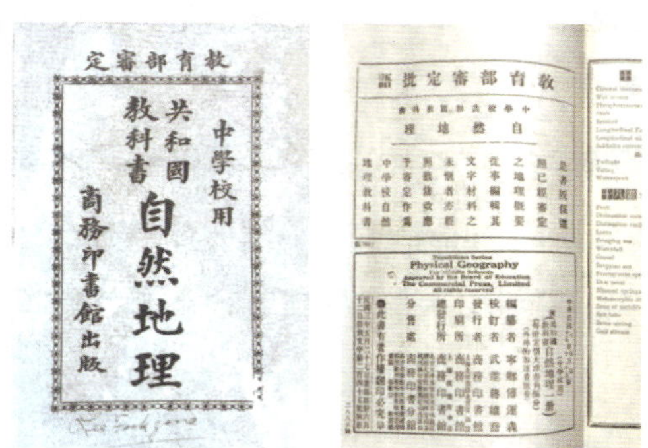

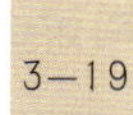

图3—19《共和国教科书自然地理》，傅运森编纂，蒋维乔校订，中学校用书，商务印书馆印行，1926年10月第十五版

《共和国教科书自然地理》包括数理、陆界、海洋、气象与生物五部，根据时间分全书为七章二十二节，数理之部述于本国地理之首，本书从略。先叙陆界变化之经过，继叙海洋之区划及特性，最后述及大气之现象及气候之寒暖与文化发达之关系等。书中各段扼要之语句，均用圈点标出，以示轻重。书顶有提要。

《共和国教科书自然地理》1920年5月第一〇版部分目录如下：

第四篇　自然地理概论

第一章地球之表面　第一节海陆之面积及立积，第二节海陆之区域，第三节大陆之干支

[1] 王锦福. 最近三十年来中学地理课程概要及教科书之调查并批评：上[J]. 师大月刊，1935（19）：51.

第二章地壳之构造　第一节岩石及其类别，第二节地层之排置

第三章地壳之变动　第一节地震，第二节火山，第三节陆地之升降

第四章地面之变化　第一节空气之作用，第二节水之作用，第三节生物之作用

第五章陆面之形态　第一节平原与台地，第二节山岳与溪谷，第三节河川与湖泽，第四节海岸线

第六章海洋　第一节海洋之干支，第二节海水之性质，第三节海水之运动

第七章气象　第一节空气之性质，第二节空气之运动，第三节空气中之现象，第四节气候

附录

王锦福评价其优点有：（1）以极简明之笔，叙述自然地理之扼要处且不太简，殊难可贵。（2）此书引用之地名，皆注西文，各种名词编有中西名称表，附于书末，极便对照。（3）自然地理学理奥妙，非图不明。此书附有图表多幅，以待说明，教学时极便对照考证。缺点有：（1）此书大体尚可，惟缺少生物地理学，稍觉失当。（2）此图之统计表陈旧腐烂，与现世流行地理课本之统计，概不相同。[1]

（7）《订正简明中国地理教科书》

该书由谢观编纂，张元济、庄俞校订，初等小学用，有甲、乙、丙（订正本）三种，每种上、下二册。版权页题名“订正初等小学简明中国地理教科书”。上册1908年10月初版，1925年2月订正三三版。下册1908年10月初版，1925年2月订正第三三版。

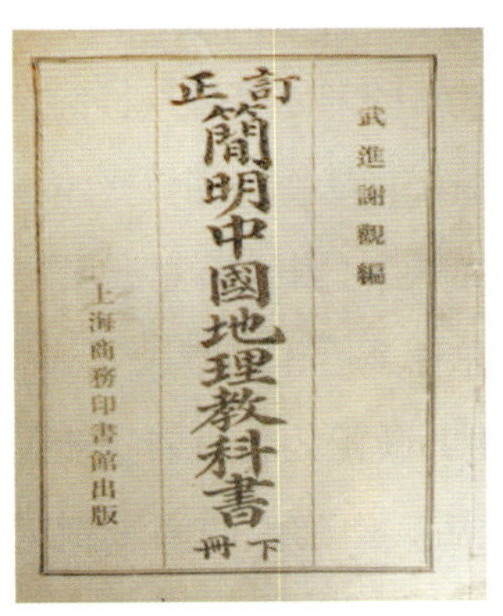

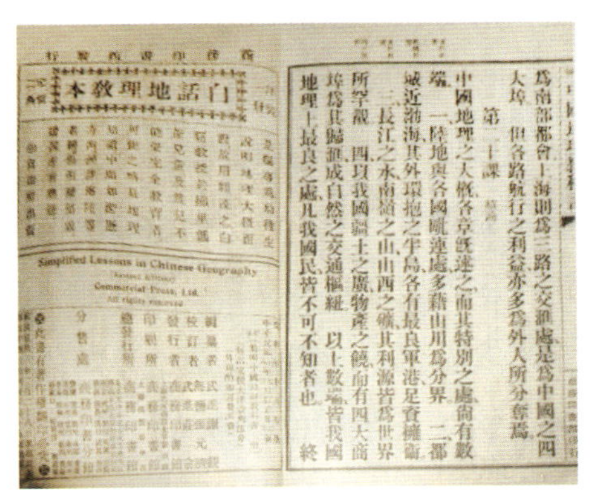

爲南部都會上海則爲三路之交匯處是爲中國之四大埠 但各路航行之利益亦多爲外人所分奪焉

第十課

中國地理之大概各章既述之而其特別之處尚有數端 一陸地與各國毗連處多藉山川爲分界 二鄰域近渤海其外環抱之半島各有最良軍港足資權衡 三長江之水南嶺之山山西之礦其利源皆爲世界所罕覩 四以我國疆土之廣物產之饒而有四大商埠爲其歸匯成自然之交通樞紐 以上數端皆我國地理上最良之處凡我國民皆不可不知者也

終

白話地理教本

Simplified Lessons in Chinese Geography

Commercial Press, Ltd.

All rights reserved

編纂者　校訂者　發行者　印刷所　總發行所　分售處

3–20

图3–20　《订正简明中国地理教科书》，谢观编纂，张元济、庄俞校订，初等小学用，下册，商务印书馆印行，1919年3月订正第二五版

《订正简明中国地理教科书》上册1928年8月订正二九版目录如下：

[1] 王锦福. 最近三十年来中学地理课程概要及教科书之调查并批评：上[J]. 师大月刊，1935（19）：50–51.

第一章中国幅员之大势

第一课疆域，第二课区划，第三课地势，第四课本部一，第五课本部二，第六课本部三，第七课本部四，第八课本部五，第九课满洲　新疆，第十课蒙古，第十一课青海（有版本无青海）西藏，第十二课中国区划表，第十三课山地　倾斜地，第十四课高原，第十五课平原，第十六课低原　黄土，第十七课沙漠，第十八课海岸一，第十九课海岸二，第二十课长城

第二章名山大川之梗概

第一课山脉总说，第二课葱岭，第三课希马拉雅山，第四课昆仑山，第五课天山，第六课横断山脉，第七课北岭　南岭，第八课阴山　长白山，第九课阿尔泰山，第十课山脉统系表，第十一课河流总说，第十二课黄河，第十三课扬子江（有版本称长江），第十四课珠江（有版本称粤江），第十五课黑龙江，第十六课沿海诸水　运河，第十七课注境外之水，第十八课内陆河，第十九课湖泽，第二十河流比较表

（8）《（订正）中学新体中国地理》

该书其他题名为“新体中国地理”“中学堂教科书新体中国地理”。臧励龢编纂，谢观校订，赵玉森重订，中学校用。该书1908年1月初版，1913年12月第十二版。

《（订正）中学新体中国地理》1912年9月第一〇版“凡例”如下：（1）是书编订期合普通中学校程度。据教授家之经验，教授地理必注重地图，使学者得有明确之观念，摹绘暗射以及实地指示，糜费时间颇多。故此编讲授时间仅居课业三分之二。（2）研究地图必由略而详，是编附图，凡山川形势、港岸道路皆取便教科，以本书所详者为限，而位置则以舆地学会所编之本为断。（3）普通中学教科地文学当别为一编，然地球与天体之关系，并地球结构及水陆气三界要略，不可不略述梗概，以助学者想像之力，故是编附于总论之内。（4）日本讲授本国地理，类以本国总论发端，若亚洲总论则列于世界地理之中。然吾国位于亚洲大陆与日本不同，若不先明亚洲大势，则讲授本国地理扞格良多。故于地理学总论之后，即继以亚洲总论，又次地方志，务使纲举目张，便于学者记忆。（5）大局形势岁有变更，政治改良日有进步，故各国地理学会每岁必出一新图籍，其前一年所用者辄行弃置。民国成立后，一切设施尚未制定，兹编调查姑以前清宣统二年为断。俟民国制度大定，重加订正。（6）总论于山川脉络海岸曲折仅举大纲，若山脉异名，川流派别及某山某水关系仅属一方偶者，港湾岬角之关于要害者，则于地方志分详之。（7）铁道商埠关系时局，皆于总论中列表明之。至商埠盛衰之情形，铁路经行之轨道，则于地方志分详之。（8）地理学与历史最有关系，兹以限于时间，古今沿革不能备举。然为联络历史学之观念，又不能尽付阙如。故于总论中著沿革一篇，地方志中亦略举其要，俾资读史之用。（9）地方志通例若就各区域详细记载，恐所占教授时间过多，转多窒碍。故以省为纲，分详山川海岸形势道路气候风俗物产商埠于下。（10）欧力东渐，受侮日盛，租界侵地，见告者屡。此编特为缀录，附诸地方志

之末。所以惩已往毖将来也。（11）吾国疆域辽阔，从前府厅州县，名称繁多。现在民国编制未定，仍按前清道府直隶州直隶厅州县别录一编付诸卷末。至东三省政域在清光宣之际，屡有更变。俟民国划定后，于再版列入。兹暂仍原书之旧，以免分歧。（12）此编里数，地理学总论、亚洲总论均以英里计，中国总论及地方志均以华里计。

《中学新体中国地理》1911年4月第八版"凡例"指出，是书原稿曾以课授广东陆军小学，兹复详加删订，求合于普通中学教科书。凡本国地理应有之知识，颇参考各种教本，酌定其详略繁简，约计讲授时间足供百八十课。

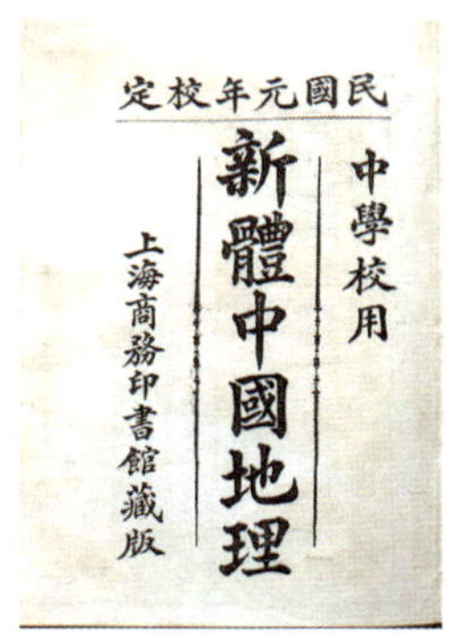

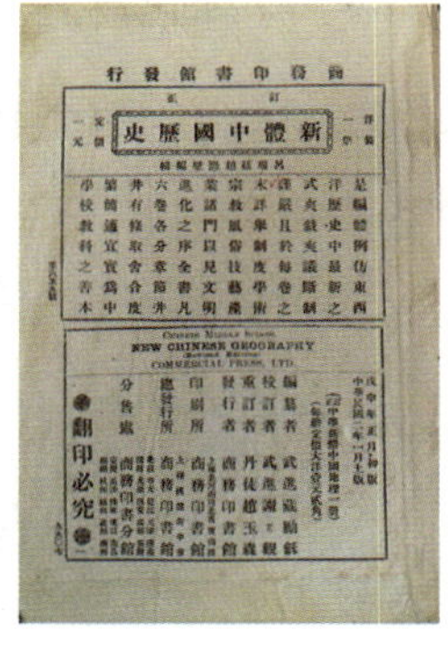

3—21

图3—21　《新体中国地理》，臧励龢编纂，谢观校订，赵玉森重订，中学校用，商务印书馆印行，1913年3月第十一版

《新体中国地理》1912年9月第一〇版部分目录如下：

第一编地理学总论

第一章地理学之发端，第二章天文地理学，第三章地文地理学，第四章人文地理学

第二编亚细亚洲总论

第一章地文地理，第二章人文地理

第三编中国总论

第一章地文地理，第二章人文地理

第四编地方志

第一章黄河流域，第二章扬子江流域，第三章珠江流域，第四章关东及新疆，第五章蒙古青海西藏，第六章附录。可见，《新体中国地理》既注意克服传统的中国地理描述中区域地理与自然地理分离的倾向，又注意贯彻人地关系的原理[1]

王锦福评价其优点有：（1）全体分量均匀，无过多不足之弊。（2）总论之部对于山川脉络、海岸曲折，仅举大纲。地方之部于山脉异名、川流派别及港湾岬角之要害者，则详述之。学者可收温故知新、一举两得之效。（3）地理学与历史学关系密切，如详述沿革，则时间不足，若略而不举，则与历史的联络完全消失。本书于中国总论中，著有沿革一篇，使资读史。（4）各省地文中，略述风俗之大概，在今日之课本中，殊属少见。缺点有：（1）地方志于各省之都市，仅举

[1] 邹振环. 晚清西方地理学在中国：以1815至1911年西方地理学译著的传播与影响为中心[M]. 上海：上海古籍出版社，2000：291.

一二，其他重要城市及边疆要害，则尽付阙如，殊欠适当。虽有附录（非附录章）之补助，亦仅略举道府县之区划而已。（2）地方志中之附录章应包括在总论之内，于其所在之省份中，再详论之，以激发国民之爱国心，而仇视外人侵略之不当。（3）插图太少，使学者于自区域之观念容易漠视。（4）亚洲总论部以英里计，中国总论及地方志部以华里计，于比较上颇感困难。[1]

2.“普通教科书”系列的地理教科书

“普通教科书”系列主要有：《普通教科书新国文》（国民学校、高等小学校春季始业学生用书）、《普通教科书新国文教授法》（秦同培编纂，国民学校春季始业教员用）、《普通教科书新修身》（国民学校、高等小学校春季始业学生用书）、《普通教科书新算术》（国民学校、高等小学校春季始业学生用）、《普通教科书新算术教授法》（寿孝天编纂，国民学校春季始业教员用）、《普通教科书新历史》（高等小学校春季始业学生用书）、《普通教科书新商业》（高等小学校秋季始业学生用书）、《普通教科书新地理》（高等小学校秋季始业学生用书）、《普通教科书自然地理》（中学校用书），等等。“普通教科书”系列的地理教科书如下。

（1）《普通教科书新地理》

该书由谭廉编纂，其他题名为“新地理”。该套教科书有高等小学校春季、秋季始业学生用书两种，均为六册，通过教育部审定。高等小学校春季始业学生用书《普通教科书新地理》的第三册1915年12月初版，第五册1915年12月第六版。高等小学校秋季始业学生用书《普通教科书新地理》的第四册1915年12月初版，第五册1915年12月初版。两种书其余各册出版时间待考。

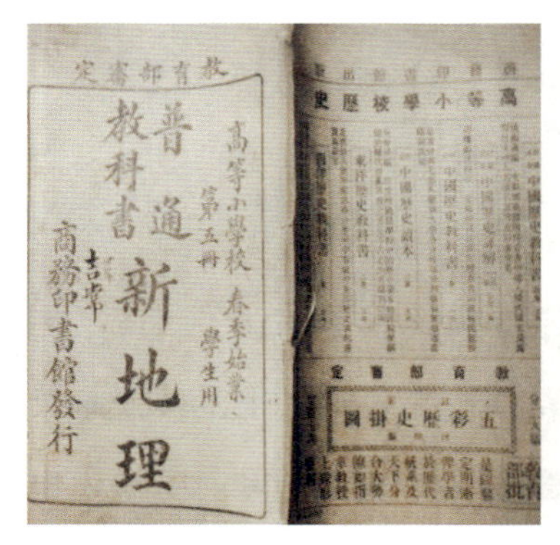

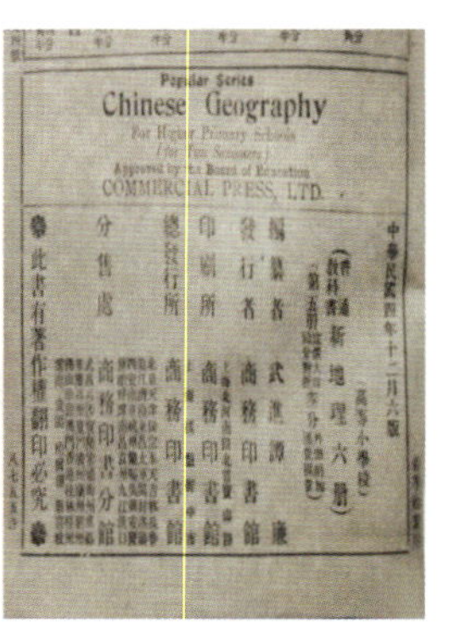

3—22

图3—22 《普通教科书新地理》（高等小学校春季始业学生用），谭廉编纂，第五册，商务印书馆印行，1915年12月第六版

（2）《普通教科书自然地理》

该书由傅运森编纂，蒋维乔校订，中学校用，通过教育部审定。全书一册，1915年12月初版，1921年6月第十二版，1926年10月第十五版。

3.“实用教科书”系列的地理教科书

“实用教科书”系列主要包括：（1）《实用国文教科（授）书》（国民学校、高等小学用）、

[1] 王锦福. 最近三十年来中学地理课程概要及教科书之调查并批评：上[J]. 师大月刊，1935（19）：41-42.

《实用修身教科（授）书》（国民学校、高等小学用）、《实用算术教科（授）书》（国民学校用、高等小学用）、《实用历史教科（授）书》（高等小学用）、《实用理科教科（授）书》（高等小学用）、《实用地理教科（授）书》（高等小学用）等；（2）中学用《初等实用物理学教科书》《实用教科书物理学》《实用教科书植物学》《实用教科书修身》《实用教科书国文》《实用教科书本国史》《实用教科书本国地理》等。商务印书馆“实用教科书”系列之地理教科书为《实用地理教科书》。

《实用地理教科书》其他题名为“高等小学实用地理教科书”[1]“实用高等小学地理教科书”。该书由北京教育图书社编纂，陈宝泉、谭廉校订，高等小学校春季始业学生用书，全书六册，1915年初版。该书通过教育部审定。《实用地理教科书》第二册1916年4月第十六版版权页刊登的该书“教育部审定批词”如下：“选材简要，措词显明（一二册），体裁与前二册相符，词意亦简明适用（第三册）”。《实用地理教科书》第四册1921年11月第十八版版权页刊登的该书“教育部审定批词”如下：“第一二册选材简要，措词显明，第三至六册体裁与前二册相符，词意亦简明适用，应准审定作为高等小学地理教科用书”。

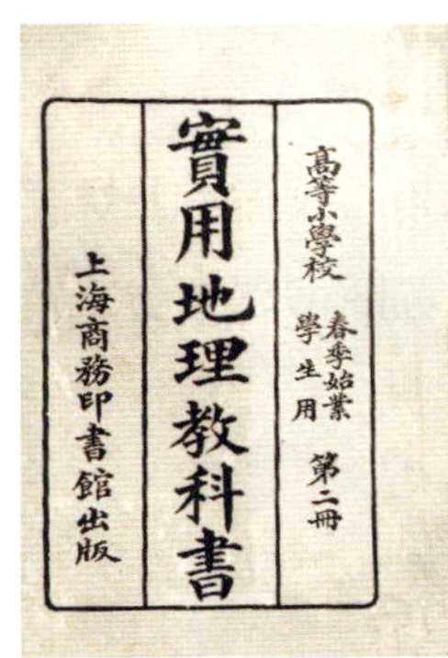

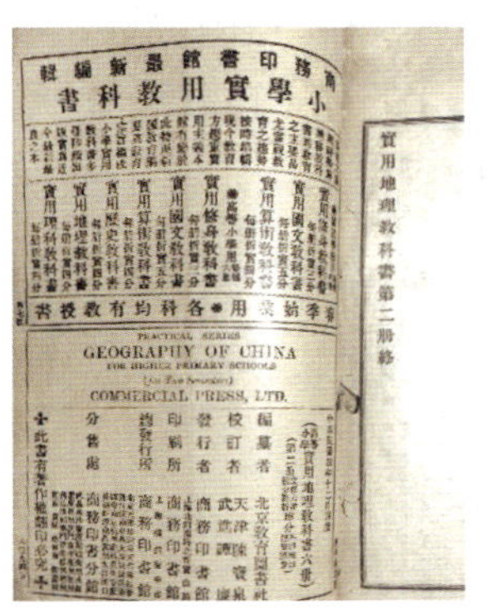

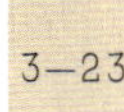

图3—23　《实用地理教科书》，北京教育图书社编纂，陈宝泉、谭廉校订，高等小学校春季始业学生用，第二册，商务印书馆印行，1915年12月第四版

《实用地理教科书》第一册1915年12月第一〇版“编辑大意”如下：（1）本书遵照新颁高等小学校令及教育宗旨编纂，定全书为六册，每年用二册，足供高等小学地理科三年之用。（2）本书用圆周法编纂，前四册为一圆周述本国地理，后二册为一圆周述外国地理。（3）高等小学每周教授地理与历史科匀分时数，每年除各项假日及复习时间外，假定为四十周，每半年约授课三十小时，本书即准此分配，某课可教授若干时间注明于目录之下，教员临时颇有活用之余地。（4）本书以实用为主，凡地理之关系于工商业发达与否、交通便利与否、物产丰盛与否尤为注意。（5）沿边各区与国防至有关系，本书特编数课，将边界要地一一指出，且附中外境界对照表，使学生于沿边大势瞭如指掌。（6）租界及割让地主权虽不我属，究系我国原有之领土，本书亦另行详述，籍以激发学生爱国之观念。（7）近时分划之各特别区域，本书亦分析叙述，附于原属各地之后，

[1] 王有朋. 中国近代中小学教科书总目[M]. 上海：上海辞书出版社，2010：245.

使新旧区划不至扞格。（8）外国地理述其大概，凡与我国有密切之关系，足资攻错者记载尤详，译音则取现今最通用者。（9）教授地理最重图画，本书各册附形势全图及风景照片多幅，每册结束处更附各省都会商埠表及暗射图以资复习。（10）地理之变迁日异而不同。本书所述恰合现状，自后如有改革，当随时修正，务使合于教授。（11）本书为利便教授，计每册均别编教员用书。

《实用地理教科书》第一册1915年12月第一〇版部分目录如下：第一章中国地理总论，第二章京兆，第三章直隶省　附热河特别区域　察哈尔特别区域，第四章山东省，第五章山西省　附绥远特别区域，第六章河南省，第七章陕西省，第八章甘肃省，第九章燕鲁晋豫秦陇诸省总说，复习一黄河流域诸省及各特别区域都会商埠表，复习二黄河流域诸省及各特别区域暗射图。

商务印书馆另配套编有《实用地理教授书》1种6册（北京教育图书社编纂，陈宝泉、谭廉校订。

（三）其他书坊出版的新体地理教科书

1. 中国图书公司出版的新体地理教科书

中国图书公司出版新体地理教科书4种22册、教授法1种1册、教授书1种6册、参考书2种12册。

（1）《中华民国高等小学地理课本》

该书是清末姚明辉编辑，沈恩孚、夏日琖、华国铨校订《高等小学地理课本》的改正本。姚明辉编辑，沈恩孚、夏日琖校订，封面题名为“中华民国高等小学地理课本”，江苏图书审查会采定用书，第一学年上学期至第二学年上学期用。[1]全书八册，1912年初版。

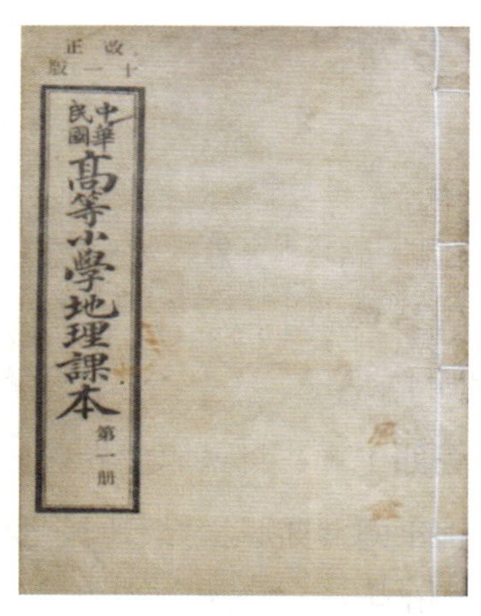

图3–24　《中华民国高等小学地理课本》，姚明辉编辑，沈恩孚、夏日琖校订，第一册，改正第十一版，商务印书馆发行，1912年4月初版

（2）《高等小学新地理教科书》

该书由姚明辉编辑，小学地理教科研究会校订，谭廉修订，高等小学秋季始业学生用书，通过教育部审定。全书六册，1913年初版。

[1] 王有朋. 中国近代中小学教科书总目[M]. 上海：上海辞书出版社，2010：244.

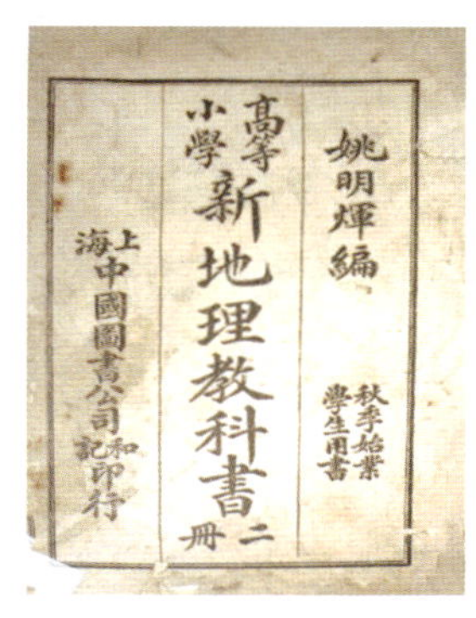

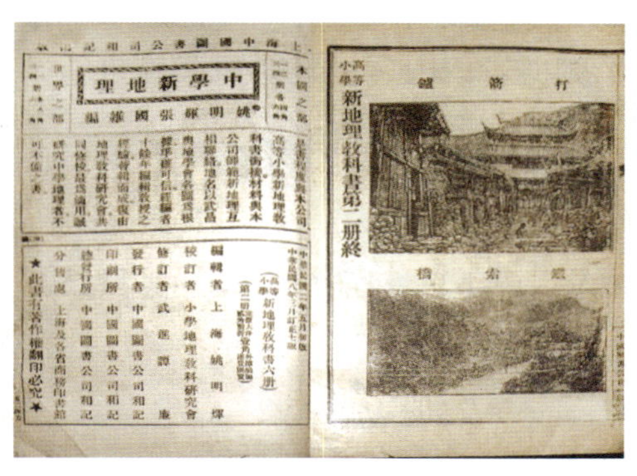

3–25

图3–25　《高等小学新地理教科书》，姚明辉编辑，小学地理教科研究会校订，谭廉修订，高等小学秋季始业学生用书，第二册，中国图书公司和记发行，1919年3月订正第十一版

（3）《中学新地理：本国之部》

该书由姚明辉、张国维编纂，中学地理教科研究会修校，中国图书公司和记发行。全书四册，1913年5月至1915年4月出版。

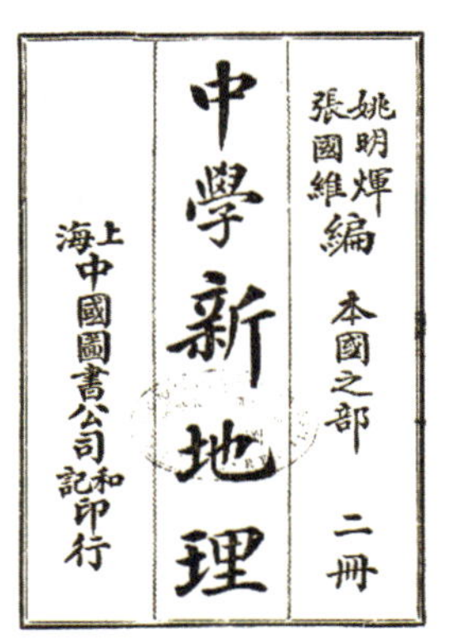

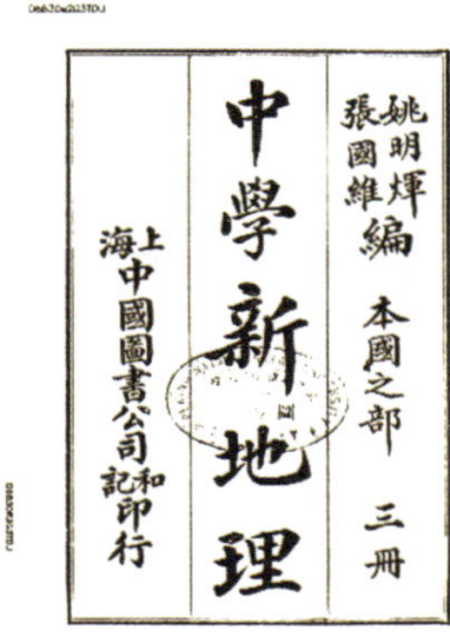

3–26

图3–26　《中学新地理：本国之部》，姚明辉、张国维编纂，中学地理教科研究会修校，第二册（1920年6月第四版）、第三册（1920年10月第三版），中国图书公司和记发行

《中学新地理：本国之部》第二册1920年6月第四版目录如下：

第二章本国沿海一带地方志

第一节渤海，第二节黄海北部，第三节黄海南部，第四节东海，第五节南海

第三章长江流域一带地方志

第一节江苏省，第二节浙江省，第三节安徽省，第四节江西省，第五节湖北省，第六节湖南省，第七节四川省。

《中学新地理：本国之部》第三册1920年10月第三版目录如下：

第四章黄河流域一带地方志

第一节山东省，第二节直隶省，第三节河南省，第四节山西省，第五节陕西省，第六节甘肃省

第五章粤江流域一带地方志

第一节福建省，第二节广东省，第三节广西省，第四节贵州省，第五节云南省

第六章东三省地方志

第一节奉天省，第二节吉林省，第三节黑龙江省

第七章蒙古

第一节内蒙古，第二节外蒙古

第八章新疆省

第一节新疆省

第九章西藏

第一节康，第二节卫，第三节藏，第四节阿里

第十章青海

第一节青海

（4）《中学新地理：世界之部》

该书由姚明辉、张国维编纂，中学地理教科研究会修校，中国图书公司和记出版。[1]全书四册，1914年初版，1913年5月初版。[2]《师范新地理》第一册1920年10月第三版广告页对该书介绍如下："是书程度与本公司高等小学新地理教科书衔接，材料与本公司师范新地理互相联络，地名与武昌舆地学会各图为根据，准确可信。经编者十余年编辑教授之经验荟辑而成，复由地理教科研究会共同修校，最为适用，诚中学地理研究者不可不备之书。"

《中学新地理：世界之部》第一册1915年版目录如下：

第一章世界地理总论

第一节世界之列国，第二节世界之住民，第三节世界之气候，第四节世界之产业，第五节世界之交通

第二章亚细亚洲

第一节总论，第二节亚细亚俄罗斯，第三节亚细亚土耳其及阿剌伯，第四节伊蘭诸国，第五节印度，第六节印度支那，第七节日本，第八节亚细亚结论

第三章澳萨尼亚洲总论

第一节澳斯大剌拉西亚，第二节南洋群岛，第三节太平洋诸岛，第四节澳萨尼亚洲括论。

《中学新地理：世界之部》第三、四合册1915年版第三册自然地理目录如下：

第一章地球与天体之关系

第一节地球之成因，第二节地球之状态，第三节地球之运动，第四节地球仪，第五节

[1] 王有朋. 中国近代中小学教科书总目[M]. 上海：上海辞书出版社，2010：590.

[2] 北京图书馆，人民教育出版社图书馆. 民国时期总书目：1911—1949（中小学教材）[M]. 北京：书目文献出版社，1995：237.

时，第六节月，第七节历

第二章陆地之情状

第一节陆地之形状，第二节陆地之变动，第三节地形之类别

第三章海洋之情状

第一节海岸之形状，第二节海底之形状，第三节海水之性质，第四节海水之温度，第五节海水之运动

第四章气界之情状

第一节大气之性质，第二节大气之运动，第三节大气中之水，第四节大气中之光，第五节天气与气候

第五章生物

第一节生物与地势气候之关系，第二节生物之分布，第三节生物之传播。

2. 新学会社出版的新体地理教科书

新学会社出版的新体地理教科书代表作主要有胡朝阳原著，江起鹏、周世棠、江起鲲订正之《地理启蒙》（订正本）等。

该书由奉化胡朝阳原著，卷端题名“第一简明地理启蒙”，二次订正者奉化江起鹏，三次订正者奉化周世棠，四次订正者奉化江起鲲，初等小学教科书。全书二册，前编出版时间待考。后编1908年初版。

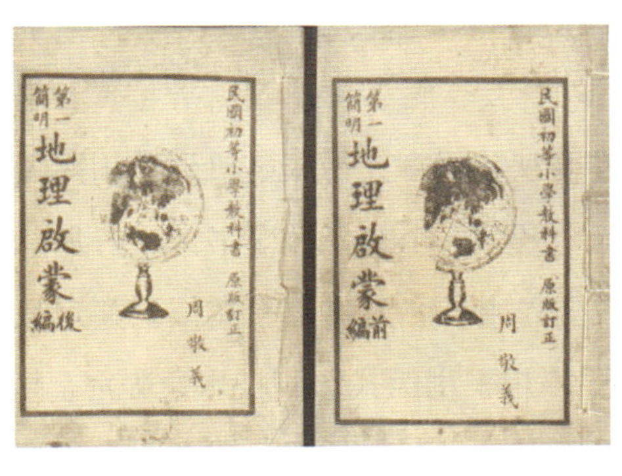

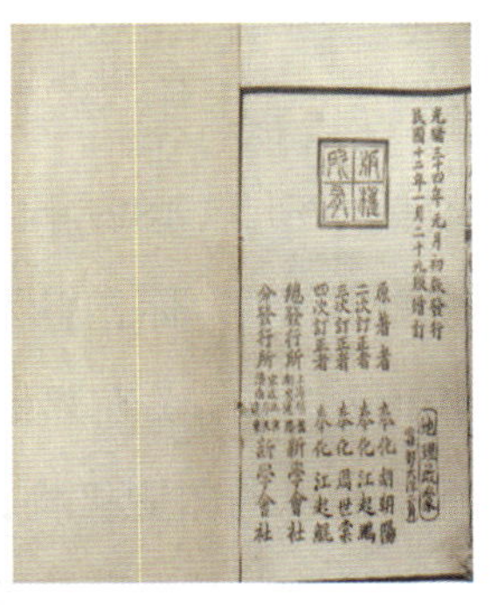

3—27

图3—27 《第一简明地理启蒙》，原著者奉化胡朝阳，二次订正者奉化江起鹏，三次订正者奉化周世棠，四次订正者奉化江起鲲，下编，上海新学会社印行，1923年1月二十九版增订

《第一简明地理启蒙》“凡例”如下：（1）是书专为蒙学而辑，分前后二编九十七课，课附以图。（2）是书先释地理名词，次述各省及藩属，终论人民政教。（3）每省先叙境界及山川气候物产，次详都会要害商埠。（4）每省地图加入地形，为便记忆兼资模仿。图中一实地，一象形，尤便比较。（5）章句由短而长，文义力求浅近。（6）每课附问题一二条，以便教师发问。

《第一简明地理启蒙》前编目录如下：

第一课地球，第二课东西半球，第三课水陆，第四课大陆，第五课大洋，第六课山，第七课山脉，第八课峰冈岭，第九课溪谷，第十课火山，第十一课岛，第十二课平原，第十三课沙漠，第十四课半岛岬，第十五课地峡，第十六课海岸，第十七课水，第十八课

洋海，第十九课海湾海峡，第二十课江河，第二十一课潮汛，第二十二课湖，第二十三课区域，第二十四课天然区域，第二十五课续前，第二十六课人造区域，第二十七课续前，第二十八课续前，第二十九课续前，第三十课续前，第三十一课国别，第三十二课省，第三十三课道区县域，第三十四课城，第三十五课镇，第三十六课乡，第三十七课商埠，第三十八课直隶省一，第三十九课直隶省二，第四十课山东省一，第四十一课山东省二，第四十二课山西省一，第四十三课山西省二，第四十四课河南省一，第四十五课河南省二，第四十六课陕西省一，第四十七课陕西省二，第四十八课甘肃省一

3. 北平文化学社出版的新体地理教科书

北平文化学社位于北平兴华门前。北平文化学社印行之新体地理教科书主要是殷祖英著《初中师范适用教本世界地理》。该书全二册，1915年9月初版。

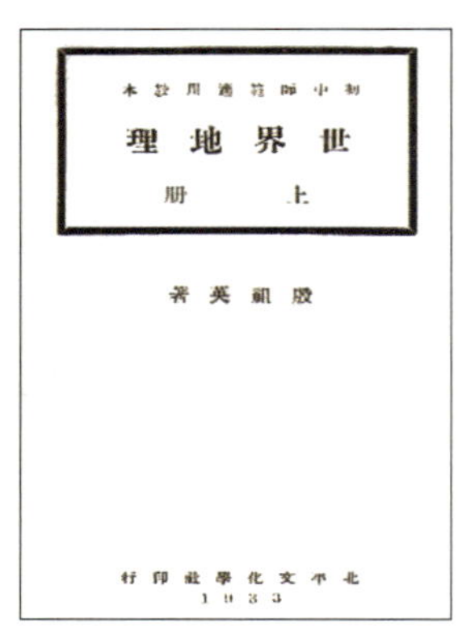

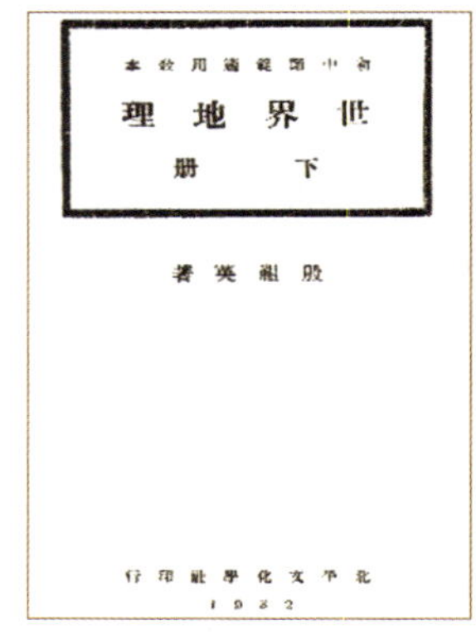

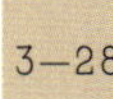

图3—28　《初中师范适用教本世界地理》，殷祖英著，上册、下册，北平文化学社出版，1933年2月第八版、1932年8月第五版

4. 华英书局出版的新体地理教科书

华英书局是基督教的出版机构。光绪二十三年（1897年）赫斐秋从加拿大带印字机到四川嘉定（现乐山）开设印字馆，专印教会的文件和书籍[1]，标志着华西地区第一个基督教印书馆——加拿大监理会印书馆（Canadian Methodist Mission Press）在嘉定成立，中文名为嘉定教文馆。嘉定教文馆成为了长江上游、汉口以西最早使用印刷机的印刷机构，开四川采用西式印刷技术之先河。[2]教文馆开工以后业务繁忙，美国圣经会、英国圣书公会、华西圣教书会、基督教华西教育联合会都与之建立起业务关系，大量的订单，迫使教文馆不断增添印刷设备去适应形势发展的需要。教文馆新负责人文焕章敏锐地预见到成都将在不远的将来成为华西传教中心，毅然决定将教文馆迁到成都去。光绪三十年（1904年）秋，印刷所从嘉定迁至成都四圣祠北街20号，光绪三十一年（1905年）四月举行书局开幕典礼，中文定名为华英书局，英文名是“Canadian Mission Press”，主要印刷出版华西基督教书刊、教会文件、藏、苗等少数民族的书籍，直到1951年7月才消失。华英书局出版之新体地理教科书主要是华英书局编、华英书局印行的《国民学校新地理教科书》。[3]

[1] 张泽贤. 民国出版标记大观续集：精装本[M]. 上海：上海远东出版社，2012：213.

[2] 李灵，陈建明. 基督教文字传媒与中国近代社会[M]. 上海：上海人民出版社，2013：219-220.

[3] 王有朋. 中国近代中小学教科书总目[M]. 上海：上海辞书出版社，2010：242.

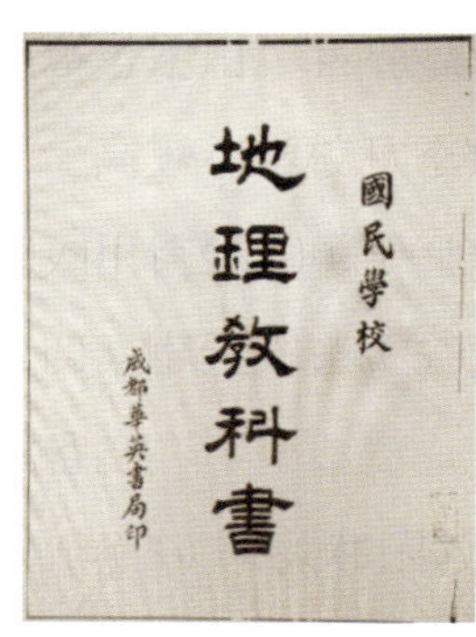

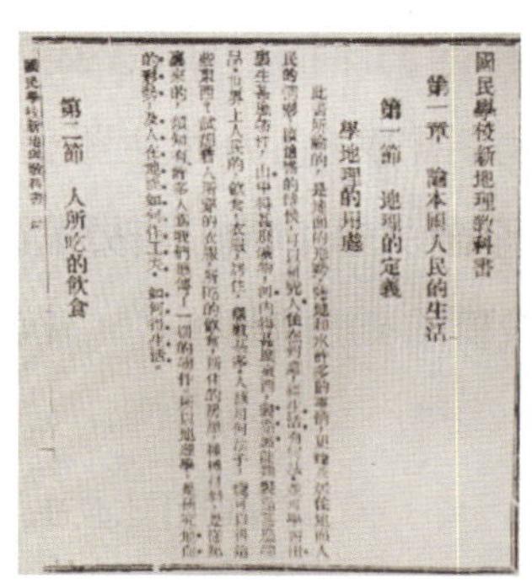
國民學校新地理教科書

第一章 論本國人民的生活

第一節 地理的定義

學地理的用處

第二節 人所吃的飲食

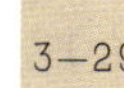

图3—29 《国民学校新地理教科书》，成都华英书局编，成都华英书局印行

5. 益森印刷公司印刷的新体地理教科书

从目及文献来看，益森印刷公司至少有京城益森印刷公司[1]、北洋益森印刷公司[2]和京师益森印刷公司[3]三种提法。益森印刷公司印刷之新式地理教科书主要是贺尹东编纂与发行的中学教科用《最新外国地理》。

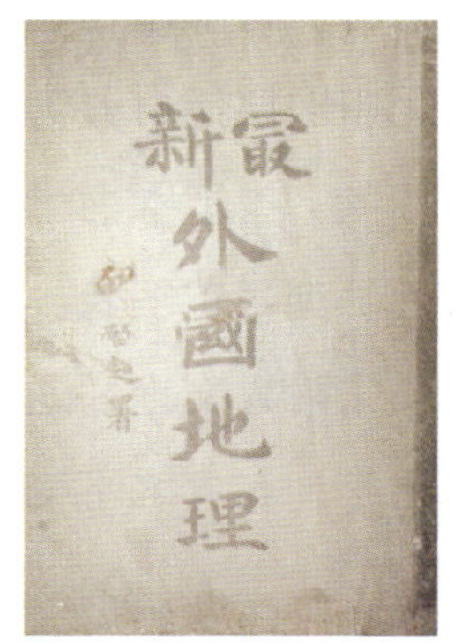

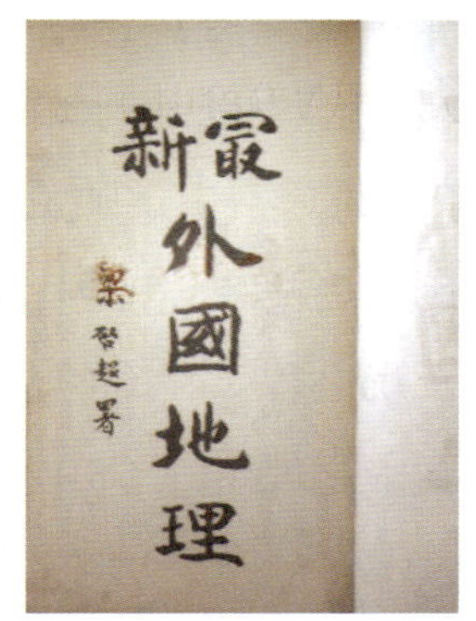

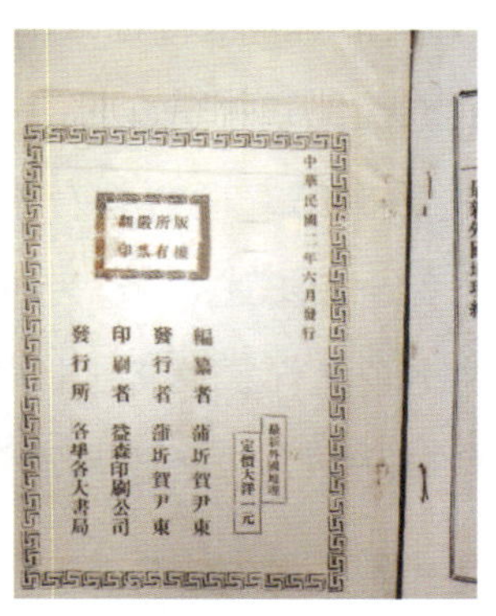
中華民國二年六月發行

版權所有 翻印必究

編纂者 蒲圻賀尹東

發行者 蒲圻賀尹東

印刷者 益森印刷公司

發行所 各埠各大書局

最新外國地理 定價大洋一元

3—30

图3—30 《最新外国地理》，贺尹东编纂，益森印刷公司印刷，1913年6月初版

《最新外国地理》1913年6月初版“凡例”如下：（1）本书系采集新旧译本外国地理及各种游记各种报纸而成，易稿至四五次，曾试教岳州府中学、京师求实中学、湖北旅京中学、八旗中学，尚合教科之用。（2）书中地名悉本邹氏中外全图，绝无前后歧异之弊。（3）本书以新近切实为主，所载面积人口皆据最近之调查。此外，世界近事如瑞典挪威之分离，巴拿马及保加利亚之独立，库页岛之割让，日韩之合并，葡萄牙之共和，他书所未及者，本书皆叙及之。惟地理变迁月异而岁不同，疏漏之处或所不免，阅者谅之。（4）近时风云皆在欧亚，故纪欧亚较他洲特详。（5）书中“哩”英里也，“呎”英尺也，凡里尺旁无口字者，概为华里华尺。

《最新外国地理》1913年6月初版包括甲编亚洲之部、乙编欧洲之部、丙编非洲之部、丁编南美洲之部、戊编北美洲之部、己编海洋洲之部。

[1] 虞和平. 张謇：中国早期现代化的前驱[M]. 长春：吉林文史出版社，2004：450.

[2] 任云兰. 近代天津的慈善与社会救济[M]. 天津：天津人民出版社，2007：282.

[3] 臧健，董乃强. 近百年中国妇女论著总目提要[M]. 长春：北方妇女儿童出版社，1996：457.

6. 上海泰东图书局出版的新体地理教科书

泰东图书局1915年创建于上海，设在福州路、山西南路的西面，门市部设于四马路（今福州路）的昼锦里青莲阁茶楼底层，欧阳振声任总经理，谷钟秀任总编辑。[1]

上海泰东图书局出版之新体地理教科书大部分由谷钟秀编，《最新外国地理》1917年2月出版。该书中学校用[2]，全书上、中、下三卷一册[3]，通过教育部审定[4]。

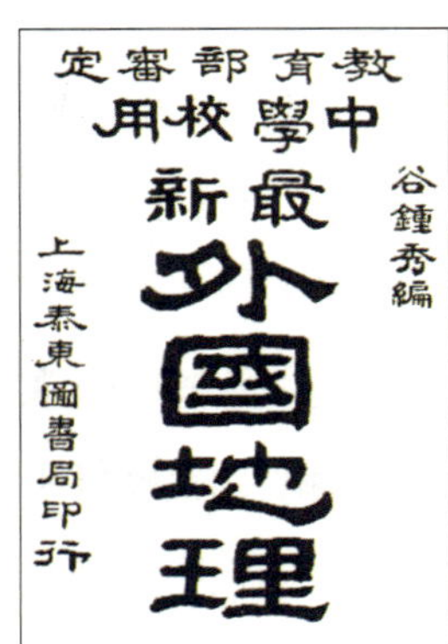

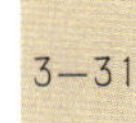

图3—31　《最新外国地理》，谷钟秀编，上海泰东图书局印行，1917年2月初版

《最新外国地理》1917年2月初版“凡例”如下：（1）本书专述外国地理之一切要旨，分为上、中、下三卷，其教材分量及先后次第，适合教育部颁定新章，中学师范之用。（2）本书于中外关系处特详，而于领土属国之变迁皆陈述始末，唤起国民之注意。（3）讲习地理最重图表。本书精制图表至二百余幅，于统计比较尤详，冀养成国民正确之智识。（4）本书末附人文地理通说，籍以启发学者会通之观念，俾知世界大势所趋及消息盈虚之理由。（5）本书于地名人名下皆附以英文，以便参证。

《最新外国地理》1917年2月初版上卷分三编：第一编地理通说、第二编亚细亚总论、第三编亚细亚特论。中卷分两编：第一编欧罗巴总论、第二编欧罗巴特论。下卷分两编：第一编阿非利加总论、第二编阿非利加特论。

7. 地理图志社出版的新体地理教科书

地理图志社出版的新体地理教科书主要是《世界地理图志》《中华地理图志》。《世界地理图志》由四川大足彭昌南编辑，中学教科书，通过教育部审定，成都泰阶印刷社印刷，地理图志社发行，1913年1月初版。《中华地理图志》亦由四川大足彭昌南编辑，全书二卷，地理图志社发行。

[1] 张泽贤. 民国出版标记大观：精装本[M]. 上海：上海远东出版社，2012：384.

[2] 王有朋. 中国近代中小学教科书总目[M]. 上海：上海辞书出版社，2010：603.

[3] 北京图书馆，人民教育出版社图书馆. 民国时期总书目：1911—1949（中小学教材）[M]. 北京：书目文献出版社，1995：237.

[4] 王有朋. 中国近代中小学教科书总目[M]. 上海：上海辞书出版社，2010：603.

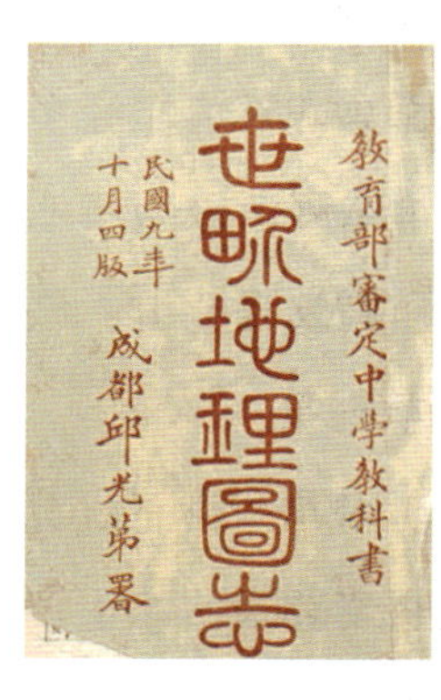

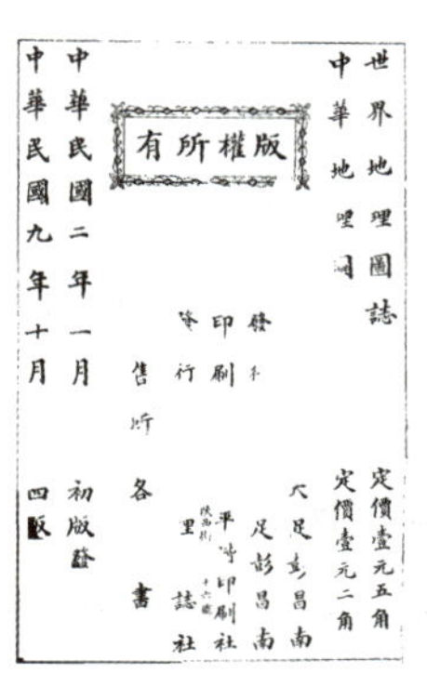
世界地理圖誌 定價壹元五角
中華地理圖誌 定價壹元二角
版權所有
大足彭昌南
足彭昌南
印刷 平等印刷社
行 里誌社
售所 各書
中華民國二年一月初版發
中華民國九年十月四版

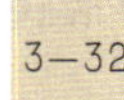
3—32

图3—32　《世界地理图志》《中华地理图志》，四川大足彭昌南编辑，地理图志社发行，成都泰阶印刷社印刷，1913年1月初版、1920年10月第四版

《世界地理图志》1920年10月第四版“编辑大意”如下：（1）图表地理之形势说表地理之精神，如形影之相随，如辅车之相依，可合而不可分者也。顾著书者与著图者每分道而驰，或详略互异，或译名各别，靡费脑力，莫此为甚。即或相互照应矣，而图自图，书自书，又苦翻阅之不便，教授进行因而迟缓。兹编合图书为一，冶用志不分而精神形势两无遗憾，且不至××时间。故本编于地理普通智识应有尽有，较他书为丰富，而以编者经验，非此不足供百二十小时之用，所谓事半而功倍，用力少而成功多者此也。又寻常购图之价，恒与教科书相埒，甚或一倍以至数倍。本编价格既较廉于他书，图又不必另购，于寒竣裨益莫大焉。（2）地理教材排列普通均循亚欧非美之次第，而直进然未识母国而说殖民地，则其关系不明，本国属地散见于各洲，则其精神不贯。兹编以国为主，属地或保护国即附于其本国之后，则此弊可免，其有名虽独立实受他国干涉者亦附见与有关系之他国属地，以存其真象。如暹罗之次安南，阿比西尼之次索谋里之类，皆是又虑于地势之自然不能明也，则首述各洲概论以提其纲，又于各洲毕后作结论，以融会贯通之，则两无遗憾矣。教育家言用直进法，则新旧知识少融合之机会，积久或至遗忘，用循环法则减杀其好奇心或因寡味而生厌怠。兹编参伍错综以尽其变，一洲而分见于各国，一国而牵涉于各洲，循环多次，而各异其趣，两弊俱去，两利斯全矣。（3）中学地理课程标准第一学年至第二学年地理概论、本国地理，第二学年至第三学年世界地理，第四学年地文地理概论、人文地理概论，以著者经验拟于地理概论毕后，即本国世界分途并进（或每周一时本国一时世界，或一周本国一周世界相间）。其利有二，吾人求学以资应用，地理为现在学科应用即在目前，例如日报必有世界新闻，若于世界地理毫无观念，势必不能终篇。且世界大通，吾人日用之器物，晋接之人物，耳目接触之言论事实，涉及于世界者甚多，以至社会潮流之趋向，国家形势之变迁，时时与吾人之修学处世有关在，教本国地理时期，均必茫然无以对付，殊于应用有疑，若并进则此弊可免利一。本国地理与世界有不可分离之关系，中国为亚洲之一国，又为世界之一国，不知亚洲及世界大势，则中国之位置形势断难明确。旧日地理教科书多冠亚洲总论于本国前，著者前曾将六洲概论置于本国地理前，即系此意。然既嫌占世界地理地位且仅系总论，遇有各国关系时，仍难收知彼知己之利。例如关东地理，非知日俄内情，不能明澳门香港，非知葡英及欧洲内情，不能明地理家之恒言曰有世界之本国地理，有本国之

世界地理，顾已知本国而言，世界则世界之本国地理易明，未知世界而言，本国则本国之世界地理难明，故本国世界以交互而始得完全之智识，以并进而始收交互之功效利二，顾事属创始非经多数之研究不容轻议，更张愿与同志一商确之。（4）编者本上述诸特点，悉心参究易稿，重印者四次，实施于教授者十有四年，学者称便。兹当大战之后，地图改色，又调查现在形势改订此编，纸张印刷亦较前为精美。凡我同志有以匡其不逮则幸。

《世界地理图志》1920年10月第四版目录如下：第一章六洲概论，第二章日本帝国，第三章英吉利帝国，第四章法兰西民国及义大利，第五章欧洲西北诸国，第六章欧洲中南诸改造国，第七章俄罗斯民国，第八章亚美利加州各国志。

这段时期的地理教科书特别是中学地理教科书较清末稍有进步。辛亥革命以后，地方行政区划废府、直隶州、厅一级，谢观《共和国教科书本国地理》与李廷翰《新制中国地理教本》之本国地理分论，均以省为纲，分详自然与人文，不讲沿革，是其一；“天然及于人类之影响，人类及于天然之影响”，这种人地互相关系的地理思想开始出现，是其二；谢观《共和国教科书本国地理》本国地方志于叙述数省之后，设一概论，各大洲之后设一结论，撮出重要内容，而杨文洵《新制地理概论教本》进行洲与洲、国与国之间的比较，突出异同点，均有助于记忆，上述编制体例的创新，是其三；取材精审，份量适当，是其四。[1]

总之，以上地理教科书革故鼎新，与其他各科目教科书一道，以其思想新、种类全、规模大和讲授法配套的优势，把规模小、品种零散、影响不大的书坊教科书和学堂教科书挤出教科书市场，逐渐占有并控制了绝大多数教科书市场，为共和思想的传播与新教育的确立作出了重要贡献。

[1] 杨尧. 中国近现代中小学地理教育史[M]. 西安：陕西人民教育出版社，1991：86.

第二节
新学制地理教科书

一、1922 年学制及其课程改革

（一）1922 年启动的学制改革

在1922年新学制诞生之前，中国已颁布过四次学制：1902年壬寅学制、1904年癸卯学制、1912年壬子学制和1913年壬子癸丑学制。由于原有的学制系统由清末递嬗而来，而清末学制几乎完全抄自日本，当时已越来越不适应中国社会发展的需要，尤其是不适应1915年以来新文化运动开创的中国教育界生机勃勃的全新局面，学制改革势在必行。早在1917年，教育部即组织学制调查会，调查国内外学制，提出改革学制的建议，并派员赴美考察教育。[1]1919年、1920年全国教育会联合会两届年会均讨论了学制改革问题。1921年美国实用主义教育家孟禄（Paul Monroe 1869—1947）来华讲学，亦研讨了学制改革问题。同年10月全国教育会联合会第七届年会在广州召开，会议主要议题仍为学制，广东、浙江等10个省均提出了各自的学制改革案，最后决议以广东提案为基础，制订《学制系统草案》，征求全国意见。1922年9月，北洋政府教育部召开全国学制会议，对提案稍作修改后，复在10月提交全国教育会联合会第八届年会再征求意见。最后，教育部参照该会和全国学制会议的两个决议案，制定了《学制改革案》，于同年11月1日以大总统的名义颁布，这就是1922年“新学制”或称“壬戌学制”，由于壬戌学制采用的是美国式的“六三三”分段标准，故又称“六三三学制”。

该学制秉持“发挥平民教育精神；注意个性之发展；力图教育普及；注重生活教育；多留伸缩余地，以适应地方情形与需要；顾及国民经济力；兼顾旧制，使改革易于着手”的指导原则，把儿童身心发展阶段作为划分学级的大体标准。该学制从纵向看，小学由过去的7年减少到6年，初小和高小由4-3分段改为4-2分段；中学由过去的4年增加到6年，分为初中、高中两级3-3分段，设3年制综合高中，分普通、农、工、商、师范、家事等科，中学兼顾了就业与升学的双重任务，在中学实行分科制和选科制，兼顾了人才教育和就业教育的需要；大学4至6年。小学之下有幼稚园，

[1] 杨尧. 中国近现代中小学地理教育史[M]. 西安：陕西人民教育出版社，1991：98.

大学之上有大学院。该学制从横向看，与中学校平行的有师范学校和职业学校。1922年新学制的主要特点有：（1）根据儿童年龄分期来划分其教育阶段；（2）中等教育阶段成为学制改革的核心；（3）改革了师范教育制度；（4）建立了比较完善的职业教育系统。

总的来看，壬戌学制比较彻底地摆脱了封建传统教育的束缚，其进步性主要表现为：（1）缩短了小学年限，有利于初等教育的普及；（2）延长了中学年限，有利于提高中等教育水平，中学分两段提高了办学的灵活性，也有利于中学普及；（3）在中学实行选科制和学分制，兼顾学生升学和就业；（4）取消大学预科，有利于大学集中力量进行专业教育和科学研究。由于这个学制的基本结构，符合现代教育的要求，后来除了在某些细节有所改动外，它的总体框架一直延续下来。所以，1922年学制改革标志着中国近代以来的学制体系建设的基本完成，在中国教育史上具有里程碑意义。

（二）1923 年出台的《新学制课程标准纲要》

在改革学制的同时，全国教育会联合会第八届年会组建了“新学制课程标准起草委员会”，着手进行课程改革，历时8个月，于1923年6月拟订并颁布了《新学制课程标准纲要》。《新学制课程标准纲要》对小学、初中与高中的课程设置作了如下规定：（1）小学课程设置。小学课程分为国语、算术、卫生、公民、历史、地理、自然、园艺、工用艺术、形象艺术、音乐、体育等。小学取消修身课程，增加公民、卫生课程，将手工课程改为工用艺术课程，图画课程改为形象艺术课程；初小的卫生、历史、公民、地理四科合为社会科，增加自然、园艺科目，高小两年地理仍单设[1]；将国文改为国语，体操改为体育。（2）初中课程设置。初中课程分为社会科（公民、历史、地理）、言文科（国语、外国语）、算术科、自然科、艺术科（图画、手工、音乐）、体育科（生理、卫生、体育）等六个科目。必修课程有公民、历史、地理、国语、外国语、算学、自然、图画、手工、音乐、生理卫生、体育。初中地理只开两个学年，为打破中外地理界域的混合地理。（3）高中课程设置。高中采用综合中学制，分普通科和职业科。公共必修课有：国语、外国语、人生哲学、社会问题、文化史、科学概论、体育。普通科分文理两组。文科组科目为：特设国文、心理学初步、伦理学初步、自然科或数学一种。理科组科目为：三角、高中几何、高中代数、解析几何大意，以及物理、化学、生物选习两科。职业科分为农、工、商、师范、家事等门类，此外还设有若干选修课。从初中开始实行学分制，中学一律采用选科制和学分制[2]。高中所有公共必修和分科必修科目中均没有地理。

初、高中地理选修科目由各地各校自定[3]，尤其高中地理选修，课程纲要虽未列明，但实际

[1] 杨尧. 中国近现代中小学地理教育史[M]. 西安：陕西人民教育出版社，1991：99.

[2] 全国教育会联合会新学制课程起草委员会. 新学制课程标准纲要[M]. 上海：商务印书馆，1925：5.

[3] 杨尧. 中国近现代中小学地理教育史[M]. 西安：陕西人民教育出版社，1991：104.

上有所开设，这在近代中国中小学地理教育史上是仅有的一次。这一原只供全国教育界参考的纲要，虽未经教育部正式公布，但因全国教育会联合会在当时有相当的代表性和权威性，各地均按此施行。

二、新学制地理教科书

随着新学制及其课程改革的不断推进，民间书坊编撰出版的适应新学制需求的教科书呈现出在较高水平上的多样化发展态势，因学制未完全规定，伸缩余地亦甚大，于是各书局出版之地理教科书，五花八门，有混合与分科地理教科书之出现，盛极一时[1]。其中，最具有代表性的为商务印书馆、中华书局和世界书局等书局编撰出版的新学制教科书、教授书包括新学制地理教科书、教授书。

（一）商务印书馆出版的新学制地理教科书

商务印书馆从1922年年底开始编撰出版新学制教科书，首先问世的是依据《新学制课程标准纲要》编撰的“新学制适用教科书”121种396册（小学59种286册，初级中学36种77册，高级中学26种33册），这套教科书大部分初版于1923年至1925年间，个别高中教科书直到1928年还在编撰出版中。鉴于学制革新以后，不少学校囿于传统与惯性及师资原因仍然采用文言文教本和文言文教学，商务印书馆从1924年开始编撰出版“新撰教科书”，到1925年7月，编撰出版了初级小学、高级小学、初级中学和师范学校教科书及教授书30种105册。新学制初级中学特色在于混合教学，但师资难得，新近改组的各校或仍有分科讲授法者，商务印书馆应此需要另编一套分科较细而仍注重于全体之联络的新学制初级中学用“现代初中教科书”。此外，商务印书馆还编撰出版了“适合新学制中等教育段课程，取材至现代为止”的“新著教科书”15种26册。

1.“新学制适用教科书”系列的地理教科书

商务印书馆出版“新学制适用教科书”系列地理教科书及其教授书6种17册和包含地理内容的小学校初级用常识教科书（初小社会、自然二科合并为常识，内容包括卫生、公民、地理、历史、自然、园艺等）及其教授书3种24册、社会教科书（初小卫生、历史、公民、地理四科合并为社会科）及其教授书3种24册。其中地理教科书如下：

（1）《新学制地理教科书》（小学校高级用）[2]

该书由陈铎编纂，王岫庐、朱经农校订，小学校高级用书，全四册，1924年初版。该套教科书

[1] 王锦福. 最近三十年来中学地理课程概要及教科书之调查并批评：下[J]. 师大月刊，1935（23）：17.

[2] 吴艳兰. 北京师范大学图书馆馆藏：师范学校及中小学教科书书目：清末至1949年[M]. 北京：北京师范大学出版社，2002：189.

通过教育部审定，1928年4月又通过大学院审定。

《新学制地理教科书》（小学校高级用）第一册1924年1月初版刊登该书的“编辑大要”如下：（1）本书全部四册，是供给新学制高级小学学生用的。（2）本书编法：第一二三册述本国地理，为一圆周，第四册述世界地理，亦为一圆周。全书用旅行记体，所定路线都是由近及远。如世界地理先述本洲各国，次述欧非澳美。（3）本书材料：自然方面注重名山、大川、地势、物产、气候；人文方面注重形势、交通、实业、人民生计、风俗及政治、外交的关系，皆随处择要叙述。一课有一课的目的，不是专记板滞的里程，或只以省区分课的。（4）本书每课不拘时数，以便教员活用。（5）本书全用语体，采用新式标点，并插入地图或名迹图。（6）另编《珍儿旅行记》四册，供学生自习之用。凡本书简略处都由这书演释出来，内容仿佛，资料增多，每册并有路线的地图，以备学生自习时研究，和这书有连带的关系。

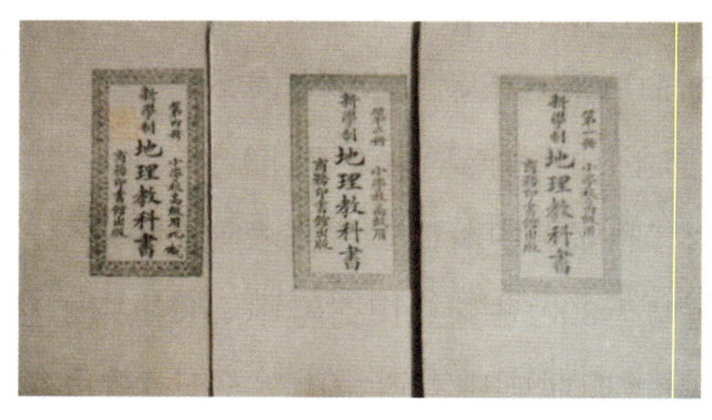

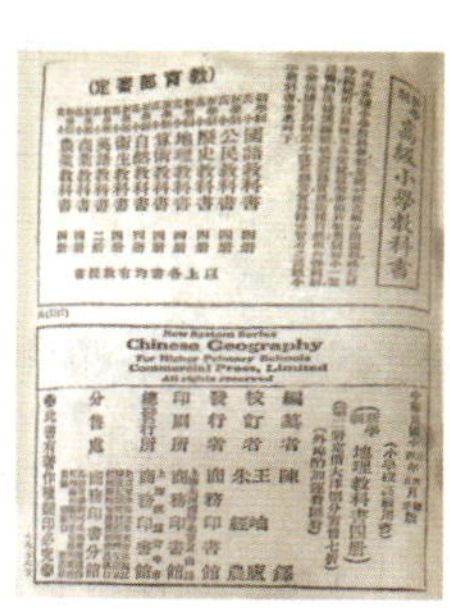

3—33

图3—33 《新学制地理教科书》，陈铎编纂，王岫庐、朱经农校订，小学校高级用书，第二册，商务印书馆出版，1925年5月第四十版

《新学制地理教科书》（小学校高级用）第一册1924年1月初版目录如下：

> 一、发端，二、我国的首都——北京，三、西山的名胜　居庸关的古迹，四、云冈石窟　恒岳与五台，五、山西的矿产和风俗，六、直隶（河北）西部的名城大水，七、天津的商业，八、日本退还的青岛　历城的名泉，九、东岳泰山　孔庙孔林，十、苏鲁交界的微山湖，十一、开封的古迹，十二、河南西部的状况　中岳嵩山，十三、华岳的雄秀　骊山的温泉，十四、古代名都的长安　难若登天的栈道，十五、成都盆地　四川的天产，十六、长江中流的概况，十七、我国唯一的制铁业——汉阳铁厂，十八、武汉的交通和形势

《新学制地理教科书》（小学校高级用）第二册1926年4月第八〇版版权页刊登的该书1924年6月26日“教育部审定批词”如下：“呈及新学制高级小学地理教科书第一二三册均悉，是书取材编制尚属合宜，于自然人文两方面均择要叙述，无枯燥板滞之弊，应准审定作为高等小学地理教科用书”。

（2）《新学制地理教科书》（初级中学用）

该书由王钟麒编辑，王岫庐、朱经农校订，竺可桢重订[1]，初级中学用。封面题名“地理教科书”，卷端题名“初级中学教科书地理”，逐页题名“初级中学地理教科书”，属于商务印书馆出版之混合教学的新学制初级中学教科书系列之一种。商务印书馆在1924年4月出版的《新学制地理教科书》（初级中学用）下册第三版广告页中指出：“新学制初级中学的精神在各科混合教授，这‘新学制初级中学教科书’一套，即系完全依照新学制课程纲要，采用混合法编辑的。实为初中最适用的教本。”该书共上、下两册，1923年初版。

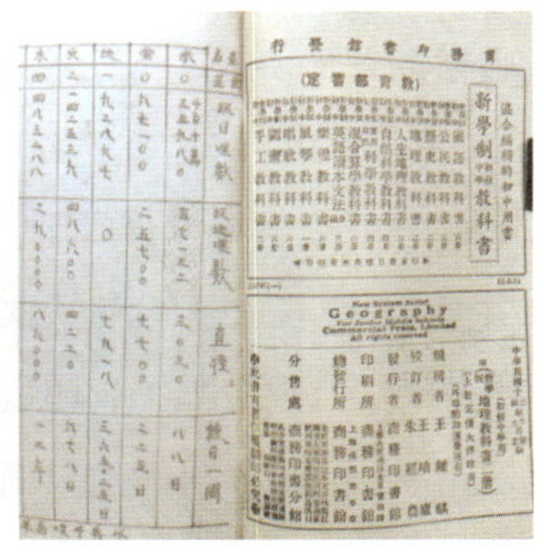

3—34

图3—34　《新学制地理教科书》（初级中学用），王钟麒编辑，王岫庐、朱经农校订，竺可桢重订，上册，商务印书馆出版，1925年11月第七七版

《新学制地理教科书》（初级中学用）上册1923年2月初版“编辑略例”如下：（1）本书分上下两册，适够初级中学入学分之用。（2）本书用混合编制，打破中外地理的界域，使学生注意人类全体的生活，容易得到统整的地理观念。（3）本书的应用，注重问题的讨究。所以用讲演体叙述，不板板地使用地志体。（4）本书虽分章节，但材料的长短，全视内容而定，并不一律，教学时尽可参综活用。（5）本书采用的译名，都择最普通而不很兴现行的华文地图相异的。凡初次引用的地名或地理学上的重要名词，附列英文原名，务使学生在译名未统一以前可以取证外图，为自动的核校。（6）本书附图甚多，但大小详略不同，预备给学生在课外做描绘、放大、互证、详注等工夫。

《新学制地理教科书》（初级中学用）下册1926年5月第五十五版目录如下：

第七章物产的分布

第一节食用品和燃料，第二节衣料和饰品，第三节材木，第四节重要的工艺出品

第八章人种的区分

第一节分种的假定，第二节各种人数的比较，第三节民族的精神

第九章交通的状况

第一节铁路，第二节航线，第三节电信和邮递，第四节航空事业

[1] 王有朋. 中国近代中小学教科书总目[M]. 上海：上海辞书出版社，2010：585.

第十章　世界各国的大势

第一节各国分立的形式，第二节中国在国际上的地位

第十一章重要的城市

第一节城市的起源，第二节文化上的城市，第三节工商业上的城市，第四节交通上的城市

第十二章世界的名胜

第一节关于重大古迹的名胜，第二节游赏的名胜，第三节名胜的大建筑

第十三章地理与文化

第一节人与地的关系，第二节地势与文化，第三节气候与文化，第四节天产与文化，第五节环境的改变

有研究对《新学制地理教科书》（初级中学用）进行了如下评价，认为其优点有：（1）世界与中国混述，可使学者对于世界具有一整个之概念。（2）自然人文两方面，叙述完备，使学者读后知自然和人文相互之关系。（3）插图特多（二百十四幅），印刷精良，易于观览。认为其缺点有：（1）初中学生地理根基未稳固，地理印象不深切，不宜注入范围较大之材料。（2）中国地理与世界地理混合，易使青年对于本国之印象不深切。（3）中国省分未能分析明白；外国地理部分，亦未划分清楚。（4）分量博而寡要，于政治地理太忽略，易使学者所得之印象不具体。[1]

《新学制地理教科书》（初级中学用）全书共十三章，前十二章的章目和节目，与《初级中学地理课程纲要》的教学要项完全相同，如出一人之手，只个别节目下的子目有所调整和补充，如第一章“地球的全体”第二节“太阳系下的地球”和“第三节人为经界下的地球”，其下的子目分别为“太阳系、地球的自转和昼夜、公转和四季、潮汐、日蚀、月蚀”，“地轴、两极、经纬线度、标准时”。第十三章是编书时加上去的，叫“地球与文化”，下分“人与地的关系”“地势与文化”“气候与文化”“天产与文化”“环境的改变”五节，引用了美国亨廷顿（Ellsworth Huntington）和克兴（Summer W. Cushing）合著《人生地理学原理》一书的观点。王氏此书首次用语体文（白话文）编写。[2]

（3）《新学制人生地理教科书》（初级中学用）

该书由张其昀编辑，竺可桢、朱经农校订，初级中学用。全书分上、中、下三册，1925年初版。

《新学制人生地理教科书》（初级中学用）上册1927年10月第一二版刊载之“编辑大意”如下：（1）本书之宗旨在使学生明了地理与人生之关系。先民有言曰：“广谷大川异制，民生其间者异俗：刚柔轻重迟速异齐，五味异和，器械异制，衣服异宜。修其教不异其俗；齐其政不易其

[1] 王锦福. 最近三十年来中学地理课程概要及教科书之调查并批评：下[J]. 师大月刊，1935（23）：19-20.

[2] 杨尧. 中国近现代中小学地理教育史[M]. 西安：陕西人民教育出版社，1991：115-117.

宜”（见《礼记·王制篇》）。斯言也，深符于近今西人所称之“根据于天然区域之人文地理学”（=Regional-Human Geography），诚不愧为世界最古之地理学说。惜夫微言大义，沈晦已久；后代地学之士，多规规焉叙述省县，考证沿革，其于“人地相应之故，概乎未之有闻也”（用刘献廷先生语）。于是世人以为地理学者，不过一部地名字典而已。编者窃欲一洗向来烦琐干燥之弊，旁搜远绍，以解释因果自勉；而发端于本书，以期引起学生之新精神。（2）本书贯通人地之间，兼包中外各国，足敷初级中学全部地理教科之用（或每星期三小时，二年教毕。或每星期二小时，三年教毕）。编辑纲要，列表示之。

	章　目	节　目	
人文地理	（一）地位与人生之关系	（1）方位不同之由来 （2）文化中心之转移	上册
	（二）地形与人生之关系	（1）大陆 （2）山岳与平原	
	（三）水利与人生之关系	（1）海洋 （2）河流与湖泽 （3）水之功用	
	（四）土壤矿产与人生之关系	（1）土壤与农夫 （2）建筑材料 （3）工业之原动力	
	（五）气候与人生之关系	（1）气象之六大要素 （2）世界气候之区分 （3）气候与文化	
	（六）生物与人生之关系	（1）世界生物分布状况 （2）畜牧与种植 （3）世界之食粮 （4）世界之衣料	中册
	（七）人类相互间之关系	（1）民族之造成 （2）国家之组织 （3）世界大战之因果关系 （4）国际联盟	

（续表）

	章　　目	节　　目	
区域地理	（八）热带生活	（1）赤道带 （甲）风土人情之解释 （乙）地方志（下仿此） （2）信风带 （3）季风带 （4）热带之山岳区域 （5）热带太平洋诸岛	中册
	（九）温带生活	（1）南温带 （2）副热带（即地中海气候） （3）海洋性气候 （4）大陆性气候 （5）温带之山岳区域	
	（十）极带生活及各大陆综括		下册
	（十一）中国区域地理大纲	分为二十三区域。例如浙西山川风物，近似苏常，而与浙东迥乎不侔。浙西与江苏南部合称扬子江三角洲；自宁波至汕头，合称东南沿海区。	
	（十二）中国与世界之关系		

［注］竺可桢教授著 地理教学法商榷一文有云："地理教材与教授方法可分为四种：凡自因以及果者为归纳法，自果以推因者为演绎法，以村落为起点逐渐推广至县省全国者，曰综合法，自全球入手而逐渐分析至于各洲各国省县城邑村落者，曰分析法……""在中小学地理可分为天然环境与生活状况两部。教授地理之要旨，在能说明二者之关系。环境因也，生活果也。在如何天然环境之下，则得如何之生活状况。但教地理时不能二者同时并重，必须略于此而详于彼。儿童对于生活状况易于领悟，故教授地理生活状况宜先于天然环境，迨儿童于寒温热各带之生活已知其大概，然后进而用归纳法教以天然环境上种种要素。换言之，即在小学时（高级小学）宜用演绎法，至中学时（新学制初级中学）宜用归纳法……""分析法与综合法亦不能同时并用。教授儿童地理，当以乡土地理为发轫点，取其切近而易于了解，然后又推及于他省他国他洲。但至中学之中期（新学制初级中学末年或高级中学初年），儿童对于世界山脉河流物产人民之分布，已有一概括之观念，然后更分析世界为若干天然区域或政治区域而详细研究之。是故在中小学教授地理之第一二期宜用综合法，至第三期始用分析法。"（见史地学报二卷三号，页20至21）本书上编采用归纳法，下编采用分析法，与上文旨趣符合，故节录于此，以供教师之参考。（3）本书之根本观念，曰合理的民族主义与国际主义。是故选择教材，当视其与我中国有密切关系，或可供我华人之感兴及借鉴者为标准。至于征引时事，则务以正确的方法，说明其真相，使我华人对于今世重大问题，皆有同

情的了解。（4）大战以来，政治地理与经济地理变迁甚多；乃至地文气象方面，亦常有新发明之成绩。例如日本大地震，新加坡筑港问题，以及苏俄联邦新土耳其民国之类，本书于此均加修订。（5）编者鉴于现时吾国中等学校图书设备之贫乏，而国内地学界又绝少精博之著作可供参考，故教材宁稍详密。惟字体分大中小三号以示轻重。如教师为时间经济或学生程度起见，不妨斟酌删改。编制最富弹性。（6）本书刊载地图、照相、图解、表解之属五六百幅，其重要不亚于正文，足为上课时师生间问答讨论之资料（图表采自他书者，皆注明来源，以示不敢掠美）。每章之末附有习题举例，大都属于思考的而非记忆的；学生对于教本，如已明白通晓，当无困难（习题如嫌太繁，可令学生分组研究，报告于众；或径行改窜。名曰举例，其义可知也）。上册之末，附有彩色世界地图一张，以备学生统览国际大势之用。书中每段扼要之点皆用花边表出，以期寓趣味于明晰之中。（7）中国旧籍，书尾率无索引（index），偶欲检查，殊费时间。本书规模虽小，今亦试编索引，以符述作之例。（8）本书参考书籍列后：

1. Huntington and Cushing：Principles of Human Geography，（1922）
2. Salisburg，Barrows and Tower：Elements of Geography，（1912）
3. Brunhes：Human Geography，（1920）
4. Smith：Human Geography，2 vols.（1922）
5. Atwood and Fyre：New Gergraphy，2 vols.（1921）
6. Ward：Climate，（1918）
7. Bowman：The New World，（1921）
8. 栗原寅次郎：教材研究，改造世界地理精说（大正十三年十版）
9. 横山又次郎：地学概论（大正十三年六版）
10. 竺可桢：地学通论又气象学（东南大学讲义，未刊）

此外征引所及者不下数十种。取材渊源，类多标出，以便教师随时检查原书；是皆散见各篇，兹不备列。本书之编辑，得益于吾师竺可桢博士与美国亨廷敦（Huntington）博士者尤多，特郑重申谢。又本书所附图迹，大都新制，手摹影印，颇费功力，对于本馆图版股同人，甚为感谢。至于本书疏陋之处尚望海内同志，不吝赐教。[1]

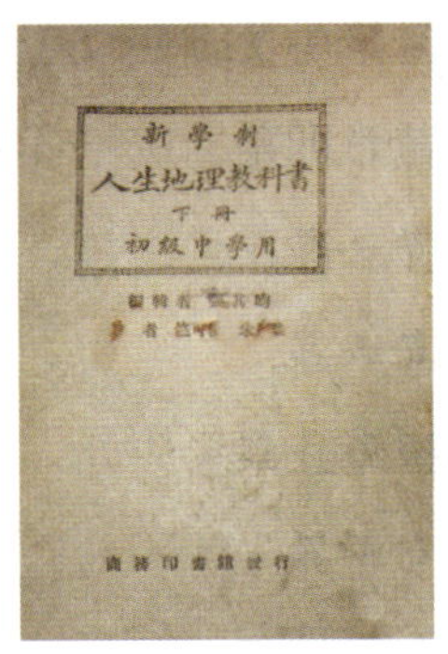

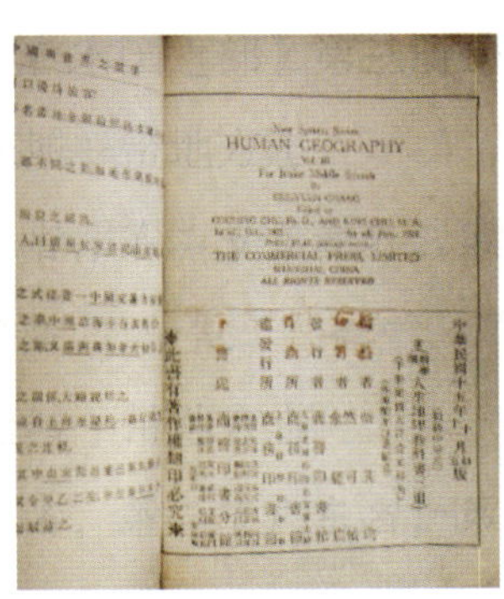

3—35

图3—35 《新学制人生地理教科书》（初级中学用），张其昀编辑，竺可桢、朱经农校订，下册，商务印书馆出版，1926年11月第五版

[1] 张其昀. 新学制人生地理教科书：上册[M]. 竺可桢，朱经农，校订. 12版. 上海：商务印书馆，1927：编辑大意.

《新学制人生地理教科书》上册目录如下：

导言

何谓人文地理学，人文地理之要素，何谓天然区域

第一章地位与人生之关系

第一节方位不同之原因，第二节文化中心之转移

第二章地形与人生之关系

第一节大陆，第二节山岳与平原

第三章水利与人生之关系

第一节海洋，第二节河流与湖泽，第三节水之功用

第四章土壤矿产与人生之关系

第一节土壤与农夫，第二节建筑材料，第三节金属与文明，第四节工业之原动力

第五章气候与人生之关系

第一节气象之六大要素，第二节世界气候之区分，第三节气候与文化。

《新学制人生地理教科书》中册目录如下：

第六章生物与人生之关系

第一节世界生物分布状况，第二节畜牧与种植，第三节世界之食粮，第四节世界之衣料

第七章人类相互之关系

第一节民族之造成，第二节国家之组织，第三节世界大战之因果关系，第四节国际联盟

第八章热带生活

绪引，第一节赤道带，第二节信风带，第三节季风带，第四节热带之山岳区域，第五节热带太平洋诸岛

有研究对《新学制人生地理教科书》（初级中学用）进行了如下评价，认为其优点有：（1）本书材料颇详，可供参考，字体分大中小三号，以示轻重，于讲授时间不敷分配时，可斟酌删改，编制最富于伸缩性。（2）书中文字图表，引用他书者，皆注明来源，以示不敢掠美，并可引起学者进一步之研究，参阅原书。（3）本书纂辑之目的，在使学者明了地理与人生之关系，取材颇富，名为‘人生地理’，甚为恰当。（4）旧日书籍，均无习题，此书于每章之末，附有习题若干，便于思考及研究。（5）此书附有地图、表解、图解及照片等约五六百幅，为师生间讨论研究之资料。认为其缺点有：（1）此书区域地理部，编制用游记体裁，以国都为出发点，打破分省叙述之法，于初中学生程度不适宜。（2）分量过大（虽有大中小三号字，于进行时，可择其轻重，但学生之心理，课本外不补充材料，认为教者乏学识，最易惹学生之不信任），不适初中之用（采用此书者，实属少见，即有之亦系高中采用）。（3）此书对于地方志之叙述，外国重于本国（外国地方志自中册二百一十七页至三百零九页及下册自一页至二百四十四页；中国地方志自下册二百四十五

页至三百九十六页），不符于教部之标准（教部初中地理课程标准，中国地理教授二年外国地理教授一年）。（4）于中国古今沿革之叙述特，难得与历史学联络之效。[1]

《新学制人生地理教科书》（初级中学用）被列为混合编辑本，实际上前为人文地理，后为区域地理（天然区域），与王钟麒的混合编辑本截然不同。旧日诸书，均无习题。该书于每章之末，附有习题若干，便于思考和研究，开地理教科书编制习题的先河。但该书内容既多又深，不适于作为初中教本，很少采用，即用之，亦系高中。中国地理学家、地理教育家胡焕庸评价该书，认为太多理论，太用归纳法。[2]

（4）《新学制高级中学教科书本国地理》

该书由张其昀编辑，竺可桢校订，高级中学用书。该书属于商务印书馆出版的新学制高级中学教科书系列中的一种，其他题名“本国地理”，该套书于1930年11月通过教育部审定。全书分上、下二册，1926年初版。

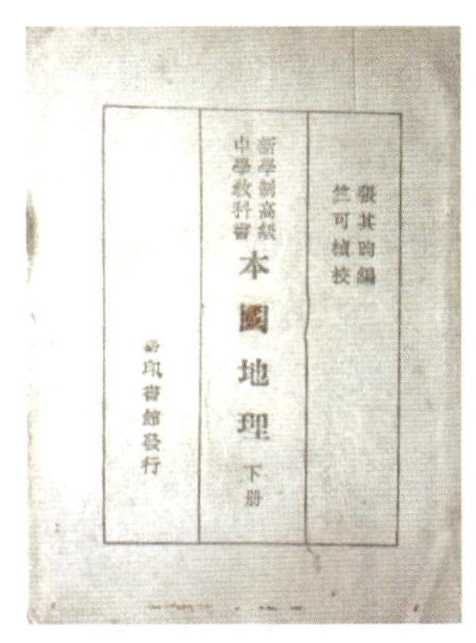

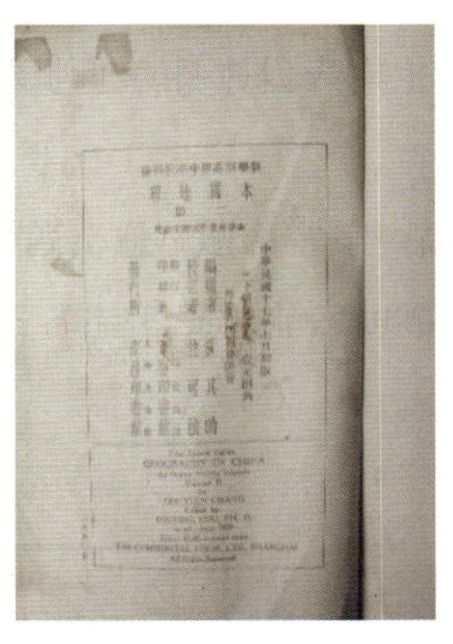

3—36

图3—36　《新学制高级中学教科书本国地理》，张其昀编辑，竺可桢校订，下册，商务印书馆出版，1928年7月初版

《新学制高级中学教科书本国地理》（上册）1926年8月初版“自序”中指出该书开卷时应行声明诸点如下：（1）本书除导言外共二十三章，每章叙一天然区域，分钉上下两册。（2）本书每章皆有山川风物之提要，以冠其首，人地关系之结论，以殿其后。（3）正文之外尚有补充材料之汇录各章之末，名曰“参考”，约占全书篇幅十分之一，古人游览之诗足以表一方之风土者亦间加采录，以资感发兴起。又下册之末附有“中国地理重要参考表”，请教师随时照顾。（4）图以察其象，书以察其数，左图右书，真学者事也。本书采集各式地图及风景照片，百有余幅，均以另页插入。（5）本书材料之重要来源以及图表之重要出处皆一一注明以昭信实，亦以开学生求学之门径。（6）本书承吾师竺可桢博士鉴阅，一过校正数处，敬誌感谢。[3]

有研究对该书进行了如下评价，认为其优点有：（1）用自然区划法，关于风土气候物产等自

[1] 王锦福. 最近三十年来中学地理课程概要及教科书之调查并批评：下[J]. 师大月刊，1935（23）：25-26.

[2] 杨尧. 中国近现代中小学地理教育史[M]. 西安：陕西人民教育出版社，1991：120-121.

[3] 张其昀. 新学制高级中学教科书本国地理：上册[M]. 竺可桢，校订. 上海：商务印书馆，1926：自序.

然方面与影响于人生之关系，其关联较为密切，讲授极便。（2）注重人生与自然之关系，切于实用。（3）插图极富（共百六十三幅），又偏重自然方面，使学者易于了解。（4）交通与民风，皆在总述与都市之后，结束前节，结论清楚。（5）趣迹轶事，列在参考项内，不占主要篇幅，可补救乏味偏枯之弊。（6）附录各表，便于参考对照。认为其缺点有：（1）都市之位置，水道之发源，缺乏明确之指定。（2）总论过于简略；铁路多不甚详细。（3）分量过大，不便进行。（4）气候温度之标准，摄氏华氏并用，难于比较。[1]

全书除“导言”没有主章外，余按天然区域分23章。分章叙述的材料，地形、水利、气候较少，物产、交通、都会较多。每区之首，皆有山川风物之提要。每区之尾叙述风俗，意在更好体现人地关系。据统计，该书上、下册合计764页，均小字排印，有约占全书1/10的参考材料，插入地图和风景照片100余幅。地理教科书如此巨厚，无与匹敌。[2]

2. 新学制初级中学用“现代初中教科书”系列的地理教科书、地理参考书

商务印书馆新学制初级中学用“现代初中教科书”系列出版地理教科书2种4册、地理参考书1种4册。具体如下：

（1）《现代初中教科书本国地理》

该书由王钟麒编辑，王岫庐、朱经农校订，初级中学校用书，逐页题名“现代教科书初中本国地理”，其他题名“本国地理”[3]。全书上、下二册，1923年初版。

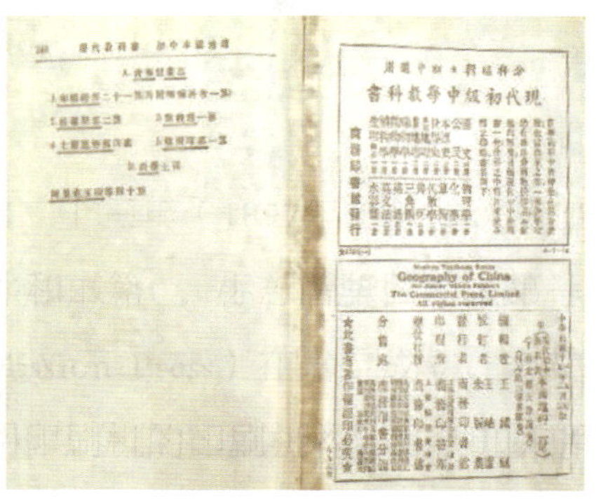

3—37

图3—37　《现代初中教科书本国地理》，王钟麒编辑，王岫庐、朱经农校订，下册，商务印书馆出版，1926年2月第二四版

《现代初中教科书本国地理》上册1927年7月第五〇版刊载之“编辑大意”如下：（1）本书共分两册：上册述“人与地理”和本国地理概论，下册述本国地理分论。材料匀称，适宜初中分科之用。（2）本书主文为讲演体，章节的长短，概视内容而定，并不划齐字数。有必需特别说明处，另辑附文，分附在每节之后。（3）概论用横断的叙述，每一事项都作整块的说明，俾明了实地分配的情形，决不是几块切断的地域拼合拢来的。所以，自然形势与政治状况并重，尤其注意于山川

[1] 王锦福. 最近三十年来中学地理课程概要及教科书之调查并批评：下[J]. 师大月刊，1935（23）：29-30.

[2] 杨尧. 中国近现代中小学地理教育史[M]. 西安：陕西人民教育出版社，1991：126-128.

[3] 王有朋. 中国近代中小学教科书总目[M]. 上海：上海辞书出版社，2010：591.

的脉络和交通的现状。（4）分论用纵断的叙述，但分划的单位却不拘人为的界线，只就自然形势的联络关系酌量分开，如江浙平原、康卫平原等，俾由原有的概念中扩大一部，为较细的领会。所以分头叙述的时候，只以能够代表该地的精神为主，或举都市，足以牵动一地或竟影响到某一地带的；或举名胜，足以表现某地的文化的；或举风俗，足以代表某地的社会状况的；或举特产，足以表现某地的特色的，随地酌定，并不板板地把定某项为叙述的中心。（5）本书所用的度量衡制，关于本国的，用华度；关于世界共同的，用公度或英度。（6）书中有引用年载的地方，概用公元，把中国的历朝纪元附在下面，俾便推算。（7）本书的应用不重讲解，内容的讨论可由用者变化伸缩，自由活用。或先提问题，促起注意；或段落结束，令为统整的练习。

《现代初中教科书本国地理》上册1927年7月第五〇版目录如下：

有研究对该书进行了如下评价，认为其优点有：（1）首先讲明人与地理之关系，易于引起学者之兴趣，并可使其明了地理之重要点。（2）次明地理上基本知识，如经界、星球、太阳系等，极便于后日之学习。（3）分论按自然状况，分为十二章，每章分量大致均匀，便于学习。认为其缺点有：（1）总论内山脉之高度，河流之长短，忽略不详。政治区划无显明之讲解。（2）分论内之总述自然部分，过于简略。（3）人文之部应在分论讲述完后论及，而竟列在总论之末，不易使学者了解。（4）气候缺乏比较之标准，度量衡制，互相混用（世界共同用者有英度公度之分），学者难于比较。[1]

有研究认为，王钟麒编辑之《现代初中教科书本国地理》与缪育南编辑之《新撰初级中学教科书本国地理》、中华书局出版的丁詧盦编辑之《新中学教科书初级本国地理》都分三编，但内容迥异。第一编，王本叫“人和地理”，包括人的位置、人与地的关系、地球、太阳系4章；缪本叫“地理概要”，包括绪论、天文地理、地文地理、人文地理4章；丁本叫“绪论”，讲中国国名、位置、面积和区划。第二编，王本名“本国地理概论”，下分名称的由来、疆域的沿革、鸟瞰中的地势、山川的大概、海岸和长城、气候的差异、重要物产的分布、民族的精神、交通的情形、现代政制下的状况10章；缪本名“中国地理总论”，下分自然地理和政治地理两章；丁本名“地方志”，章数多，章目也杂，如北平及其附近、黑龙江与松花江、渤海湾与黄河沿岸、西江上游及广西边界，云贵之交通与实业等。第三编，王本称“中国地理分论，分全国为12区，每区一章，章名依次为畿辅平原、关东平原、蒙古高原、秦晋山地、江楚平原、江浙平原、闽粤海疆、苗疆山地、滇蜀高地、康卫高原、天山高原、陇右高原；缪本称“中华民国分论”，下分首都，中部七省，北部六省，南部五省，东北三省，西北一省，新增六省（热河、察哈尔、绥远、西康、宁夏、青海）和蒙古西藏8章；丁本称“总论”，下分境域、山系、水系、地势、海流与潮流、气候、天产物、生业、住民、社会、宗教、教育、政体、军备、财政、外交、交通、结论18章。

以上情况表明，缪氏体制是承袭前期的，地方志仍以省区为单位：王、丁则标新立异，最突出的是地方志。王氏自谓：“分计划的单位不拘人为的单位，只就自然形势的联络关系，酌量分开，如江浙平原、康卫高原等，俾由原有的概念扩大一部，为较细的领会。所以分头叙述的时候，只以能够代表该地的精神为主，或举城市，足以牵动一地或竟影响到某一地带的；或举名胜，足以表现某地的文化的；或举风俗，足以代表某地的社会状况的；或举特产，足以表示某地的特色的，随地酌定，并不板板地把定某项为叙述的中心。”丁氏也自谓：“地方志之编纂，打破以前按省分区挨次特叙呆板之法，本游记体之精神，组织重要教材，排列于一线，使干燥无味之地方，为有情之联络，其关于位置、形势有总叙述之必要时，则用鸟瞰法描述之，务以措词明显，趣味横生为主旨。”[2]

（2）《现代初中教科书世界地理》

该书由王钟麒编辑，朱经农校订，初级中学校用书，卷端题名“现代教科书初中世界地理”，其他题名“世界地理”[3]。全书上、下二册，1925年2月初版。

《现代初中教科书世界地理》上册1925年2月初版刊载本书之“编辑大意”如下：（1）本书依

[1] 王锦福. 最近三十年来中学地理课程概要及教科书之调查并批评：下[J]. 师大月刊，1935（23）：21-22.

[2] 杨尧. 中国近现代中小学地理教育史[M]. 西安：陕西人民教育出版社，1991：122-123.

[3] 王有朋. 中国近代中小学教科书总目[M]. 上海：上海辞书出版社，2010：604.

照现代初中本国地理的编例继续辑成，匀分两册：上册述亚细亚与欧罗巴；下册述阿非利加、亚美利加和大洋洲。（2）本书叙述的次序，略按旅程为先后，于各地的都会情形，更借旅行为线索，联络引伸，于一定的区域中仍极活动。（3）分章的长短，概视内容的繁简而定，并不划定字数，俾使用本书的人有活动伸缩的自由。有必需特别说明的地方，另辑附文分缀在每章的后面。（4）本书使用的度量衡制，概用英度，以求一律。但有时也因折算的不很容易确切，则间或酌采公度。（5）书中遇有述及地方分合的沿革变动时，大概标明年载，以清眉目。所标年历都用公元，但仍把中国历朝的纪元分别括附在下面，以便推比。（6）本书应与本国地理联络参证，凡关于“人与地理”的一切关系既已在先前那两册里说过，这两册里就不再复述了。

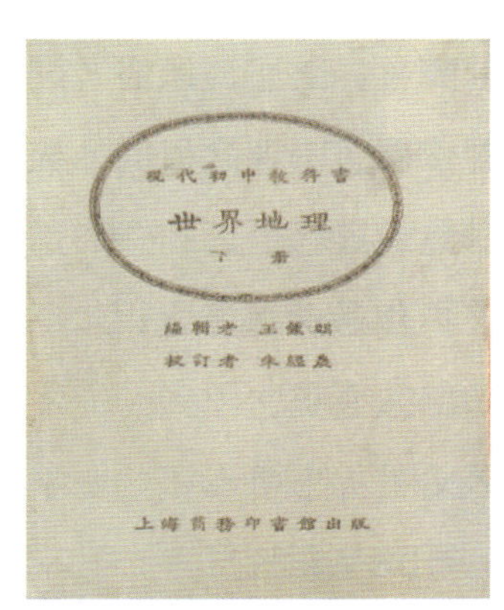

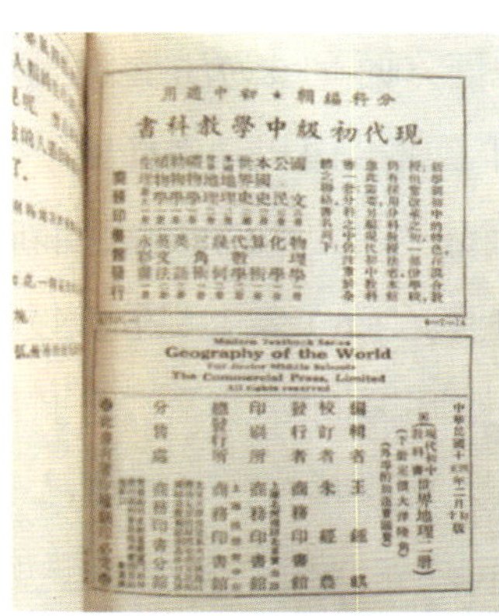

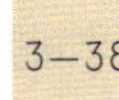

图3—38 《现代初中教科书世界地理》，王钟麒编辑，朱经农校订，下册，商务印书馆出版，1926年2月第十版

《现代初中教科书世界地理》上册第一编亚细亚，第二编欧罗巴。下册第三编阿非利加，第四编亚美利加，第五编大洋洲，附编地球的两极。

有研究认为，王钟麒编辑之《现代初中教科书世界地理》与谭廉、陈铎编辑之《新撰初级中学教科书外国地理》、中华书局出版的丁詧盦编辑之《新中学教科书初级世界地理》相比，王氏的《世界地理》和谭、陈氏的《外国地理》，都是分洲、分国或分区叙述，无甚特异。但丁氏的《世界地理》却有可纪之处，其编制为“首地志，次总论。地志先叙世界与人类，继分叙世界各国改造后之形象。总论则合世界之地文、人文，为总括的说明，并附列各表，以资比较。”结构最突出的特点，在于分洲立编，“每编之末，加以概论及重要异同之点，为相互之证明，而于次编衔接处，更为有系统之联络，以期镕成一片。”丁氏的《世界地理》与其《本国地理》一样，在功能结构上做到了多样化：“凡遇正文有须加说明者，则加注；有与正文相发明之材料，则加备览；材料认为有存在之价值而无须入正文者，则加附录。正文中重要关键所在，则旁加圈点以助记忆；或上栏加眉标，以便练习及整理。”[1]

[1] 杨尧. 中国近现代中小学地理教育史[M]. 西安：陕西人民教育出版社，1991：23.

3. “新撰教科书”系列的地理教科书

商务印书馆“新撰教科书”系列包括地理教科书及其教授书4种12册，包含地理内容的小学校初级用常识教科书（初小社会、自然二科合并为常识，内容包括卫生、公民、地理、历史、自然、园艺等）及其教授书2种16册。其中地理教科书如下。

（1）《新撰地理教科书》（新学制小学校高级用）

该书由谭廉编纂，新学制小学校高级用，全四册，第一、二、三册为本国地理，第四册为外国地理。该套书1928年4月通过大学院审定[1]，1924年初版。

《新撰地理教科书》第一册1926年2月第三十五版所载该书“编辑大要”如下：（1）本书全部四册，足供高级小学二年之用。（2）本书编法：第一二三册述本国地理，为一圆周，第四册述外国地理，为一圆周。（3）本书材料，于人生地理方面，最为注重。凡关于实业、交通、风俗、国耻、纪念地、租借地、割让地……等，记载特详。都会山川，亦择要叙述，一课有一课之目的，极便活用，与专就省区分课者不同。（4）本书用浅近文言叙述，兼采用新式标点，以醒眉目。（5）本书插入形势图、风景图……等，以便与课文对照。（6）本书另编教授书，以供教员参考之用。

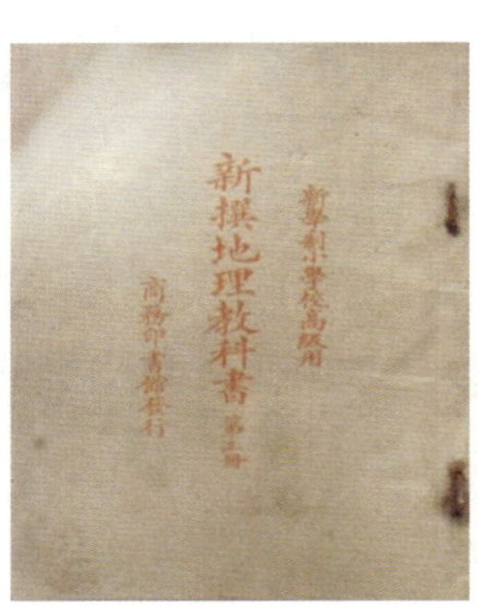

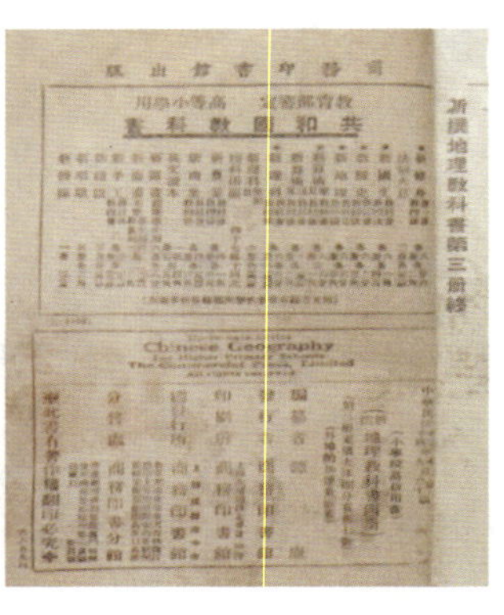

3—39

图3—39　《新撰地理教科书》，谭廉编纂，新学制小学校高级用，第三册，商务印书馆出版，1925年9月第二十版

《新撰地理教科书》第一册1926年2月第三五版目录如下：

[1] 国民政府成立以来至民国二十三年审定及失效中小学师范职业各校教科图书一览[J]. 陕西教育月刊，1935（5）：1-9.

（2）《新撰初级中学教科书本国地理》

该书由缪育南编辑，初级中学用书，其他题名“本国地理”[1]。全书分上、下二卷，1925年1月初版。

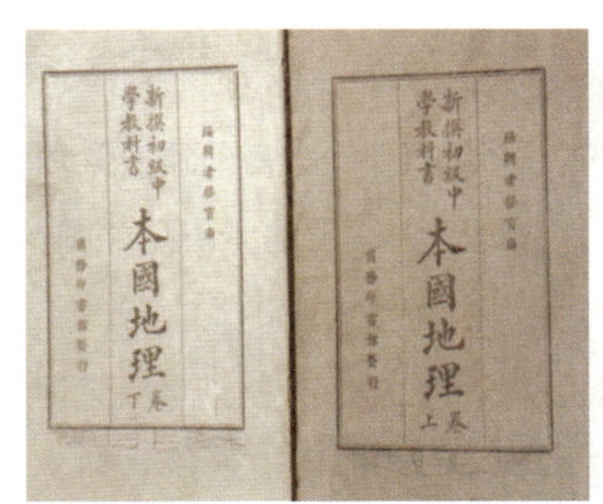

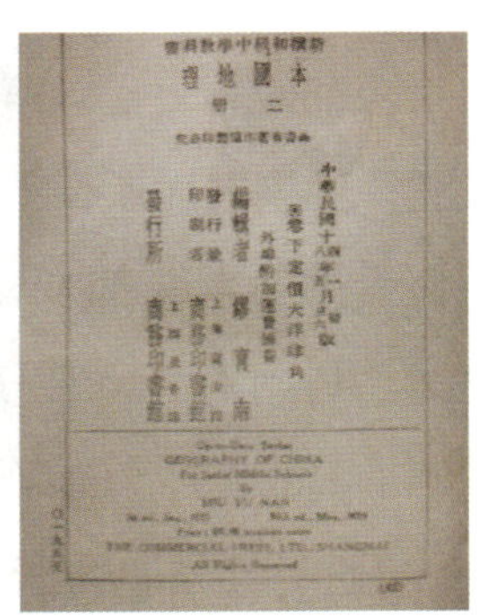

3—40

图3—40　《新撰初级中学教科书本国地理》（订正本），缪育南编辑，下卷，商务印书馆出版，1929年5月第三六版

《新撰初级中学教科书本国地理》（上卷）1925年1月初版所载该书的“编辑大意”如下：（1）是书分地理概要、中华民国总论、中华民国分论三编。其中地理概要与中华民国总论都为一卷，中华民国分论则别为一卷。全书共计上下二卷，专供初级中学校地理教科之用。故教材选择，务使与初中教育程度相当，而篇幅多寡亦期与教授时间配合。（2）大战告终，强权屈服，和会成立，正义昭明。从前之所谓“军国主义”，已与现今之潮流不合。故是书立论，完全采用“民治主义”，以发扬民国之新精神，而顺应世界之新趋势。（3）地理变迁，无时或息。我国自共和告成以来，规模已迭次改易。世界至欧战结束之后，局面又一律更新。故是书记载，务期名实相符。（4）是书关于我国国土、国权损失之处，率皆据实直书，不敢讳饰，非如是不足以唤起国民之警惕而振作爱国之精神。（5）外国地名、人名，各书异译，最易误会。是书所载之地名、人名，如译自外国文者，则于第一次出见时，附注原文于其下以资考证。（6）是书仿照欧美各国所编地理教科书之例，将其中要点一一列为问题，使学者知所注意，而便于记忆。（7）研究地理，非图难以明了，非表无从比较。故是书于叙述之外，插有图表多幅，使学者互相对照，更易了解，并附各省区暗射图，以资学者练习。（8）是书采用新式标号及点号，如标记词句之性质或种类，则采用？—~『 』（ ）[]等标号，点断文句则采用、，；：．。等点号。（9）是书第一编系概论全球，其长度单位则采用英制，如哩呎之类。第二编与第三编系专论中国，其长度单位则采用中制，如里尺之类。因一律改为万国公制，则多奇零而难于密合也，经纬度采用格林威池中线，因为各国公用

[1] 王有朋. 中国近代中小学教科书总目[M]. 上海：上海辞书出版社，2010：591.

耳。（10）是书编辑虽几经审慎，然缪误之处仍所难免，大雅鸿博脱有所见，幸赐教焉。

《新撰初级中学教科书本国地理》上卷第一编地理概要：第一章绪论，第二章天文地理，第三章地文地理，第四章人文地理；第二编中华民国总论：第一章自然地理，第二章政治地理。下卷第三编中华民国分论：第一章首都，第二章中部七省，第三章北部六省，第四章南部五省，第五章东北三省，第六章西北一省，第七章新增六省，第八章蒙古西藏。

有研究评价该书优点有：（1）绪论中先讲述天文、地文、人文三部，学者先得有学习地理之工具，然后便于进一步讲述本国总论与分论。（2）教材分量，分配适宜，无偏多不足之弊。（3）分论每省之末，皆附有全省县分一览表，学者可随时参考。（4）附图极多，简单清晰，便于对照。认为其缺点有：（1）政治部分，列于分论之前，不若列于最后讲述，使学者易得一深切完整之概念。（2）交通、气候、物产、山脉、水系本为全国各省互相关联者，应按自然形势分区讲述，今仅分省叙述，失之破碎。（3）山之高度，水之长度，气候之温度，均应有一定标准，此书多忽略之。[1]

（3）《新撰初级中学教科书外国地理》

该书由谭廉（上册）、陈铎（下册）编辑，逐页题名“新撰初中教科书外国地理”，其他题名“新撰初级中学教科书外国地理”“外国地理”。该书为初级中学用书，书末附英华文地名对照表。全书分上、下二册，1925年初版。

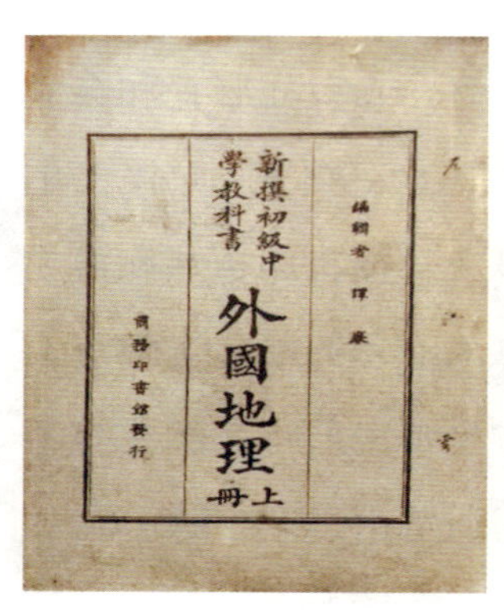

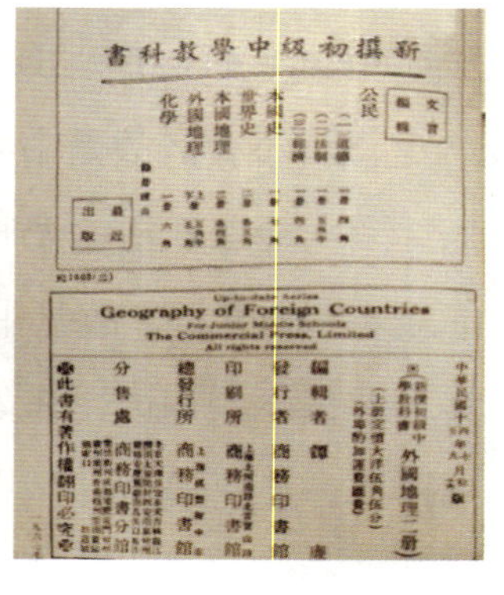

3—41

图3—41　《新撰初级中学教科书外国地理》，谭廉编辑，上册，商务印书馆出版，1926年9月第十九版

《新撰初级中学教科书外国地理》上册1926年9月第十九版刊登该书之“编辑大意”如下：（1）本书继续本国地理编辑，专述外国地理之状况。分上下二册，以供初级中学教授地理教科之用。（2）本书编辑方法根据新学制课程纲要之规定，注重人文地理。故于各国国势之消长，民族之盛衰，及经济、交通、工商业各项，叙述特详。（3）欧战以后，欧亚非澳等洲之政治区域大为纷更，今则局势粗定，新兴诸国基础成立，渐有进步。本书悉采集最新资料，详细列入。（4）本书附图甚多，并插风景等画以供研究。（5）本书每章之末，均附有本洲各国面积人口表，俾学者

[1] 王锦福. 最近三十年来中学地理课程概要及教科书之调查并批评：上[J]. 师大月刊，1936（23）：26-27.

一目了然。（6）本书每册之末，悉附华英地名对照表，以便查阅。

《新撰初级中学教科书外国地理》上册第一章亚细亚洲，第二章欧罗巴洲。下册第三章阿非利加洲，第四章亚美利加洲，第五章大洋洲，第六章两极地方。

4.“新著教科书”系列的地理教科书

（1）《新著人文地理学》

该书由王华隆编纂，中等学校用。该书于1922年11月即已编出，由王可、王梦麟阅，北京高等师范学校白月恒（白眉初）1922年9月作序，初版时标明“新著”，自谓“本书于人类生活各端，叙述极详，以为实地利用之资，并博采东西地理名家最新学说，藉以增进学者之知识”。[1]该书1925年初版。

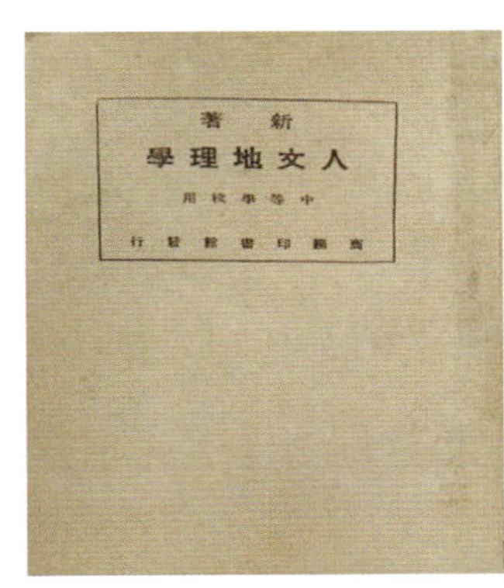

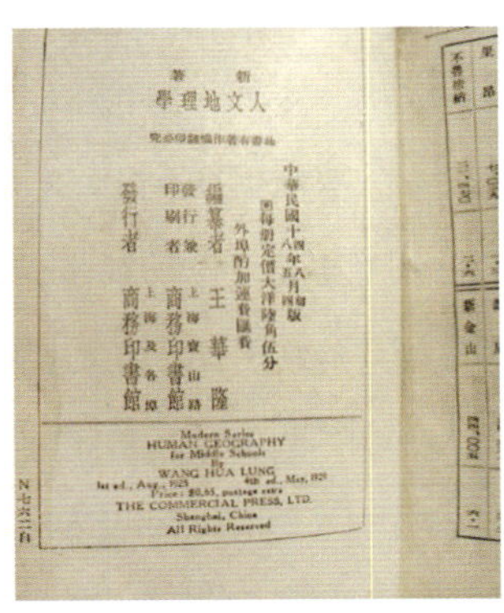

3—42

图3—42 《新著人文地理学》，王华隆编纂，中等学校用，商务印书馆出版，1929年5月第四版

《新著人文地理学》1926年11月再版“序”：地理学者，兼文理科括动静性之学也。何则？地文现象静而理，人文现象动而文。静而理者不变，动而文者善变。虽岛屿之涌现，火山之喷薄，陵谷之变迁，积久且演地史上之革命。然必经亿万斯年之悠悠长期，始酝酿而有所呈露，从未有于数千年间，遽演沧海桑田之变者。若人文地理则不然，铁道之延展，商埠之振兴，实业之盛衰，学校之兴废，凡在人为范围以内者，莫不岁有所改，时有所异，而瞬息万变焉。甚矣夫凡百学科中，独人文地理，开此特异之境也。王子阶平，昔在北京高等师范学校肄业时，即以笃志撰述著称，迨毕业后，首著战后世界新形势之纪要一书，既已风行海内，脍炙人口。今人文地理学，又复脱稿，其条理之详明，搜考之精确，诚治斯学者之益智粽馈贫粮也。今蒙阶平嘱为序，乃揭吾所思，用志数语，以渎简端。

1926年11月再版“例言”：（1）本书内容分人类、种族、语言、宗教、国家、交通等六章，选材颇为精确，其所必需者详之，无关紧要者略之，纲举目张，极便研究。中等以上各校皆可采用之。（2）学所以供用也。本书于人类生活应用各端，叙述极详，以为实地利用之资。并博采东西地理名家最新学说，籍以增进学者之知识。（3）表为研究学问之要端，而于地理尤为切用。本书搜罗广博，排列精致，计各种一览表、比较表、统计表等凡数十页，统系清楚，学者一目了然，不

[1] 杨尧. 中国近现代中小学地理教育史[M]. 西安：陕西人民教育出版社，1991：125.

费脑力。（4）人文地理日新月异，学者要在知新。本书有欧战及太平洋会议后，凡与地理有关系之重要事件，无不调查精确，一一列入，内容颇为新颖。（5）现行人文地理皆系译本，故多详于欧美日本，而略于本国。本书力矫其弊，所引例证多取材于本国。而于世界大势、人类生活有重要关系之他国事项亦并及之，中外关系切要之处为尤详，此与纯粹例著译本有不同也。（6）本书于本文之外有按语以揭其要，遇本文中有应解释之处，并附注以解其难，极便学者之参考。（7）各国权度不同，若变为中数，则多奇零而难于密合。故本书仍用原文以存其真，特列中外权度对照表于左（下），以备比较。（8）编者学识谫陋，疏误之处，所在多有。倘蒙海内博雅赐示纠正，谨当随时修改，以副盛意。

一英哩　即哩　合中国二里八强	一粍　合中国三厘二毫四丝
一日里　合中国七里	一粁　合中国三千二百四十尺
一俄里　合中国一里八强	一英呎　即呎　合中国九寸八分强
一海浬　即浬　合中国三里四强	一碼　英制　合中国二尺九寸四分
一米突　法制　合中国三尺二寸四分	一噸　英制　合中国一千六百八十斤
一粉　合中国三寸二分四厘	一磅　英制　合中国银七两七钱左右
一糎　合中国三分二厘四毫	

《新著人文地理学》主要内容如下：

第一章人类

第一节人类之由来；第二节人类之发生期；第三节人类之发生地；第四节人类进化之阶级；第五节人类之分布；第六节人类开化之程度；第七节人类之数目

第二章种族

第一节种族之由来；第二节区分之标准；第三节黄色人种；第四节白色人种；第五节黑色人种；第六节赤色副种；第七节褐色副种

第三章言语

第四章宗教

第一节犹太教；第二节基督教；第三节回教；第四节婆罗门教；第五节佛教；第六节喇嘛教

第五章国家

第一节国家之起源；第二节国家发达之顺序；第三节国家构成之要件；第四节国家之体制；第五节国家之分类

第六章交通

第一节总说；第二节交通之功用；第三节交通之种类；第四节铁路；第五节水路；第六节邮务；第七节电力

有研究认为该书的优点有：（1）搜集广博，各种表册，凡数十页，眉目清楚，极便参考。（2）内容新颖。凡大战及太平洋会议后与地理有关之重要事件，无不搜集列入。缺点有：（1）于外国之地名、人名及其他译名，均未附原文，不便参考。（2）此书叙述虽详，而有堆积之弊，且多不切于实用。（3）宗教章内，分基督教之派别为二十二，每派之叙述，未附参考何书，国内课本供参考者，殊属少见，对于各派之教旨、主张、分布及教祖等，无从考阅，似欠适当。[1]

《新著人文地理学》内容分人类、种族、语言、宗教、国家和交通六章，以宗教材料最多，占全书206页的四分之一。犹太教、基督教、回教、婆罗门教、佛教、喇嘛教各立一节，以基督教和佛教最详。该书不宜作为高中教材，一则非地理内容多，再则大多非普通高中学生应具备的知识，三则行文艰涩。[2]

（二）中华书局出版的新学制地理教科书

与商务印书馆几乎同时，中华书局从1923年1月开始陆续出版新学制适用“新小（中）学教科书”64种237册［小学28种168册，新中学教科书（含师范）36种69册］。与商务印书馆一样，为了适应高级小学实行新学制后相当部分学校仍然采用文言文教学的需要，中华书局从1924年起也在新小（中）学教科书体系中（主要是高级小学教科书）编写了部分“文体教科书”，它们与白话文教科书大致相同，只是全书叙述，概用文体。中华书局出版之新学制地理教科书主要如下。

1.“新学制适用新小（中）学教科书”系列的地理教科书

中华书局“新学制适用新小（中）学教科书”系列包括地理教科书（课本）及其参考书与教授书6种15册，包含地理内容的小学校初级用社会课本（初小卫生、历史、公民、地理四科合并为社会科）及其教授书2种16册。其中地理教科书及其参考书如下。

（1）《新小学教科书地理课本》（高级）

该书由朱文叔、郑昶编，陆费逵、金兆梓、戴克敦、张相校，1923年1月初版，其他题名“地理课本”，通过教育部审定，1928年6月又通过大学院审定，作为新学制小学高级用书。

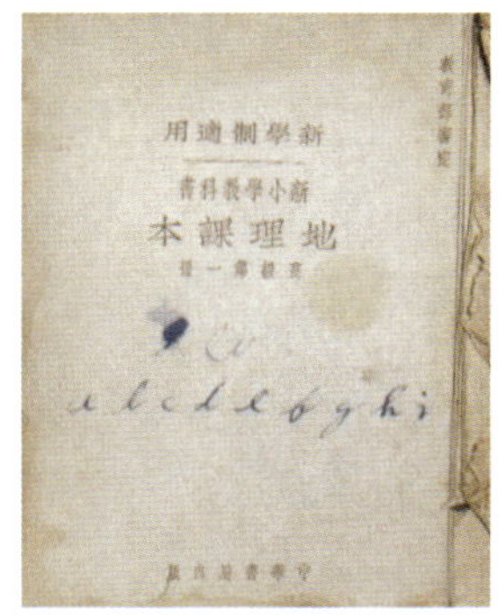

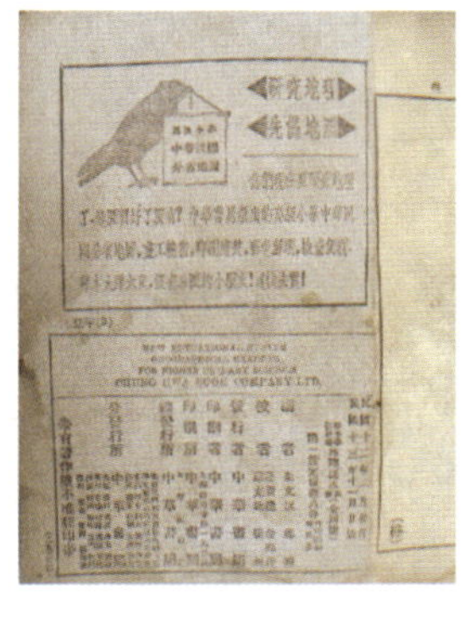

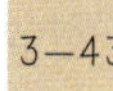

图3—43 《新小学教科书地理课本》（高级），朱文叔、郑昶编，陆费逵、金兆梓、戴克敦、张相校，第一册，中华书局出版，1924年11月第二十版

[1] 王锦福. 最近三十年来中学地理课程概要及教科书之调查并批评：下[J]. 师大月刊，1935（23）：28-29.

[2] 杨尧. 中国近现代中小学地理教育史[M]. 西安：陕西人民教育出版社，1991：125.

《新小学教科书地理课本》（小学校高级用）第一册1923年1月初版目录如下：

> 一北京，二天津，三长城，四沈阳，五窝集，六哈尔滨，七东北边防要地，八东三省的农垦，九戈壁，一〇库伦，一一新疆的地利和住民，一二青海人的游牧生活，一三全国中心点兰州，一四历史名都长安洛阳开封，一五陕西的石油和山西的煤铁，一六黄河的利害，一七泰山孔林，一八山东半岛和辽东半岛，一九运河，二十京汉铁路和津浦铁路。

（2）《新中学教科书初级本国地理》

该书上册由丁詧盦编，李廷翰、沈颐、陆费逵、谢彬校，初级中学用书，1923年1月初版。封面题名“初级本国地理”，通过教育部审定。全书分上、下二册。

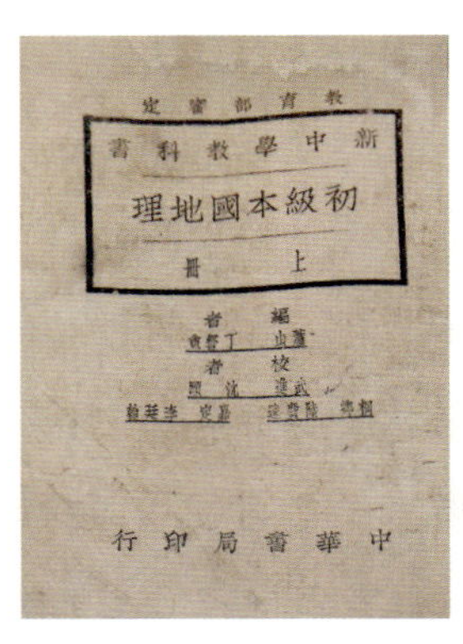

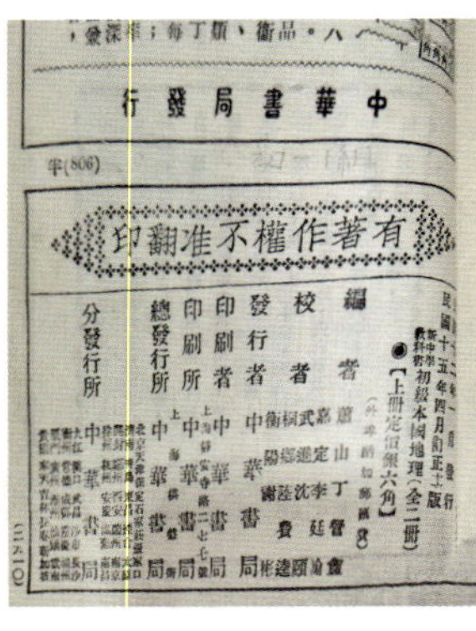
中華書局發行

有著作權不准翻印

新中學教科書初級本國地理（全二冊）

【上冊定價銀六角】

編者 丁詧盦

校者 李廷翰 沈頤 陸費逵 謝彬

發行者 中華書局

印刷者 中華書局

印刷所 中華書局

總發行所 中華書局

分發行所 中華書局

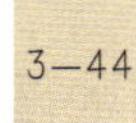

图3—44 《新中学教科书初级本国地理》，丁詧盦编，李廷翰、沈颐、陆费逵、谢彬校，上册，中华书局出版，1926年4月第十六版

《新中学教科书初级本国地理》的“编辑大意”如下：（1）本书供新学制初级中学本国地理教学之用。（2）研究地理之任务，在阐明人与地之关系。本书根据此旨，叙述自然状态时，必考究其及于人事之影响。叙述人生状态时，恒探讨其利用自然之方法。由位置的地理，进为理解的地理，使学者对于所处之环境，有适应、改造之能力，以达战胜自然，提高人生之目的。（3）本书分为上下两卷：上卷，为绪论与地方志；下卷为总论。先说明各地方之特殊情形，再加以综括，由分而合，略取归纳式的叙述。（4）地方志之编纂，打破从前分省分区挨次呆叙之法，本游记体之精神，组织重要教材排列于一线，使干燥无味之地名，为有情之联络。其关于位置、形势，有总叙述之必要时，则用鸟瞰法描写之，务以措辞明显、趣味横生为主旨。（5）总论所列各项均根据最近之调查、专门家之报告，附列各种表解，藉资研究，得于比较之中，明了现今之状况。最后加以结论，为全书大结束。备述欧战后、华会后各国对我国之状态，及世界之大势，由此继续研究外国地理，亦得顺流而下。（6）地理之学，首重图说。书中所述各地形势，皆制插图，俾资考证而便对照。此外更加风景画，以增研究之兴趣。（7）本书凡遇正文有须加说明者，则加注。有与正文相发明之材料而不能入正文者，则加备览。材料本身认为有存在之价值而无须入正文者，则加附录。正文中重要关键所在，则旁加圆点以助记忆，或上栏加眉标，以便练习及整理。

《新中学教科书初级本国地理》上下两册共三编四十三章，上册为绪论和地方志，下册为总论。

有研究认为该书优点如下：（1）研究中国地理，图为最要。此书所述各地形势，皆制有插图（共八十余幅）以资考证，而便对照。此外，尚有风景片多幅，可增加学者研究之兴趣。（2）综论中所列各表，皆根据专家之报告，以资研究，而便比较，使学者明了中国现今之情势。（3）结论中备述大战后，太平洋会议，华府会议，各国对于中国之状态及世界大势，既可以使学者明了我国国际地位，继续外国地理时，则可收事半功倍之效。认为其缺点如下：（1）地方志不以省界分，初中学生于省区观念不明。（2）都市名称不用新名（旧名标出），反以新名附下方括弧之中，如保定（清苑）、奉天（沈阳）、哈尔滨（滨江）、满洲里（胪滨）等是。殊欠适当。[1]

（3）《新中学教科书初级世界地理》

该书由丁詧盦编，谢彬、陆费逵校，封面题名“新中学世界地理”，其他题名“初级世界地理”，初级中学用书，全一册，分上、下二卷，1924年8月初版，通过教育部审定。

《新中学教科书初级世界地理》的“编辑大意”如下：（1）本书供新学制初级中学世界地理教学之用。（2）本书之编制：首地志，次总论。地志先叙述世界与人类之关系，继分述世界各国改造后之形势。总论则合世界之地文、人文，为总括之说明，并附列各表，以资比较。（3）自来外国地理与本国地理相对，是书定名为世界地理，书中凡与我国有关系者，皆兼叙及之。总论中如物产、人口、政治、教育、军制、交通等，尤为详细比较，以明了我国在世界上之位置。（4）本书以六大洲分编，取其为秩序之排列。复于每编之末，加以概论及重要异同之点，为相互之澄明，而于次编衔接处，更为有系统之联络，以期熔成一片。（5）欧战后各国之改革，不特疆域上发生重大之变迁，即国体、政体、民族、社会，以及近今商业之趋势，经济之状况，皆已根本改造。本书教材多参证欧美最近出版之图籍及英国世界政治年鉴，俾读者恍然于现今世界之大势。（6）本书插图就世界各国新形势绘列，与内容足以互证，并附列风景图多种，以资引起世界观。（7）本书凡遇正文有须说明者，则加注，有与正文相发明而不能入正文者，则加附录或备览。正文中之主要点，则加圆点，以助记忆。上栏加眉标，以便练习而资检阅。

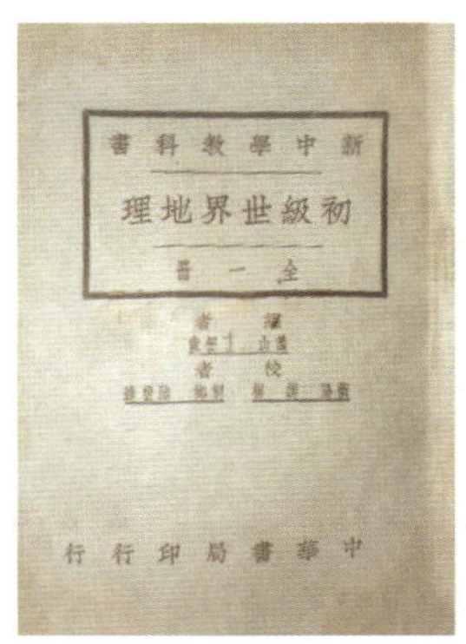

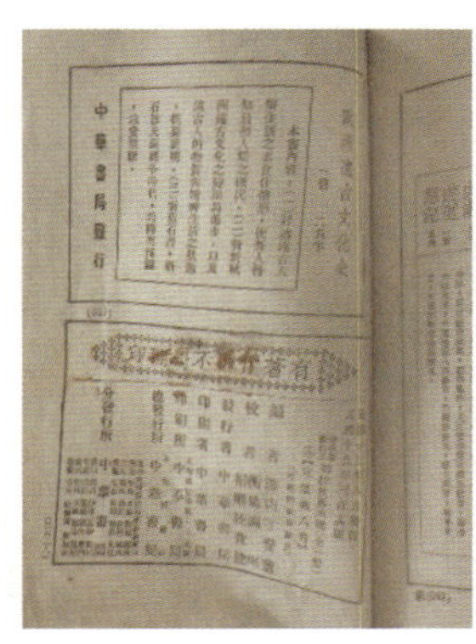
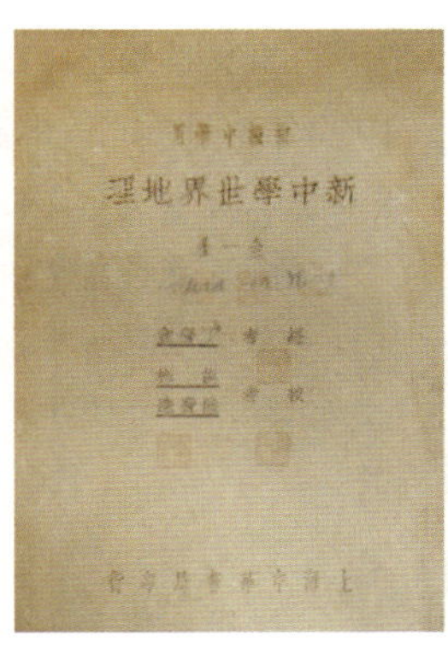

3-45

图3-45 《新中学教科书初级世界地理》，丁詧盦编，谢彬、陆费逵校，中华书局出版，1930年3月第十六版，1932年5月第二十三版

[1] 王锦福. 最近三十年来中学地理课程概要及教科书之调查并批评：下[J]. 师大月刊，1935（23）：17-18.

《新中学教科书初级世界地理》上卷为地志，主要内容包括：

第一编　绪论

第二编　亚西亚洲

第一章亚洲之独立国，第二章南洋，第三章印度及印度支那，第四章西部亚细亚之新形势，第五章北部亚西亚，第六章亚西亚洲概要

第三编　欧罗巴洲

第七章欧洲东部之改造，第八章欧洲中部之现势，第九章欧洲北部，第十章地中海沿岸诸国，第十一章巴尔干半岛之新形势，第十二章欧罗巴洲概要

第四编　阿非利加洲

第十三章非洲之独立国，第十四章非洲之白人殖民地，第十五章阿非利加洲概要

第五编　南北亚美利加州

第十六章北美洲，第十七章中美洲及西印度群岛，第十八章南美洲诸国，第十九章亚美利加洲概要

第六编大洋洲

第二十章太平洋诸岛之分布，第二十一章大洋洲概要

下卷为总论主要内容包括：

第二十二章南极及北极，第二十三章世界之地文，第二十四章世界各国物产统计，第二十五章世界之人文。

2.“文体教科书”系列的地理教科书

（1）《小学高级文体地理教科书》

该书由张鸿英编，封面题名“文体地理教科书”，逐页题名“新学制适用小学高级文体地理”，小学高级用，全四册。1924年7月初版。

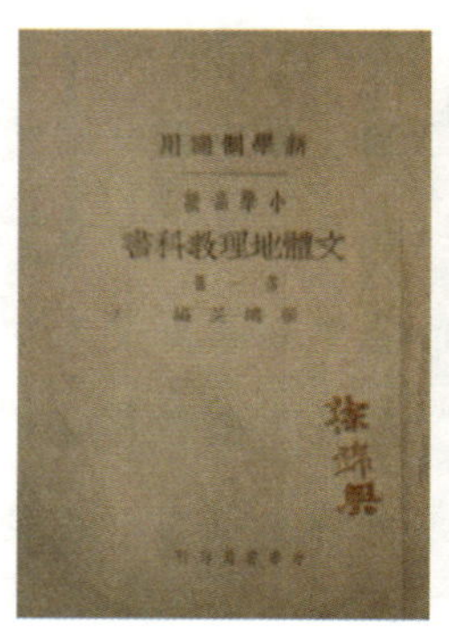

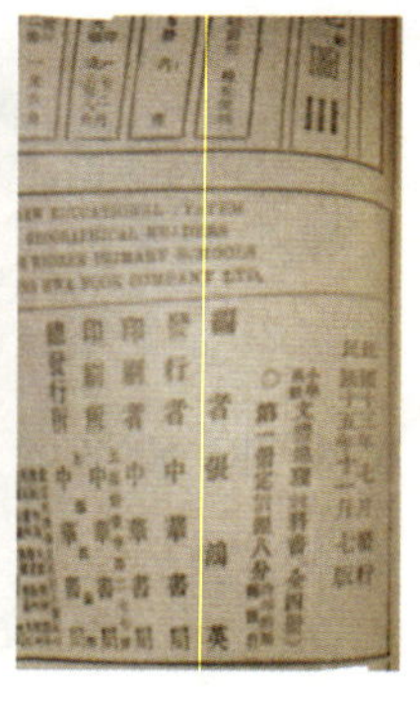

3—46

图3—46　《小学高级文体地理教科书》，张鸿英编，中华书局出版，第一册，1926年11月第七版

《小学高级文体地理教科书》第一册、第二册为本国地理，第三册、第四册为外国地理。第二册主要内容如下：

一、全国第一商埠上海，二、崇明　舟山群岛，三、自上海至杭州，四、南通无锡之实业，五、南京，六、芜湖之米及景德镇之陶器，七、鄱阳湖　洞庭湖，八、武汉，九、天府之四川，十、长江之交通，十一、世界第一高原西藏，十二、云南之矿产及贵州之梯田，十三、西南边防要地，十四、西南诸省之苗族，十五、梧州住民之水上生活，十六、广州　香港　汕头，十七、福建之茶及糖，十八、台湾及琼州，十九、南洋之华侨，二十、中国在太平洋之地位。

（三）世界书局出版的新学制地理教科书

世界书局从1922年新学制之后开始陆续编撰出版“新学制教科书”（小学）26种132册（初级小学教科书8种64册，高级教科书18种68册，含教科书与教学法），渐与商务印书馆、中华书局形成三家竞争的局面。世界书局出版的“新学制教科书”系列包括地理课本（读本）及教学法4种13册和内含地理内容的初级小学常识课本（初小社会、自然二科合并为常识，内容包括卫生、公民、地理、历史、自然、园艺等）及教学法2种16册。其中地理教科书主要如下。

1.《新学制小学教科书高级地理课本》

该书由徐敬修、李乃培编辑，董文、范祥善校订，该套教科书其他题名“高级地理课本”，全四册，1925年初版。该书通过教育部审定。教育部审定批语是：“呈及新学制小学教科书高级地理课本均悉，查是书取材精核，文辞简明，附图与注亦详略得当，应准作为高级小学教科书用书，原书发还此批。”

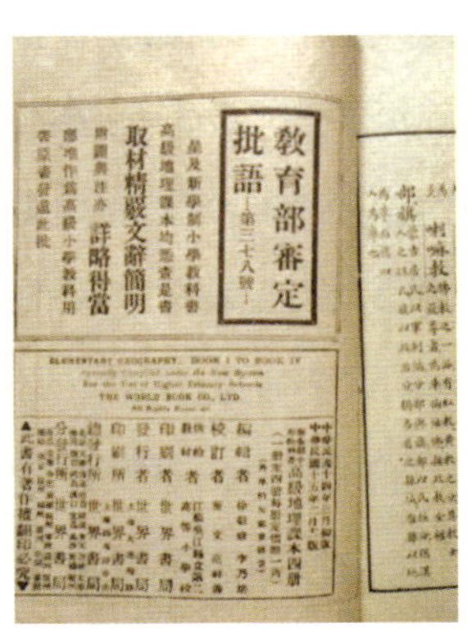

3—47

图3—47　《新学制小学教科书高级地理课本》，徐敬修、李乃培编辑，董文、范祥善校订，第一册，世界书局出版，1926年2月第十一版

《新学制小学教科书高级地理课本》的“编辑大意”如下：（1）本书共分四册，足供新学制高级小学二学年之用。（2）本书叙述用浅近之文言文，并加新式标点符号，以醒眉目。（3）本书第一二册分述本国各省情形，第三册总述本国大势，第四册详述世界各国情况，概括扼要，应有尽有。（4）本书兼采游记体，各课互相蝉联，一方引起新观念，一方整理旧观念，极合教学之用。（5）本书对于实业、交通、民情、风俗，凡与人民生计有关者，无不详述，而于国权国体上有关系之点，尤再三致意。他如著名之山川、重要之都市，亦详述无遗。（6）本书地名均用新改定

者，而于初见之新名下，仍注旧名，以便查考。（7）本书除每课附列问题外，又将初见之地名，在本课中无说明，或说明不详者，择要加以注释，附于问题之后。地名之外，兼及地理上之学术名词（如冲积层等），既便教师补充教授，又便学生自习。（8）本书各册均编有详细教学法，以供教师之用。

2.《新学制教科书地理读本》（小学适用）

该书由李法章编辑，秦同培校订，其他题名“地理读本”，小学适用，全三册，1922年初版。

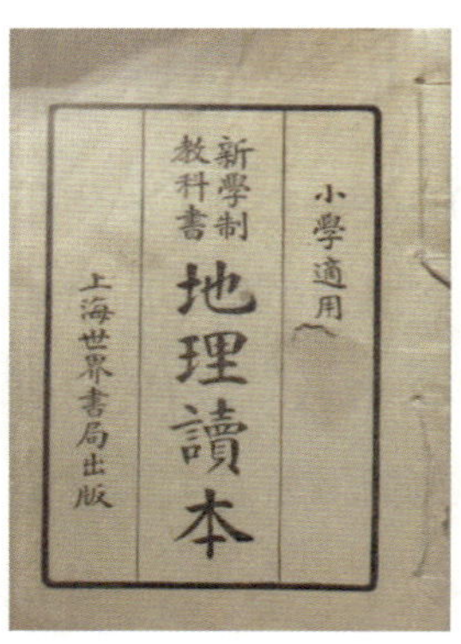

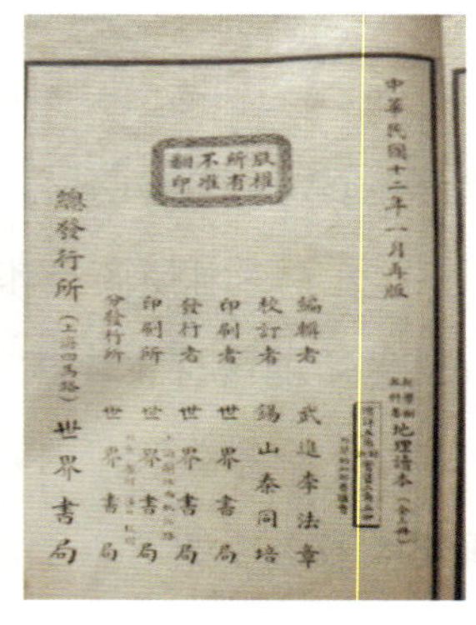

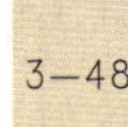

图3—48 《新学制教科书地理读本》（小学适用），李法章编辑，秦同培校订，全三册，世界书局出版，1923年1月再版

《新学制教科书地理读本》的“编辑大意”要点如下：（1）本书全部三册，供新学制“四二”制后二年之用，其时间除假期外，每星期授二时，每年计六十四时，全书教材，依次支配。（2）本书编辑取“授受公开”主义，不另编教授书，俾学生群趋自习一途，而教师辅导之。本斯用意，故三年制的高等小学校，多加复习时间，亦甚适用。（3）本书编辑，为便利读者记忆起见，纯用旅行体：先从京师出发，沿黄河流域之甘肃；从陕西南入四川，顺长江东下，至江苏浙江入福建，更沿粤江流域西行，至云南；由腾卫入川边特别区，游览西藏青海新疆蒙古一带高原，再入东三省；然后折回，游览沿海各埠，至广州湾为止。条理详明，疏而不漏。（4）本书共分十章，首章以粤江长江黄河三流域，定本部南中北三区，及自然区画，为旅行前之筹备，末章为旅游归来所得之评判，比较优劣，注重物产商业交通，作一总结束。令读者一览了然，不至茫无把握。（5）本书各课均以“地文”“人文”上极有兴趣之事实，用极有兴趣之白话写出之。（6）凡各省省会、商埠、商港、要地，旅行所至者均详述过去及现在情形，使读者逐步考究，如身入其境。（7）各省均附略图，便教授时指示，并附要地及风景形势图，引起生徒兴趣。每课后列“指示”“提要”“比较”“练习”四项。（8）本书对于物产、商业特别注重，所以河流铁路言之极详。末章更将近年计画之国路、航空一并载入，亦顺现世之趋势，求其详备。（9）字句均用新标点表括之。（10）本书原稿，一般富有地理学经验知识者，均认为适宜教本，教授诸君子实地试用后，倘承见教，无任欢盼。

3.《新式初等地理读本》（小学适用）

该书由沈维钧编辑，秦同培校订，国民学校及新制小学适用。全书上、下二册，1923年初版。

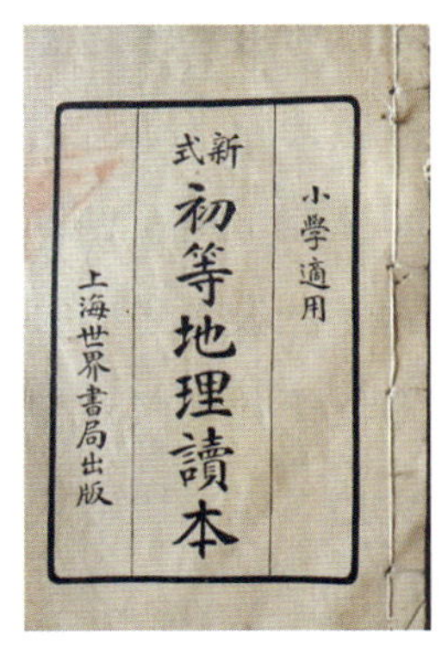

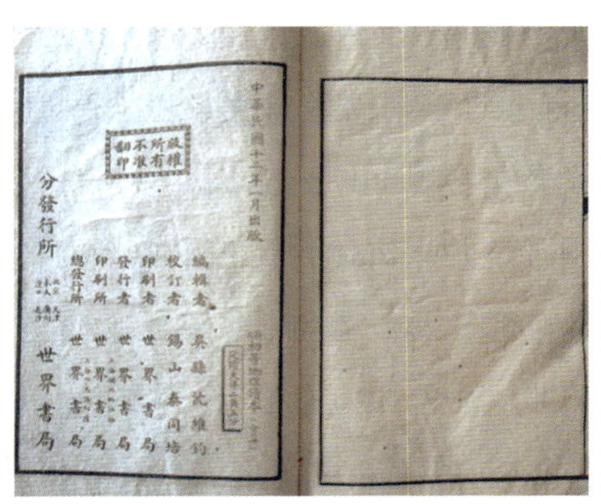

3—49

图3—49 《新式初等地理读本》（小学适用），沈维钧编辑，秦同培校订，下册，世界书局出版，1923年1月初版

《新式初等地理读本》的“编辑大意”如下：（1）本书是供给国民学校及新制小学三四年级地理科教学用的，要旨在使儿童略知本国各省大概情形，和地理上一般基本的学识。（2）本书为初等地理读本，所以开首先释地球的形状，次述世界的大势和地理上的名词，最后分论我国各省情形。虽重在本国地理，但立言引说，都照着世界的趋势，毫无自己夸大的口气，以养成学生实事求是的态度。（3）本书教材的标准，注重人文和自然地理的关系，凡关于国耻的、实业的、形势的，都特别注意，记载详尽，各课教材，也都互相联络。因有系统的记述，最使儿童记忆。（4）本书共八十课，每星期教授一小时，每小时演讲一课，恰合两学年的用途。（5）本书每课各有插图，学生可相互对照，极易明了，又附区画表式，更便记忆。

（四）其他书坊出版的新学制地理教科书

1.《中国地理》（初中适用）

该书由杨蕙田编辑，张星亚、刘玉峰、白眉初、申广义、曹葆清校阅，其他题名“初级中学教科书中国地理”，京华印书局印刷，北京新华街厂甸南海王商店出版发行，全一册，1925年初版。

《中国地理》的“编辑大意”如下：（1）初级中学中国地理一科，现经出版者多半篇幅繁重，志在详尽，遂不免头绪纷然，编者有感于采用之困难，乃本数年教学之经验，编成本书。统系力求清楚，取材务期简要，专供初中课本之用，并且多留教学研讨发挥之机会，故关于时间多寡之分配，亦颇有伸缩之余地。（2）按商务印书馆、中华书局两家出版之高级小学地理课本，皆以都市或事物为叙述之中心，体裁近乎游记。本书则对于自然方面及人文方面，皆作极总括、极清晰之叙述，用以衔接现在高级小学之地理课本，堪称得当。（3）本书分作总论、分论、结论三编，前后务求关联照应，而力避重复偏颇。甲、第一编总论专述中国自然状况之要略，以为全部之基础。乙、第二编分论采用区域叙述法，而不以政治区划分章节，但政治区划亦非完全置之不顾，即如：1.分区域之标准除自然区划外，仍须顾到政治区划。2.在总括之叙述中，随处皆有省区之痕迹。3.每区域之都市仍按省区分述。丙、第三编结论专述中国人文状况之要略，特详于交通、财政、贸易、外交四项。（4）地理与历史有互相发挥印证之必要，故本书之取材往往侵入中国近世史范围。

（5）本书共有习题百余道，分配于各章之末。一则用以辅助正文之不足，二则用以引导学生之温习及研究。讲授时务使学生一一解答，如仍有余暇，则由教员或学生随时拟题练习，庶于应对之间，得收善诱之效。（6）本书附有中国总图一、区域分图三、小图及风景人物印片四十七，专供讲授时就便参照之用。如仍嫌不足，可购苏甲荣编制之新体分类联省中华地图，因该图较适于本书之应用也（该图北京大学出版部代售）。（7）本书教材之排列：普通于章节之内便于列表者，则竭立制为略表，不便于列表者则有（一）（二）……（甲）（乙）……1.2……等标号，以为段落之区分，务期眉目清楚，一目了然。（8）本书取材力求新颖明确，文字浅近，并标新式标点。（9）本书编辑脱稿经年，几经增损，并由申扩之、张启东两先生一再校阅删润，然谬误之处仍恐难免，大雅鸿博如蒙纠谬绳愆，曷胜祷盼！

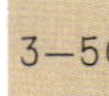

图3—50　《中国地理》（初中适用），杨蕙田编辑，张星亚、刘玉峰、白眉初、申广义、曹葆清校阅，京华印书局印刷，北京海王商店出版发行，1925年8月初版

有学者对《中国地理》（初中适用）进行了研究，认为其优点有：（1）商务、中华两家出版之高小地理课本，均以都市或事物为叙述之中心，采记游法之体裁，此书对于自然人文两方面，皆作最总括、极清晰之叙述，籍以衔接现在高小之地理课本，极为适宜；（2）地理学与历史学，有互相发挥引证之必要；该书选材方面，即本此原则，每输入以近世史之常识；（3）附有习题百余，附各章之末，以助正文之不足，及增加温习与研究之趣味；（4）此书对于西藏、外蒙、新疆等地，人民习俗之叙述特重，使同化异民族时，知其特点，易于着手。认为其缺点有：（1）中国总论部，于自然状况之叙述，异常简略，湖泊之部，无一语提及，分论中又付阙如，于讲述各省区时，再从事补充，殊与时间不经济；（2）此书着重于小形势图及风景图，而各省区自然之形势图较少，似属不当。[1]

2.《本国地理》（初中师范适用教本）

该书由程国璋编著，北平文化学社印行，其他题名“初中师范适用教本本国地理”，版权页题名“初中本国地理”。全书分上、下两卷，1926年初版。

[1] 王锦福．最近三十年来中学地理课程概要及教科书之调查并批评：下[J]．师大月刊，1935（23）：27-28.

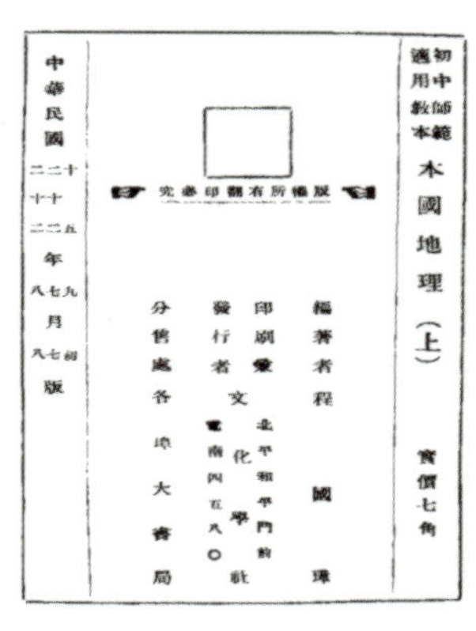
初中師範適用教本
本國地理（上）
實價七角

編著者 程國璋
印刷發行者 文化學社 北平和平門前 電南四五八〇
分售處 各埠大書局

版權所有翻印必究

中華民國十五年九月初版
二十二年七月七版
二十二年八月八版

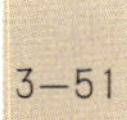

图3–51 《本国地理》（初中师范适用教本），程国璋编著，上卷，北平文化学社印行，1933年8月第八版

《本国地理》的“编辑大意”如下：（1）本书除绪论外，分为总论、分论、结论三编。总论述境域及自然状况之概要，为全书之基础；结论总述人文概况，明人地相互之关系；分论则用鸟瞰法，先按自然及人生相似之地带，分全国为八区域，而每区域之中，复分自然概况、政治区划及结论三节，应合者则合述之，应分者则分论之。冀免旧日教科书纯按政治区划者之破碎重复及游记体零乱无章之弊也。（2）本书分上、下二卷，体裁编制富伸缩之可能性，适合于初中或师范学校六学分至八学分之用。第二编分论各章中之第一节第三节，第三编结论之大部，概系复习，时间少者讲授时进度可极速。（3）中等学校地理科之目的，要在完足学生常识及阐明自然与人生之相互关系。故本书对于自然及于人生之影响，人生利用自然之方法，恒处处留意，使学者知为人生而研究地理，洞明人生与环境之影响，并养成适应改造环境之能力。（4）本书每章末附有复习题及研究题，复习题备学生之温习思考，研究题则备优等生之详细研究，以充分发挥高才者个性之聪明及能力。（5）本书极重条理与兴味，常用比较及理解方法，以养成学生批评判断之能力。（6）本书重直观，备有彩色地图及照片百余幅，以供学生观察及引起其研究之兴味。

有研究认为本书优点有：（1）教材分量多寡适中，且条理清楚。（2）分论内遇有每省特殊重要之处，最后必特别提出论述。（3）各区均附有彩色地图一副，易使学生得一整个区域之概念。（4）复习题预备学生之温习思考，研究题则备优等生之详细研究，以充分发展高才者之个性、聪明及能力。认为其缺点有：（1）总论分论先后叙述自然状况，分量无多寡轻重之分。（2）描写自然与人文，有时有空洞烘托之弊。（3）边疆地理过于简略。[1]

3.《世界地理》（初中适用）

该书由吕士熊编，何炳松、杨秀峰校，北平文化学社发行，初级中学用，封面题名“中学教科书世界地理”，版权页题名“初级中学教科书世界地理”，全一册，1926年初版。

该书的“编辑大意”如下：（1）本书约七万言可供初级中学四学分之用。（2）本书体裁及材料富于伸缩之可能性，教者无过繁过简之苦。（3）本书因各洲而易其体裁，务期简明，一洗旧本叠架之习。（4）叙述多以洲为单位，各洲各国易资比较且饶兴趣。（5）特重人文方面以俾实用。

[1] 王锦福. 最近三十年来中学地理课程概要及教科书之调查并批评：下[J]. 师大月刊，1935（23）：30–31.

（6）国际关系及中外关系言之特详，以发展世界观念。（7）图与文并重，本书插入地形气候物产交通等图多幅，皆我国舆图所无，籍资补助。（8）本书插入许多统计表，俾得明了正确观念。（9）本书插入风景图多幅，表现实际状况，籍增兴味与印象。（10）附有练习题可供练习之用。

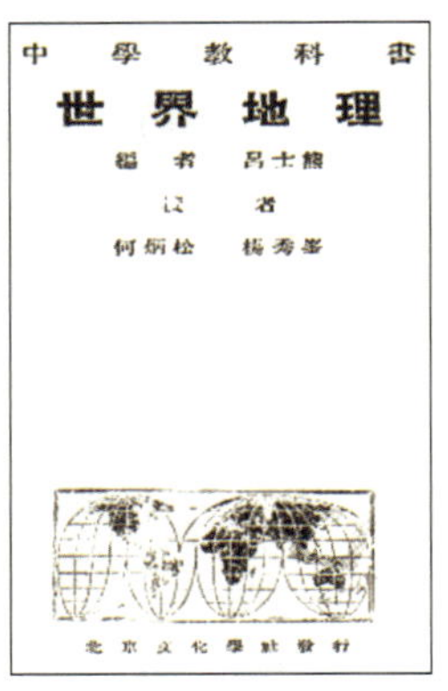

3—52

图3—52 《世界地理》（初中适用），吕士熊编，何炳松、杨秀峰校，北平文化学社发行，1926年3月初版

4.《外国地理》（初中适用）

该书由王郁文编辑，张景韩校订，天津直隶书局出版，初中适用，全一册，1924年初版。天津直隶书局1926年7月再版"初中适用外国地理再版广告"指出："此书出版以来，颇蒙同仁不弃，初版现存无几，修正再版不日出书，编辑意旨与拙著本国地理相同，中外地理原采并进主义，分别采用固无不可参互对照，尤为适宜"。

该书"编辑大意"如下：（1）该书取材简要，适合新学制外国地理四学分教学之用。（2）该书区划以自然地理为标准，以期征服自然，利用自然为目的，适合最新趋势，但国界之变迁，亦特注意。（3）该书注重产业，务使学者明白人生与地理的关系，以期改造地理，增进民生。（4）该书对于国际时事特别说明，务使学者明白世界趋势，养成顺应潮流，应付外交之能力。（5）该书于一切地理事项，可以比较者，务使参互对照，清晰明了，故全书脉络贯通，无肢节片段之弊。（6）该书于每节段之后，附列问题若干，以唤起学者注意而资研究，俾学者有解决人生问题之思想。（7）教学地理非图不明，本书精制插图若干幅，皆按书中教材配置适当，可省索阅他图之劳。（8）编者学识谫陋，实无著述能力，因谬应教职，坊间无适宜课本，乃搜集裁节，仓卒成编，疏误之处，在所不免。倘蒙大雅指正，不胜欢迎。

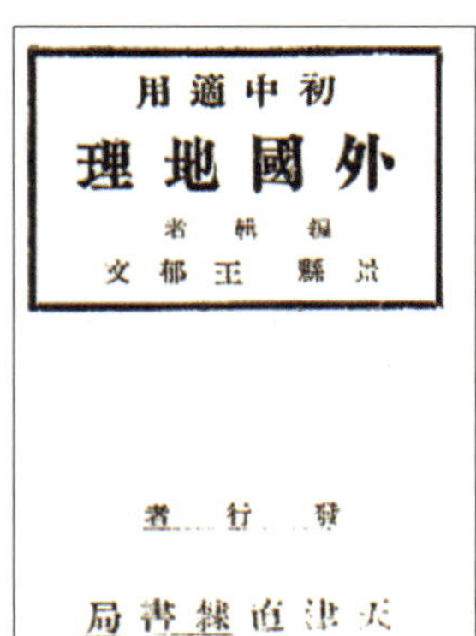

3—53

图3—53 《外国地理》（初中适用），王郁文编辑，张景韩校订，天津直隶书局出版，1924年7月初版

综上所述，伴随着1922年新学制及其课程改革，商务印书馆、中华书局、世界书局等民营书局陆续推出了上述各具特色、品种多样的新学制地理教科书，它们以教科书多样化为追求，在编写理念、品种类型、内容选择、编制方法等方面彰显出我国中小学地理教科书更高水平的多样化发展态势，以满足不同地区、不同学生对教科书的多种需要。在编写理念上，随着新文化运动之影响不断深入和普及教育之呼声积极推动，各书局开始采用语体文和新式标点符号编写教科书；在品种类型上，初中地理甲、乙两种教科书并行，树一代新风，不但甲种教科书注重整个人类的生活，打破中外地理的畛域，即乙种教科书中国地理分论，也开始打破省界，创天然区域的新局；在内容选择上，重视地理环境对人类的影响，科学性较过去增强；在编制方法上，出现了游记体教科书，中外地理的编排出现了习题、夹注、便览、附录、比较等材料，使教科书的结构形式更加多样化，体现了当时地理教科书新的编辑思想。[1]总之，新学制地理教科书开启了百年地理教科书史上的一次盛宴，标志着我国中小学地理教科书走向精彩繁荣，我国中小学地理教科书的发展步入了黄金时期。

[1] 杨尧. 中国近现代中小学地理教育史[M]. 西安：陕西人民教育出版社，1991：133.

第三节
白话文地理教科书的迅猛发展

在新文化运动的影响和普及教育呼声的直接推动下，发端于清末维新时期的国语运动在20世纪20年代全面掀开。1920年1月，教育部接受全国教育会联合会“推行国语以期言文一致”和国语统一筹备会“请将小学国文科改授国语”的建议[1]，明令全国各国民学校先将一、二年级的“国文”改为白话文，并颁布新式标点符号。同年4月，教育部又通令全国各地于1922年以后，小学文言文教科书一律改为白话文教科书，中学各科教科书逐渐用白话文改编。为了在国语运动和白话文教科书市场上抢得先机，商务印书馆早在1919年8月就推出了供国民学校使用的“新体国文教科书”（8册）。中华书局不甘示弱，也于1920年3月开始出版了适应国语改革要求的国民学校用“新教材教科书国语读本”（8册）及配套的“新教材国语读本说明书”（8册）。

“新体国文教科书”和“新教材教科书国语读本”是两套最早适应国语运动的语文教科书，具有开创意义。但两套书均为语文教科书，没有涉及其他科目。而把国语、国音和新式标点符号应用于所有科目，全面推动白话文改革的当属几乎同时启动编写的商务印书馆的“新法教科书”系列和中华书局的“新教育教科书”系列。商务印书馆的“新法教科书”系列从1920年年初开始出版，包括国民学校之修身、新法国语、国文和算术各八册，高等小学修身、国语、国文、算术、历史、地理、理科各六册和商业、农业各四册及英语三册。另有配套的教授书、参考书和自习书出版。后期恰遇教育部学制改革，小学分前期小学和后期小学，科目也发生了一些变化，新法教科书也随之发生了一些变化，改高小教科书为后期新法教科书，因小学后期学制改为二年，后期教科书由原来六册改为四册。该套教科书除国文一种偏重文体外，其余均采用通用语体编纂，且体例新颖，使用了新标点，曾经教育部审定，洵为初期小学最良好的教科书。中华书局从1920年6月开始编辑出版“新教育教科书”系列，国民学校用者，全用白话文编写，高小用者，语体、文言互用编写。白话文进入教科书，对汉语书面语的最后形成和发展起了极为重要的作用，有力地推动了“五四”时期的新文化运动。白话教科书在中小学的使用与普及，使教科书朝着大众化和科学化方向发展，使我国近现代中小学教科书的发展步入了一个新的历史时期，在中国教科书发展史上写下了划时代的光辉一页，具有开创意义。

[1] 国家图书馆.（民国）教育部文牍政令汇编：第6册[M]. 北京：全国图书馆文献微缩复制中心，2004：2119.

一、商务印书馆“新法教科书”系列的地理教科书

商务印书馆出版的“新法教科书”系列包括地理教科书2种10册、自习书1种6册、参考书1种6册和教授书3种16册。其中，地理教科书、自习书、参考书主要如下。

1.《新法地理教科书》（高等小学校用）

该书由谭廉编纂，庄俞校订，全六册，1920年初版。该书通过教育部审定，作为高等小学学生用书。

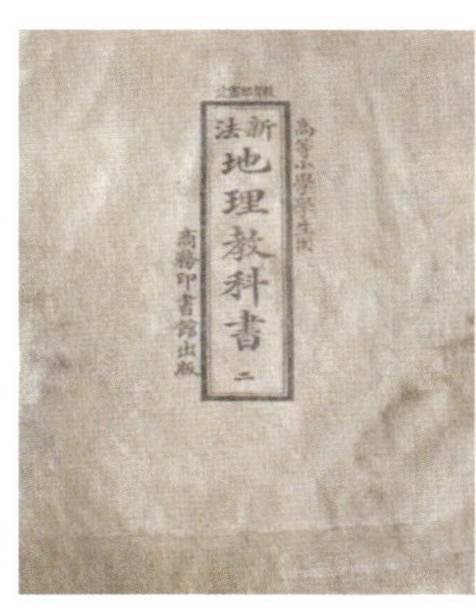

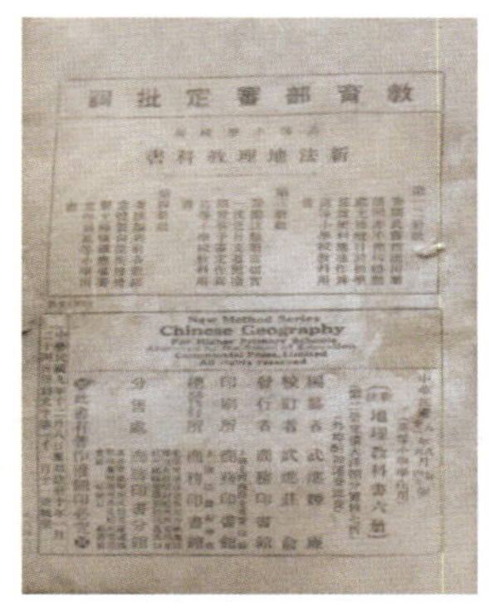

3—54

图3—54 《新法地理教科书》（高等小学校用），谭廉编纂，庄俞校订，第二册，商务印书馆印行，1922年6月第四五版

《新法地理教科书》主要有如下特点：（1）全部六册，供高等小学学生用。（2）本书用圆周法编的：一、二册一圆周，述各省区的重要都会和租借地、割让地；三、四册一圆周，述各省区的名山大川风俗交通实业；五、六册一圆周，述外国地理大要。（3）注重人生地理，凡是关于实业的、交通的、国耻的、形势的，记载极详，一课有一课的目的，极便活用，不是专把省区分课的。（4）本书形式，每节起头的地方空两格，一律用新标点。（5）另有自习书六册，也是供学生用的。凡是本书详细说明的地方，都载在自习书里面，作学生自习时研究的资料，和本书有连带的关系。

2.《新法地理教科书》（新学制小学后期用）

该书由傅运森编纂，于1924年1月通过教育部审定，作为新学制小学后期学生用书。审定批词是：“呈及新学制小学后期用新法地理教科书第一二三四册均悉，查该书内容取材尚称妥当，应准审定作为高级小学地理教科用书”。全书共4册，1922年初版。

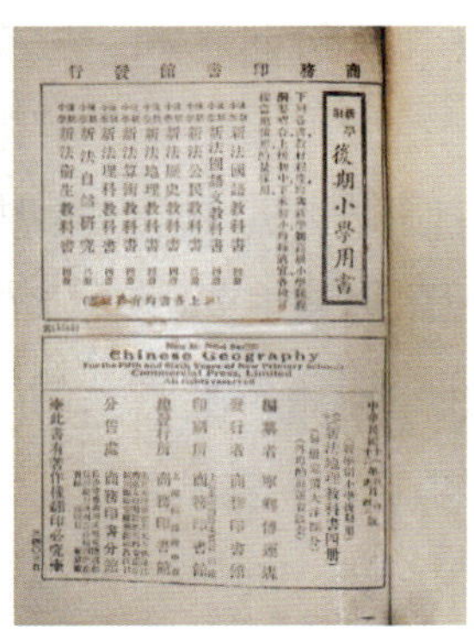

3—55

图3—55 《新法地理教科书》（新学制小学后期用），傅运森编纂，第一册，商务印书馆印行，1923年12月第四六版

本书“编辑大要”如下：（1）本书全部四册，是供给新学制小学校学生后两年学地理用的。（2）本书内容第一二册述本国地理，为一圆周；第三册仍述本国地理，又为一圆周；第四册述世界地理，亦为一圆周。（3）本书注重人的地理，凡实业、交通、人民生计、风俗和国权、国体的关系，随处择要指出，兼采旅行记体，每课不拘定时数，以便教员活用。（4）本书全用语体，并且采用新式标点，插入地图、名迹图。

该书前三册为中国地理，第四册是外国地理。第一册部分目录如下：

> 一中国的国都，二万里长城，三天津的交通，四山东要埠，五泰山和孔林，六中州的名胜，七长安的今昔，八山西的煤铁，九土地肥美的河套，十甘肃的河渠，十一青海的游牧人，十二新疆的建置，十三关东的发达，十四漠南的形势，十五漠北的库伦。

《新法地理教科书》配有全套教师用书，即《新法地理参考书》，由谭廉编纂，庄俞校订，通过教育部审定。全书共六册，1920年7月初版。

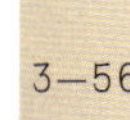

图3—56 《新法地理参考书》（高等小学校用），谭廉编纂，庄俞校订，第二册，商务印书馆印行，1920年8月初版

二、中华书局“新教育教科书”系列的地理教科书

中华书局出版的“新教育教科书”系列包括地理教科书1种6册及其地理教案1种6册。具体如下。

1.《新教育教科书高等小学地理》（高等小学校用）

该书由汪宗敏、陆韡、朱文叔、李直、李廷翰、陆费逵、张国维、张相编辑及校阅。该套教科书通过教育部审定，作为高等小学校春秋季始业学生用书。全书六册，1921年1月初版。

《新教育教科书高等小学地理》的“编辑大意”如下：一、宗旨。本书是供高等小学校地理科教学用的，宗旨在使儿童理会地球表面与人类生活的状态，本国与世界各国的国情，以及中外地理的关系。二、编制。本书的编制如下：（一）形式方面，春秋季始业，都通用的。照部定时间配置，第一、第二两册各十六时，三、四、五、六四册各三十二时，留着其余的时间供实地观察，及教学地理上临时重要变迁的用处。（二）实质方面分做两周。第一学年为一周，择地理上基本必要的地方，为联络的读本体；二、三学年为一周，为正则的本国地理及外国地理。三、教材选择的标准。（一）人文地理与自然地理的关系；（二）最近经济的社会的教材；（三）本国外国政治的经济的关系；（四）满蒙回藏各地的开发；（五）于世界地理上，注意华侨所在地及其发展；（六）于世界地理上注意大战以后之新局势，其疆界沿革都根据最近的采入；（七）力求与其他各科联络。四、文字及标点。前两册用语体，后四册用平易的文体。全书都用新式标点符号。五、图表及纪年。本书所附的图，有分省图、分国图、各重要地方图、交通图、形势图等，又附有各种表，都是便于构成知识之统系的。六、教案。本书另编教案，详载各种方法及参考事项，供教员用。

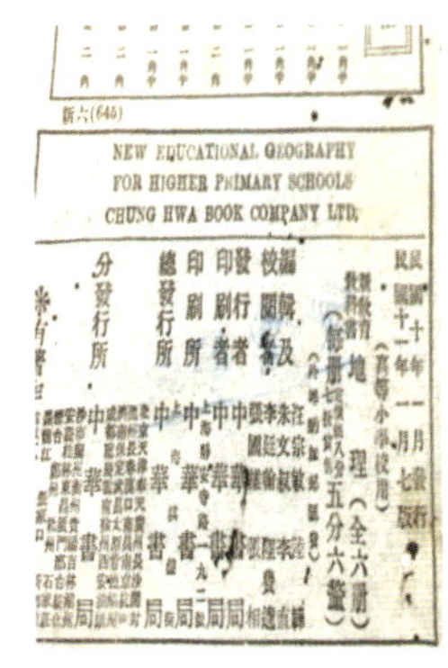

3—57

图3—57 《新教育教科书高等小学地理》（高等小学校用），汪宗敏、陆韡、朱文叔、李直、李廷翰、陆费逵、张国维、张相编辑及校阅，第一册，中华书局印行，1921年1月初版、1922年1月第七版

2.《新教育教科书地理教案》（高等小学校用）

该书由汪宗敏、李直、朱文叔、张相编辑及校阅，其他题名“地理教案”，高等小学校用，通过教育部审定，全书六册，1921年初版。[1]

三、其他书局出版的白话地理教科书

1.《最新白话中国地理教科书》

江苏青浦冰壶主人编述，琴石山人校正，上海会文堂书局印行，小学适用。该书版权页题名“小学适用最新语体中国地理教科书”，全三册，上、中、下三编，1923年初版。

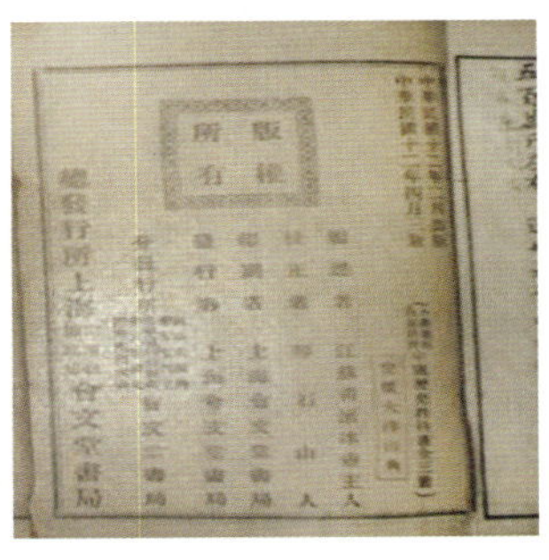

3—58

图3—58 《最新白话中国地理教科书》（小学适用），江苏青浦冰壶主人编述，琴石山人校正，第一册，上海会文堂书局印行，1923年4月第三版

[1] 北京图书馆，人民教育出版社图书馆. 民国时期总书目：1911—1949（中小学教材）[M]. 北京：书目文献出版社，1995：101.

《最新白话中国地理教科书》的“例言”写道：（1）本书分做上中下三编：上编专论疆域山川和海岸土脉等的大概，中编专论物产民族和政教学术等的大概，下编专论各行省和三外藩等的大概，真是简而不略，要而不繁，可算是中国地理的初步。（2）本书文字深浅很是合宜，那程度略深的当然能够领悟，就是程度较浅的也容易了解，所以不但多级教授合用，那单级教授也很合用的。（3）教学地理本离不掉地图的，现特另置简明彩色地图一册，凡是形势区域，山川市港和所举的地名，都明若列眉，以便教员随时指示。那教科书里又插风景画多幅，便得引起儿童的兴味，就所以引起他的记忆能力。（4）阅看地志，本易生国家兴衰的观念，本书于中国被侮的情节，没有不随时叙述，那外国属地和租地在我国国界里的，又在篇末一一详记出来，总以唤起儿童的精神为目的。讲解这书的教师，当能够垂鉴编书人的苦心，为一般学生切实发挥的。（5）本书全系语体文字，所有句读完全用新式标点符号，学生看了，很易明了。（6）本书经同人好几回的商量，或者没有什么的大谬，但是学识有限，断不敢自信是完善的，还望海内同人，不惜教训，那是欣幸得很。附录新式标点符号。

2.《白话中国地理》

该书由王传燮编著，上海文明书局出版，小学适用。全书共上、下二册，1922年初版。[1]

综上所述，民初教科书的革故鼎新、新学制教科书的繁茂完备和新文化语境白话教科书的闪亮登场，使我国近代地理教科书的发展不断走向丰富多样、规范定型和成熟精彩。

[1] 北京图书馆，人民教育出版社图书馆. 民国时期总书目：1911—1949（中小学教材）[M]. 北京：书目文献出版社，1995：96.

第四章

中国近代地理教科书的成熟与稳定（1927—1949）

1927年至1949年，是我国近代地理教科书在多种政治制度并存背景下发展的重要时期。这一时期，教科书经历了稳定和制度化，但也显得较为沉闷，同时也是教科书全面服务抗战和尖锐阶级对抗的时期，是一个统整与分化并行的时期。抗日战争的全面爆发，导致中国政治格局由中国共产党领导的革命根据地和国民党统治区域的二元对峙，逐渐演变为解放区、国统区、沦陷区“三足鼎立”的不同政治气候，形成了三种不同政治语境下的地理教科书。在此期间，包括地理在内的教科书发展受到了政治力量的强烈干扰，放弃了多样化的探索，我国近现代意义上的教科书黄金时期最终于退出了历史舞台。同时，教科书的社会动员与政治宣传功能发挥到了极致。

1927

第一节 以“三民主义”教育为宗旨的地理教科书

一、三民主义教育宗旨教科书的由来及概况

1924年孙中山改组国民党，仿效苏俄，提倡“以党治国”，实行党化教育。1926年3月，广州国民政府组建教育行政委员会，提出“党化教育”口号，明确要求“一切教育措施皆依三民主义之精神，对于各级教育尽量灌输以党义，称之为‘党化教育’”。1926年5月，广东全省第六次教育大会通过《党化教育决议案》，规定“此后新编教科书，应以中国国民党的党义和政策为中心”。1926年8月，广州国民政府拟订《党化教育之方针、教育方针草案》。1927年5月，蒋介石发出实行“党化教育”的号召。1927年8月，国民政府教育行政委员会又制定《学校施行党化教育办法草案》，各省市予以实施。此后，“党化教育”开始向全国推行。

由于国民党内部对“党化教育”存在种种质疑和分歧，1928年5月在中华民国大学院召开的第一次全国教育会议上，通过了废止“党化教育”、实施“三民主义教育”的议案。大会通过了《三民主义教育宗旨说明书》，指出“‘三民主义教育’就是以实现三民主义为目的的教育，就是各级行政机关的设施、各种教育机关的设备和各种教学科目，都是以实现三民主义为目的的教育”。[1]1929年3月，国民党第三次全国代表大会通过三民主义教育宗旨及其实施方针案。1931年6月，国民政府颁布《中华民国训政时期约法》，将三民主义教育宗旨以法律的形式确定下来。教科书是学校实现“三民主义教育”的重要工具，随着南京国民政府的成立，国民党党化教育方针和三民主义教育宗旨的确立与实施，各家书局迅速推出以三民主义为教育宗旨的教科书。其中最典型的是各书局推出的“党义教科书”以及商务印书馆、中华书局和世界书局三大书局推出的“新时代教科书”“新中华教科书”和“新主义教科书”系列。这些教科书的共同特点是突出了以三民主义为中心的政治认同，贯彻了三民主义教育宗旨。

[1] 周予同. 中国现代教育史[M]. 上海：良友图书公司，1934：34-35.

二、各大书局出版的三民主义教育宗旨地理教科书

（一）商务印书馆“新时代教科书”系列的地理教科书

1927年国民革命军北伐，商务印书馆为适应政治形势变化的需要，陆续出版了“新时代教科书”系列图书。商务印书馆推出的这套教科书和以前相比没有太大变化，但增添了“党义”教科书和“三民主义”教科书，且为民众学校准备了多种“民众课本”。但“自小学到初中无不具备，宗旨纯正，材料新颖，均先后经大学院或教育部审定，风行全国”[1]。1927年8月，商务印书馆共出版初级小学用新时代教科书9种72册、教授书8种60册；1927年6月，共出版高级小学用新时代教科书4种16册、教授书4种16册[2]；初中新时代教科书7种20册，高中新时代教科书4种若干册。其中，编纂出版了包含地理内容的小学校初级用新时代常识教科书（包括卫生、公民、地理、历史、自然、园艺各科）与教授书各8册、新时代社会教科书（包括公民、历史、地理、卫生各科）与教授书各8册，高级小学用新时代地理教科书与教授书各4册，初中新时代本国地理教科书2册、新时代世界地理教科书2册等。[3]其中，中小学地理教科书如下。

1.《新时代地理教科书》

该书由陈振编纂，王云五校订，小学校高级用。全书共四册，1927年初版。

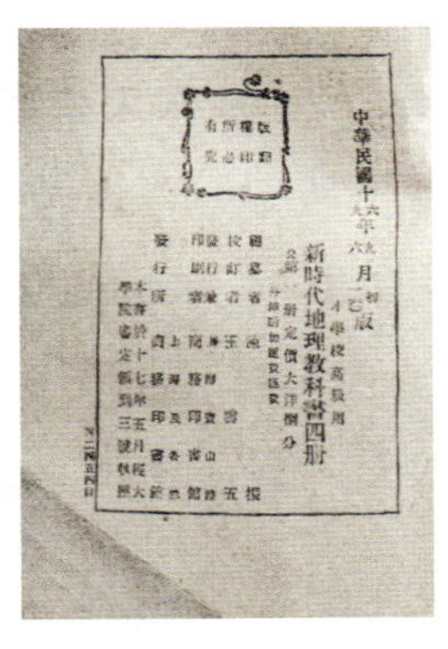

4—1

图4—1 《新时代地理教科书》，陈振编纂，王云五校订，小学校高级用，第一册，商务印书馆出版，1930年6月第一六〇版

《新时代地理教科书》（小学校高级用）的“编辑大意”如下：（1）本书全部四册，供高级小学学生两年之用。（2）本书编法第一、二、三册述本国地理，为一圆周，第四册述外国地理，亦为一圆周。虽略仿旅行记体籍引兴趣，然遇教材不能限省区的（如西江、苗族、长城等课），则仍打破政治区划，整个地叙述以期儿童观念明确，所定路线亦由近及远，如本国地理先叙内部各省，

[1] 庄俞. 三十五年来之商务印书馆[C]//商务印书馆. 商务印书馆九十五年（1897-1992）：我和商务印书馆. 北京：商务印书馆，1992：726.

[2] 王强. 新时代常识教科书：初小第二册[M]. 上海：商务印书馆，1929：封二.

[3] 石鸥，吴小鸥. 中国近现代教科书史：上册[M]. 长沙：湖南教育出版社，2012：343-344.

次及满蒙回藏；外国地理则先详亚洲，次及欧美非澳等洲。（3）本书选材，人文较重于自然，而于种族、物产、交通、实业等状况叙述尤详，以发挥民族民生的主义，并于建国方略中的实业计划征引尤多，使知中国建设的途径。至关于国耻地方，亦不厌详述，以明帝国主义侵略的真相。（4）本书每课不拘时数，以便教员活用。（5）本书采用语体及新式标点，每课酌插地图风景图像片等，以便与课文对照。（6）本书另编讲授法，以便教员参考之用。

《新时代地理教科书》（小学校高级用）第一册的主要内容有：

一我国的新都——南京，二东方大港的上海，三太湖沿岸的物产，四杭县风景　钱塘江潮，五浙东的良港，六闽侯与闽江的关系，七移民出口地——厦门汕头，八海南岛在南海的位置，九革命发源地的广州市，十西江的源流　广西的要地，十一贵州的交通和矿产，十二护国纪念地——昆明，十三大理的地震　片马的交涉，十四四川的盆地和天产，十五剑阁和三峡的险阻，十六西南诸省苗族的状况，十七洞庭湖，十八长沙的商业　南岳衡山。

第三册的主要内容有：

一我国旧都的北平　居庸关和长城，二张家口的皮毛　多伦的马匹，三围场的森林　热河的行宫，四辽宁的大豆和木材，五满族发祥地的吉林，六黑龙江的航运和金矿，七库伦的概况　蒙人的生活，八回族与新疆，九西北大沙漠，十青海和西康的形势，十一图伯特人的根源地西藏，十二割让地，十三租借地，十四租界，十五中国地理的概况，十六中国地理的概况，十七开发中国实业的计划，十八我国民族的现状。

2.《新时代本国地理教科书》（初级中学用）

该书由刘虎如编纂，王云五、竺可桢校订，初级中学用，1928年8月经大学院审定通过。全书分上、下二册，1927年初版。

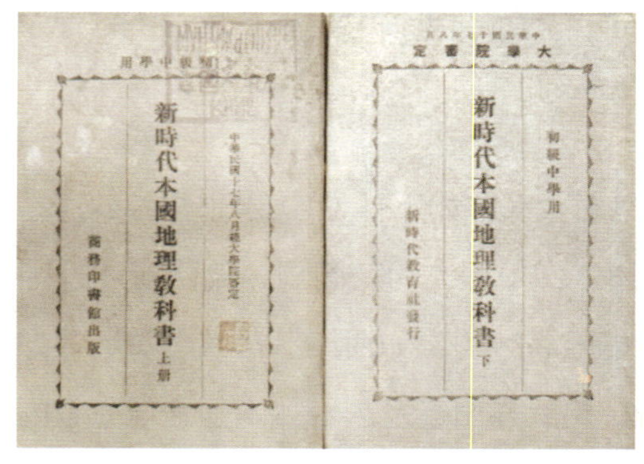

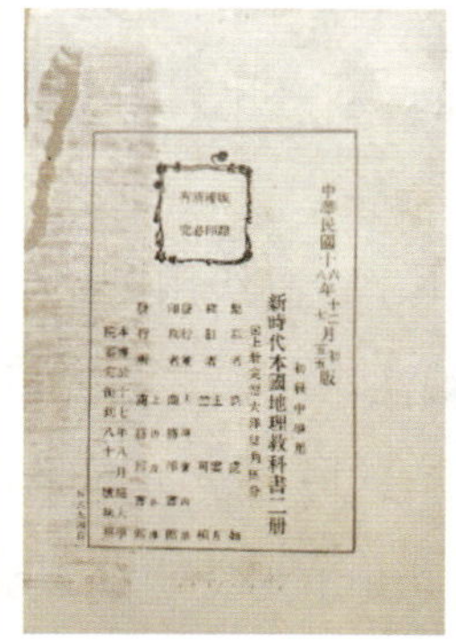

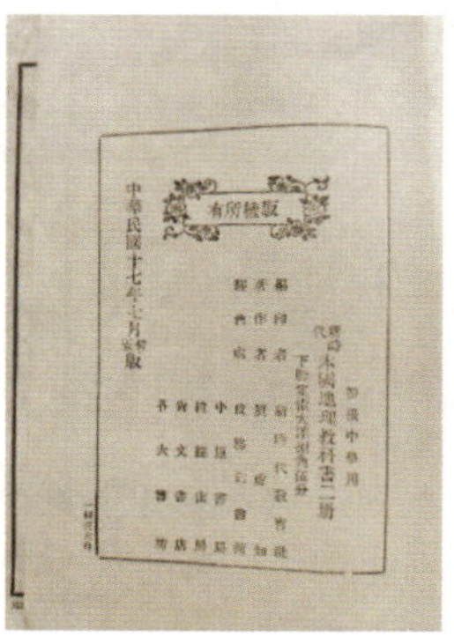

4—2

图4—2　《新时代本国地理教科书》（初级中学用），刘虎如编纂，王云五、竺可桢校订，上、下册，商务印书馆出版，1929年7月第五五版、1928年7月第五版

《新时代本国地理教科书》（初级中学用）的“例言”：（一）本书分上下二册，上册为总论，下册为地方分论，使读者对于本国先有一总括的观念，然后进而探索各地方大略的情形。（二）上册又分为三编：（1）绪论——对于国名之由来、国境之变迁、国民之组织加以充分的说明。（2）自然情形——对于山脉之走向、河泽之流潴、地势之高下、海洋之状况、气候之变化，都曾述其大要。（3）人文状况——对于政制、外交、语言、文字、宗教、教育、实业、交通等，各有简明的叙述。（三）下册一编，分论各地方的状况。先依自然情形分全国为六大区——长江钱塘江流域，黄河白河流域，珠江闽江流域，松花江辽河流域，西部高原和蒙古高原，再则分述各省各区的大概，最后又列叙其主要的地方。（四）本书所取材料都根据最近的调查和专家的记载，无一非翔实可靠。至于叙述遇有繁难之处，则列表以代文字，使读者可免枯燥无味之弊。遇正文有应说明之处，则加注，使读者可免隔膜不明之弊，且书中插有地图多幅，使读者可以对照考证。此外，更加图画百余幅，使读者可以增进研究的兴趣。

杨尧先生评价该书特点：（1）叙述语言、文字两项很详细，非通满、蒙、回、藏四族文字者，无法利用其材料。（2）叙述遇了繁杂之处，则列表解以代课文，字号较小，如湖南省的山河，正文只提几句，余用表解代之。（3）城市用游历法。[1]

王锦福评价该书的优点有：（1）山水分布，多数用表解，简洁清晰；（2）分论中将不可分离之较小河流，对于较大河流内讲述（如闽江流域附于珠江流域内，白河流域附于黄河流域等），区划自然，不稍勉强。（3）用游行记叙述方法，可由联想而演进，由一省而及他省。（4）全书附有图（约二百五十幅）表甚多，可使读者对照，参考及增加研究之兴趣。缺点有：（1）民族应在人文部论述，而竟列在绪论中，似有未妥适。（2）自然情形，叙述在气候之后，不连带述及物产，似嫌缺漏。（3）未论述地理之前，在绪论中，应先论及学习地理上之基本常识（如宇宙、太阳系、四季及日月蚀等），然后再述本论，此书则付阙如。（4）条理不甚分晰。[2]

（二）中华书局“新中华教科书”系列的地理教科书

1927年国民革命军北伐，中华书局虽未雨绸缪，编写了以三民主义为宗旨的“新中华教科书”，却不敢用中华书局的名义大张旗鼓地声张，而是采用了一个虚拟的“新国民图书社”名义出版，对外则称中华书局代为发行，以给自己留条退路，小心翼翼地避免与政治触礁。[3]“新中华教科书”全面覆盖了初小、高小、初中、高中和师范各学段各科目。初级小学主要有三民主义、国语、算术、常识、社会、自然、工用艺术、形象艺术、音乐等科目教科书，高级小学主要有三民主义、国语、算术、历史、地理、自然、卫生、园艺、农业、工用艺术、形象艺术、音乐、英语等科

[1] 杨尧. 中国近现代中小学地理教育史[M]. 西安：陕西人民教育出版社，1990：145.

[2] 王锦福. 最近三十年来中学地理课程概要及教科书之调查并批评：下[J]. 师大月刊，1935（23）：34.

[3] 吴永贵. 民国出版史[M]. 福州：福建人民出版社，2011：446-447.

目教科书，总数达41种。初级中学、高级中学教科书55种。[1]其中，中小学包含地理内容的常识教科书与教授书2种16册、社会教科书与教授书2种16册和地理教科书与教授书13种25册。中小学地理教科书主要如下。

1.《新中华教科书地理课本》（小学校高级用）

该书由郑昶编，张相校，小学校高级用，上海新国民图书社印行，文明书局、中华书局、启新书局经售，版权页题名“新中华地理课本”，1930年4月通过教育部审定。全书共四册，1927年初版。

《新中华教科书地理课本》（小学校高级用）的“编辑大意”有以下几点：（1）本书编辑供小学高级地理科之用。（2）本书编制分两圆周：第一圆周叙述本国地理，而注重其与世界有关系者，第二圆周叙述外国地理，而注重其与本国有关系者，务使儿童具有世界的眼光及观念，了解新中国与中国民族在世界的地位及责任。（3）本书取材以三民主义为标准，对于经济实业方面尤注重其开发的改造，及由帝国主义的侵略而造成的要旨为新中国儿童所必须明了的事实。（4）本书叙述的方法参用游记体之精神，于每个单元的重要内容述说特为详细，并适应儿童心理，注重兴趣，使其易于了解。（5）本书附插图多幅，以供教学上的需用。（6）本书另有教授书备教员用。

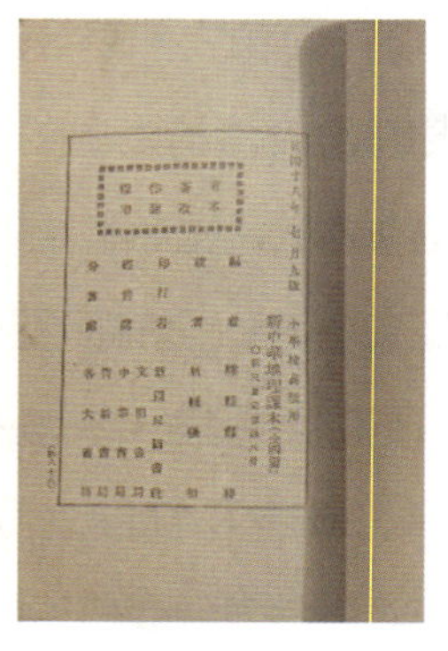

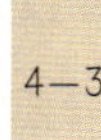

4—3

图4—3　《新中华教科书地理课本》（小学校高级用），郑昶编，张相校，第三册，上海新国民图书社印行，文明书局、中华书局、启新书局经售，1929年7月第九版

2.《新中华本国地理》（初级中学用）

该书由钟毓龙编，杨文洵、李直、葛绥成校，初级中学用，上海新国民图书社出版，上海中华书局印行。该书版权页题名“新中华本国地理教科书”或“新中华本国地理”，全二册，1928年初版。

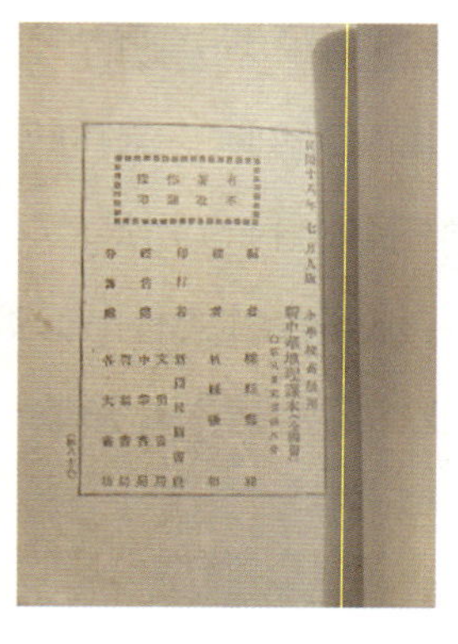

4—4

图4—4　《新中华本国地理》（初级中学用），钟毓龙编，杨文洵、李直、葛绥成校，第二册，上海新国民图书社出版，上海中华书局印行，1930年3月第三版

[1] 张彬. 浙江教育家和中国近代教育[M]. 杭州：浙江大学出版社，2008：184.

《新中华本国地理》（初级中学用）的“编辑大意”如下：（1）本书供初级中学本国地理课程之用，全书分两册。（2）研究地理之任务，在阐明人之与地相互之关系。本书根据此旨，于下列二点：自然及于人生之影响，与人类利用自然之方法，多所发挥，籍使学者知对其所处环境，当如何适应、改造，以达战胜自然、提高人生之目的。（3）本书内容第一册为“绪论”与“分论上”，第二册为“分论下”与“总论”。绪论就地理学之常识及中华民国在地面之位置，分简要之指示。分论先按行政区划（各省区）分别叙述，继循自然区域（各流域及高原）综合比较，寓人文与自然并重之意。总论则概述关于全国自然地理及人文地理之各重要事项。全书所采材料，概根据新近之调查与专门家之报告。（4）吾国今后，当入于建设时代，故本书于富源之开发、民生之状况及其他地理上改造事项，颇加注重。惟一方面仍顾及初中学生所需要之知识，如各省区之位置、疆域、面积、人口等等，均简明述及，俾其有基本的地理观念，而免茫无头绪之弊。（5）地理之学，首重图说。本书每省区各附一图，文中所有地名悉行列入，各重要地方亦附分图。遇必要时，又加特种图表以代说明，教学时极便对照考证。（6）本书于正文之外，有与正文相发明之材料时，特辑“备览”，以便教学时之参考。于每节之后，特列“提问要点”，以便教学时之研究。

《新中华本国地理》（初级中学用）上册主要目录如下：

第一编绪论

第二编分论上

第一章长江流域（浙江附）

第二章粤江流域（闽江附）

第三章西南高原

下册主要目录如下：

第三编分论下

第一章黄河流域（滦河附）

第二章黑龙江流域（辽河附）

第三章西北高原

第四编总论

第一章自然概况

第二章人文状况

王锦福认为该书的优点有：（1）绪论内先论述地理基本常识，使学者作后日之准备。（2）教材分量，多寡适宜，各省各部，叙述详尽。（3）每区皆有括论一节，由分省叙述，渐扩成全区叙述，总论中又由分区叙述，扩为全国叙述，由小到大，能使学生印象深切。（4）每节之末，有提问要点，便于复习，每段之末，附有备览，便于参考。（5）每省区皆附地图一幅，便于对照，免学者看书对图之苦。（6）将中山先生实业计划，尽行加入，简而不泛，极合时代精神。缺点有：

（1）按省区分述自然状况及交通情形，失于琐碎。（2）都市宜排列叙述，较为清晰。（3）各段宜编成表解式之号数，条理方显分明。（4）交通未能并入括论叙述，殊觉失当。[1]

3.《新中华本国地理》（语体）（初级中学用）

该书由葛绥成、喻璞编，杨文洵校，初级中学用，上海新国民图书社出版，上海中华书局印行。全书上下二册，版权页题名“新中华语体本国地理教科书（上册）”和“新中华语体本国地理（下册）”，书脊题名“新中华教科书初中本国地理（语体）”，1931年8月通过教育部审定。1930年7月初版。

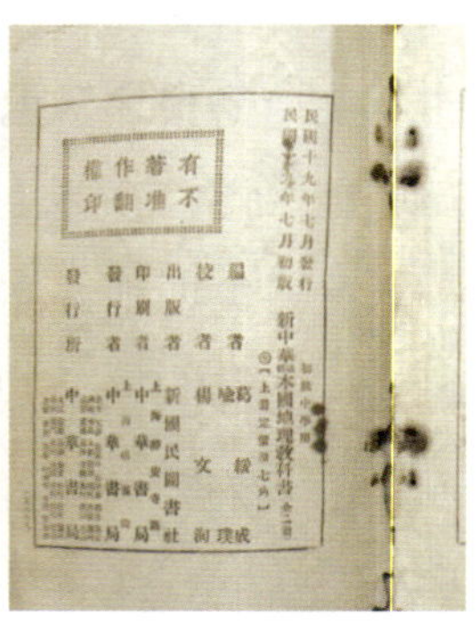

4—5

图4—5 《新中华本国地理》（语体）（初级中学用），葛绥成、喻璞编，杨文洵校，上册，上海新国民图书社出版，上海中华书局印行，1930年7月初版

《新中华本国地理》（语体）（初级中学用）的“编辑大意”如下：（1）遵照教育部新颁的《初级中学地理暂行课程标准》编辑，供初级中学第一、二学年地理教学之用。（2）全部书分上、下两册，上册是分说，下册是总说。先由分说来说明各地方的特别情形，再由总说来说明自然、人文等现象。由分而合，略取归纳式的叙述。每册适供一学年的用途。（3）全书用流动浅显的语体文叙述，期将繁重枯燥的教材，化为简单明了。（4）全书分说之部，本游记体的精神，以首都为出发点，根据各自然区域形势的衔接，依次叙述。凡各个区域的重要地理事实都纲举目张，于每个自然区域的衔接地方，更为有系统的联络。总说之部，把分说所已叙述过的和应该整个知道的重要事实，用鸟瞰法总括起来，俾读者容易得到有系统的知识。（5）全书叙述虽以自然区域做单位，但仍处处顾到政治区域，以重实际。（6）全书取材自然和人文并重，对于自然及于人生的影响和人类利用自然的方法，多所发挥，俾读者对于所处的环境，知道应当怎样去适应、改造以达到战胜自然，提高人生的目的。（7）全书对于民族、民权、民生三主义都很注重，尤其是民生主义。各种统计概根据最近的调查和专门的报告。至于地名都用新改定的，并在新地名下仍注旧名，以便对照。（8）全书除附彩色地图外，更插入分图及附表多幅，不特可供教学时候的对照考证，并可增进读者的兴趣。（9）全书用有弹性的编制，以便教师有伸缩的余地。（10）全书遇主要点都用四号方体字排，以资醒目而便记忆。于正文中须加说明的地方，则加“注”，和正文相发明的材料，或材料本身有存在的价值，而无须加入正文的，则加“备览”。每章的后面，特列“提问要

[1] 王锦福. 最近三十年来中学地理课程概要及教科书之调查并批评：下[J]. 师大月刊，1935（23）：35-36.

点”，以便教学时候的研究，至于上栏所加的眉标，尤便于练习和整理。（11）全书所用尺度，概用公度。

该套教科书既贯彻三民主义教育宗旨，又遵照《初中地理暂行课程标准》编辑。有学者认为，它与由董文与张国维编辑、范祥善与魏冰心校订，世界书局1930年出版的《初中本国地理》一样，均先分论，后总论，采用天然区域，兼顾政治单位。但区域划分不同，兼顾办法不一，如葛（绥成）本分“鄱阳洞庭两湖灌域”和“江汉平原”为两区，董（文）本则合称“大湖区域”；兼顾办法，葛本是把省级政区与天然区域并列，天然区域如前列两区，省级政区如“四通八达的河南”“青海和甘肃”。董（文）本全书以天然区域为叙述单位，以政治区域为统计单位。两书有一共同点：都用语体文叙述。在功能结构上，葛本认为“注”“备览”“提问要点”等材料是弹性的编制，以便教师有伸缩的余地。[1]

王锦福评价该书的主要优点有：（1）教材分量，多寡适宜。（2）先分叙后总述，由小及大，易于学习。（3）依自然状况，分区叙述，无牵强之弊。（4）各章间有“中山计划”之讲述，切合适用，极易使学者明了，中山建设计划与我国前途之关系。（5）用流动文字之叙述，本游记体裁讲述，活动自然。（6）每区均有简图，便于对照参证。（7）度量衡采用公里、公尺、公斤等，历取公历，学者便于研究及比较。缺点有：（1）绪论中缺乏天文地文等初学地理基本常识之叙述。（2）分论所分各区，既不普遍，且嫌琐碎，学生不易得全国若干区及各区情形之概念。（3）分论部分自然状况之描写，简而不清。（4）分论与总论繁简不均，不相接近，似漠不相关，不成一部书之总合体。[2]

4.《新中华外国地理》（初级中学用）

该书由杨文洵、葛绥成编，上海新国民图书社出版，上海中华书局印行。版权页题名“新中华外国地理教科书”，封面题名“外国地理”，书脊题名“新中华初中外国地理”。该书用文言文叙述，未见教育部审定字样，也未言明是根据《暂行课程标准》编辑。该书全一册，1930年初版。

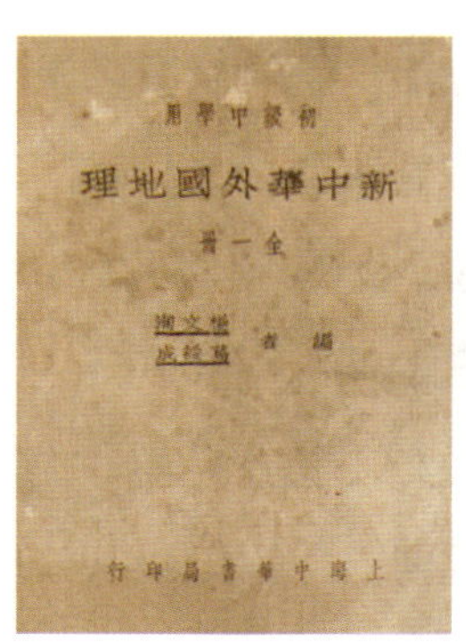

4—6

图4—6 《新中华外国地理》（初级中学用），杨文洵、葛绥成编，上海新国民图书社出版，上海中华书局印行，1923年6月第十二版

[1] 杨尧. 中国近现代中小学地理教育史[M]. 西安：陕西人民教育出版社，1991：170-171.

[2] 王锦福. 最近三十年来中学地理课程概要及教科书之调查并批评：下[J]. 师大月刊，1935（23）：44.

《新中华外国地理》（初级中学用）的“编辑大意”表明其编撰意图：（1）本书供初级中学外国地理课程之用。（2）本书之编制：首绪论，次分论，次总论。绪论叙地球表面自然区划及政治状况之大概；分论分述世界各国最近之状况，及列国相互之关系，而特注重于经济地理的现象；总论则就世界自然地理及人生地理各重要事项，为总括之叙述，以阐明人地相互之关系及现代人类进化之诸相。（3）本书以我国为主观点，凡与我国有关系之诸国，皆特别详述，其目的不但在明了彼此之关系，尤在明了我国在世界上之地位而资努力。（4）本书教材之分量，于约取法中，仍采博观法，俾读者富于地理之基本知识而仍得世界大势之鸟瞰。（5）本书分论之部，依惯例分六大洲及两极地方七章，顺次叙述，于每章之末，加以各洲概论，并比较各洲间重要异同之点，以衔接前后，而为有系统之联络。（6）本书插图就世界各国新形势绘列，遇必要时又加特种图表以代说明，俾便教学时之对照考证。（7）本书于正文外，有与正文相发明之材料时，特辑“备览”，以资教学时之参考。于每节之后，特列“提问要点”，以便教学时之研究。（8）本书所用尺度，遵照万国权度通制，概用公度，以归统一。

5.《新中华外国地理》（语体）（初级中学用）

该书由朱文叔编，杨文洵校，上海新国民图书社出版，上海中华书局印行。该书封面题名“新中华外国地理（语体）”，版权页题名“新中华语体外国地理教科书”，1931年5月该书通过教育部审定。该书全一册，1930年7月初版。

该书的“编辑大意”如下：（1）本书遵照教育部新颁的《初级中学地理暂行课程标准》编辑，供初级中学第三学年地理教学之用。（2）本书为适应初中学生的心理和学力起见，采用归纳式的编制，全书先分说，后总说。分说之部，本游记体的精神，从我国所在的亚洲出发，由近及远，依次而欧洲，而非洲，而大洋洲，而北美洲，而南美洲，而两极地方。各洲先述地方志，说明各国、各地方最近的状况和国际的形势；各洲之末，再述其概况，就本洲重要地理事象，综合法作一结束。总说之部，就世界自然地理和人生地理上各重要事项，为总括的叙述，使读者明了现代人类进化的实相，而得世界大势的鸟瞰。（3）本书以说明人和地的关系为主旨，选材用约取法，力求简要而显著。（4）本书依据三民主义，凡关于现世界民族运动、民权发达的概况以及各国开发富源、促进民生的方法，都特别注重，以资借镜。（5）该书以我国为主观点，凡和我国有关系的各国，尤其是日、英、美、德、法、苏联六国都特别详述，使读者明了我国在国际间的地位。（6）本书用简明流动的语体文叙述，期引起读者的兴趣。（7）本书正文中的主要点概用方体字排，并提纲挈领，在上栏加眉标，以为记忆及整理之助。（8）本书遇正文须说明时加“注”，遇和正文相发明材料时加“备览”。在每一个适当的段落之后，更列“提问要点”，以供教学时的研究和整理。（9）本书除各洲附彩色总图外，各国、各地方概附有依最近新形势绘就的分图，文中地名完全列入图中，教学时极便对照。遇有特别重要的地理事象时，更插入特种图表以便说明、参证。（10）本书所有地名、人名以及不习见的学名和术语，在初次出现时，下面都附注西文原文。

（11）本书关于数量方面的材料，都依据最近统计。所用尺度，依照万国权度通制，概用公度。

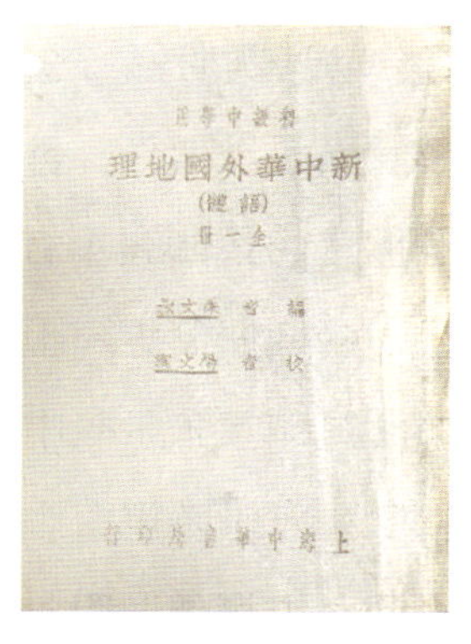

新中華外國地理

（語體）

全一冊

有著作權 不准翻印

民國十九年七月發行

民國十九年十月再版

4—7

图4—7 《新中华外国地理》（语体）（初级中学用），朱文叔编，杨文洵校，上海新国民图书社出版，上海中华书局印行，1930年10月再版

该教科书既贯彻三民主义教育宗旨，又遵照《初级中学地理暂行课程标准》编辑。有学者认为，它与由董文与高松岑编著、范祥善与魏冰心校订，世界书局1930年出版的《初中外国地理》在编纂体例上非常近似：先分论，后总论；分论用游历法，在游历一洲之后，用鸟瞰法概括一洲；总论是在游历全世界之后，再用鸟瞰法概括全世界。这样，既使学生易于了解，又使学生得到系统的知识。朱（文叔）本提出“选材用约取法”，董（文）本提出“除了总括用纲要式外，其余都用读本式，叙述详尽，没有枯燥无味之弊；除了总论略取博观法外，其余都用约取法，使学生不致泛泛记诵，有食而不化之弊。”两书叙述都用语体文。

董本独特之处，计有两端：（1）注意弱小民族，因中山先生说过：“要达到中国之自由平等，必须联合世界上以平等待我之民族，共同奋斗。”所以，对一切弱小民族，应视为与六国有同等关系。……弱小民族的土地，为帝国主义者的殖民地。殖民地骚动，足以使帝国主义者不安；殖民地独立，更是使帝国主义者崩溃。所以，注重弱小民族，也即注重日、美、英、法等国家。（2）欧亚两洲，本为一个大陆，称为欧亚大陆。本书打破以前欧、亚分叙的成例，并在一章叙述。此于讲述天然区域，固易明了；即于讲述苏联、土耳其等政治地理，也多方便。此外南北美洲，它的西部太平洋沿岸的狭长山岳带，本相连续，本书也为一个大陆。[1]

6.《新中华分省本国地理》（初级中学用）

该书由钟毓龙编，杨文洵、李直、葛绥成校，上海中华书局印行，初级中学用。该书逐页题名“新中华初中教科书分省本国地理”，书脊题名“新中华初中分省本国地理”。全书共二册，1931年初版。

[1] 杨尧. 中国近现代中小学地理教育史[M]. 西安：陕西人民教育出版社，1991：171.

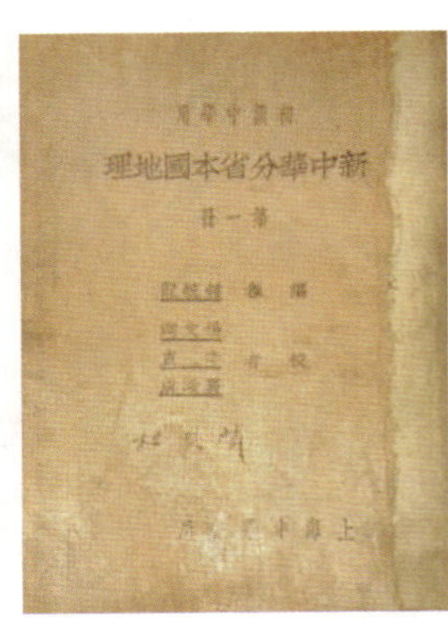

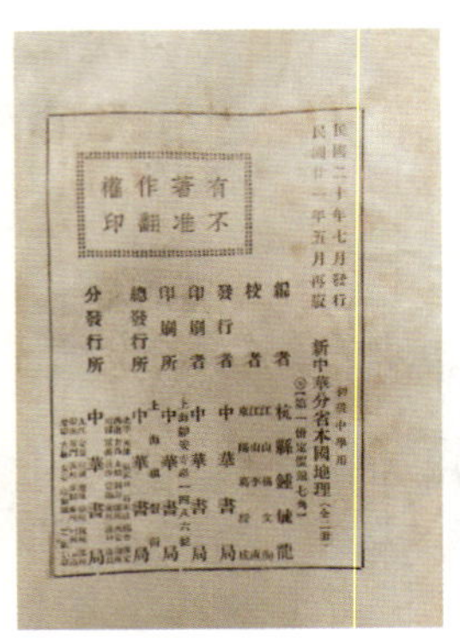

4—8

图4—8 《新中华分省本国地理》（初级中学用），钟毓龙编，杨文洵、李直、葛绥成校，第一册，上海中华书局印行，1932年5月再版

中华书局在其编《中华书局图书目录分类索引》一书“语体新中华初级中学教科书概要”中对该书介绍如下：“本书注重人生地理，极力阐发人与自然种种相互影响之关系。每章既分节叙述各省各市，又于章末申以归纳式的括论，俾可综合比较，而得整个的地理观念。至于对内对外一切设施，均根据最新调查，应有尽有，搜集无遗。书中附图多幅，尤便教学时之用”。

《新中华分省本国地理》（初级中学用）分三编：首为绪论，次为分论，末为总论。该书的优点有：（1）绪论略述地理基本常识，为学区域地理作好准备。（2）每区皆有括论一节，由分省叙述，渐扩成全区叙述；总论又由分区叙述，扩为全国叙述，由小及大，能使学生印象深刻。（3）将中山“实业计划”尽量加入，简而不泛，适合时代精神。失当之处，在于交通未并入括论叙述。[1]

7.《新中华本国地理》（高级中学用）

该书由葛绥成编，版权页题名“新中华本国地理”，上海新国民图书社出版，上海中华书局印行，高级中学用，1932年通过教育部审定。该书全一册，1931年初版。

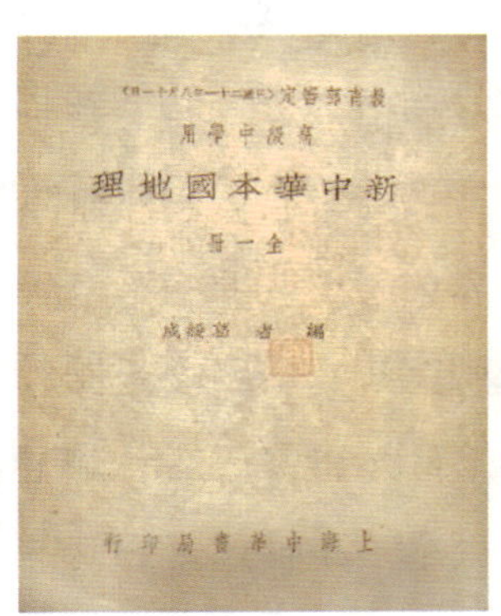

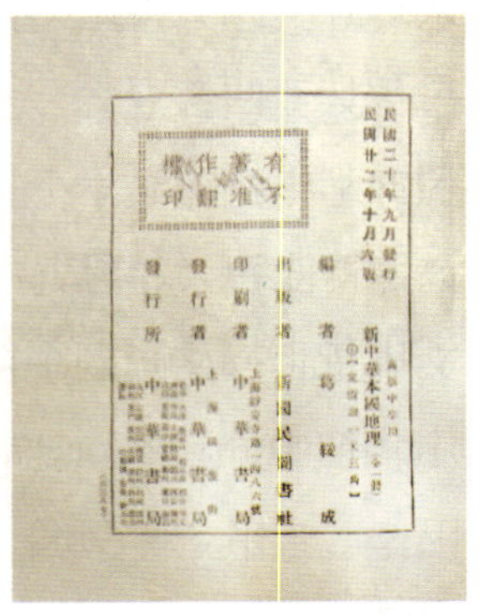

4—9

图4—9 《新中华本国地理》（高级中学用），葛绥成编，上海新国民图书社出版，上海中华书局印行，1933年10月第六版

《新中华本国地理》（高级中学用）的“编辑大意”是：（1）本书供高级中学普通科本国地理课程之用。（2）本书材料的去取及其详略轻重，都经悉心斟酌，概以适合高中学生程度和时代

[1] 杨尧. 中国近现代中小学地理教育史[M]. 西安：陕西人民教育出版社，1991：145.

需要为主。间也有为便于读者的参考互证，同一事项而前后数见的，又于叙述专门问题外，更谋前后互相联络，编成一个系统，使读者易于得到整个的地理观念。（3）地理学的性质，牵涉到各科学的地方很多。简单地说，地理学实介在自然科学和社会科学之间，以自然科学为立足点，以社会科学为观察点。关于空间的，既包罗万象；关于时间的，又变幻非常。所以，搜罗的材料，不论自然方面或社会方面，都贵新颖而正确，才合新时代的精神。本书对于此点，十分注重，尤其是注意现在急须解决的和将来可以发展的重要问题。（4）自然地理是地理学的基础。凡水陆的改形，生物的进化，经济文化的发展，民情风俗的异同，没有一项不跟着自然地理为转移。所以本书特立一章，使读者得解释其因果，探索其系统，指示今后应当怎样去适应和改造的途径。（5）我国近数十年来，一面受帝国主义者的经济侵略，一面因国内生产还没有发达到相当的程度，致使国民经济濒于绝境。所以国人对于目前切要的民生问题——经济问题，不能不加以彻底的研究。本书对于此点，特加注重。（6）我国受帝国主义者的侵略，一切交涉，无不酿成国耻，尤其是关于边疆方面的种种纠纷，本书都根据事实，广引典籍，详细叙述，籍以激发读者的爱国心。（7）地理之学，图说必相辅而行，本书除附彩色地图外，更插入普通图表多幅，不特便于教学时候的对照考证，并且可增进学习的兴趣不少。（8）本书所用的度量衡制，都用公度。所用的年代，概用公元，并附我国历代纪元，两相考证，极便推算。（9）本书凡遇主要点，都用方体字排，务使醒目而便记忆。正文的出处及其他有应说明的地方，都加以“注”，一以昭信实，一以开读者读书的门径，使可进一步作自动的参考研究。又于和正文相发明的材料，或材料本身有存在的价值而无须加入正文的，则加“备览”。每章的后面，特列“提问要点”，以便教学时候的研究。（10）学问之道，本属无穷，加以地理的繁博，实较他科为甚，编者虽力求真确详明，然谫陋的地方，自知不免。很希望海内专门学者，随时教正。

有学者指出，《新中华本国地理》（高级中学用）虽未明言遵照《高级中学普通科地理暂行课程标准》编纂，但含有其中“教材大纲”的部分地理问题。全书编章如下：第一编　自然地理，包括中国地史述略、山脉的构成和分布、河湖的成因与分布、海岸的变迁和现状、气候的要素和区域、土壤和自然区域七章。第二编　政治地理，包括中华民族、政体和政治区域二章与文化、边疆、国防、外交等问题四章。第三编　经济问题，包括食、衣、住、行、水利等问题五章和国内外贸易的趋势、富源的开拓、结论三章。该书具有如下特点：（1）在内容选材上，注重采用最新研究成果。如课文叙述秦岭山系、南岭山系并不是昆仑山系的支脉；南岭山系的走向系据法国人戴普勒（Deprat）的调查，说是从东北走向西南，美国人彭伯利（Pumpelly）曾名之为震旦向（Sinian Derection）。（2）在功能结构上，该书与葛绥成、喻璞编的《新中华本国地理》（语体）（初级中学用）一样，“凡遇主要处，都用方体字排，务使醒目而便记忆。正文的出处及其他有应说明的地方，都加以‘注’：一以昭信实，一以开读者读书的门径，使可进一步作自动的参考研究。又有与正文相发明的材料，或者材料有存在的价值而无须加入正文的，则加‘备览’。每章的后面，特列‘提问要点’，以便教学时候的研究。”[1]

有研究认为该书的优点有：（1）注重地文之成因，以说明我国自然地理之概况。（2）边疆国防外交为中国目前切要问题，均分章叙述，使学者注意。（3）书中遇有主要之点，均以方体字排列，务使醒目，而便记忆。（4）尺度用公里公尺，温度以摄氏为标准，前后统一，较为普遍应用。（5）图表（九十七幅）甚多，便于对照及比较。认为其缺点有：（1）自然地理部分，缺少数理地理，似为美中不足。（2）政治地理部分，应加入重要都市之叙述，方为完善课本。[2]

8.《新中华外国地理》（高级中学用）

该书由郑昶编，版权页题名“新中华外国地理”，高级中学用，上海新国民图书社出版，上海中华书局印行。该书全一册，1932年初版。

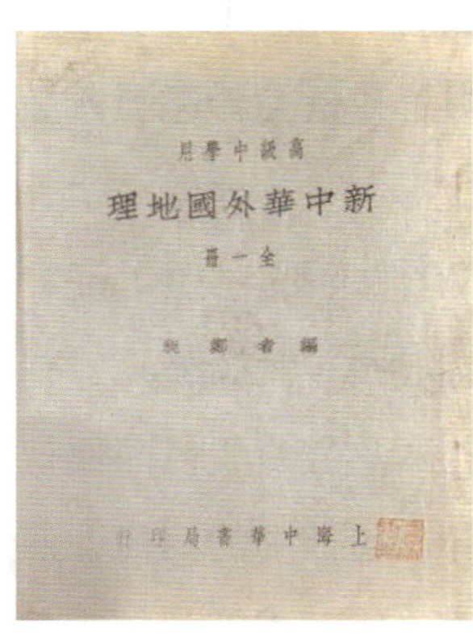

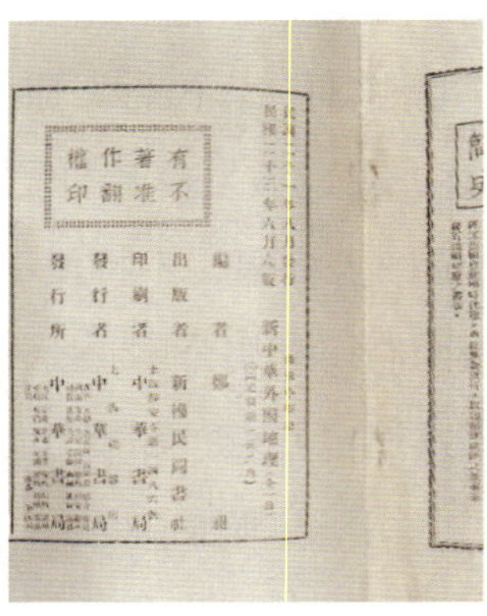

4—10

图4—10 《新中华外国地理》（高级中学用），郑昶编，上海新国民图书社出版，上海中华书局印行，1934年6月第八版

该书的“编辑大意”如下：（1）本书为适应高中外国地理教学之用而编辑，取材务求适合高中教学且与初中毕业程度相衔接。至于编制，则特持管见，现将编制的意义和步骤叙述于后，希望大雅教益。地理之学，实人类现在的历史，在原始时代，人类活动受地理支配，讲地理者自当以地理之自然状态，为人类地理学的区分。一入帝国主义者活动时代，则人类地理学即不当以地理的自然状态的区分为区分。盖属于地理学范围以内的一切山川、人物、都市、港湾等，已皆因人类的活动而各异其形势、用度、以及政治的、经济的，等等情形。若仍以地理的自然区分为编述地理的区分，未免失之呆板，失之割裂，不足以表示现世人类活动的地理的意义和情形。（2）本书编述以现在人类在地球上活动的结果——政治的经济的势力范围所及的地区为区分，分别叙述：某区分的人类所占有的自然地理的现象，与其人类活动的关系；某区分人类的活动，与其自然地理的支配和改造利用。如此比较容易表现世界各帝国主义者，或各弱小民族，或各帝国主义者与帝国主义者，或者各弱小民族与各弱小民族间，在现世地理上整个的情形。从前以自然地理的区分叙述极感困难的地方，例如纷扰的巴尔干、破碎的非洲、列强争逐下的太平洋群岛等，现在都可以人类活动的情形为其相当的主轴，作有情致的编述了。（3）根据以上所见，故本书编制，分为三大步骤。第一

[1] 杨尧．中国近现代中小学地理教育史[M]．西安：陕西人民教育出版社，1991：172-173.

[2] 王锦福．最近三十年来中学地理课程概要及教科书之调查并批评：下[J]．师大月刊，1935（23）：52-53.

编述现世界地理舞台上的主角之本国地理以明了各主角——帝国主义者，在现世界的活动能力，与其本国地理有若何之关系。第二编即进而叙述各帝国主义者表演其活动能力，以扩张其势力范围，明争暗斗，而造成这现世界地理的实际情形。第三编进而叙述各帝国主义者支配下的世界地理的各种情形。综合起来，以明了整个的现世界地理。

该书除绪言外，全书分三编二十五章，未立节。大小标题虽活泼，但目录纷繁，如第一、二、三编依次标为世界地理舞台上的要角、列强竞争中的世界、综合观察下现世界的经济和政治；第二编分十三章，前四章标题依次为美国经济帝国主义的发展、国旗不夜的英国及其危机、日本帝国主义的向外发展、美英日对立中的前途；章以下的子题，如第二编第四章是：国际资本主义竞争下的太平洋地位、太平洋的竞争者及其位置、英日美在太平洋的竞逐点。该书虽未明言遵照《高级中学普通科地理暂行课程标准》编制，但所立编章与其“教材大纲”有些暗合。该书介绍当时世界政治经济地理情况，有利于培养高中学生的世界眼光，但有明显的错误观点，如把列宁缔造的苏联，与美、英、日、德、意等国，同列帝国主义者；又如日本帝国主义者向外侵略的根源，不从帝国主义本质上分析，而说成国土地狭小，物产寡薄，人口却很拥挤，在人民经济上的分配，不能不向外发展以图补救。可见，此时高级中学普通科中外地理教科书，结合葛绥成、郑昶所编的上述教科书与《高级中学普通科地理暂行课程标准》的“教材大纲”来看，已打破了“方志式”的惯例，开创了“问题式”的新局。可惜，这种新局只是昙花一现。[1]

9.《新中华自然地理》（高级中学用）

该书由杨文洵编，上海新国民图书社出版，上海中华书局印行，书脊题名“新中华高中自然地理”。该书全一册，1932年9月初版。

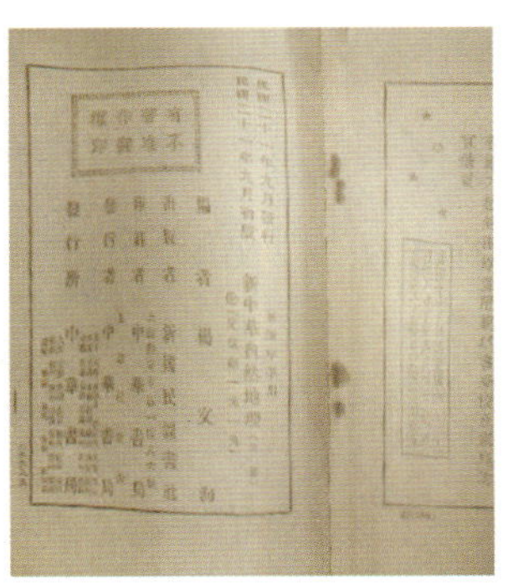

4—11

图4—11 《新中华自然地理》（高级中学用），杨文洵编，上海新国民图书社出版，上海中华书局印行，1932年9月初版

《新中华自然地理》（高级中学用）的作者特别说明：（1）本书供给高级中学自然地理教学及学者自修参考之用。（2）自然地理范围很广，本书分五编：第一编为地球星学，叙述天体和地球的究竟状况；第二编为陆界地理学，叙述地球表面的变化和地形的形成；第三编为水界地理学，

[1] 杨尧. 中国近现代中小学地理教育史[M]. 西安：陕西人民教育出版社，1991：173-175.

叙述河湖海洋的区分及特性；第四编为气界地理学，叙述大气风雨等等的现象；第五编为生物地理学，叙述动植物的发育和分布。（3）地球是人类的家庭，山川形势，寒暑变态，影响于人类很大。人们对于这环境，应当怎样去适应？怎样去改造？非研究自然地理不为功。所以自然地理，实为人文地理学的基础。故本书对于和人文地理有关涉的地方，随时附带述及。（4）自然地理，本以一切自然科学为其基础，所以专就学理去叙述，易涉艰深，本书为适合高中程度起见，取材务求普通，措词力求浅显，且处处以眼前现象为出发点，以引入学理的叙述，籍以引起学者研究的兴趣，而养成实际观察的能力。（5）自然地理，学理奥妙，非图不明，所以本书特插入图表多幅，以代说明，教学时极便对照参证。（6）本书主要点，都用方体字排，务使醒目而便记忆。又于和正文相发明的材料，或材料本身有存在的价值而无须加入正文的，则加“备览”。每章的后面，特列“提问要点”，以便教学时候的研究。

有研究认为该书的优点有：（1）此书之分量材料，多寡适宜，适合高中地理课程之用。系统清晰，最切于适用。（2）专门名词之下，均附有原文，便于学者进一步之研究。（3）书中附有图表多幅，极便教学之用。（4）与正文相发明之材料，或材料本身有存在之价值，不宜加入正文者，均有“注”和“备览”，可资参阅。（5）各章之末，列有“提问要点”，便于学者复习及教学时之研究。认为其缺点有：（1）于生物地理学部分，分量较少，动植物分布状况，仅举国名，且多未指明部分。（2）参考书籍，应在各章或每节后列举，较为适宜。[1]

（三）世界书局“新主义教科书”系列的地理教科书

1927年以后，世界书局也推出了迎合三民主义教育宗旨的“新主义教科书”系列，初级小学有三民主义、国语、常识、自然、社会、初级音乐等，高级小学有三民主义、国语、算术、自然、历史、地理、卫生等。[2]中学阶段出版了初中国文、初中历史、高中本国史等和与党义相关的教科书。世界书局出版的“新主义教科书”系列之中小学地理课本及其教学法3种12册和包含地理内容的小学常识课本及其教学法2种16册、小学社会课本及其教学法2种16册。其中，中小学地理教科书主要如下。

1.《新主义教科书地理课本》（小学校高级用）

该书由董文编辑，魏冰心、范祥善校订，小学校高级用，版权页题名“新主义教科书高级小学地理课本”。全书共四册。1928年初版。

[1] 王锦福. 最近三十年来中学地理课程概要及教科书之调查并批评：下[J]. 师大月刊，1935（23）：59-60.
[2] 石鸥，吴小鸥. 简明中国教科书史 [M]. 北京：知识出版社，2015：95.

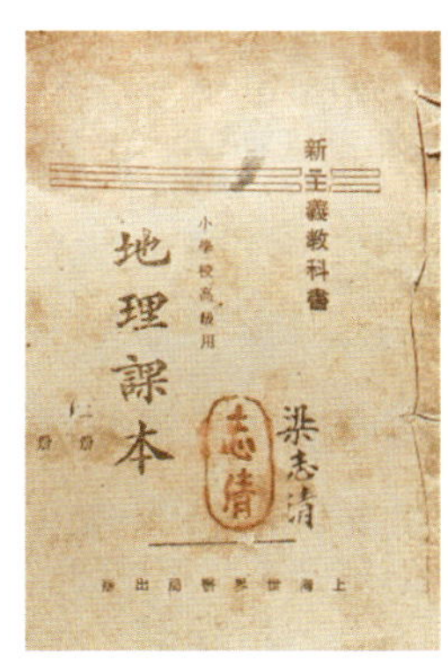

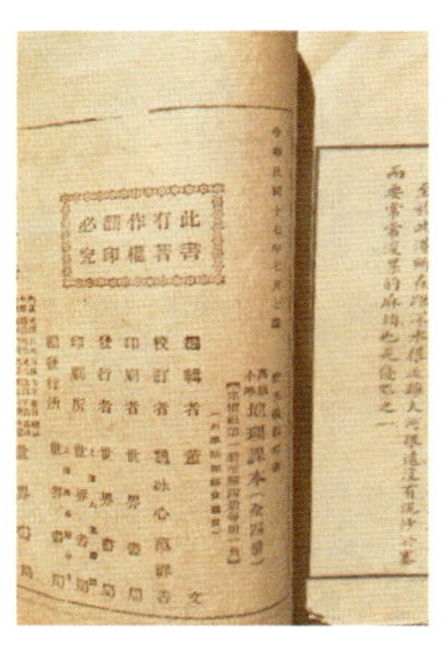

4—12

图4—12 《新主义教科书地理课本》（小学校高级用），董文编辑，魏冰心、范祥善校订，小学校高级用，第二册，上海世界书局印行，1928年7月第七版

《新主义教科书地理课本》（小学高级用）的“编辑大纲”提到：（一）本书的目的在引起儿童对于自然环境、社会环境的观察、研究，使明了人生和地理的关系，中国和世界的关系。（二）本书教材的分配：第一学年第一册、第二册分述本国各地情形；第二学年第三册总述本国大势，分述同洲各国概况及与我国的关系；第四册分述世界各国概况及与我国的关系，略述地文天文的大要及与人类文化的关系。（三）本书选材注重两端：1.民族方面：本国地理，注重外国的侵略，与国内民族的提携；外国地理，注重列强对于弱小民族的侵略，与民族的自决。2.民生方面：本国地理，注重各地出产、交通及与全国工商业的影响，并撮要说明中山实业计划；外国地理，注重各国实业上的特色，以资借鉴，并说明各国和我国的经济关系。（四）本书叙述全用语体，在分述之部，参用游记体的精神，打破分省分区的呆板形式，在总述之部，力求概括扼要。（五）本书每课均列问题，可以供儿童的自动学习。（六）本书插地图多幅，说明适当，极便学生研究。此外又加风景画等，以增兴趣。（七）本书另编教学法四册，供教师教授时参考之用。

该书具有如下特点：（1）教材分配、目的和取材，是熔新学制《小学地理课程纲要》与孙中山民族、民生主义的精神于一炉。（2）在编制体例上，我国分述之部采取游记体，打破分省、分区的呆板形式。（3）选课典型、活泼，如“上海与中山计划中的东方大港”“我国第一大江”“天府的四川”“西南边防要地”“闽粤的租借地和割让地”，等等。（4）每课正文前面提几个问题，供儿童自动学习。[1]

2.《新主义地理课本》（小学高级学生用）

该书由董文编辑，魏冰心、范祥善校订，小学高级学生用。该书版权页题名“新主义小学教科书高级地理课本”，1930年2月通过教育部审定。全书共四册。

《新主义地理课本》（小学高级学生用）是《新主义教科书地理课本》（小学校高级用）的审定本。《新主义地理课本》（小学高级学生用）的“编辑大纲”与《新主义教科书地理课本》（小学校高级用）“编辑大纲”完全相同，其各册目录与《新主义教科书地理课本》（小学校高级用）各册目录相同，仅将《新主义教科书地理课本》（小学校高级用）第三册目录第一条“一形如秋海

[1] 杨尧. 中国近现代中小学地理教育史[M]. 西安：陕西人民教育出版社，1991：136-138.

棠叶的中国领土”改为“一形如桑叶的中国领土”。

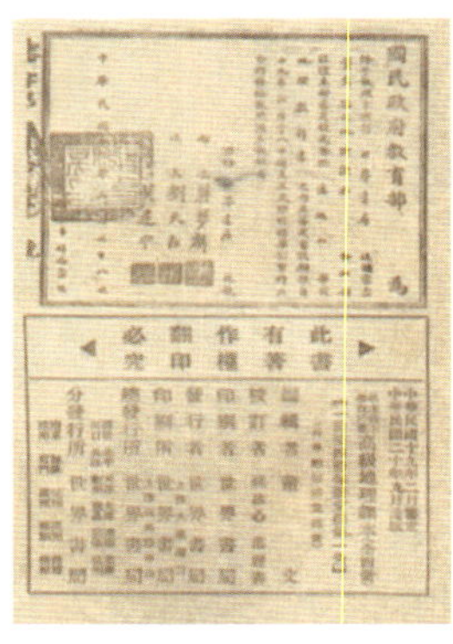

4—13

图4—13 《新主义地理课本》（小学高级学生用），董文编辑，魏冰心、范祥善校订，第二册，上海世界书局印行，1931年9月第二三版

（四）其他书局出版的地理教科书

1.《最新教本写真中国地理》（初中初师适用）

该书由白眉初编辑，王桐龄、刘玉峰、王模、李嘉齐校阅，张馨桂绘图，其他题名“写真中国地理”，逐页题名“写真中国地理教本”，北京中央地学社（北京师范大学史地系）发行，初中初师适用。全一册，1927年7月初版。

《最新教本写真中国地理》的“例言”写道：

（1）本书分为绪论、概论、分论和括论四编。①绪论略揭纲要。②概论阐述全国地貌、山脉、水域，力求清晰，地势海岸力求包括简明，沙漠力求具体表现真状。③分论阐述天然流域与社会状况，先就十四个流域（分全国为黑、辽、沽、黄、淮、运、江、浙、闽、珠、澜沧、雅鲁藏布、塔里木、色楞格十四个流域）写其天然环境、气候、物产、民生、交通，力求真切，俾读者知天然区域，各各不同，然后再就每一天然区域中，写其政治区划上之一省或数省，一一彰明其四界，表扬其名城与特色，斯学生对于天然政治两方面，顿呈玲珑剔透之观，斯三十省区之真状，乃尽置于X光线之下。④括论系要项结束，学生既洞观天然、政治两方面之清楚界划，而得其玲珑剔透之观，仍须由博返约，使其得主要观念，乃作要项结束。结束贵清简，若繁冗则扰乱记忆，仅就全国气候、物产、交通、民族、宗教、教育、国体、政体荦荦数项，作一详细清朗之结束，斯学生观念易于巩固。全书将终，须培养青年发扬国力之根念，乃举对外失权之“撤藩”“割地”“划界失地”“租借地”“租界”“自治区域”“路权外移”“航权外移”“关税自主”“领事裁判权”“外军驻境”等项，一一痛彻简括揭述之，斯不啻付病弱者以强药金丹。

（2）初中学生研究力尚薄弱，教者只应注意培养其要项记忆基础观念，为他日发展之预备，故本书每写一事一物，皆辞意精简，力避繁冗，盖辞繁则不能记忆，言简则记忆坚确。

（3）言简记忆确固已，然内容弗详，亦属遗憾。本书则随处有附注附录，学生只记本文，教员随意发挥，斯兴味自厚而伸缩随意。

（4）水域为学地理者基础观念，合之则集数多水域为一国地理析之，则政治区划、社会状况胥寓于其中。本书对于学生水域之印象三致意焉，一在绪论揭极简之纲要，二在概论叙山水分划之概括，三在分论详写水域范围，益使真切，必如此山水并举，由渐而详，斯学生脑海可得真切印象。水域得真切印象，则一切可迎刃而解。

（5）地理非图不明，本书附插图五十余幅，并风景照片数幅，足以补助学生之理解。

（6）凡读本书者皆须购“中华民国省区全图”一册，以资研究。

4—14

图4—14 《最新教本写真中国地理》（初中初师适用），白眉初编辑，王桐龄、刘玉峰、王模、李嘉齐校阅，张馨桂绘图，北京中央地学社（北京师范大学史地系（建设图书馆）发行，1927年7月初版

有研究对该书介绍如下：全书分四编。第一编为绪论，略述全国之位置、国界、幅员、山川及政治区划等之纲要，为他日作详细研究之预备。第二编为概论，记述全国地貌之大势（如山川、地势、沙漠、海岸等），使学者明了山水分划之概况。第三编为分论，将全国分为十四流域（黑、辽、沽、黄、淮、运、江、浙、闽、珠、澜沧、雅鲁藏布、塔里木及色楞格），首述其天然环境之梗概，使读者知各天然区域之不同，次述政治区域上之省分（一省或数省），一一明其四界，彰其名城与特色，使学者明了天然政治二区划及社会状况之概观。第四编为括论，记述要项之结束（如气候、交通、民族、宗教、国体、政体及外交失权等），俾学者于主要观念，易于巩固，并于外交失权节，叙述特详，以激发学者之爱国心。书中附有形势图、附注、附录及人物照片，以助学者之理解及本书之不足。二美俱备，斯书得之。[1]

2.《外国地理》

该书由郑资约选，全一册，天津南开中学外国地理课本，天津南开中学1928年发行。这是一本典型的校本教材。

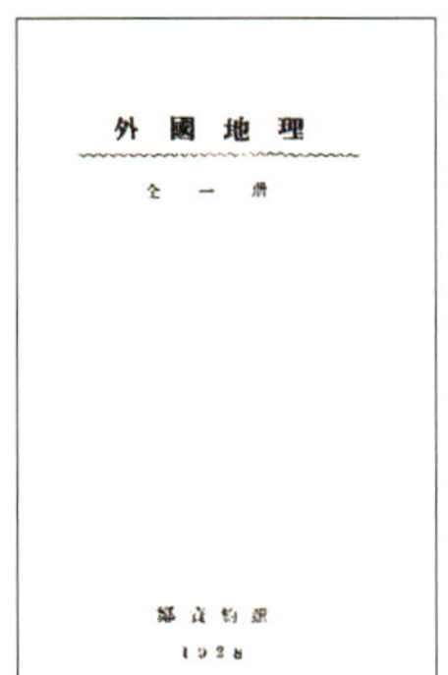

4—15

图4—15 《外国地理》，郑资约选，天津南开中学外国地理课本，天津南开中学1928年发行

[1] 王锦福. 最近三十年来中学地理课程概要及教科书之调查并批评下：[J]. 师大月刊，1935（23）：33.

第二节 新课程标准教科书系列的地理教科书

一、中小学课程及课程标准的变化

1912年1月中华民国建立，9月南京临时政府教育部颁布《学校系统令》，规定小学学制为7年（其中初小4年，高小3年），中学学制为4年。1922年11月北洋政府颁布《学校系统改革案》，规定小学学制为6年（其中初小4年，高小2年），中学学制为6年（分初级中学和高级中学，各3年）。该新学制参考美国学制实行综合中学制度，初中施行普通教育，但视地方需要兼设各种职业科；高中分以升学为目的普通科（分文、理两组），以及以职业为目的师范科、商业科、工业科、农业科、家事科等，根据地方情形单设一科或兼设数科。根据1922年的新学制，全国教育会联合会组织"新学制课程标准起草委员会"草拟中小学课程纲要，于1923年拟定由总纲和各科课程纲要组成的《新学制课程纲要》。1927年4月南京国民政府成立，为了推行其政治主张，在教育上加紧制定新的方针政策，对中小学课程及其标准先后作了五次比较大的修订，以使教育为其政治服务。现分五个时期略述如下。

（一）暂行课程标准时期

1928年2月、3月南京国民政府大学院相继颁布了《小学暂行条例》与《中学暂行条例》。《小学暂行条例》规定，初级小学、高级小学课程均为三民主义、公民、国语、算术、历史、地理、卫生、自然、乐歌、体育、党童子军、图画、手工。无论是初小课程还是高小课程，地理均单设。这次课程修订的最大特点是把"三民主义"与"党童子军"正式列入小学教学科目，小学教学科目之多为所有时期之冠。《中学暂行条例》规定，中学分为初级中学和高级中学，修业年限各为3年，但也可依设科性质定为初级4年，高级2年。初级中学实施普通教育，亦可视地方需要兼设各种职业科；高级中学分设普通、师范、农业、工业、商业、家事各科，亦可依各地情形单设一科或兼设数科。教授科目分必修与选修两种。初级中学地理设置如旧，高级中学普通科无地理。

1928年5月大学院召开第一次全国教育会议，通过了《整理中华民国学校系统案》（即"戊辰学制”），尤其是重申《中学暂行条例》，对1922年新学制中有关中等教育的规定进行如下修订：（1）中学学制仍为6年，初、高两级各3年，但得依地方或设科情况，可分初中4年，高中2年；（2）初中为普通教育，但得依地方情形设各种实业科；（3）高中为分科，分为普通科和农业科、工业科、商业科、师范科和家事科等，但依地方情形普通科可单设，其他各科也得单设为高级职业学校，修业年限3年；（4）中学3年以上得酌行选科制；（5）高中普通科取消文理分组。[1]

1928年5月第一次全国教育会议议定，由大学院组织“中小学课程标准起草委员会”，编订中小学课程标准。1928年10月大学院改组为教育部。1929年9月13日教育部公布试行小学、初中课程暂行标准。1929年10月26日教育部颁布高中普通科课程暂行标准，1930年2月16日颁布高中师范科课程暂行标准，1930年11月17日颁布高中商科课程暂行标准。[2]

小学课程暂行标准将小学课程分低年级（1~2年级）、中年级（3~4年级）与高年级（5~6年级）三段，三段课程设置一致，分为党义（由1922年学制中“公民”科改来）、国语、社会、自然、算术、工作（由1922年学制中“工用艺术”科改来）、美术、体育与音乐九科。其中，社会科是将1922年学制中历史、地理、卫生三科合并而成，在低、中年级，社会、自然二科亦可合并教学，称为常识科。自清末设新学以来，高小地理一直单独设科，至此始与历史、卫生合并为社会科。课程暂行标准中的“作业类别”“各学年作业要项”虽能分出地理系统，但又夹杂有新的非地理内容。当时教育部函约试行小学课程暂行标准的厦门大学实验小学，指出高年级历史、地理、卫生三科合并为社会科是适宜的，较新学制三科分立是一大进步，但又认为“社会科名称合并而实不合并”似是美中的不足，主张历史、地理、卫生等传统名词要根本取消，“作业类别”“各学年作业要项”也不应该有历史、地理、卫生等的系统排列。[3]

初级中学课程暂行标准将初级中学课程设置为党义、国文、外国语、历史、地理、算学、自然、生理卫生、图画、音乐、体育、工艺、职业科目及党童军。初级中学各年级均设地理科，第一、第二学年授本国地理，第三学年授外国地理。初级中学地理课程暂行标准由张其昀草拟，竺可桢、胡焕庸、许寿裳审查，根据各地试用的结果，对其唯一的批评是过于简略，难以依据。

高级中学课程暂行标准将高级中学课程设置为党义、国文、外国语、数学、本国历史、外国历史、本国地理、外国地理、物理、化学、生物、军事训练、体育，以及农业科、工业科、商业科、师范科和家事科选修科目。本国地理、外国地理为高级中学普通科必修，规定一学年授毕。高级中学地理课程暂行标准由胡焕庸草拟，竺可桢、许寿裳、周光倬审查，批评者认为没有方志、没有自然材料等是其主要缺点。这次高级中学课程暂行标准把地理科设为普通科必修，应该归功于竺可桢

[1] 石鸥，吴小鸥. 简明中国教科书史[M]. 北京：知识出版社，2015：99-100.

[2] 国民政府成立以来至民国二十三年审定及失效中小学师范职业各校教科图书一览[J]. 陕西教育月刊，1935（5）：16-21.

[3] 杨尧. 中国近现代中小学地理教育史[M]. 西安：陕西人民教育出版社，1991：155-156.

先生，他著文《地理教学法》批评当时高级中学不把地理科作为必修实乃课程设置的一大缺点，并申述了必须立即设课的理由。[1]

中小学课程暂行标准颁布后，教育部通令各省市教育行政机关在贯彻实施时，要随时收集实际教学中的研究和试验情况，在1930年6月前（后推迟到1931年7月）报告试验结果，以便修订与完善。[2]凡中小学教科图书之编辑与审查，均参照之。[3]

（二）正式课程标准时期

中小学课程暂行标准原定试验时间为一年，至1930年9月，教育部决定延期一年，即以1931年7月为试验期满之时期。1931年6月教育部通令各省市教育行政机关将各地中小学课程暂行标准试验结果上报，以便组织专家进行修订；同月，撤销原“中小学课程标准起草委员会”，成立“中小学课程及设备标准初订委员会”从事修订工作。因“九一八事变”和国联教育考察团来中国考察，此项工作被搁置。学期之始业期既过，课程暂行标准遂无形复展一年。在此一年期间，委员会成员汇集各方面意见，将中小学课程“暂行标准”修订为“正式标准”。[4]

1932年11月1日教育部公布幼稚园、小学全部及初中、高中大部分正式课程标准，通令全国学校、书局一律遵用，并令编译馆遵照新颁标准审查教科图书。1933年3月1日教育部续布初中物理、地理、劳作科之农业、家事以及高中军事、物理诸科正式课程标准，7月28日续布初中图画以及高中卫生、地理、图画诸科正式课程标准。1934年8月10日续布初、高中公民科正式课程标准，10月6日续布师范学校正式课程标准。[5]可见，自1932年11月1日起至1934年10月6日止，中小学正式课程标准全部公布。

小学正式课程标准规定，小学开设公民训练、国语、社会、自然、算术、劳作、美术、卫生、体育、音乐十个科目，在初级小学，社会、自然、卫生三科合并为常识科，其内容包括党义、公民知识以及历史、地理、自然等几部分；美术、劳作二科在低年级合并为工作科；不特设党义科，而是将其渗透在国语、社会与自然等各科中。可见，小学正式课程标准仍没有规定小学单设地理课程，而官私都编印了高小地理课本，由此可见当时虽有课程标准的颁布，但并没有得到严格执行。[6]

---

[1] 杨尧. 中国近现代中小学地理教育史[M]. 西安：陕西人民教育出版社，1991：147.

[2] 石鸥，吴小鸥. 简明中国教科书史 [M]. 北京：知识出版社，2015：101.

[3] 国民政府成立以来至民国二十三年审定及失效中小学师范职业各校教科图书一览[J]. 陕西教育月刊，1935（5）：16-21.

[4] 吴履平，课程教材研究所. 20世纪中国中小学课程标准·教学大纲汇编：课程（教学）计划卷[M]. 北京：人民教育出版社，2001：144-145.

[5] 国民政府成立以来至民国二十三年审定及失效中小学师范职业各校教科图书一览[J]. 陕西教育月刊，1935（5）：1-9.

[6] 杨尧. 中国近现代中小学地理教育史[M]. 西安：陕西人民教育出版社，1991：186.

初级中学正式课程标准规定，初级中学开设公民、国文、英语、历史、地理、算学、物理、化学、卫生、植物、动物、劳作、图画、音乐、体育十五个科目，其与暂行课程标准的主要不同如下：（1）各科教学量改学分制为学时制。（2）自然科采用分科制教学。把自然科分为植物、动物、物理与化学四科，分别编定四科课程标准。（3）改党义科为公民科，改工艺科为劳作科。[1]高级中学正式课程标准规定，高级中学开设公民、国文、英语、算学、本国历史、外国历史、本国地理、外国地理、物理、化学、生物、军训（女生为军事看护）、体育、论理、图画、音乐、卫生十七个科目，其与高级中学暂行课程标准的主要不同如下：（1）取消选修科目，加重国文、算学、历史、地理等科分量。（2）各科教学量改学分制为学时制。（3）改党义科为公民科。[2]总之，高级中学正式课程标准彻底取消了选科制、学分制与文理分组，是最为硬化、划一的课程设置。[3]

初级中学地理正式课程标准由竺可桢、胡焕庸、张其昀、许寿裳修订，批评者认为“初中地理以行政区域为单位，略依自然状况，分中部地方等，此种分法与自然环境尚多相合，但宁夏不与绥远同入漠南地方而入黄河流域，西康不入西部地方而入长江流域，亦有未合”“部颁标准，均以阐明人地相互关系为大目标，此点甚合新地学之意义。但试观初中地理教材大纲地方志叙述方法，凡各分省之八项，其人地关系之释明，只字未提”。[4]

高级中学地理正式课程标准由周光倬、李贻燕修订，其与暂行课程标准的最大不同是高中三个年级都设有地理课，第一、第二、第三学期授本国地理，第四、第五学期授外国地理，第六学期授自然地理。至此，除小学常识或社会科中地理所占课时不计外，六年中学地理课程，每周总计12课时，为新学制时期的3倍，是我国中学地理课时较多时期之一。由于学习年限延长，授课时间增多，因而地理课程内容随之大为改观，可见高级中学地理正式课程标准名为修订，实为新制。批评者认为“高中外国地理，排列次第，殊欠斟酌。本国地理，遵照《建国方略》为纲，不依政治区域，又不合自然区域，教材纲目牵强拉杂，异常琐碎”“最后一学期之自然地理‘目标’上只字未提，‘教材大纲’所定内容既嫌简略，又有不妥和科学错误，有些与初中通论地理部分重复”。

[1] 吴履平，课程教材研究所. 20世纪中国中小学课程标准·教学大纲汇编：课程（教学）计划卷[M]. 北京：人民教育出版社，2001：153-154.

[2] 吴履平，课程教材研究所. 20世纪中国中小学课程标准·教学大纲汇编：课程（教学）计划卷[M]. 北京：人民教育出版社，2001：164.

[3] 石鸥，吴小鸥. 简明中国教科书史[M]. 北京：知识出版社，2015：102.

[4] 杨尧. 中国近现代中小学地理教育史[M]. 西安：陕西人民教育出版社，1991：182-183，200.

（三）修正课程标准时期

中小学正式课程标准实施后不久，各方又有请求修改的建议。教育部征求各方面研究意见，自1935年3月起着手组织修订[1]，1936年6月[2]—7月[3]颁布了中小学修正课程标准。

小学修正课程标准的变更主要有：（1）将低年级美术、劳作归并为工作科，音乐、体育归并为唱游科。（2）规定常识为初级小学正规科之一，在此以前两次标准中，常识可分为社会、自然二科教学，现确定合并为常识科，不能再行分科教学，至于常识课程内容，以生活需要归类，分为家庭生活、学校生活、乡土生活、民族国家生活、世界人类生活五项，打破以前各种分列的形式，但在高级小学阶段，仍分社会、自然二科。（3）高年级在可能范围内，应组织童子军，授以童子军初级课程。有批评者指出，小学修正课程标准之缺点，主要是理想太高、内容太深、分量太重，这些缺点尤以新订初小常识科课程标准最为突出。

初级中学修正课程标准规定，初级中学课程为公民、体育及童子军、国文、英语、历史、地理、算学、物理、化学、生理卫生、植物、动物、劳作、图画、音乐，其与初级中学正式课程标准的主要不同如下：（1）减少了教学时数。由每周三十五六小时减少为每周三十一小时。（2）修改劳作课程。男生劳作由原来设工艺、农业两种改为一种，第一年为木工，第二年为金工，第三年为金木工、竹工、土工与农艺畜养四组。设二组以上者，由学生选习一组。女生劳作仍设家事一种。（3）自然科仍采用分科制教学，但将其分为生理卫生、植物、动物、物理、化学五科。（4）确定职业科目之地位与时数。第三学年得视地方情形设职业科目4小时。[4]

高级中学修正课程标准规定，高级中学课程为公民、国文、英语、算学、本国历史、外国历史、本国地理、外国地理、物理、化学、生物、军训、体育、论理、图画、音乐，其较正式课程标准的主要变更如下：（1）减少了教学时数。前五学期每周均为30小时，最后一学期每周为29小时。（2）算学、英语、国文、论理四科采用分组教学。特别是算学自第二学年起分甲、乙两组，甲组第二、第三学年每周均为6小时，前三学期较原有时间每周增加2小时，最后学期增加4小时，但课程内容仍与旧标准相同；乙组第二、第三学年每周均为3小时，前三学期较原有时间每周减少1小时，最后学期增加1小时，而课程内容自然较旧标准减低。同时，乙组算学较甲组少，即补足同时间数之国文（第二学年第一学期3小时）、论理（第二学年第二学期3小时）、英语（第三学年全年3小时）共12小时。（3）规定职业科目。自第三学年起为不能升学者酌设商科、会记、薄记、统计、应用文书、打字、农艺、园艺、合作社等简易职业科目，第二学年选习算学甲、乙组科目之学

[1] 石鸥，吴小鸥. 简明中国教科书史[M]. 北京：知识出版社，2015：102.

[2] 刘国正. 叶圣陶教育文集：第四卷[M]. 北京：人民教育出版社，1994：21.

[3] 杨尧. 中国近现代中小学地理教育史[M]. 西安：陕西人民教育出版社，1991：227.

[4] 吴履平，课程教材研究所. 20世纪中国中小学课程标准教学大纲汇编：课程（教学）计划卷[M]. 北京：人民教育出版社，2001：155-156.

生在第三学年得免习该组增习科目，而就所设职业科目选习一种或二种。（4）为女生设置家事科目。凡选习算学乙组科目之女生得免习第二学年或第三学年乙组增习科目，而选习同时间数之家事科目；选习算学甲组科目之女生不得中途改习家事科目。（5）图画、音乐二科得专习一科。[1]

参加中学地理课程标准修订工作的有黄国璋、王成组、刘恩兰、李贻燕四人，地理课程设置未动，但吸收了当时各界人士对中学地理课程正式标准的批评建议，调整了部分内容，在当时日本帝国主义侵我日急的情况下，加强了国防教育，提高了内容的科学性和思想性。[2]

（四）重行修正课程标准时期

中小学修正课程标准公布实施甫及一年，中国人民抗日战争全面爆发。1938年3月底至4月初，国民党在武汉召开临时全国代表大会，通过了《中国国民党抗战建国纲领》和《战时各级教育实施方案纲要》。《中国国民党抗战建国纲领》确定了抗战救国的总方针，提出了改订教育制度及教材的规定。[3]《战时各级教育实施方案纲要》规定了战时各级教育实施的“九大方针”与“十七项要点”，其中第四条指出：“对于各级学校各科教材应彻底加以整理，使成为一贯之体系，而应抗战与建国之需要，尤宜尽先编辑中小学公民、国文、史地等教科书，及各地乡土教材，以坚定爱国爱乡之观念。”1938年7月，教育部发布《各级教育实施方案》，明确指出“教育部应成立各级学校各科教材编订委员会，先草订或修正各级学校各科课程标准，再依课程标准订定各科教材要目，以为选择教材及编辑教科书之标准”。为了贯彻《中国国民党抗战建国纲领》《战时各级教育实施方案纲要》《各级教育实施方案》之规定，1938年教育部改组并充实了1934年成立的教科用书编辑委员会，一方面，总审查坊间已出版之中小学教科书，详加增删，饬令修订后发行，不合需要的予以取缔；另一方面，积极从事适合时代需要的各科教科书和战时补充教材的编辑工作，以补充现行各教科书之不足。

惟因1936年修正颁行的中小学各科课程标准，各学校经多年的试验研究以后，认为内容繁杂，分量太重，有重加修订的必要，教育部根据各方面的报告与提供的意见，为适应时代要求、增进教学效率起见，准备改善中小学课程。[4]1939年12月教育部制定《第二期战时教育行政计划》，明确提出了修订中小学课程及课程标准之任务。[5]此次课程及课程标准的重行修订，中学较小学为早。1939年3月，第三次全国教育会议召开，教育部启动了中学课程及课程标准修订工作。1940年2月，

[1] 吴履平，课程教材研究所. 20世纪中国中小学课程标准教学大纲汇编：课程（教学）计划卷[M]. 北京：人民教育出版社，2001：165-166.

[2] 杨尧. 中国近现代中小学地理教育史[M]. 西安：陕西人民教育出版社，1991：242.

[3] 教育部. 第二次中国教育年鉴[M]. 上海：商务印书馆，1948：8-9.

[4] 魏冰心. 国定教科书之编辑经过[J]. 教育通讯，1946（6）：14-15.

[5] 中国第二历史档案馆. 中华民国史档案资料汇编：第五辑：第二编教育（一）[M]. 南京：江苏古籍出版社，1997：118.

教育部公布了重行修正的初高中教学科目及各学期每周各科教学时数表，4月起教育部分科邀请专家屡次商讨修订中学各科课程标准的意见，1940年6月至1941年12月，教育部陆续公布中学各科重行修正课程标准。[1]

重行修正初级中学课程标准规定，初级中学开设公民、体育、童子军、国文、算学、自然科学（博物、生理及卫生、化学、物理）、历史、地理、劳作、图画、音乐以及选修科目，其较修正初级中学课程标准有如下重要变更：（1）自然科学得采用混合教学。如采用分科教学，植物与动物合并为博物，并规定略授地质与矿物之大意，以适应抗战建国之需要。（2）实行分组选修，英语改为选修科目。以英语为分组标准，甲组第一学年选习国文2小时、历史1小时，第二、第三学年选习公民1小时、职业科目2小时；乙组各学年均选习英语3小时。（3）加强本国史地教学。史地教学时数依旧，但本国史地占5/6，而外国史地仅占1/6，以启发学生抗战建国之自觉。（4）国文、算术与英语减少了教学时数。（5）变更了科目名称。生理卫生一科改为生理及卫生，体育与童子军科目分设。[2]

重行修正高级中学课程标准规定，高级中学开设公民、体育、军事训练或家事看护、国文、外国语、算学、生物、矿物、化学、物理、历史、地理、劳作、图画、音乐，其较修正高级中学课程标准有如下重要变更：（1）扩充分组科目。原有国文、算学、英语、论理四科重行修正教学科目及时数，增加了化学、物理两科，取消论理科目。自第二学年起分甲、乙两组，甲组第二、第三学年每周算学为5小时、物理与化学各为5小时、国文为4小时，外国语第二、第三学年分别为5小时与6小时；乙组第二、第三学年每周算学为5小时、物理与化学各为4小时、国文为6小时，外国语第二、第三学年分别为6小时与7小时。（2）调整教学时数。公民、化学、物理、图画、音乐教学时数酌减，英语酌增；国文甲组酌减，乙组酌增；算学甲组酌减，乙组依旧；生物酌减。（3）各地得视地方情形自第三学年起酌设简易职业科。（4）增加教学科目。增设矿物与劳作两科，地质、矿物原合并于物理、化学教学中，为适应抗战建国之需要，于初中博物中增设地质与矿物之大意，于高中增设矿物科。（5）取消、合并了教学科目。取消了论理科目，将本国历史、外国历史合并为历史，将本国地理、外国地理合并为地理。（6）增加国防生产教材。[3]

参加重行修正中学地理课程标准修订工作的有胡焕庸、郑鹤声、沙学浚等10余人，1940年9月即予颁布。重行修正中学地理课程标准与修正标准的不同主要表现如下：（1）初中地理课程设置稍有变动，即初中第一、第二学年和第三学年第一学期授本国地理，第三学年第二学期授世界地理，地理课时比重相对有所增大，且本国地理与外国地理教授时间之比为5：1（高小地理类此），为我

[1] 吴履平，课程教材研究所. 20世纪中国中小学课程标准·教学大纲汇编：课程（教学）计划卷[M]. 北京：人民教育出版社，2001：145.

[2] 吴履平，课程教材研究所. 20世纪中国中小学课程标准·教学大纲汇编：课程（教学）计划卷[M]. 北京：人民教育出版社，2001：156-157.

[3] 吴履平，课程教材研究所. 20世纪中国中小学课程标准·教学大纲汇编：课程（教学）计划卷[M]. 北京：人民教育出版社，2001：158-168.

国中小学地理教育史所仅见。（2）初中地理删除了通论地理部分，代以本县本省的地理；乡土地理进入中学课程，构成本国地理的组成部分，此为第一次。（3）初高中中外地理都采取总—分—总的编辑方式，明确初高中中外地理的原则区别。（4）高中地理目标比较全面切当，自然地理教学大纲较详，并首次列入地图一项。[1]

自1936年7月教育部颁布小学修正课程标准后，经五年试验研究，各方认为其存在着理想太高、内容较深、分量太重、各科课程内容间有重复以及只规定作业要项而无具体教材要目等显著缺点。[2]同时，国民教育实施后，小学课程及其教材更需要重加修订，一方面应删除比较艰深而不甚重要的教材，一方面应增加有关抗战建国的教材并充实现代国民必需具备的知识，以实现国民教育对于抗战建国所需完成的教育目标。教育部遂于1941年4月召集小学教育专家，派聘部内外人员组成“修订小学课程标准委员会”，启动了小学课程及课程标准的修订工作，到1942年10月陆续公布了小学全部课程标准。

重行修正小学课程标准把小学中低年级课程设置为团体训练、国语、算术、常识、图画、劳作、体育、音乐八个科目，把小学高年级课程设置为团体训练、国语、算术、自然、社会（包括公民、历史、地理）、图画、劳作、体育、音乐九个科目。重行修正小学课程标准的主要变更如下：（1）小学课程标准总纲除明确规定总目标外，增订课程内容范围及编排每周日课表之原则。（2）各科课程标准之内容均分目标、教材大纲及其要目、教学要点三个部分，取消“作业要项”，将“各学年作业要项”改为“教材大纲及其要目”。（3）新增团体训练科目，其内容包括训育与卫生习惯的训练。公民训练标准改为训育标准，增订卫生训练标准。增加了团体训练和体育科目之教学时间。（4）美术科改为图画科。（5）低中年级常识科包括自然、社会与卫生的知识部分。（6）高年级自然科包括动植矿物、人体生理、简易理化与卫生的知识部分。（7）低年级音乐、体育仍采用分科教学，不必归并为唱游科。（8）低年级图画、劳作仍采用分科教学，不必归并为工作科。（9）初级小学国语、常识须合并教学，常识教材与国语读书教材配合编辑，并运用混合方法教学，高级小学国语教材亦应与社会、自然取得联络。（10）每周教学总时间，各学年均酌量增加。此次修订的小学课程标准中，初小常识科课程设置仍旧，但对课程标准作了很大变动，主要包括增加各学年教材要目、规定各项要目的注意点、附列教材要目单元排列顺序、教材编制不用课文而改用图画与表解等，当时小学教育专家魏冰心认为其缺点主要是“项目繁多，实嫌累赘”。高年级社会科原以混合教学为原则，此次改为以分科教学为原则，但也得混合教学。其中地理两年，主要授本国地理大要，持续三个多学期，而世界地理大要列其后，约占一个学期地理教学时间的三分之二。

[1] 杨尧. 中国近现代中小学地理教育史[M]. 西安：陕西人民教育出版社，1991：136-138.

[2] 吴履平，课程教材研究所. 20世纪中国中小学课程标准·教学大纲汇编：课程（教学）计划卷[M]. 北京：人民教育出版社，2001：174-184.

（五）第三次修正课程标准时期

1945年8月15日，日本宣布无条件投降，中国人民取得了抗日战争的伟大胜利。为了适应抗战胜利后的社会需要，教育部鉴于1941年公布的重行修正小学课程标准存在的内容尚嫌繁复、各地方毫无伸缩余地而实施困难等缺点，采纳各方意见，于1946年9月先行召集部内及对小学教育素有经验的人士，初步探求小学课程，起草简化标准。起初在上海邀集苏浙沪各地专家详细审查修订草案，1947年又在南京先后召集专家二次总检讨，延至1948年9月才公布第三次修正小学课程标准。[1]

这次课程标准的修正秉持如下两条重要原则：（1）扼要抽象，富于弹性，以便全国各地学校乃至海外侨民学校都可以依照这项标准，分别编订自己适用的教材，各自适用。（2）较具永久性，可以施行十年、十五年，无须再加修改，以免常常变动。第三次修正小学课程标准把小学中低年级课程分为公民训练、国语（包含说话、读书、作文、写字）、算术、常识（包含自然、社会）、唱歌、游戏、工作七科，把小学高年级课程分为公民训练、国语、算术、社会（包含公民、历史、地理）、自然、音乐、体育、美术、劳作九科。地理课程仍然没有单设，其内容分散在小学中低年级常识课程与高年级社会课程之中。

1948年12月，教育部公布了第三次修正中学课程标准。该标准规定初级中学设国文、外国语（英语）、公民、历史、地理、数学、理化、博物、生理及卫生、体育、音乐、美术、劳作（第一学年男女生共习劳作，第二学年起女生习家事）、童子军十四科，高级中学设国文、外国语（英语或他种外国语）、公民、历史、地理、数学、物理、化学、生物、体育、音乐、美术、劳作（女生家事）十三科。[2]与重行修正中学课程标准相比，第三次修正中学课程标准主要变化如下：（1）初级中学外国语（英语）课程由选修课程改为必修课程。（2）初级中学理化、博物、生理及卫生单独设科，从自然科中独立出来。（3）高级中学取消矿物、军事训练及家事看护科目。（4）初高中都规定了选修课时数，每周教学时数有所减少。[3]第三次修正中学课程标准规定，初级中学三年都开设地理课程；高级中学前两年开设地理课程，第三学年不开设地理课程。第三次修正中小学课程标准公布后不久，国民党政权在大陆的统治宣告垮台，该课程标准实施时间较短。

二、课程标准教科书系列的地理教科书

由于中小学暂行课程标准的试行、正式课程标准的颁布和正式课程标准的不断修正，教科书的

[1] 杨尧. 中国近现代中小学地理教育史[M]. 西安：陕西人民教育出版社，1991：274.

[2] 吴履平，课程教材研究所. 20世纪中国中小学课程标准·教学大纲汇编：课程（教学）计划卷[M]. 北京：人民教育出版社，2001：189-191.

[3] 吕世虎. 中国中学数学课程史论[M]. 北京：人民教育出版社，2013：56.

科目、编纂理念与内容体例等均发生了较大变化。而每一次课程标准的改变，教育部都要通令各家书局一律遵照新标准编纂与送审教科书，教育部编审处、国立编译馆一律遵照新标准审查教科书。各家书局在不断变化的课程标准的指引下，相继推出与新课程标准相适应的种类齐全、内容丰富的教科书。这一时期教科书的编纂出版已经从1922年新学制时期的由三大书局垄断，发展到商务印书馆、中华书局、世界书局、开明书店、大东书局、正中书局、北新书局、钟山书局和北平建设图书馆等多家书局集体参与。隶属于教育部的国立编译馆主要从事抗战时期国定教科书的编审工作。

（一）商务印书馆出版的课程标准地理教科书

商务印书馆依据教育部1929年9月颁布的暂行课程标准，从1931年7月开始陆续编纂出版一套“基本教科书”。包括小学校初级用国语（全八册）、算术（全八册）、常识（全八册）、社会（全八册）、自然（全八册）、音乐（全四册）[1]、基本初小劳作教本（全八册）、美术（全八册）等教科书8科8种60册，小学校高级用国语（全四册）、算术（全四册）、社会（全四册）、音乐（全四册）、卫生（全四册）等教科书5科5种20册，初级中学用国文教本（全六册）、国文（全六册）教科书2种[2]。中学各科教科书稿本均已完成，不幸毁于1932年“一・二八”之难。初小、高小各科教科书均编有教学法，包括基本教科书初小国语教学法（全八册）、基本教科书初小算术教学法（全八册）、基本教科书初小常识教学法（全八册）、基本教科书初小社会教学法（全八册）、基本教科书初小音乐教学法（全四册）、基本教科书高小国语教学法（全四册）、基本教科书高小算术教学法（全四册）、基本教科书高小社会教学法（全四册）等。

“一・二八”事变后，商务印书馆坚持“为国难而牺牲，为文化而奋斗”的精神，举起文化抗战和国家复兴的大旗，根据1932年11月以来教育部颁布的正式课程标准，气势磅礴地推出了以“复兴”为呐喊、以“复兴”冠于书名的全新教科书“复兴教科书”。新课程标准适用的“复兴教科书”由王云五等主编，作为中国近代以来体系最庞大、科目最齐全、生命力最绵长的一套集大成的教科书，“牢记国耻、民族振兴”的信念时时投射在教科书的字里行间。“复兴教科书”以其广泛的受众群体及巨大的影响力，启蒙“勿忘国耻”、“共赴国难”和“英勇国殇”，明确了抗战救亡的严峻性、全民族性和正义性，鼓舞中华民族抗敌御侮，促进世界和平，成为了抗战救亡的启蒙利器。[3]到1933年8月，小学、初级中学用的整套“复兴教科书”及教学法基本出齐。[4]其中小学教科书包括秋季始业、春季始业两个阶段初级小学用国语、算术、珠算、常识、社会、自然、音乐、

[1] 林媛. 执着与坚守：“江西省推行音乐教育委员会”研究：1933—1946[M]. 北京：人民音乐出版社，2013：149. 孙继南. 中国近代音乐教育史纪年：1840—2000[M]. 2版. 上海：上海音乐学院出版社，2012：342.

[2] 陈学恂. 中国近代教育史教学参考资料：中册[M]. 北京：人民教育出版社，1986：430. 张彬. 浙江教育家和中国近代教育[M]. 杭州：浙江大学出版社，2008：184.

[3] 吴小鸥，徐加慧.“复兴教科书”的抗战救亡启蒙[J]. 湖南师范大学教育科学学报，2015（4）：18-24.

[4] 石鸥，吴小鸥. 简明中国教科书史[M]. 北京：知识出版社，2015：105-106.

卫生8科14种94册，秋季始业、春季始业两个阶段高级小学用国语、公民、算术、珠算、社会、历史、地理、美术、自然、音乐、卫生11科14种56册，初小、高小各册均编有教学法，全部共计11科28种300册[1]；初级中学教科书一套27种，准备书、辅导书14种，高级中学教科书一套25种，指导书1种。[2]有人统计出商务印书馆出版的新课程标准适用的“复兴教科书”及教学法共129种529册。[3]“复兴教科书”出版后大受欢迎，有些教科书一直使用到20世纪40年代。[4]后遵照修正课程标准，又修改和编辑了“复兴教科书”系列。

遵照1936年7月教育部颁布的修正课程标准，商务印书馆还出版了一套初级中学“更新教科书”，其中地理教科书主要包括《更新初级中学教科书　外国地理》（黄国璋、邓启东编，全二册）、《更新初级中学教科书　本国地理》（王成组编，全四册）。[5]

1940年6月至1941年12月以及1942年10月教育部陆续公布初级中学各科重行修正课程标准和小学各科重行修正课程标准，商务印书馆亦出版了遵照重行修正课程标准编辑的地理教科书和内含地理内容的教科书，主要包括《初级中学适用本国地理》（王成组编，全四册，1948年6月修正初版[6]）、《初级中学适用外国地理》（余俊生编著，苏继庼校订，全二册，1947年7月增订第一版[7]）等。

1. 暂行课程标准适用“基本教科书”系列的地理教科书

商务印书馆出版的暂行课程标准适用“基本教科书”系列，包括地理教科书及其教学法、含地理内容的常识（小学低年级，社会、自然二科合并）教科书及其教学法、含地理内容的社会（小学高年级，历史、地理、卫生三科合并）教科书及其教学法。其中，含地理内容的常识教科书及其教学法2种16册，含地理内容的社会教科书及其教学法4种24册。初级中学各科教科书稿本包括地理教科书稿本均已完成，但在“一·二八”之难中被毁。[8]

2. 新课程标准适用“复兴教科书”系列的地理教科书

商务印书馆出版的新课程标准适用“复兴教科书”系列，包括地理教科书及其教学法（教员准备书）、含地理内容的常识教科书（课本）（小学低年级，社会、自然二科合并）及其教学法（指导法）、含地理内容的社会教科书（课本）（小学高年级，历史、地理、卫生三科合并）及其教

[1] 宋原放. 中国出版史料（近代部分）：第二卷[M]. 汪家熔，辑注. 武汉：湖北教育出版社，2004：602.

[2] 《上海通志》编纂委员会. 上海通志：第九册[M]. 上海：上海人民出版社，上海社会科学院出版社，2005：5999. 石鸥，吴小鸥. 简明中国教科书史[M]. 北京：知识出版社，2015：105-106.

[3] 钱初熹. 与大数据时代同行的美术教育[M]. 上海：上海教育出版社，2017：259.

[4] 石鸥，吴小鸥. 简明中国教科书史[M]. 北京：知识出版社，2015：105-106.

[5] 商务印书馆. 商务印书馆图书目录：1897—1949[M]. 北京：商务印书馆，1981：113，134，138，151，156，240，243，258，141.

[6] 王有朋. 中国近代中小学教科书总目[M]. 上海：上海辞书出版社，2010：598.

[7] 余俊生. 初级中学适用外国地理：上册[M]. 苏继庼，校订. 增订第一版. 上海：商务印书馆，1947.

[8] 陈学恂. 中国近代教育史教学参考资料：中册[M]. 北京：人民教育出版社，1986：426.

学法（指导法）。其中，地理教科书及其教学法（教员准备书）9种22册，含地理内容的常识教科书（课本）及其教学法（指导法）4种32册，含地理内容的社会教科书（课本）及其教学法（指导法）6种40册。中小学地理教科书如下。

（1）《复兴地理教科书》（小学校高级用）

该书由冯达夫编著，王云五、傅纬平校订，小学校高级用。版权页题名“复兴教科书　地理（小学校高级用）”。该书于1933年12月通过教育部审定。[1]全书共四册，1933年初版。[2]

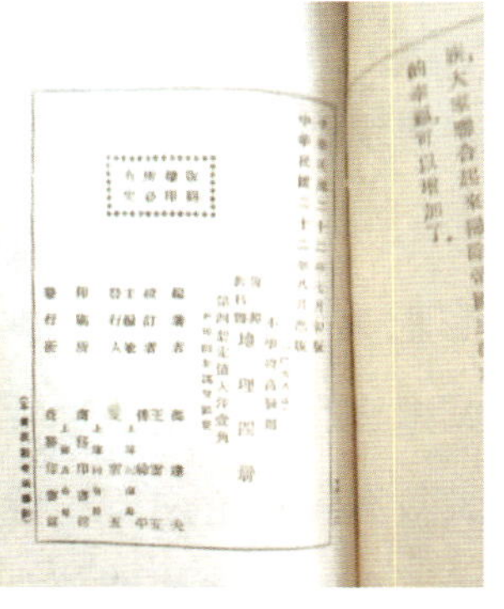

4—16

图4—16　《复兴地理教科书》（小学校高级用），冯达夫编著，王云五、傅纬平校订，第四册，商务印书馆出版，1933年8月第五〇版

《复兴地理教科书》（小学校高级用）的“编辑大意”提到：（1）本书遵照教育部正式颁行的课程标准小学社会科第五、六学年关于地理作业事项编辑。全书四册，每册二十课，供小学高级社会科教学之用。（2）本书取材，分量上注重本国，内容上注重环境和人文现象的因果关系。对于国耻地和中山先生的实业计划尤为注意，借以指示民族复兴的途径。（3）本书编制，采用总合分析法，打破论理的排列，但无形中仍有区域的系统。（4）本书课文前均列问题，提示研究纲领，集中注意力。（5）本书所附地图及各地代表风景相片等，特别丰富，借以帮助记忆及增进学习兴趣。（6）本书另编教学法一套，详载各课教学方法及参考材料，供教师应用。

（2）《复兴初级中学教科书　本国地理》

该书由傅角今编著，傅纬平校订，初级中学用。该书按照新课程标准编辑，新课程标准适用。版权页题名“复兴教科书　本国地理（初级中学用）”。该书于1934年1月[3]通过教育部审定。全书四册，1933年初版。

[1] 冯达夫. 复兴地理教科书（小学校高级用）：第二册[M]. 王云五，傅纬平，校订. 122版. 上海：商务印书馆，1934：版权页.

[2] 冯达夫. 复兴地理教科书（小学校高级用）：第一册[M]. 王云五，傅纬平，校订. 10版. 上海：商务印书馆，1933：版权页.

[3] 傅角今. 复兴初级中学教科书 本国地理：第一册[M]. 傅纬平，校订. 65版. 上海：商务印书馆，1934：编辑大意.

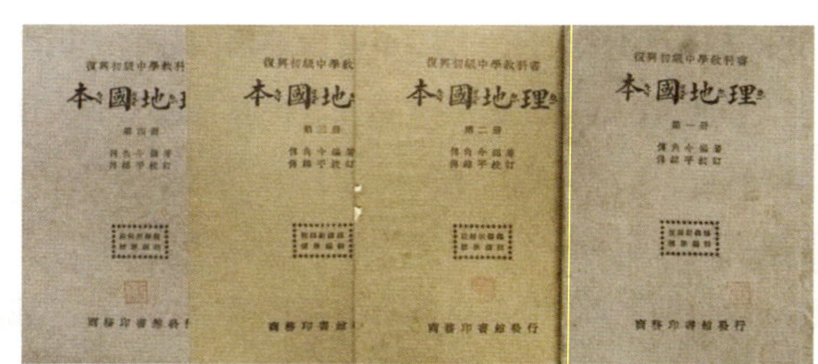

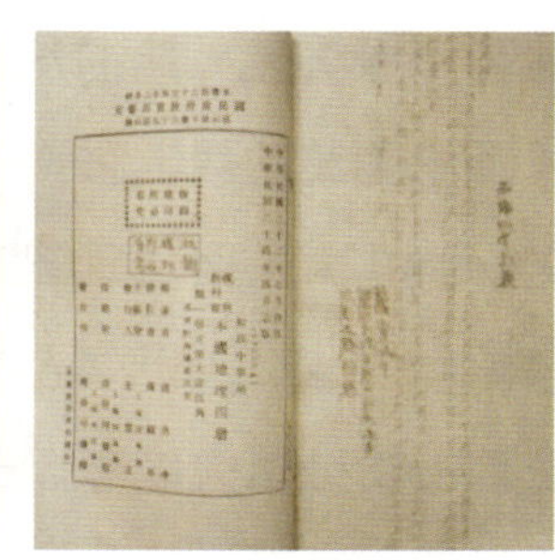

4–17

图4–17　《复兴初级中学教科书　本国地理》，傅角今编著，傅纬平校订，商务印书馆出版，1935年4月第八七版

作者在编辑出版《复兴初级中学教科书　本国地理》时指出：（1）本书按照民国二十二年教育部颁行之初级中学地理课程标准编成。此标准之本国地理目标为“使学生明了本国人地状况及在国际之地位与总理实业计划纲要，以养成其爱护国土、复兴民族之愿望；使学生明了人生与环境相互关系，以引起其克服自然、改变环境的创造力及进取心”。本书务期不背此目标。对于各帝国主义者之侵略情形，特加注意。（2）本书教材，亦悉依教育部课程标准所定之教材大纲，章节次序，均无移易。（3）本书共分四册，每册适供初级中学一学期之用。（4）本书第二编所述各省地方志，于每节正文前一律插以各该省简明位置图，使学生一览即明了其在全国之位置，四邻之界限，及与其他各省面积之比较情形。（5）全国行政区域，时有变更或易名，本书概以内政部最近编印之全国行政区域简表为依据。书末并附录该表，以便教师学生随时查检。（6）本书所采统计，均根据最近之调查而比较可靠者。（7）本书于每章之末，均附问题数则，使学生对于已习教材，能得一归纳之概念。（8）本书插图丰富，且均经妥慎选择，与本文对照，使学生能得明确印象。

该书在“编辑大意”中指出：“本书按照民国二十二年教育部颁行之初级中学地理课程标准编成。”细按教本目次核对，确系如此。惟子目有些变动，如中国概说立有（1）中国的位置、疆域和面积，（2）中国的山脉，（3）中国的河流，（4）中国的湖泊，（5）中国的自然区域，（6）中国的气候等项，其第5项是就张其昀的全国23个天然区域加以扼要叙说。又如“大纲”中中国总结的“农产工商业”，改为“实业”，下分农产、牧畜、林业、渔业、矿业、水力、工业、商业等项。全书分量适当，正文字体大，素描景观图清晰，纸质白而韧，印刷质量好。在一年多的时间内，出版达57次，可见是深受欢迎的教科书。[1]

[1] 杨尧. 中国近现代中小学地理教育史[M]. 西安：陕西人民教育出版社，1991：203–204.

（3）《复兴初级中学教科书　外国地理》

该书由余俊生编著，苏继庼校订，初级中学用。版权页题名“复兴教科书　外国地理（初级中学用）”。该书按照新课程标准编辑，于1935年2月通过教育部审定。全书分上、下二册，1933年初版。

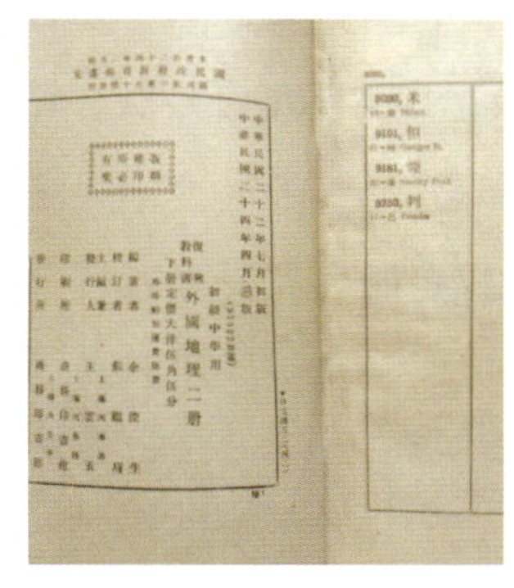

4—18

图4—18　《复兴初级中学教科书　外国地理》，余俊生编著，苏继庼校订，下册，商务印书馆出版，1935年4月第三〇版

《复兴初级中学教科书　外国地理》的“编辑大意”指出：（1）本书是依照民国二十二年教育部课程标准编成的。（2）本书内容注重人生与环境相互关系，故在各章中对于各国之地形气候均有扼要的叙述，同时又将各国人地状况和国际关系加以相当的说明，俾学生对于世界大势和中国前途的关系，有一种认识。（3）本书关于世界主要山脉河流的分布，均分见各章，而不另立专章叙述，以免学生读时有干燥乏味之感。（4）本书每章之末均附有习题，以供学生复习之用。（5）本书所有外国地名，以采用最通行译名分主，惟同一地名而有二种通行译名者，亦多为标明，并于书末附有中西文地名对照表，以便检查之用。（6）本书载有图片多种，借增学生研究的兴趣。此种图片的选择，均谨慎出之，必须清晰并有意义者方行采入。

有研究者对该书的评价如下：“该书在‘编辑大意’中指出‘本书是依据民国二十二年教育部课程标准编成的’，但教材并不像上述傅本（傅角今编著、傅纬平校订《复兴初级中学教科书　本国地理》）那样，悉依课程标准的‘教材大纲’。‘大纲’首先安排‘世界概说’内容，余本（余俊生编著、苏继庼校订《复兴初级中学教科书　外国地理》）没有依照，声明‘本书关于世界主要山脉河流的分布，均分见各章，而不另立专题叙述，以免学生读时有干燥乏味之感’，但余本在最后设‘世界概要’一编，内分‘水陆两界”‘气候区分’‘动植矿物”‘人种、语言和宗教’‘独立国与殖民地’5节。‘大纲”分洲叙述。每洲首立‘概说’；余本亚欧未分洲，像董文、高松岑本那样，标‘欧亚大陆’，但美洲仍分南、北叙述，各洲都无概说。余本设章定名较‘大纲’安排优异之处有：（1）印度支那半岛和南洋群岛；（2）五海之地；（3）苏联单立一章，内分苏联一瞥、高加索、中亚细亚、西伯利亚、苏联在欧洲的部分5节。余本在编辑体例上有如下两大优点，具有开创性：（1）正文中设问题，引导学生看图获得事实知识。如在叙述日本地形中，提出‘从第三页附图中，你能够指出四个大岛的名称吗？其中面积顶大的是哪一个？’（2）习题思考性大。如在非洲一编之后拟的两道题：①比较苏夷士运河和巴拿马运河的地位和交通上的价值。为什么苏夷士运河对于英国的关系特别大？巴拿马运河对于美国的利害特别深？②埃及人依靠尼罗河的定期泛滥，印度人依靠季风按时而至；荷兰人能够造陆，把海水变成圩田。究竟是人受自然环境的控制？还是自然环境受人的控制？抑是自然环境和人类能力互相影响？作出比较详细的说明。余本各洲地形图，是按高程等级绘制的，陆上分0~600、600~5000、5000（英尺）以上三级，水下分0~600、600（英尺）以下两级；原图无比例尺。配合课文，有很多分国、分区略图和素描景观图。余书1933年7月初版，1934年发行25版，1947年增订初版，1948年增订17版，诚一佳本。”[1]

（4）《复兴高级中学教科书　本国地理》

该书由王成组编著，王云五主编，高级中学用。版权页题名“复兴教科书　本国地理（高级中学用）”。全书分上、下二册，1934年初版。

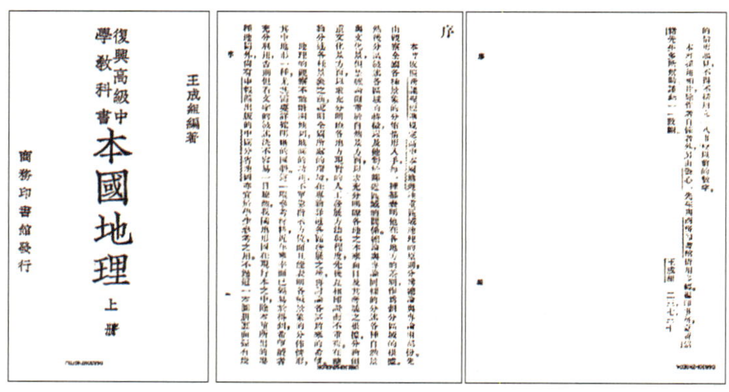
復興高級中學教科書

本國地理

上冊

王成組編著

商務印書館發行

4—19

图4—19　《复兴高级中学教科书　本国地理》，王成组编著，王云五主编，上册，商务印书馆出版，1934年8月初版

作者为该书撰“序”时写道：（1）本书依照新课程标准规定高中本国地理注重区域地理的原则，分总论和专论两部分。先由观察全国各种景象的分布情形入手，每一种都表明他（它）在各地方的差别，作为划分区域的根据。然后分区叙述各区域的特征，以及他对于邻近区域的关系。总论与专论同样的分叙各种自然景和文化景，但是总论侧重自然景方面，以求充分明了各地之本来面目及其发展之根据；分论侧重文化景方面，以求充分明了各地方现实的人工发展方法与程度，先后相互印证而不重复。在总论分述各种景象之前，说明全国所处的环境。在专论详述各区发展之后，再讨论各区将来的希望。（2）地理的观察不能离开地图，地图的功用，不单靠指示方位，而且能表明各种景象的分布情形，其中地形一种，尤其需要详确明晰的图册。这一项参考资料，近年来幸而已经易于得到，希望读者充分利用。否则，但看文字的叙述决不容易一目瞭然。我国地形图在现行本之中，除本馆所出的几种地图外，尚有申报馆出版的中国分省地图，亦宜于学生参考之用。不过这一部图册里面，还有几点错误，读者应当特别注意。例如地形总图上，二千至三千公尺的柴达木盆地，误用一千至二千公尺之彩色。四川省分图巴县附图上的江北县东西北三面应该有陆地，误以为江水环绕。福建分图厦门附图鼓浪屿的居住区，应当差不多满布全岛，不止领事馆等少数房屋。广州杭州等设市之处，图中只有县名，也是一个缺点。（3）“导言”一章说明地理学的基本观念，似乎不应当在本书范围之内。然而按照现行高中课程，在学习本国地理之前，并没有地理学原理的基础，因此特别插入这一章作为入门的向导，里面所讲的观察方法，并不限于本书范围之

[1] 杨尧. 中国近现代中小学地理教育史[M]. 西安：陕西人民教育出版社，1991：204-205.

内所适用。（4）本书编制没有按照授课时间细分段落，学生自修的习题等项，也不及标明，这是作者所深为抱歉，希望各教员酌量支配。叙述的次序，解释的详略，不免有欠当之处，希望随时指正。书中地名统计等项，有许多似乎过于繁琐，但是这些本来为读者对于事实易于明了，并不求其能一一强记。（5）度量衡单位，本书力求遵照政府最近颁定的制度，但是引用以前各项统计，其势难以一一折合现制，所以不免间有一一例外，其办法正与实业部新近出版的中国经济年鉴及总税务司出版的海关报告之类相同。各项统计通常都采取最近已经公布的材料，但是商业等方面，为明了全国寻常的情形起见，不得不采用“九一八”事变以前的数字。（6）本书采用相片，除作者自备者外，另由张心一先生与商务印书馆借用多幅。编印事务，蒙黄绍绪先生多所帮助，谨此一一致谢。[1]

《复兴高级中学教科书　本国地理》上册的主要内容如下。

> 第一章导言——地理学的基本观念，第二章国境的鸟瞰，第三章全国之自然景，第四章文化景

《复兴高级中学教科书　本国地理》下册的主要内容如下。

> 第五章华南地带，第六章华北地带，第七章东北地带，第八章蒙新地带，第九章康藏地带，第十章结论

有学者指出：从序言和目录中，“可见王成组所编的教本，并不是依照高中地理课程标准。可贵之处，在于按自然景和人文景分区，以纠正课程标准按“实业计划”铁路系统分区的不妥”“讲述中国的气候，根据新的气候资料，分全国温度的差别、温度变化的原因、雨量之分布状况、支配雨量之势力及其影响、雨季及雨量之变动5节，抓住气候的两个基本要素的空间分布和时间变化，解释其原因，并简要叙述竺可桢8个气候区的基本情况，插有气温、雨量分布图，以及沈阳、天津、青岛、上海、长沙、重庆、福州、昆明、香港等地月均温曲线月雨量柱状结合图。”[2]

（5）《复兴高级中学教科书　外国地理》

该书由苏继庼编著，王云五主编，高级中学用。版权页题名“复兴教科书　外国地理（高级中学用）”。全书分上、下二册，1935年初版。

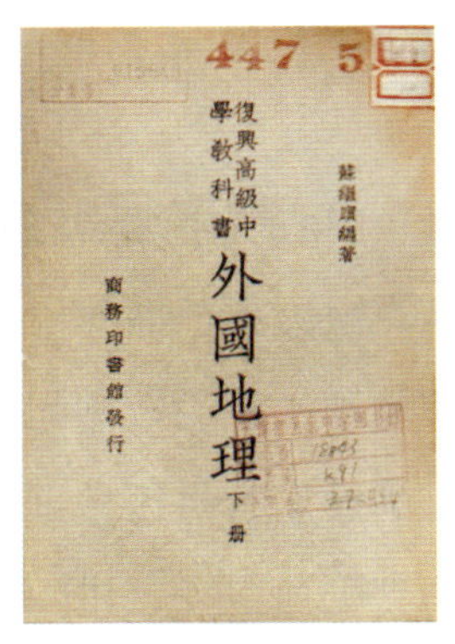

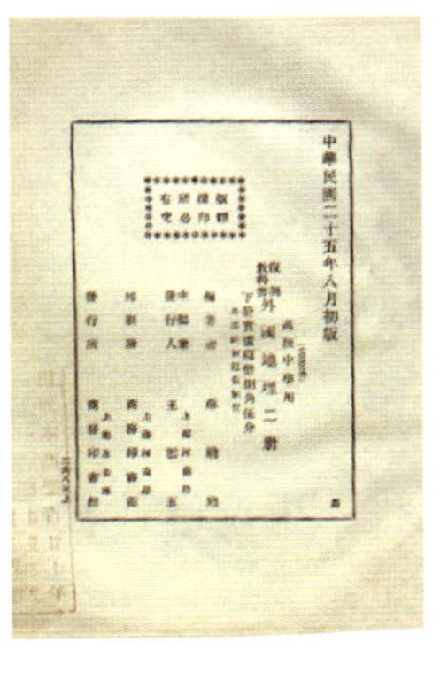

4—20

图4—20　《复兴高级中学教科书　外国地理》，苏继廎编著，王云五主编，下册，商务印书馆出版，1936年8月初版

[1] 王成组，王云五. 复兴高级中学教科书 本国地理：上册[M]. 5版. 上海：商务印书馆，1934.

[2] 杨尧. 中国近现代中小学地理教育史[M]. 西安：陕西人民教育出版社，1991：204-207.

《复兴高级中学教科书　外国地理》作者所撰“弁言”如下：（1）本书系依照高级中学课程标准编成，所有材料与说明务求适合高中程度之需要。（2）本书对于各国地理，大部分乃采用区域的叙述，借各区域所有主要事实，以表明其自然景与文化景之关系。至于此等区域之划分，则皆根据欧美学者之论著，尤以英人史丹甫（L.Dudley Stamp）之世界地理（*The World，A General Geography*）一书为多，惟为便利起见，其间亦有稍事变动者。（3）本书分上、下二册：上册为亚欧二洲之部，下册为美非大洋诸洲之部，书末并附有各国面积人口及其他重要统计，俾便教者读者之检查。（4）本书之成，以黄缵丞先生怂恿之力居多，又承万春渠先生代阅校样一部分，朱剑安先生为任制图事，特志之聊伸谢忱。

有研究者指出：“苏继庼的《高中外国地理》，在‘弁言’中说明本书是依照高级中学地理课程标准编成，但有些变更，主要是各洲开始，都加上‘概说’；墨西哥、中美诸国、西印度群岛归北美洲；各国地理大部分采用区域的叙述，借各区域所有主要事实，以表明自然景和人文景之关系。至于此等区域之划分，皆根据欧美学者的论著，尤以英人史丹甫（L.Dudley Stamp）的《世界地理》（*The World，A General Geography*）一书为多。本书用文言文叙述，小字排印，材料很多，上、下两册，共计520页。”[1]

（6）《复兴高级中学教科书　自然地理》

该书由王谟编著，王云五主编，高级中学用。版权页题名“复兴教科书　自然地理（高级中学用）”。该书于1937年5月通过教育部审定。[2]全书一册，1935年5月初版。

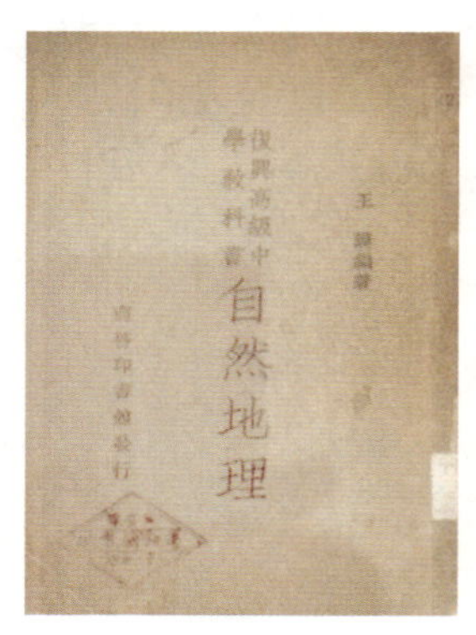

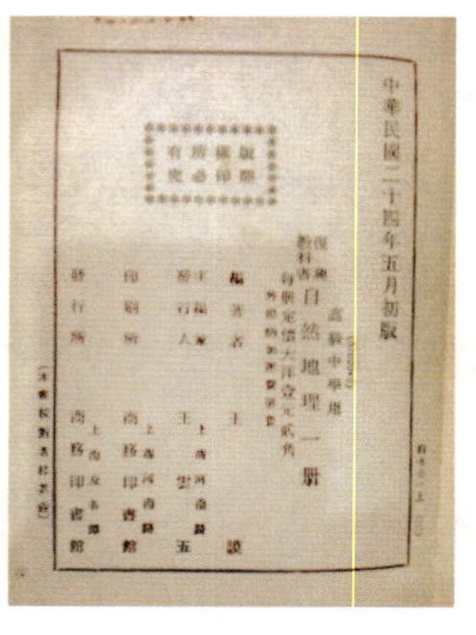

4—21

图4—21　《复兴高级中学教科书　自然地理》，王谟编著，王云五主编，全书一书，商务印书馆出版，1935年5月初版

《复兴高级中学教科书　自然地理》的作者在1934年7月为该书所撰“例言”中表明了编写意图：（1）我国的学术，尚在萌芽时期，尤以地理学的萌发最晚，仅经有十数年的短历史，而此十数年间所讲究的地理学，多止于机械记述的地理志。至于真正的地理学，即所谓地理学通论，则无人过问。各级学校无此课程，坊间亦缺此种书籍。斯学的幼稚，可谓已达极点。间或虽有讲授地理学者，然亦仅止于人生地理。至于自然地理，更无人过问。人类乃受自然环境的支配而生存，讲明

[1] 杨尧. 中国近现代中小学地理教育史[M]. 西安：陕西人民教育出版社，1991：204-206.

[2] 王谟，王云五. 复兴高级中学教科书 自然地理：审定本[M]. 2版. 上海：商务印书馆，1938.

人类活动和自然环境关系的人生地理学，若无相当深厚的自然地理学根基，直等隔靴搔痒，淡然无味，且不能收斯学科的实效。近年教部始定自然地理学为高级中学的地理课程，足征国人已渐觉斯学的重要，可为斯学的前途贺。自然地理虽已设为专课，而教者苦无教本，爰受商务印书馆主人的委托，于短时间内赶作是书，为时既已仓卒，学识亦复浅薄，愿斯学同道卒加教焉。（2）斯学既在萌芽时期，知识尚未普及，故本书力避机械的记述、材料的罗列、到处详加说明，使教者读者均不感受涩难的苦痛，故文字稍觉冗长，惟著者学力既属有限，且不长于文词，恐未能尽达解明的目的耳。（3）教材料的配置，在普通的教本，均侧重陆文一部。为防此弊，且为切实于吾人实际的生活起见，将天界、气界和生物界特加详述，盖影响于吾人生活的自然环境，以此三界为最显著故也。（4）书中对于稍偏颇的材料，概以小字记述，所以作参考者，教授时略之可也。（5）因书中到处均以说明为主，故显出分量多的状况。其实教材的分量不多，教授时须提纲挈领的讲授，使得整个的观念即已称足，不必逐字逐句讲解。（6）是书的用意，在欲提高地理学的程度，故所用的教材较高，高中用之，大学初年亦可用之，仅在教授时加减讲解的详略足尔。[1]

《复兴高级中学教科书　自然地理》的主要内容有：

第一篇天界

第一章宇宙，第二章太阳系，第三章月，第四章地

第二篇气界

第一章大气，第二章气温，第三章湿度及降水，第四章气压及风

第三篇生物界

第一章总说，第二章植物，第三章动物

第四篇水界

第一章海洋的区分，第二章海洋的深度，第三章海底的地形，第四章盐分，第五章海水的温度，第六章波浪，第七章潮汐，第八章海流

第五篇陆界

第一章地球内部的构造，第二章地壳的构造，第三章内力的变动与地形，第四章外力的变动与地形，第五章各种地形

杨尧先生认为：“王谟的《高中自然地理》，不是依照部颁《课程标准》编辑的。在‘例言’中说明‘教材料的配置，在普通的教本，均侧重陆文一部。为防此弊，且为切实于吾人实际的生活起见，将天界、气界和生物界特加详述，盖影响于吾人生活的自然环境，以此三界为最显著故也’。据此观点，依次立天界、气界、生物界、水界、陆界五篇。每篇的章节名目多，如第一篇设宇宙、太阳系、月、地4章；太阳系一章，立行星的轨道、行星的位置及距离、太阳、太阳与人

[1] 王谟，王云五. 复兴高级中学教科书：自然地理[M]. 上海：商务印书馆，1935.

生、太阳系成立的过程5节。本书一大优点，是采用当时地学已取得的科学成果，如阐明地壳缓慢变动的原因时，除冷却收缩说和均衡说之外，还特立一项，用小字体并附图说明魏格纳（Alfred Wegner）1912年发表的大陆漂移说。在编辑体例上另一特点，除正文之末附有小字材料外，还专立一些节目（主要是自然要素与人生的关系，如太阳光热与人生、雨量与人生等），用小字叙述，作学生参考。本书存在的问题，主要是适用的范围，‘例言’中提到，本教材‘高中用之，大学初年亦可用之’。同一教材，适用于不同级别的学饺，殊不相宜。材料太多，正文是小字，参考材料字更小，高中教师要从中选取，增加困难，中学生也不好掌握；其次，把生物界居中，陆界殿尾，这种体系，也不合理。此外，无练习题。”[1]

3. 修正课程标准适用“复兴教科书”系列的地理教科书

商务印书馆出版的修正课程标准适用“复兴教科书”系列，包括地理教科书及其教学法、含地理内容的常识教科书（小学低年级，社会、自然二科合并）及其教学法、含地理内容的社会教科书（小学高年级，历史、地理、卫生三科合并）及其教学法。其中，地理教科书及其教学法6种18册，含地理内容的常识教科书及其教学法5种40册，含地理内容的社会教科书及其教学法3种12册。中小学地理教科书如下。

（1）《复兴地理教科书》（小学校高级用）（审定本）

该书由冯达夫、陈镐基、傅纬平编校，小学校高级用。遵照教育部修正课程标准编辑，版权页题名“复兴教科书　地理（小学校高级用）”。该书于1937年5月通过教育部审定。[2]全书共四册，1937年5月审定本第一版。[3]

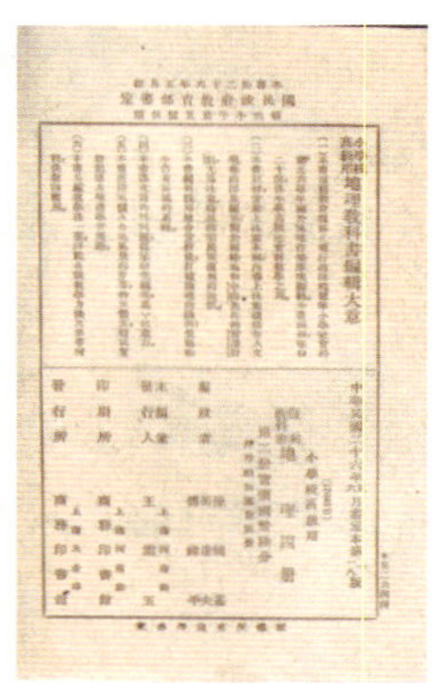

4—22

图4—22　《复兴地理教科书》（小学校高级用）（审定本），冯达夫、陈镐基、傅纬平编校，第二册，商务印书馆出版，1937年6月审定本第一八版

作者在编写《复兴地理教科书》（小学校高级用）（审定本）时，比较注意以下几点：（1）本书遵照教育部修正颁行的课程标准小学社会科第五、六学年关于地理作业事项编辑。全书四册，

[1] 杨尧. 中国近现代中小学地理教育史[M]. 西安：陕西人民教育出版社，1991：204-207.

[2] 陈镐基，冯达夫，傅纬平. 复兴地理教科书（小学校高级用）：第三册[M]. 审定本. 上海：商务印书馆，1937.

[3] 陈镐基，冯达夫，傅纬平. 复兴地理教科书（小学校高级用）：第一册[M]. 审定本，20版. 上海：商务印书馆，1937.

每册二十课，供小学高级社会科教学之用。（2）本书取材，分量上注重本国，内容上注重环境和人文现象的因果关系。对于国耻地和中山先生的实业计划尤为注意，借以指示民族复兴的途径。（3）本书编制采用总合分析法，打破论理的排列，但无形中仍有区域的系统。（4）本书课文前均列问题，提示研究纲领，集中注意力。（5）本书所附地图及各地代表风景相片等，特别丰富，借以帮助记忆及增进学习兴趣。（6）本书另编教学法一套，详载各课教学方法及参考资料，供教师应用。[1]

（2）《复兴初级中学教科书　外国地理》（1937年8月审定本）

该书由余俊生编著，苏继庼校订，初级中学用。版权页题名“复兴教科书　外国地理（初级中学用）”。该书依照修正课程标准编辑，于1937年8月通过教育部审定。[2]全书分上、下二册，1937年审定本第一版。

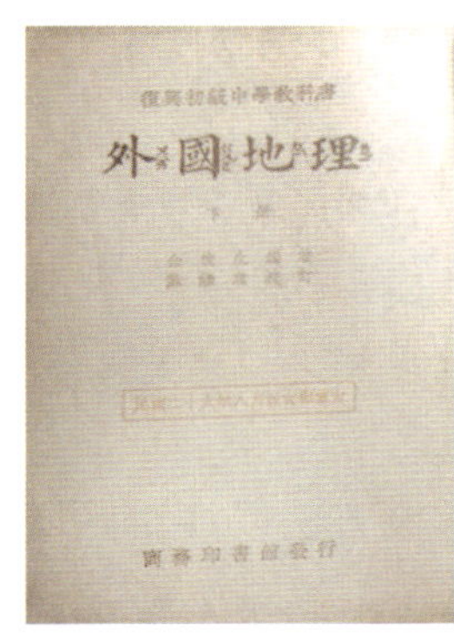

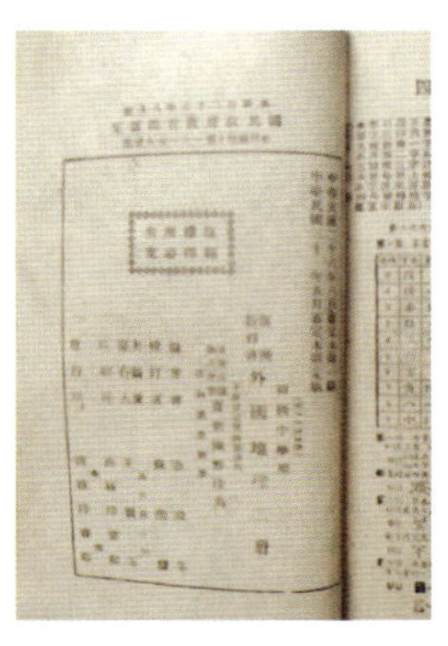

4—23

图4—23　《复兴初级中学教科书　外国地理》（1937年8月审定本），余俊生编著，苏继庼校订，下册，商务印书馆出版，1941年5月审定本第三九版

在编著这书的时候，编者常常抱着这样几个希望：（1）量的方面，希望能够繁简适宜——外国地理的范围很广博，所以教本过分的简略，断然不足以满足读者求知的欲望；但是一味的兼收并蓄，不加选择，又岂是时间上和事实上所能允许？所以编者对于本书的材料，总想用两个标准来决定取舍：①对于中国的关系怎样？②在地理一学程中所占的地位怎样？经过了一度的思考和评价，然后书的内容，或可不致有“过犹不及”以及轻重倒置的毛病。（2）质的方面，希望能够新颖正确——新的地理学，是以自然科学为出发点，以社会科学为观察点的。地理学的本身，固然是日新又新，同时和地理学有关系的各种学科，也都是与时俱进，尤其是政治和经济方面，大有瞬息千变之概。所以教本的内容，当求其新颖正确，以期适合时代精神。关于人类活动和自然环境的相互关系方面，总想在“何处？”“如何？”而外，加上“何故？”的份子。（3）此外，在组织方面，希望能够避免支离残断的毛病，以便给予读者以整个的地理观念。在文字方面，希望能够避免艰涩枯燥的毛病，以期引起读者阅书的兴趣。这几点，是不是编辑外国地理最重要的原则？这书的内

[1] 陈镐基，冯达夫，傅纬平．复兴地理教科书（小学校高级用）：第一册[M]．审定本，34版．上海：商务印书馆，1937．

[2] 余俊生．复兴初级中学教科书　外国地理：上册[M]．苏继庼，校订．审定本．上海：商务印书馆，1937．

容，究竟实现了上述各种希望的几成？这都有待于采用这书的教师和读者来答复。（4）书中所附习题，多属思考的，而非记忆的，目的在养成读者有独自解决问题的能力，只要领会到书中各章的意义，略加思索，都不难迎刃而解的。（5）书中谬误或欠妥的地方，倘蒙高明指教，无任感盼。[1]

（3）《复兴高级中学教科书　本国地理》（1936年8月改编本）

该书由王成组编著，王云五主编，高级中学用。版权页题名“复兴教科书　本国地理（高级中学用）”。该书1934年初版时分上、下二册，为了配合当时高级中学的本国地理分三学期授课，1936年作者充实了分区的各篇，同年8月出版的依据教育部修正课程标准的改编本改为上、中、下三册。[2]

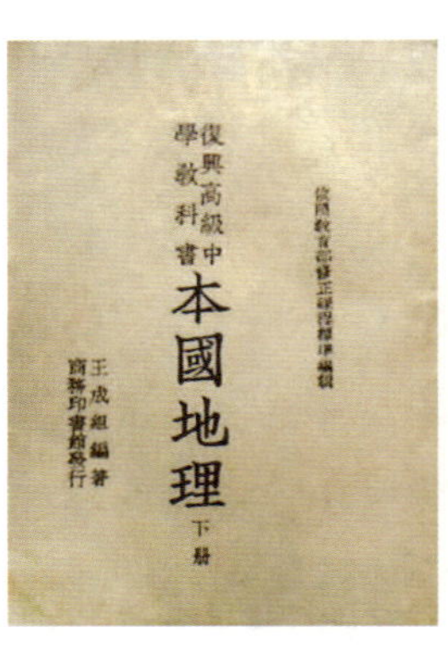

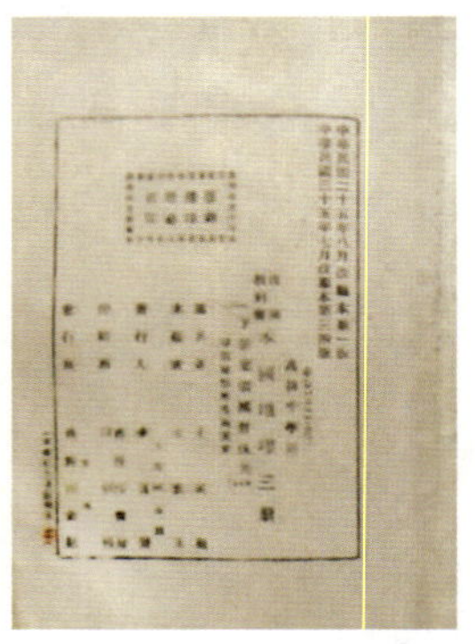

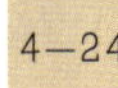

图4—24　《复兴高级中学教科书　本国地理》（1936年8月改编本），王成组编著，王云五主编，下册，商务印书馆出版，1946年7月改编本第三四版

作者为该书撰“序”时写道：（1）本书依照最近修正课程标准的规定，编制方法以注重区域地理为原则。先由观察各种景象在全国的分布情形入手，以便学者明了普遍的大势，以及分区的根据。以后再分别叙述各区域的特征，以及他对于邻近各区域的关系。前者分述各种景象的分布，而后者综述各种景象的联聚，互相印证而详略不同，循序而进。分别的叙述，凡是情形相近的，合并于同一地带，以求清晰。初版问世以来，将有两年，一切情形，不无改变。当时匆促付印，草率之处，也在所不免。现在都已经详细订正。（2）全书分成三册，以便适合现行学制，分三学期应用。上册材料，单就页数言，似乎较中、下册略为繁重。但这个差别，一则因为就题材分段落，不宜削足就履；二则上册第三编中，图表两项参考资料，所占地位较多，教材多少的差别，实在不能完全以页数比较。（3）书中所用地名以及度量衡单位，普遍都遵照政府最近所规定的办法。凡是设市的地方，一律以市名代替县名，例如广州不必称为番禺，杭州不必称为杭县。度量衡名称，逢到引用以前各项统计，其势难以一一折合现制，只得仿照中国经济年鉴与海关报告的办法，沿用旧制。各项统计尽力采用最近的材料，但是有许多关系全国的情形，不得不采用东北事变以前的数字。

[1] 余俊生. 复兴初级中学教科书　外国地理（1937年8月审定本）：上册[M]. 苏继庼，校订. 审定本. 上海：商务印书馆，1937.

[2] 王成组. 我的写作生涯与商务印书馆[M]//蔡元培，蒋维乔，庄俞，等. 1897—1987 商务印书馆九十年：我和商务印书馆. 上海：商务印书馆，1987：309.

《复兴高级中学教科书　本国地理》（1936年8月改编本）上册的主要内容有：第一编国境之鸟瞰，第二编全国之自然景，第三编全国之文化景。中册主要内容有：第四编全国之地理区划，第五编华南地带，第六编华中地带。下册主要内容有：第七编华北地带，第八编东北地带，第九编蒙新地带，第十编康藏地带，结论。

杨尧指出，《复兴高级中学教科书　本国地理》（1936年8月改编本）“自称是依据修正课程标准的规定，编制方法以注重区域地理为原则。凡是情形相近的，合并于同一地带。分区与初编本主要不同点，即由5个地带改为6个地带（析原华南一个地带为华南、华中两个地带）。所分6个地带名称和叙述顺序是华南、华中、华北、东北、蒙新、康藏。每个地带的首章为概说，其余各章是以地形所命区名，章以下再分节。如第六编华中地带第三章为江南丘陵地区域，下分山环水绕的江南、农矿的资源、交通干线之分布、城市的发展4节；第五章为长江中游盆地区域，下分湖泊广布的平原、长江的吸力、实业的发展、武汉和南京4节。从此可以看出，这样讲分区，如同早两年所自定的，并不是完全依照修正标准规定的区域地理要素进行呆板的叙述，而是突出各区的特征进行灵活的组合”。[1]

原中国教育学会地理教学研究会理事长、人民教育出版社编审陈尔寿先生指出，“1936年王成组编的《复兴高级中学教科书　本国地理》，将全国分为6大地带，即华南、华中、华北、东北、蒙新、康藏；以下再分为31个区。由于当时我国自然区划尚无统一标准，所以自然区划的范围、数目多少均由编者自定。这两种教材（另一种为1937年张其昀编的《高中本国地理》，南京钟山书店出版）减少与初中地理的重复，教材的地理性、科学性、系统性均有所提高”。[2]

（4）《复兴高级中学教科书　外国地理》（1947年改订修正本）

该书由苏继庼编著，王云五主编，高级中学用。版权页题名“复兴教科书　外国地理（高级中学用）”。该书依照修正课程标准编辑，全书分上、下二册，1935年初版。

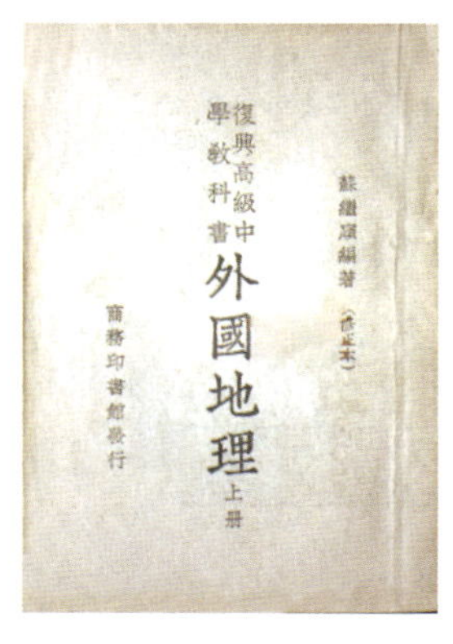

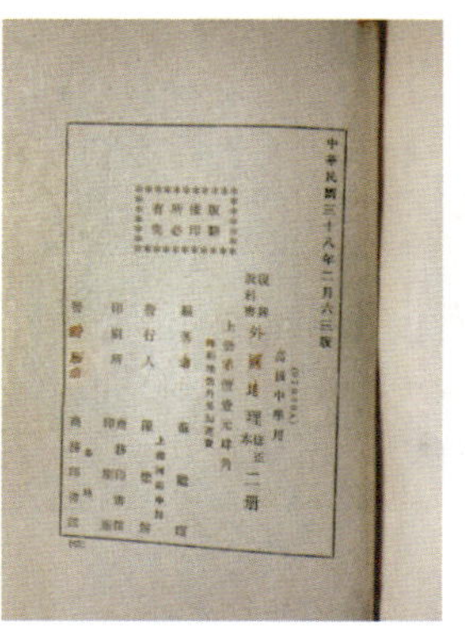

4—25

图4—25　《复兴高级中学教科书　外国地理》（1947年改订修正本），苏继庼编著，王云五主编，上册，商务印书馆出版，1949年2月修正本第六三版

[1] 杨尧. 中国近现代中小学地理教育史[M]. 西安：陕西人民教育出版社，1991：244.

[2] 陈尔寿. 中国学校地理教育史略[M]. 北京：人民教育出版社，2013：7.

《复兴高级中学教科书　外国地理》（1947年改订修正本）的“弁言”提到：（1）本书乃充高中外国地理课本及自修书之用，所列材料与说明，皆务求与高中程度相适合。（2）本书对于各国地理，大部分乃采用区域的叙述，借各区域所有主要事实，以表明其自然景与文化景之关系。至于此等区域之划分，则多根据欧美学者之论著，尤以英人史丹甫（L.Dudley Stamp）之《世界地理》（*The World，A General Geography*）一书为主要，惟为便利起见，其间亦有稍事变动者。（3）本书分上、下两册：上册为亚欧二洲之部，下册为美非大洋诸洲之部。书末并附有各国面积人口及其他重要统计，俾便教者读者之检查。（4）此改订本，仍分上、下二册，所有第二次世界大战后发生之重大疆域变迁，及与其有关之主要事项，可称已大体备具，书末各种统计，亦有修订，冀可与现况相合。

4. 修正课程标准适用初中“更新教科书”系列的地理教科书

（1）《更新初级中学教科书　本国地理》

该书由王成组编，初级中学用。全书四册，1937年初版。该书于1948年6月进行了修订，修订名为《初级中学适用　本国地理》。

全书首重概说，中分中部地方、南部地方、北部地方、东北地方、漠南北地方、西部地方等六部地方，末附总结（全国发展之现状与将来），共成八编，分订四册，每册适合一学期使用。本书要旨是让学生能够充分认识关于我国各种情形的地理材料，同时使得他们一方面感觉有趣，一方面学习应用地理知识。关于各处地方，无论范围大小，本书力求表明当地的各种特征，同时又兼顾到对于其他地方的各种关系。材料的选择，都注重在地理的意义而加以适当的解释。各部地方与各省市的教材编制，大致根据同一纲领；不过看情形是否重要，以定详略。这样既可以让学生易于辨别轻重，又易于前后参照比较。

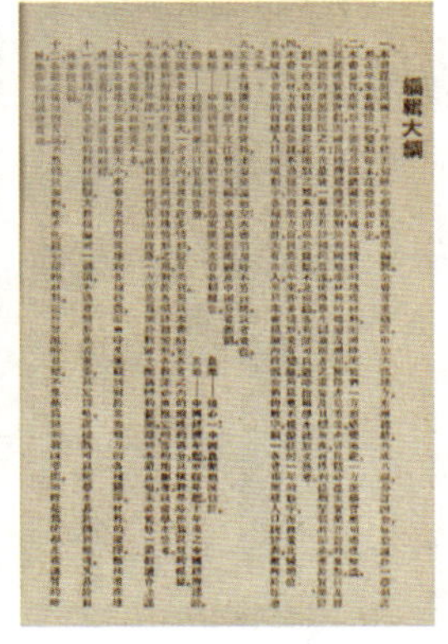

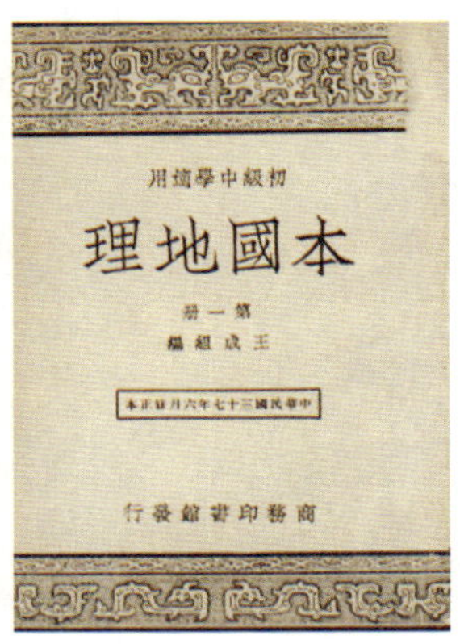

4—26

图4—26　《初级中学适用　本国地理》，王成组编，第一册，商务印书馆出版，1948年6月

王成组（1902—1987），上海县人。1923年毕业于清华学校高等科，1927年获美国哈佛大学历史学硕士学位，1929年获芝加哥大学地理学硕士学位。1929年夏回国，即任清华大学地理系教授，参与筹建清华大学地学系的工作。长期从事高等学校地理教育工作。

（2）《更新初级中学教科书　外国地理》

该书由黄国璋、邓启东编，初级中学用。该书依照修正课程标准重新编辑，通过教育部审定。全书分上、下二册，1940年12月审定本第一版。

从初版时间来看，该书是在1940年重行修正课程标准颁布以后出版的，但就其内容分析，是依据1936年修正课程标准编辑的。其编辑大意主要如下：（1）本书内容注意人生与自然的相互关系，亦即人类为满足生存欲望对自然环境的利用，取材务求严谨，以符近代地理学之主旨。（2）本书除阐明世界各部分人生与自然之相互关系外，犹注意世界各部分之相互依赖关系，以养成学生正确的世界观念。（3）本书叙述纲领，自然方面以地形、气候为主，人生方面以居民职业及人口分布为主，以此数者为纬，再以人生与自然之相互关系为经，穿凿于其间。至叙述方法，务期新颖中肯，特性显著，借以引起兴趣，而助其记忆。（4）本书材料分配，详简各地不一。各大洲中以亚欧两洲较详，北美南美次之，非洲大洋洲较略；而于苏联、日、英、美、法、德、意及南洋尤特注意，要当视其在国际上的重要性及与中国的关系而定。（5）本书注重理解，不重记忆。课文中除必要地名外，余均不及。所附地图甚多，但其功用在帮助学生对于课文之理解，一切山脉、河流、城市等地名，均少及之。学生阅读课文时，须与外国地图册相对照。本书虽依照修正课程标准编辑，但其章节名目，与修正课程标准的教材大纲不大一致。[1]

5. 重行修正课程标准适用的地理教科书

1940年6月至1941年12月，教育部陆续公布中学各科重行修正课程标准，较小学为早（教育部从1942年10月开始才陆续公布小学各科重行修正课程标准）。重行修正中学地理课程标准于1940年9月即予颁布。地理课程的设置稍有变动，即初中第一、第二学年和第三学年第一学期授本国地理，第三学年第二学期授世界地理。按照过去惯例，课程标准一经修订，各书局就立即依照新的课程标准改编教科书，送审备用。这次课程标准虽经修订，但因各民营书局限于人力、财力，改编出版的教科书不多。

1948年9月、12月教育部先后公布了第三次修正中小学课程标准，但第三次修正课程标准公布后不久，便因国民党政权在大陆统治的垮台而停止施行。其间，商务印书馆遵照重行修正课程标准，修订出版地理教科书2种6册和内含地理内容的常识教科书（小学低年级，社会、自然二科合并）2种16册。

[1] 杨尧. 中国近现代中小学地理教育史[M]. 西安：陕西人民教育出版社，1991：262-263.

（1）《初级中学适用　本国地理》（1948年6月修正本）

该书由王成组编纂，是《更新初级中学教科书　本国地理》1948年6月修正本。全书四册，1948年6月修正第一版。

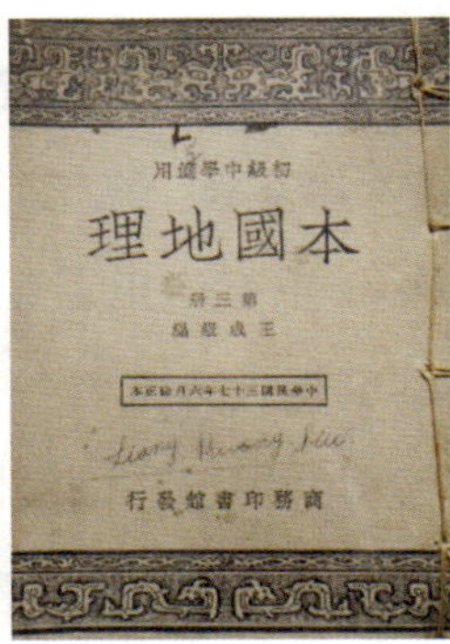

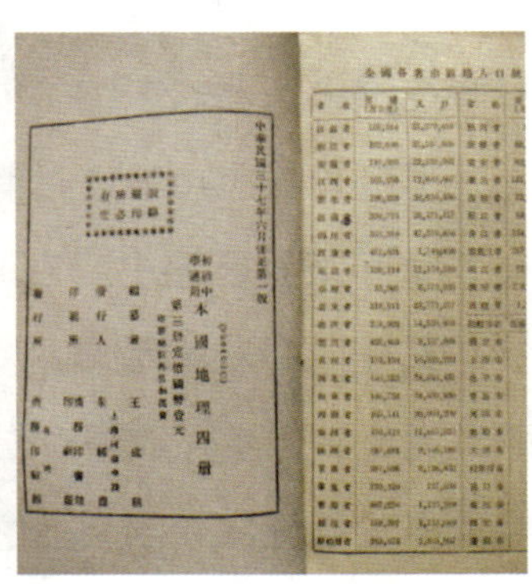

4—27

图4—27　《初级中学适用　本国地理》（1948年6月修正本），王成组编纂，第三册，商务印书馆出版，1948年6月修正第一版

《初级中学适用　本国地理》在“编辑大纲”首条中指出：“本书遵照民国三十年修正初级中学课程标准编制。全书首重概说，中分六部地方，末附总结，共成八编，分订四册，每册适合一学期之用。近年来各种情形，变动极多，兹特详加修订。”实际上，该书是根据1936年修正初级中学地理课程标准编成的“更新本”演变而来的，是《更新初级中学教科书　本国地理》1948年的修订本，其与1940年重行修正初级中学地理课程标准大不一样：（1）时间支配上，重行修正初级中学地理课程标准定本国地理开5个学期，而《初级中学适用　本国地理》则为4个学期。（2）在内容体系上，重行修正初级中学地理课程标准首列乡土地理，继按六部地方安排省区地方志和每部地方的总论，最后为全国总结。而《初级中学适用　本国地理》没提乡土地理如何安排；第一编概说包括“地理意识之价值”“地球与表面”“全国概观”3章；六部地方各立一编，每编第一章为概说，立“自然景”和“人文景”两节，再分省、市叙述；第八编虽为全国总结，但标题为“全国发展之现状与将来”，所立章节名目，亦多与重行修正初级中学地理课程标准不同。体现《初级中学适用　本国地理》精神的，还有“编辑大纲”中一条：“孙总理实业计划与国民经济建设运动，对于我国地理材料的转变及应用，关系非常重要。本书随时提出实业计划的要点以及经济建设的进展情况以外，在最后一编另有详细的叙述，使得学生认识两者之重要及目标所在，而得到提纲挈领的印象。”[1]

[1] 杨尧. 中国近现代中小学地理教育史[M]. 西安：陕西人民教育出版社，1991：319-320.

（2）《初级中学适用　外国地理》

该书由余俊生编著，苏继庼校订。该书为抗战胜利后，作者遵照1940年重行修正初级中学地理课程标准对《复兴初级中学教科书　外国地理》（1937年8月审定本）进行增订而编写的增订本。全书二册，1947年7月增订第一版。

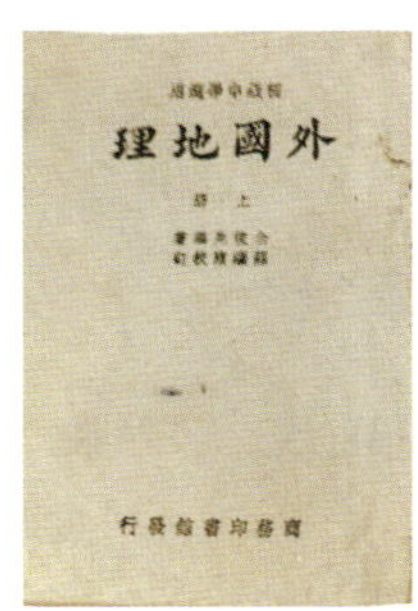
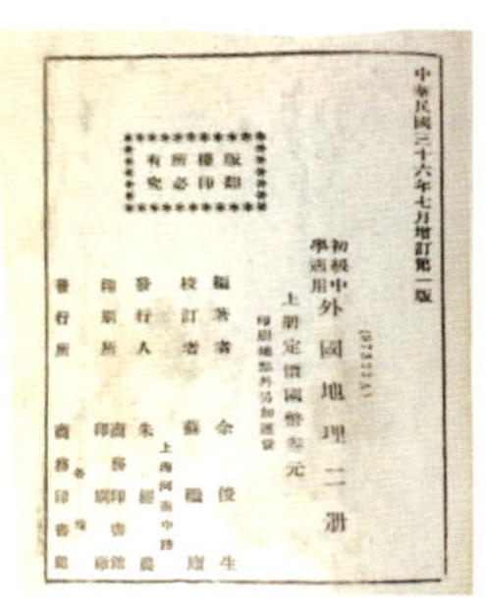

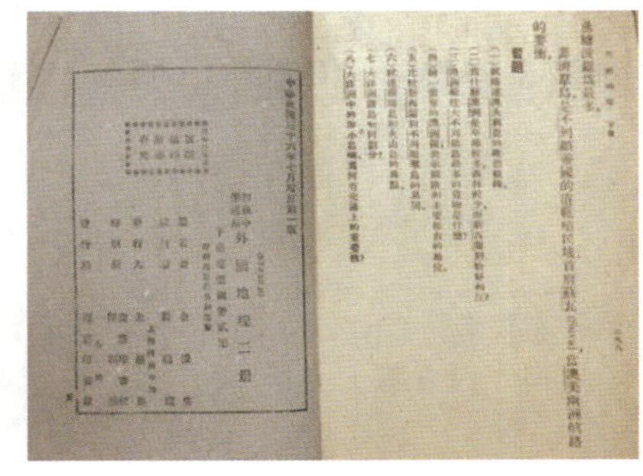

4—28

图4—28　《初级中学适用　外国地理》（1947年7月增订本），余俊生编著，苏继庼校订，上册、下册，商务印书馆出版，1947年7月增订第一版

（二）中华书局出版的课程标准地理教科书

从1932年开始，中华书局根据教育部颁布的正式课程标准，陆续编纂出版中小学“新课程标准适用教科书”系列。[1]

从1936年开始，中华书局依照教育部颁布的修正课程标准，推出了中小学“修正课程标准适用教科书·新编教科书”系列。据有关资料统计，共出版初级小学13种104册，高级小学23种88册；连同教学法一起，初级中学共22种70册，高级中学共22种56册。[2]

1940年6月至1942年10月，教育部陆续公布中小学重行修正课程标准，依照教育部颁布的重行修正课程标准，中华书局又陆续出版了系列中小学教科书。

在上述中华书局出版发行的课程标准教科书中，中小学地理教科书（课本）主要如下。

1.“新课程标准适用教科书”系列的地理教科书（课本）

（1）《小学地理课本》（小学高级用）

该书由喻璞编，葛绥成校，小学高级用。通过教育部审定。全书四册，1933年初版。

[1] 石鸥，吴小鸥.简明中国教科书史[M].北京：知识出版社，2015：105.

[2] 何瑶琴.中华书局中小学教科书出版研究（1912—1937）[D].南京：南京大学，2011：47.

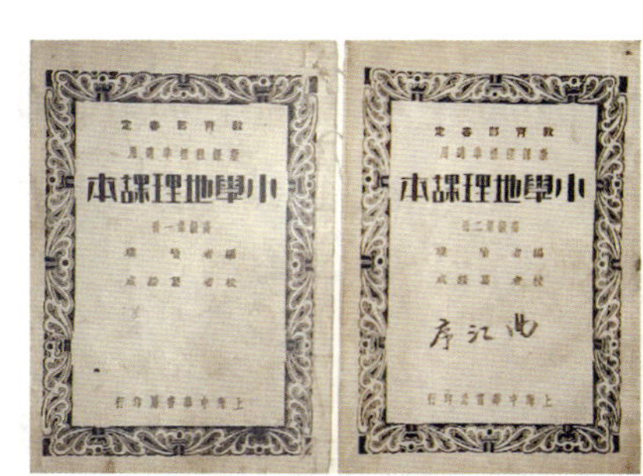
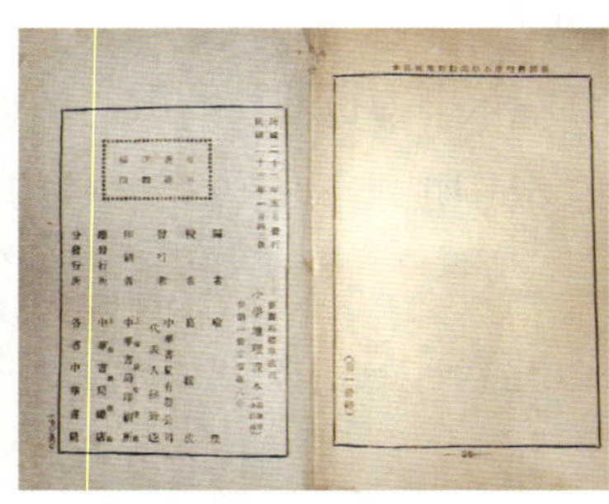
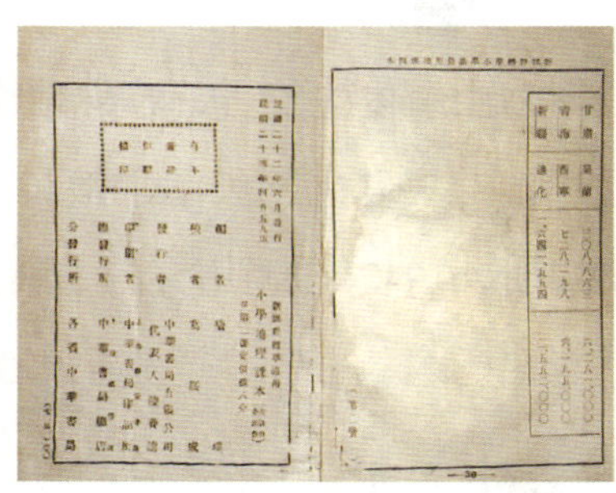

4—29

图4—29 《小学地理课本》（小学高级用），喻璞编，葛绥成校，第一册、第二册，中华书局出版，1934年1月第四三版、1935年4月第五九版

《小学地理课本》（小学高级用）在“地理课程编例”中提到：（1）本书遵照二十一年十月教育部颁行的课程标准小学社会科第五、六学年关于地理的作业事项编辑，供小学高年级社会课程教学之用。（2）本书分四册，每册十八课，字数依册递增，每课供六十分（当社会科教学时间三分之一）之用。（3）本书教材排列，采用分析综合法，于打破“论理排列”之中，无形中仍给予区域的系统；故以乡村为出发点，次首都，次各省重要地方，次全国概况，再后为世界各国，惟分量上则注重本国。（4）本书叙述水陆名称，概从俗称，一以应用为主，使易理会。叙述山川、都会、物产、交通等，常推究其相互的关系，叙述对革命有关系的地方，注重民族精神。（5）本书于孙中山先生的实业计划，多所引征，使知我国建设的途径。至关于国耻地，尤特别注意。（6）地志的长处，在能完备，有联络；短处却在容易流于账薄式，减少兴趣，游记体较有兴趣，但又容易脱漏。本书叙述，兼采两者之长而舍其短，于每单元的重要内容，述说特详，以引起兴趣，又便于记忆及联想。（7）本书另编有教学法四册，详列教学方法及参考资料，以供教师及学生教学之用。

《小学地理课本》（小学高级用）第一册的主要内容有：

> 一、从本地说到世界，二、中华民国，三、首都南京，四、镇江无锡和南通，五、上海市和东方大港，六、杭州风景和杭江铁路，七、宁波象山和温州，八、福建的茶和糖，九、移民出口地——厦门汕头，一〇、广州市和粤汉铁路，一一、海南岛的地位，一二、闽粤的割让地和租借地，一三、新梧州，一四、贵州的农田和云南的特产，一五、西康的风俗，一六、神秘的西藏，一七、天府之四川，一八、三峡的险阻和水力，本书附表

（2）《初中本国地理》

该书由葛绥成编，金兆梓校。通过教育部审定。全书四册，1933年初版。

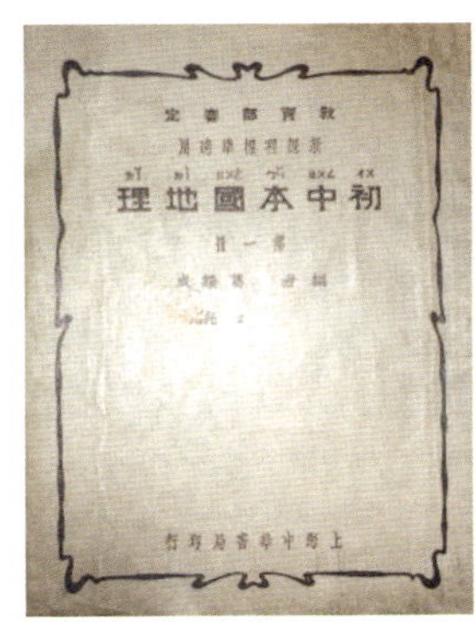

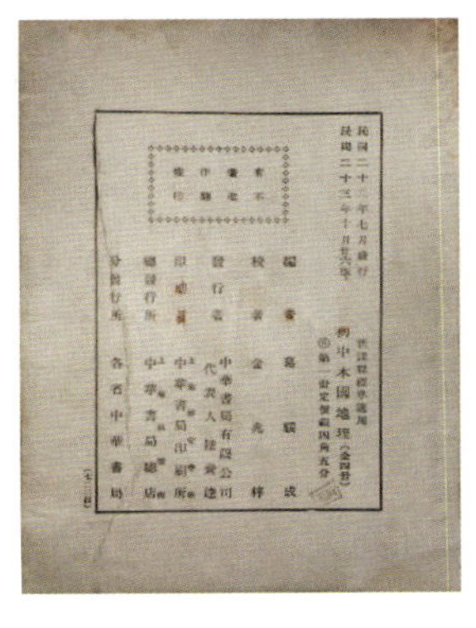

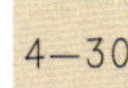

图4—30　《初中本国地理》，葛绥成编，金兆梓校，第一册，中华书局出版，1934年10月第二六版

该书作者在“编例”中提到：（1）本书遵照教育部新颁布的初级中学地理课程标准编辑，供初级中学第一、二、三、四学期地理教学之用。（2）本书内容，分概说、地方志、总说三部分。计分四册：第一册叙述宇宙概说及长江流域各省市；第二册叙述闽粤江流域及黄河流域各省区；第三册叙述辽河松花江黑龙江流域各省区、漠南北地方、西部地方及近百年来丧失地；第四册叙述我国人文概况。关于叙述地方志，先说各省区的自然和人文两方面，继将各省区形成的天然区域，来作一系统，略取归纳式的叙述，使读者易于得到基本的地理观念。每册字数依次递增，适供一学期教学之用。（3）本书材料的去取及其详略轻重，都经悉心斟酌，概以适合初中学生程度和时代需要为主。（4）本书用流动浅显的语体文叙述，期将繁重枯燥的教材，化为简单明了。（5）本书叙述地方志时多以行政区域做单位，使读者不至于茫无头绪，不过对于自然区域仍处处顾到。（6）本书教材，自然和人文并重，对于自然及于人生的影响，和人类利用自然的方法，多所发挥，俾读者对于所处的环境，知道应当怎样去适应、改造，期达战胜自然，提高人生的目的。（7）本书对于民族、民权、民生三主义，都很注重，尤其是民生主义。各种统计，概根据最近的调查和专门家的报告。至于地名，都用新改定的，并在新地名下，仍注旧名称，以便对照。但如杭州、广州等已为市名者，不以旧地名论。（8）本书除附彩色地图外，更插入分图及附表多幅，不特可供教学时候的对照考证，并可增进读者的兴趣。（9）本书用有弹性的编制，以便教师有伸缩的余地。（10）本书遇主要点，都用四号方体字排，以资醒目而便记忆，于正文中须加说明的地方则加“注”。每一大段落后面，特列“提问要点”，以便教学时候的研究。（11）本书所用尺度，概用公度。

《初中本国地理》第三册之第二编下地方志三，设专章写百年来丧失地，即“第四章近百年来丧失地”，主要内容包括：第一节朝鲜，第二节琉球和台湾，第三节安南，第四节暹罗，第五节缅甸，第六节括论。这是当时作者的认识。

（3）《初中外国地理》

该书由葛绥成编，张相校。新课程标准适用。通过教育部审定。全二册，1934年初版。

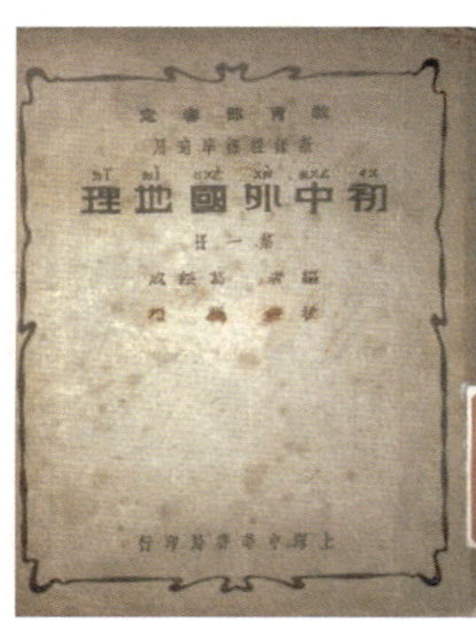
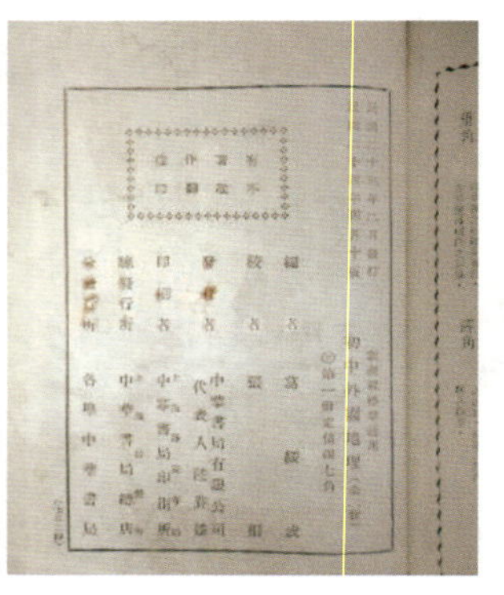
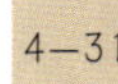

4—31

图4—31 《初中外国地理》，葛绥成编，张相校，第一册，中华书局出版，1935年4月第十版

（4）《高中本国地理》

该书由葛绥成编。新课程标准适用。全书分上、中、下三册，1934年初版。

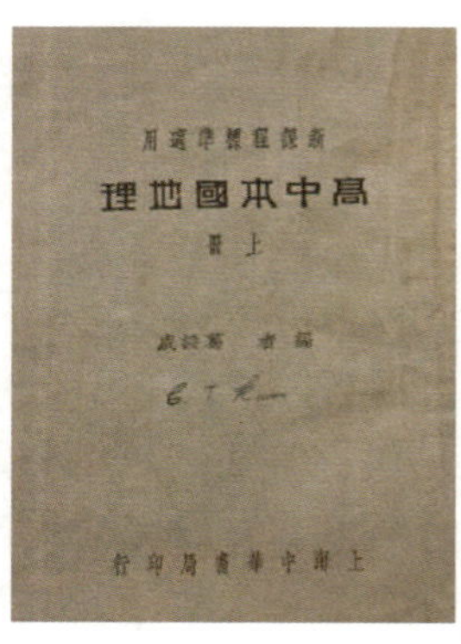
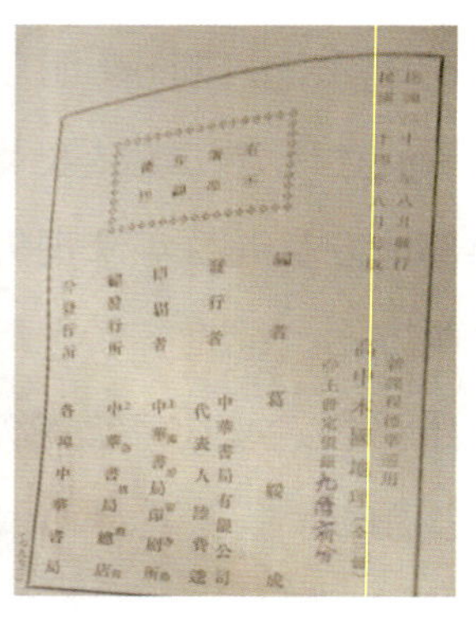

4—32

图4—32 《高中本国地理》，葛绥成编，上册，中华书局出版，1935年8月第七版

该书分上、中、下三册。上册为概论及中部地方志，中册为南部、北部、东北部地方志，下册为漠南北、西部地方志及结论。概论叙述全国自然、人文和自然区划三部的总说，地方志叙述各区的位置、区域、地形、水系、气候、土壤、居民、产业、交通、工商业、都市、国防等，结论叙述全国粮食、移民垦殖、矿藏开发、工商业发展以及国防建设等。

本书材料的选择和详略轻重都经过通盘的考虑，务求富有弹性，便于教师根据地方的情况自由伸缩，以适合高中学生的接受程度和时代需要。本书选材时，关于自然对人生的影响、人类利用自然的方法，多所发挥，目的在于让读者了解所处的环境，知道应当怎样去适应、改造，以达到战胜自然、提高人生的目的。鉴于当时中国水旱灾害频繁发生，国内民众衣食不能自给，因此本书对水利一项特别注重。本书正文和图像相辅相成。除了提供彩色地图外，更插入很多幅普通图表、铜版图等，方便教学时相互参证，提高学习兴趣。本书遇到主要点，都用方体字排版，醒目而且方便记忆。正文的出处或者其他需要说明的地方，则加“注”，目的在于养成读者无征不信或批判的态度，并方便做进一步的主动的研究。在每章之后，特列几个“学习问题”，以便教学时研究。

（5）《高中外国地理》

该书由盛叙功编。新课程标准适用。全书二册，1934年初版。

新課程標準適用
高中外國地理
上冊
編者 盛敍功
上海中華書局印行

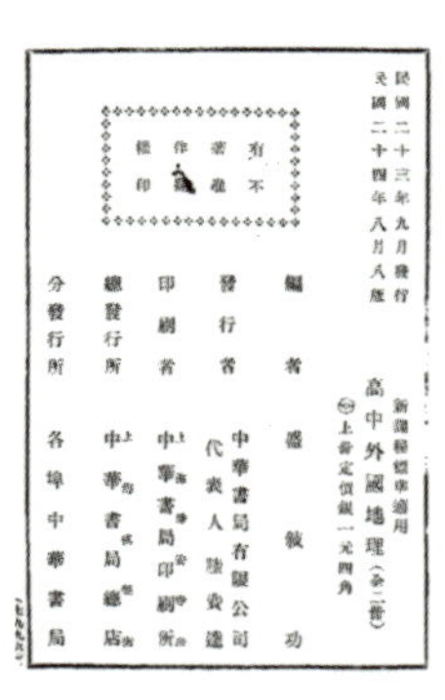
民國二十三年九月發行
民國二十四年八月八版
新課程標準適用
高中外國地理（全二冊）
上冊定價銀一元四角
有著作權 不准翻印
編者 盛敍功
發行者 中華書局有限公司 代表人 陸費逵
印刷者 中華書局印刷所
總發行所 中華書局總店
分發行所 各埠中華書局

新課程標準適用
高中外國地理
下冊
編者 盛敍功
上海中華書局印行

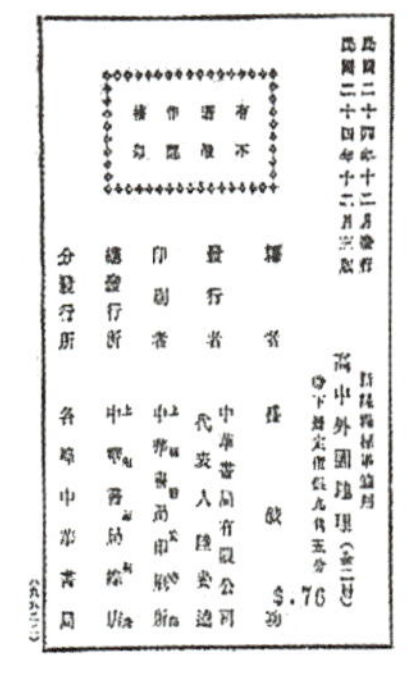
民國二十四年十二月發行
民國二十四年十二月三版
新課程標準適用
高中外國地理（全二冊）
有著作權 不准翻印
編者 盛敍功
發行者 中華書局有限公司 代表人 陸費逵
印刷者 中華書局印刷所
總發行所 中華書局總店
分發行所 各埠中華書局
$.76

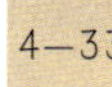
4—33

图4—33 《高中外国地理》，盛叙功编，上册、下册，中华书局出版，1935年8月第八版、1935年12月第三版

该书上册的主要内容有：

编辑大意

第一编概说

第二编地方志上

第一章亚洲，第二章欧洲

下册的主要内容有：

第二编地方志下

第三章北美洲，第四章南美洲，第五章非洲，第六章大洋洲，第七章两极概况

第三编结论

（6）《高中自然地理》

该书由丁绍桓编。新课程标准适用。全书一册，1935年8月初版。

丁绍桓（1884—1956），字亨斋，祖籍义乌，生于金华。书法家丁绍宽弟，光绪年间举人。早年在金华、上海从事教育、编书。曾任浙江省立第七中学教师，编写浙江省立第七中学地理教材讲义。1927—1928年间任金华五中前身作新中学校长。后任上海大同大学教授。抗战胜利后，在绍兴稽山中学武义分部、武义明招中学任教。1950年后任教于上海建设中学。

新課程標準適用
高中自然地理
全一冊
編者 丁紹桓
上海中華書局印行

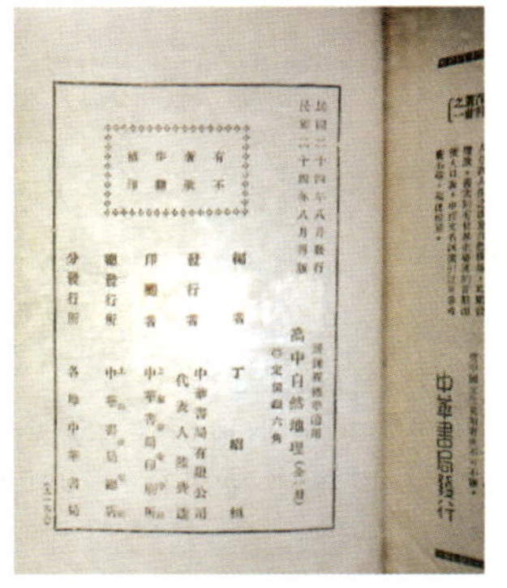
高中自然地理（全一冊）
編者 丁紹桓
發行者 中華書局有限公司 代表人 陸費逵
中華書局

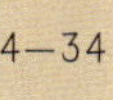
4—34

图4—34 《高中自然地理》，丁绍桓编，中华书局出版，1935年8月再版

该书的“编辑大意”指出：（1）自然地理易涉艰深，本书欲求浅显，期有合于高级中学之程度。（2）繁琐处，用表式以代说明；主要处，用方体字以期醒目；和正文有关系的材料，酌加“注释”和“备览”，以资参考。（3）地理学的范围很广，牵及各科学的地方很多；尤其是自然地理，影响及于人生，极为繁复。（4）本书编辑，虽力求新颖正确，遗漏舛错，自知不免，深望明达多方指正。

本书遵照教育部最新课程标准编辑，供高级中学第六学期自然地理学程教学使用。全书分五章：第一章为地球的运动和形状，叙述地球和天体的关系；第二章为陆界，叙述水陆的分布以及地形的分类和变迁；第三章为水界，叙述海洋的分布和海水的运动；第四章为气界，叙述空气的性质和风雨等的现象；第五章为生物界，叙述生物分布和地形气候的关系。每章下分“节”来进行阐述，“节”下又分为几个“知识点”，来分述此节主要内容。

（7）《新中华自然地理》

该书由杨文洵编，高级中学用。上海新国民图书社（中华书局以“新国民图书社”名义印行教科书）出版，中华书局印行。全书一册，1932年初版。

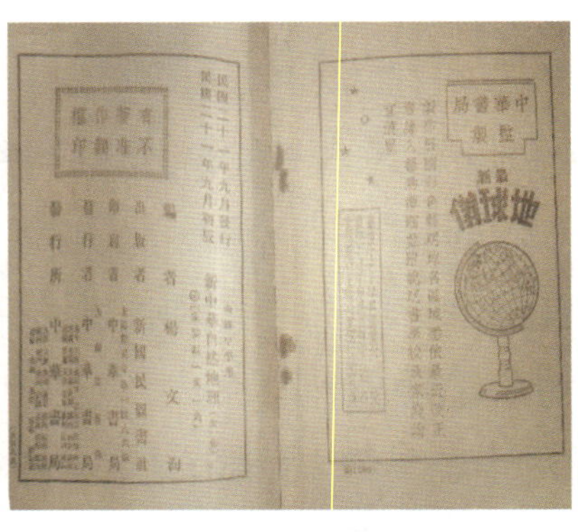

4—35

图4—35 《新中华自然地理》，杨文洵编，上海新国民图书社出版，中华书局印行，1932年9月初版

2.“修正课程标准适用教科书”系列的地理教科书（课本）

（1）《高小地理课本》

该书由喻守真编，葛绥成校。修正课程标准适用。通过教育部审定。全书四册，1937年初版。

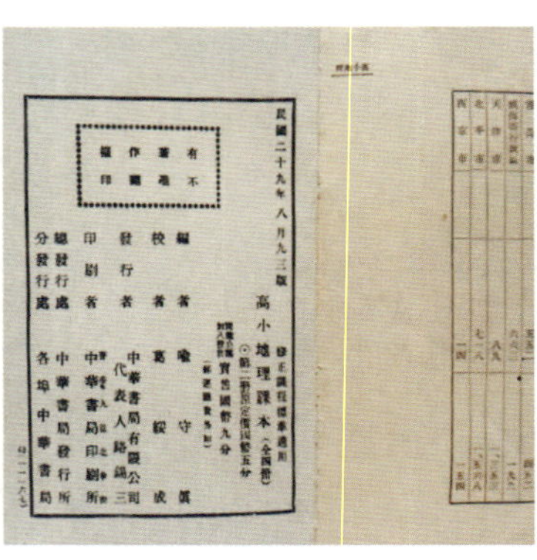

4—36

图4—36 《高小地理课本》，喻守真编，葛绥成校，第二册，中华书局印行，1940年8月第九三版

（2）《初中本国地理》

该书由葛绥成编，金兆梓校。修正课程标准适用。通过教育部审定。全书四册，1937年初版。

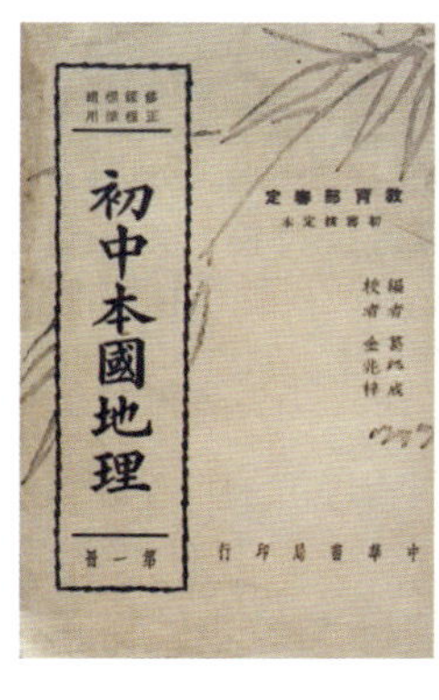

4—37

图4—37 《初中本国地理》，葛绥成编，金兆梓校，修正课程标准适用，第一册，中华书局印行，1941年8月第一二八版

作者在《初中本国地理》的“编例”中提到：（1）本书遵照教育部二十五年颁布的修正初级中学地理课程标准编辑，供初级中学第一、二、三、四学期教学之用。（2）本书内容，分概说、地方志、总说三部分。计分四册：第一册叙述宇宙概说及中部地方各省市，第二册叙述南部地方及北部地方各省市，第三册叙述东北地方各省区、漠南北地方及西部地方，第四册叙述我国人文概况。关于叙述地方志，先说各省区的自然和人文两方面，继将各省区形成的天然区域，来作一系统，略取归纳式的叙述，使读者易于得到基本的地理观念。每册字数依次递增，适供一学期教学之用。（3）本书材料的去取及其详略轻重，都经悉心斟酌，概以适合初中学生程度和时代需要为主。（4）本书叙述地方志时多以行政区域做单位，使读者不至于茫无头绪，不过对于自然区域仍处处顾到。（5）本书教材，自然和人文并重，对于自然及于人生的影响，和人类利用自然的方法，多所发挥，俾读者对于所处的环境，知道应当怎样去适应、改造，期达战胜自然，提高人生的目的。（6）本书对于民族、民权、民生三主义，都很注重，尤其是民生主义。各种统计，概根据最近的调查和专门家的报告。至于地名，都用新改定的，并在新地名下，仍注旧名称，以便对照。但如杭州、广州等已为市名者，不以旧地名论。（7）本书用流动浅显的语体文叙述，期将繁重枯燥的教材，化为简单明了。（8）本书除附彩色地图外，更插入分图及附表多幅，不特可供教学时候的对照考证，并可增进读者的兴趣。（9）本书用有弹性的编制，以便教师有伸缩的余地。（10）本书遇主要点，都用四号方体字排，以资醒目而便记忆，于正文中须加说明的地方则加“注”。每一大段落后面，特列“提问要点”，以便教学时候的研究。

（3）《初中外国地理》

该书由葛绥成、丁绍桓编，张相校。修正课程标准适用。通过教育部审定。全书二册，1937年版。

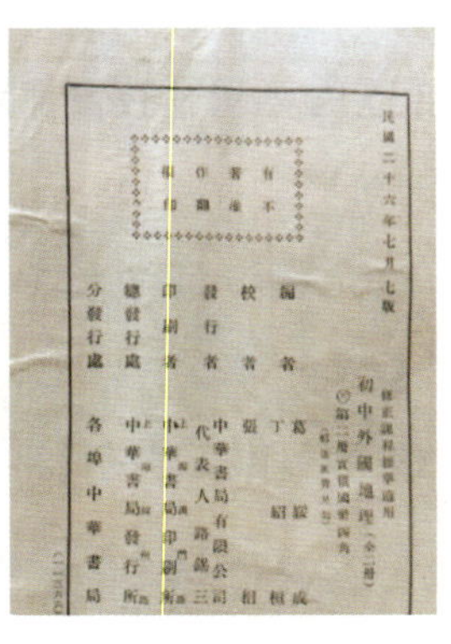

4—38

图4—38　《初中外国地理》，葛绥成、丁绍桓编，张相校，修正课程标准适用，第二册，中华书局印行，1937年7月第七版

（4）《新编高中本国地理》

该书由葛绥成编。根据1936年4月修正高级中学地理课程标准编辑。[1]通过教育部审定。全书分上、中、下三册，1937年初版。

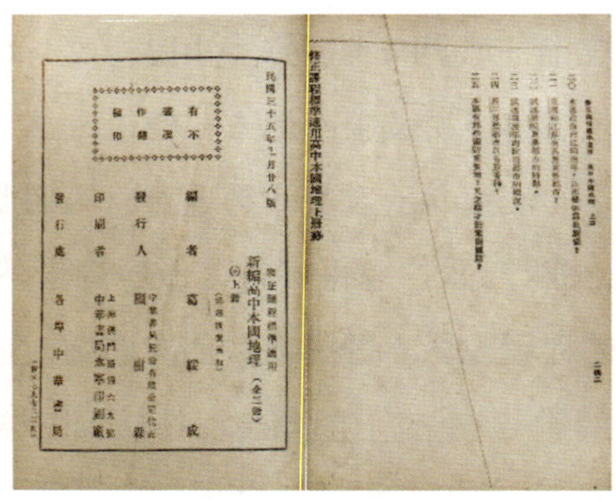

4—39

图4—39　《新编高中本国地理》，葛绥成编，修正课程标准适用，上册，中华书局印行，1946年11月第二八版

有研究指出，该书1937年7月第五版没有"教育部审定"字样，1948年4月第三三版修订本载有。"该书编制比较严格地遵照修正标准教材大纲的规定，取材注重某些方面，'编辑大意'说明重点的理由：'本书教材，对于自然及于人生的影响，和人类利用自然的方法，多所发挥，俾读者对于所处的环境，知道怎样去适应、改革，期达战胜自然，提高人生的目的'，以及注重水利、详述国防建设和国民经济建设的理由。该书有些过于繁琐，如第一编概论讲土壤，就有洪水平原土壤、淮河平原土壤、铁质红色土壤、红色黄土土壤、铁礬红土、新成红色土壤、红色土壤、黄色土壤、草原灰色土壤、灰色土壤、黑色土壤、灰色森林土壤、褐色土壤、灰色沙漠土壤、混杂土壤15种之多；分区按位置、区域、地形、水系、气候、土壤、居民、产业、交通、工商业、都市、国防等地理要素叙述，过于呆滞。如何划分区域，与王成组的有何不同，未录资料，无以说明。"[2]

（5）《高中外国地理》

该书由丁绍桓、盛叙功编。遵照教育部1936年4月修正高级中学地理课程标准编辑。通过教育部审定。全书二册，1937年初版。

[1] 葛绥成. 新编高中本国地理：上册[M]. 27版. 上海：中华书局，1946.

[2] 杨尧. 中国近现代中小学地理教育史[M]. 西安：陕西人民教育出版社，1991：244-245.

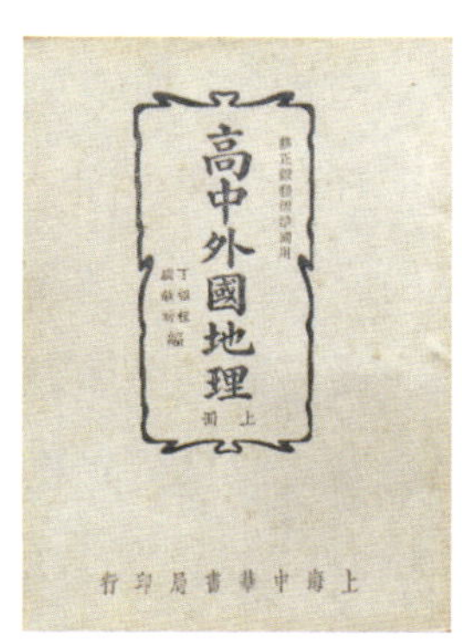

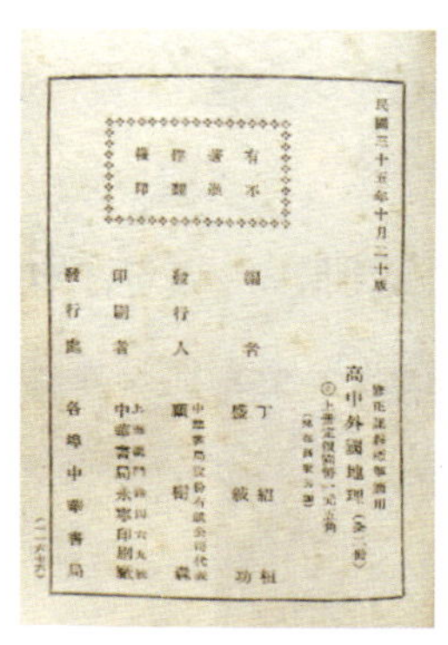

4—40

图4—40 《高中外国地理》，丁绍桓、盛叙功编，修正课程标准适用，上册，中华书局印行，1946年10月第二十版

该书原书为1933年盛叙功编写的新课程标准适用教科书《高中外国地理》（全二册），嗣后经过两次修订，未经教育部审定。第一次修订是1945年由出版者请丁绍桓修改，用两人名义出版，即丁绍桓、盛叙功编《高中外国地理》（上、下两册），1946年10月出到第二十版。该书“编辑大意”提到，本书是遵照1936年修正高级中学地理课程标准编辑，分上、下两册，合概论和亚洲、欧洲地方志为上册，合南北美洲、非洲、大洋洲、两极地方地方志及结论为下册。概论叙述世界水陆、气候、人口的分布及物产和交通的关系。地方志叙述各国的境域、地势、气候、人民、交通、都市及其他特殊事项。结论叙述列强领土的分布、世界主要物产和商务路线的分布、世界政治经济中心地区的分布以及我国和国际的关系。本书除附有彩色世界全图及各洲各国分图外，更列入简明暗射统计图表多种，藉示各地方自然及政治、经济、国际关系等的特殊情况。第二次修订是1947年由出版者委托编者修改，用编者个人名义出版，即《高中外国地理》（修订本）（上、下两册）。[1]

（6）《高中自然地理》

该书由丁绍桓编。修正课程标准适用。通过教育部审定。全书一册，1937年7月初版。

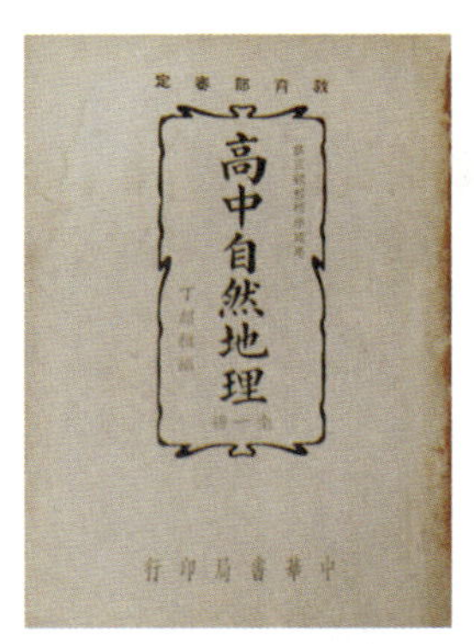

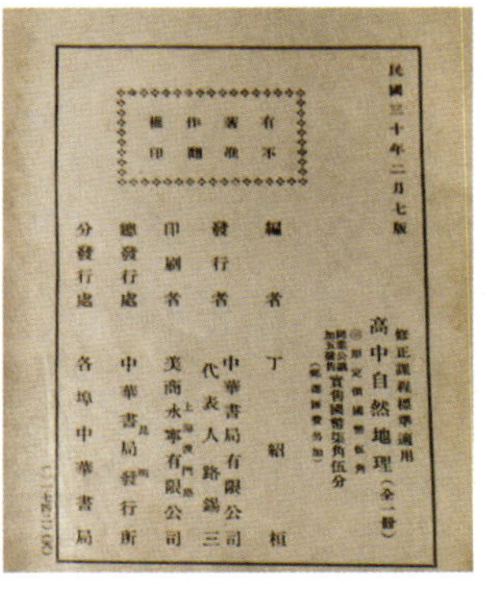

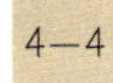
4—41

图4—41 《高中自然地理》，丁绍桓编，修正课程标准适用，中华书局印行，1941年2月第七版

该书1947年5月第9版“编辑大意”指出：该书是遵照修正课程标准编的，但项目稍有变动，如第二章陆界，叙述了“地形的变迁和分类”；第五章生物界，叙述了“生物的分布与地形气候的关系”。编辑目标，在使学者明了自然与人生的相互关系，以引起改造自然适应环境的自动精神。内

[1] 杨尧. 中国近现代中小学地理教育史[M]. 西安：陕西人民教育出版社，1991：324-325.

容浅显，份量适当。[1]

3. “重行修正课程标准适用教科书”系列的地理教科书

（1）《高小地理课本》

该书由喻守真编，葛绥成校。修正课程标准适用。全书四册，1943年渝初版。

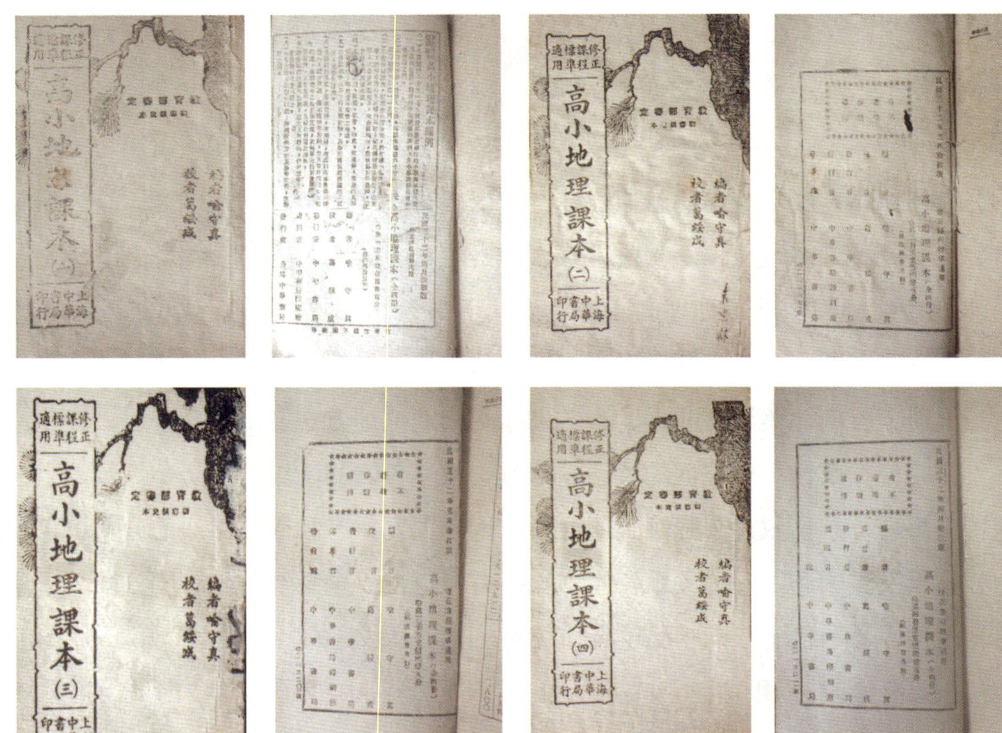

4—42

图4—42 《高小地理课本》，喻守真编，葛绥成校，第一册、第二册、第三册、第四册，中华书局印行，1943年4月渝初版、1943年5月渝初版、1943年5月渝初版、1943年4月渝三版

（2）《初中适用中华本国地理》

该书由葛绥成编。全书四册，1947年初版。

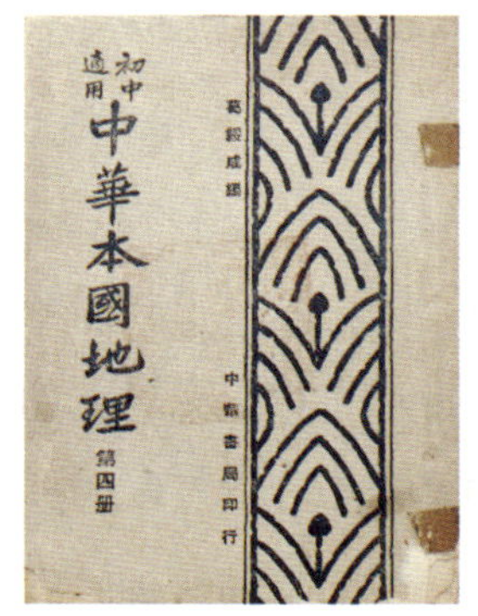

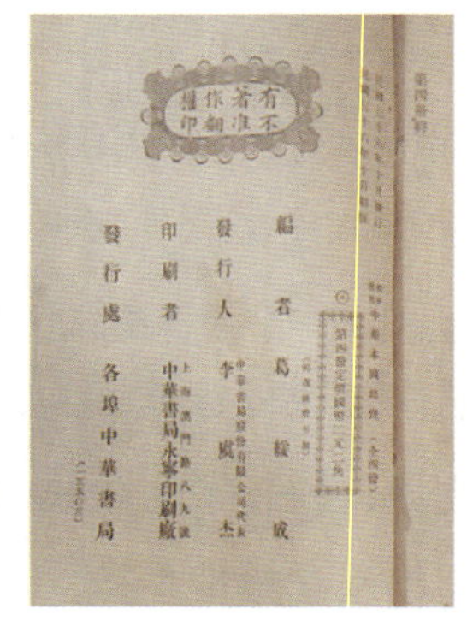

4—43

图4—43 《初中适用中华本国地理》，葛绥成编，第四册，中华书局印行，1947年10月初版

[1] 杨尧. 中国近现代中小学地理教育史[M]. 西安：陕西人民教育出版社，1991：245-246.

（3）《初中适用中华外国地理》

该书由葛绥成、丁绍桓编。全书二册，1947年初版。

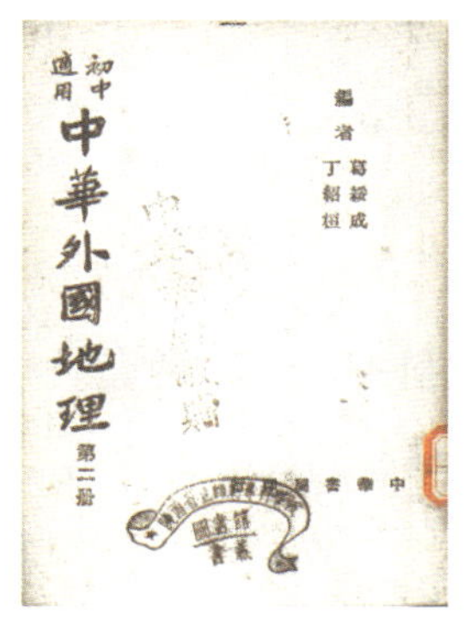

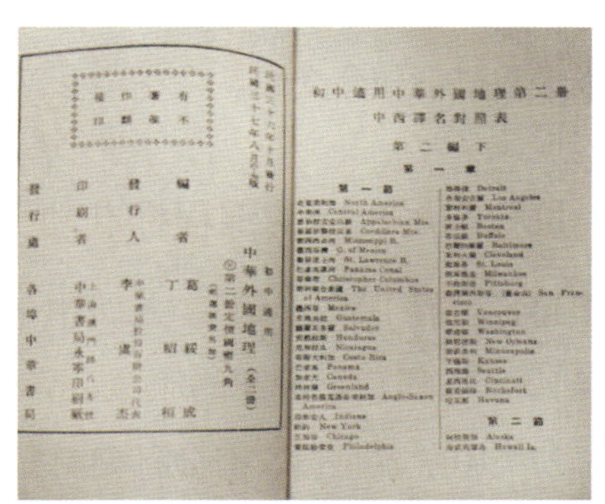

4—44

图4—44　《初中适用中华外国地理》，葛绥成、丁绍桓编，第二册，中华书局印行，1948年8月第六—七版

（4）《新编高中本国地理》（修订本）

该书由葛绥成编。根据1941年重行修正高级中学地理课程标准编辑。[1]通过教育部审定。全书分上、中、下三册。初版时间待考。

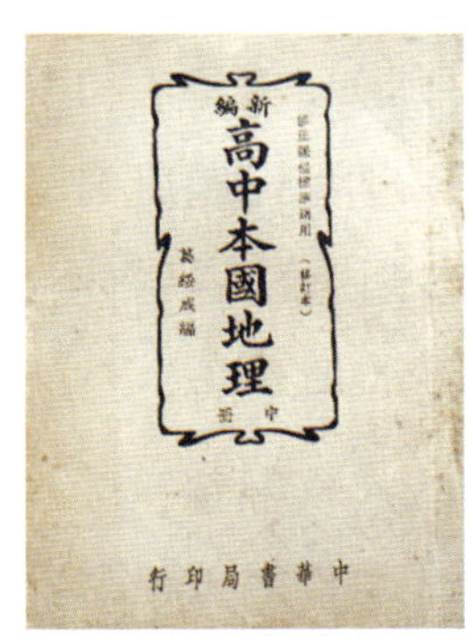

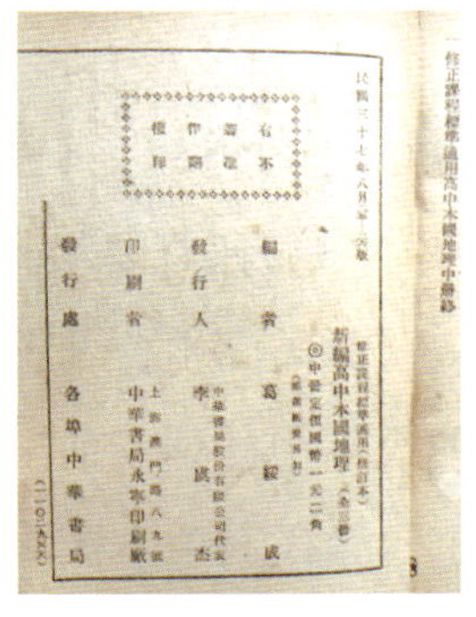

图4—45　《新编高中本国地理》（修订本），葛绥成编，中册，中华书局印行，1948年8月第二五—二六版

全书供高中第一、第二、第三学期教学使用。上册为概论及中部地方志，中册为南部、北部、东北部三地方志，下册为漠南北、西部二地方志及结论。概论叙述全国自然、人文和自然区划三部的总说，地方志叙述各区的位置、区域、地形、水系、气候、土壤、居民、产业、交通、工商业、都市、国防等，结论叙述全国粮食、移民垦殖、矿藏开发、工商业发展以及国防建设等。

本书的“编辑大意”指出：（1）全书材料的去取及其详略轻重，都经通盘筹划，务求富于弹性。让教者得因地方情形自由伸缩，以适合高中学生的程度和时代需要。（2）本书叙述同一标题

[1] 葛绥成．新编高中本国地理：上册[M]．修订本．35版．上海：中华书局，1949．

而前后数见者，其取材各不相同，读者可互相参证。又于叙述专门问题外，更谋前后的联络，编成一个系统，期供读者易于得到整个的地理观念。

此一时期，中华书局印行的高级小学地理课本、初级中学地理课本等国定中小学地理教科书将在国定中小学教科书部分介绍。

（三）世界书局出版的课程标准地理教科书

1929年起，世界书局出版了“初级中学教科书”和“高级中学教科书”。这两套教科书恰好赶上1929年中小学课程暂行标准的颁布，算是适应了中小学课程暂行标准的需要。“初级中学教科书”包含了初级中学各科目，有分科编制和混合编制两类。

1931年起，世界书局出版了一套“新课程课本”，其特点是封面上都有“新课程”字样，且与学科名并行排列。

1932年起，世界书局根据中小学正式课程标准出版了一套“新课程标准世界中学教本”的中学教科书。1933年后，又集中“新课程标准世界中学教本”的初中教科书并加以扩充，新推出“新课程标准世界初中教本”。这两套教科书的特点是多数教科书以作者姓氏命名，作者多是一些知名学者，如初中部分有：《徐氏初中公民》（徐逸樵编著，全三册）、《王氏初中公民》（王璧如编著，徐逸樵校订，全三册）、《朱氏初中国文》（朱剑芒编辑，韩霭麓、陈慰农注释，全六册）、《朱氏初中本国史》（朱翊新编著，陆光宇校订，全四册）、《谭氏初中本国地理》（谭廉逊编著，董文校订，全四册）、《谌氏初中本国地理》（谌亚达编著，董文校订，全四册）、《谭氏初中外国地理》（谭廉逊编著，董文校订，全二册）、《王氏初中世界地理》（王谟编著，全二册）、《骆氏初中算术》（骆师曾编著，全二册）、《王氏初中算术》（王刚森编著，全二册）等。[1]

“新课程标准世界中学教本”的高中教科书主要有：《徐氏高中公民》（徐逸樵编著，全三册）、《傅氏高中代数学》（傅溥编著，全一册）、《傅氏高中立体几何学》（傅溥编著，全一册）、《朱氏高中化学实验》（朱昊飞编著，全一册）、《余氏高中本国史》（余逊编著，全二册）、《陈氏高中本国史》（陈登原编著，全二册）、《王氏高中本国地理》（王益厓编著，全一册）、《程氏高中自然地理》（程伯群编著，全一册）等。[2]

1933年起，世界书局又根据中小学正式课程标准推出了一套涵盖小学科目的“新课程标准世界教科书”以及“新课程标准教科书教员用书”。“新课程标准世界教科书”主要有：“世界第一种”系列教科书、“世界第二种”系列教科书、“世界第三种”系列教科书等。

1936年6月—7月教育部颁布了中小学修正课程标准，世界书局根据修正课程标准，先后推出了如下教科书：（1）“遵照教育部二十五年修正课程标准编辑　新课程标准世界教科书”小学系

[1] 薛溱舲. 陈薛两氏初中代数：上册[M]. 陈建功，增订. 上海：世界书局，1933.

[2] 杜天縻，韩楚原. 杜韩两氏高中国文：第一册[M]. 4版. 上海：世界书局，1935.

列。（2）“遵照教育部二十五年颁布修正课程标准编辑　新课程标准世界中学教本”系列。

1940年6月—1942年10月教育部陆续颁布中小学重行修正课程标准，世界书局根据重行修正课程标准，推出了“修正课程标准（重行修正课程标准）适用”系列教科书和“遵照教育部修正课程标准编辑　新课程标准世界中学教本”系列教科书。

在上述世界书局编纂出版的课程标准教科书中，有中小学地理教科书、指导书及其教学法24种67册，含地理内容的常识教科书（包括社会、自然二科或社会、自然、卫生三科内容）及其教学法4种32册，含地理内容的社会教科书（包括历史、地理、卫生三科内容）及其教学法5种32册。其中，中小学地理教科书、指导书主要如下。

1. 暂行课程标准“初级中学教科书”“高级中学教科书”系列的地理教科书及其指导书

（1）《初中本国地理》

该书由董文、张国维编著，范祥善、魏冰心校订。初级中学学生用书。版权页题名“初级中学教科书　初中本国地理”。通过教育部审定。全书四册，1930年初版。

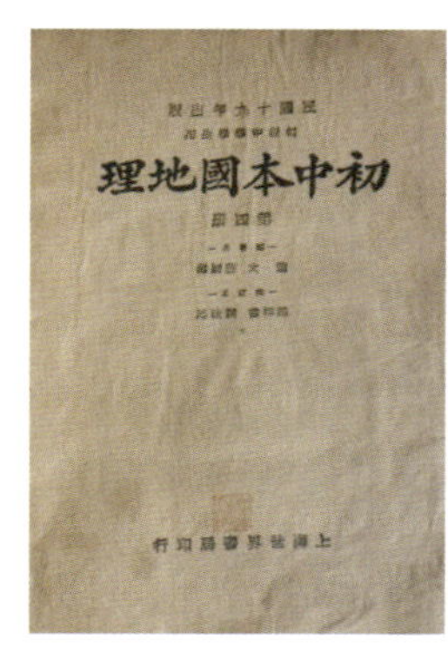

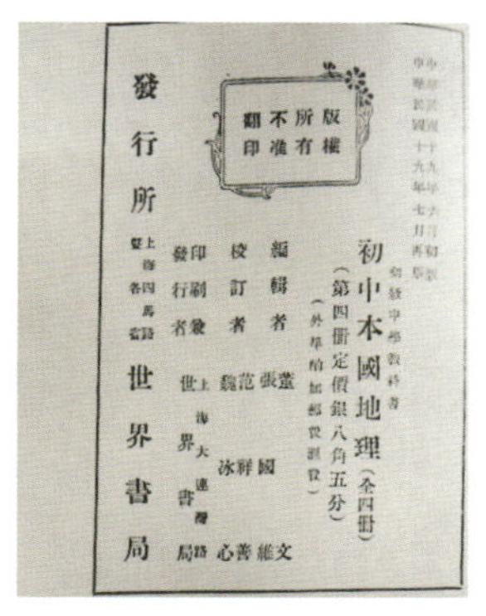

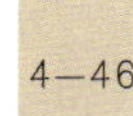

图4—46　《初中本国地理》，董文、张国维编著，范祥善、魏冰心校订，第四册，世界书局印行，1930年7月再版

有学者在对该书的点评中指出：本书根据教部颁布初中地理暂行课程标准而编辑，以语体文叙述之。全书以天然区域为区划（统计以政治区划为单位），分为二十四区。先用游历法，以明其详况；后用鸟瞰法，以括其概情。以国都为出发点，分区考查，随地说明总理之建设计划。一区如是，全国皆然，打破以往课本省区之观念。全书分订四册，每学期授一册。篇首附有“本册提要表”，极便检查。每段之标题，均有“曲线”标出，眉目清楚。正文遇有应解释者，酌量加注，附于正文之后（注比正文字小）。该书的主要优点有：（1）根据总理三民主义，讲明人文地理及自然地理，适合时代精神。（2）材料丰富，新颖明确，文字浅近，并用新式标点。（3）每章之末，附有习题，既便教学之用，且可促进学生进一步之研究。（4）书中插图最富，每叙述一区，必于篇首附有总图，各段中插有形势图风景图（篇首附有中华民国天然区域与政治区域对照及中山计划图二幅，连同形势图及风景图共计二百七十九图，附图之多，为各书冠），既可学生参考，并可增加兴趣。（5）地名概取新名（下附旧名），已设为市或特别市者，不以旧地名论。缺点有：（1）分量过多（以南京一地而论，已有十六页之多），不易进行，以之作为初中课本，反不若

作为参考书为宜。（2）此书的编制，采用游历法，初中学生于省区之观念，尚未十分明了；若采用此书，对于学生省区之观念，不易使之了然，高中地理课本，以此法编辑为宜。（3）此书无总论，于山脉河系之分布，海及海岸之区分，湖泊之种类，气候之分布，交通之状况等，不易学生得系统之观念。[1]

（2）《初中外国地理》

该书由董文、高松岑编著，范祥善、魏冰心校订。初级中学学生用书。全书分上、下二册，1930年初版。

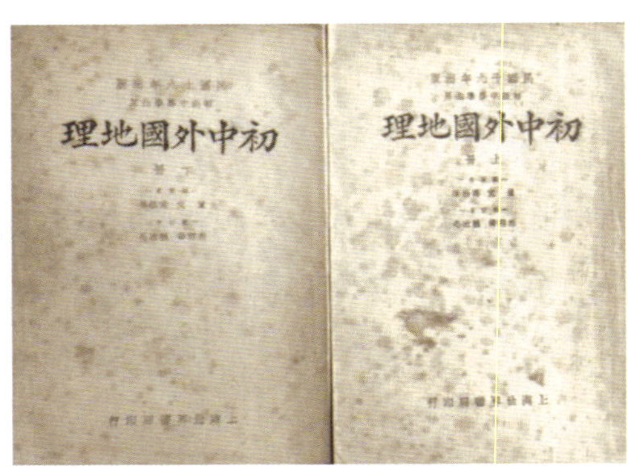

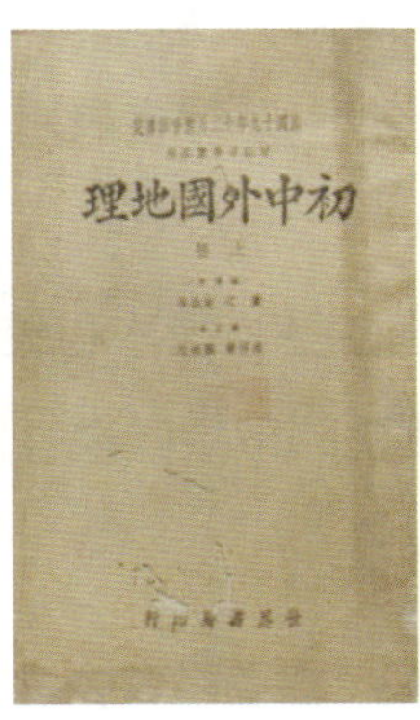

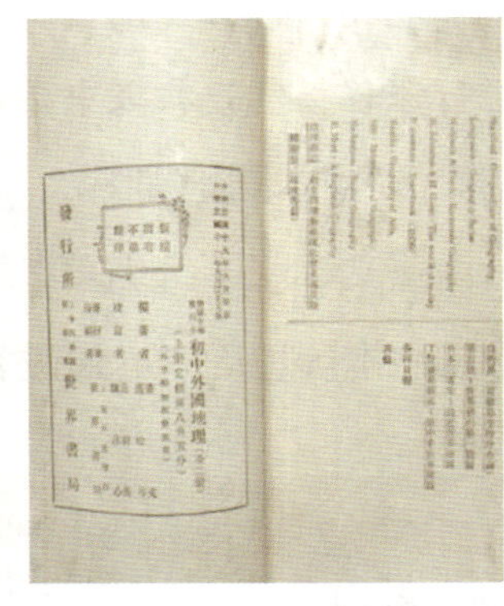

4—47

图4—47 《初中外国地理》，董文、高松岑编著，范祥善、魏冰心校订，上册，世界书局印行，1932年9月订正本第五版

（3）《初中地理》

该书由杜凤编著，魏冰心、董文、朱翊新校订。初级中学学生用书。其他题名“初级中学教科书 初中地理”。全书六册，1929年初版。[2]

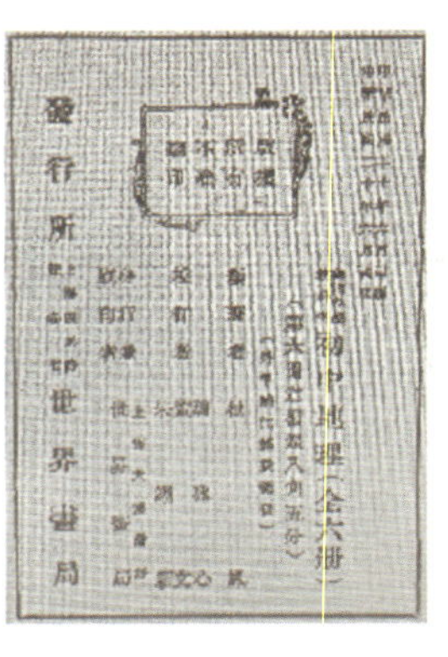

4—48

图4—48 《初中地理》，杜凤编著，魏冰心、董文、朱翊新校订，第六册，世界书局印行，1931年6月初版

[1] 王锦福. 最近三十年来中学地理课程概要及教科书之调查并批评：下[J]. 师大月刊，1935（23）：41.

[2] 北京图书馆，人民教育出版社图书馆. 民国时期总书目（1911—1949）（中小学教材）[M]. 北京：书目文献出版社，1995：229.

有学者对该书已出版的前三册点评如下：全书六册，已出三册，每周二小时，每学期授一册，足供初中三学年之用。前四册为全世界之人生地理，后二册为中国之人生地理（见“编辑大意”）。已出三册之内容，均系前者之部分。第一册首为导言，略述研究人生地理之意义和方法。甲编依人生之目的研究自然之状态，本册所述者，仅为自然界中之星界和气界。第二册系继续叙述自然界中之水界、陆界和物界。第三册为乙编，从自然之状态研究人生之活动，分二种叙述之，即（一）世界之人类及其状态，（二）政治组织（包有政治、经济、文化三者）。以下各册，现尚未出版，无从知悉，故暂从略。全书分编、章、节三项，每节中再分时，即将其题目书出，外以曲线曲圈之，再分即以（一）（二）（三）和（1）（2）区分之，眉目极清楚，检阅称便。该书的主要优点有：（1）材料丰富，叙述特详，并将自然界中之利用、改造等完全收入，可谓包罗万有。（2）眉目清晰，文字简明，并于不易了解之处，加以注释，有须补充者，段末尚有备考，极便读者。（3）每节之末，附有问题数则，以促进学者之思考及其研究之兴趣。（4）前三册内，即附有插图百二十余幅，为他书所罕见。缺点有：（1）全书分量过多，不适于初中之用，且甲、乙两编，约占全书三分之二，不合教部颁布课程标准之规定。（2）“编辑大意”中谓“每二册供初中一学年之用”，外国地理应在何时讲授？似不应违背教部之定章（接教部定章初中前二年授中国地理，后一年授外国地理）。[1]

（4）《高中本国地理》

该书由谌亚达编著。版权页题名“高级中学教科书　高中本国地理”。全书一册，1932年初版。

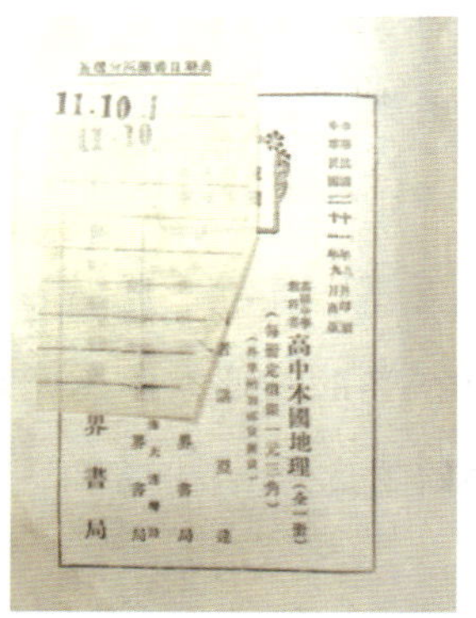

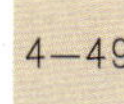

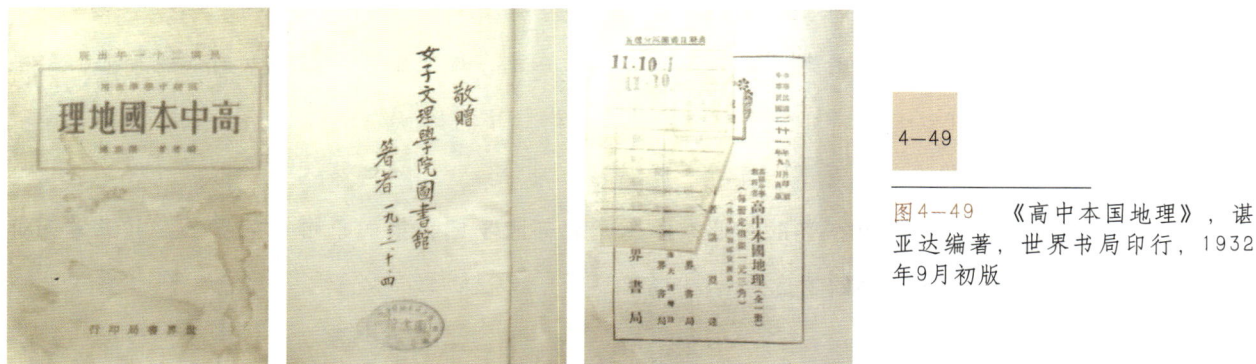

图4—49　《高中本国地理》，谌亚达编著，世界书局印行，1932年9月初版

有学者对该书点评如下：此书编者之用意，偏重于理论方面，目的是要着重于人地两者之交互作用及因果关系之阐明。其内容除第一章略述中国之位置、面积与地图（附行政区划之沿革）外，悉为叙述中国之地文、气候、民族、产业、交通、都市、国防及中国地理学之历史发达之概况。材料新颖正确，适合时代精神，并于讨论专门问题外，更谋前后之联络，使读者可得一整个地理观

[1] 王锦福. 最近三十年来中学地理课程概要及教科书之调查并批评：下[J]. 师大月刊，1935（23）：39.

念。书中除章节外，加用“一、二”及“甲、乙、丙、丁”等字，眉目清醒。此外附有图表多幅，便于教学参考。该书的主要优点有：（1）教材分量，轻重适宜，叙述详尽。（2）注重统计，附有比较表甚多，切于适用。（3）书中引用他书者，皆注明出处，以示不敢掠美。（4）附图甚多（百〇三幅），便于参考及对照。缺点有：（1）条理不甚清晰，标题字与正文大小相同，极易混合。（2）人文之部分，未被采入，不足供高中学生地理知识之需要。（3）度量衡标准不一致，难以对照及比较。[1]

（5）《高中世界地理》

该书由王谟编著。版权页题名“高级中学教科书　高中世界地理”。全书一册，1932年11月初版。[2]

4—50

图4—50　《高中世界地理》，王谟编著，世界书局印行，1933年4月第三版

《高中世界地理》的主要内容有：

第一编亚细亚洲

第一章总论，第二章北部及西部亚细亚，第三章东部亚细亚，第四章南部亚细亚，第五章西南亚细亚

第二编欧罗巴洲

第一章总论，第二章东部欧罗巴，第三章北部欧罗巴，第四章中部欧罗巴，第五章西部欧罗巴，第六章南部欧罗巴

第三编阿非利加洲

第一章总论，第二章北阿非利加，第三章中阿非利加，第四章东阿非利加，第五章南阿非利加，第六章阿非利加之属岛

第四编海洋洲

第一章总论，第二章澳大拉西亚，第三章美拉尼西亚，第四章密克罗内西亚，第五章坡里内西亚

[1] 王锦福. 最近三十年来中学地理课程概要及教科书之调查并批评：下[J]. 师大月刊，1935（23）：59.

[2] 王谟. 高中世界地理：高级中学学生用书[M]. 上海：世界书局，1932.

第五编亚美利加洲

第一章总论，第二章北亚美利加，第三章中亚美利加及西印度诸岛，第四章南亚美利加

第六编两极地方

第一章总论，第二章北极地方，第三章南极地方

2. 正式课程标准“新课程标准世界教科书”系列的地理教科书

《社会课本　地理编》（高级小学学生用）。

该书由宋子俊编辑，董文、范祥善校订。高级小学学生用书。其他题名“新课程标准世界教科书　社会课本　地理编”。全书四册，1933年初版。

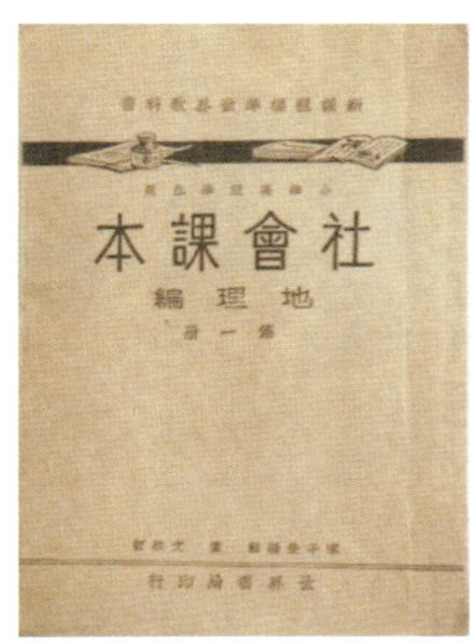

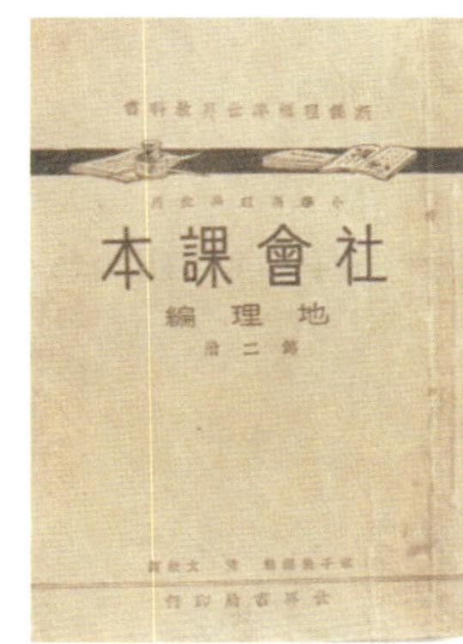

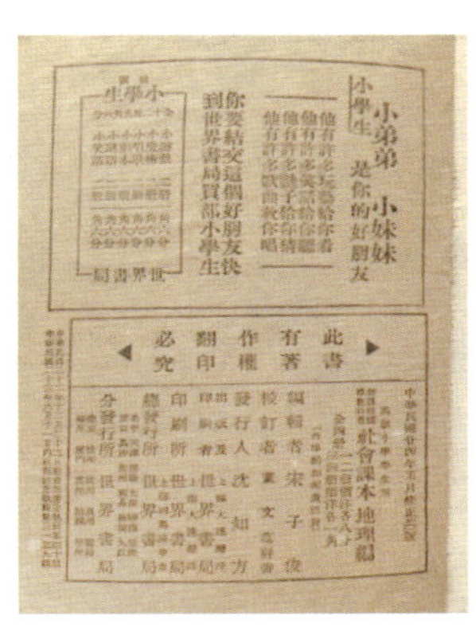

4—51

图4—51　《社会课本　地理编》（高级小学学生用），宋子俊编辑，董文、范祥善校订，第一册、第二册，世界书局印行，1935年5月修正第五〇版

3. 正式课程标准“新课程标准世界中学教本”系列的地理教科书

（1）《谭氏初中本国地理》

该书由谭廉逊编著，董文校订。全书四册，1933年初版。

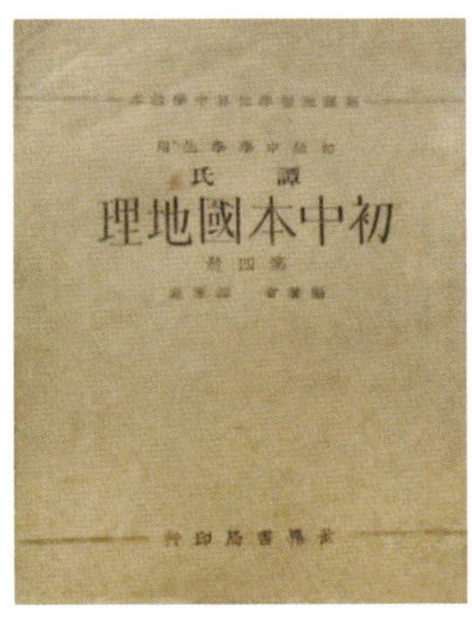

4—52

图4—52　《谭氏初中本国地理》，谭廉逊编著，董文校订，第四册，世界书局印行，1934年9月再版

（2）《谌氏初中本国地理》

该书由谌亚达编著，董文校订。全书四册，1935年初版。

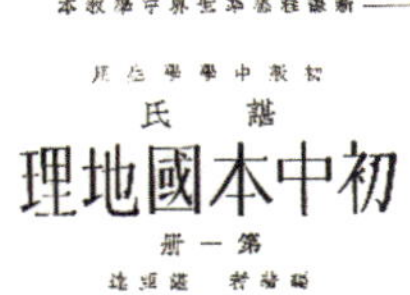
新課程標準世界中學教本
初中學生用
谌氏
初中本國地理
第一冊
編著者 谌亞達
世界書局印行

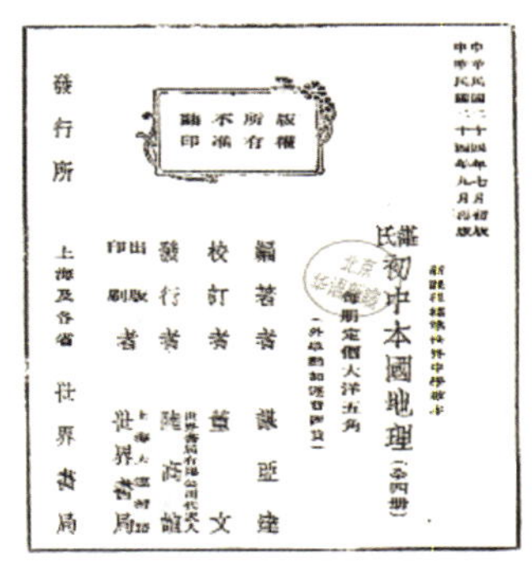

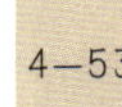

4—53

图4—53 《谌氏初中本国地理》，谌亚达编著，董文校订，第一册，世界书局印行，1935年9月再版

（3）《谭氏初中外国地理》

该书由谭廉逊编著，董文校订。全书二册，1934年初版。

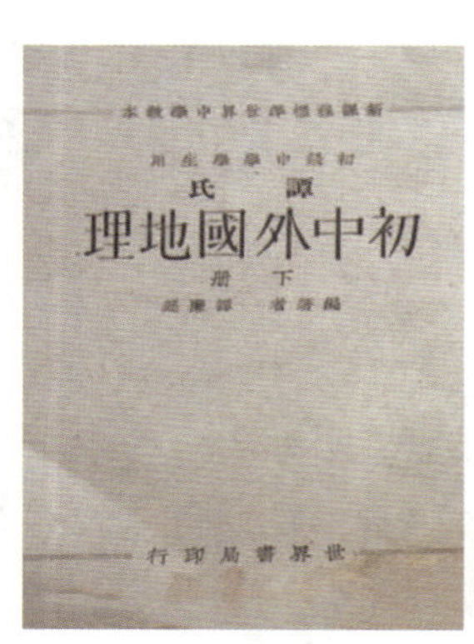
新課程標準世界中學教本
初中學生用
譚氏
初中外國地理
下冊
編著者 譚廉遜
世界書局印行

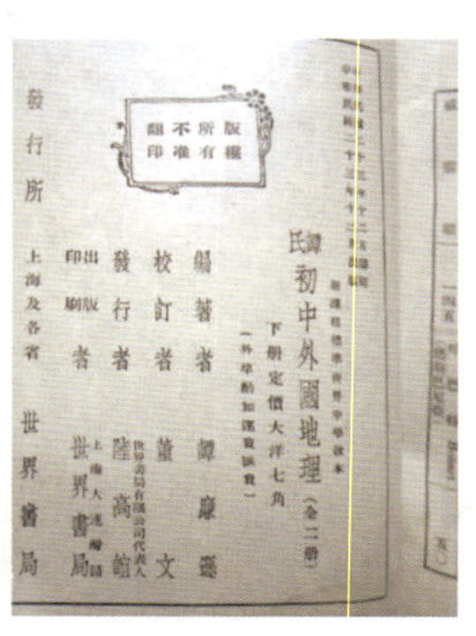

4—54

图4—54 《谭氏初中外国地理》，谭廉逊编著，董文校订，下册，世界书局印行，1934年12月初版

（4）《王氏初中世界地理》

该书由王谟编著。全书二册，1934年初版。

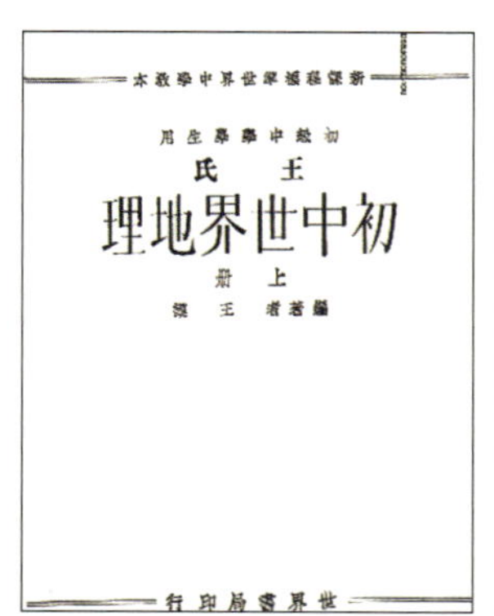
新課程標準世界中學教本
初中學生用
王氏
初中世界地理
上冊
編著者 王謨
世界書局印行

新課程標準世界中學教本
初中學生用
王氏
初中世界地理
下冊
編著者 王謨
世界書局印行

4—55

图4—55 《王氏初中世界地理》，王谟编著，上册、下册，世界书局印行，1934年10月初版、1934年9月初版

（5）《王氏高中本国地理》

该书由王益厓编著。通过教育部审定。全书一册，1934年初版。

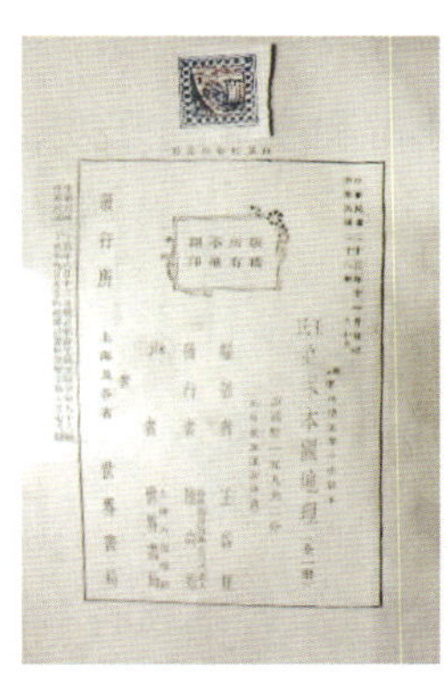

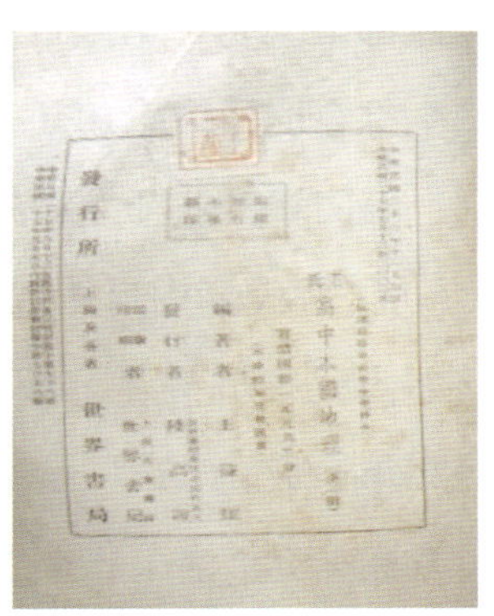

4—56

图4—56　《王氏高中本国地理》，王益厓编著，世界书局印行，1937年1月第十版、1938年7月第十二版

《王氏高中本国地理》的“编辑大意”指出：（1）本书遵照教育部颁行的高级中学本国地理课程标准编的。（2）本书阐明本国地理上种种的地人相互关系，使部颁标准和新地理学原则相符：A.产业分布等的说明，必以地势气候土壤等种种地的要件为根据点，同时并阐明一地域的经济文化，是人类和自然相互关系上所产生的产品；B.一方说明各区特殊的地人关系，他方并阐明我人应如何利用自然，使我国的经济文化，在地人的相互关系上作进一步的发展；C.在叙述各区地的条件时候，尤重总理计划要点的暗伏，换言之，把地理学的原则，来阐明总理的实业计划，同时对于政府各地的种种建设，亦用同样方法说明；D.利用政府及各机关的统计，使地人相互作用关系的研究上，作一事实的证明，并于叙述某大产地之后，利用关册，接述输出口岸和运销地域，一方使知本国经济在世界所处的地位，他方使知经济上的种种统计，均属新地理学研究上的重要资料；E.凡于我国自然环境上可以大大发展的产品，或是产额不多，人事未尽，或是产额多而尚可开发，必接述关册上的输入额，以明我人的需要，使知“地尽其利”实为当今的要图。（3）本书自然地理上特异性和人文地理上特异性的总论，以及地人相互关系上中国民生综合的研究的结论，均从本国在世界上所处之地位点上来说明，使养成学者爱护并发展民族利益之观念。（4）本书所述的都市，注重成因，故分类说明，使读者了解都市的盛衰和发展，均有地的因素在内。至都市中的风景名胜，在都市成因上，关系较小，故从略。（5）本书遇到本文不便过详仅供本文参考的地方，用注补充，以供参考。（6）本书每章节后，必附以习题，以便教者之询问，和学者之复习。（7）本书附有插图一百三十余，以便学者和本文对照，易于了解。

《王氏高中本国地理》的主要内容有两个特点，一是涉及国防，二是凸显地人关系。具体可见：第一编总论；第二编中国区域地理　第一章西北区……第三节西北区的居民人口都市国防，第二章中央区……第五节中央区的居民人口都市国防，第三章东南区……第五节东南区的居民人口都市国防，第四章西南区……第五节西南区的居民人口都市国防，第五章东北区……第四节东北区的居民人口都市国防，第六章高原区……第三节高原区的居民人口都市国防；第三编地人相互关系上中国民生综合的研究 第一章概说，第二章我国人口分布和产业的开发，第三章产业开发在地理上的研究，第四章产业开发和外人在华的经济势力。

（6）《程氏高中自然地理》

该书由程伯群编著。版权页题名“新课程标准世界中学教本 程氏高中自然地理”。全书一册，1936年初版。

4.“遵照教育部二十五年修正课程标准编辑 新课程标准世界教科书”系列的地理教科书

《社会课本 高小新地理》。

该书由朱翊新编辑，董文校订。其他题名“新课程标准世界教科书 高小新地理”。[1]通过教育部审定。全书四册，1937年初版。

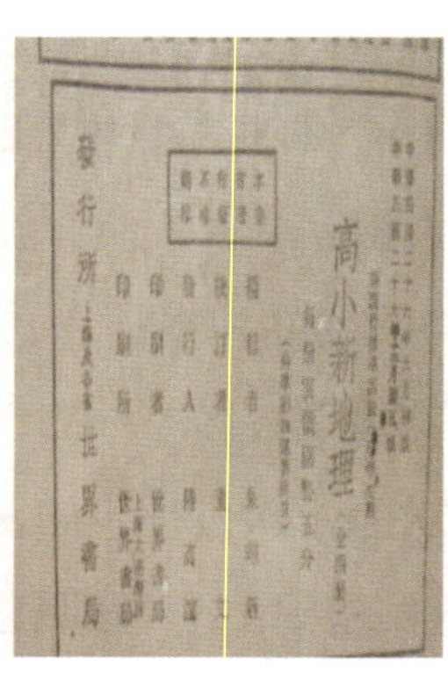
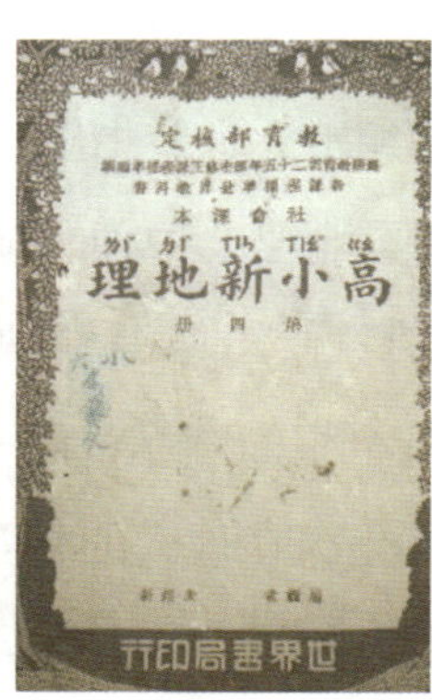

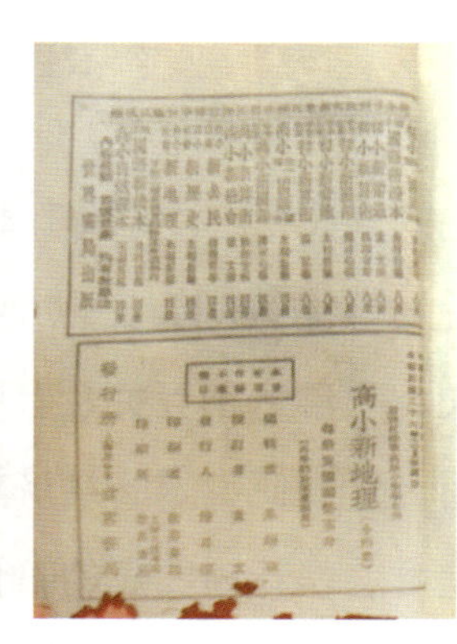

4—57

图4—57 《社会课本 高小新地理》，朱翊新编辑，董文校订，第二册、第四册，世界书局印行，1937年12月新五版、1937年12月新四版

该书“编辑大纲”指出：（1）本局根据1936年7月部颁修正小学高级社会课程标准编著“社会课本”四册外，复遵照小学课程标准总纲“作业范围”附表说明第四项，及小学高级社会课程标准“教学要点”第二条之规定，将社会科析为三种，公民、历史、地理各编四册，以应学校分授之用。（2）本书分四册，每册十七课，足供高级小学二学年之用。第一册述中国南部，第二册述中国北部和西部，第三册述世界各国，第四册总述中国和世界的大势，并及地球的大概。（3）本书排列教材以问题为中心，打破理论的排列，维持区域的联络。

5.“遵照教育部二十五年修正课程标准编辑 新课程标准世界中学教本”系列的地理教科书

（1）《初中新本国地理》

该书由俞易晋编著。初级中学学生用书。遵照教育部1936年修正课程标准编辑。全书共四册，

[1] 王有朋. 中国近代中小学教科书总目[M]. 上海：上海辞书出版社，2010：249.

1937年初版。

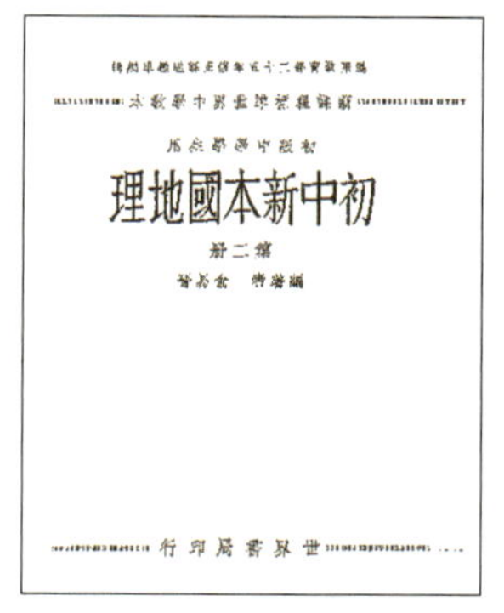

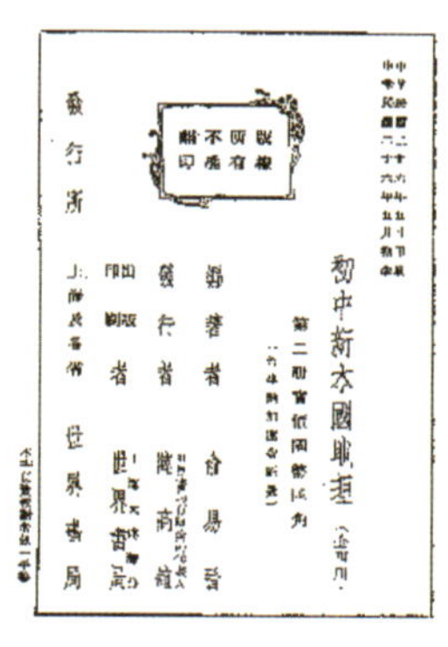

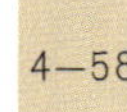

图4—58 《初中新本国地理》，俞易晋编著，第二册，世界书局印行，1937年5月初版

该书是严格遵照教育部1936年颁布的修正初级中学地理课程标准规定的“教材大纲”编纂的，在体式上并有创新。[1]《初中新本国地理》的一个特点是，几乎每一章后面都安排一节介绍孙中山先生的实业计划。该书“编辑凡例”指出：（1）本书遵照教育部最近颁布的修正初级中学地理课程标准编成。（2）本书目的，在使学生明了本国地理状况，与总理实业计划纲要，以养成其爱护国土之观念，与利用自然之能力。（3）本书分概说、地方志、总结三部；装订四册，分供初中一、二年级四个学期之用。（4）地方志之叙述，由自然区说到分省，每区之前，必加概说，使学生能得一贯的概念，并根据历史见地，阐明一区内前因后果，以引起学生学习地理之兴趣，追念开拓疆土之艰难，而萌其爱护国土之基念。（5）凡遇足以启发民族意识的地方，如国耻国防及重要纪念，莫不一一指述，以刺激学生爱国之信念，坚其雪耻之意志，期达到复兴民族之愿望。（6）地理是叙述现状的学科，总理实业计划是不满现状，要图改革的方略，故于每章地方志完了之后，将其计划大纲作殿，使学生既知各地之现状，又得有整治开发之准绳。（7）本书力免呆板的叙述，但仍条分缕析。遇主要处，用粗体字排出，以资醒目，间有插图另体排于旁边，附注力求简要，依其性质，分别注入文中节末。（8）课文中插问：含有启发式教学的意义；督促学生注意讲解；使教材得收联络一贯之效。（9）本书所用图表，均根据最近可靠统计，地图加缩尺，风景附说明，不特辅正文之不足，且能调剂学生精神，灌输实际知识。（10）本书注重学课余复习，故于章节之末，加提要和习题，习题变化错综，注重理解，力避繁碎与呆板，又常以比较对照之法，减强记之苦，题后留有空白，可随时将答案填入，以收“教”“学”并重之效。

（2）《谭氏初中本国地理》

该书由谭廉逊编著。全书四册。

（3）《谭氏初中外国地理》

该书由谭廉逊编著。全书二册。

[1] 杨尧. 中国近现代中小学地理教育史[M]. 西安：陕西人民教育出版社，1991：242-243.

（4）《高中新本国地理》

该书由孙省三编著。全书三册，1937年初版。

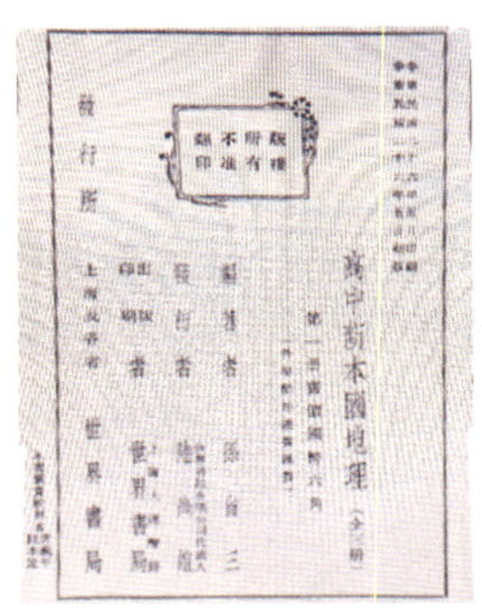

4—59

图4—59 《高中新本国地理》，孙省三编著，第一册，世界书局印行，1937年5月初版

（5）《王氏高中新本国地理》

该书由王益厓编著。全书一册。

（6）《高中新外国地理》

该书由蒋君章编著。全书二册，1937年初版。

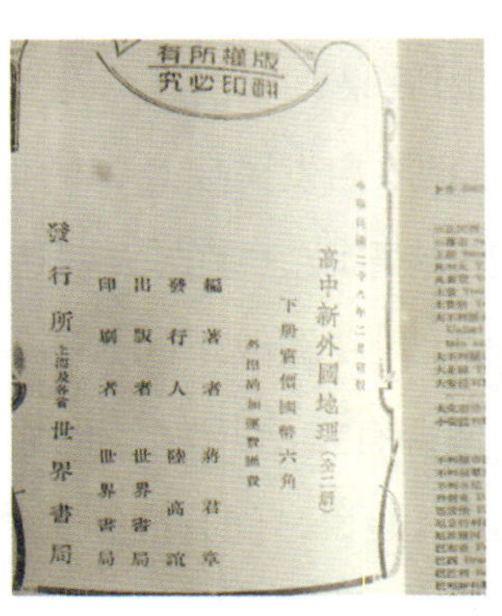

4—60

图4—60 《高中新外国地理》，蒋君章编著，下册，世界书局印行，1939年2月初版、1940年1月再版

该书在“编辑大意”中指出：（1）本书完全依据部颁修正课程标准而编辑，对于人地关系之阐明，各国地理之区域性，国际问题之地理背景，以及各国与我国的关系，各国长处为我国应行取法诸点，无不扼要陈述，尤注意于因果关系的说明，绝非记账式的旧式地理教科书所能比拟。（2）凡在各重要国家之前，皆列有概说一篇，先以概念启示学者。次就地形、气候、物产、人民、交通、都市等项，分别推求其因果，俾得纲举目张之便。”杨尧先生认为，本书未摘例证材料，无以表征注重因果关系的实况。本书行文流畅，但文言白话混用；所见1947年新版本，没有反映第二次世界大战后政治和领土的变迁；前后均未见教部审定。[1]

[1] 杨尧. 中国近现代中小学地理教育史[M]. 西安：陕西人民教育出版社，1991：245.

6.“修正课程标准（重行修正课程标准）适用”“遵照教育部修正课程标准编辑　新课程标准世界中学教本”系列的地理教科书

（1）《高中新外国地理》

该书由蒋君章编著。修正课程标准适用。全书二册，1937年初版。

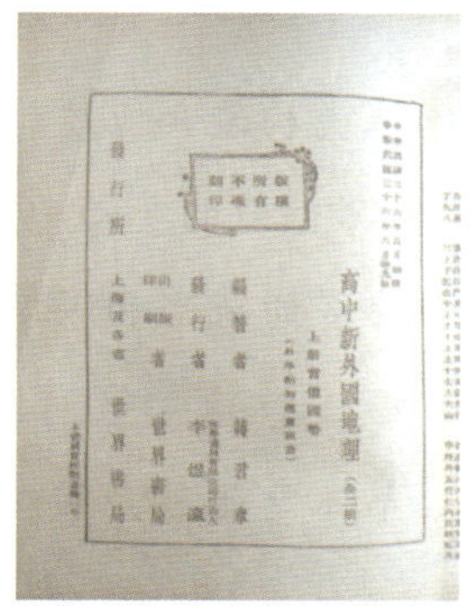

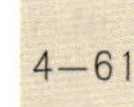

图4－61　《高中新外国地理》，蒋君章编著，上册，世界书局印行，1947年6月新九版

（2）《新编本国地理纲要》

该书由俞易晋编著。根据1940年教育部颁布重行修正初、高中地理课程标准编制，可供初中四个学期或高中三个学期本国地理教学之用。全书一册，1946年8月初版。

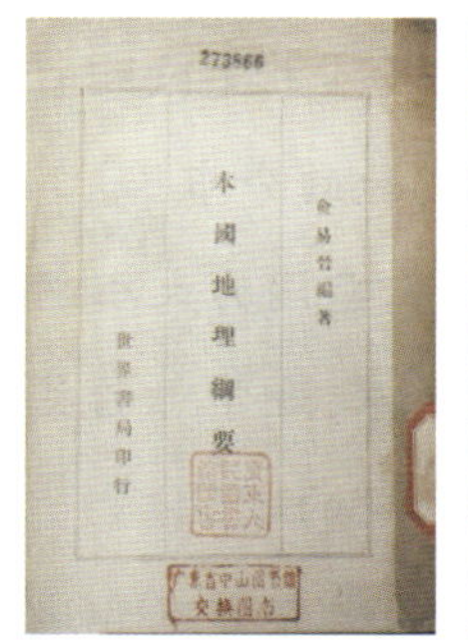

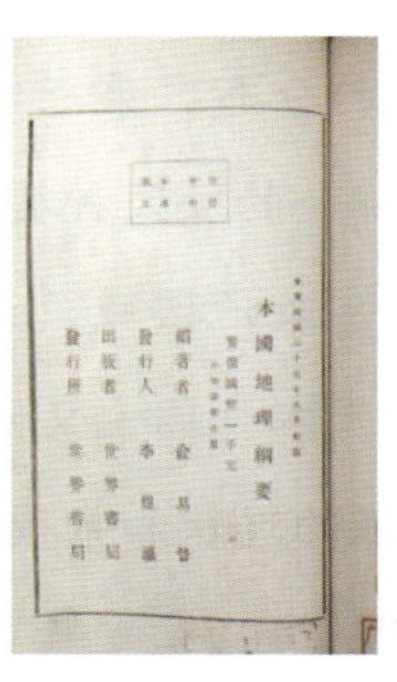

4—62

图4—62　《新编本国地理纲要》，俞易晋编著，世界书局印行，1946年8月初版、1946年12月再版

7. 世界书局课程标准其他地理教科书

《地理学》。

该书由王益厓著，被收入文化科学丛书。全书一册，1931年5月初版。

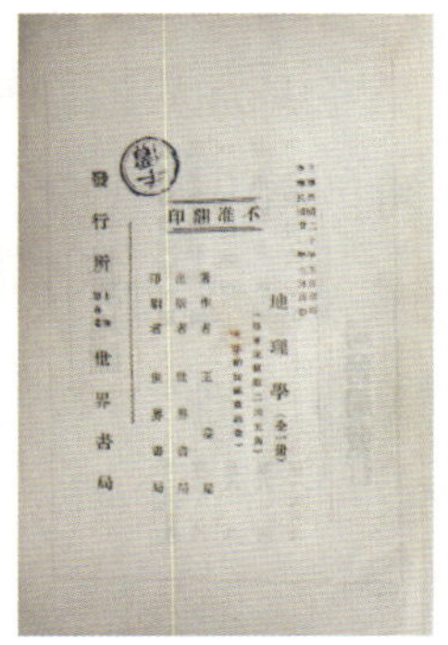

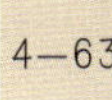

图4—63　《地理学》，王益厓著，世界书局印行，1932年9月再版

该书的主要内容有：

第一编总论

第二编自然地理学

第一篇天体地理学　第一章人类肉眼所及的星界，第二章太阳系，第三章地球，第四章月和蚀，第五章日历和时

第二篇陆界地理学　第一章地球的表面，第二章地壳构造和地质构造，第三章地形和地形学，第四章陆地的变动（上）（内作用），第五章陆地的变动（下）（外作用）

第三篇海洋地理学　第一章海洋的区分，第二章海底的地形和深度，第三章海底的沉淀物，第四章海水的性质，第五章海水的运动

第四篇气界地理学　第一章大气，第二章气温，第三章气压，第四章气流，第五章湿度和雨量，第六章天气和气候

第五篇生物地理学　第一章生物分布差异的原因，第二章植物的地的分布，第三章动物的地的分布

第三编人文地理学

第一篇人类地理学　第一章人种区别的标准，第二章世界人种的类别和地的分布，第三章人口调查和人口的静的分布，第四章移民和人口的动的分布，第五章世界主要民族的分布概况，第六章宗教言语的类别和地的分布，第七章都会的成因种类和地的分布

第二篇政治地理学　第一章地球面的占领和国家，第二章政治区域，第三章国力大小别的国家和地的分布，第四章境界线和地的关系，第五章资本帝国主义和人文地学上的关系，第六章国际联盟和国际职能上的地域，第七章五大强的现状和帝国主义的政策

第三篇经济地理学　第一章农业的世界概况和地的分布，第二章畜牧业的世界概况和地的分布，第三章森林业的世界概况和地的分布，第四章水产业的世界概况和地的分布，第五章矿业的世界概况和地的分布，第六章工业的世界概况和地的分布，第七章商业的世界概况和地的分布，第八章交通业的世界概况和地的分布

王锦福先生这样介绍该书：“此书共分三编。第一编为绪论，略述地理学之定义、本务、对象及内容多项。第二编为自然地理学，又分为五篇：首为天体地理学，次为陆界地理学、海洋地理学，再次为气界地理学，末为生物地理学。第三编为人文地理学，内分为人类地理学、政治地理学及经济地理学三篇。内容丰富，材料适宜，可供高中地理课本及自修参考之用。书中节目处，以方体字排列之，附有图表多幅，可资学者之比较及参考。”该书的优点有：（1）教材之分量，均为适当，足为高中课本或地理教师参考之用。（2）条理清晰，文字浅显，使读者一目了然。（3）包括地理学全部，材料齐全。缺点有：（1）理论部分，附图较少，使读者不易了解透彻。（2）字句

稍欠透彻，似嫌累赘。（3）不切于实用，如防霜、避电、培植森林及改良土壤等法，均未提及，似非所宜。[1]

（四）开明书店出版的课程标准地理教科书

开明书店1926年8月成立于上海宝山路，创办人为原商务印书馆《妇女杂志》主编章锡琛。1929年改组为股份有限公司，杜海生、章锡琛先后任经理；1941年在广西桂林设立总办事处，后迁重庆，1946年迁回上海；1950年开明书店实行公私合营，1953年与青年出版社合并改组为中国青年出版社。

开明书店成立后不久，为了独树一帜，在教科书市场有一个良好的开局，编纂出版了一些适合新学制、具有特色的中学课本，以期开教本的新纪元。主要有：《开明算学教本》、《开明英文读本》（林语堂编著，丰子恺绘图）、《开明国语》（叶圣陶编著，丰子恺绘图）等。

1929年、1932年教育部相继颁布中小学暂行课程标准与正式课程标准后，开明书店开始系统地组织编写和出版与课程标准相适应的教科书及其教学法。主要有：《开明国语课本》（叶绍钧编纂，丰子恺绘画）、《开明本国史教本》（周予同著）、《开明世界史教本》（刘叔琴、陈登元编著）、《开明外国地理教本》（盛叙功编著）、《开明植物学教本》（王蕴如编著，周建人校订）、《开明物理学教本》（戴运轨编著）、《开明化学教本》（程祥荣编著）、《开明生理卫生学教本》（顾寿白编著）等。

1936年6月—7月，教育部颁布了中小学修正课程标准，开明书店出版了“修正课程标准适用”教科书。主要有：《开明算术课本》（刘薰宇编纂）、《初中国文教本》（夏丏尊、叶绍钧编）、《初中代数教本》（杨晓初、杨明轩编著）、《初中几何教本》（骆师曾编著）、《初中算术教本》（刘薰宇、孙瀚、张志渊编著）、《初中英语教本》（王国华编著，丰子恺绘图）等。

1940年6月至1942年10月教育部陆续公布重行修正中小学课程标准后，开明书店亦出版了“重行修正课程标准适用”教科书。主要有：《算术课本》（第一次修订本）（国立编译馆主编，薛元龙、薛天汉、唐冠芳编）、《初中代数教本》（叶至善编著）、《开明新编初中算术教本》（夏承法、叶至善编）、《开明新编高级生物学》（贾祖璋编著）等。

20世纪40年代后期开明书店又改编出版了一套“开明新编读本”，主要有：《开明新编国文读本（注释本甲种）》（叶圣陶、周予同、郭绍虞、覃必陶编著）、《开明新编国文读本（注释本乙种）》（叶圣陶、徐调孚、郭绍虞、覃必陶编著）、《开明新编高级国文读本》（朱自清、吕叔湘、叶圣陶、李广田编）、《开明文言读本》（朱自清、吕叔湘、叶圣陶编）、《开明新编初级外国地理》（韦息予编著）、《开明新编初级本国地理》（田世英编著）等。

[1] 王锦福. 最近三十年来中学地理课程概要及教科书之调查并批评（下）[J]. 师大月刊，1935（23）：51.

在上述开明书店出版的课程标准教科书中，中小学地理课本（教本）及其教学法11种29册，含地理内容的常识课本（包括社会、自然二科或社会、自然、卫生三科内容）及其教学法2种16册，含地理内容的社会课本（包括历史、地理、卫生三科内容）及其教学法2种12册。中小学地理课本（教本）主要如下。

1．“暂行课程标准适用”“新课程标准适用”系列的地理课本（教本）

（1）《开明地理课本》（小学高级学生用）

该书由冯达夫编纂。小学高级学生用书。教育部审定新课程标准适用。全书四册，1936年初版。

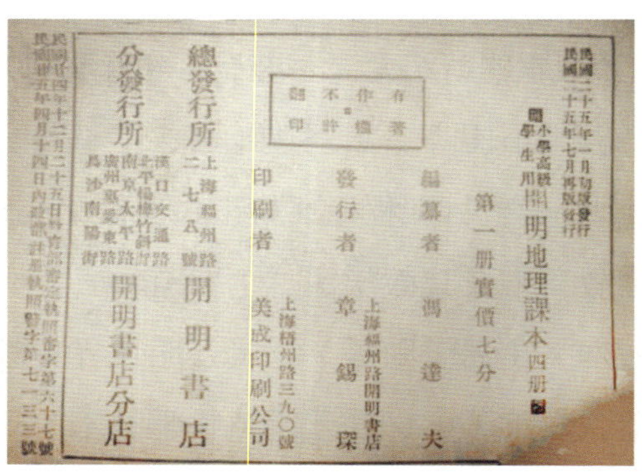

民國二十五年一月初版發行
民國二十五年七月再版發行
小學高級學生用 開明地理課本 四冊
第一冊實價七分
編纂者 馮達夫
發行者 上海福州路開明書店 章錫琛
印刷者 上海梧州路三九〇號 美成印刷公司
有著作權 不准翻印
總發行所 上海福州路二七八號 開明書店
分發行所 漢口交通路 北平楊梅竹斜街 南京太平路 廣州惠愛東路 長沙南陽街 開明書店分店
民國二十四年十二月二十五日教育部審定執照審字第六十七號
民國二十五年四月十四日內政部註冊執照警字第七一三三號

4—64

图4—64 《开明地理课本》（小学高级学生用），冯达夫编纂，第一册，开明书店印行，1936年7月再版

（2）《新标准初中教本　本国地理》

该书由王勤堉编著。初级中学学生用书。全书四册，1934年初版。

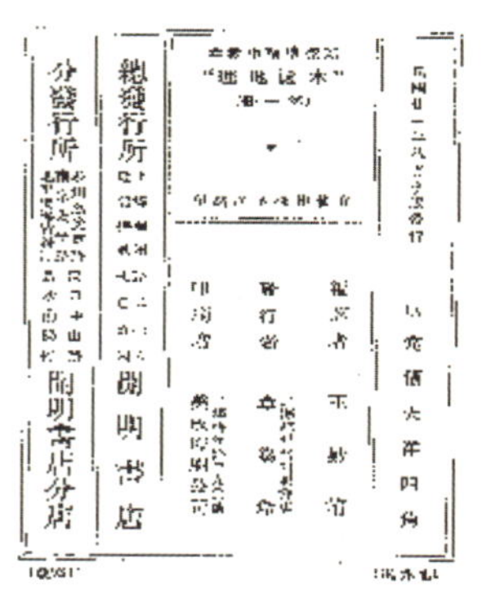

4—65

图4—65 《新标准初中教本　本国地理》，王勤堉编著，第一册，开明书店印行，1934年8月初版

（3）《开明外国地理教本》（初级中学学生用）

该书由盛叙功编。初级中学学生用书。全书一册，1932年初版。

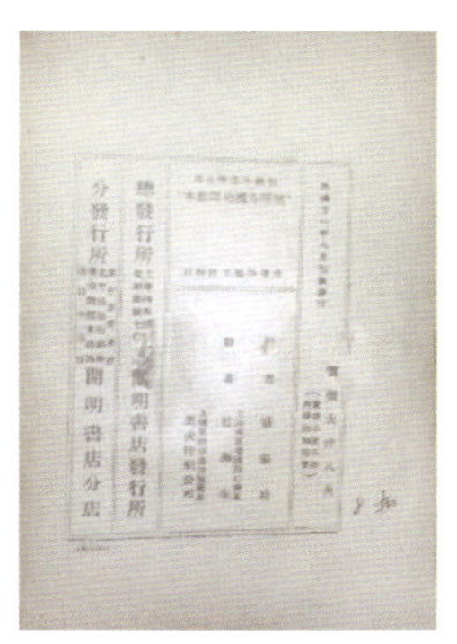

4—66

图4—66 《开明外国地理教本》（初级中学学生用），盛叙功编，开明书店印行，1932年8月初版

（4）《外国地理新编》

该书由盛叙功编。全书二册，1933年初版。

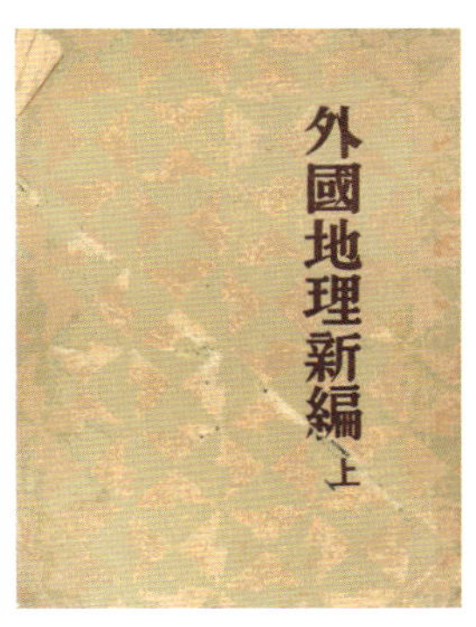

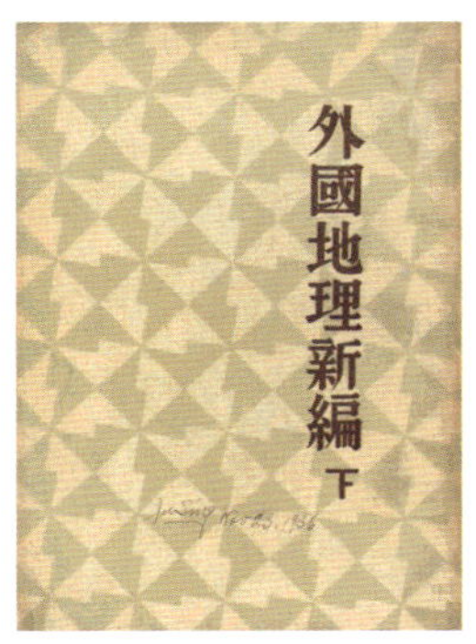

4—67

图4—67 《外国地理新编》（初级中学学生用），盛叙功编，上册、下册，开明书店印行，1933年10月初版

2.“修正课程标准适用”系列的地理教科书

（1）《初中本国地理教本》

该书由傅彬然编著。修正课程标准适用。通过教育部审定。全书四册，1937年初版。

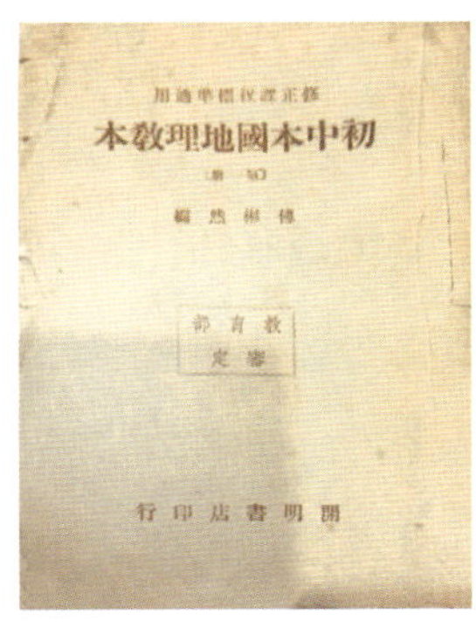

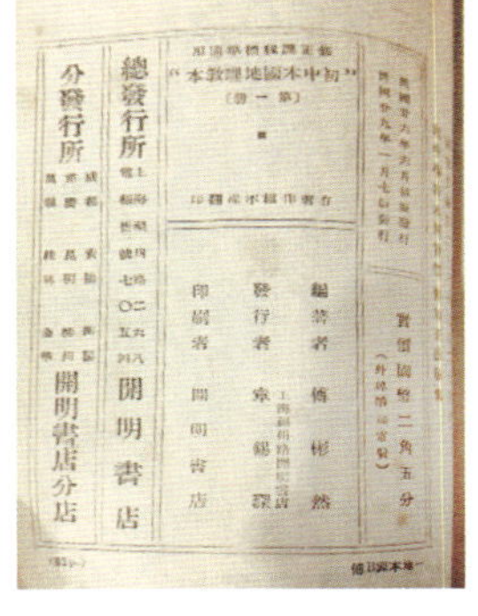

4—68

图4—68 《初中本国地理教本》，傅彬然编著，第一册，开明书店印行，1940年1月第七版

（2）《初中外国地理教本》

该书由李长傅编著。通过教育部审定。全书二册，1937年初版。

4—69

图4—69　《初中外国地理教本》，李长傅编著，上册、下册，开明书店印行，1940年2月第二版、1941年11月成都第一版

有学者指出，该书遵照修正课程标准编辑，注重与我国关系密切的国家，故亚洲诸国较详，欧洲和美洲次之。目前所见是1948年的版本，根据第二次大战后新形势作了修正，与“教材大纲”所立地方志条目不一样。如阿富汗等这一部分，仍称“五海之地”，分伊朗高原、阿拉伯半岛、土耳其三章。[1]

3. 重行修正课程标准适用“开明新编读本”系列的地理教科书

（1）《开明新编初级本国地理》

该书由田世英编著。全书五册，1947年初版。

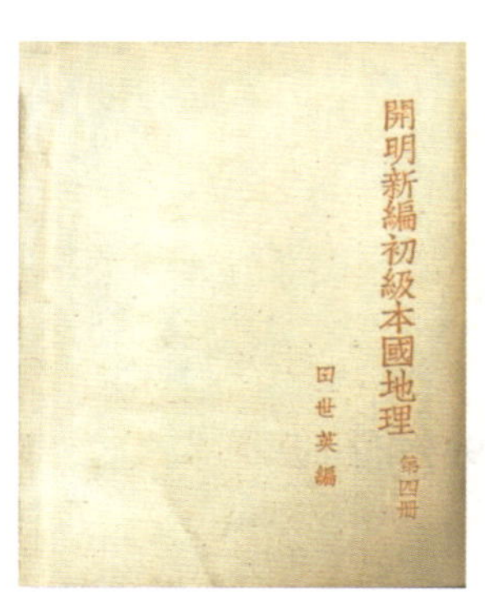

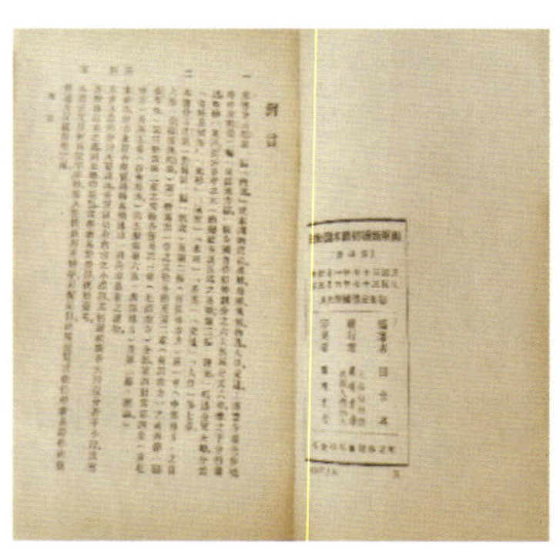

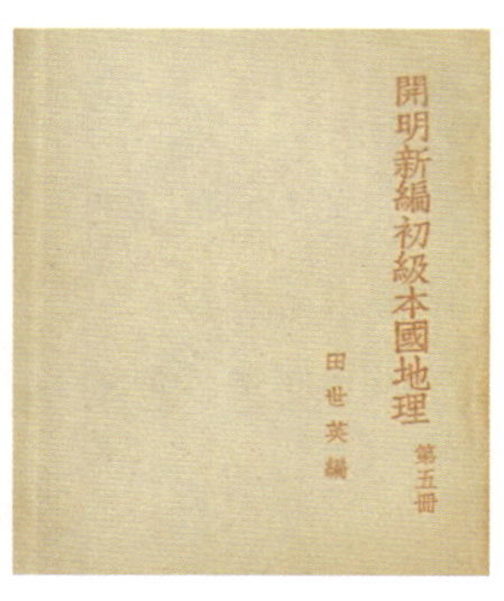

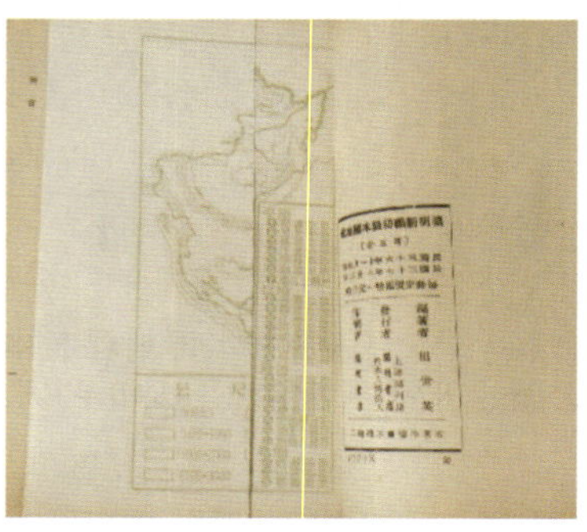

4—70

图4—70　《开明新编初级本国地理》，田世英编著，第四册、第五册，开明书店印行，1948年6月第三版

该书虽然没有作出明确说明，但它实际上是遵照1940年教育部颁布的重行修正课程标准编辑的。不但全书分五册供五学期之用，而且所立编、章、节、目与课程标准所定“教材大纲”基本相

[1] 杨尧. 中国近现代中小学地理教育史[M]. 西安：陕西人民教育出版社，1991：243.

符。如全书分三编，第一编概说，就本国的位置、疆域、地形、气候、物产、人口、交通、工商业各项先作概略的说明；第二编省区地方志，依全国自然形势划分的六大区域分为6章，章之下分节叙述，每节一省区，而于各章之末一节总结各该区域的要点；第三编总论，综述全国大势，分为疆域及国界、地形、气候、水利、产业、交通、人口等7章。在内容上，该书不同于任美锷修订本的本国地理的地方主要体现为：（1）属于本国地理组成部分的乡土地理，没有交代；（2）首讲概说，符合教材大纲的安排；（3）“漠南北地方”改为“漠南地方”，符合政治形势的发展。该书在编制体例上有如下两大特点：（1）本书各章节分段扼要叙述，各冠以切合内容之小标题，其中包罗较广复合各小段，或有应特加注意之处，则更标明要点，俾学者易于了解，便于查考；（2）本书正文用新四号字排植，插入提问则用五号字，以醒眉目。此项提问在供学者及时作前后贯通及反复推究之用。[1]

李景文编著的《民国教育史料丛刊总目提要》指出，该书取材符合现实，内容新颖，各章节分段扼要，讲述条理清楚，便于学习，便于查考，各编各章附有习题，供学者参考使用，每册书末附印各省区面积人口表，供学者参考。[2]

（2）《开明新编初级外国地理》

该书由韦息予编著。全书一册，1948年1月初版。

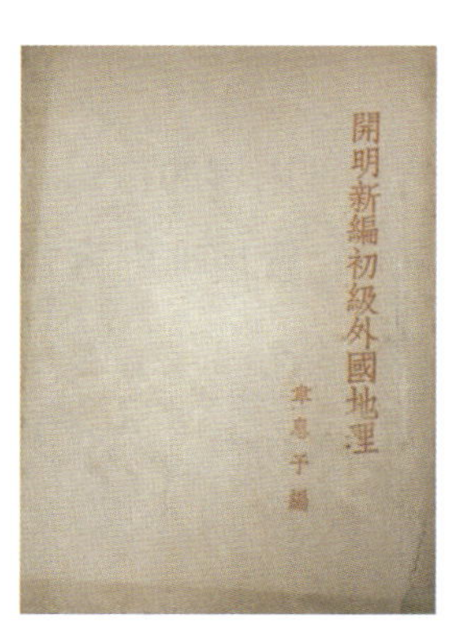

4—71

图4—71 《开明新编初级外国地理》，韦息予编著，开明书店印行，1949年9月第七版

该书虽未明言，但它实际上也是遵照1940年教育部颁布的重行修正课程标准编成的。该书在“例言”中提到：（1）本书分八编。第一编“概说”，就全世界的地形、气候及居民先作概略的说明；第二编至第七编，依各大洲的区划，作分区的叙述。第八编“综述”，就世界资源的分布以及各国的经济状态作一综合的叙述。（2）亚细亚洲为我国所在的大陆，叙述较详，计分八章。欧罗巴洲多世界重要国家，亦分五章叙述。其余非洲、北美洲、南美洲及大洋洲均不分章。南极洲为最近发现之陆地，地文尚待探察，人文亦无足述，故略而不言。（3）分区叙述各编章，先就地形、气候、产业、交通、居民、政治各项扼要叙述，再行分国或分区略加说明，各冠以切合内容之小标题，以醒眉目。

[1] 杨尧. 中国近现代中小学地理教育史[M]. 西安：陕西人民教育出版社，1991：319-324.

[2] 李景文. 民国教育史料丛刊总目提要[M]. 郑州：大象出版社，2015：527-528.

（五）大东书局出版的课程标准地理教科书

大东书局1916年创办于上海，是集出版、发行、销售于一体的私人企业。早期由吕子泉、王幼堂、沈骏声、王均卿四人合资经营，沈骏声任经理，王幼堂任总店店长。1924年大东书局改制为股份公司。大东书局主要出版中小学教科书、法律、中医、文艺、社会科学丛书和儿童读物等，其中小学教科书出版是书局的主要业务。在无法撼动商务印书馆、中华书局和世界书局出版的教科书地位的前提下，大东书局在教科书的质量上下功夫，在教科书发行量全国民间出版机构排行榜上，列商务印书馆、中华书局与世界书局之后，位居第四。[1]

20世纪30年代大东书局逐渐进入教科书领域，1929年、1932年教育部颁布中小学暂行课程标准与正式课程标准后，大东书局相继出版了适应新课程标准需要的“中学教本”（包括初级中学与高级中学）、“新生活教科书”（包括初级小学与高级小学）与“新生活初中教科书”三个系列的教科书或教学法，涵盖了初小、高小、初中与高中四个学段。

“中学教本”系列主要有：《初中党义教本》（陶百川编著，蔡元培校订）、《初中国文教本》（张弓编著，蔡元培、江恒源校订）、《初中算术教本》（张铁庸编著，范凤源、熊浚校订）、《初中自然科学教本》、《初中本国地理教本》、《初中外国地理教本》等。

1936年6月—7月以及1940年6月—1942年10月教育部陆续公布了修正课程标准、重行修正课程标准后，大东书局出版、印行了“修正课程标准适用”教科书系列。

在上述大东书局出版的课程标准教科书中，有中小学地理教科书9种25册，含地理内容的常识教科书（包括社会、自然、卫生三科或社会、自然二科内容）及其教学指引3种24册，含地理内容的社会教科书（包括历史、地理、卫生三科内容）2种12册。中小学地理教科书主要如下：

1.“暂行课程标准适用　中学教本”“新课程标准适用　中学教本”系列的地理教科书

（1）《初中本国地理教本》

该书由苏甲荣编著，孟寿椿校订。初级中学学生用书。遵照部颁初级中学地理暂行课程标准编辑。其他题名“初级中学教本　本国地理”。全书四册，1931年初版。

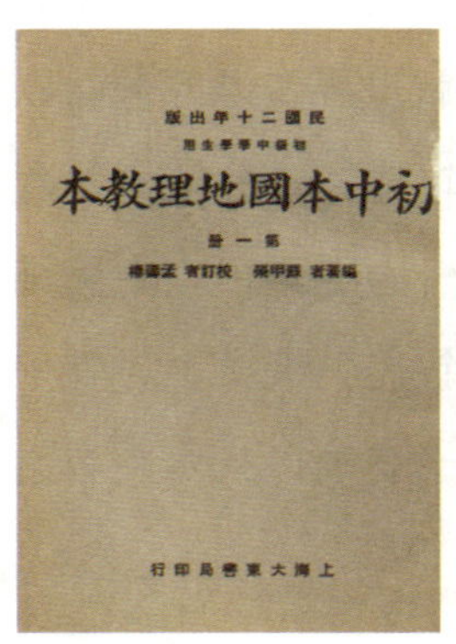

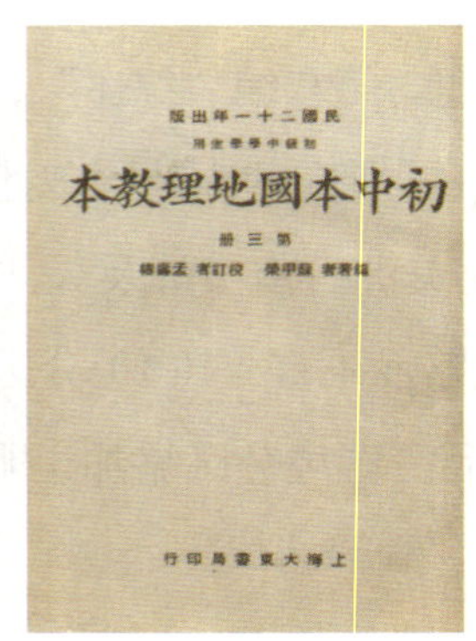

4—72

图4—72　《初中本国地理教本》，苏甲荣编著，孟寿椿校订，第一册、第三册，大东书局印行，1931年8月初版、1932年9月初版

[1] 肖建军. 中国旧书局[M]. 北京：金城出版社，2014：123.

有学者对《初中本国地理教本》（初级中学学生用书）进行了评价，认为其优点有：（1）编次先以自然地理为基础，次及地方志，而最末以人文地理为总括，于教本国地理之秩序上，颇为适宜。（2）地方志折衷自然区域及政治区域之划分方法，既免去以省区为单位之支离破碎之弊，而初中学生对自然区域之划分，不易领悟之苦恼亦可免除。（3）每章之末，均附有问题，极便于教学之用，所附风景图及形势图，亦可得补充之效。缺点有：（1）材料过多，缺乏伸缩性，用于初中，有难以授毕之困难。（2）绪论中应添上学习地理之基本常识（如宇宙、太阳系、日月、四时等），以为后日讲授本国地理之准备。[1]

（2）《初级中学用　本国地理教本》

该书由柳肇嘉著，江恒源、熊浚校订。初级中学学生用书。封面题名“初中本国地理教本”。全书四册，实际仅出一册，1931年初版。

此书依照教部颁布暂行地理课程标准而编辑，用语体文叙述之。共四册，每学期授一册，适合初中前二年之用。首册总述全国之大概，特注重自然与人文地理之关系，二、三、四三册，分论各省区，注重自然区域和都市中心，不以省区为限，打破以往之故例。书中不分章节，以一、二及加重色字或（1）（2）等字区分之，眉目尚称清楚，便于检查。每段之末，附有问题若干，以便教授上及学者复习之用。此书的主要优点有：（1）材料丰富，论述亦详。文字浅近，以新式标点标之，极为明悉。（2）插图极多，供师生间讨论研究之资料。缺点有：（1）分量过大（首册一〇六页），教授较难，详解则时间不足，简述则初学学生不易领略。（2）插图虽富，大致多系风景画，于教学上无甚帮助。（3）此书之编制，以张其昀之高中中国地理（商务出版）之分法为标准，不适于初中之用与张著者同。

（3）《初中外国地理教本》

该书由金守诚编著，李长傅校订。初级中学学生用书。新课程标准适用。版权页题名“初级中学教本　外国地理”。全书二册，1932年初版。

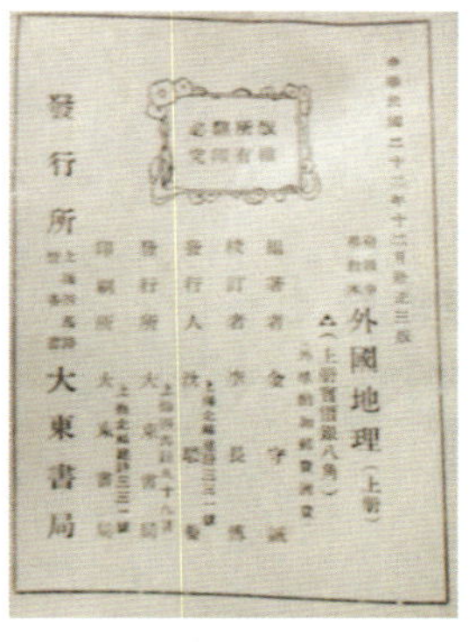

外國地理（上冊）

編著者　金守誠

校訂者　李長傅

發行所　大東書局

4—73

图4—73　《初中外国地理教本》，金守诚编著，李长傅校订，上册，大东书局印行，1933年12月修正三版

[1] 王锦福. 最近三十年来中学地理课程概要及教科书之调查并批评：下[J]. 师大月刊，1935（23）：53-54.

（4）《高级中学教本　人文地理》

该书由王益厓编著。高级中学学生用书。封面页题名“人文地理　高级中学学生用”。全书一册，1933年9月初版。

4—74

图4—74　《高级中学教本　人文地理》，王益厓编著，大东书局印行，1933年9月初版

（5）《高级中学教本　世界地理》

该书由王益厓编著。高级中学学生用书。封面页题名“世界地理　高级中学学生用”。全书二册。

4—75

图4—75　《高级中学教本　世界地理》，王益厓编著，大东书局印行，上册，1934年9月再版

（6）《高中世界地理教本》

该书由王钟麟编著。高级中学学生用书。版权页题名“高级中学教本　世界地理”。全书二册，1933年初版。

高級中學學生用
高中世界地理教本
上　冊
編著者　王鍾麒
上海大東書局印行

高級中學學生用
高中世界地理教本
下　冊
編著者　王鍾麒
上海大東書局印行

4—76

图4—76　《高中世界地理教本》，王钟麟编著，大东书局印行，上册、下册，1933年3月初版

2. 新课程标准适用“新生活初中教科书”系列的地理教科书

（1）《新生活初中教科书　本国地理》

该书由李长傅编辑。初级中学学生用书。新课程标准适用。全书四册，1934年初版。

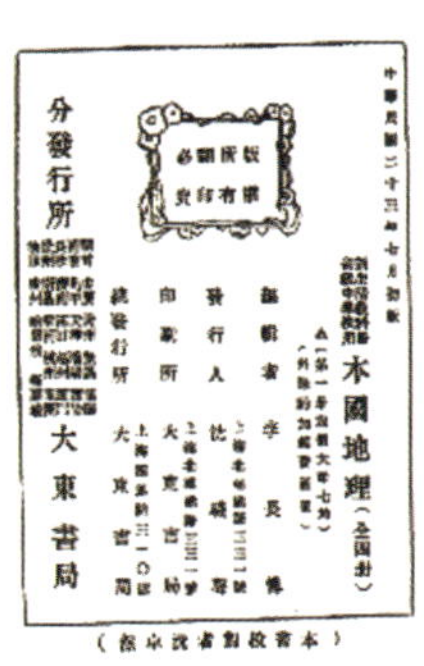

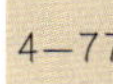

图4—77　《新生活初中教科书　本国地理》，李长傅编辑，大东书局印行，第一册、第二册，1934年7月初版

（2）《新生活初中教科书　外国地理》

该书由陈希东编著。初级中学学生用书。新课程标准适用。全书二册，1934年初版。

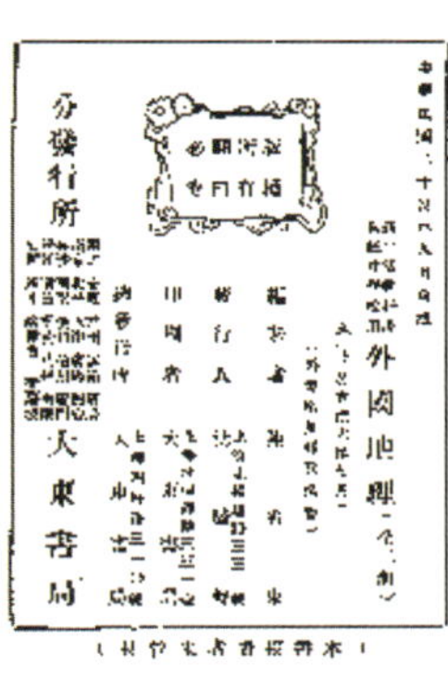

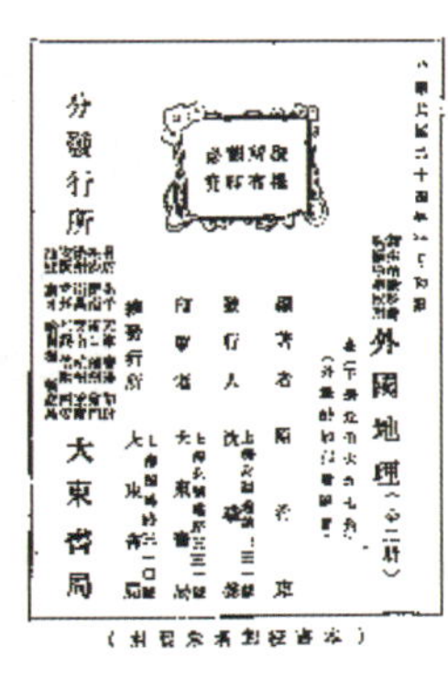

4—78

图4—78　《新生活初中教科书　外国地理》，陈希东编著，大东书局印行，上册、下册，1935年8月再版、1935年1月初版

（六）正中书局出版的课程标准地理教科书

正中书局由陈立夫于1931年10月在南京创办，该书局以“扶风正俗，以兴中华”为目标。1933年，陈立夫将书局的全部资产捐献给国民政府，国民政府在其基础上进行扩充，由陈立夫任董事长、叶楚伧任出版委员长、吴秉常任总经理。扩充后的正中书局有营业、编辑和印务三所，并在上海、北京、天津、汉口、杭州等地设有分局和发行所。在国民政府的大力支持下，正中书局发展迅速，很快在当时的出版界站稳了脚跟。创办初期，正中书局以出版中学教科书和课外读物为主。1934年7月正中书局开始推出“依照新课程标准编辑”的中学教科书，至1935年已出版初中教科书16种46册、高中教科书8种26册。

1936年正中书局接收上海新民印刷厂的机器，筹设上海印刷厂，次年合并南京三民印务局，将其作为第一印刷厂，又将上海印刷厂作为第二印刷厂。1937年正中书局进行机构调整，撤销出版委员会，设经理室、编审处、业务处，迅速发展成为全国第六大书局之一。[1]1936年正中书局依据教育部颁布的修正中学课程标准，将"依照新课程标准编辑"的中学教科书重新规整并新编了一些学科的教科书，推出了一套修正课程标准适用之中学"建国教科书"。

抗日战争爆发后，正中书局随国民政府迁往重庆，业务有所发展，在重庆设三个分局，在桂林、贵阳、宜昌等地也设有分局，在昆明、广州等地则派有专员。1938年正中书局成立香港办事处，就地印刷再版图书以满足华南各地消费需求。

抗日战争初期，正中书局应形势需要，编印了大量的战时读物，后期仍以出版中小学教科书、自然科学、三民主义及国民党党政要人著作为主。抗日战争期间，国民政府将中小学教科书的编写权逐渐收回，教育部规定1942年起小学各科教科书及中学公民、国文、历史、地理四科教科书，各校一律采用国立编译馆主编的国定教科书。1942年5月蒋介石在致教育部长陈立夫的信函中要求，"以后凡中小学教科书应一律限期由部自编，并禁止各书局自由编订"。[2]国定教科书最初交由正中书局统一发行，但随着陆续编订的国定教科书越来越多，而正中书局无力承担全国所有国定教科书发行供应之责，教育部只好于1943年4月将国定教科书的发行权交给由正中书局、商务印书馆、中华书局、世界书局、大东书局、开明书局、文通书局等7家书局联合组成的"国定中小学教科书七家联合供应处"，由该处统筹负责印行供应。

正当教育部三令五申要求全国中小学使用国定教科书、停止使用其他教科书的时候，正中书局却依据1940年6月—1942年10月教育部陆续公布的中小学各科重行修正课程标准，于1943年编辑出版了一套重行修正课程标准适用的"新中国教科书"。这套教科书的主要编撰及校订者有俞子夷、叶溯中、汪桂荣、郑勉等，其封面都有"遵照三十年修正课程标准编著新中国教科书"字样，部分教科书封面有非常醒目的"教育部审定"字样，该套教科书1947年还在再版使用。[3]抗战胜利后，正中书局迁回南京，全国27个分支机构先后恢复营业。1949年正中书局迁往台湾。[4]正中书局出版印行的课程标准系列地理教科书主要如下。

1."正式课程标准适用"的地理教科书

（1）《初级中学教科书　本国地理》

该书由叶楚伧主编，王益厓、周立三编著，汪懋祖校阅。新课程标准适用。版权页题名"初中本国地理"。全书分订上、下二册，1934年初版。

---

[1] 侯怀银. 民国教育学术研究[M]. 长沙：湖南教育出版社，2018：337-340.

[2] 石鸥. 弦诵之声：百年中国教科书的文化使命[M]. 长沙：湖南教育出版社，2019：210.

[3] 石鸥，吴小鸥. 中国近现代教科书史：上[M]. 长沙：湖南教育出版社，2012：441-442.

[4] 侯怀银. 民国教育学术研究[M]. 长沙：湖南教育出版社，2018：337-340.

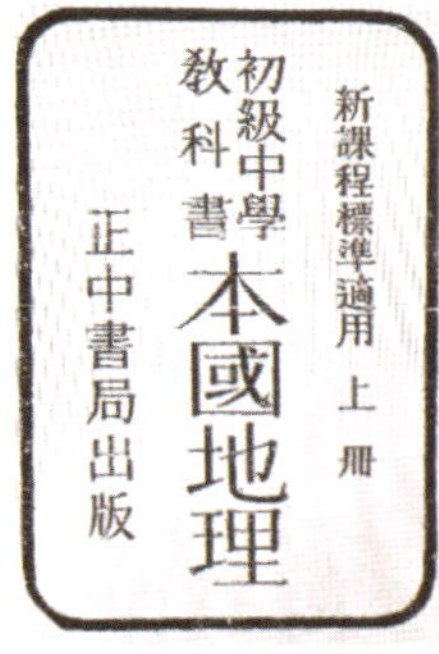
新課程標準適用 上册
初級中學教科書
本國地理
正中書局出版

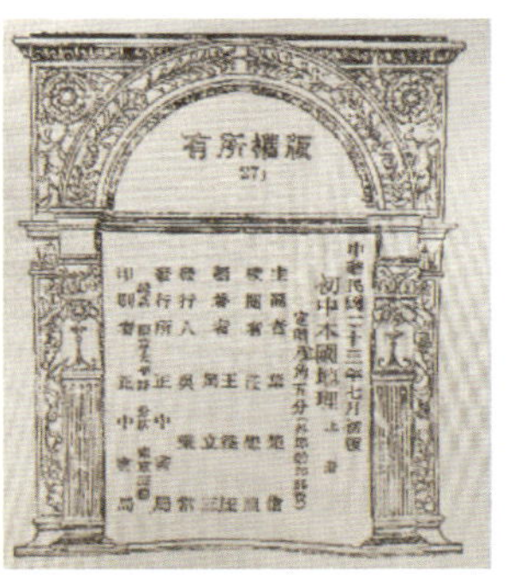
版權所有

4—79

图4—79 《初级中学教科书 本国地理》，叶楚伧主编，王益厓、周立三编著，汪懋祖校阅，正中书局出版，上册，1934年7月初版

（2）《初级中学教科书 本国地理》

该书由叶楚伧主编，王益厓、周立三编著，汪懋祖校阅。新课程标准适用。版权页题名“初中本国地理”。全书分订四册，1934年初版。[1]

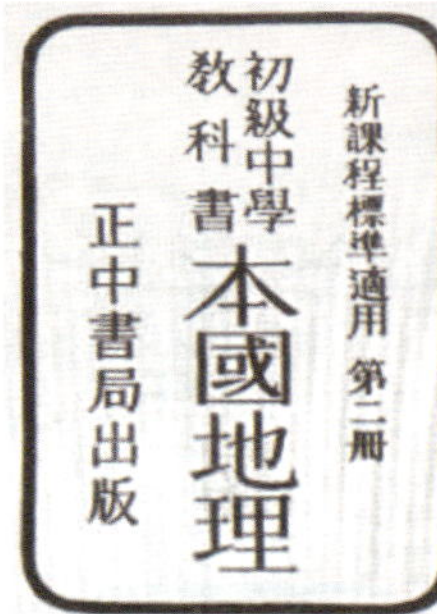
新課程標準適用 第二册
初級中學教科書
本國地理
正中書局出版

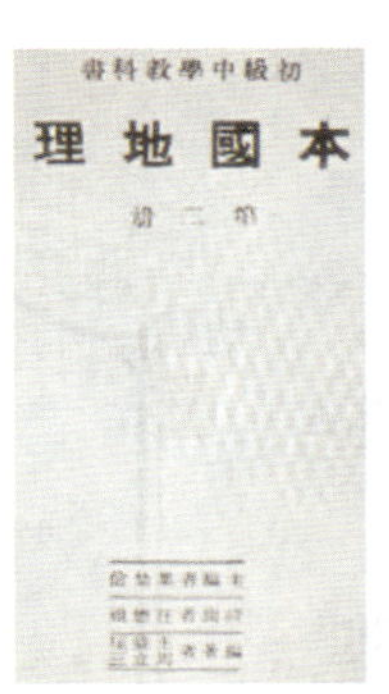
初級中學教科書
本國地理
第二册

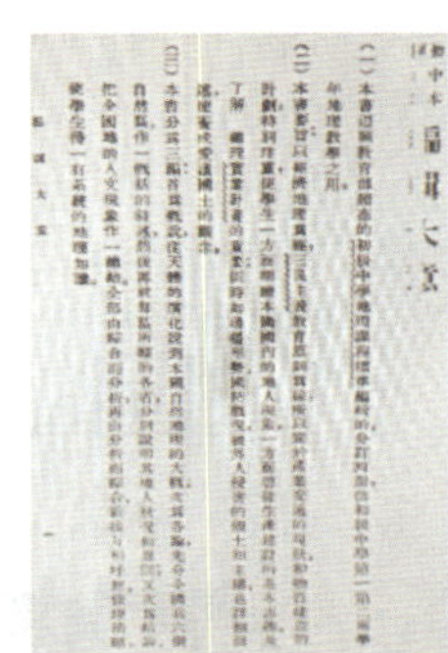

版權所有

新課程標準適用 第四册
初級中學教科書
本國地理
正中書局出版

本國地理
第四册

版權所有

4—80

图4—80 《初级中学教科书 本国地理》，叶楚伧主编，王益厓、周立三编著，汪懋祖校阅，正中书局出版，第二册、第四册，1934年12月第三版、1935年1月初版

（3）《初级中学本国地理》

该书由王益厓、周立三编著。版权页题名“初中本国地理”。该书根据新课程标准编辑，于1935年8月通过教育部审定。全书四册，1935年初版。

[1] 王有朋. 中国近代中小学教科书总目[M]. 上海：上海辞书出版社，2010：594.

4—81

图4—81　《初级中学本国地理》，王益厓、周立三编著，正中书局印行，第一册，1938年12月第四八版

（4）《初级中学本国地理》

该书由正中书局编审处编著。通过教育部审定。全书四册，1935年初版。[1]

（5）《高级中学外国地理》

该书由王益厓编著。高级中学学生用。新课程标准适用。版权页题名"高中外国地理"。全书二册，1935年初版。

4—82

图4—82　《高级中学外国地理》，王益厓编著，正中书局印行，上册、下册，1936年8月第八版、1936年12月初版

《高级中学外国地理》在"编辑大意"中指出：（1）本书依据教育部颁布高级中学地理课程标准编著。（2）本书编辑的目标：A.使学者明了世界各区域自然地理与人文地理现象及其关系，故于各政治单位内划分简单的"自然区域"，扼要说明，俾学者了解地人相互关系的大要。B.使学者明了世界各国的经济地位：凡各区域具有世界地位的产业，概行详述，并附各国产额统计图表，以资比较；插入物产分布图，阅之可一目了然；其物产凡与我国之输入品有关的，必附注关册最近之数字，俾明了经济上的关系。C.为使学生明了本国地位和国际形势，凡和我国有关系的地方，或华侨

[1] 王有朋. 中国近代中小学教科书总目[M]. 上海：上海辞书出版社，2010：595.

发展的区域，均加详叙附注。（3）书中插入图表统计画景，和本文参考，俾易了解。（4）每一区域叙述终结时必附若干习题，以便教者的提示和学者的复习。（5）地名概用通用译名，其下概附原文，以便稽考。（6）书末附索引，以便检查。

（6）《高级中学自然地理》

该书由王益厓编著。高级中学学生用书。新课程标准适用。版权页题名“高中自然地理”。全书一册，1935年初版。

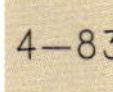

4—83

图4—83 《高级中学自然地理》，王益厓编著，正中书局印行，1935年12月初版

2. 遵照修正课程标准编著“建国教科书”系列的地理教科书

（1）《建国教科书　初级中学本国地理》

该书由王益厓、周立三编著。遵照修正课程标准编辑。版权页题名“建国教科书　初中本国地理”。其他题名“初级中学本国地理”。通过教育部审定。全书二册，1937年初版。

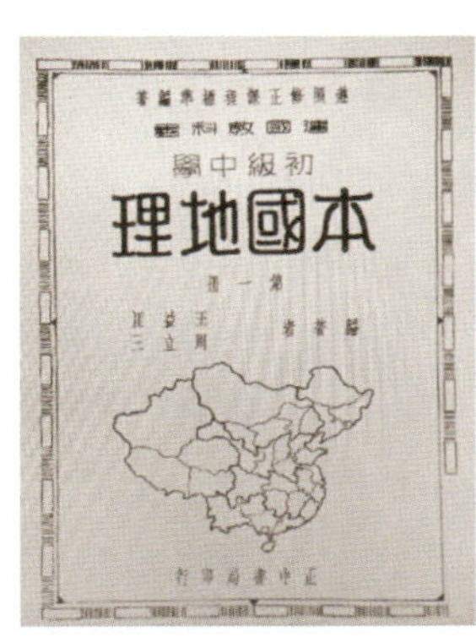

4—84

图4—84 《建国教科书　初级中学本国地理》，王益厓、周立三编著，第一册，正中书局印行，1937年7月初版

（2）《建国教科书　初级中学外国地理》

该书由胡焕庸编著。初级中学学生用书。遵照部颁课程标准编著。版权页题名“建国教科书　初中外国地理”。全书二册，1941年初版。

4—85

图4—85　《建国教科书　初级中学外国地理》，胡焕庸编著，遵照部颁课程标准编著，上册、下册，正中书局印行，1948年6月沪七版、1945年12月沪一版

（3）《高级中学外国地理》

该书由王益厓编著。高级中学学生用书。遵照部颁课程标准编著。版权页题名“高中外国地理”。全书二册，1935年初版。

该书上册的主要内容有：

第一编亚洲

第一章亚洲概论，第二章亚洲方志

第二编欧洲

第一章欧洲总论，第二章欧洲方志

下册的主要内容有：

第二编欧洲（续）

第三编北美洲

第一章北美洲总论，第二章北美洲方志

第四编南美洲

第一章南美洲总论，第二章南美洲方志

第五编非洲

第一章非洲总论，第二章非洲方志

第六编大洋洲

第一章大洋洲总论，第二章大洋洲方志

第七编两极地方

4—86

图4—86 《高级中学外国地理》，王益厓编著，遵照部颁课程标准编著，上册，正中书局印行，1948年4月沪八版

（4）《建国教科书　高级中学自然地理》

该书由王益厓编著。高级中学学生用书。遵照部颁课程标准编著。通过教育部审定。全书一册，1935年正中书局出版京初版。

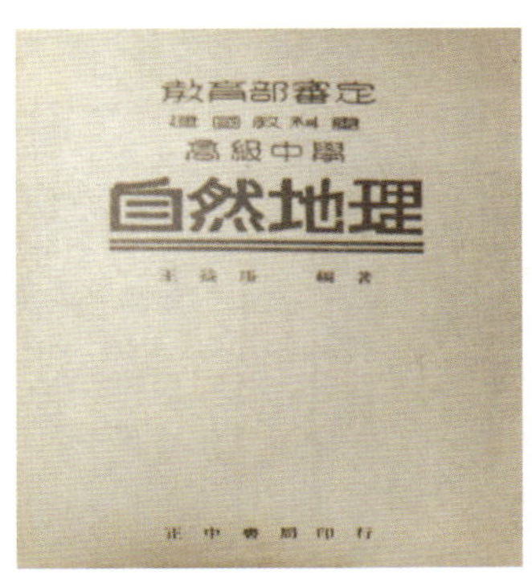

4—87

图4—87 《建国教科书　高级中学自然地理》，王益厓编著，遵照部颁课程标准编著，正中书局印行，1947年7月沪二十三版

该书在“编辑大意”中指出：（1）该书依据民国二十五年四月教育部颁布修正高级中学课程标准编著。（2）该书编辑目标：A.使学生明了天体及陆、水、气三界及生物分布的大要，对于自然环境有普通的常识；B.说明上述各要项间的相互关系；C.说明地理环境如何影响人生。（3）尽量附入插图，俾学生易于了解。（4）地名术语，概附原文，以供对照。（5）章末均附习题，以便复习。（6）书末并附中西名词对照表，以便稽考。

有研究认为，该书“名义上说明‘该书依据民国二十五年四月教育部颁布修正高级中学课程标准编著’，实际上增加了许多内容”。[1]

《建国教科书　高级中学自然地理》的主要内容有：

> 第一篇总论，第二篇数理地理学，第三篇陆界地理学，第四篇海洋地理学，第五篇气界地理学，第六篇生物地理学

（5）《中国地理概论》（初级中学学生用书）

该书由何敏求、陈尔寿、程璐编著。初级中学学生用书。全书一册，1946年初版。

[1] 杨尧. 中国近现代中小学地理教育史[M]. 西安：陕西人民教育出版社，1991：246.

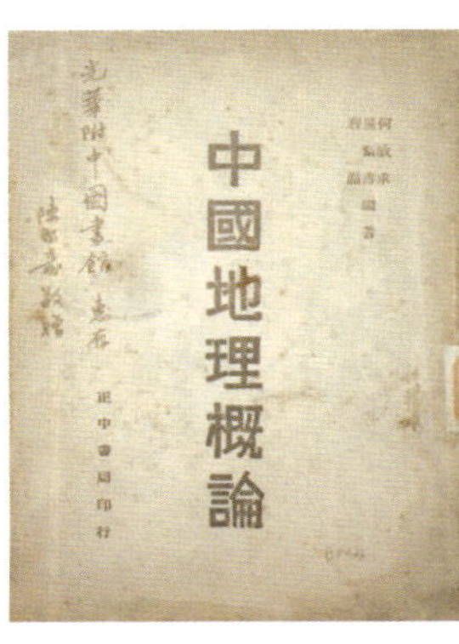

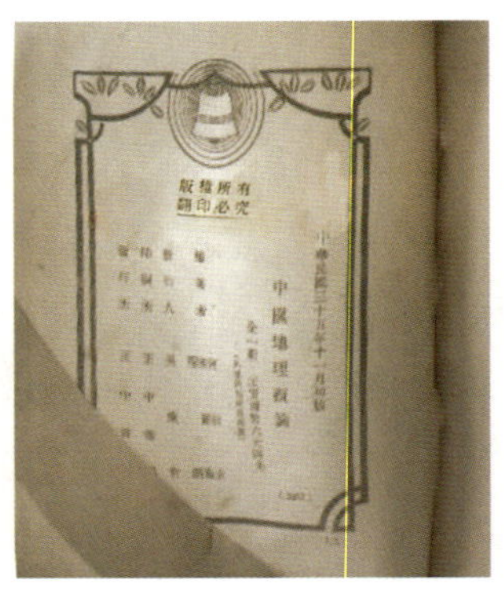

4—88

图4—88 《中国地理概论》（初级中学学生用书），何敏求、陈尔寿、程璐编著，正中书局印行，1946年11月初版

3.“重行修正课程标准适用”地理教科书

（1）《新中国教科书　高级小学地理》

该书由吴大钧、叶溯中主编，袁应麟、许辑五编著，吴绳海校订。高级小学学生用书。遵照部颁课程标准编著。全书四册，1943年初版。

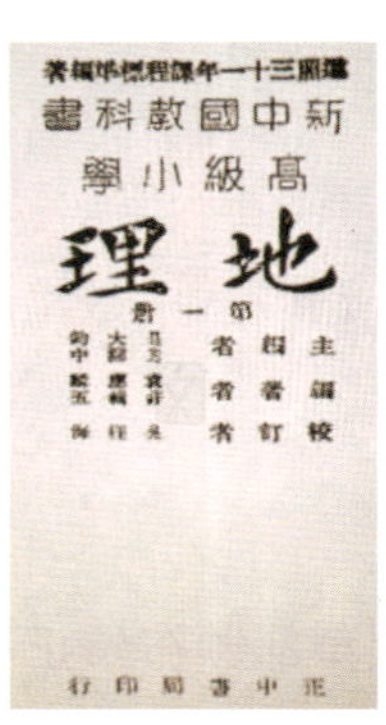

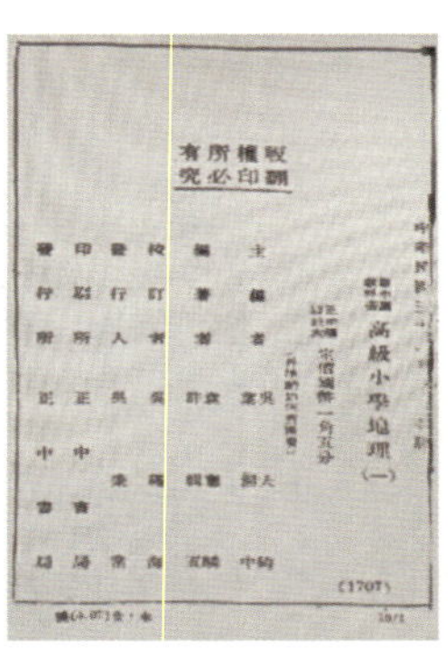

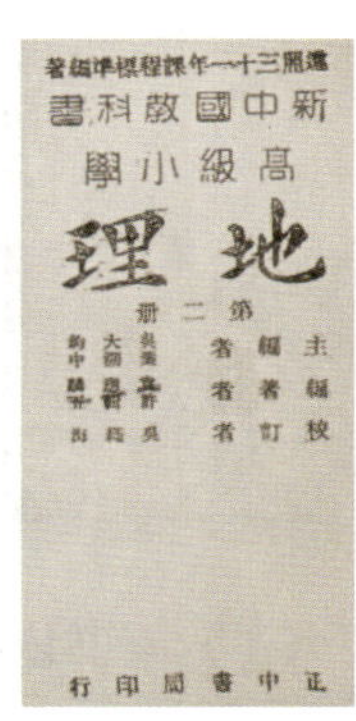

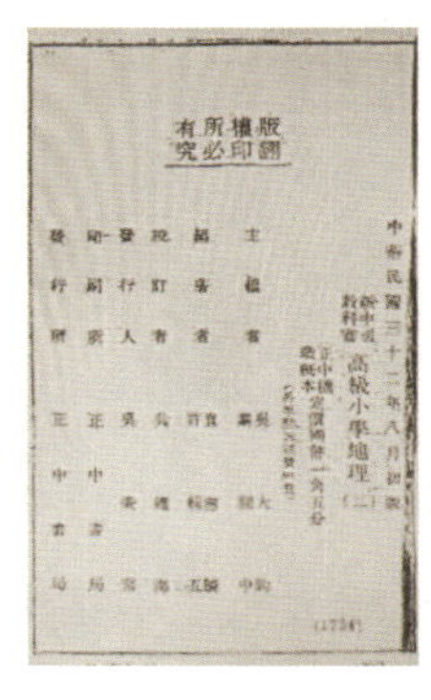

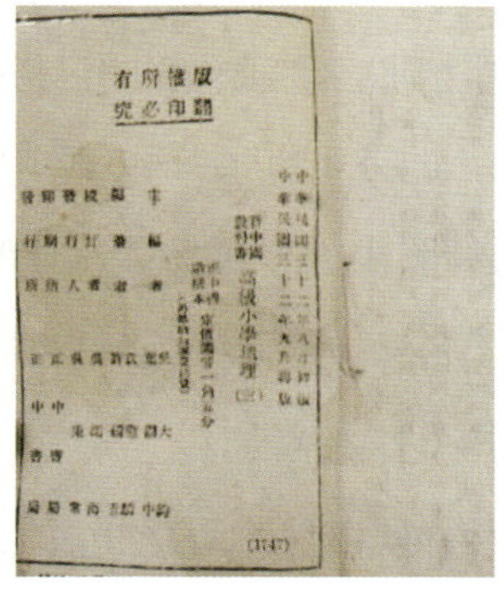

4—89

图4—89 《新中国教科书　高级小学地理》，吴大钧、叶溯中主编，袁应麟、许辑五编著，吴绳海校订，正中书局印行，第一册、第二册，1943年8月初版，第三册，1943年9月再版

（2）《新中国教科书　初级中学地理》

该书由洪绂、朱蕙芗编著。遵照部颁课程标准编著。全书六册，1943年初版。

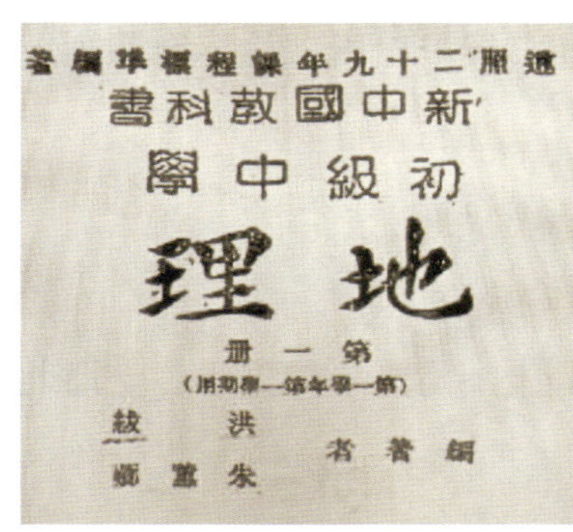

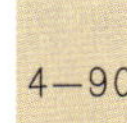

图4—90　《新中国教科书　初级中学地理》，洪绂、朱蕙芗编著，第一册，正中书局印行，1943年6月初版

（3）《新中国教科书　高级中学本国地理》

该书由邓启东编著。遵照部颁修正课程标准编著。版权页题名“新中国教科书　高中本国地理”。全书三册，1947年初版。

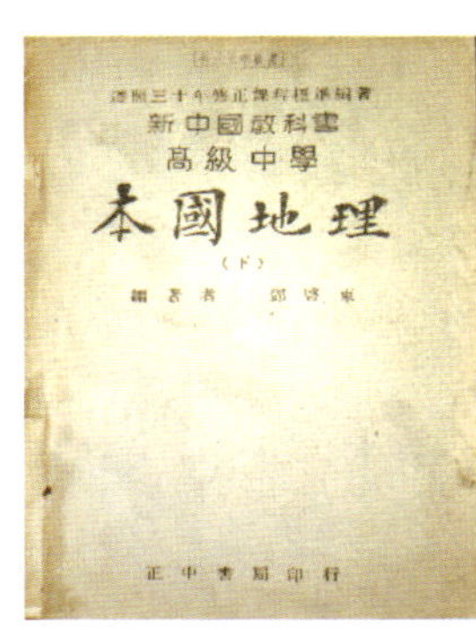

4—91

图4—91　《新中国教科书　高级中学本国地理》，邓启东编著，下册，正中书局印行，1947年10月第二〇版

此时期正中书局印行的国定中小学地理教科书见国定中小学地理教科书部分。

（七）北新书局（青光书局）出版的课程标准地理教科书

北新书局1925年3月成立于北京，最初店址在北京东城翠花胡同西口，后迁至皇城根翠花胡同西口南首，后又南迁至东厂胡同西口[1]，其主持人是李小峰、孙伏园，主要经售新潮社出版物等。1926年6月北新书局在上海设立分局。1927年10月北新书局总局迁往上海并得到迅速发展。在1928年12月5日成立的上海新书业公会上，北新书局以全票当选常务委员，显示了其在新书业界的龙头地位。北新书局此时出版或经销的重点是作家的新文艺作品，特别是出版的鲁迅译编或著作达39种之多。1930年之后，在经历了几次被封后，北新书局出版方向渐渐远离新文艺，重点转向儿童读物和中小学教科书。1932年北新书局因故被停止营业，后借“青光书局”之名，悄悄营业，在教科书封面页上印“上海青光书局出版”，在教科书版权页上写“上海北新书局发行”，发行人李志云，

[1] 张泽贤. 民国出版标记大观：精装本[M]. 上海：上海远东出版社，2012：7-8.

地址在上海四马路中市。抗战胜利后北新书局恢复原名，设办事处于上海淮中路四明里六号。1956年公私合营时，北新书局并入上海文艺出版社。[1]上海北新书局（青光书局）出版课程标准系列地理教科书及其教学法9种23册。中小学地理教科书主要如下。

1.“根据新课程标准编辑”地理教科书

（1）《高小社会课本　地理编》

该书由邹茂之编，周容校订，高级小学用。根据新课程标准编辑。上海青光书局出版，上海北新书局发行。全书四册，1933年初版。

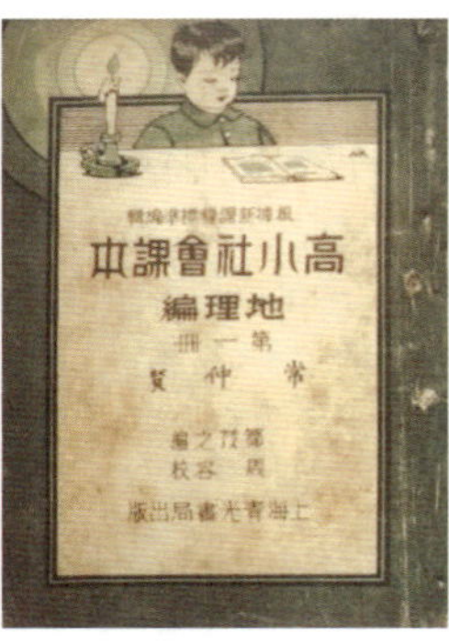

4—92

图4—92　《高小社会课本　地理编》，邹茂之编，周容校订，第一册，上海青光书局出版，上海北新书局发行，1936年2月第二十版

（2）《北新地理教本》（高级小学用）

该书由邹懋编，高级小学用。版权页题名“后期小学　北新地理教本”。全书四册，1933年初版。

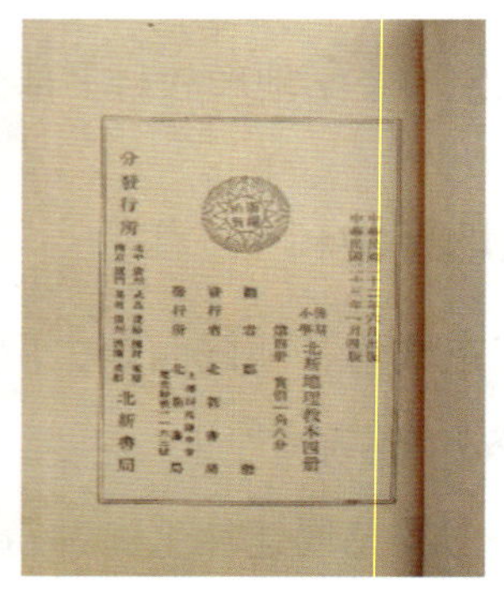

4—93

图4—93　《北新地理教本》（高级小学用），邹懋编，第四册，上海北新书局出版，1934年1月第四版

（3）《北新本国地理》（初级中学用）

该书由周容编辑。初级中学学生用书。其他题名“初级中学　北新本国地理”。全书一册，1933年初版。

[1] 肖建军. 中国旧书局[M]. 北京：新世界出版社，2014：151-155.

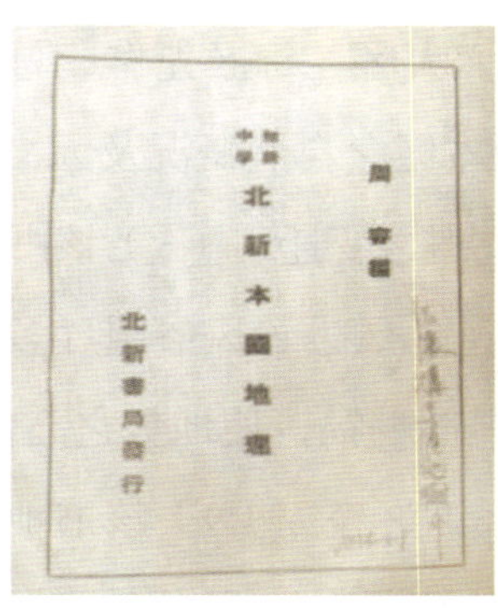

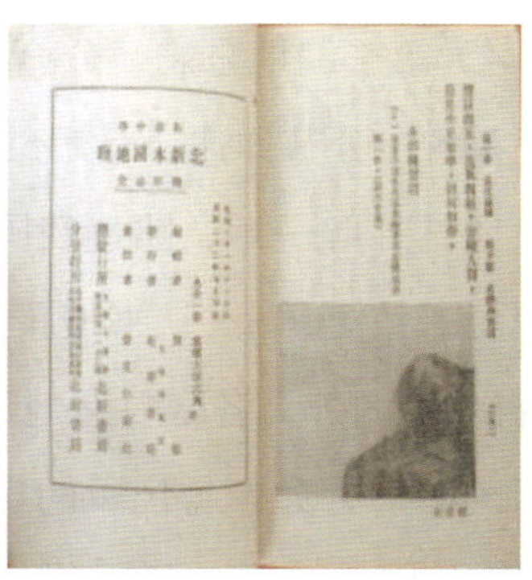

4—94

图4—94　《北新本国地理》（初级中学用），周容编辑，上海北新书局发行，1933年7月再版、1933年8月第三版

王锦福认为：“此书共分为三编：首叙人与自然的关系，地理学之内容、学习地理之目的、地球之位置与运动及地球表面之状况、气象之变化等均简要叙述之。次为全国总论，将自然与人文地理及经济地理，分别叙述，人文地理叙述尤详，可使学者读后，增加无数之感叹。末为全国分论，按照张其昀之自然区域分述之主张，以河流流域为分论之纲领叙述之。书中节目，均以曲线环绕之，眉目清楚，极便检阅。每节之末，附有练习题数则（内有课外作业），以便学生复习及养成自动参考之用。”此书的主要优点有：（1）绪论中略述天文常识及地理与人生之关系，为初学地理者应有之常识，词语简明扼要。（2）条理清晰，分量多寡适宜。缺点有：（1）人文部分，列在分论之前，学者不易得一透彻之观念。（2）河流部分，未能详述，宜有简表，以便参考。[1]

（4）《初级中学北新本国地理》

该书由周容编辑。版权页题名“北新本国地理”。全书二册，1932年初版。

（5）《初中本国地理》

该书由段耀林、阎敦一编辑，初级中学用。根据新课程标准编辑。上海青光书局出版，上海北新书局发行。全书四册，1935年初版。

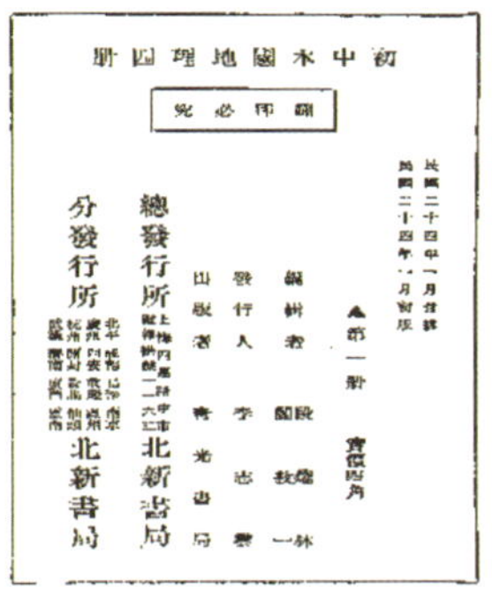

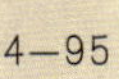

图4—95　《初中本国地理》，段耀林、阎敦一编辑，上海青光书局出版，上海北新书局发行，第一册，1935年1月初版

《初中本国地理》在“编辑大意”中提到：（1）共分四册，每学期一册，四学期授完。（2）全用白话，容易了解。（3）遵照教育部最近颁布课程标准分全书为三编，第一编概说，略

[1] 王锦福. 最近三十年来中学地理课程概要及教科书之调查并批评：下[J]. 师大月刊，1935（23）：61.

叙自然地理之基本知识及中国概况，第二编地方志，第三编总结，总论全国人文概况，如人口、交通及农工商业的情形。（4）第二编地方志，分全国六大区，每区先作一总述，使学生略知本区概况，然后将本区所包括之各省市分节详述，最后结论本区之自然概况及人文概况，务使学生对本区有极明晰之认识。六区之后，并辟一章，略述我国边疆之变迁。（5）该书根据最近趋势，多以自然环境解释人文概况，俾增兴致。（6）该书搜集古迹、风景、风俗照片多幅，使学生印象深刻。（7）该书所插地图、各省政治图外，各区复有地形总图一幅，使地势之高低，一目了然。（8）该书统计，多根据最新出版的图书，如本年出版的申报年鉴等。（9）该书地名以翁文灏先生等所制之中华新地图为标准，间采他图。（10）备注及习题均极丰富，既便教学，又便温习。（11）该书所用度量衡，均采取标准制度。

（6）《初中外国地理》

该书由陆关宇编辑。依照新课程标准编辑。全书二册，1932年初版。

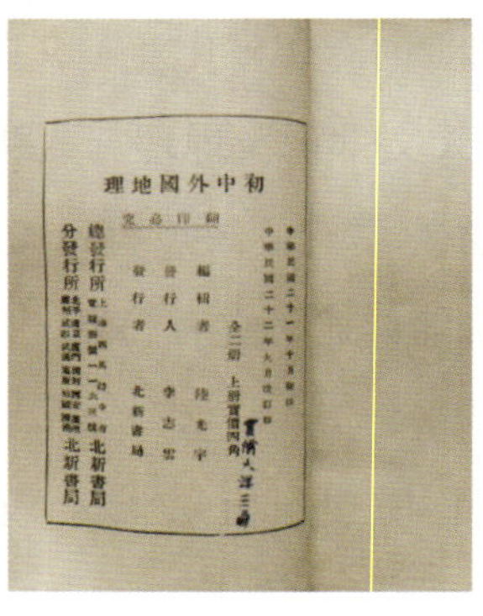

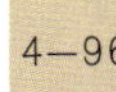

图4—96 《初中外国地理》，陆关宇编辑，上海北新书局发行，上册，1935年9月改订版

（7）《北新外国地理》（初级中学）

该书由陆关宇编辑。初级中学学生用书。版权页题名“初级中学　北新外国地理”。上海北新书局出版印行。全书一册，1932年10月初版。

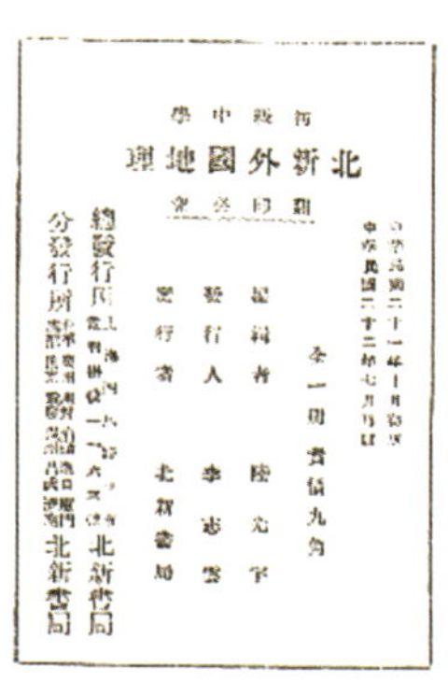

4—97

图4—97 《北新外国地理》（初级中学），陆关宇编辑，上海北新书局印行，1933年7月再版

（8）《最新中国人文地理》

该书由邬翰芳编。全书一册，1930年11月初版。

4—98

图4—98　《最新中国人文地理》，邬翰芳编，上海北新书局发行，1930年11月初版、1931年8月再版

《最新中国人文地理》在“引言”中首先界定了“地理学”及其内涵，同时说明了本教材的若干特点：（1）普通地理学的定义，“地球的表面，有一定的规律，分布种种自然现象，而说明此种现象与人类生活现象的关系成了一种有系统的智识。这种学问，叫做地理学。”简单地说，就是“地理学是说明地与人关系的科学”。普通地理学，内容分为三部：一、天文地理；二、地文地理或作自然地理；三、人文地理。所以，人文地理，不过占普通地理学的一部分。（2）人文地理，是叙述在地表之上，有了种种人为的设施，无论关于物质的，或精神的，多偏于现实的记载。所谓中国人文地理，其范围自然只限于中国的了。（3）自然界的现象，虽然也有变化，不过变得很慢的。好像岛屿的涌现，火山的喷薄，陵谷的变迁，积久且演地史上的革命，但是必须经过亿万年的长时期，才酝酿而有点显露，从没有在数千年间，遽演沧海桑田之变的。至于人文地理，就不是这样，铁道的延展，商埠的振兴，实业的盛衰，政治的改革，都是时时有变化的，所以我们对于这种学问的取材，自然愈新愈好。（4）大战以后，地理的研究法，由仅仅叙述的，而再加以说明的。这样以事实为经，以理论为纬，更显出自然现象与人生现象的关系。人文地理，大部分受自然地理的影响，而有适应环境的种种人为设施。所以我们一边专门研究人文地理一切的现象，同时亦不能不连带留意到与人文地理有关系的一部分自然界现象了。（5）中国地大、物博、人众，自然是未

来世界中一个最有希望的国家。因过去不努力的结果，遂造成产业落后、政治落后种种的局面。今后我们大家如果真正向建设路上走，那末对于中国人文地理上一切的现象，非彻底加以了解不可，惟其能彻底了解，才好做我们改革旧环境和创造新环境的根据。

该书"共八章十三节，列叙实业、交通、政治、人种、人口、语言、宗教及教育。于实业、交通、政治三项，叙述较详，文字言简意赅，颇适于速成及短期性学校之使用。无附注。亦无习题。"该书的优点有：（1）便于检查参考。（2）取材间有新颖之处。缺点有：（1）材料过简，不敷高级中学之用。（2）组织特别，与各书之惯例不合（例如首叙实业、交通、政治等）。[1]

（八）钟山书局出版的课程标准地理教科书

钟山书局为一私营出版发行机构。1932年由柳诒徵和缪凤林创办于南京[2]，地址在南京四牌楼中央大学的前面蓁巷口[3]，发起人均为当时在中央大学任教的教授，如物理学家倪尚达、化学家张江树、生物学家王家楫、地理学家沈思屿和张其昀、教育家罗廷光和史学家缪凤林等。他们深感当时大、中、小学校教科书编辑不够理想，各种学术著作出版不易，为了提高教学质量，提倡学术研究，于是合议向社会募集资金，创办书局。他们推选倪尚达任经理，沈思屿任营业主任，张其昀任总编，缪凤林主管出版。[4]

钟山书局规模较大，以出版学术性著作以及中小学教科书和大学用书闻名，还出版《国风半月刊》《方志月刊》《地理学报》《科学世界》等定期刊物。[5]抗战前五六年间，钟山书局陆续出版发行了大批中小学教科书、大学用书、专著、丛书和期刊，发行量不断增加，社会影响很大，在当时出版界独树一帜。1937年南京失陷之前，钟山书局已西迁重庆，在重庆中一路156号设有门市部，另在成都半边街58号设有分店，该书局在四川出版书不多。1945年抗日战争胜利后停办。[6]钟山书局出版的课程标准之地理教科书如下。

1. 正式课程标准适用的地理教科书

（1）《钟山小学地理教本》

该书由王维屏、吴永成、汪德和编著，胡焕庸、张其昀校订。适合课程标准。全书四册，1935年初版。

[1] 王锦福. 最近三十年来中学地理课程概要及教科书之调查并批评：下[J]. 师大月刊，1935（23）：39-40.

[2] 李育民，湖南师范大学中国近现代史研究所. 近代湖南与近代中国：第1辑[M]. 长沙：湖南师范大学出版社，2006：27.

[3] 高信成. 中国图书发行史[M]. 上海：复旦大学出版社，2005：317.

[4] 徐耀新. 南京文化志（下）[M]. 北京：中国书籍出版社，2003：949.

[5] 付启元，赵德兴. 南京百年城市史：1912—2012文化卷 [M]. 南京：南京出版社，2014：240.

[6] 徐耀新. 南京文化志（下）[M]. 北京：中国书籍出版社，2003：949.

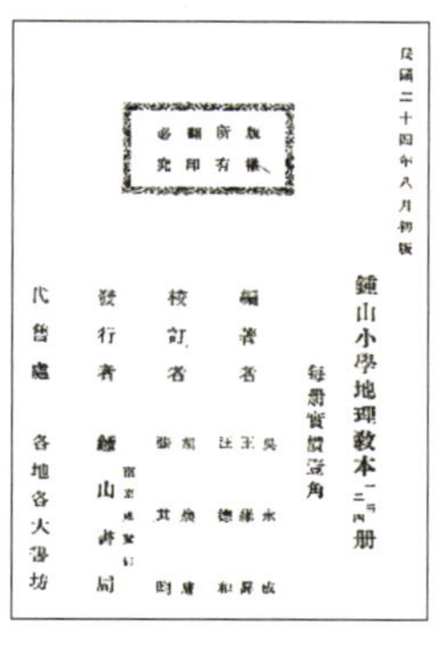

4—99

图4—99　《钟山小学地理教本》，王维屏、吴永成、汪德和编著，胡焕庸、张其昀校订，第一册，南京钟山书局发行，1935年8月初版

（2）《初中地理教科书》（钟山读本初中程度）

该书由张其昀编著，初级中学一年级用。卷端题名“钟山读本初中程度地理教科书”，逐页题名“地理教科书”。全书三册，1933年出版。

（3）《初中地理教科书》

该书由张其昀编著。其他题名“钟山地理教科书（初级中学适用）”。全书二册，1936年初版。有学者认为，该书系由新学制时期《人生地理学》演变而成。[1]

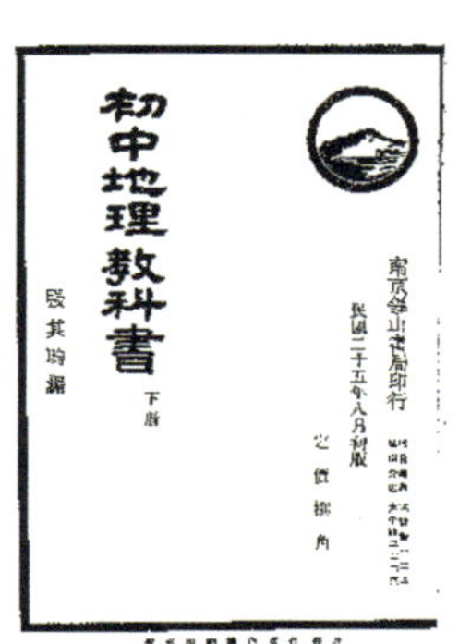

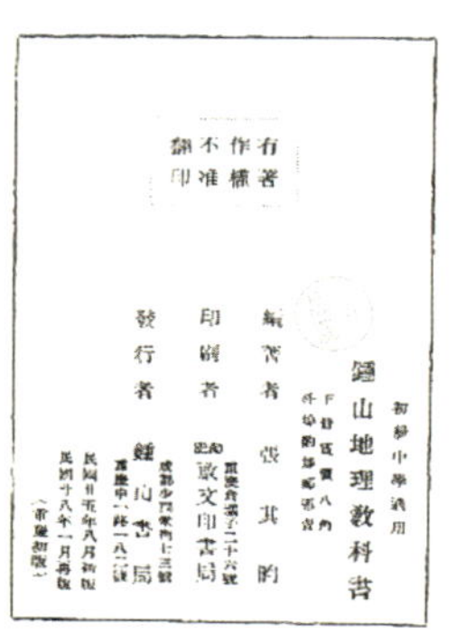

4—100

图4—100　《初中地理教科书》，张其昀编著，南京钟山书局发行，上册、下册，1936年8月初版、1939年1月再版（重庆初版）

（4）《本国地理》（钟山读本高中程度）

该书由张其昀编著。高级中学适用。全书三册，1932年初版。

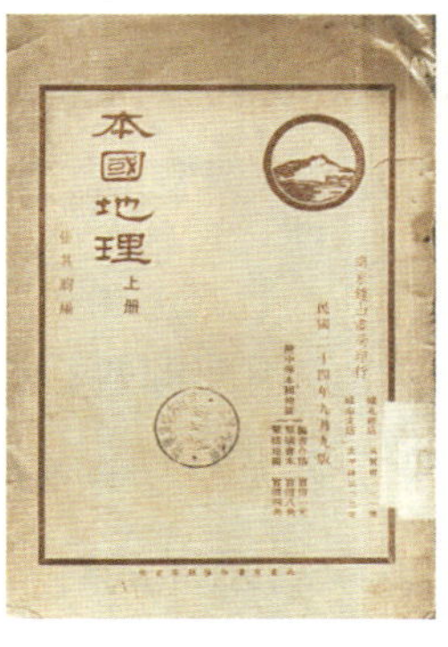

4—101

图4—101　《本国地理》（钟山读本高中程度），张其昀编著，南京钟山书局印行，上册，中册，1934年5月第六版、1935年5月第九版，1935年1月第五版

[1] 杨尧. 中国近现代中小学地理教育史[M]. 西安：陕西人民教育出版社，1991：247.

王锦福认为："此书以著者前在商务出版之高中本国地理之编纂法而编辑，除总论外，分全国为二十三天然区域，区各为章，另加首都上海二章，都二十五章，总论殿于书末。每章分为九部，即区域、地形、水系、气候、富源（即产业）、民生、交通、都市及名胜等。以最新科学方法叙述之，使枯燥无味之课程，变成有意义之学理，则读者自然融会贯通矣。书中遇有重要语句，旁均加圈点，以别轻重。正文之不足或与正文相发明者，附有'注'解。正文之上方有提要。"[1]

该书分上、中、下三册，共二十五章。上册主要内容有：

> 第一章黄河三角洲，第二章大湖区域，第三章大江三角洲，第四章首都，第五章上海，第六章东南沿海区

中册主要内容有：

> 第七章珠江三角洲，第八章岭南山地，第九章海南岛，第十章云贵高原，第十一章西南三大峡谷区，第十二章四川盆地，第十三章秦岭汉水区

下册主要内容有：

> 第十四章陕甘盆地，第十五章黄河上流区，第十六章山西高原，第十七章海河流域，第十八章东北二大半岛，第十九章关东草原，第二十章白山黑水区，第二十一章塞外草原，第二十二章外蒙高原，第二十三章准噶尔盆地，第二十四章塔里木盆地，第二十五章西藏高原

有研究认为，该书的优点有：（1）按天然区域，分全国为若干区，讲述自然与人生之关系，无牵强之弊（初中不适宜）。（2）每章均注意民生，使读者易于明了地理与人民关系之密切，而兼事推究改良自然之良法。（3）每章之末，附有习题及注，可以引起学者之兴趣及参考。（4）名胜古迹，与历史学之联络甚大，学者读后，方增加学习之兴趣，一方联想及历史学，一举两得。缺点有：（1）系统混乱，层次不甚清晰。（2）度量衡不统一，比较困难。（3）书中无图表，学者既苦干燥，且不易了解。

该书与钟山书局出版的其他中学地理教本相比，使用最久、影响最大。本书诞生于新学制时期，后去掉"新学制"字样，称为《高级中学教科书　本国地理》，1928年6月初版；1930年11月经教育部审定，改由钟山书局出版；1936年，声称"本书依据最近教育部颁布修正高级中学地理课程标准编辑"，实际上，除总论及结论外，分区仍是以前23个天然区域，仅外加南京和上海两章而已。

胡焕庸曾评论本书云："钟山本较商务本精密、完备，能应用部颁暂行标准精神来讲各种地理问题。"的确，钟山本较商务本为优：（1）内容上删去没有多大科学意义的各种风俗。（2）材料大为精简。（3）编有练习题。（4）正文用大号字排印。嗣后冯绳武对本书（1938年10月钟山版本）也加评论："其次序的先后和内容的繁简，都还适当。对于一般地理事实之说明，因著者长

[1] 王锦福. 最近三十年来中学地理课程概要及教科书之调查并批评：下[J]. 师大月刊，1935（23）：57-58.

于文章，每能用透辟生动之笔写出扼要独特之见，颇能引人入胜。但不能解释地理事实或描述自然现象，往往重词章而轻义理，似不宜作最近高中学生的地理教本。”该文再指出其中的缺点：（1）许多区域界限不清，名实不符，过于简单之弊。（2）对于自然景的描述，带有文学意味之惯语颇多；（3）对于地理事实之解释，每欠正确。[1]

（5）《外国地理》（钟山读本高中程度）

该书由张其昀、李海晨、胡焕庸合编。全书三册，1933年初版。

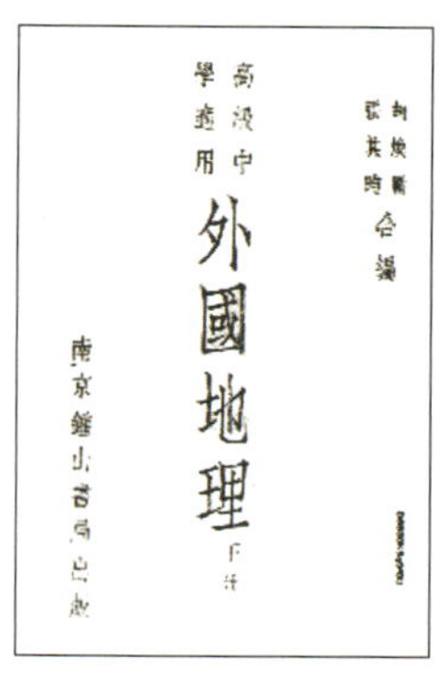

4—102

图4—102　《外国地理》（钟山读本高中程度），张其昀、李海晨、胡焕庸合编，南京钟山书局出版，上册、中册、下册，1934年7月初版、1934年8月初版、1936年8月再版

该书原来分为上、中、下三册。前两册为张其昀、李海晨编写，下册由胡焕庸、张其昀编写。课程标准修订后，由胡焕庸修订。修订办法是将全书三册改为两册，以适合两个学期使用。原书的自然地理部分，由沈思屿编写并另行出版。在内容上，除澳洲外各洲之前均增加了总论一章。

该书的主要内容有：

第一编亚洲

第一章总论，第二章日本，第三章日本之占领地，第四章南洋，第五章印度（附锡兰、尼泊尔与不丹），第六章亚洲西南部诸国，第七章俄属亚洲

第二编欧洲

第一章总论，第二章苏俄，第三章波罗的海东岸诸国，第四章德国，第五章北欧诸国，第六章英国（大不列颠），第七章法国，第八章南欧诸国

第三编北美洲

第一章总论，第二章北美合众国，第三章加拿大，第四章墨西哥与中美各邦

第四编南美洲

第一章总论，第二章重要诸国志

[1] 杨尧. 中国近现代中小学地理教育史[M]. 西安：陕西人民教育出版社，1991：247-248.

第五编非洲

第一章总论，第二章非洲之独立国，第三章非洲各属地

第六编澳洲及太平洋诸岛

第一章澳洲，第二章新西兰

本书选材严格审慎，剔除无关地理的材料，避免琐碎纷繁。行文力求流畅。

（6）《自然地理》（高级中学适用）

该书由沈思玙编著。其他题名“高级中学教科书 自然地理”。全书一册，1936年版。[1]

2. “遵照部颁修正课程标准编辑”的地理教科书

（1）《本国地理》（钟山高中）（教育部审定本）

该书由张其昀编著。遵照部颁修正课程标准编辑。通过教育部审定。后题名“钟山本国地理（高级中学适用）”。全书三册，1936年初版。

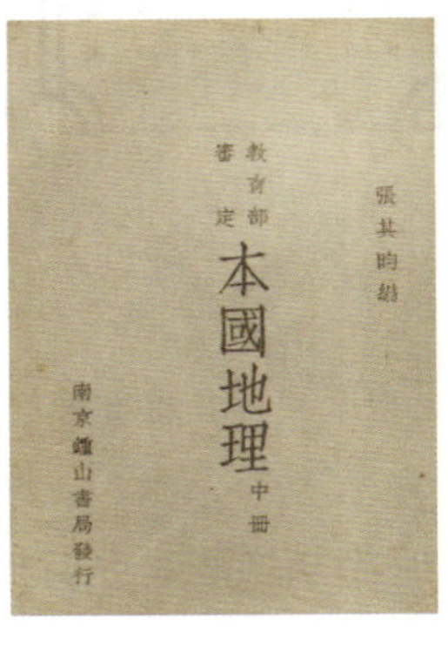

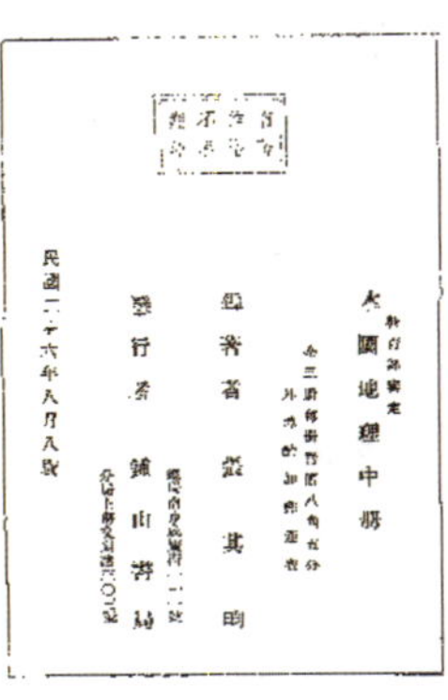

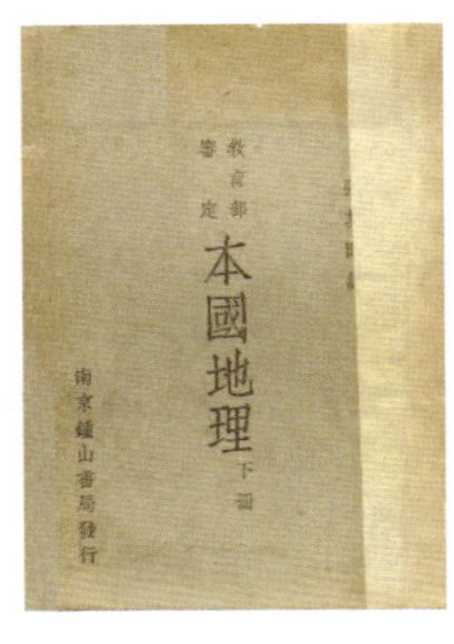

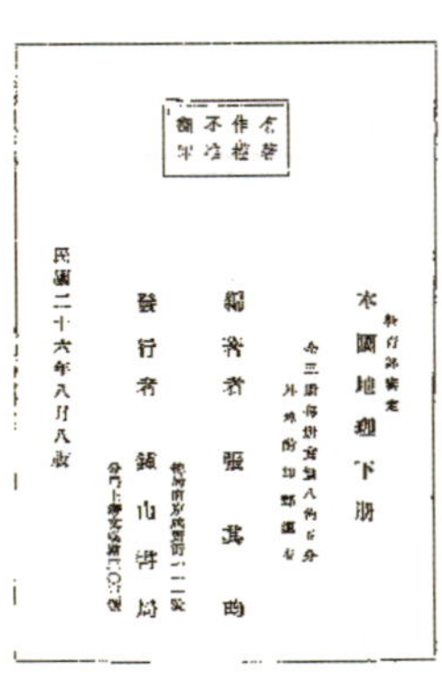

4—103

图4—103 《本国地理》（钟山高中）（教育部审定本），张其昀编著，遵照部颁修正课程标准编辑，南京钟山书局发行，中册、下册，1937年8月第八版、1937年8月第八版

《本国地理》（钟山高中）与钟山书局出版的其他地理教科书很相似，该书几乎每一章都设计安排了国防或边防一节内容。如中册：第十一章云贵高原……（九）国防，第十二章西南三大峡谷区……（九）国防，第十六章黄河上流区……（九）边防，第十八章海河流域……（九）边防。又如下册：第十九章东北二大半岛……（十）边防，第二十章关东草原……（九）边防，第二十一章白山黑水区……（九）边防，第二十二章塞外草原……（九）边防，第二十三章蒙古高原……（九）边防，第二十四章准噶尔盆地……（九）边防，第二十五章塔里木盆地……（九）边防，第二十六章西藏高原……（九）边防。

（2）《钟山外国地理》（高级中学适用）

该书由张其昀、胡焕庸编著。遵照部颁修正课程标准编辑。通过教育部审定。全书二册，1936年初版。

[1] 王有朋. 中国近代中小学教科书总目[M]. 上海：上海辞书出版社，2010：589.

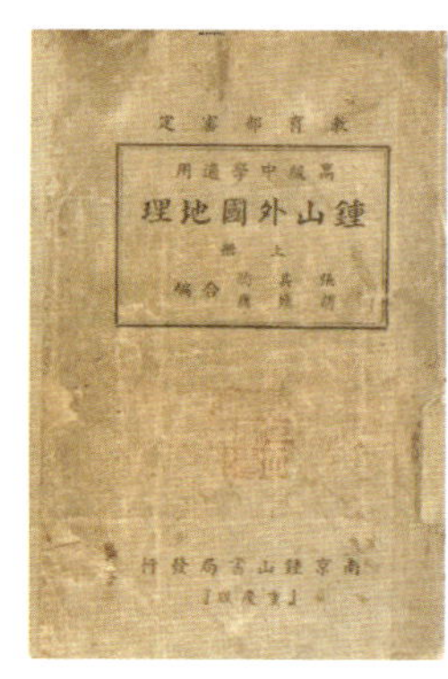

4—104

图4—104 《钟山外国地理》（高级中学适用），张其昀、胡焕庸编著，遵照部颁修正课程标准编辑，南京钟山书局发行，上册，1939年2月重庆初版

（九）北平建设图书馆出版的课程标准地理教科书

北平建设图书馆由白眉初[1]于1929年[2]创办，位于北平西单迤南[3]，是20世纪30年代兼营地图出版的民营出版机构[4]，主要发行书籍，经销文具[5]。北平建设图书馆出版了“新建设时代中学适用教本”系列中学教科书，包括《新建设时代初中中国地理教本》（白眉初著，上、下二册，1931年7月初版、1932年1月初版）、《新建设时代初中世界地理教本》（苏从武著，白眉初校阅，上、下二册，1931年7月初版、1933年7月第二版）、《新建设时代高级本国地理》（白眉初著，全一册，1932年3月初版）、《新建设时代高级世界地理》（孙嘉会著，白眉初校对，上、下二册，1932年3月第三版、1931年版）、《新建设时代高中地学通论》（苏从武著，全一册）、《中国人文地理》（白眉初著，全一册，1928年12月北平中央地学社初版，1930年4月北平建设图书馆精订再版）、《中华民国详细舆图》（白眉初著，一巨幅）、《中国地理教授挂图》（白眉初著，总图一大幅，分图二十四幅）、《中华民国省区全志》（白眉初著，共八册）、《地理哲学》（白眉初著，全一册）、《中华民国省区全图》（白眉初著，全一册）、《中国国耻图》（白眉初著，一幅）、《中国总图》（白眉初著，一幅）、《中英对照世界现势大地图》（白眉初著，一幅）、《最新北平市全图》（白眉初著，一幅）、《最新世界形势舆图》（白眉初著，一册，编绘中）、《中华民国建设全图》（白眉初著，全一册）、《新建设时代中国大地图》（白眉初著，一幅）、《中西交通史料》（张星烺著，一册）、《世界现势大地图》（一幅）、《最新中华挂图》（一幅）、《世界新形势一览图》（一册）、《华英对照环球列国地图》（一册）、《中华最新形势图》（一册）、《中华析类分省图》（一册）、《各省分县新图》（一册）、《最新世界建设新图》（白眉初著，全一册，1935年1月再版）等教科书和地图。北平建设图书馆出版的课程标准之地理教科书主要如下。

[1] 北京市档案馆编. 档案与北京史国际学术讨论会论文集：上[M]. 北京：中国档案出版社，2003：188.

[2] 王东，李孝迁. 近代中国史家学记：上[M]. 上海：上海古籍出版社，2018：5.

[3] 白眉初. 新建设时代中国地理教本（初级中学师范适用）：上册[M]. 北平：建设图书馆，1931.

[4] 廖克，喻沧. 中国近现代地图学史[M]. 济南：山东教育出版社，2008：129. 陈潮. 图情六十年[M]. 北京：中国地图出版社，2004：270.

[5] 北京市地方志编纂委员会. 北京志：新闻出版广播电视卷. 出版志[M]. 北京：北京出版社，2005：470.

1. 正式课程标准适用"新建设时代中学适用教本"地理教科书

（1）《新建设时代中国地理教本》（初级中学师范适用）

该书由白眉初著。初级中学师范适用。封面页题名"新建设时代中国地理（初级中学师范适用教本）"，版权页题名"新建设时代初中中国地理教本"。北平建设图书馆印行。全书二册，1931年7月初版。

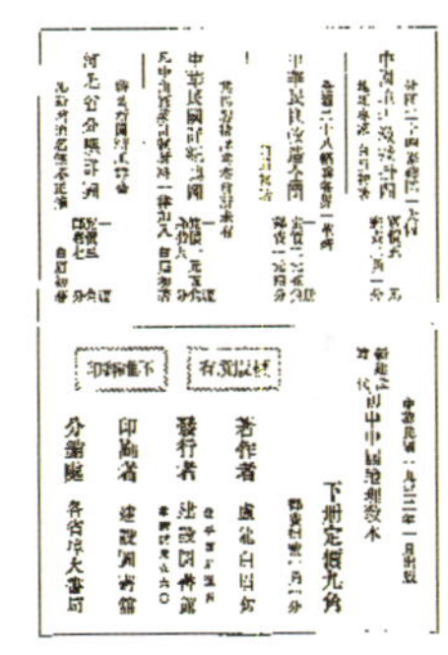
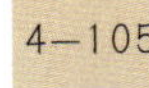

图4—105　《新建设时代中国地理教本》（初级中学师范适用），白眉初著，北平建设图书馆发行，下册，1932年1月初版

王锦福认为："本书依中山建设计划，仿照著者所编《写真中国地理》之次序而编成。书凡三编，篇首有绪言，略述地理课本与青年之关系、本书宗旨与地理常识。第一编为总论，凡九章，分述疆域、山脉、地势、河流、湖泊、沙漠、海岸、气候、天产等与建设之关系。第二编为分论，凡二章，第一章分述长江、黄河、珠江三流域之天然环境与政治区划，第二章分述东北、西北、高原三铁路区与东南沿海区之概况。第三编为本国现状概论，凡八章，分载我国交通、实业、民族、宗教、教育、政治、财政等之现状及国疆结论。边疆与本部对立，使国民知边疆之重要，建设与国耻并列，俾青年明建设之急需。基础知识之养成，爱国观念之培就，胥于是赖，其是书之最大功用欤？"[1]

（2）《新建设时代世界地理教本》（初级中学师范适用）

该书由苏从武著，白眉初校阅。初级中学师范适用。封面页题名"新建设时代初中适用教本世界地理"，版权页题名"新建设时代初中世界地理教本"。北平建设图书馆印行。全书二册，1931年初版。

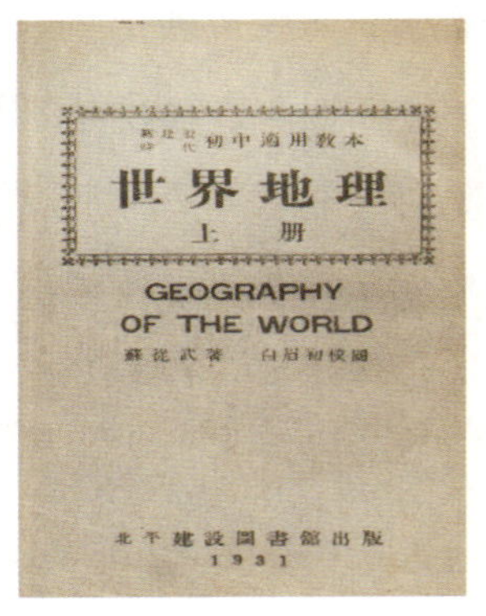

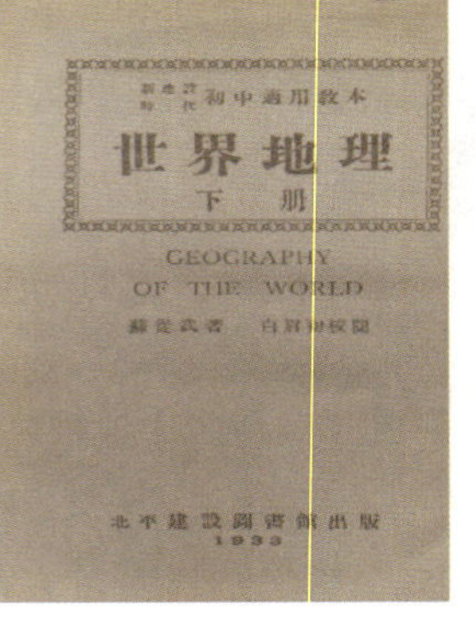

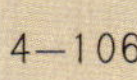

图4—106　《新建设时代世界地理教本》（初级中学师范适用），苏从武著，白眉初校阅，北平建设图书馆出版，上册、下册，1931年7月初版、1933年7月第二版

[1] 王锦福. 最近三十年来中学地理课程概要及教科书之调查并批评：下[J]. 师大月刊，1935（23）：51-52.

（3）《新建设时代高级本国地理教本》

该书由白眉初著。封面页题名“高级本国地理（高中适用）”，其他题名“高级本国地理教本”。[1]全书一册，1932年3月初版。

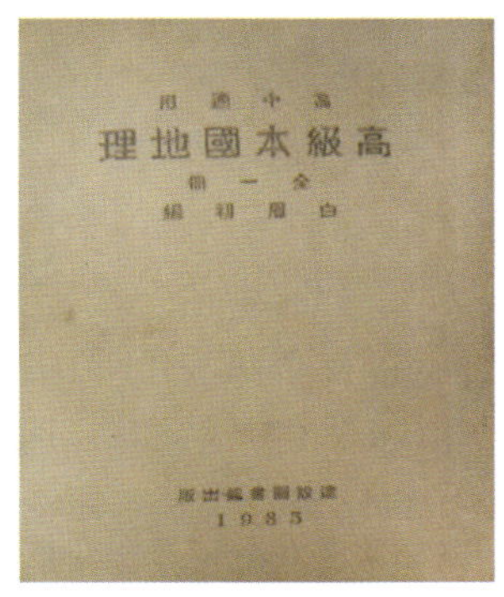

4—107

图4—107 《新建设时代高级本国地理教本》，白眉初编，北平建设图书馆出版，1935年9月四版订正

王锦福认为：“此书著者感觉中国之大患，在边疆人口稀少，强邻逼处，环绕蚕食，国民不悉国疆具体之概况。故此书之排列，不取通常之惯例，采图轮集中法，由外侧向内叙述，引导青年重视边疆。全书分上、下二编，上编分国疆概要、地势体用、海岸、山脉、水道、地势、湖泊带、气候区及天产诸章。下编分藩属撤废、国界失地、边疆八省二区、内陆高原九省、中陆低原五省、沿海六省（辽宁于边疆八省二区章述之）及结论。叙述详明，议论扼要，对于撤藩及失地材料，叙述特详，为其他教本之所无。下编分论中，加述国耻材料之要节，借以激发国民发愤图强之志，养成异日恢复失地之决心。并且随时随地说明建设要项，造成学生为实行建设人才，用意良深。此书现有改订本，篇幅略减。”[2]

（4）《高中世界地理》

该书由孙嘉会著，白眉初校阅。封面题名“高级中学师范适用教本世界地理”。全书二册，1932年初版。

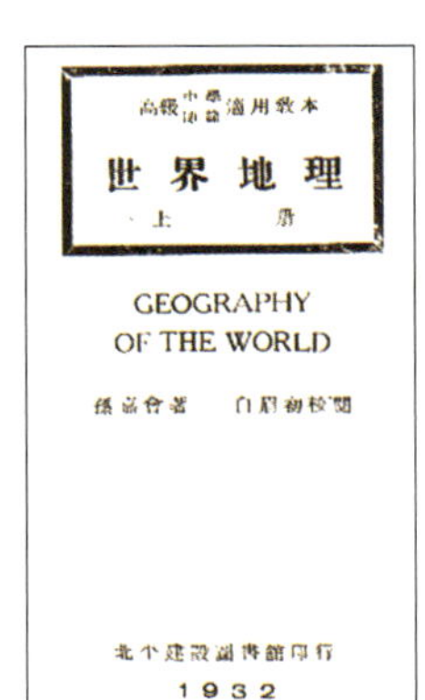

4—108

图4—108 《高中世界地理》，孙嘉会著，白眉初校对，北平建设图书馆印行，上册，1932年3月第三版

[1] 王有朋. 中国近代中小学教科书总目[M]. 上海：上海辞书出版社，2010：599.

[2] 王锦福. 最近三十年来中学地理课程概要及教科书之调查并批评：下[J]. 师大月刊，1935（23）：57.

（十）其他书局出版的课程标准地理教科书

1.《现代中国地理课本》（新学制小学用）

该书由邓志清编辑，东方图书公司编译所校订，新学制小学用。上海东方图书公司印行。全书二册，1929年初版。

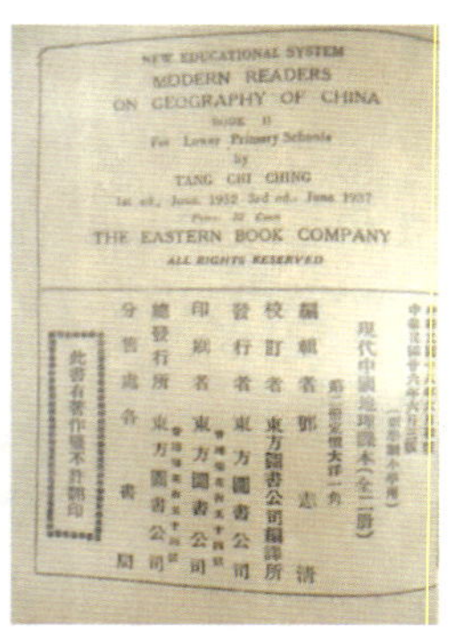

4—109

图4—109 《现代中国地理课本》（新学制小学用），邓志清编辑，东方图书公司编译所校订，上海东方图书公司印行，第二册，1937年6月第三版

2.《初中师范中国地理》

该书由贾逸君编辑。天津百城书局出版。初中师范适用教本。全书分上、下两卷，1932年初版。

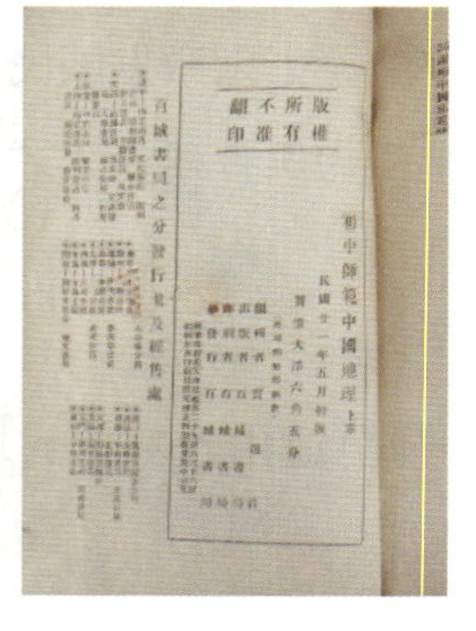

4—110

图4—110 《初中师范中国地理》，贾逸君编辑，天津百城书局出版，上卷，1932年5月初版

王锦福认为：“此书分为绪论、总论及分论三编。绪论系泛论地理学定义、宗旨、研究方法和地理对于人类之关系。总论系总括叙述中国自然和人文两方面之概况，给学者以本国地理上具体之概念。分论系地方志，采游记体裁叙述法，以交通路线为系统，其不便以交通相联络者，则以重大问题代替之，务使材料活跃，趣味横生，以为现代青年读后适应实际生活之准备。书中附有图表多幅，便于对照及参证。书末附有中国地名变迁表（上册末）、孙中山铁路计划系统表（下册末）及中国地理参考书目。”[1]

有研究认为该书的优点有：（1）教材分量，多寡适宜，取材新颖，切于现世人生。（2）注重地理与人生之关系。（3）注重文化与地理之关系。（4）条理清晰，易使学者得一有系统之观念。

[1] 王锦福. 最近三十年来中学地理课程概要及教科书之调查并批评：下[J]. 师大月刊，1935（23）：47.

（5）分论各章，均有经济概况之叙述，可使学者知各地之现状。（6）中国之国际地理一章，特别将外人在华势力加入，使读者读后有所警惕，并激其爱国心。缺点有：（1）绪论中应有地理基本常识之叙述（如宇宙、太阳系、日月及四季等）。（2）人文部分宜放在分论之后阐明之，使学者得有本国地理整个之概念以后再为讲述，较易了解。（3）分论中缺少气候、物产、民风等项。（4）分论中山水部分，无高度与长度之标准，失之简略。[1]

3.《本国地理教科书》（中学校用）

该书由邬翰芳编辑，中学校用。全书一册，神州国光社（上海河南路六十号）于1932年5月初版。

该书根据教部颁布地理课程标准而编辑，为高中适用之教科书，并可为初中、初级师范、农业、商业等职业学校及一般学者之参考书。全书共分为三编：第一编为自然地理总论，略述山川之概况及整理长江、黄河、淮河计划大纲及导淮方法等。第二编为人文地理总论，叙述经济概况、交通现状、政治组织、财政近况及外交、种族、教育等。第三编为地方志，首述概论，次述各河流之省区，不宜于河流之省分者，则以地势之区分法分述之。书中附图表多幅，便于对照及参考。

该书的优点有：（1）新材料之选入。本书注意最近所发生之事实，如二十年大水灾、东北事变、淞沪中日战事等，均由地理学上加以记述与说明。（2）插图丰富。此书采集新颖图片及照片计一百数十余幅，借以辅助文字之说明，增加读者兴趣。（3）教授上之便利。总论与地方志合订为一册，教师于讲授之次序，可以自由变更。缺点有：（1）统计材料过旧。如人文地理总论中各种统计表、统计数字，只至民国十七年，十七年以后者未加入，未免陈旧。（2）眉目不清。全书完全用小字排印，所加入参考之资料亦如之，轻重不分，宜于重要之处大字排印，且加顶批。（3）取材不均。如自然地理总论之部，仅占全书页数九分之一强（二十九页）]，且其中有许多参考资料而非正文，似有人文地理过繁，自然地理过简之嫌。

4.《初中本国地理教科书》（增订三版）

该书由王钧衡、万方祥编。根据教育部颁布的课程标准编辑。版权页题名“新课程标准适用初中本国地理”。北平北方学社印行。全书分上、下两册，1936年8月出版。

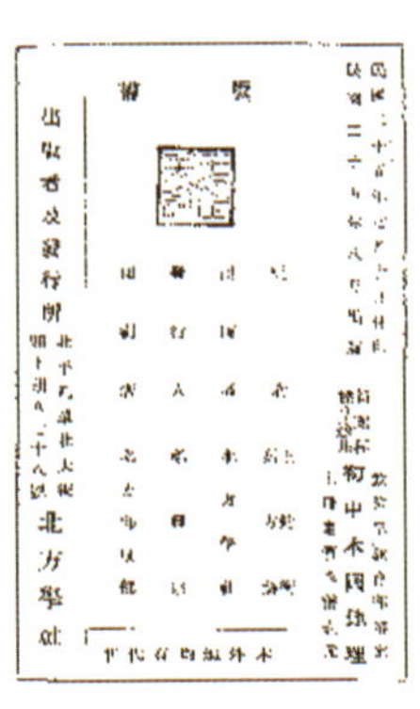

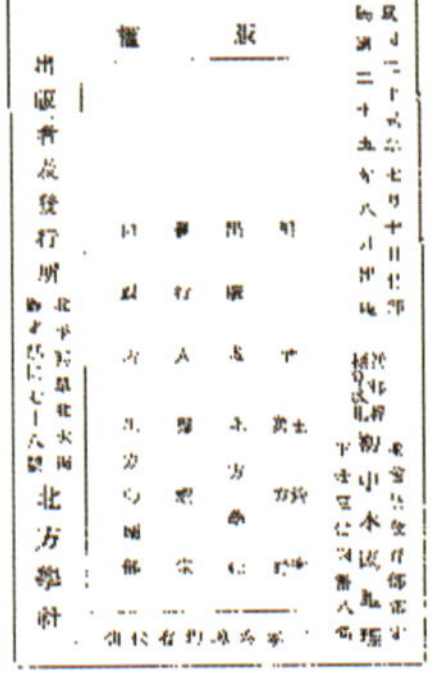

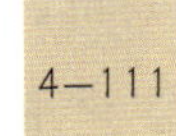

图4—111 《初中本国地理教科书》（增订三版），王钧衡、万方祥编，北平北方学社印行，上册、下册，1936年8月出版

[1] 王锦福. 最近三十年来中学地理课程概要及教科书之调查并批评：下[J]. 师大月刊，1935（23）：55-56.

5.《初中本国地理教科书》

该书由王钧衡编著。新课程标准适用。版权页题名“初中本国地理”。北平和济印书局（北平和平门内后细瓦厂八号）印刷，北平立达书局（北平王府井大街五十三号）出版发行。全书分上、下两册，1933年初版。

4—112

图4—112 《初中本国地理教科书》，王钧衡编著，北平和济印书局印刷，北平立达书局发行，上册，1933年8月初版

6.《高中本国地理》

该书由谢国度编著。修正课程标准适用。宇宙书局（长沙府正街）印行。[1]全书三册，1946年出版。

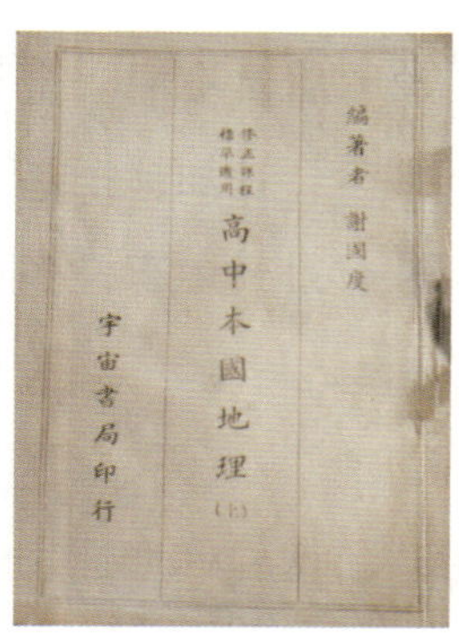

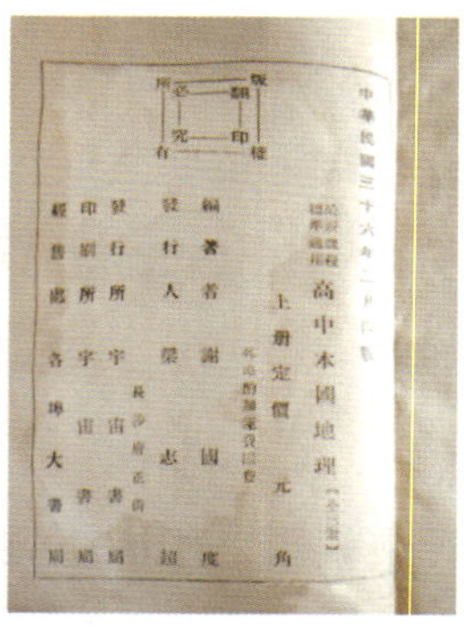

4—113

图4—113 《高中本国地理》，谢国度编著，修正课程标准适用，宇宙书局印行，上册，1947年2月第四版

7.《本国地理》（初级中学适用）

该书由刘君穆编辑，胡汉民、王宠惠、刘卢隐校订。初级中学适用。上海民智书局（上海塘山路九二六号）出版。全书分上、下两册，1930年8月初版。

8.《初中本国地理》

该书由陈学英编。初级中学学生用书。遵照教育部修正课程标准编辑。版权页题名“初中地理”。艺文书社印行。全书四册，1938年1月初版。

[1] 王有朋. 中国近代中小学教科书总目[M]. 上海：上海辞书出版社，2010：600.

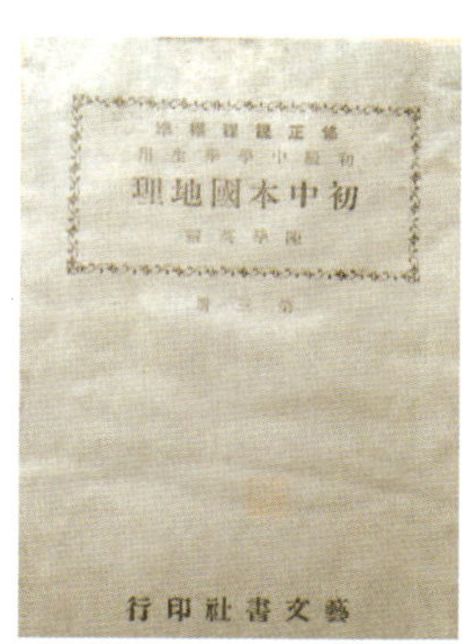
修正課程標準
初級中學學生用
初中本國地理
陳學英編
藝文書社印行

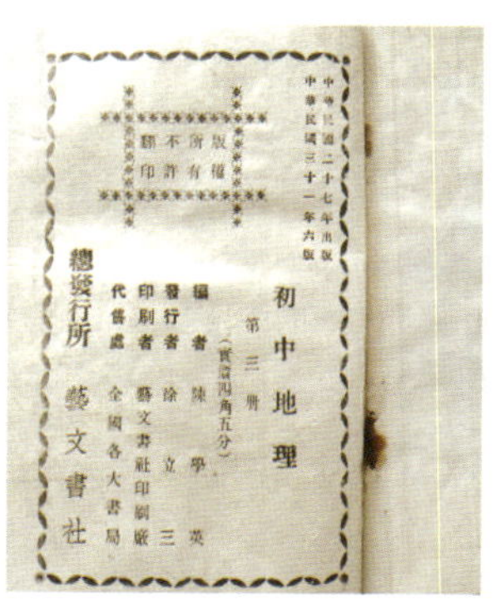
中華民國二十七年出版
中華民國三十一年六版
版權所有
不許翻印
初中地理
第三冊
（實價洋四角五分）
編書者 陳學英
發行者 徐三立
印刷者 藝文書社印刷廠
代售處 全國各大書局
總發行所 藝文書社

4—114

图4—114　《初中本国地理》，陈学英编，艺文书社印行，第三册，1942年第六版

9.《初中本国地理纲要》

该书由黄国璋、王钧衡、张恩护、张景华、赵毓岷编著。国立北平师范大学地理学系出版，北平科学印书馆印行。全书一册，1948年8月初版。

初中本國地理綱要
編著者
國立北平師範大學地理學系出版

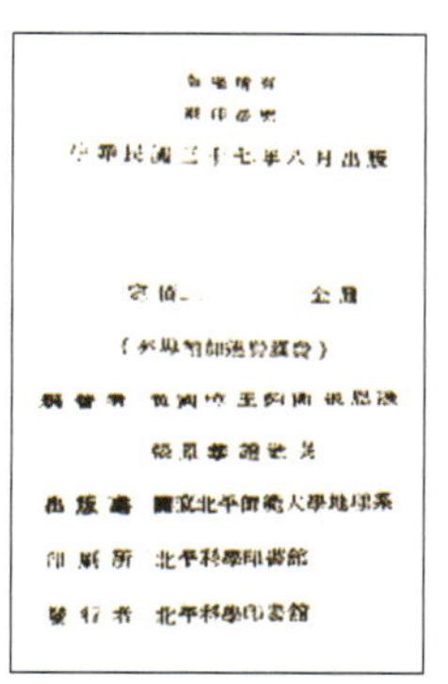
出版者 國立北平師範大學地理學系
印刷所 北平科學印書館
發行者 北平科學印書館

4—115

图4—115　《初中本国地理纲要》，黄国璋、王钧衡、张恩护、张景华、赵毓岷编著，国立北平师范大学地理学系出版，北平科学印书馆印行，1948年8月初版

10.《初中外国地理纲要》

该书由黄国璋、王钧衡、张恩护、张景华、赵毓岷编著。国立北平师范大学地理学系出版。全书一册，1948年8月初版。

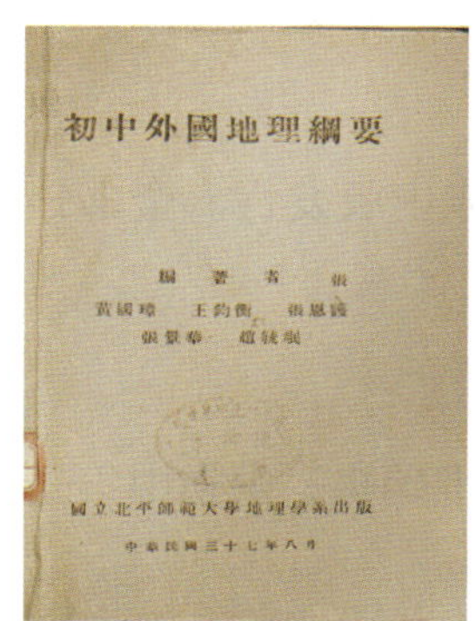
初中外國地理綱要
編著者

4—116

图4—116　《初中外国地理纲要》，黄国璋、王钧衡、张恩护、张景华、赵毓岷编著，国立北平师范大学地理学系出版，1948年8月初版

11.《最新初中外国地理教科书》

该书由王谟著。北平和济印书局印刷，北平立达书局发行。全书分上、下两卷，1932年8月初版。1936年8月改版发行，由北京出版社印行。

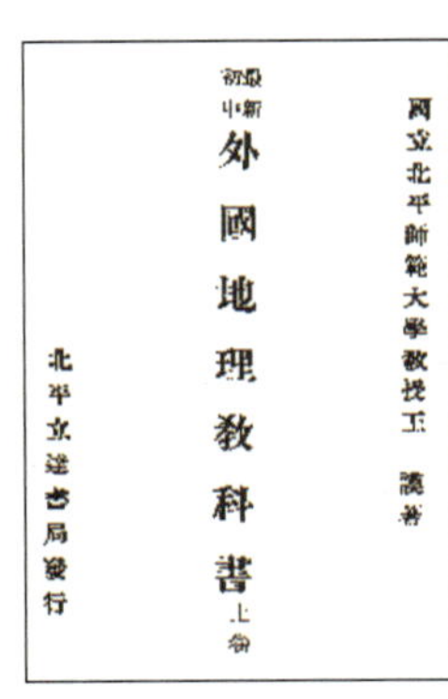

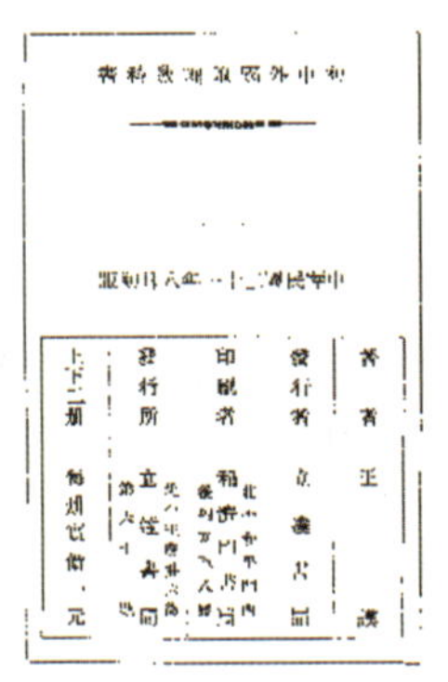

4—117

图4—117　《最新初中外国地理教科书》，国立北平师范大学教授王谟著，北平和济印书局印刷，北平立达书局发行，上卷，1932年8月初版

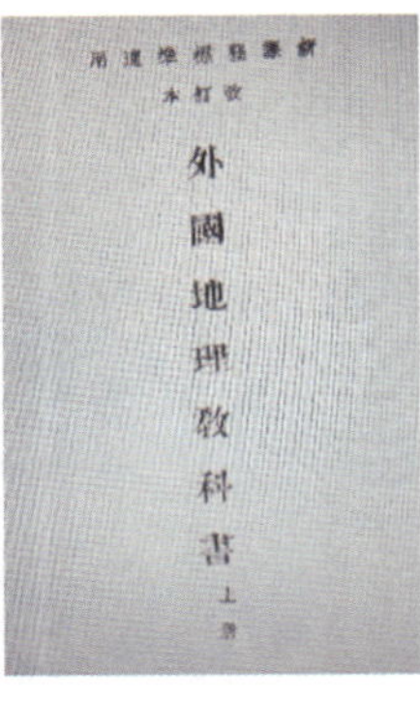

4—118

图4—118　《初中外国地理教科书》（新课程标准适用改订本），王谟编著，北京出版社印行，上册，1932年8月初版

12.《初中外国地理》

该书由叶许生编辑，姚明辉校订。遵照教育部课程标准，依据江苏省教育厅进度表编辑。封面题名“初中标准教本　外国地理”。上海中学生书局（上海四马路二八一号）出版。全书二册，1935年初版。[1]

13.《初中本国地理》

该书由陆仁寿编辑。遵照教育部课程标准，细目依据江苏省教育厅初中地理教学进度表编定。封面题名“初中标准教本　本国地理”。上海中学生书局出版。全四书册，1935年初版。[2]

14.《初中外国地理》

该书由王益厓编。其他题名“新亚教本　初中外国地理”。上海新亚书店出版发行。全书分上、下两册，1934年初版。[3]

15.《初中适用世界地理教本》

该书由苏俊夫编著，李履冰等校阅。遵照教育部颁行初级中学地理课程标准编辑，供初中第三学年学习世界地理之用。武昌亚新地学社出版。1934年2月初版。

[1] 王有朋. 中国近代中小学教科书总目[M]. 上海：上海辞书出版社，2010：606.

[2] 王有朋. 中国近代中小学教科书总目[M]. 上海：上海辞书出版社，2010：595.

[3] 北京图书馆，人民教育出版社图书馆. 民国时期总书目：1911—1949（中小学教材）[M]. 北京：书目文献出版社，1995：239.

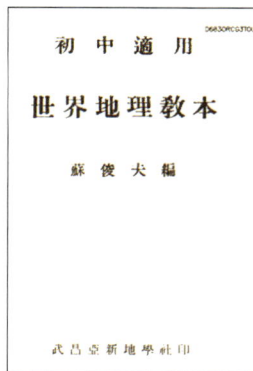

4—119

图4—119　《初中适用世界地理教本》，苏俊夫编著，李履冰等校阅，武昌亚新地学社出版，1934年2月初版

16.《初中新标准世界地理》

该书由殷祖英编著。其他题名“世界地理教本”。北平文化学社印行。全书二册，1934年4月—9月初版。

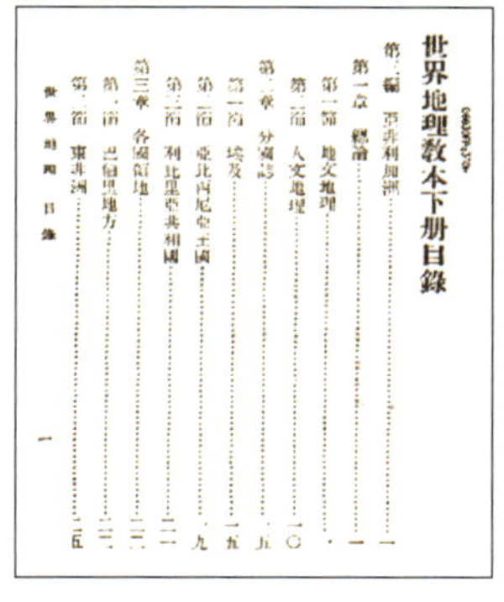

世界地理教本下冊目錄

第三編　亞非利加洲……一
第一章　總論……一
第一節　地文地理……一
第二節　人文地理……一〇
第二章　分國誌……一五
第一節　埃及……一五
第二節　亞比西尼亞王國……一九
第三節　利比里亞共和國……二一
第三章　各國領地……二二
第一節　巴伯里地方……二二
第二節　東非洲……二五

世界地理　目錄　一

4—120

图4—120　《初中新标准世界地理》，殷祖英编著，武昌亚新地学社出版，下册，北平文化学社印行，1934年版

17.《南开中学东北地理教本》

该书由傅恩龄编。天津南开中学发行。[1]全书分上、下二册，1931年9月初版。

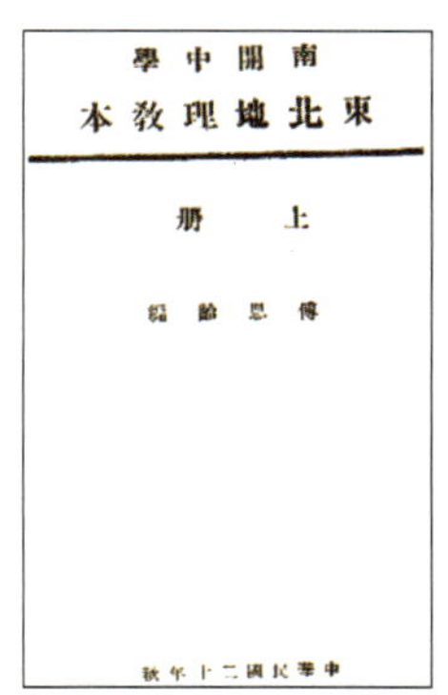

4—121

图4—121　《南开中学东北地理教本》，傅恩龄编，上册、下册，天津南开中学发行，1931年9月初版

《南开中学东北地理教本》作为名校校本教材，其在“例言”中提到：（1）本书内容资料稍多，讲授时暂分详讲、略讲及不讲三部分。（2）本书上册第一章“地理”，内有五分之四，系蒙蒋应荣先生编辑；第二章“行政”，内有四分之一，系蒙王继儒先生编辑；下册第十四章，则蒙孙守先先生供给资料甚多。特志于此，聊表谢意。（3）本书内容简陋，纯系讲义性质。可谓之曰：

[1] 王有朋. 中国近代中小学教科书总目[M]. 上海：上海辞书出版社，2010：589.

“待正本”。

《南开中学东北地理教本》的主要内容全部都是关于东北地理方面的。前几章是一般意义的东北地理概况，后面是具体的东北地理情况。该书的主要内容有：

> 第一章地理，第二章行政，第三章交通，第四章富源，第五章工业，第六章商业，第七章辽东半岛日本租借地，第八章中东铁路公司与南满铁路公司，第九章东省特别区与满铁附属地，第十章葫芦岛与大连之比较观，第十一章哈尔滨经济情形，第十二章东北中外之移民，第十三章呼伦贝尔及兴安区经济情形，第十四章东北与国际之关系，第十五章结论——东北问题之解决方策如何，附录（一）东北研究会之工作及计划，附录（二）国内外研究东北各机关之概况

18.《战后新中国地理》（高中适用）

该书由徐俊鸣著。国立中山大学地理学会出版。分三册，上册是全国总论，中册是华中华南分论，下册是北方西部分论。上册原名《本国地理总论》，后改名《战后新中国地理总论》，高中及师范学校适用，1946年6月初版，1947年7月改编再版，版权页题名“高中战后新中国地理总论”，1947年9月最新三版改名为《战后新中国地理：全国总论》（上册）。《战后新中国地理：华中华南分论》（中册）先由广州进化书局出版，名为《战后新编高中本国地理：华中华南分论》，后改名为《战后新中国地理：华中华南分论》（中册）（高中适用），由国立中山大学地理学会出版，广州荣兴书局总经售。《战后新中国地理：北方西部分论》（下册）（高中适用），国立中山大学地理学会出版，广州荣兴书局总经售，1948年8月初版。

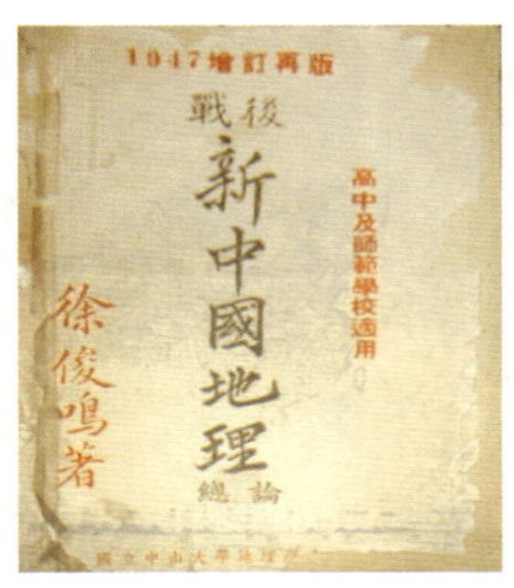

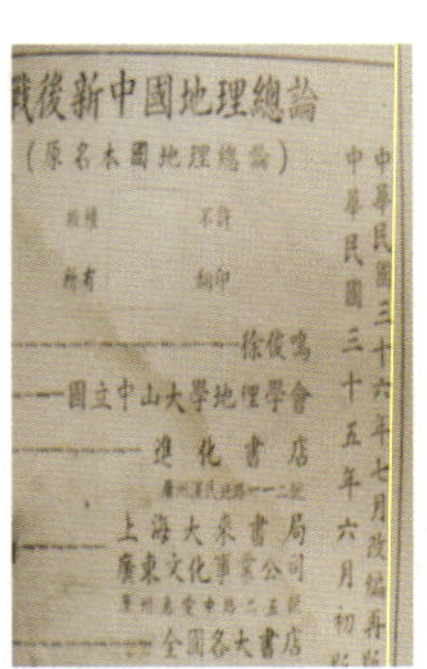

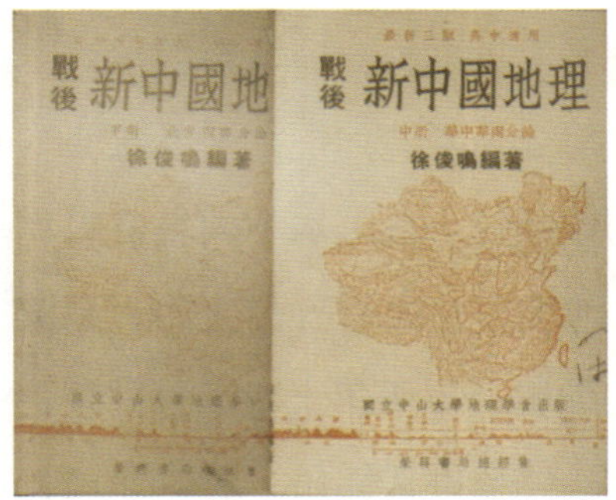

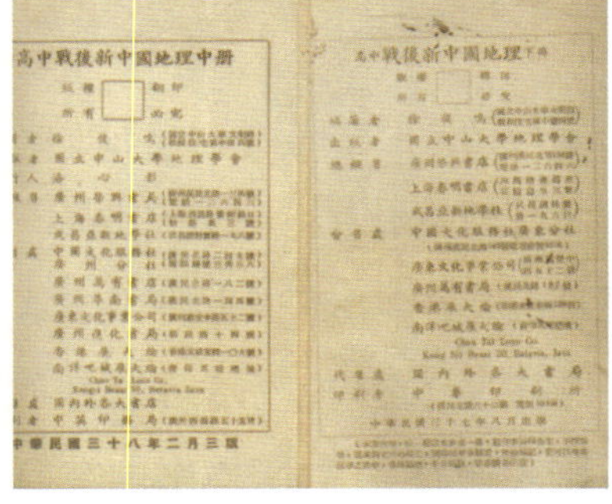

4—122

图4—122 《战后新中国地理总论》，徐俊鸣著，国立中山大学地理学会出版，高中及师范学校适用，1947年7月改编再版。《战后新中国地理：全国总论》（上册）（高中适用），徐俊鸣编著，国立中山大学地理学会出版，广州荣兴书局总经售，1947年9月最新三版。《战后新中国地理：华中华南分论》（中册）（高中适用），徐俊鸣编著，国立中山大学地理学会出版，广州荣兴书局总经售，1949年2月最新三版。《战后新中国地理：北方西部分论》（下册）（高中适用），徐俊鸣编著，国立中山大学地理学会出版，广州荣兴书局总经售，1948年8月初版

19.《最新高中世界地理教科书》

该书由韩道之著。封面页题名“高中适用世界地理”，卷端题名“高中世界地理”。北平和济印书局印刷，北平立达书局发行。全书一册，1932年8月初版。

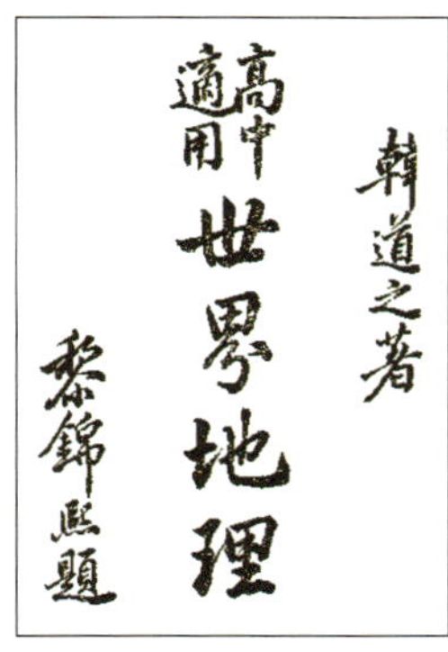

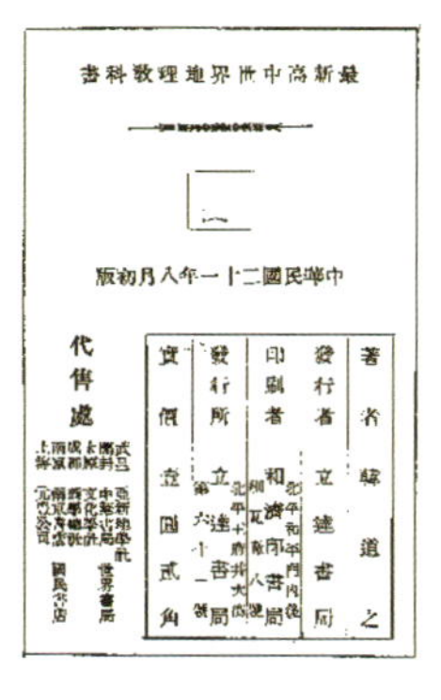

最新高中世界地理教科書

中華民國二十一年八月初版

著者 韓道之
發行者 立達書局
印刷者 和濟印書局
發行所 立達書局
實價 壹圓貳角
代售處

4—123

图4—123 《最新高中世界地理教科书》，韩道之著，北平和济印书局印刷，北平立达书局发行，1932年8月初版

《最新高中世界地理教科书》的“卷头语”提到：本书为著者在女师大预科、中法大学孔德学院预科、中国大学预科、平大法学院高中及师范大学附属高中等处教授外国地理之稿本，凡十五万言。依战后世界大势变迁，随时修改，凡十数次。近年学制改革，高中外国地理尚无相当课本，屡承各地友朋敦促著者为供给此项需要，及本人在北平各校讲授便利起见，复将原稿斟酌损益，编成是书。兹将编辑要点略述如左：（1）本书世界地理之前，首讲中国固有之地，以唤起青年挽回前此之失败与今后进取之精神，如对于日本地理，即无琉球朝鲜台湾澎湖诸地，以其原为我之属国与领土故也。（2）分国地理，对于民族、政治、产业、交通、军事外交诸端，莫不加以简要之叙述，而尤注重国际间最近之形势。（3）各国都市状况，依旅行路线叙述之，既资联络，复免枯燥寡味之弊。（4）每节之首，叙述各洲或各国现势，每节之末，详论与中国之关系，俾养成青年以我国为主眼之世界观，而无盲从与奴见之恶习。（5）对于暴日侵略中国之地理，尤三致意，不仅于国耻之处，不稍放松，并示以军事复仇之策，俾向来怯懦之心理，一扫而空。（6）本书附有精印带色地图三十余幅，凡书内重要地名，靡不填注，教学时极其便利，学生亦可不另购地图。（7）书内人地译名，以通用着为主，并附注原文，以供参考。（8）关于地学意义、范围、要旨，与今后国人应采取之方针，及对于世界之整个观念，均已屡述于导言篇中，采用本书者，幸注意焉。（9）地理课程，在高中时期，已入学术范围，故本书所辑材料，较为繁重。惟在教者在堂提要讲授，学者课后仔细自修，自无教材太多，时间不足之顾虑。（10）本书之精神，得力于吾师姚孟埙先生。

20.《高级适用教本　世界地理》

该书由韩镜明编著，苗迪青、郑资约校阅，刘玉峰、殷祖英校订。版权页题名“高级世界地理”。遵照教育部课程标准编著，供高中第四、第五、第六学期教学之用。全书三册，北平华北科学社印行，1934年初版。该套教科书后又修改为《新标准高中教本　世界地理》，仍然由北平华北科学社出版印行。

高級適用教本
世界地理
上册
編著者 韓鏡明
校訂者 劉玉峯 殷祖英
1934
北平華北科學社印行

高級世界地理
版權所有 必究
中華民國二十三年八月初版
編著者 定縣韓鏡明
印刷者 華北科學社
校閱者 苗迪青 鄭資約
發行者 華北科學社
代售處
定價 上册大洋捌角

4—124

图4—124 《高级适用教本 世界地理》，韩镜明编著，苗迪青、郑资约校阅，刘玉峰、殷祖英校订，北平华北科学社印行，上册，1934年8月初版

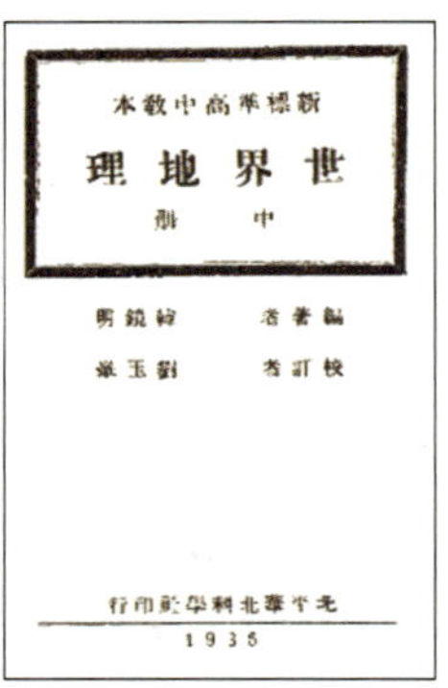
新標準高中教本
世界地理
中册
編著者 韓鏡明
校訂者 劉玉峯
北平華北科學社印行
1935

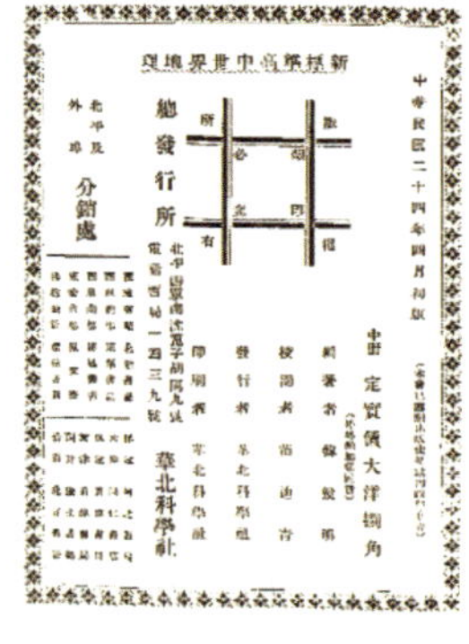
新標準高中世界地理
中華民國二十四年四月初版
總發行所 華北科學社

4—125

图4—125 《新标准高中教本 世界地理》，韩镜明编著，刘玉峰校订，苗迪青校阅，北平华北科学社印行，中册，1935年4月初版

《高级适用教本 世界地理》编者认为：中国地学界之“穷乏”，凡教授此门者，莫不众口一词的承认，且自学制改革迄今，中等地理课程，尤感缺乏善本之选取，非系统凌乱，即教材陈腐，非失之庞杂，即偏于简略。教者既不能引起兴味，学者遂视为无足轻重。殊不知地理乃人类生活之背影，为各种学科之基础。况世界大通，国际间之情势，更不容忽视。著者本教学十年之经验，遵教部所颁课程标准，力矫前弊，编著此书。内容材料，足敷高中第四、第五、第六学期教学之用。

该书分订上、中、下三册，上册为亚洲，中册为欧洲，下册为南北美、非、澳、两极，及自然地理，时间与教材分配适中，每学期一册。

该书编辑之主要目的：（1）在使明了世界各国之大势；（2）在使明了世界各国与中国之关系；（3）在使明了帝国主义者对于弱小民族之压迫情形；（4）在使明了世界各弱小民族之独立运动，及国权恢复之经过，并警词惕励，期作他山之资；（5）在使明了我华侨之发展区域及被压迫之惨状。

本书注重人文方面，除对于政治、产业、交通等项，加意叙述外，更注重欧战以后新形势之变迁。本书叙列，无论对于人文与自然各方面，均特别注重条理的说明，使学生易于了解。本书地名或名词译名，胥依商务书馆出版之外国人名地名表为标准，译名后并附英文注解，以便存真。又附有地图及风景图片多幅，俾易引起学生之兴味。[1]

[1] 韩镜明. 高级适用教本 世界地理（上册）（初版）[M]. 北平：华北科学社，1934.

21.《地学概论》（高级中学用）

该书由鲁立刚编辑，竺可桢、王谟、白眉初、吴晦华、沈望三校阅。长沙六合公司印刷，编者发行，长沙湘芬书局代售。全书一册，1934年出版。

地學概論
全一冊
編者 魯立剛
校閱者
竺可楨 王謨
白眉初 吳晦華
沈望三
中華民國二十三年

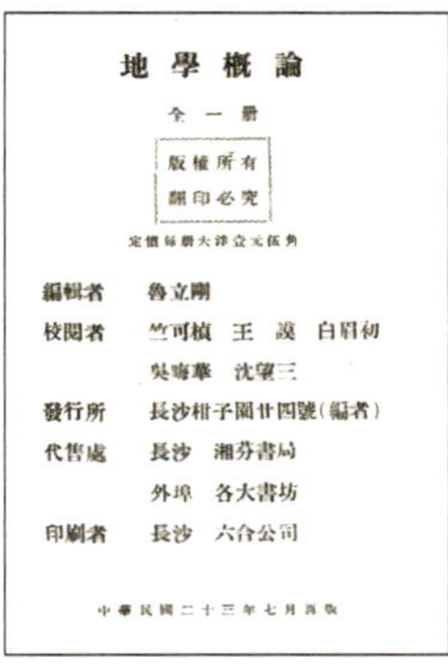
地學概論
全一冊
版權所有 翻印必究
編輯者 魯立剛
校閱者 竺可楨 王謨 白眉初 吳晦華 沈望三
發行所 長沙柑子園廿四號（編者）
代售處 長沙 湘芬書局
外埠 各大書坊
印刷者 長沙 六合公司
中華民國二十三年七月再版

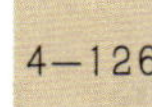

图4—126 《地学概论》（高级中学用），鲁立刚编辑，竺可桢、王谟、白眉初、吴晦华、沈望三校阅，编者发行，长沙六合公司印刷，长沙湘芬书局代售，1934年7月再版

22.《新标准高中自然地理学》

该书由王金绂编著。其他题名“高中自然地理学”。北平和济印书局印刷，北平立达书局发行。全一册，1934年11月初版。

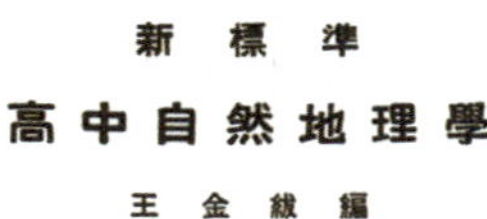
新標準
高中自然地理學
王金紱編

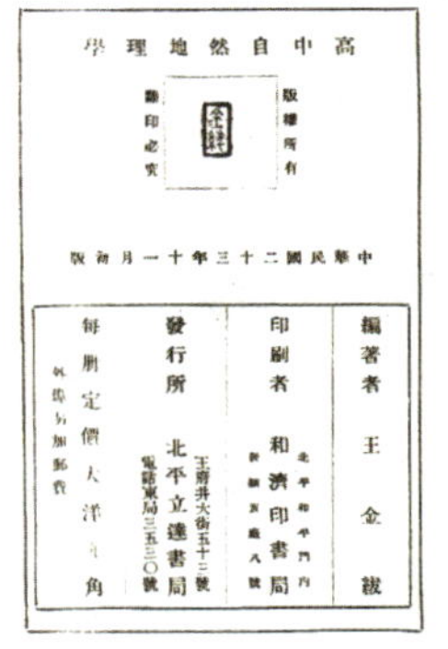
高中自然地理學
版權所有 翻印必究
中華民國二十三年十一月初版
編著者 王金紱
印刷者 和濟印書局
發行所 北平立達書局 王府井大街五十三號 電話東局三五三〇號
每冊定價大洋□角

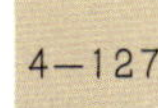

图4—127 《新标准高中自然地理学》，王金绂编著，北平和济印书局印刷，北平立达书局发行，1934年11月初版

23.《高中自然地理》

该书由万方祥编。根据1936年教育部修正高中地理课程标准编辑。版权页题名“新课程标准适用　高中自然地理”。北平北方学社印行。全书一册，1936年8月初版。

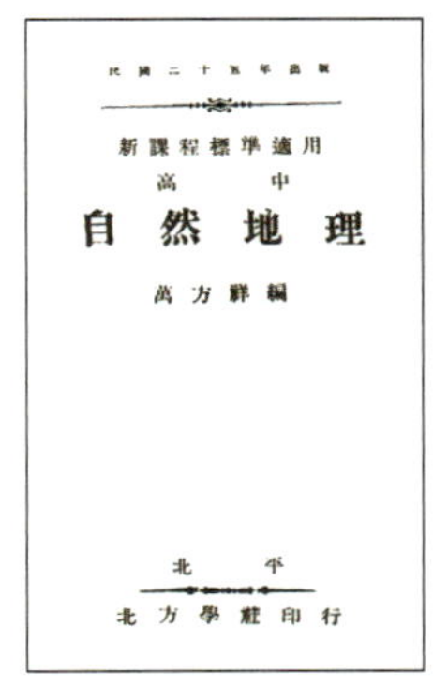
民國二十五年出版
新課程標準適用
高中
自然地理
萬方祥編
北平
北方學社印行

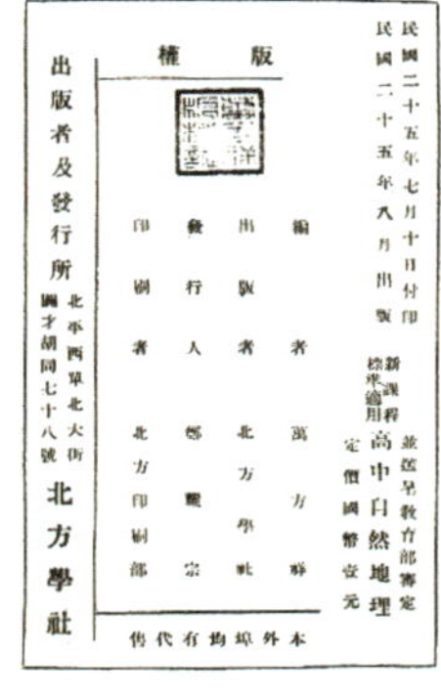
民國二十五年七月十日付印
民國二十五年八月出版
新課程標準適用 高中自然地理
定價國幣壹元
版權
編者 萬方祥
出版者 北方學社
發行人 鄭□宗
印刷者 北方印刷部
本外埠均有代售
出版者及發行所 北平西單北大街 北方學社

4—128

图4—128 《高中自然地理》，万方祥编，北平北方学社印行，1936年8月初版

第三节 国定教科书系列的地理教科书

一、国定教科书的由来及概况

1937年7月，抗日战争全面爆发。抗战军兴，国民政府西迁，大量学校、教师随同迁入后方，西南、西北教育发展很快。战事一起，教育部迅令商务印书馆、中华书局、正中书局、世界书局等各大书局酌移印机增设印刷厂所，并对遵令措置者在运输、纸张等方面予以必要之便利与援助，使各科教科书仍得源源出版，以资应用。[1]但各大书局除正中书局外，均未西迁，于是西部地区教科书的印刷、运输都感困难，供应数量大为减少。一方面学校和学生数增加，另一方面教科书供应数量减少，以致普遍发生书荒，情势十分严重。

1938年 3 月底至 4 月初，国民党在武汉召开临时全国代表大会，通过了《中国国民党抗战建国纲领》和《战时各级教育实施方案纲要》，其中就有应抗战与建国之需要，改订教育制度及教材的规定。[2]根据《中国国民党抗战建国纲领》和《战时各级教育实施方案纲要》，1938年7月，教育部发布《各级教育实施方案》。《各级教育实施方案》更是明确指出“小学教科书及中学、师范用之公民、国文、历史、地理教科书，应由国家编辑，颁发应用”。1942年1月，教育部将教科用书编辑委员会并入国立编译馆，扩大其组织，并成立各科教科书编审委员会，负责国定教科书之编审。同时规定，1942年起小学各科教科书及中学公民、国文、历史、地理四科教科书，各校一律采用国立编译馆主编的国定教科书，中学其他各科及师范职业各科教科书，国立编译馆亦奉令编辑，但可与坊间审定课本通行，各校可自由选用。[3]

到1943年春，部编初小、高小各主要科目及初中语文、公民、史地等科国定教科书先后修改完成。国定教科书最初交由正中书局统一发行，1943年4月教育部将部编教科书的发行权交给正中书局、商务印书馆、中华书局、世界书局、大东书局、开明书局、文通书局等7家书局联合组成的

[1] 魏冰心. 国定教科书之编辑经过[J]. 教育通讯，1946（6）：14-15.

[2] 教育部. 第二次中国教育年鉴[M]. 上海：商务印书馆，1948：8-9.

[3] 魏冰心. 国定教科书之编辑经过[J]. 教育通讯，1946（6）：14-15.

"国定中小学教科书七家联合供应处"，由该处统筹负责印行供应。1943年6月教育部发布训令，规定自1943年秋季起，各学校初小国常各册和高小国语、公民、历史、地理四科第一册，以及初级中学公民、国文、历史、地理四科第一册教科书均应改用国定本。1943年11月教育部再次训令："所有各书局编印同类教科书之版本，不论其尚在审定有效期间，或已通过审定有效期限，或曾经核准发行，或尚未经审定者，均一律停止发行"。[1]

国定教科书很多都是在抗战时期编订的，其中一些内容已经滞后，不能适应建设时期的需要，因此，抗战胜利后，国定教科书普遍经历了一次甚至几次修订。根据笔者对刊登在《上海教育周刊》1947年第4卷第12期上国定中小学教科书资料的统计，国民政府教育部共编撰国定中小学教科书（含教授书）四组36种124册，其中，初小（包括初级成人班、初级妇女班）6种36册，高小12种44册，初中13种36册，师范5种8册。具体情况如下。

第一组　国定教科书（合计 6 种 36 册）

科目	册次	册数	版本	备注
初小国语常识	一至八	8	抗战胜利后修订标准本	须照勘误表改正
初小国常单式教学法	一至四	4	抗战胜利后修订标准本	一至四修订稿本在排印中
初小算术	一至八	8	暂行本	须照勘误表改正
初小算术教学指引	一至八	8	暂行本	稿本在排印中
初级成人班课本	一至四	4	抗战胜利后修订本	稿本合订一册，在排印中
初级妇女班课本	一至四	4	抗战胜利后修订本	稿本合订一册，在排印中

第二组　国定教科书（合计 12 种 44 册）

科目	册次	册数	版本	备注
高小公民	一至四	4	抗战胜利后修订本	须照勘误表改正
高小公民教学指引	一至四	4	暂行本	稿本在排印中
高小国语	一至四	4	抗战胜利后修订本	须照勘误表改正
高小国语教学法	一至三	3	抗战胜利后修订本	稿本在排印中
高小历史	一至四	4	抗战胜利后修订本	须照勘误表改正
高小历史教学指引	一至四	4	暂行本	稿本在排印中
高小地理	一至四	4	暂行本	须照勘误表改正
高小地理教学指引	一至四	4	暂行本	稿本在排印中
高小算术	一至四	4	暂行本	一、二册已出版，三、四册在排印中
高小算术教学指引	一	1	暂行本	稿本在排印中

[1] 教育部. 训令[J]. 教育部公报，1943，15（11）：48.

（续表）

科目	册次	册数	版本	备注
高小自然	一至四	4	暂行本	须照勘误表改正
高小自然教学指引	一至四	4	暂行本	稿本在排印中

第三组 国定教科书（合计 13 种 36 册）

科目	册次	册数	版本	备注
初中公民	一至三	3	三十六年四月修订本	在本部排版制型中
初中国文	一至六	6	三十六年四月修订本	在本部排版制型中
初中历史	一至六	6	三十六年四月修订本	在本部排版制型中
初中地理	一至六	6	三十六年四月改编本	在本部排版制型中
初中算术	（上）（下）	2	暂行本	在本部排版制型中
初中代数	（上）（下）	2	暂行本	在本部排版制型中
初中实验几何	全	1	暂行本	在本部排版制型中
初中几何	（上）（下）	2	暂行本	在本部排版制型中
初中植物	（上）（下）	2	暂行本	在本部排版制型中
初中动物	（上）（下）	2	暂行本	在本部排版制型中
初中地质矿物	全	1	暂行本	在本部排版制型中
初中化学	（上）（下）	2	暂行本	在本部排版制型中
初中化学实验教程	全	1	暂行本	在本部排版制型中

第四组 国定教科书（合计 5 种 8 册）

科目	册次	册数	版本	备注
师范地方自治	全	1	暂行本	在本部排版制型中
师范教育心理	（上）（下）	2	暂行本	在本部排版制型中
师范社会教育	全	1	暂行本	在本部排版制型中
师范教育行政	（上）（下）	2	暂行本	在本部排版制型中
师范教育测验及统计	（上）（下）	2	暂行本	在本部排版制型中

1946年11月教育部决定开放国定教科书的印刷与发行。[1]国立编译馆在抗战期间编撰了大量国定教科书，这些教科书在救亡图存中对恢复民族自信、振兴民族精神、建设民族国家具有积极意义。在人力、物力、财力极其匮乏，儿童和青少年无书可读的情况下，有效地保证了中华民族在艰苦卓绝时弦诵不辍，见证了烽火岁月中知识分子奉献社会的力量与担当。国立编译馆编写的国定教

[1] 国定教科书将开放印刷发行了[J]. 豫教通讯，1946，1（2）：25.

科书尽管豪迈展现大中华、大力弘扬民族英雄、不断渲染战争气氛、力求彰显教学特性、编制日益走向成熟[1]，但由于竞争缺失、条件艰苦、时间紧迫和人员缺乏等原因，导致国定教科书饱受社会各界的批评与指摘。对国定教科书的批判本质，是对国民党教科书国定制的反对，反映了当时人们要求“还政于民”的呼声。

二、国定教科书系列的中小学地理教科书

（一）国定教科书系列的小学地理教科书

国定小学地理教科书统称“高级小学地理课本”，该套教科书在抗战期间和抗战胜利之后，几易主编，多次修订，其变化主要如下。

1.《高级小学地理课本》

该书由教育部教科用书编辑委员会编辑，全四册。由于是教育部组织编写的，出版印刷单位很多，主要由“国定中小学教科书七家联合供应处”印行，也有复兴日报社印行，中国文化服务社安徽南部分社印行，浙江省政府教育厅监印、浙江省浙东印刷厂印行，兴业出版股份有限公司印行，等等。

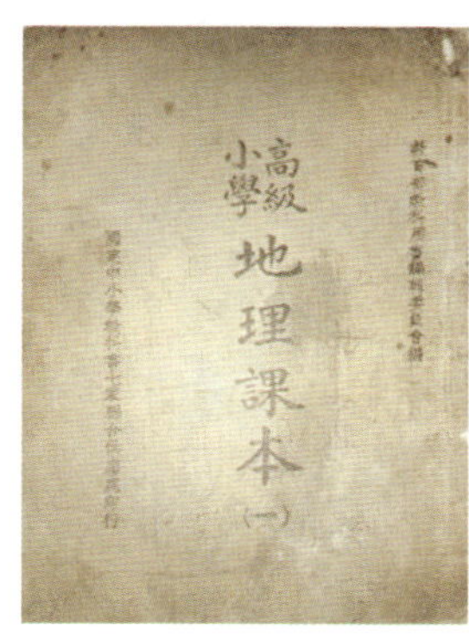

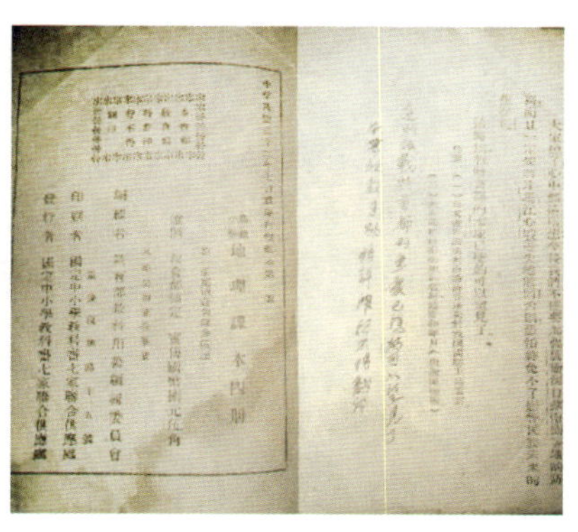

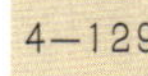

4—129

图4—129　《高级小学地理课本》，教育部教科用书编辑委员会编辑，“国定中小学教科书七家联合供应处”印行

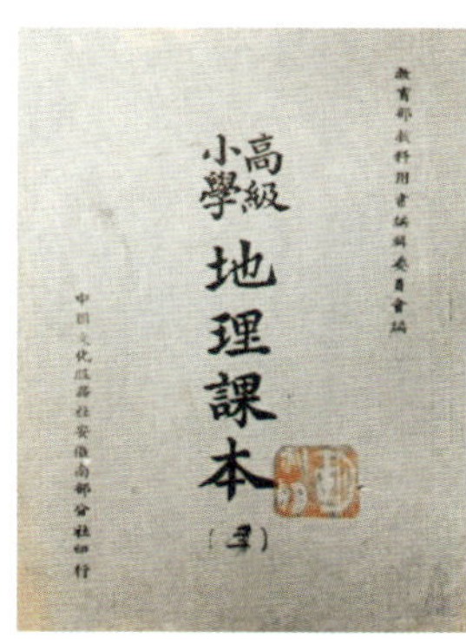

4—130

图4—130　《高级小学地理课本》，教育部教科用书编辑委员会编辑，中国文化服务社安徽南部分社印行，第二册，1945年1月皖南第一版

[1] 吴小鸥，石鸥. 烽火岁月中的启蒙：试析民国时期国立编译馆中小学教科书编审[J]. 中国人民大学教育学刊，2012（3）：166-180.

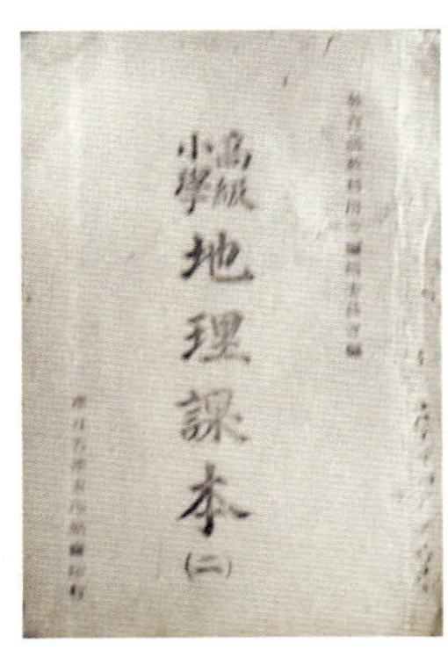

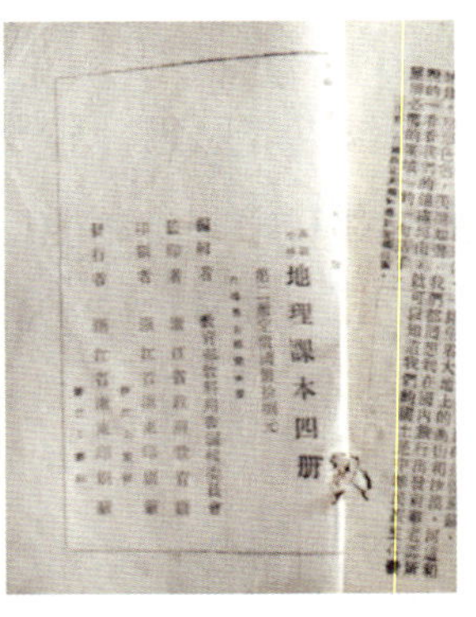

4—131

图4—131 《高级小学地理课本》，教育部教科用书编辑委员会编辑，浙江省政府教育厅监印，浙江省浙东印刷厂印行，第二册，1944年9月第二版

2.《高级小学地理课本》

该书由教育部征选，教科用书编辑委员会、开明书店、正中书局应选，王毓梅、程金生、赵廷鉴编辑，沈麓元、计维新、唐冠芳绘图，国立编译馆校订，王云五、任美锷、朱家骅、吴大钧、吴俊升等参阅。正中书局、商务印书馆、中华书局、世界书局、大东书局、开明书店、文通书局印刷，“国定中小学教科书七家联合供应处”发行。通过教育部审定。小学高级用。全书四册，1943年第一版。

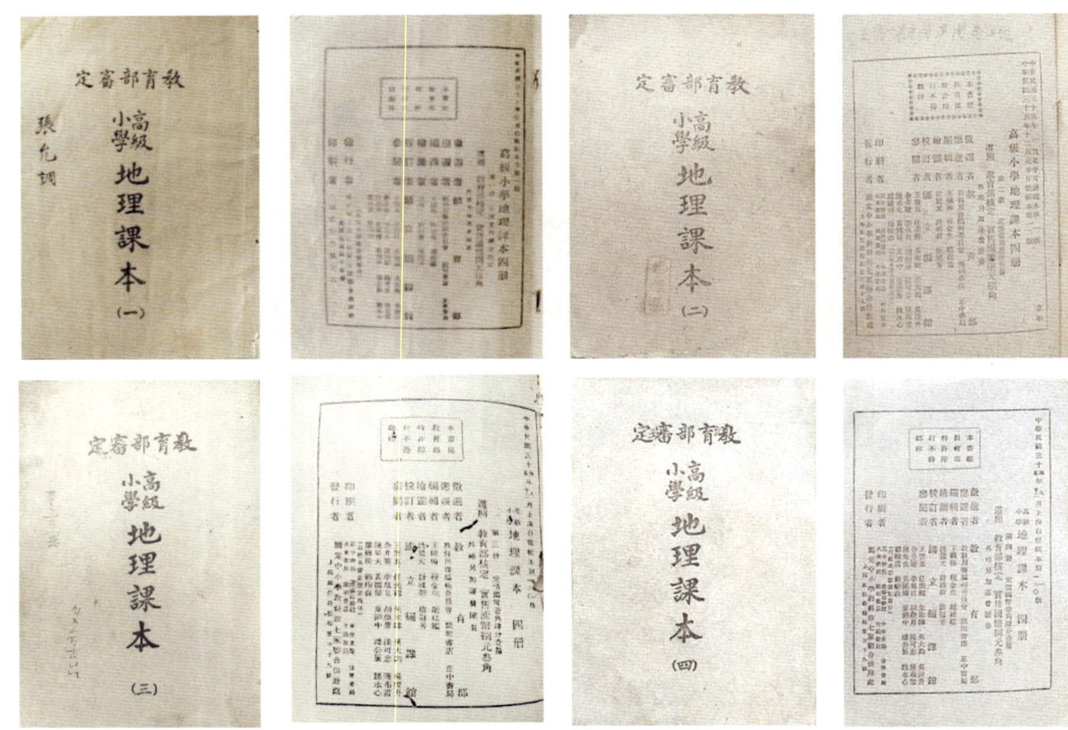

4—132

图4—132 《高级小学地理课本》，教育部征选，教科用书编辑委员会、开明书店、正中书局应选，王毓梅、程金生、赵廷鉴编辑，国立编译馆校订，王云五、任美锷、朱家骅、吴大钧、吴俊升等参阅，正中书局、商务印书馆、中华书局、世界书局、大东书局、开明书店、文通书局印刷，“国定中小学教科书七家联合供应处”发行，第一册1946年7月版，第二册、第三册、第四册1946年12月版

这套教科书属于教育部征选，由王毓梅、程金生、赵廷鉴三人根据重行修正高小社会科课程标准内地理科教材大纲及要目编辑，1943年9月在赣县、11月在重庆分印初版，为暂行本。全书分四册，每册18课，以每周教学时间60分钟计，约1周教学1课，1册供1学期之用。

该书的“编辑要旨”如下：（1）本书主旨，以介绍我国广大壮丽的山河，丰富无尽的物产，使知“我国在世界上的地位和我的生活栖息之所在”，以增强儿童爱护国家的精神为主旨。（2）本书内容精神，各课前后一贯，用游记体叙述，极饶儿童文学趣味。（3）本书各课中除描述景物、叙述游历经过外，参用对话、讨论、演讲、报告、参观等方法为介绍各课材料之方式，以免呆板枯燥之弊。（4）本书各课均分段排列，课文中重要词句，均用仿宋字排印，极为醒目。（5）本书各册插制地图及风景图数十幅，足供读者检阅及欣赏之用。（6）本书各册，课文前列有问题数则，归纳本课内容要点，足以启发儿童思想，养成自学习惯。（7）本书各册，课文后列有作业要项，使儿童根据参观、调查、绘图、制作等实际活动之结果，与书本上之地理知识互为印证。[1]

抗战胜利后，未见有新编的高小地理课本问世。教育部征编的这套教科书，到1947年12月，由世界书局印行第一次修订本第一版，编辑者为王毓梅、陈大年、赵廷鉴，校阅者为任美锷、李旭旦、胡焕庸、黄国璋、叶汇。

3.《高级小学地理课本》（1946年12月修订本）

该书由教育部主编，国立编译馆校订，王云五、任美锷、朱家骅、吴大钧、吴俊升等参阅。“国定中小学教科书七家联合供应处”印行。通过教育部审定。小学高级用。全书四册，1946年12月出修订本。

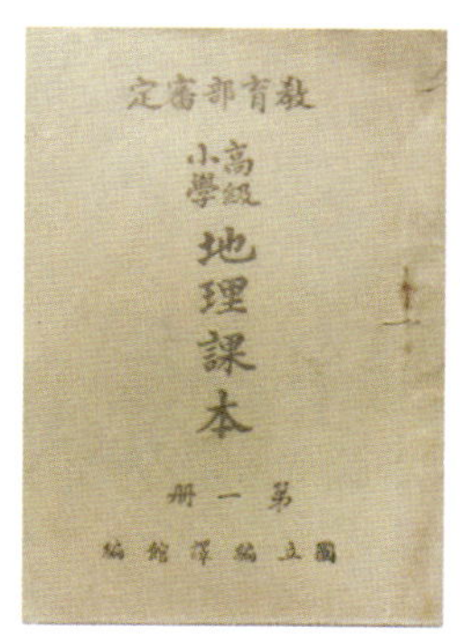

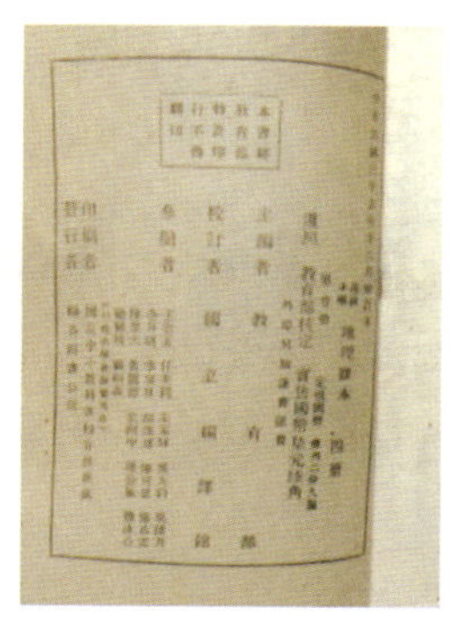

4—133

图4—133 《高级小学地理课本》，教育部主编，国立编译馆校订，“国定中小学教科书七家联合供应处”印行，第一册，1946年12月修订本

4.《高级小学地理课本》（1947年第一次修订本）

该书由国立编译馆主编，王毓梅、陈大年、赵廷鉴编辑，任美锷、李旭旦、胡焕庸、叶汇校阅，沈麓元、计维新、唐冠芳绘图，小学高级用。通过教育部审定。封面题名“地理”。全书四册。该书各大书局多有出版发行，时间多在1947年6月，以供秋季开学之用，具体有上海中华书局

[1] 杨尧. 中国近现代中小学地理教育史[M]. 西安：陕西人民教育出版社，1991：294-295.

版（1947年6月第一版[1]），有上海世界书局版（1947年6月渝第一版），还有正中书局版、上海大东书局版、上海商务印书馆版、广州南光书店版、上海开明书店版、上海文通书局版，等等。上海五联社（大中国图书局、新亚书店、广益书局、北新书局、中联印刷公司）也有印行。

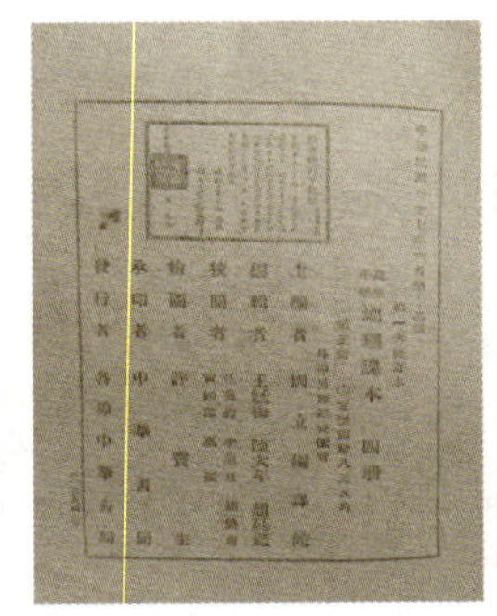

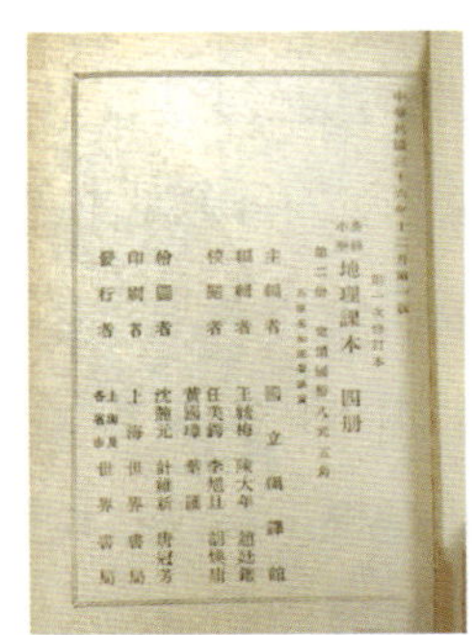

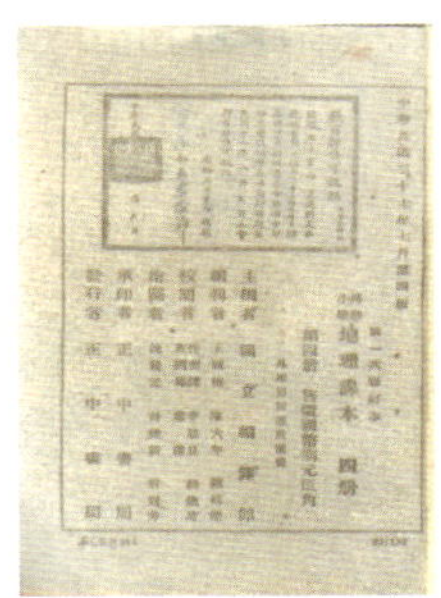

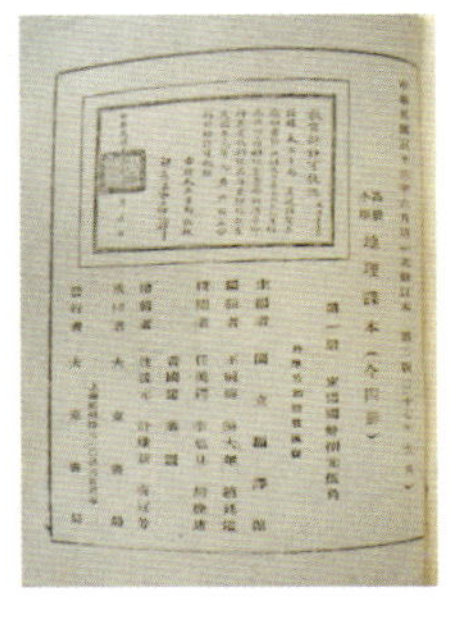

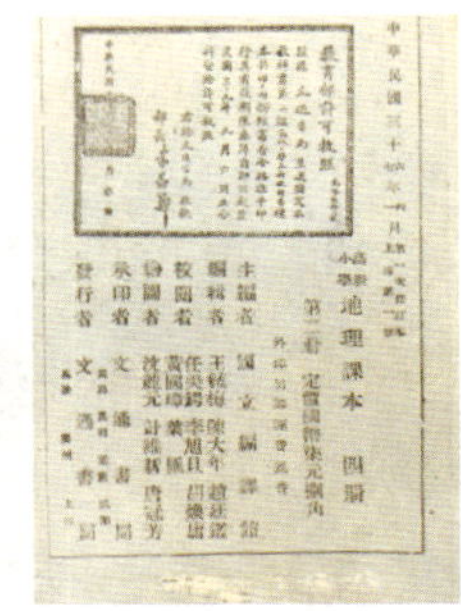

4—134

图4—134　《高级小学地理课本》（1947年第一次修订本），王毓梅、陈大年、赵廷鉴编辑，中华书局印行、世界书局印行、正中书局印行、大东书局印行、南光书店印行、开明书店印行、文通书局印行

[1] 王有朋. 中国近代中小学教科书总目[M]. 上海：上海辞书出版社，2010：251.

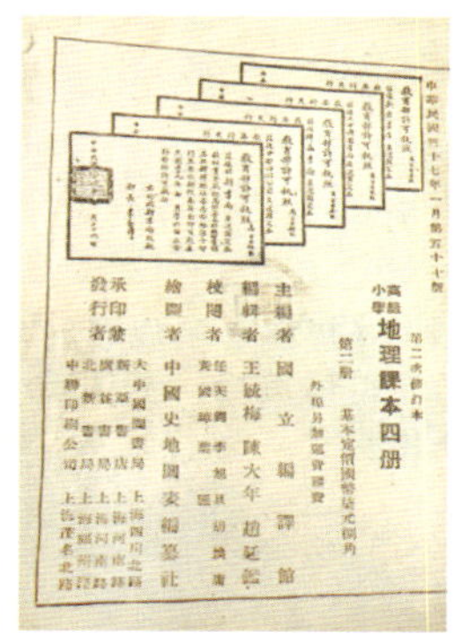

4—135

图4—135 《高级小学地理课本》（第二次修订本），国立编译馆主编，王毓梅、陈大年、赵廷鉴编辑，任美锷、李旭旦、胡焕庸、黄国璋、叶汇校阅，中国史地图表编纂社绘图，大中国图书局、新亚书店、广益书局、北新书局、中联印刷公司印行

5.《高级小学地理课本》（修订本）

该书由国立编译馆主编，吴鼎、俞焕斗、陈伯吹、张超、潘仁编辑，金兆梓、陈子展、罗根泽修订。“国定中小学教科书七家联合供应处”发行。通过教育部审定。小学高级用。全书四册，1947年2月修订本上海白报纸本第一版。

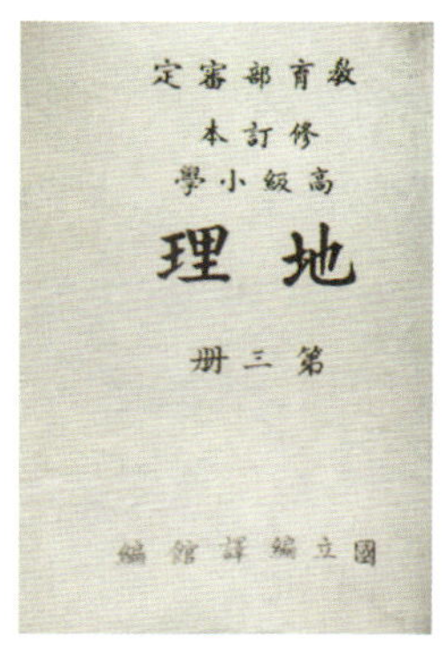
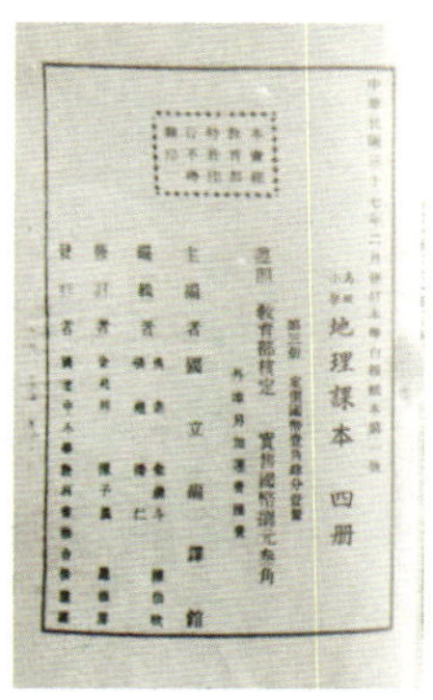
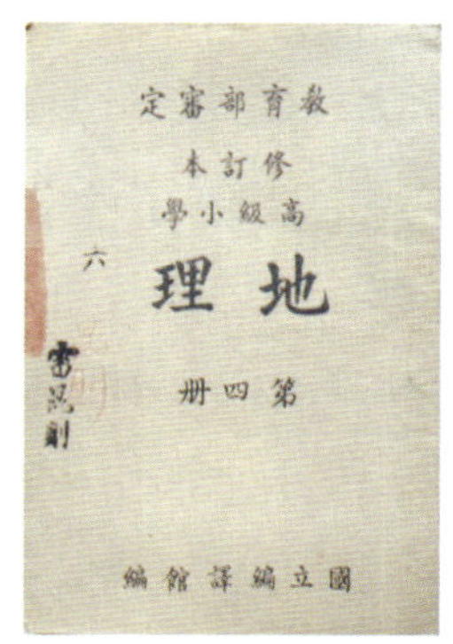

4—136

图4—136 《高级小学地理课本》（修订本），国立编译馆主编，吴鼎、俞焕斗、陈伯吹、张超、潘仁编辑，金兆梓、陈子展、罗根泽修订，“国定中小学教科书七家联合供应处”发行，第三册、第四册，1948年2月修订本粤白报纸本第一版

（二）国定教科书系列的中学地理教科书

国定中学地理教科书统称“初级中学地理”，该套教科书在抗战期间和抗战胜利之后，几易主编，多次修订，其变化主要如下。

1.《初级中学地理》

该书由教育部教科用书编辑委员会主编，任美锷编辑，黄国璋参阅。“国定中小学教科书七家联合供应处”印行。全书六册，1943年成都嘉乐纸本第一版。

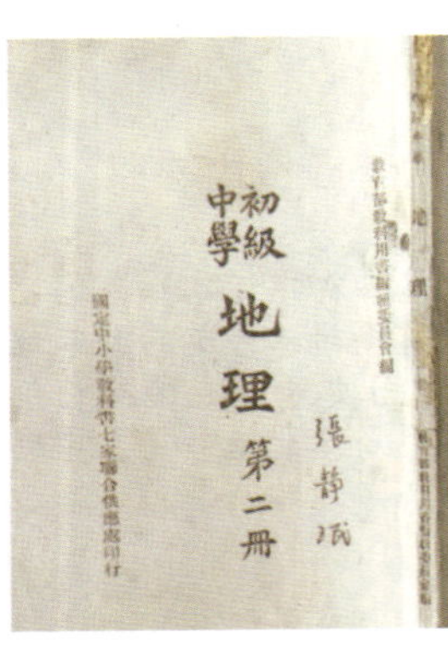

4—137

图4—137　《初级中学地理》，教育部教科用书编辑委员会主编，任美锷编辑，黄国璋参阅，“国定中小学教科书七家联合供应处”印行，第二册，1944年7月成都嘉乐纸本第四版

2.《初级中学地理》

该书由教育部征选，教科用书编辑委员会、开明书店、正中书局应选，任美锷、沈汝生、夏开儒、张德熙编辑，沈麓元、计维新、唐冠芳、章高炜绘图，国立编译馆校订，王云五、朱家骅、吴大钧、吴俊升等参阅。正中书局、商务印书馆、中华书局、世界书局、大东书局、开明书店、文通书局印刷，“国定中小学教科书七家联合供应处”发行。通过教育部审定。全书六册，1943年重庆米色报纸本第一版。

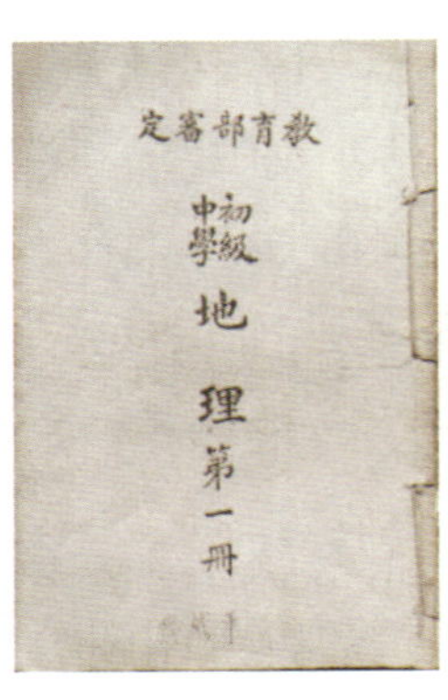
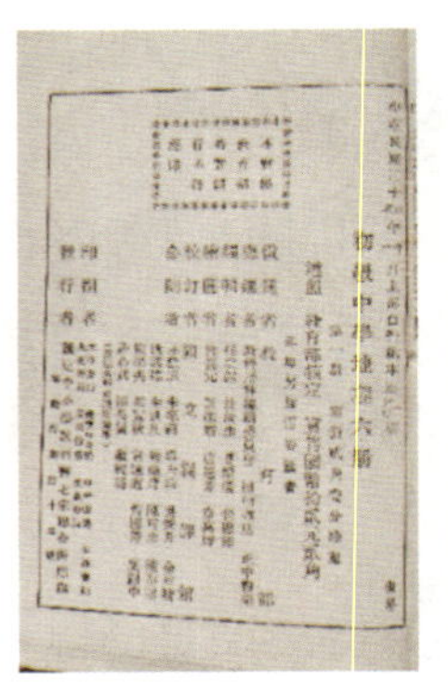
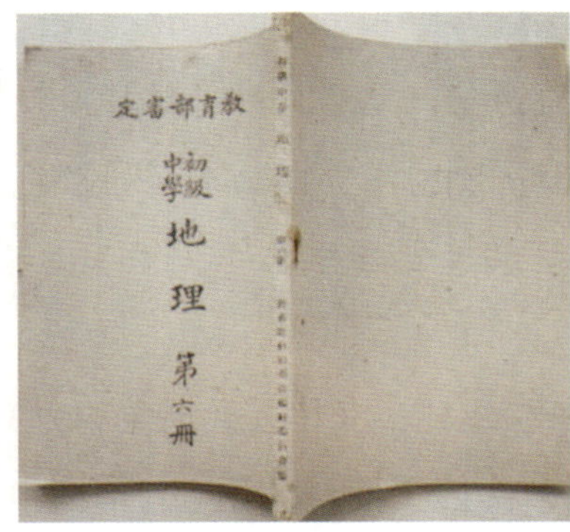

4—138

图4—138　《初级中学地理》，教育部征选，教科用书编辑委员会、开明书店、正中书局应选，任美锷、沈汝生、夏开儒、张德熙编辑，正中书局、商务印书馆、中华书局、世界书局、大东书局、开明书店、文通书局印刷，“国定中小学教科书七家联合供应处”发行

抗战时期中学地理课本属于部编的，仅初中地理已印行，高中地理尚在编辑中。教育部自编初中地理课本，统名“初级中学地理”，共六册，按照1941年部颁重行修正初级中学地理课程标准编辑而成。为适应需要，该套课本成稿比较匆促，未能尽符理想，预定一年为试用期，期满收集各方意见，再加修订。全书本国地理五册，外国地理一册，每册32课。本国地理先为乡土地理，继为各

部地方，末附全国总论。首册乡土地理，各省市自编十课，另订成本。[1]

《初级中学地理》在“编辑要旨”中指出：（1）本书就地理教育激发学生良知与热忱，以养成其保卫祖国之志愿，而坚定其对于民族生存发展之自信心。（2）本书取材以民生主义为中心，特别注重国父实业计划与各种经济建设划之实施。（3）本书材料力求精确新颖，尤注意下列各点：使学生明了我国地理上之优越性，以启发其爱国情绪；使学生明了我国重要资源之蕴藏与开发状况，以养成其建设志趣；使学生充分明了边疆情况，以诱导其开发边疆之志趣；使学生充分明了各种经济建设与国防建设之现况与未来应有之筹划，以指示国家与个人努力之趋向。（4）各种统计资料，概根据政府最近所发表之数字，私人著作之来源可靠者亦酌采用之。（5）各部地方与各省市之教材编制，视其情形重要与否，以定详略。但每一区域之各种特征，均尽量表明之。（6）各省市各附简明地图一幅，详载课文内所引地名以及山川交通情形，使学生可从地图研究得悉地理与人生之关系。

3.《初级中学地理》（修订本）

该书由国立编译馆主编，任美锷编辑。正中书局、商务印书馆、中华书局、世界书局、大东书局、开明书店、文通书局印刷，“国定中小学教科书七家联合供应处”发行。全书六册，1946年出修订本。

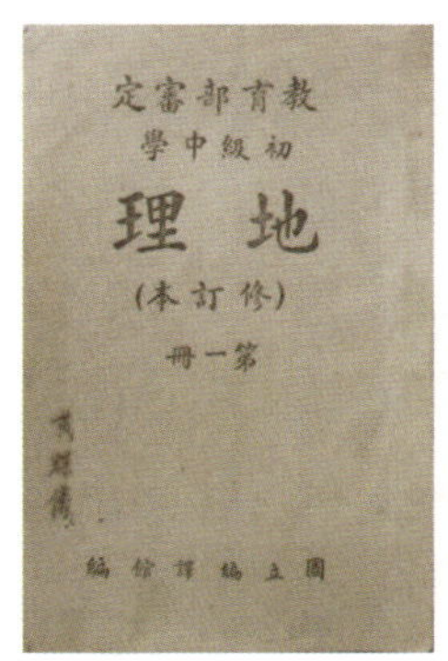

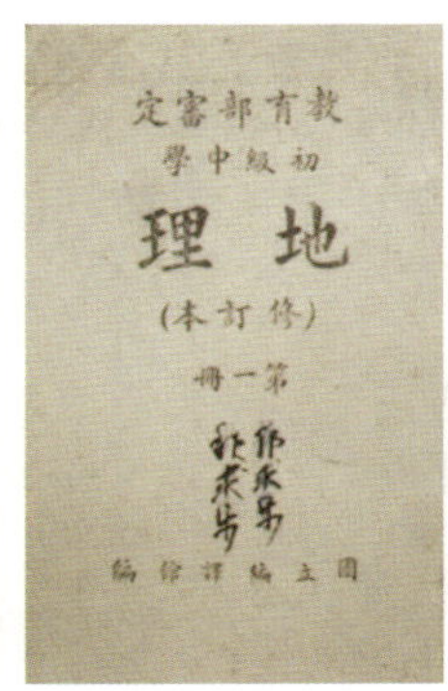

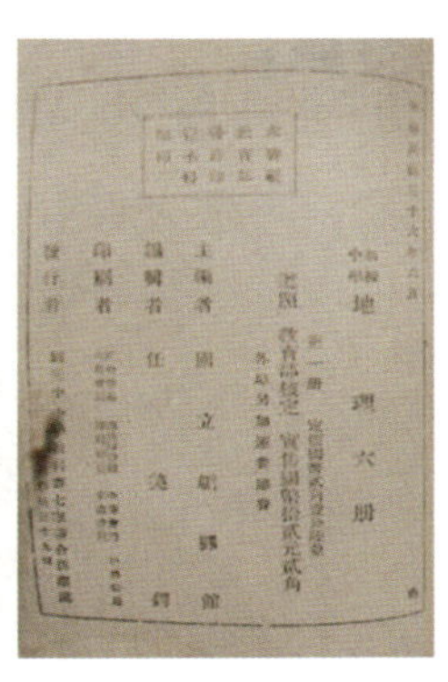

4—139

图4—139　《初级中学地理》（修订本），国立编译馆主编，任美锷编辑，正中书局、商务印书馆、中华书局、世界书局、大东书局、开明书店、文通书局印刷，“国定中小学教科书七家联合供应处”发行，第一册，1946年7月修订本上海白纸本第一〇〇版、1947年6月版

4.《初级中学地理》（第一次修订本）

该书由国立编译馆主编，任美锷、夏开儒编辑，李旭旦、黄国璋、胡焕庸、叶汇校阅，沈麓元、章高炜、唐冠芳、计维新绘图，商务印书馆、正中书局、中华书局、世界书局、大东书局、五

[1] 杨尧. 中国近现代中小学地理教育史[M]. 西安：陕西人民教育出版社，1991：298-301.

联社（大中国图书局、新亚书店、广益书局、北新书局、中联印刷公司）、开明书店、宇宙书局印行。该书根据1941年公布的修订中学地理课程标准编辑，通过教育部审定。[1]全书六册，各书局各册出版发行时间主要集中在1947—1948年。

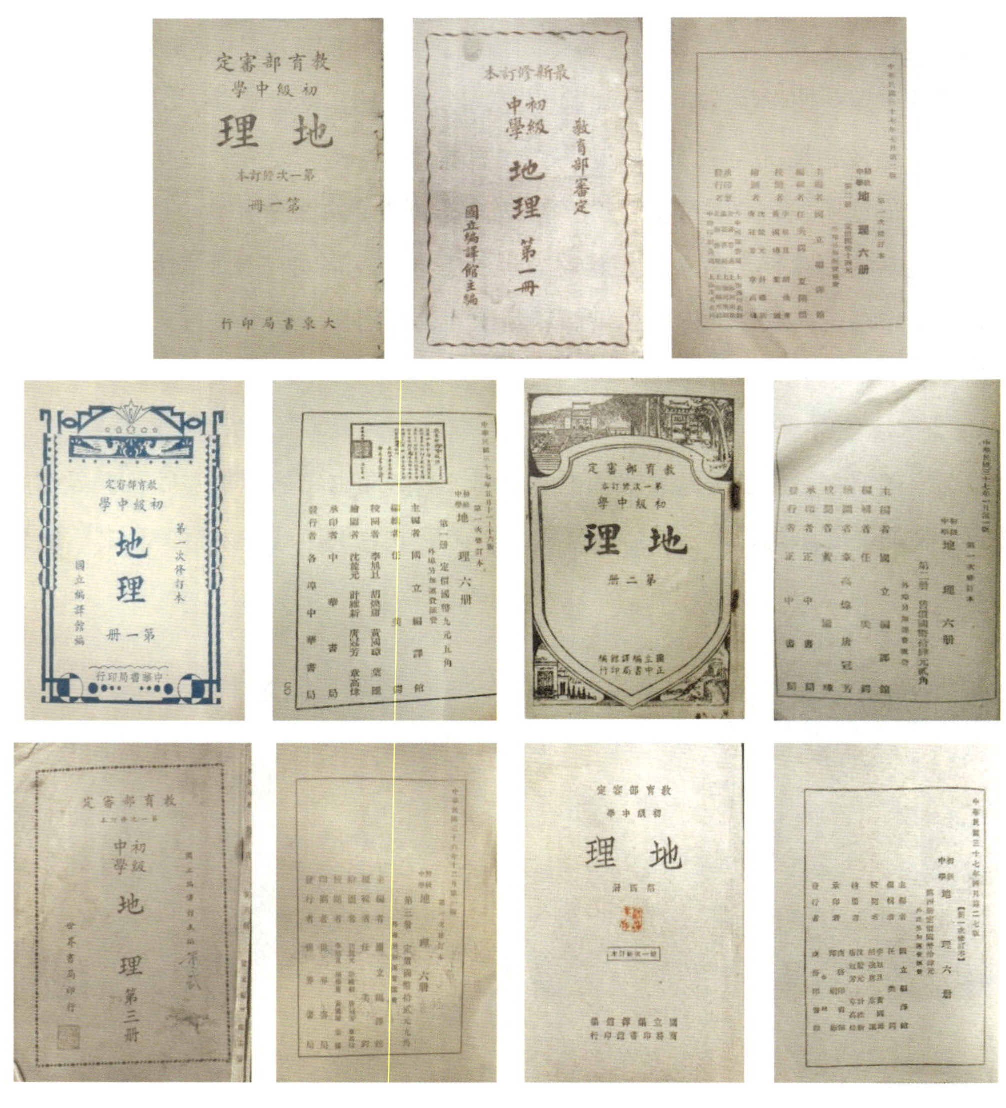

4—140

图4—140 《初级中学地理》（第一次修订本），国立编译馆主编，任美锷、夏开儒编辑

抗战胜利后，教育部组织编写的《初级中学地理》经修订由商务印书馆和正中书局等六家单位印行，署国立编译馆主编，任美锷编辑，李旭旦、胡焕庸、黄国璋、叶汇校阅。修订本仍遵照1941

[1] 王有朋. 中国近代中小学教科书总目[M]. 上海：上海辞书出版社，2010：597.

年所颁标准，分六册，供初中三学年使用。第一册至第五册为本国地理，第六册为外国地理，每册32课，每课内容不多。本国地理省区地方志按六分法分六编，第五册全国总论和第六册外国地理，均未列编次。

5.《高中本国地理》

《高中本国地理》计划共三册，第一册尚在整理中，第二、第三册尚在编辑中，旋因教科书实行开放，部编本即半途夭折。这时使用的高中地理教科书，大多是发源于正式和修正课程标准，中经一再改编或修订而来的坊间教科书，如王成组的《高中本国地理》（改编本自1936年8月初版至1948年2月达112版），葛绥成的《高中本国地理》（修订本1948年4月第33–34版，有“教育部审定”字样），苏继庼的《高中外国地理》（1946年10月渝13版），蒋君璋的《高中外国地理》（1947年6月新9版），王益厓的《高中自然地理》（1946年6月沪20版），丁绍桓的《高中自然地理》（1947年5月第9版），等等。这些教科书前已介绍，这里不再赘述。

第四节
战时教科书系列的地理教科书

一、战时教科书的由来及特点

抗日战争全面爆发后，战争时期的教育改革显得异常紧迫。1938年3月底至4月初，国民党在武汉召开临时全国代表大会，通过了《中国国民党抗战建国纲领》和《战时各级教育实施方案纲要》，规定了战时各级教育实施的“九大方针”与“十七项要点”，其中第四条指出：“对于各级学校各科教材应彻底加以整理，使成为一贯之体系，而应抗战与建国之需要，尤宜尽先编辑中小学公民、国文、史地等教科书，及各地乡土教材，以坚定爱国爱乡之观念。”

1939年3月，第三次全国教育会议召开，蒋介石在大会上就战时教育和常态教育的关系提出“平时要当战时看，战时要当平时看”的要求，教育部长陈立夫对教育作了更为具体的部署。[1]战时的中国需要战时教科书，在大会上，各省教育厅长就这种源于抗战、为了抗战的中小学教科书的编写与出版，进行了广泛的讨论，一时间战时教育、战时教科书的编写与出版都进入了实际操作阶段。战时教科书特别要求以下内容的充实与更新：“其一，变更原有学科的教学时数，抽出时间教授战时新教材，诸如军事常识、救护常识、防御常识、消防常识、国际关系、群众指挥法等；其二，加设特殊学科，诸如国民训练、民众教育、中国地理险要、日本侵略史、日本外交史、日本政治大纲、军事化学、生物学与国防、军事工程等；其三，改进每门课程本身的内容，小学要注意激发儿童抗战情绪，培养儿童社会知识，灌输儿童战争常识，中学在国文、地理、历史、美术、劳作等课程都要作适当改进。”[2]这实际上已经对战时教科书的内容选材给出了比较具体且可以直接操作的建议了。此后，各地迅速行动起来，编写了大量适应抗战需要的教科书，其中不少教科书直接以“战时”命名，如战时国语、战时算术、战时地理、战时历史等，也有的没有特别标出“战时”二字。

在所有以“战时”命名的教科书中，1938年山东省国民政府组织编撰的《战时教科书》影响最

[1] 石鸥. 课本抗战之山东《战时教科书》[J]. 湖南师范大学教育科学学报，2015（4）：11-12.

[2] 熊贤君. 论战时教育思想与战时教育的发展[J]. 民国档案，2007（3）：108.

大，这是抗战时期最系统最完整的一套战时教科书。[1]当时已编写完成了56册，因为“印刷所限，仅排印初级国语8册、常识8册、算术6册，高级国语4册、公民4册、历史4册、地理4册、自然4册，算术4册，共计46册”。各种课本，均就原有内容稍加删节，新增加一部分抗战材料编辑而成，以应战时之特殊需要。

除了国民党地方政府组织编写的《战时教科书》成为一大系列外，战时教科书另外一个重要的来源是共产党领导的根据地政府。根据地组织编写和出版了大量以“战时新课本”冠名以及其他相应的战时教科书，如晋冀鲁豫边区教育厅审定《战时新课本》（太行文化教育出版社，1945年版）、《战时读本》（第四册）（太行文化教育出版社，出版时间不详）[2]，这些教科书与国民党山东省政府组织编撰的《战时教科书》相比，最大的外在特点是印刷质量差，字迹模糊，大量为毛边本，足见当时根据地经济的艰难。

在正规学校教科书之外，各地还编写了一些战时读本，兼供民众训练，小学校、民众学校学生以及大众阅读。其中影响比较大的有：教育部教科用书编辑委员会编《战时补充教材　高中国文》（全一册），生活书店的《战时读本》（初级全四册，1937年初版），商务印书馆编《战时常识参考书》（小学补充教材，王养吾编，1938年）、《社会科战时补充教材》（中学适用，平韦卿编，1938年）、《自然科战时补充教材》（中学适用，宋建勤编著，1938年）、《国文科战时补充教材》（中学适用，王宾编，1938年）、《高级中学国文科战时补充教材》（中学适用，汪馥泉编，1939年）、《体育科战时补充教材》（中学适用，黄金鳌编，1940年），由救亡出版部出版、救亡日报社和新知书店经售的《战时初中语文》（全一册，著者不详，1938年2月初版），等等。[3]

抗战期间出现的这种直接服务于抗战的战时教科书，具有精心选择素材、全方位服务抗战，巧妙设计活动、引导多维度探究抗战，采用多种形式、高效率宣传抗战等特点。通过如此的精心设计，战时教科书最大限度地发挥了调动一切力量为抗战服务的功能，成为了中国近现代教科书发展史上极富时代特色的最为独特的教科书类型。

二、战时教科书系列的地理教科书

（一）战时小学地理教科书

1.《高级小学地理》

该书由陕西省教育厅编辑，陕西省银行信托部发行，陕西省教育厅委托陕西省银行印刷部翻印，为抗战时期特殊课本。全书四册，1942年新版。

[1] 石鸥. 课本抗战之山东《战时教科书》[J]. 湖南师范大学教育科学学报，2015（4）：11-17.

[2] 石鸥，吴小鸥. 中国近现代教科书史：上[M]. 长沙：湖南教育出版社，2012：447.

[3] 石鸥，吴小鸥. 中国近现代教科书史：上[M]. 长沙：湖南教育出版社，2012：448.

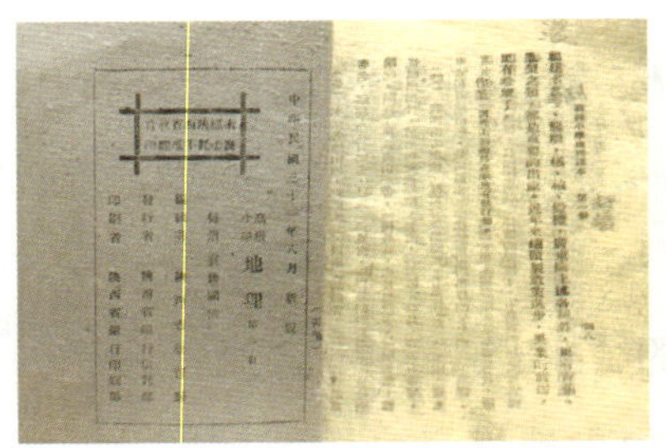

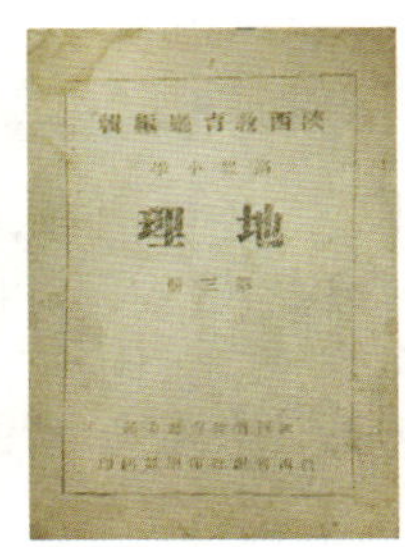

4—141

图4—141 《高级小学地理》，陕西省教育厅编辑，陕西省银行信托部发行，陕西省教育厅委托陕西省银行印刷部翻印，第一册、第三册，1942年8月新版

2.《部编战时补充教材　高级小学社会》（中心学校高小班适用）

该书由教育部教科用书编辑委员会编。全书一册。该书内容包括战时的人民服务与组织、战时的后方工作救济民众、东北与日本、战时的地理形势等。

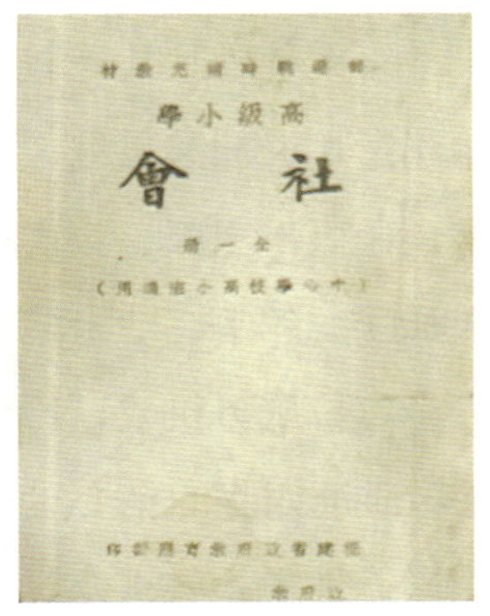

4—142

图4—142 《部编战时补充教材　高级小学社会》（中心学校高小班适用），教育部教科用书编辑委员会编

（二）战时中学地理教科书

1.《初级中学本国地理》

该书由教育部教科用书编辑委员会编。其他题名“部编战时补充教材　初中本国地理”。全书一册，正中书局1940年1月初版。[1]

2.《战时初中本国地理》

该书由谢国度编著，缪育南等校订。修正课程标准适用。谢国度出版兼发行，湖南蓝田启明书局印刷。全书二册，1937年初版。

[1] 王有朋. 中国近代中小学教科书总目[M]. 上海：上海辞书出版社，2010：596.

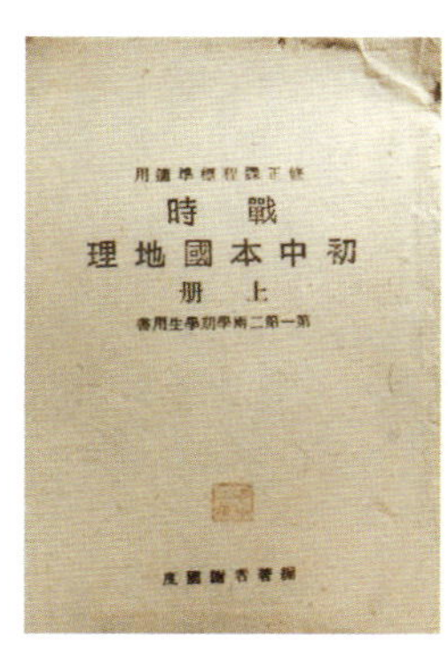
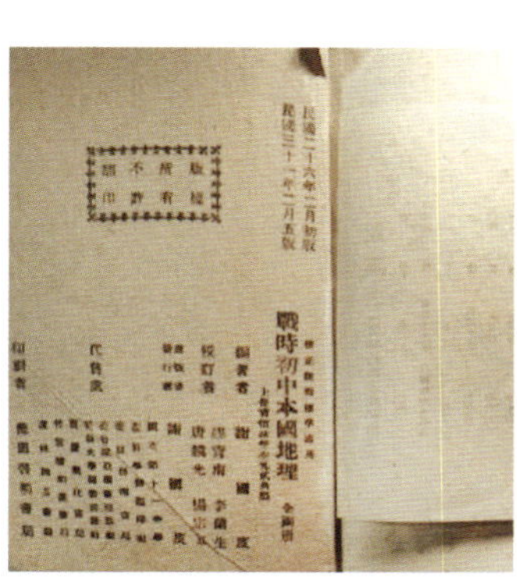

4—143

图4—143 《战时初中本国地理》，谢国度编著，缪育南等校订，修正课程标准适用，谢国度出版兼发行，湖南蓝田启明书局印刷，上册，1942年2月第五版

3.《战时初中本国地理》

该书由吴镜清编辑兼发行，欧阳缨、邹新垓校阅。遵照部颁修正课程标准编辑，专供初级中学及简易乡村师范本国地理教学之用。新化唤民书局印刷。1943年4月初版。全书抗日内容非常多，每章设有“国际关系与国防形势”内容，涉及“平型关大捷”。书中提出了“开发西北”的主张。

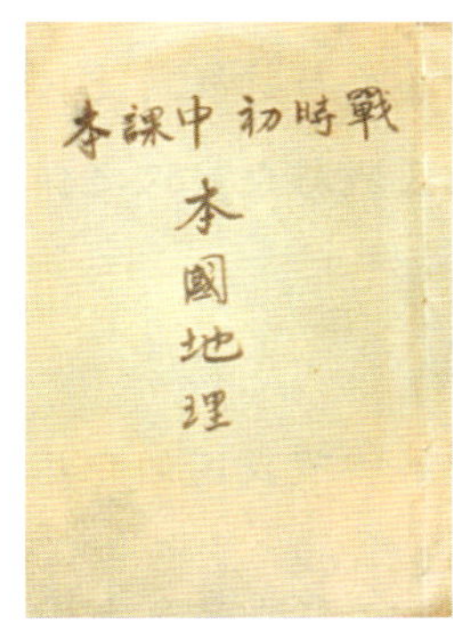

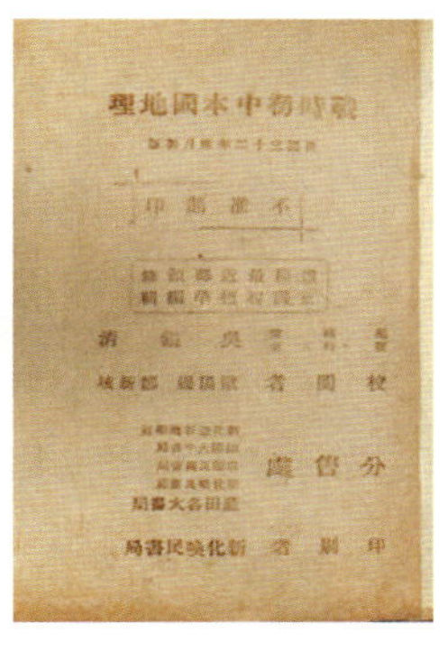

4—144

图4—144 《战时初中本国地理》，吴镜清编辑兼发行，欧阳缨、邹新垓校阅，新化唤民书局印刷，修正课程标准适用，1943年4月初版

4.《战时高中本国地理》

该书由谢国度编著。上海启明书局出版。全书三册，1942年初版。[1]

5.《战时补充教材　高级中学本国地理》

该书由教育部教科用书编辑委员会编。其他题名“部编战时补充教材　高中本国地理”。[2]正中书局印行。全书一册，1940年5月初版。

[1] 北京图书馆，人民教育出版社图书馆. 民国时期总书目：1911—1949（中小学教材）[M]. 北京：书目文献出版社，1995：235.

[2] 王有朋. 中国近代中小学教科书总目[M]. 上海：上海辞书出版社，2010：596.

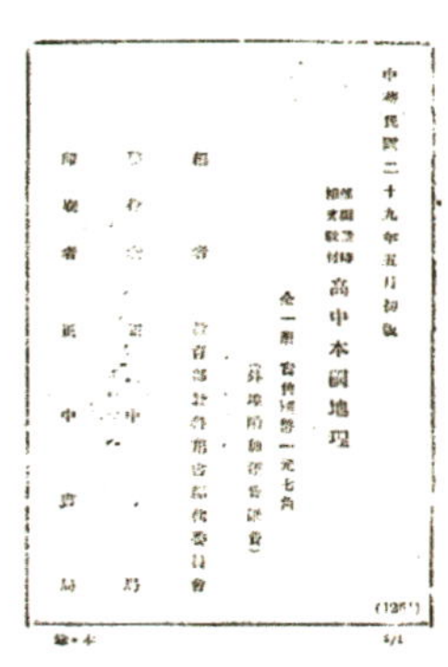

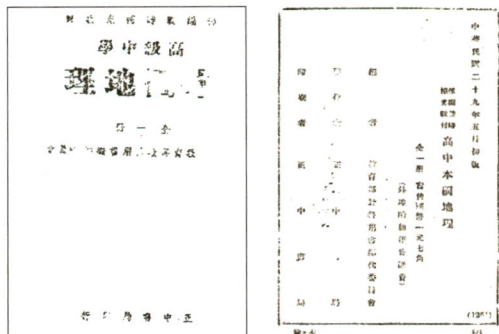

4—145

图4—145　《战时补充教材　高级中学本国地理》，教育部教科用书编辑委员会编，正中书局印行，1940年5月初版

该书的主要内容有：

第一单元我国地理形势总述

第一节我国地理上的优越性，第二节我国地理环境与文化之关系，第三节近百年失地与我国国防的关系，第四节抗战建国的地理基础

第二单元抗战期间各战区军事地理的撮述

第一节平津形势与全面抗战，第二节平绥线与北方军事，第三节山西高原与抗战前途，第四节津浦路与徐州会战，第五节京沪战局与抗战关系，第六节大湖区域与大武汉之保卫，第七节粤海战局与国际关系

第三单元抗战建国中我国农林渔牧之研究

第一节我国的粮食，第二节我国大豆与茶叶，第三节我国的丝与棉，第四节我国的森林与桐油，第五节我国的渔业与畜牧，第六节农林渔牧与国防的关系

第四单元抗战建国中我国矿藏之研究

第一节动力源的煤矿，第二节动力源的石油，第三节动力源的水力，第四节我国的五金——金银，第五节我国的五金——铁，第六节我国的五金——铜锡，第七节我国操纵世界市场的金属——锑钨锰，第八节我国的食盐，第九节其他重要矿产——硫硝铅锌汞，第十节矿产与国防

第五单元抗战建国与经济建设

第一节重工业与国防，第二节今后工业的发展，第三节中国国际贸易及今后之发展，第四节我国主要的进出口货

第六单元抗战建国与我国交通之研究

第一节铁路与国防，第二节战区铁路现况，第三节东北铁路政策与“九一八”因果，第四节铁路五年计划与国防，第五节我国之公路，第六节急待兴筑的铁路与公路，第七节我国航业现况及航权之丧失，第八节我国民用航空事业，第九节今后之交通建设

第七单元抗战建国与开发边疆

第一节东北在中国经济上的地位，第二节日寇对东北的掠夺及其政策，第三节东北是我们的命脉，第四节西北的地形气候及其重要富源，第五节新疆在我国之地位及其外交关系，第六节开发西北与巩固国防，第七节西南之重要富源，第八节西南之国际交通，第九节蒙古在我国的地位，第十节蒙古对内对外之关系及今后之开发，第十一节西藏的自然形势及其富源，第十二节西藏与抗战

6.《社会科战时补充教材》（中学适用）

该书由平韦卿编纂。商务印书馆发行。全书一册，1938年1月初版。此书分公民、历史和地理三编，第三编为地理，包括太平洋的形势、日本的作战力和欧洲的形势三章。

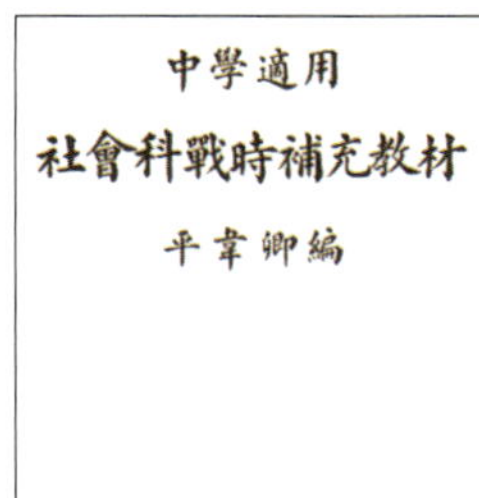

中學適用
社會科戰時補充教材
平韋卿編
商務印書館發行

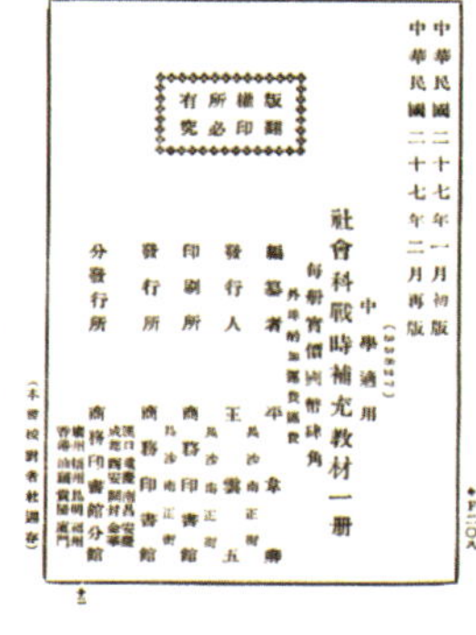

中華民國二十七年一月初版
中華民國二十七年二月再版
版權所有 翻印必究
中學適用 社會科戰時補充教材一冊
每冊實價國幣肆角
編纂者 平韋卿
發行人 王雲五
印刷所 商務印書館
發行所 商務印書館
分發行所 商務印書館分館

4—146

图4—146 《社会科战时补充教材》（中学适用），平韦卿编纂，商务印书馆发行，1938年2月再版

7.《中外地理纲要及战时补充教材》

该书由徐俊鸣编著。梅县城区印刷合作社、梅县县立中学售书处印刷。全书三册，中册于1931年12月初版，其他各册待考。

8.《中国抗战地理》

该书由平心主编，许卓山著。属民族解放丛书。光明书局发行。全书一册，1938年2月初版。

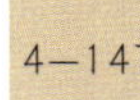

图4—147 《中国抗战地理》，平心主编，许卓山著，光明书局发行，1938年2月初版

9.《中国抗战地理》

该书由王维屏编著。属史地丛刊。正中书局印行。全书一册，1940年4月初版。

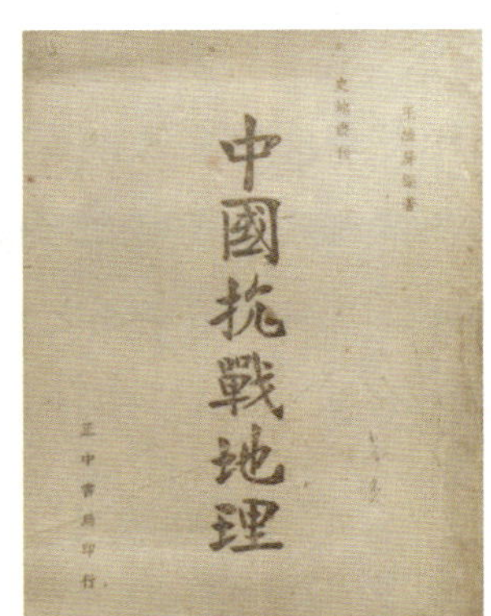

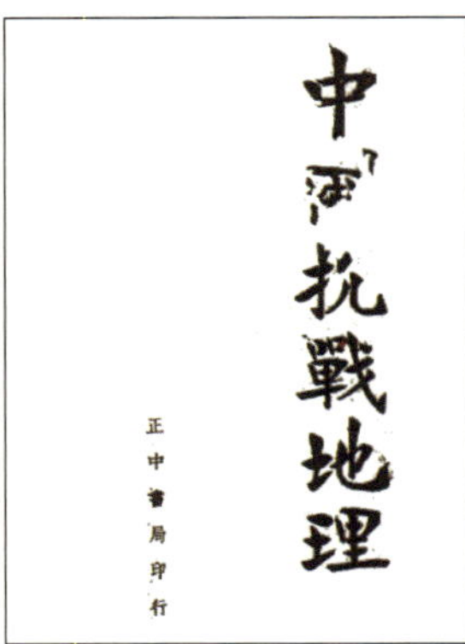

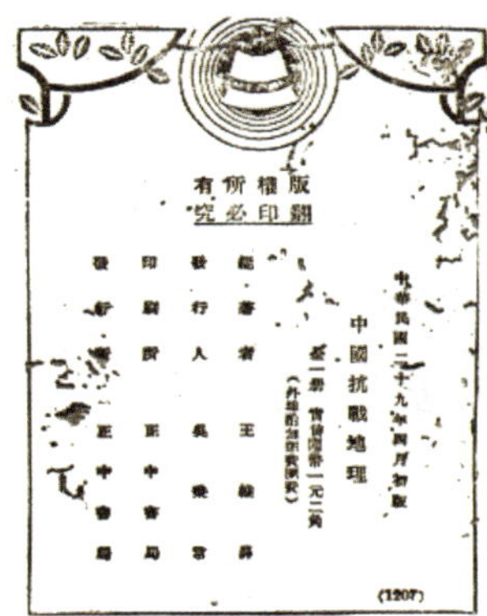

4—148

图4—148　《中国抗战地理》，王维屏编著，正中书局印行，1940年4月初版

后　记

作为国家出版基金资助项目《百年中国教科书图文史：1840—1949》（13册）成果之一，本书秉持不见教科书文本不下笔，至少是慎下笔的研究原则，力图在获取教科书原始实物的基础上，在唯物史观的指导下，以时间为经，以课标（大纲）为纬，采用以文领图的方式，图文并茂地对自鸦片战争至中华人民共和国成立的百年间我国中小学地理教科书的发展脉络与演进轨迹行进行全景式的梳理和抽丝剥茧式的分析，以探寻中国近代中小学地理教科书发展的特征和规律，为新时代我国中小学地理教科书的建设提供历史镜鉴和反思启示。我们深知，尽管本书最终目标还远没有实现，且仅仅只是个开始，但我们已经无畏地走在前行的路上，努力向上向善，向着“远方和诗”日夜兼程！

本书得以问世，首先缘于《百年中国教科书图文史：1840—1949》（13册）总主编、我的授业恩师、首都师范大学教育学部主任石鸥先生的远见卓识以及他对我的谆谆教导、满满信任和全力支持。早在20世纪90年代，先生就高瞻远瞩、极为敏锐地洞察到教科书研究的必要性和重要性。正如他在《最不该忽视的研究——关于教科书研究的几点思考》一文中所言：“读者最多的、某种意义上也最重要的文本竟然最缺乏强大的学术研究和评论队伍，最不该被忽视的文本，却最少被研究，最不该被忽视的研究被忽视了。”从此，先生秉持知识分子的家国情怀与神圣责任，不辞辛劳地在全国各地旧书市场上劳累奔波，全心尽力地搜集近代以来散落在民间的中小学教科书，并组建了来自全国各地的学术团队，敢为人先、慧眼独具地开展对教科书的系统研究。如今，先生收藏的教科书总数高达20000余册，建成了全国第一家教科书博物馆，领衔的研究团队取得了多项教科书研究的开创性成果，在海内外学术界引发了热烈反响。作为先生的博士研究生和教科书研究团队中的一员，我与大多数同学一样，从攻读博士学位那一天开始，就立志沿着先生开辟的学术道路，把从事这个最不该被忽视却很少被研究的文本——教科书的研究，作为自己终身的学术事业！本书的问世，就是在先生开辟的学术道路前行的作业，无论是在本书内容提纲的撰写，还是在写作思路的优化，抑或教科书原始文本的搜集上，先生都给予了全方位的、高屋建瓴的指导，这一切无不凝聚着先生的智慧和心血。长江后浪推前浪。我所指导的13届、21名课程与教学论学科学术型研究生，也纷纷加入了教科书研究的行列。16年以来，他们学位论文的选题，无一例外地均是关于中小学教科书研究。他们和我一样，都品尝到了优秀教科书及其研究带给我们的深邃、乐趣、激动和力量。在本书即将问世之际，对先生给予我的谆谆教导、满满信任和全力支持，表示最衷心的感谢和最崇高的敬意！

本书得以完成，我要诚挚地感谢我的合作者首都师范大学教师教育学院丁尧清教授。丁教授在地理课程与教学论、地理教材开发等领域的研究上具有深厚的学术造诣，曾供职于人民教育出版社地理编辑室，主编和参编多部义务教育和普通高中地理教材。诚挚地感谢丁尧清教授对全书初稿的修改、润色和完善工作！

本书得以完成，我要衷心地感谢关心和支持过我的所在单位——重庆师范大学教育科学学院的领导、同事和学生以及我的同学、朋友和家人！同时，我还要衷心感谢本书所引用的、提及和未提及的各种文献的著作者们！

本书得以出版，我要衷心地感谢广东教育出版社的领导和专家，特别是本书责任编辑惠丹、刘向东和沈晨！他们不仅对本书的内容和观点提出了非常中肯的修改意见，而且对书中的行文乃至标点等也进行了精雕细琢。可以肯定地说，如果没有他们在专业上精益求精的追求和在工作中细致入微的态度，本书不可能得以完成和出版。

本书的撰写始于2018年9月，至今已逾六年。在此期间，我经历了敬爱的父亲和继母两位亲人相继患病和离世带给自己的深重伤痛。本书有的文字就是在病床前陪伴双亲时一个字一个字地查出来、码出来的。每念及此，情不自禁，潸然泪下。但愿他们在天堂安息，笑望人间！

由于我们学识浅陋，书中疏漏讹误之处定会不少，敬祈各位专家、学者和同仁批评指正！

2024年10月于重庆市大学城师大苑

（王昌善，重庆师范大学教育科学学院教授，教育部普通高等学校本科教育教学评估专家）